国家科学技术学术著作出版基金资助出版

桥梁智慧运维

INTELLIGENT MAINTENANCE OF BRIDGES

吴　刚　陈志强　党　纪　编著

人民交通出版社股份有限公司

北　京

内 容 提 要

桥梁智慧运维是指利用工业互联网、物联网、大数据、人工智能等新一代信息技术,集成桥梁结构体系与其管养资源,建立一套集标准化、智能化、信息化于一体的桥梁智能管理系统。桥梁管理养护智能化是行业的必然发展趋势,它涉及物联感知、自动化检测、大数据、人工智能等技术。大量科研与实践证明,桥梁智慧运维可以显著提升桥梁管养的效率、可靠性及时效性。

本书面向桥梁管养行业人员、高校科研同行以及桥梁管理决策者,从基础理论研究、硬件装备开发、系统平台搭建、工程应用实践等多方面系统梳理桥梁智慧运维领域的技术现状和革新趋势。

图书在版编目(CIP)数据

桥梁智慧运维 / 吴刚,陈志强,党纪编著. —北京:
人民交通出版社股份有限公司,2022.1
ISBN 978-7-114-17633-3

Ⅰ.①桥… Ⅱ.①吴…②陈…③党… Ⅲ.①桥—保
养②桥—维修 Ⅳ.①U445.7

中国版本图书馆 CIP 数据核字(2021)第 189210 号

著作权合同登记号:图字 01-2021-7354

Qiaoliang Zhihui Yunwei

书　　　名:	**桥梁智慧运维**
著 作 者:	吴　刚　陈志强　党　纪
责任编辑:	卢俊丽
责任校对:	刘　芹
责任印制:	刘高彤
出版发行:	人民交通出版社股份有限公司
地　　址:	(100011)北京市朝阳区安定门外外馆斜街 3 号
网　　址:	http://www.ccpcl.com.cn
销售电话:	(010)59757973
总 经 销:	人民交通出版社股份有限公司发行部
经　　销:	各地新华书店
印　　刷:	北京盛通印刷股份有限公司
开　　本:	787×1092　1/16
印　　张:	32.5
字　　数:	771 千
版　　次:	2022 年 1 月　第 1 版
印　　次:	2022 年 1 月　第 1 次印刷
书　　号:	ISBN 978-7-114-17633-3
定　　价:	190.00 元

(有印刷、装订质量问题的图书由本公司负责调换)

作 者 简 介

吴刚，男，国家杰出青年科学基金获得者、教育部长江学者特聘教授、国家"万人计划"科技创新领军人才、腾讯科学探索奖获得者、中国青年科技奖获得者，担任东南大学党委常委、副校长、中国青年科技工作者协会会长、智慧建造与运维国家地方联合工程研究中心主任等。研究方向为重大基础设施智慧建造与运维、新材料与新结构体系、既有工程结构性能提升等。入选全球 Top 2% 顶尖科学家和 Elsevier 中国高被引学者榜单，发表 SCI 论文 193 篇，授权发明专利 74 项(国际发明专利 5 项)，出版专著 6 部，主/参编标准 8 部。牵头国家重点研发计划项目 2 项，以及国家自然科学基金重点项目、重大仪器项目(自由申请)等项目 20 多个，获国家科技进步二等奖 2 项(排 1,2)、省部级科技进步一等奖 2 项及国家级教学成果奖二等奖 2 项等。

陈志强，男，东南大学学士(1997 年)，加州大学圣地亚哥分校博士(2008 年)，密苏里大学堪萨斯城分校土木与机械工程系终身教职，其领导的系统智慧与韧性交叉学科实验室、大数据成像与智能技术协作研究组隶属于美国自然基金委资助的大数据人工智能中心。开创了基于遥感图像和机器学习的结构破坏识别技术，并长期从事多种灾害工况下桥梁及其他结构与土的相互作用及系统性能研究。目前具体研究方向包括桥梁结构智慧监测和检测，基于概率的韧性计算以及人工智能、机器视觉、无人机平台、人机交互和混合现实在防灾减灾中的工程应用。发表学术论文 40 余篇、会议论文 100 余篇；多次获得期刊、会议最佳论文奖项。

党纪，男，博士(工学)，日本琦玉大学理工学研究科环境社会基盘国际系教授，东南大学学士(2002 年)、硕士(2006 年)，日本爱知工业大学博士(2010 年)、博士后(2010 年至 2011 年)，日本京都大学研究员(2011 年至 2013 年)，日本琦玉大学助教(2013 年至 2020 年)，2020 年 10 月至今任现职。近年来在桥梁智慧运维方面的主要研究方向为：IoT 桥梁监测，开发了可用于振动观测的免费智能手机应用 accmeasure；基于 UAV 的桥梁检测，提出了基于性能的 UAV 桥梁检测评价方法，参与日本战略创新计划 SIP；开发基于 AI 计算机视觉的损伤识别技术。发表论文 41 篇，曾获日本土木学会优秀演讲奖(2016 年)，AI 与数字科学数据奖(2021 年)等奖项。

前 言

Foreword

　　我国是桥梁大国，在役和在建桥梁规模排名世界第一。近年来，桥梁智慧运维已成为国内外学术界、工程界研究的热点。然而，当前我国在役桥梁管养技术和系统普遍存在依赖人工、运行模式滞后等问题，远不能满足现代桥梁运维需求。欧洲、美国、日本等发达国家和地区的桥梁管养水准领先于我国，但我国正逐步将新兴信息技术引入桥梁管养过程，只是因缺少工程背景，许多智慧化技术成果尚未落地于实际工程。

　　2018 年底，我国中央经济工作会议首次提出"新型基础设施建设"，指出发展人工智能、工业互联网、物联网等信息技术，推动融合基础设施建设。桥梁智慧运维是其中的重要内容。目前，我国科研及工程人员已逐步开展该领域的科学研究与工程实践，期望将领域知识与新一代信息技术深度融合，探索现代桥梁管养新路径，实现集数字化、智能化与信息化于一体的管养新模式、新理论、新算法与新装备。已有工程实践表明，桥梁智慧运维研究成果可以保障桥梁运营安全，显著提升当前桥梁管养的效率、可靠性及时效性。

　　本书面向桥梁管养行业从业人员、高校科研同行以及桥梁管理决策者，立足于介绍桥梁管养领域当前智慧化技术现状和革新趋势，并对桥梁管养行业的未来发展趋势进行了探讨与展望，旨在为桥梁管养领域的科学技术发展，为使我国成为桥梁强国贡献力量。

　　本书共分为 10 章，主要论述了物联网、机器人、云计算、人工智能等新兴技术在桥梁管养中的发展和应用潜力。其中，第 1 章为绪论，介绍了桥梁智慧运维的背景、定义和主要内容；第 2 章基于国内外桥梁管养现状，分析了搭建桥梁智慧运维系统平台的可行性，介绍了作者所在团队开发的 IntelliBridge 系统平台；第 3 章介绍了物联感知技术及物联网技术在桥梁管养中的应用；第 4 章重点介绍了应用于桥梁检测的自动化技术和机器人检测装备；第 5 章论述了云计算等大数据技术应用于桥梁运维的重要性和现状以及人工智能技术为桥梁管养的发展带来的新机遇,论述了该技术的发展历程及其在桥梁管养领域的应用前景;第6章介绍了基于机器学习的评估与预警技术;第7章介绍了人工智能领域的计算机视觉技术和基于计算机视觉识别的测量技术在桥梁运维中的应用;第8章对桥梁智慧运维框架下的多源数据融合、基于数据融合的结构状态评估、可视化平台搭建及数字孪生技术的应用进行了阐述;第9章论述了基于数字信息的智能化桥梁管养决策方法,即在实现数据智能化采集、存储、计算的基础上,如何进一步将人工智能引入桥梁管养决策过程中,指导最终科学决策;第10章为桥梁智慧运维系统工程的总结和展望。

本书由东南大学吴刚、美国密苏里大学陈志强和日本埼玉大学党纪共同完成。吴刚教授团队侯士通、张雨佳、戴姣、韩怡天、崔弥达、王天宇、王浩琛、程霄翔、丛凡淇、卢宏宇、范健华、肖志宏、徐照、陈熹、包永成、汪威、张璐、马丰博、陈适之、董斌、李慧乐、王仕青、陈金桥、姚刘镇、韩天然、陈徐东、李卓然、潘建伍、赵井卫以及储璐等人做了大量内容撰写与编务工作。本书从 2020 年 2 月开始组织撰写,当时也是新冠肺炎疫情最为严重的阶段,所有编写组成员克服困难,集中攻关 3 个月完成初稿,做到抗疫与科研两不误。同时,所有参编人员一起提早把本书全部稿费捐赠用于抗疫,以尽绵薄之力,共担社会责任。

本书得到了 2021 年度国家科学技术学术著作出版基金的资助,在此衷心感谢。

本书为国内桥梁智慧运维领域首本著作,鉴于现代桥梁管养方法的快速发展,涉及技术领域宽广,专业性和实用性强,加之编者水平有限,时间仓促,书中出现错误和疏漏之处在所难免,诚请读者给予批评指正。

作　者
2021 年 7 月

目 录

Contents ■■■

1

第1章

绪论

1.1 桥梁管养背景概述

改革开放以来,我国桥梁建设事业高速发展。近30年以来,结构分析理论、建筑材料和施工技术快速发展,我国亦建设了港珠澳大桥等举世瞩目的大跨桥梁。据交通运输部统计,截至2020年底,我国已建公路桥梁超过90万座,长大桥梁千余座,总里程超6000万延米;铁路桥梁总数超过20万座,高铁桥梁累计长度超过1万千米,在役桥梁的规模已超过大多数发达国家。

我国桥梁工程技术发展,从20世纪80年代的学习与追赶,到90年代的跟踪与提高,再到21世纪的创新与超越,已逐步从内河向海洋延伸。尽管我国桥梁建设事业的发展可喜可贺,但是伴随着桥梁建设事业的发展,"重建设、轻管养"的观念使得在役桥梁的安全性及韧性恢复问题日渐凸显。

首先,如同人类的成长过程("出生""成熟"与"衰老"),桥梁也具有建设、服役及老化过程。目前,我国一批在役桥梁已进入老化期,多年的运营荷载和环境侵蚀给这些桥梁带来不同程度的结构损伤。据不完全统计,目前我国公路网中,约40%的在役桥梁服役超过20年;其中,技术等级为三、四类的带病桥梁达30%,超过10万座桥梁为危桥。安全隐患不容忽视。

其次,中小桥梁在庞大的道路交通体系中承担了重任。它们时刻面临材料劣化、地基沉降等渐变型风险和车船撞击、地质灾害等突发型风险。随着经济的发展,近些年一些地区的交通量和重车数量呈增长趋势,造成大量中小桥梁的实际运营荷载超过其设计荷载。以上安全隐患都可能导致严重的结构安全性问题。

最后,就大桥、特大桥而言,追求"长、大、高、特"等桥型会带来高昂的建设成本。反观桥梁使用寿命,很多大跨桥梁的质量没有与工程造价的增长成正比。有些桥梁建成没多久就出现大修,有些桥梁通车几年后就重新进行桥面铺装。另外,桥梁在服役过程中存在遭遇极端事件(地震、强风、火灾等)的可能,这不可避免地会带来结构的损伤和损毁;对于强柔性的缆索承重大跨径桥梁及一些结构静动力响应非常规的异形桥梁,这一问题尤其突出。

据统计,目前国、省、县道有相当比例的桥梁处于带病工作状态。依据桥梁技术状况评价标准,我国国、省、县道上安全等级为三级及以上的病害桥梁数量近5万座,约占整体数量的16%。另外,我国20世纪90年代初修建的大量桥梁即将进入维修养护期。参考发达国家的桥梁养护经验,未来 5~10 年内,我国将有一大批县、乡、村道桥梁面临大修或重建;未来 10~15 年内,大批国、省道上的大桥、特大桥亦需要巨额养护维修资金以保障其安全服役。图 1-1 所示为我国桥梁建造及管养费用的发展趋势。

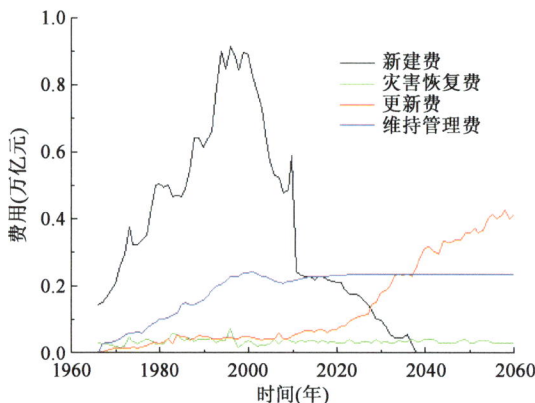

图 1-1　我国桥梁建造及管养费用的发展趋势

桥梁病害不仅威胁桥梁自身结构安全,而且任何结构事故都可能带来不可挽回的人身伤亡和巨大的社会经济损失。据统计,2007—2012 年,我国共有 37 座桥梁垮塌,平均每年出现超过 6 座"夺命桥",导致 180 多人丧生。值得注意的是,在这些垮塌桥梁中,近 60% 为 1994 年之后所建,桥龄还不到 20 年。在国外,桥梁损毁事故亦时有发生。表 1-1 给出了 2018—2019 年国内外出现的重大桥梁事故案例,这些惨痛事故引起巨大社会反响。例如,美国明尼苏达 I-35W 桥梁倒塌事故在一定程度上推动了美国桥梁管养行业的变革。工程技术人员在质疑该桥结构安全性的同时,反思了 20 世纪五六十年代美国桥梁建造"高潮期"的造桥理念。事故发生前 3 个月,该桥刚刚获得合格的全桥检测结果,这一事实亦质疑了桥梁管养行业当前检测手段的可靠性。

2018—2019 年国内外重大桥梁事故案例　　　　表 1-1

桥梁名称	事故时间	事故原因	详情	备注
哥伦比亚赤拉哈拉（Chirajara）大桥	2018 年 1 月 15 日	设计问题		桥梁倒塌造成 9 名工人死亡,数人受伤
美国迈阿密 FIU 大学人行天桥	2018 年 3 月 15 日	施工方法存在缺陷		ABC 快速施工

桥梁名称	事故时间	事故原因	详情	备注
中国彭山岷江大桥	2018 年 7 月 27 日	洪水		1994 年 5 月建成
意大利热那亚莫兰迪大桥	2018 年 8 月 14 日	大桥一端柱子上的绳索断裂		20 世纪 60 年代建成,并于 2016 重建
中国河源东江大桥	2019 年 6 月 14 日	检测评估不足,洪水灾害		1972 年建成通车
中国台湾宜兰南方澳跨海大桥	2019 年 10 月 1 日	吊杆锈蚀		截至事故发生,完工 21 年,仅检测 2 次
中国无锡 312 国道锡港路上跨桥	2019 年 10 月 10 日	超载 + 偏载		三跨连续梁

在国外,日本提出桥梁设计使用年限为100年,英国为120年,美国为75～100年,欧洲为100年。实际上,很多倒塌桥梁的实际使用寿命都没有达到设计使用年限要求。美国的统计显示,设计使用年限为75年的桥梁的实际使用寿命平均为40年左右。过短的使用寿命表明,全世界范围内大量在役桥梁的安全性、适用性、耐久性在全寿命周期内是不理想的。当前,我国桥梁建设事业正在经历从"以建为主"向"建养并举"的转型,未来将面临大规模养护压力。如何让在役桥梁少灾少病,长期地服务于经济发展与人民生活,应该成为我国桥梁管养行业从业人员与研究人员关注的重点。

1.2　当前桥梁管养技术综述

为了确保在役桥梁的安全性、适用性和耐久性,桥梁管理人员通常采用结构检测或监测技术获取实桥信息,并使用有效的数学方法处理实测数据,进而对结构的健康状况进行评价,使用全寿命周期决策等方法为桥梁的运营管理、养护维修提供建议。大量工程实践和科学研究证明,已有的桥梁管养技术对于维护各国在役桥梁的安全性起到了重要的作用。本节将依次对传统桥梁检、监测技术,传统桥梁评估方法,传统桥梁维修加固技术,以及现有桥梁管养相关技术标准进行介绍。

1.2.1　传统桥梁检、监测技术

桥梁检测的目的包括:①确定新建桥梁的承载能力和使用条件;②评估既有桥梁的使用性能和承载能力;③研究新结构形式或采用新材料和新工艺的桥梁的力学行为,以指导结构设计或施工建造。桥梁检测是一门直接服务于工程实践的技术学科,涉及结构设计计算、试验测试技术、仪器仪表性能、数理统计分析、试验人员组织等方面,具有较强的综合性。从时间阶段划分,现场检测可划分为准备阶段、加载与观测阶段和分析总结阶段。从方法上,桥梁检测可划分为巡检、静载试验、动载试验和无损检测。

巡检无须对桥梁配置专门的测量系统,仅需一个可支持多样测量作业的仪器,在明确规范检测路线的基础上,严格完成数据测量与存储,进而将检测数据作为依据对在役桥梁的实际状态进行评估。由于无须投入过多设备且容易实现,故巡检成为使用最广泛的传统桥梁检测方式。静载试验是将静止的荷载作用在桥梁上的指定位置后,测试结构的静力位移、静力应变、裂缝等参量,进而推断桥梁在荷载作用下的使用性能的试验项目。动载试验是利用某种激振方法激起结构的振动,进而测定结构的固有频率、阻尼比、振型、动力冲击系数、行车响应等参量,判断桥梁的整体刚度和行车性能的试验项目。在帮助工程人员全面掌握桥梁的工作性能方面,静载试验和动载试验具有同等的重要性。无损检测亦是一项重要的桥梁检测技术,它是在不破坏材料内部结构和结构使用性能的情况下进行目测,或利用声、光、热、电、磁、射线等方法测定材料性能的物理量,推断材料强度、缺陷等的测试技术。以混凝土无损检测技术为例,利用该技术,我们可以检测混凝土的强度、弹性模量,裂缝的宽度和深度,钢筋直径、位置和保护层厚度,混凝土的碳化程度,钢筋锈蚀程度等参数。

　　桥梁检测技术对于施工质量检查,既有结构的养护管理,既有结构的强度、耐久性、损伤程度评定等均有着重要的意义。然而,传统检测技术尚不完善,一些技术层面的问题制约了其在我国桥梁建设事业中的广泛应用。例如,静、动载试验需要封闭交通,易造成结构损伤,试验工况与实桥运营状况存在差异,仅能反映结构的整体力学行为,无法识别局部损伤;无损检测操作复杂,实际效果依赖于局部损伤假设,不确定性强等。

　　桥梁结构健康监测(Structure Health Monitoring,SHM)综合了现代测试与传感、网络通信、信号处理与分析、安全性评价与决策、结构分析等多个科学领域的技术,克服了传统桥梁检测的诸多不足。结构健康监测系统的定义是:一种从运营状态的结构中获取并处理数据,评估结构的主要性能指标的有效方法。基于此定义,桥梁结构健康监测系统通常被划分为在线测试、实时分析、损伤诊断、状态评估、维护决策五个部分。第一,管理人员可以通过在线测试模块,依靠传感、测试及网络通信技术对桥梁的工作环境、桥梁在各类外部荷载因素作用下的响应进行在线测试;第二,管理人员可以将实测信息转入实时分析模块,依靠有限元模型修正及数值仿真获得整个桥梁实时的力学状态;第三,管理人员可利用损伤诊断模块进行损伤预警,并使用基于物理模型的方法或基于机器学习的方法定位损伤、定量识别损伤;第四,在状态评估模块中,管理人员可依据更新后的指标参数,对构件及整个结构的安全性和耐久性进行评价;第五,维护决策模块为当前桥梁的运营管理、养护维修提供建议。

　　基于结构的重要性和较高的经济代价,结构健康监测系统通常仅被安装于一些大跨度桥梁。国外桥梁结构健康监测系统的应用始于20世纪80年代,当时工程人员在英国Foyle桥安装了长期监测仪器和自动化数据采集系统,以校验大桥的设计并研究通车量、风速、温度改变对于大桥动力行为的影响。随后,许多国家都在一些新建或既有的大型桥梁上建立结构健康监测系统,并融入了一些先进的传感技术、计算机与通信技术、信号分析与处理技术。我国桥梁结构健康监测系统的应用始于20世纪90年代,依托大规模交通基础设施建设的背景,我国在这一领域发展较快,当前,我国的桥梁结构健康监测系统已具备数量多、规模大的特点。

　　随着工程实践经验的积累和科学研究的发展,近些年国内外桥梁结构健康监测技术取得了一些进展,这体现在:①监测信息和监测内容更全面;②监测仪器更加多样化,功能更加完善;③结构损伤识别理论与方法有进展;④多种安全性评估方法被初步应用于桥梁结构健康监测系统中。尽管如此,当前国内外桥梁结构健康监测技术尚不完善,如下两个科学问题亟待解决:第一,结构不确定性因素和复杂的工作环境会对结构响应的灵敏性造成不利影响,且难以排除;第二,对于桥梁使用年限内的工作特性变化缺乏深入研究,难以建立客观的结构状态评估标准。在技术层面,传统监测技术亦存在如下问题:第一,基于点接触式传感器的结构健康监测系统在感知技术方面成本高且数据稀缺;第二,在通信技术方面缺少大通量、低延迟的网络,且缺少低能耗、长寿命的数据传输协议;第三,在分析手段方面没有成熟的局部破坏识别方法;第四,基于遥感技术的结构健康监测系统缺少结构细部及立面感知。

1.2.2 传统桥梁评估方法

基于检、监测获取的实测信息,工程人员可以对桥梁的安全性进行评估。传统桥梁安全性评估方法大致可以分为确定性安全评估方法和不确定性安全评估方法两大类,确定性安全评估方法包含基于外观调查的方法、基于设计规范的方法和基于荷载试验的方法;不确定性安全评估方法包含基于结构可靠度理论的方法、基于区间分析的方法和基于模糊数学的方法。

基于外观调查的方法是操作最简便、运用得最多的桥梁安全状态评估方法,在实际操作中,工程技术人员建立了各种不同形式的目测评估系统。究其本质,这些系统基于经验系数评估法、桥梁状态打分评估法、桥梁状态指数评估法、运用判断矩阵和变权原理的层次分析评估法等方法建立。

桥梁设计规范是基于力学原理、试验成果和工程经验制定的,因此,基于设计规范的桥梁安全状态评估方法具有坚实的理论基础。然而,因结构设计与安全性评估有着本质的不同,直接套用桥梁设计规范评估桥梁承载能力是不合适的,工程人员需根据现场调查所得的信息对结构抗力和荷载效应进行修正。基于设计规范的桥梁安全状态评估方法的实施步骤包括:①根据实测结构几何参数、材料参数、支承条件等建立桥梁结构有限元分析模型;②在有限元模型中加载修正过的设计车辆荷载;③比较荷载效应值与修正过的结构抗力值,以判断结构是否可靠。

基于荷载试验的方法即通过现场试验对桥梁结构进行安全性评估的方法。该方法依据桥梁现场荷载试验结果,结合理论分析手段,推算桥梁结构的实际承载能力。具体来说,此方法利用现场实测的不同等级荷载作用下的结构静、动力响应识别出实际结构的几何参数、材料参数和支承条件,进而利用数值估算出实际结构的正常使用承载力及极限承载力,量化结构的安全状况。实际应用中,该方法的可靠性取决于实际结构的几何参数、材料参数等是否通过有限元模型修正等技术被准确识别。理论上,在检测技术和计算技术相对成熟的条件下,可以通过检测结果与计算结果的相关性分析来大致定位初始数值模型的不合理之处,但实际操作并不简单。

基于结构可靠度理论的安全性评估方法采用失效概率或可靠指标来衡量结构的安全水平。该方法以概率统计理论为基础,可以有效地考虑荷载和抗力的不确定性,与确定性安全评估方法比较,该方法为桥梁评估提供了一个更合理的理论框架。基于结构可靠度理论的安全性评估方法又可细分为直接评估可靠指标方法、制定评估规范中分项安全系数法、层次分析法等。

在统计数据少或计算模型不够精确时,概率模型不是一种理想的不确定性结构安全评估工具。有学者提出一种非概率的凸集模型,它将不确定参量视为包含在一凸集合中的有界量,通过集合运算求解结构响应所在范围。基于区间分析的方法即使用凸集模型的代表性方法,当前已有研究将基于区间分析的方法引入桥梁安全性评估,但该方法的应用价值尚需要通过实践加以检验。

模糊数学是一种研究和处理模糊性现象的数学理论。它在处理模糊概念、逻辑推理以及人工智能方面具有有效性,目前已在多个领域得到广泛应用。在将模糊数学应用于桥梁的安全性评估时,工程人员需先按结构基本单元类别(如箱梁、墩柱、桥面系等)抽取一定数量的样本,并针对单一构件计算构件样本的评判矩阵,沿用层次分析法建立构件的权重集,进而求得桥梁的一级评判结果,在此基础上,再对桥梁的整体安全性进行评估。

综上所述,确定性安全评估方法因操作过程简单、易于评估特定条件下的桥梁结构而被广泛采用,但这些方法都对评估过程中的不确定因素做了确定性的处理,留下了安全隐患。不确定性安全评估方法在安全评估的过程中合理地考虑了各种不确定因素,理论上更加完备。然而,这些方法因操作过程复杂而未被广泛采用,其应用价值尚待实践检验。另外,无论是确定性安全评估方法还是不确定性安全评估方法,均存在如下共性问题:①尚未实现全寿命周期评价;②没有实现动态结果可视化与交互化;③尚未将预测与结构安全性评估相结合,实现从健康诊断到健康状况预测。

1.2.3　传统桥梁维修加固技术

对于经评估发现存在安全隐患的桥梁,管养人员必须及时进行维修加固,以提高其承载能力。不同的桥梁,其结构形式、所处环境、损伤程度均不同,因此,对它们采取的维修加固技术亦不尽相同。常用的桥梁维修加固技术有黏合钢板加固法、复合材料加固法、构件截面扩大法、预应力加固法、钢板-混凝土组合加固法等,现分别详述如下:

(1)黏合钢板加固法主要通过在构件表面黏合钢板达到加固的目的,该方法具备诸多优点,如结构承载力显著提升、施工成本低、后期使用周期长等。在运用黏合钢板加固时,工程人员宜因地制宜,通过有效的调研选取适宜的钢板结构,在维持原有结构形式的基础上对桥梁进行加固。

(2)复合材料加固法是一种较为先进的加固措施,可应用于桥梁加固的复合材料包括玻璃纤维、碳纤维、芳纶纤维等。相比其他的纤维材料,碳纤维无论在质量、强度还是抗腐蚀方面都有显著优势,并且便于携带运输,施工方便,可以有效地提高施工效率。

(3)桥梁稳定性不足的主要原因是桥梁构件的承载力不足,采用构件截面扩大法可以有效增大桥梁构件的受力面积,提高其承载力。然而,由于施工周期长、成本高,该方法并不常被采用。

(4)预应力加固法是采用体外补加预应力拉杆防止桥梁裂缝进一步延伸的方法。其原理是使用较高强度的构件对结构施加较大的压应力,抵消原有构件本身的拉应力,从而达到提高桥体承载力,防止桥体变形的目的。

(5)钢板-混凝土组合加固法是一种新型加固技术,是构件截面扩大法及黏合钢板加固法的有效组合。其不仅成功地继承了两种方法的优点,更有效地弥补了两者原有的缺点,是对结构加固技术的一种创新与发展。钢板-混凝土组合加固时,通过在钢板上焊接栓钉、在原混凝土结构表面植筋、在原混凝土结构与加固钢板间浇注混凝土等措施使加固部分与原混凝土结构形成整体。钢板-混凝土组合加固方法不仅充分利用新、旧材料的性能,而且新、旧混凝土及钢板与新混凝土之间都有必要的连接构造,受力性能可靠。新、旧混凝土通过栽植的钢筋协同工作,钢板和后浇的混凝土通过栓钉相连接,而新混凝土则作为钢板与原结构之间的连接层,促使原结构和新混凝土、钢板成为共同工作的整体,使加固后的结构具有承载力高、刚度大、耐久性好等优点,且此法施工快速、方便。

由此可知,现有桥梁维修加固技术种类多且大多较为成熟。然而,当前的桥梁维修加固

实践在决策层面尚不完善,存在如下问题:

第一,当前桥梁最佳维修策略的优化方法以单目标优化为主,一般以维修费用最小化为目标,对影响维修效果的其他因素考虑不足。有时,即使建立了多目标优化模型,管养人员也通常将其转换成单目标优化问题进行求解。

第二,当前桥梁最佳维修策略选择采用传统数学规划技术,其求解难度很大。遗传算法等全局优化搜索算法具有并行处理、对目标函数形式要求低等优点,适合于对变量离散的结构维修优化问题进行求解,它们在国外已经得到应用,而在我国尚未被广泛使用。

第三,桥梁加固方案优选方面存在评价指标赋权方法单一、决策方法单一和不同方法评价结论的非一致性等问题,且优选理论研究常常与实际应用脱节。

第四,相关工作尚未将可靠度理论引入桥梁维修决策。具体来说,工程人员尚未建立基于可靠性的全寿命周期费用模型,未在维修决策中应用可靠度退化模型,未确定桥梁评估期的目标可靠度指标及维修加固措施对构件可靠度的影响。

第五,管养人员尚未开发出考虑全寿命周期成本的新一代桥梁维修决策软件。当前,以外观检查和综合评定为基础的桥梁维修决策方法存在诸多局限性,如对桥梁性能劣化的内在规律性掌握不足、维修的主动性不够等,而基于最佳寿命周期成本的养护维修决策系统则可以解决这些问题。

1.2.4 现有桥梁管养相关技术标准

现有桥梁管养相关技术标准的侧重点主要集中在桥梁检测、桥梁评价和养护与维修加固三个方面,以满足当前桥梁管养工作需要。例如,国内桥梁养护工作主要依照《城市桥梁养护技术标准》(CJJ 99—2017)[1]、《公路桥梁技术状况评定标准》(JTG/T H21—2011)[2]和《公路桥涵养护规范》(JTG 5120—2021)[3]。国外则主要依照美国联邦公路管理局(Federal Highway Administration,FHWA)和美国国家公路与运输协会(American Association of State Highway and Transportation Officials,AASHTO)出台的检测评估标准《国家桥梁检测标准》(*National Bridge Inspection Standards*,NBIS)[4]、*Guidelines for Bridge Management Systems*(GBMS)[5]等。这里将中美桥梁养护相关规范列于表1-2中。

中美桥梁养护规范   表1-2

项　　目	美　　国	中　　国
桥梁检测	《国家桥梁检测标准》(FHWA-2001-8954) 《检测人员参考手册》(FHWA-BIRM)	《公路桥涵养护规范》(JTG 5120—2021) 《公路桥梁技术状况评定标准》(JTG/T H21—2011)
桥梁评价	《桥梁评估手册》(AASHTO MBE-2011) 《检测人员参考手册》(FHWA-BIRM)	《公路桥涵养护规范》(JTG 5120—2021) 《城市桥梁养护技术标准》(CJJ 99—2017) 《公路桥梁承载能力检测评定规程》(JTG/T J21—2011)
养护与维修加固	《道路桥梁养护手册》(AASHTO MM-3-1999) 《桥梁设计规范》(AASHTO LRFDUS-2017)	《公路桥涵养护规范》(JTG 5120—2021) 《公路桥梁加固设计规范》(JTG/T J22—2008)[6] 《公路桥梁加固施工技术规范》(JTG/T J23—2008)

在当前桥梁养护流程下,桥梁后期的养护与维修加固均基于桥梁检测评定结果,所以检测评价方法的科学性和实用性直接关系到管养人员采用什么样的方式、方法进行维修、加固

和管理。桥梁检测、评定规范直接决定着桥梁管养维护的质量,是桥梁养护的核心依据。我国现行桥梁养护工作开展主要参照的规范中,《公路桥涵养护规范》(JTG 5120—2021)使用范围最广泛,《城市桥梁养护技术标准》(CJJ 99—2017)运用范围较小,主要应用于城市桥梁中,《公路桥梁技术状况评定标准》(JTG/T H21—2011)中关于桥梁技术状况评定的内容融合了前面两个规范的长处,同时划分了不同的桥型,对每个桥型的病害进行了描述,是目前国内桥梁技术状况评定最为完整的规范。

作为统领性的规范,原《公路桥涵养护规范》(JTG H11—2004)具有权威性强、工作量小、操作简单等优点,但存在部件采用固定权重、没有按桥型进行部件细化、桥梁技术状况评定结果的主观性和随意性较大等不足。新版《公路桥涵养护规范》(JTG 5120—2021)对原规范 JTG H11—2004 进行了修订。有关专家总结了我国近年来在公路桥涵养护方面的经验和科技成果,借鉴了国内外相关标准规范的先进技术方法,按照"预防为主、防治结合"的养护理念,在桥梁检查评定、养护维修、灾害防治及技术管理等方面对原规范进行重点修订。修订后的新版《公路桥涵养护规范》(JTG 5120—2021)技术更先进、内容更合理、可操作性更强。其中的桥梁检查部分,原规范规定了桥梁检查的周期和相应的检查内容及方法,但其检查结果无法直接用来指导养护决策,且缺少关于日常巡检和特殊检查的规定;而新规范提出了用于指导桥涵养护决策的桥涵养护检查等级,并在检查类别中增加了初始检查和日常巡查,将水下检测纳入特殊检查。桥梁技术状况评定部分,原规范给出了三种评估方法,分别是:考虑桥梁各部件权重的综合评估方法;按重要部件最差的缺损状况评估法和根据全桥或各部件工作状况对照规范中桥梁技术状况表直接评估法;而新规范取消了原规范中桥梁技术状况等级评定相关内容。此外,原规范中对桥梁养护加固的介绍较为详细,对相关重点进行了明确规定;而新规范取消了原规范中桥梁加固的具体内容。《城市桥梁养护技术标准》(CJJ 99—2017)在《公路桥涵养护规范》(JTG H11—2004)的基础上进行改进,采用了分层评估法和加权平均法,同时规定了构件缺陷及扣分的标准,使得桥梁技术状况评定结果比较客观,适用于城市桥梁的养护。但桥梁上部和下部结构的评分采用算术平均的方法,存在弱化结构缺陷的隐患,而且桥型及构件分类不全,不适合大型桥梁和复杂桥梁的技术状况评定。同时,对于桥梁各结构的养护措施规定都较为简略,未能体现出桥梁全寿命管养的理念。相比较而言,《公路桥梁技术状况评价标准》(JTG/T H21—2011)采用分层综合评定与五类桥梁单项控制指标相结合的方法,先对桥梁各构件进行评定,然后对桥梁各部件进行评定,再对桥面系、上部结构和下部结构分别进行评定,最后进行桥梁总体技术状况的评定,结果客观性较好。该规范针对不同的桥型提出来不同的病害类型和权重,并且首次提出没有提及的部件权重可以按照比例分配到现有部件中。但是该规范对所有的构件和部件均要求进行详细检查和评分,大大增加了多跨桥梁检查的工作量和成本,同时对检测人员的经验要求较高。

目前我国桥梁检测、评定规范中主要存在的问题有:①规范采用固定权值来评价桥梁,导致无法在评价结果中正确反映权重、较小的部件使用功能异常而影响桥梁的正常工作的状况;另外,当桥梁未设置某部件时,按照规范会使桥梁的总体评估分值偏高,与桥梁的实际技术状况不符。②规范对于桥梁部件类型的划分较简单,而对于复杂桥型的一些部件却没有明确规定其相应的权重,规定过于模糊。③规范推荐的评估方法没有制定详细的量化标准,只能通过桥梁工作人员的主观经验对桥梁进行大致定性分析来得出桥梁状况的评估结果。其文化水平和工作经验会极大影响桥梁的评估结果,不同地区对病害指标和程度的认识存在差异,地区、单位、人员的不同会直接导致评估计算中度量的把控不同,从而造成彼此的评估结果差别甚大。同时我国的养护规范主要参照交通运输部制定的行业标准,至今没有国家级的桥梁养护规范,这导致对桥梁养护工作的重视难以上升到一定高度。

美国作为发达国家之一,其大规模的公路桥梁建设较早,养护规范也经过了长期的实践考验,并仍在不断完善中。20世纪50—60年代,美国进入了大规模的桥梁建设期,但在这一时期对桥梁检测和养护的关注很少,然而,随着1967年Sliver桥的倒塌,美国开始高度关注桥梁的检测和养护,并于1971年完成了第一版《国家桥梁检测标准》。目前,美国已经形成非常完善的桥梁检测、评估和维护加固体系。

美国现阶段的桥梁技术状况评估体系由6本标准或者手册组成。美国法律规定《国家桥梁检测标准》(FHWA,2001)是最高准则,它由FHWA制定,并经国会通过,成为桥梁管养必须遵守的法律。它所规定的桥梁技术状况评定的一般流程与我国有所不同:先对桥梁每个构件评分,再对桥梁部件评分,用0~9的评分标度表示,但最后并不进行加权平均而直接根据各部件情况计算得出总体评分。这种评定方法的优点是决策者可以很容易发现桥梁各构件及部件的病害情况,有利于桥梁维护人员更好地关注重点病害。同时FHWA发布了《国家桥梁结构登记和评估记录代码规则》(*Recording and Coding Guide for the Structure Inventory and Appraisal of Nation's Bridges*,RCGSIANB),要求所有桥梁档案记录必须符合该规则,实现了桥梁管养的标准化、规范化,最终汇总形成美国国家桥梁档案数据库(*National Bridge Inventory*,NBI),来实时掌握公路桥梁完整且准确的基本构成及结构、功能、管理、维护现状等信息。FHWA还发布了一本关于检查和评估各类桥梁程序、法规和技术的综合手册(*Bridge Inspector's Reference Manual*,BIRM)。AASHTO也发布了可以分别从单元和结构层次进行评估的标准(*The Manual for Bridge Evaluation*,MBE)[7]。最后在桥梁养护与维修加固上,美国采用ASSHTO的道路桥梁养护手册(*AASHTO Maintenance Manual:The Maintenance and Management of Roadways and Bridges*)[8],对应我国的《公路桥涵养护规范》(JTG 5120—2021)、《公路桥梁加固设计规范》(JTG/T J22—2008)等。整体来看,美国桥梁检测体系对各种构件的各种典型病害分类明确,减少了检测人员主观判断差异的影响。同时更全面地考虑病害影响因素,并做更为深入的原因分析。最后在细化、规范化检测工作流程及相应保障措施(如编制详细的操作手册)上更为注意,值得学习。

日本在战后经济高速发展时期也兴建了大批桥梁,随着使用年限的增长,都进入了急需管养的阶段。在此背景下,日本桥梁管养规范起源于1988年公共工程研究所(Public Work Research Institute)提出的一本模型桥梁检查手册(*Model Bridge Inspection Manual*),但它只是作为指导性文件,并无法律效力。后来,日本于2013年通过道路法修正案(*The Amendment of Road Law*),明确指出桥梁管理者有义务对其所辖桥梁进行预防性维护管养,将桥梁管养工作的必要性明确化。随后日本国土交通省出台了桥梁检测规程(*Bridge Inspection Protocols*)用以规范化其所辖的桥梁管养工作。

日本桥梁检测分为定期检测和中间检测,定期检测每5年进行1次,定期检测还分为全体检测和抽样检测。中间检测为定期检测时发现损伤或确认维护加固的效果时在下一次定期检测前进行的检测,它没有同定期检测一般的检测频率,检测内容根据部位和检测标准来确定。检测手段是以人工现场目检为主,辅以有限的检测工具,例如在检测裂缝宽度时,根据规程,桥梁经检测后会给出各构件的维护评级(maintenance urgency)和既有损伤评分(damage appearance rating)。构件的维护评级分为七级:A——不需要维修;B——不需要立刻维修;C——需要维修;E1——为了结构安全、稳定,需要采取紧急措施;E2——因其他因素需要采取紧急措施;M——在常规管养作业中需要进行维修;S——需要进一步调查。维护评级由有经验的工程师主观上根据构件的病害情况得出,包括裂缝的方向、损伤位置、构件功能、损伤的原因、外部环境、维护管养历史等,同时还要估计损伤在未来可能的演化情况和相应桥梁性能退化情况等。但因为在规程的评级中并没有给出一些客观量化的考核标准,例如裂缝宽度、长度等用于参考,评级结果主观性太强,并不能准确代表损伤状况,不利于桥梁预防性管养维护,所以规程还要求对构件的既有损伤评分,它根据构件损伤的分布和程度等客观数据进行评估,还能用于估计桥梁未来的维护成本,利于管养者做出最优决策,帮助改进桥梁设计方法。这里日本也同美国一样对桥梁开展了基于构件层面的检查评定,但双方对桥梁构件的划分规则不太一致。两者的主要区别在于美国只是根据桥梁构件类型进行归类,日本则是将构件按所属桥跨位置不同,进行了更精细的划分,因此在规程中称为"有限元"(Finite Element)。在进行构件既有损伤评分时,检测人员根据规程规定的 13 种损伤类别对各构件损伤状况进行记录,构件状态等级用 a、b、c、d、e 表示,分别描述从无损伤状态到最差状态。为了使评估更加客观,规范中还给出了不同损伤类别损伤等级下的典型病害照片用于参考。随后同美国一样,不进行加权平均直接得到桥梁状况评分。之后日本收集这些规范化的病害检测结果,构建起了专有数据库,用于后期基于数据挖掘的桥梁管养决策。在当前,主观性的维护评级和客观的既有损伤评分两种评价机制都是独立执行的,这使得最后管理者可以将两者交叉比对,从而提高结果的可信度。

通过与美、日对比可以发现,我国在养护管理系统方面尚处于发展的初级阶段,在桥梁检测与养护活动的规划、桥梁退化预测、有限资金的最优化使用、系统通用化程度方面还比较薄弱。但在对桥梁病害的定义、量化描述及对策措施方面,我国新版规范已有改进;同时,通过借鉴美国桥梁检测手册中对人工检测全面的规定(包括检测计划、检测工具、维护桥梁构件的措施、检测人员资质要求、防护措施、交通管制等),我国新版规范对于人工检测的具体实施环节已有比较详细的规定。

最后,总的来看,当前各国的桥梁检测养护规范普遍存在对于桥梁评定人员的主观经验要求较高,评定流程概述性较强,评定人员的专业经验水平对评定结果的准确性影响很大的问题,大多只能定性评定,无法量化损伤严重程度。为了克服主观性太大的弊端,日本、美国都尝试建立权威的桥梁病害程度图片库,以此帮助现场检测人员进行病害识别,但客观性仍旧有限。同时现有检测均主要采用目测为主、仪器为辅的方法,这种组合检测方式势必会引起不小的主观误差,致使桥梁评估结果可信度降低。而对于优势更为突出的桥梁健康监测技术,虽然已有相关学者开展了大量的研究工作,但目前仍缺乏相关规范规程来指导并规范相关基于健康监测技术的养护工作的开展。这一空缺急需被填补,以提升桥梁管养维护的效率和客观性。

1.3 桥梁全寿命周期管养理论综述

1.3.1 引言

一座桥梁通常要经历规划、勘察设计、施工、运营及破坏拆除等阶段,这些阶段组成了桥梁完整的寿命周期。当前桥梁设计阶段主要考虑安全可靠、适用耐久以及经济合理等要求,其中经济性则重点体现在勘察设计及施工阶段的成本上。桥梁在设计建成后,将服役数十年甚至上百年,具有庞大保有量的桥梁基础设施对于全社会而言将是一笔巨大的资产。如何在尽可能降低维护费用的情况下保证桥梁在长久运营期内的性能水平,成为桥梁资产管理者所面临的难题。事实证明,桥梁投入使用后的维护成本往往非常高。因此桥梁的管理与维护需在全寿命周期框架下进行,综合考虑桥梁各个阶段需求及费用,以期对庞大的桥梁资产进行有效的管理。

桥梁在服役期内由于材料老化、环境作用、人为与自然多重灾害等因素,结构性能会不断退化甚至突然下降。美国土木工程师协会 2013 年的报告显示,美国 60 万座桥梁的平均桥龄为 42 年,其中有将近 1/4 的桥梁存在结构缺陷或功能不适应的问题。解决这些问题需耗费大量的资金,往往给国民经济带来沉重的负担。如何使既有桥梁在有限的资金投入下尽可能延长使用寿命,实现社会、经济、环境等方面的可持续性,是桥梁全寿命周期管养的首要目标。

桥梁全寿命周期安全、管理与维护领域经过 20 多年的研究与发展,为实现上述目标提供了有效的途径。通过综合考虑桥梁在正常服役期以及极端事件下结构性能水平以及性能退化对社会、经济、环境等的影响,在全寿命周期成本与性能指标之间进行优化平衡,进而寻找并确定最佳的桥梁养护策略,已经成为该领域的基本研究范式。

1.3.2 桥梁全寿命周期性能

桥梁性能的评估和预测是全寿命周期管养框架中的基础与关键环节,桥梁养护资金分配及决策与结构全寿命周期性能直接关联。离开了性能的准确评估与预测,则可能导致管养人员采取不必要或者不及时的维护措施,任一情况均会增加桥梁全寿命周期的成本。出于荷载效应、环境因素、多重灾害(地震、洪水、飓风等)、人为活动(如交通事故、恐怖袭击)等原因,桥梁的性能在生命周期内会不断地退化或遭受突发冲击。服役期内桥梁典型的性能退化机理如混凝土桥梁的氯化物腐蚀与混凝土碳化、钢桥的腐蚀疲劳,均可缩短桥梁的使用寿命。氯离子引起的锈蚀可以削弱混凝土中钢筋的截面承载力,并降低混凝土与钢的黏结作用;腐蚀疲劳同样可以削弱钢构件的截面承载力,疲劳裂纹扩展则可导致构件发生断裂破坏。而地震、爆炸等突发冲击事件可使桥梁性能在短时间内大幅度下降,甚至导致桥梁被破坏而失效。

在早期全寿命周期桥梁管养研究缺少局部精确模型的情况下,一些全局的定量模型于 20 世纪 90 年代被用于桥梁实践中。早期的桥梁管理系统侧重于桥梁体系和构件的性能评分(rating),如开发于 20 世纪 90 年代的 PONTIS 和 BRIDGIT 软件,采用马尔科夫过程来描述桥梁在选定离散时间段的性能变化(比如,每 5 年 1 个周期)。马尔科夫链为一离散时间随机过程,其使用条件是假设桥梁体系当前时刻的状态仅取决于有限数量最近时刻的状态,而与更早时刻的状态无关。从 20 世纪 90 年代到目前,基于概率(probabilistic)的、确定性(deterministic)的或者模糊性(fuzzy)的模型研究大量涌现。在原有的简单主观评分基础上,这些定量研究使桥梁性能评价趋于客观。常用的桥梁全寿命周期性能及其度量指标包括状态指标、安全指标、可靠度、冗余度、鲁棒性、全寿命周期成本、风险、可恢复性、可持续性等,这些指标均从不同方面描述了桥梁结构系统的性能,但还没有哪一项单独的指标具有100% 的覆盖能力,各项性能指标均有一定的侧重。桥梁管养中需考虑结构能否在运营中满足上述一项或者多项指标,并通过检测、维护、修复等行为保持必要的性能水平。例如,可持续性可较好评估桥梁在正常运营期间对社会的影响,而可恢复性则侧重于桥梁遭遇特殊事件后的影响,二者可互为补充、联合运用。

科学研究表明,当前全球气候系统正在变暖。已观测到海平面、全球气温及海洋温度正在加快上升,同时大气中的二氧化碳浓度以及降雨量也在增加。这些气候变化趋势会对桥梁的性能及其退化造成影响,对于沿海地区的桥梁影响尤甚,在桥梁全寿命周期管养分析中应予以考虑。气候变化最显著的影响因素为气温升高,升温会造成桥面铺装、伸缩装置等加速老化。高温作业,桥梁维护和建设过程的成本将增加。气温升高以及二氧化碳浓度增加还将加快桥梁结构混凝土碳化和氯化物腐蚀损伤,损伤概率可增加 16% 以上。此外,强降水的增多将引起土壤侵蚀速率和湿度的增加,从而对桥梁基础造成冲刷等不利影响。

在对桥梁全寿命周期性能进行评估与预测时(包括初始性能指标、损伤出现、退化速率、维修养护带来的性能提升等),需考虑不确定性因素。随着时间的推移,材料特性、结构退化、荷载等均存在着不确定性。除此之外,桥梁维护行为、成本分析中(例如与折现率相关的变量)亦存在不确定性。不确定性主要可分为两类:①随机不确定性;②认知不确定性。桥梁所受到的交通荷载、环境作用、材料老化、极端事件等多重组合效应,在引起桥梁性能退化的同时也带来了随机不确定性。这种不确定性是客观存在的,不能够被消除。认知不确定性是由知识或模型的不足造成的,通过加强桥梁研究和提高桥梁性能预测模型准确性可以降低认知不确定性。目前,虽然对不确定性的处理有若干数学方法,但基于概率的度量依然占有主要地位。因此,在进行全寿命周期管养分析时,从概率角度出发的方法论占主要地位。

基于物理的桥梁结构系统的时变性能评估和预测通常是复杂的,且天然地伴随着各种不确定性因素。因此,结构健康监测、检测可为降低随机变化的性能度量中的不确定性、修正和改进结构评估与性能预测模型提供有效的解决途径。SHM 通过对桥梁的荷载、结构静动力响应及几何位置进行实时监测,为确认和修正荷载系数、抗力系数和极端事件的荷载组合等提供可靠的数据。近些年来,新型的智能传感技术如无线传感、光纤传感等的发展进一步降低了数据的获取成本,并提升了 SHM 在全寿命周期框架下的应用潜力。另外,桥梁检测提供的信息可用于更新桥梁结构的退化模型,从而减小不确定性因素的影响。采用结构健康监测或者检测获取上述桥梁信息,一种原则性方法是通过贝叶斯更新对结构性能和状态模型参数进行修正与预测,从而得到模型参数的后验分布,即

$$P(\theta \mid d) = \frac{P(\theta)P(d \mid \theta)}{\int P(\theta)P(d \mid \theta)\,\mathrm{d}\theta} \tag{1-1}$$

式中:$P(\theta \mid d)$ 为模型参数 θ 在给定附加信息 d 条件下的后验分布;$P(\theta)$ 代表模型参数的先验分布;$P(d \mid \theta)$ 为给定模型参数 θ 的条件下获取附加信息 d 的似然函数;θ 和 d 分别为监测、检测中观测到的数据与模型参数。

1.3.3 全寿命周期管理与维护

桥梁全寿命周期养护决策需综合考虑并平衡上文所阐述的各项结构性能指标,而这些性能之间有时是相互冲突的,即很少存在可同时提升所有性能水平的管养计划。鉴于此,优化为全寿命周期框架下养护策略制定的必备工具,也是桥梁管养过程的核心环节。但如上文所述,基于一定性能水平约束条件下对养护成本进行最小化优化,则所得到的单一最佳方案不一定能满足管养单位对桥梁生命周期性能的要求。因此,有必要将桥梁性能评估、监测、检测结果等作为输入,通过优化从可能的养护方案中寻找到能够同时满足多性能目标及约束条件的最佳解决方案。要找到这样一个最佳方案,需运用多目标优化技术以在上述相互抵触的性能之间进行折中。

例如,一个典型的桥梁管养决策多目标优化问题可描述为:

目的:得到一组特定时段内折中后的养护计划候选名单。

多目标:①最差的状况指标值最小;②最小的安全指标值最大;③全寿命周期维护费用的现值最低。

约束条件:状况指标值小于或等于 3.0,同时,安全指标值大于或等于 0.91。

传统的优化算法在处理上述多目标优化问题时存在困难,因大多数传统方法只能解决单目标的优化问题,相应地给出单一的最终最佳解。为了能够进行多目标的优化,则需将多目标问题转化为一系列等效的单目标优化问题。常用的转化方法有两种,一种是一次只考虑一个目标,其他目标则转化为约束条件,这种方法的难点在于确定约束值的上限及下限。另一种为加权求和法,通过一组权重系数对初始的多目标进行加权求和,得到一个单一复合目标函数。

智能算法如进化算法、粒子群算法、蚁群算法及人工神经网络优化等可用于解决多目标优化问题,桥梁全寿命周期管养多目标优化问题常采用遗传算法求解,属于进化算法的一种。该算法正式出现于 20 世纪 60 年代,是一种通用的数值工具,具有实施简单和性能良好的特点。遗传算法可直接并同时处理多目标,由于无须使用梯度,因而可以处理离散化的设计变量。这对桥梁养护策略的制定尤其有用,因为不同的维护方案通常是在离散的时间进行的。

通过优化得到的桥梁养护方案包含维护的开始时间及维护类型等信息,即表明采取预防性养护还是必要的养护。预防性养护可小幅提升结构性能水平并延缓性能退化过程,包括替换小的部件、修补混凝土、修复裂纹、清洁和上漆等。预防性养护可分为基于状态与基于时间两类,前者根据桥梁状态进行,后者则按照事先规定的时间间隔进行。当结构性能降至规定的最低阈值时,则需要采取必要的养护使得桥梁可以正常服役,包括维修加固和构件更换等。

桥梁管养单位在制订养护计划时通常需考虑所管辖范围的一个区域内,如某一条或一段高速公路上的桥梁养护问题,因而需对项目级别的桥梁群进行全寿命周期管理和维护分析,可通过对所有桥梁进行一系列的单独分析实现,但这样操作计算量较大。通过假定桥梁群中所有的结构形式类似以及桥梁的养护策略类似,可以提高桥梁群管养的分析效率。

实际上桥梁均处于交通网络当中,交通网络由节点(目的地)、连接线(道路)以及处于连接线上的桥梁组成。网络级桥梁的性能与网络中单个桥梁的性能水平相关,由于单个桥梁的性能水平会随着时间变化且具有不确定性,因此桥梁网络性能的准确评估与预测存在困难,需在单个桥梁的可靠性与桥梁网络的性能之间建立合适的联系。例如网络中某一座桥梁失效不能通车,则车辆通行路径将会改变,这构成了该桥梁网络可能出现的模式之一。考虑所有可能的模式并进行组合,则得到了网络的性能。同时,还需考虑桥梁网络的全寿命周期维护、失效以及用户费用,其中用户费用是由于桥梁失效而使人们的通行成本增加,上述几项费用均与路网中每一座桥梁的状态相关。网络级的桥梁全寿命周期管养分析可表述为如下的优化问题。

给定:单个桥梁的性能退化模式;每一种网络模式下的交通路径;不同维护方案对桥梁性能的影响。

找到:一组桥梁维护方案的最佳解,可以减少桥梁网络全寿命周期维护、失效和用户费用。

约束条件:网络中单个桥梁的性能水平不低于规定的阈值。

总的来说,作为面向下一代的桥梁管养理念,全寿命周期管理与维护代表着桥梁养护管理的发展趋势。尽管在桥梁养护管理上已经取得了不少的研究成果,但目前仍未转化为规范中的相应条款进而得到普遍的应用。结构性能预测准确性的提高将导致计算代价不成比例的增加,利用有限元分析、计算与模拟等方面的进展从概率的角度预测现实中复杂的桥梁结构系统的全寿命周期性能,通过计算实现仍然不太现实。此外,现实中维护行为对桥梁性能水平影响方面的数据很有限,而将 SHM 融入全寿命周期管养的研究则仍处于初步发展阶段。

1.4　我国桥梁管养现状概述与挑战

1.4.1　现状概述

在我国,交通部于 2001 年提出了"建设是发展,养护管理也是发展"的新发展观,然而,"重建设、轻养护"的老观念在全国各地依旧存在。当前,我国对桥梁的养护管理大多停留在"事后型"养护上,养护工作很难在事故前开展,从而使"小病"逐渐发展成"大病",最终发展为危桥。依据美国土木工程师协会 2007 年给出的估计数据,若事故后修复类似于明尼苏达 I-35W 大桥的病害桥梁,今后 20 年(2007—2027 年)美国每年将平均花费 94 亿美元,这种"事后型"的养护理念为我国桥梁管养行业带来巨大的安全隐患和经济损失。

预防性病害防治理念应成为未来我国桥梁管养的发展趋势,全寿命周期理论应成为该理念的理论基础。自 20 世纪 80 年代起,寿命周期成本方法被应用于交通行业,工程人员开始关注工程项目的全寿命成本优化问题,从成本的角度提出全寿命周期决策的概念,综合考虑各项成本,选择最优的决策方案。这一时期,美国汲取因对基础设施耐久性认识不足而经济损失严重的教训,率先提出针对桥梁工程的"寿命期成本分析"(Life Cycle Cost Analysis, LCCA)的理念。基于这一理念,工程人员在桥梁的设计施工阶段即估算出桥梁从建成到其寿命期结束的总费用,基于经济预算选择最优的方案。这样,工程人员可以对桥梁的全寿命负责到底,避免短期行为给后人带来麻烦与经济损失。美国联邦公路总局在其报告中阐述了寿命期成本分析的主要作用是保证结构在其使用寿命周期中综合花费最少。美国 LCCA(寿命期成本分析,Life Cycle Cost Analysis)委员会认为寿命期成本分析是以减少后期投资为目的的、使长期效益最大化的优化方法。到目前为止,寿命期成本分析在国外桥梁工程领域产生了一些有益的效果,全寿命分析理论也已被一些国家的桥梁设计规范采纳,例如英国的 BD36(the assessment of highway bridges and structures,1992)和 BA28(the assessment of concrete highway bridges and structures,1992)。从投资决策、设计方案、工程项目实施、生态环保等多种角度看,基于寿命期成本分析的工程设计与维护方法较传统方法均更加科学、合理。由于采用了传统的工程设计与维护方法,当前我国许多桥梁性能劣化严重、耐久性降低、养护和维修的成本过高,运营管理的负担严重,这与桥梁可持续发展战略不相符。把全寿命周期决策引入我国在役桥梁运维,可以减少总体资源消耗,带来显著的社会效益和经济效益,是必然的发展趋势。

在实际管养过程中,检测和监测技术是获取桥梁安全状况的重要手段。当前我国桥梁检测仍以人工检测和半自动化检测为主,检测技术和手段较为落后。人工检测存在工作量庞大、速度慢、效率低,容易造成检测人员疲劳、漏检率高的问题。即使采用了简单的辅助检测设备,检测工作仍存在精度低、工作量大、检测信息不可靠等问题。例如,传统检测工作需要拍摄照片,受光照、分辨率、拍摄角度的限制较多,对工作场景要求高,且检测结果无法反映桥梁的整体性,不易理解。另外,桥梁检测车费用昂贵,不易普及;利用桥检车检测会对行驶车辆的安全造成威胁,且容易造成交通拥堵;检测人员在起落架上行走,存在严重的安全隐患。

结构健康监测技术克服了传统检测技术人工主观性强、实时性差、影响正常交通、缺乏数据积累等不足,已服务于我国部分大桥和特大桥的管养,为这些桥梁的维护和管理决策提供依据。桥梁结构健康监测综合了现代测试与传感、网络通信、信号处理与分析、安全性评价与决策、结构分析等多个科学领域的技术,相较于检测技术,结构健康监测技术具有实时性,结构健康监测系统内的各个传感器被长期安装于结构上,这样,结构健康监测系统可以连续、实时地采集并传递运营状态下的各类信息,进而对结构的健康状况进行实时评估。然而,当前我国的桥梁监测技术尚不完善,在理论和技术层面均存在问题。

已有的检测、监测技术是获取桥梁数据的手段,而系统有效的数据分析与管理是把握桥梁长期发展趋势的重要基础。桥梁管理系统已在一些发达国家的桥梁管养行业中推广应用,最早的桥梁管理系统于 1968 年出现在美国,主要用于存储国家桥梁的档案数据,随后,工程人员开发了在美国被广泛使用的桥梁管理系统 PONTIS 和 BRIDGIT。这两个系统具有桥梁数据存储、状态评估、退化预测、费用效益分析、优化决策等功能。在欧洲,当前广泛使用的桥梁管理系统包括丹麦的 DANBRO、法国的 EDOUARD、英国的 NATS 等。在亚洲,日本的工程人员开发了道路公用桥梁管理系统,韩国的工程人员开发了 SHBMS 桥梁管理系统。我国桥梁管理系统的开发始于 20 世纪 80 年代初期,其中较为典型的是交通部的公路桥梁管理系统 CBMS2000。该系统主要针对中小桥梁进行管理,它包括数据管理、统计查询、评价决策、费用模型、维修计划和地理信息系统(Geographic Information System,GIS)应用六个子系统,具有较综合的信息采集、评估、费用计算及决策功能。1995—1998 年,同济大学开发了基于 GIS 平台的上海市桥梁管理系统。该系统是我国第一个城市桥梁管理系统,其部分功能涉及桥梁养护管理问题,如可依据桥梁的技术状况预估模型,做出养护需求分析并制订出桥梁维修计划。总的来说,我国桥梁管理系统的发展经历了三个阶段:最初的桥梁管理系统只是用简单的电子数据库来代替繁杂的桥梁管理资料;其后管理系统中除桥梁数据库外,还包括桥梁检测、养护及维修信息,涵盖各桥梁构件的检测细节和详细的等级划分以及维修历史等;近年来管理系统增添了维护决策功能,能够制订维护策略、进行维护优化。目前我国逐渐从桥梁大国向桥梁强国迈进,然而,我国桥梁管养行业在核心软件开发和基础理论研究两方面仍与国外有较大差距,对桥梁养护管理系统的研发仍处于探索阶段,诸多关键技术问题没有得到解决。

当前,我国桥梁检测和评定是两个独立的阶段,这难以保证信息的准确性和一致性,导致我国桥梁安全性评定人工主观性强、数据分散且以定性评价为主。此外,从检测到维修加固的各个阶段,我国管养行业使用的计算机系统都是相互孤立、自成体系的,信息往往需要重复录入,致使数据冗余,资源浪费,无法信息共享,形成"信息孤岛"。行业中各主体(检测方、评定方、维护方、管理方等)间的信息交流还是基于纸介质,这种方式会导致各专业系统间的信息断层,不仅使信息难以直接再利用,而且其链状的传递难免会造成信息的延误、缺损甚至是丢失。

综上所述,我国当前桥梁管养手段落后,管理"机械化",管养时间长、工作量大、工作烦琐,人力、财力和物力的投入惊人,效率与安全性保障低,等等。种种问题都导致了各专业人员不能很好地协同工作,工作效率低下,工作量增大,工作品质下降,管理成本上升,维修滞后。随着信息化技术的不断革新,"新基建"推动工业互联网、人工智能、大数据中心、轨道交通等领域的深入发展,将新型传感、人工智能等技术深度融合,建立一套贯穿检测监测、状态和安全性评定、养护和管理等各个环节的方法和技术,实现结构检测和管理的智能化,是解决我国桥梁管养问题的关键所在。

1.4.2　主要问题与面临的挑战

尽管我国在桥梁建设核心技术、桥型与结构体系创新、材料性能和装备水平、桥梁监测与评估技术、标准规范等方面都取得了长足进步,但在桥梁管养的理念和水平上,较美国、日本等发达国家仍有很大的差距。对比我国与发达国家的桥梁管养实践,可以得到如下结论:

(1)国内外桥梁检、监测手段大致相同,但内容略有差别,如美国规范包括专项水下检测和断裂危险构件检查,目前我国的规范中缺少相应的规定。另外,我国检、监测规范以宏观性条文为主,缺乏检查细则,精细化程度不够。而美国、日本在国家层面除了有宏观概括的规范和标准,还有非常实用的指南或手册,甚至还有图片集,其精细化程度大大领先于我国,这对桥梁检、监测一线人员的工作具有巨大的指引作用。

(2)桥梁评价技术方面,我国公路桥梁评估包括一般性评估和适应性评估;美国采用结构状态评估、综合性能评估、健全性评估和承载能力评估;日本采用耐负荷指标评估桥梁状况。从评估方法来看,美国、日本所采用的评估方法均考虑了当前交通量的影响,日本规范直接根据当前交通量作用下实际应力评估桥梁承载能力。另外,美国形成了典型数据库评估方法,该方法包括描述性状态评级和规定性状态评级。比较而言,我国《公路桥涵养护规范》(JTG H11—2004)中桥梁评定受人为因素影响较大;《公路桥梁技术状况评定标准》(JTG/T H21—2011)虽细化了评分标准,但评估理论的基础性研究差距明显,评估决策的科学性、合理性仍需加快提升。

(3)桥梁养护决策技术方面,欧洲、日本都开展了桥梁长期性能的研究,旨在掌握桥梁性能劣化规律,发展桥梁养护决策技术,并取得可供使用的成果。美国很早就开展了"桥梁管理系统的多目标优化决策技术"研究,建立了桥梁养护决策的定量方法,并将其成果转化为桥梁养护管理系统的功能模块。而我国桥梁养护决策技术尚未引入全寿命周期管养理念,缺乏对桥梁未来性能的预测,且一直处于定性决策阶段,定量决策方面仍然没有质的突破。

(4)桥梁养护管理系统开发方面,从桥梁养护信息化发展历程来看,美国的做法值得借鉴。首先,其各类信息化系统的研发都是以标准化为前提进行,随着标准化的加强而不断完善,形成了良好的成长机制。其次,美国桥梁系统的研发由桥梁养护技术委员会指导,由专门从事工程软件研发的软件公司进行研发,随后进行商业化运营,形成了良好的研发和运营机制。美国桥梁管理系统目前已经实现了数据管理、劣化预测、全寿命期养护成本分析、预审需求分析、养护措施决策以及标准报表等功能。我国开发的桥梁管理系统,由于国家层面的桥梁数据库不健全,没有实现全国联网;地方性企业和科研机构自行研发的系统较多,但现有产品均未实现普遍性推广应用。我国桥梁信息管理系统尚处于初级阶段,缺少集检测、监测、评估、预判、决策、养护管理于一身的全面信息系统。

综上所述,未来我国的桥梁管养实践应保持科学、谨慎的态度,借鉴国外先进经验,以标准化为先导,有效开展桥梁管养信息化建设,实现桥梁检测、监测、评价、决策、维修、后评估全过程的信息化管理和智能辅助,尊重多学科融合的机制,同时进行桥梁养护维度和信息系统维度的顶层设计,打造有特色、亮点的桥梁养护管理信息系统。

1.5 新一代信息技术特点

当前新一代信息技术已从概念创新与前沿理论研究向生产应用落地,我国对这些新兴产业做了明确的战略定位。以物联网(Internet of Things,IoT)、智能机器人、云计算、大数据、人工智能为代表的新兴技术将逐步带动新一轮科技革命,以前所未有的速度转化为现实生产力,融入各个领域具体应用场景,引领科技、经济和社会的快速发展。

1)"万物互联"——物联网

2005年信息社会世界峰会上,国际电信联盟(International Telecommunication Union,ITU)正式提出了"物联网"的概念,提出物联网通信时代将通过因特网完成世界上各类物体的信息交换。伴随物联网技术终端和应用的跨越式发展,4G、5G等通信技术的成熟,"万物互联"的场景正逐步成为现实。物联网带来数字化和智能化变革,最具代表性的莫过于"工业互联网"。自2011年"工业4.0"概念由德国首次提出后,至今已有多个国家跟进。美国通用电气公司提出的"工业互联网"是指全球工业系统与高级计算、分析、传感技术及互联网的高度融合,通过网络化、智能化手段提升工业制造智能化水平,形成跨设备、跨系统、跨厂区、跨地区的互联互通产业链,从而提高效率,推动整个制造服务体系智能化。工业互联网作为中国智能制造业发展的重要支撑,已经得到我国政府的高度重视,"十三五"规划、《国务院关于积极推进"互联网＋"行动的指导意见》(国发〔2015〕40 号)、《关于深化制造业与互联网融合发展的指导意见》都明确提出发展工业互联网。

桥梁管养与物联网技术的融合,对整个桥梁管养行业来说算是一剂强心针。首先,它改善了传统人工数据采集、数据传输有限的现状,大大提高了现场作业效率和管理能力。通过使用长期低功耗和高频低延时传感器监控基础设施的状况和环境,工程人员可实现大量数据的远程收集,并通过安全的在线控制面板,进行整合并实现可视化。其次,在感知现有结构状态参数的同时,物联网技术赋予了桥梁管养人员快速收集数据的能力。基于物联网技术,工程人员以数字化方式采用自动化流程收集信息,极大地减少了人工任务和相关成本。面对大体量、大规模的桥梁基础设施群,海量数据接口是避免"数据过载"的关键,当前各类通信网络与 IoT 平台的涌现已满足桥梁全维度数据的海量管理需求。最后,物联网技术推动了桥梁资产的数字化,可以提高运营效率,提高管理者项目绩效和生产力,同时,也为管理这些数据提供了适当平台与流程,从而更好地服务于未来资产收益。

2)"体检管家"——智能机器人

目前世界上所有高难度、创纪录的桥梁,大部分由中国建造。珊瑚礁、地震带、强风区众多"建桥禁区"难题先后被攻克,我国桥梁建造技术已达到国际一流水准。然而,人工、半自动化设备仍是桥梁管养检测过程的主要技术手段,这无疑为未来大跨度桥梁及众多中小跨桥梁群与日俱增的管养检测需求带来巨大的压力与挑战。

我国近年来在智能建造领域制定了《国家中长期科学和技术发展规划纲要(2006—2020 年)》和《中国制造 2025》等规划,政府、企业与高校合作,逐步推动机器人技术革新与产业升级。从 2018 年到 2019 年的国家重点研发计划"智能机器人"专项项目资助趋势可以看出,以企业为主的机器人研发项目已涉及各类机器人,包括"类人"机器人、仿生机器人、手术机器人、外骨骼机器人等。同时,工业机器人、服务机器人与特种机器人具有中长期需求增长潜力,随着我国机器人产业规模的不断扩大,未来应用前景广阔。

桥梁管养领域也不断引入"智能机器人",推动行业发展。2019 年的"大跨度桥梁作业检测机器人"专题已对桥梁重要构件如主梁、拉索、主缆及水下结构提出详细的机器人检测要求,已为未来几年智能机器人在桥梁检测中的落地提供了明确的方向。通过《超级工程》等网络媒介可以获知,企业和桥梁管理单位已开始引入智能机器人为桥梁实施日常"体检"。目前,配备红外无损检测技术的桥梁智能检测机器人(BIR-X)、具备高清摄像功能的无人机(Unmanned Aerial Vehicle,UAV)、爬行机器人等智能化装备已能够克服人工检测的不足,完成快速检测,直接提升桥梁管养水平和效率。随着智能建造领域新技术的不断成熟与引入,更加多样化的智能机器人将替代人工检测服务于各类桥梁管养过程,从而更加高效与安全地保障桥梁的安全运营。

3)"架构革命"——云计算与边缘计算

物联网与智能机器人技术为我国未来规模众多的桥梁群的数据获取提供了充足动力,也为随之而来的数据管理提出了更高的要求。传统的数据存储与管理方法已不能满足当前现状。云计算作为一种基于互联网的计算方式,已形成完整的的技术架构,可实现软硬件资源共享和信息按需配给。工业家亨利·福特曾说:"我雇的明明是两只手怎么却来了一个人。"云计算能够真正实现雇佣双手及其服务,无须顾忌手背后的人的"情绪""劳累""寿命""管理服从性"等因素。云计算所提供的互联网技术(Internet Technology,IT)资源共享服务已在医疗、汽车等服务行业广泛应用。近年来,云计算也已在桥梁检测和监测领域逐步投入使用,通用的监测云平台已为全国各地大型桥梁、中小跨桥梁群实现"24小时"监控,提供数据整合和集中共享服务。

云计算在提供共享信息服务的同时,也给集中式的传统数据存储、处理模式带来了压力,网络带宽与计算吞吐量已成为云计算性能的瓶颈。边缘计算作为提供网络边缘数据处理能力和服务的计算架构,成为推动信息和通信技术(Information and Communication Technology,ICT)产业发展的下一个重要驱动力。作为与云计算协同、优化补充的架构形式,云计算与边缘计算被喻为完整的神经系统。云计算是神经中枢(大脑),作为统筹者,它负责长周期数据的大数据分析,能够服务于周期性维护、业务决策等。边缘计算是神经触手。作为执行者,它着眼于实时、短周期数据的分析,能够更好地支撑本地业务及时处理、执行。边缘计算靠近设备端,为云端数据采集做出贡献,支撑云端应用的大数据分析,云计算也通过大数据分析输出业务规则下发到边缘处,以便执行和优化处理。未来,边缘计算将会显著提升安置在桥梁上的各类传感器的分析能力,缓解云端数据管理压力的同时,也为高质量的数据获取提供可靠的计算服务。

4)"资产矿藏"——大数据

当前,大数据理念已深入国民经济的各行各业,拥有巨大潜在价值的大数据已成为新的"矿产"资源,政府、企业与研究机构都将注意力聚焦于此。"全面实施国家大数据战略,助力中国经济从高速增长转向高质量发展"已逐步成为国家重要战略。据前瞻产业研究院发布的《中国大数据产业发展前景与投资战略规划分析报告》统计数据显示,2017年中国大数据产业规模为3820.4亿元,2020年中国大数据产业规模超过1万亿元。随着智慧城市(Smart city)、数字经济、新旧动能转换、转型升级等概念持续引领产业增长,预计到2025年中国大数据产业规模将达到19508亿元。

从互联网企业的用户行为分析到社交产品的情绪分析,从重大事件追踪预测到医疗产品精准投放等,大数据的理念与技术已经开始从前沿研究落地为行业应用,其带来的业务能力提升与资产升值逐渐改变了过往的工作模式与方向。在未来交通基础设施智能化发展趋势等背景下,桥梁大数据也已成为重要资产。在桥梁管养领域,大数据技术已被用于桥面车辆荷载的确定、在役桥梁状态评估等。掌握大数据技术,同时有效地将大数据用于桥梁管养,是一项长期重大课题。

5)"机器之脑"——人工智能

人工智能是计算机科学的一个分支,它企图了解智能的实质,并产生一种新的能以人类智能相似的方式做出反应的智能机器,该领域的研究包括机器人、语言识别、图像识别、自然语言处理和专家系统等。人工智能从诞生以来,理论和技术日益成熟,应用领域也不断扩大,可以设想,未来伴随人工智能发展诞生的科技产品将会是人类智慧的"容器",可以对人的意识、思维的信息过程进行模拟,像人那样思考,甚至超过人的智能。作为第一个战胜人类围棋世界冠军的人工智能机器人,阿尔法狗(AlphaGo)由谷歌(Google)旗下 DeepMind 公司开发,其主要工作原理即"深度学习"这一人工智能算法。据报道,阿尔法狗主要由以下几个部分组成:

(1)策略网络:给定当前局面,预测并采样下一步的走棋。

(2)快速走子:目标和策略网络一样,但在适当牺牲走棋质量的条件下,速度要比策略网络快1000倍。

(3)价值网络:给定当前局面,估算是白胜概率大还是黑胜概率大。

(4)蒙特卡洛树搜索。

把以上这四个部分连起来,形成一个完整的系统。由此可见,阿尔法狗具备集大数据、大计算、大决策三位一体的特征,其出现象征着计算机技术已进入人工智能的新信息技术时代。桥梁管养的目标是保障桥梁资产的长期安全运营,物联网、大数据等技术可为桥梁智慧化管养过程赋能,而人工智能可成为桥梁的管理者,乃至提供决策的根本,是实现未来桥梁智慧管养的核心。

1.6 桥梁智慧运维概念与技术

目前,越来越多的桥梁进入运维阶段,科学运维的要求也越来越高,传统的运维管理方式与技术(如上文所述单一的检、监测技术及寿命周期分析技术)已经无力支撑。此外,计算机科学、传感技术、数据科学、通信技术等正飞速发展,以此为支撑,大数据、物联网及人工智能等概念给桥梁运维带来重大机遇。针对如何将新技术、新手段融入桥梁运维过程,相关从业者已经进行了长期的摸索,并形成了一些可用的信息化系统。本节分析了以往桥梁信息化运维管理探索过程中遇到的问题,给出了桥梁智慧运维的概念并加以详细阐释,最后介绍了几种可用于桥梁智慧运维的新技术。

1.6.1 桥梁智慧运维的内涵及需求

随着基础设施建设的快速发展,越来越多的桥梁进入服役期,桥梁的各种病害问题也日渐突出。传统的运维方法效率低、可靠性差、时效性不足,越来越难以支撑日益庞大的桥梁路网工程。仅依靠土木工程和交通工程的知识和技术已无法满足当前桥梁运维的需求,相关从业者迫切需要新的思维和方法。

另外,计算机和数据科学、通信技术正飞速发展,互联网和物联网应用也更多地从金融和电子商务开始向传统行业进军,为桥梁运维管理带来了新的思路。近些年来,相关从业者也在不断探索如何将先进的数字化手段与桥梁运维结合。

经过长期的摸索,桥梁运维相关从业人员已经在桥梁信息管理、检测监测管理、可视化集成等具体技术上有了一定的技术积累,也形成了一些可用的软件系统,解决了大量桥梁管养问题。然而,随着探索的深入,一些问题也逐渐暴露出来。一方面,目前从业人员对非领域知识的使用还仅停留在信息化的层面,更为先进的人工智能、大数据等其他方法并没有被系统地引入;另一方面,目前的信息化系统缺乏顶层设计,缺乏不断引入新技术、新算法的扩展能力,彼此之间也互相孤立,数据无法互通。从业人员已经意识到,当前需要在更高层面进行统筹和顶层设计,并建立一个集成平台联结各子系统,并对平台进行赋能,使其可以不断扩展和进化。至此,桥梁智慧运维的概念逐渐清晰。

桥梁智慧运维是融入新一代信息技术手段,综合运用领域知识、系统方法、人工智能、知识挖掘等理论与工具,以全面感知、深度融合、智能交互、科学决策为目标,通过建设实时、动态数据平台,深度挖掘桥梁运维全过程产业链数据,建立分析与应用模型,实现资源配置优化,决策、管理、服务能力提升的系统工程方法。桥梁智慧运维具有以下需求:

(1)桥梁智慧运维需要综合运用领域知识、系统方法、人工智能、知识挖掘等理论与工具。为实现领域知识与其他学科知识的综合运用,需要建立一个实时、动态的数据平台作为载体,该平台不仅要实现各类信息化系统的功能,还应考虑各子系统之间的互联以及与平台外数据的互通,同时在设计时考虑扩展能力、合作计算和动态反馈能力,便于系统后期的升级维护及各种算法的集成。借助各种新技术、新手段,桥梁智慧运维需要深度挖掘桥梁运维全过程产业链数据,不断建立分析与应用模型,作为可插拔、可替换的算法模块在系统平台中进行应用,使系统平台与算法模型协同进化,不断发展。

(2)桥梁智慧运维的目标在于全面感知、深度融合、智能交互,最终实现科学决策。全面感知不仅在维度上要求全面收集桥梁基本信息和检测、监测、维护等信息,还在空间上要求对桥梁群整体信息进行全面感知,在时间上要求全面感知桥梁全寿命周期的信息。深度融合要求真正将计算机科学、数据科学、通信科学等专业知识与桥梁运维的专业需求相融合,并通过构件信息化系统平台等载体落地实现。智能交互不仅要求载体系统本身的人机交互界面友好便利,更要求赛博空间与物理空间之间的双向信息交互。全面感知、深度融合、智能交互的最终结果应是科学决策,具体体现在资源配置优化,决策、管理、服务能力的提升。

(3)为真正实现桥梁智慧运维的目标,需要开发一套专用操作系统软件平台作为载体。平台应在已有的各类桥梁运维相关系统的基础上,结合新一代的通信技术和人工智能、大数据等数据处理方法,采用适合的计算机软件相关技术进行开发。平台对内应集成各基础服务,包括桥梁基本数据管理、健康监测、检测及维护施工等,实现既有桥梁运维相关系统的功能整合,为各子系统、子模块提供运行时环境、消息总线、数据存储等基础设施。在实现既有桥梁管理功能的基础上,应为平台整体提供扩展能力、互联能力以及合作计算能力,发挥系统平台集成优势,并对外提供服务接口及其他数据交流相关支持。通过软件系统平台,桥梁管理者对桥梁的维护要做到可运营、可视化、可反馈,以及像管理公司实体或机器实体一样实时维护,真正实现桥梁运维管理过程中资源配置优化,决策、管理以及服务能力的提升。

1.6.2 桥梁智慧运维新技术

桥梁智慧运维需要引入计算机科学、数据科学、通信科学等多学科、多领域的先进技术,并与桥梁运维的领域知识深度融合。在这些先进技术中,物联网、机器人、无人机等技术可应用于监测和检测过程,实现桥梁的智能感知;机器学习、人工智能等技术可在海量数据中寻找相关性规律,辅助桥梁运维管理人员做出科学决策;大数据技术能够解决海量采集数据的存储、检索问题,构建桥梁运维核心数据库,为后续的评估、决策等提供数据支撑。图1-2给出了各种新技术的相互关系。

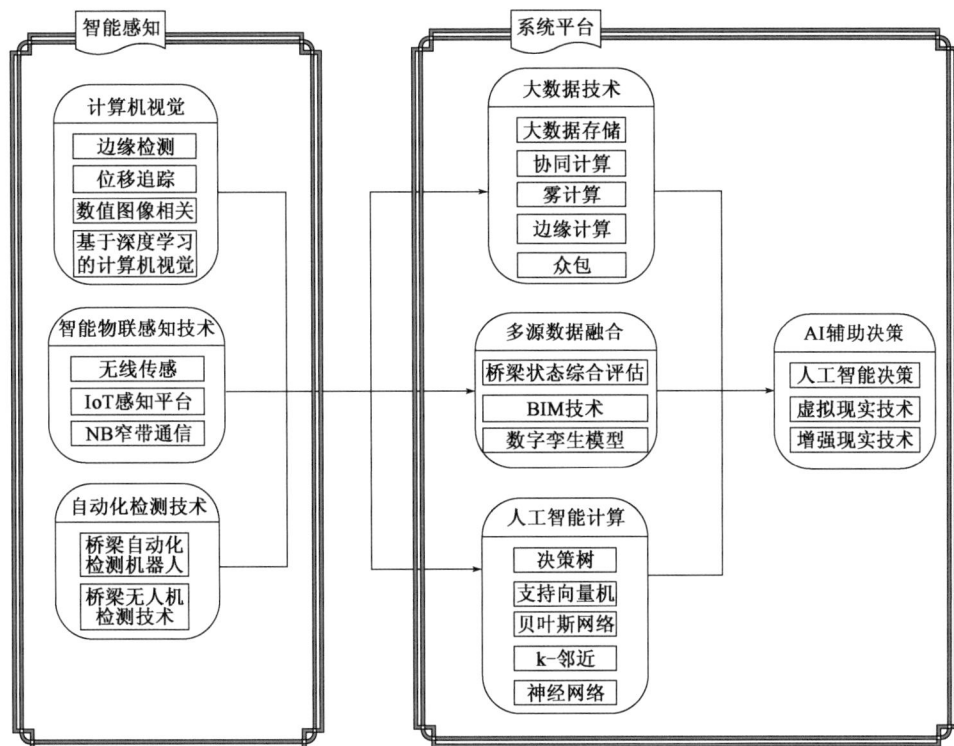

图 1-2　各种新技术的相互关系

1.7　本书的主要内容与定位

本书第 2 章主要介绍桥梁智慧运维系统平台,第 3 章主要介绍物联感知技术及物联网技术在桥梁管养中的应用,第 4 章主要介绍应用于桥梁检测作业的机器人自动化检测装备,第 5 章主要介绍各种大数据计算方法及其在桥梁管养领域的应用,第 6 章主要介绍基于机器学习的评估与预警技术,第 7 章主要介绍基于计算机视觉的识别与测量技术及其在桥梁管养领域的应用,第 8 章主要介绍多源数据融合、评估与数字孪生及其在桥梁管养领域的应用,第 9 章主要介绍人工智能决策与应用,第 10 章为总结和展望。

本书主要内容涵盖了桥梁从设计、建造到运维、管养的全寿命周期。其中,对智慧化桥梁设计感兴趣的读者可参阅第 6 章和第 9 章;对智慧化桥梁建造感兴趣的读者可参阅第 9 章;关注智慧化桥梁检测的读者可参阅第 4、5、7、9 章;关注智慧化桥梁结构健康监测的读者可参阅第 3、5~9 章;对智慧化桥梁评估与决策感兴趣的读者可参阅第 5、6、8 章;对智慧化桥梁维修与加固感兴趣的读者可参阅第 9 章;想了解一体化智慧桥梁系统平台搭建相关内容的读者应参阅第 2 章。

另外,从数据采集处理与信息提取利用的角度分析,本书第 3~4 章主要介绍了智慧化实桥数据采集工作;第 5~7 章主要介绍了服务于原始数据处理与有效信息提取的智慧化方法;第 8 章主要介绍了各类数据与信息的融合;第 9 章介绍了基于数据与信息的智慧化桥梁管养决策方法。

　　本书面向桥梁管养行业从业人员、高校科研同行以及桥梁管理决策者,立足于介绍桥梁管养领域当前智慧化技术现状和革新趋势,在智慧城市背景下对桥梁管养未来的行业趋势进行探讨与展望,与各同行共勉。

本章参考文献

[1]　中华人民共和国住房和城乡建设部. 城市桥梁养护技术标准:CJJ 99—2017[S]. 北京:中国建筑工业出版社,2018.

[2]　中华人民共和国交通运输部. 公路桥梁技术状况评定标准:JTG/T H21—2011[S]. 北京:人民交通出版社,2011.

[3]　中华人民共和国交通运输部. 公路桥涵养护规范:JTG 5120—2021[S]. 北京:人民交通出版社股份有限公司,2021.

[4]　FHWA. National Bridge Inspection Standards:FHWA-2001-8954[S]. Washington DC,2001.

[5]　American Association of State Highway and Transportation Officials (AASHTO). Guidelines for Bridge Management Systems:AASHTO GBMS-1-1993[S]. Washington DC,1993.

[6]　中华人民共和国交通运输部. 公路桥梁加固设计规范:JTG/T J22—2008[S]. 北京:人民交通出版社,2008.

[7]　American Association of State Highway and Transportation Officials (AASHTO). The Manual for Bridge Evaluation:AASHTO MBE-2011[S]. Washington DC,2011.

[8]　American Association of State Highway and Transportation Officials (AASHTO). AASHTO Maintenance Manual:The Maintenance and Management of Roadways and Bridges:AASHTO MM-3-1999[S]. Washington DC,1999.

第2章

桥梁智慧运维系统平台

要想实现桥梁智慧运维,物理系统、感知传感系统和计算系统都需要面向最终决策者。这些广义上的硬件系统都需要一个顶层设计的(软件)操作系统平台。本章着眼于说明构建桥梁智慧运维系统平台的必要性和可行性,介绍当前已有的各类桥梁运维管理相关系统,并分析其优点和局限性。在此基础上提出构建桥梁智慧运维系统平台的一般功能要求和能力要求。最后,介绍作者所在团队开发的 IntelliBridge 系统平台。该平台搭建了一个完整的智慧桥梁运维系统平台的基本骨架,可满足目前桥梁智慧运维的基本需求。IntelliBridge 系统平台使用分层开发的架构,提供了大量数据接口,提供了桥梁智慧运维所需要的扩展能力、互联能力、合作计算能力和动态反馈能力。

2.1 构建桥梁智慧运维系统平台的必要性和可行性

2.1.1 必要性

桥梁智慧运维需要融入新一代信息技术手段,结合领域知识,实现全面感知、深度融合、智能交互、科学决策。为实现桥梁智慧运维的概念,必然需要一个实体作为其载体。

目前,桥梁运维过程中产生的数据量越来越大,一座桥的健康监测系统每天可能产生数吉字节的数据,桥梁的检测、维护施工也会产生大量的图像等多媒体数据;桥梁运维过程中产生的数据类型也越来越丰富,健康监测可能产生最简单的数值型数据,也可能产生监测视频等多媒体数据,检测、维护施工可能产生较为复杂的结构化数据、人工描述等数据;桥梁运维过程中产生数据的数字化程度越来越高,随着各种信息化系统的建设,以往大量纸质、人工填写的资料正逐步被数字化的记录替代。为满足桥梁运维过程中数据量越来越大、数据格式越来越丰富、数字化程度越来越高等需求,有必要建立一个软件系统来进行数据的存储管理,因此桥梁智慧运维的载体必然是一个软件系统。

目前国内外为解决桥梁运维及与外界交流的数字化问题,已经在桥梁运维信息化等方面做出了许多尝试,也形成了许多可用的软件系统。

然而,单一的系统往往是针对具体的地区、具体的问题而开发,缺乏扩展能力,无法适应计算机科学、通信科学等的快速发展,不能满足桥梁智慧运维中融合新一代技术手段的要求。

当前,各地正不断建设智慧政务、智慧城市等信息化系统,提升交通管理等政务服务的数字化水平,以满足桥梁智慧运维中智能交互的要求。

此外,为实现桥梁运维过程中的评估和决策,需要引入专业算法,并不断优化算法逻辑与实现。此前开发的各种系统大多将算法固定在程序内部,未能提供足够的合作计算能力来实现可插拔、可替换式算法,不能满足桥梁智慧运维中科学决策的要求。

当前开发的一些信息化系统虽然可以使用,也可以很好地解决系统开发时的目标问题,但协同使用时,这些系统仍然存在问题。为能够真正满足桥梁智慧运维的需求,必须将已有的软件系统进行升级赋能,组合为系统平台,在实现已有系统各项功能的基础上,提升扩展能力、互联能力以及合作计算能力。

2.1.2 可行性

目前基于关系型数据存储的各类管理系统相关技术已经十分成熟,国内外为解决桥梁运维及与外界交流的数字化问题,也已经在信息化等方面做出了许多尝试,并研发出了许多可用的软件系统。这些已经开发的系统在基本信息管理、桥梁健康监测、桥梁检测管理、桥梁维护管理等具体功能的开发中积累了大量的经验,也收集了众多桥梁运维相关数据。

近年来,随着感知技术和通信技术不断成熟,大数据技术、机器学习、人工智能等信息技术手段蓬勃发展,为桥梁信息的获取、存储以及后期的展示交互、数据分析、智能决策等提供了新的手段。

在感知技术领域,传统的应变计、光纤光栅、加速度计等还在不断发展,也出现了相机链、数字图像相关、摄影测量、GPS 等非接触式感知技术和应用,此外,超声波、声发射、热成像等无损感知技术也日益成熟,可为桥梁智慧运维提供全景式、高质量的数据采集。

在通信传输领域,5G 传输和物联网技术正飞速发展。5G 传输可提供更高的数据传输速率和更低的网络延迟;应用物联网可将多个感知设备组网形成感知云,其中窄带物联网(Narrow Band Internet of Things,NB-IoT)相关技术提供了低功耗的传输手段。5G 传输和物联网技术可为桥梁智慧运维系统提供"高频低延时""低频低功耗"等多种传输方案。

计算机科学近年的发展为平台开发的软件实现提供了新的方法。分布式系统的理论逐步完善,也更多地应用于电商等互联网平台中,在桥梁管理系统升级为桥梁智慧运维系统平台的过程中,将会大量应用分布式系统相关技术,提升扩展能力;REST(表现层状态转换,Representational State Transfer)接口风格的提出为系统之间的数据互联提供了更加通用和明确的定义方式,可为桥梁智慧运维系统平台提供更强的互联能力;结构化数据存储技术已经相当成熟,近年来非结构化存储技术以及时序数据存储技术正快速发展,可将其用于存储桥梁的描述信息以及监测采集的数据信息。

大数据和人工智能技术快速发展并为很多传统行业带来新的方法。大数据相关的存储、计算、分析等相关技术可用于处理桥梁群运维过程中产生的海量数据;人工智能技术可以在大数据的基础上分析关联性关系,可以在病害识别、养护建议、辅助决策等桥梁运维方面提供新的思路和方法。

建设桥梁智慧运维系统平台,需要结合桥梁运维相关的领域知识,并融入新一代信息技术手段。通过前期的信息化摸索,桥梁运维从业人员已经积累了大量的经验;新一代的信息技术手段正快速发展,并可以应用在桥梁智慧运维的各个方面。通过良好的架构设计,可以将各个独立的桥梁管理系统集成为平台,并赋予其扩展能力、互联能力以及合作计算能力,进而实现桥梁智慧运维的目标。

2.2　现有桥梁管理软件系统概述

2.2.1　国外桥梁管理相关软件系统

20 世纪 60 年代,美国部分桥梁进入老龄化阶段,安全事故频出,例如 1967 年西弗吉尼亚州的银桥(Silver Bridge)垮塌。由此,FHWA 在 1968 年建立了世界上第一个桥梁数据库——"美国国家桥梁信息库(National Bridge Inventory,NBI)",用于统一存储美国境内的桥梁数据。该系统截至 2019 年末已经存储了 61 万多座桥涵的数据,涵盖了美国绝大多数区域的桥梁,包含了各个桥梁的识别信息、类型规格、桥梁状态、地理位置等信息。

20 世纪 80 年代,美国又开发了 PONTIS 系统和 BRIDGIT 系统,将桥梁信息的单一存储查询系统升级为记录、存储、更新、统计一体化的综合管理系统,在应用之初将各州桥梁资料的格式差异进行互相转化和统一。1991 年,FHWA 赞助了 PONTIS 系统的开发,该系统现作为 AASHTOWare 产品归 AASHTO 所有,是现阶段服役时间最长、管理经验最丰富的桥梁信息管理系统,为许多州的桥梁养护提供了数据支持和建议。

PONTIS 系统的建立,旨在通过桥梁检测等信息预测桥梁未来的健康状况,提供养护决策建议,从而在有限的资金条件下达到更好的养护效果。从根本上讲,PONTIS 是一个决策支持系统,该系统包含一组概率模型和一个详细的桥梁数据库。概率模型方面,采用马尔科夫概率模型对统计数据进行优化,推荐最优策略。该模型体积较小,在当时有限的计算机存储能力下间接凸显了优势。桥梁数据库方面,桥梁检测是以桥梁的结构(如"上部结构""下部结构"等)为统计单元,而 PONTIS 的数据库以桥梁元素为单元,包含了所有桥梁状态数据、养护数据和用户成本数据,在数据分析方面更加具体和科学,同时为特定的机构和个人提供定制的权重优化设置,以满足不同的使用需求。

在 PONTIS 的用户功能模块中,有四个主要功能点[1]:一是其庞大且全面的桥梁信息数据库,除上述介绍的桥梁信息外,还包括对在线专家问答内容的收录,为桥梁性能退化率的选择提供指导和参考。二是其桥梁维护及修复模块。在没有考虑资金限制而是直接在最低养护费用的条件下,对 160 种以上不同类型的桥梁进行退化分析,提供养护决策方案。三是其桥梁改进模块。为了满足桥梁承载力提高、加宽改造等方面的需求,提供了资金分析模型。四是其桥梁集成模块。该模块以资金的使用效益作为首要因素,为桥梁业主提供高性价比的养护计划和方案,提高桥梁养护费用的投入效率。

2008 年,FHWA 下属的基础设施研究与发展办公室和美国各州的交通部门以及其他联邦机构等发起了桥梁长期性能研究(Long-Term Bridge Performance Program,LTBP)计划,计划在 20 年内,统一 NBI、PONTIS 等数据库,结合 GIS、交通、气候等信息,建立更加标准化的桥梁健康数据库,着重在结构的性能与退化规律、维护的有效性、维护策略等方面开展桥梁结构性能理论和应用技术的研究,以此来提高美国公路桥梁的安全性、适用性和使用寿命,实现全寿命周期管养。目前,通过 LTBP 计划的实施,FHWA 的数据收集和标准化工作已经基本完成,并在 InfoBridge 网页端(https://infobridge. fhwa. dot. gov,见图 2-1)公开了美国桥梁的基本信息资料、桥梁基本单元的信息资料、桥梁长期性能研究计划的部分结果等,利用桥梁分析决策工具(Bridge Assessment Decision Tool,BADT)对阶段时间内的多个桥梁健康状况进行了统计和长期性能预测。

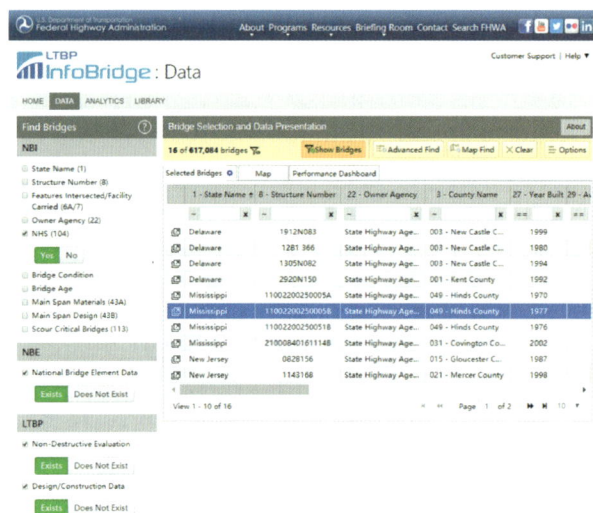

图 2-1　美国开发的 InfoBridge 网页端

日本在 20 世纪 90 年代开发了桥梁检查资料系统(MICHI),收集全国范围内的桥梁基本信息和检测数据,以此系统数据为基础,开发了 J-BMS 系统,该系统可以根据基础数据对桥梁进行损伤诊断和健康状况预测,辅助管理者制订养护决策,减少整体支出。

欧洲各国也建立了适合本国桥梁运维的制度和符合需求的系统,例如丹麦的 DANBRO 系统,关注突出的低温和腐蚀问题,目前该系统已经应用了 20 多年,效果显著;英国建立了 NATS 系统;法国建立了 EDOUARD 系统。

2.2.2　国内桥梁管理相关软件系统

我国的桥梁养护管理信息化起步较晚。20 世纪 90 年代交通部推广了采用 B/S 架构开发的中国公路桥梁管理系统(China Bridge Management System, CBMS),整个系统成熟度较高并经过多个版本更新。该系统依照《公路桥涵养护规范》(JTG 51200—2021)以及《公路桥梁技术状况评定标准》(JTG/T H21—2011)设计,具备检测信息管理、养护决策信息管理、桥梁评价等功能。CBMS 是我国现阶段应用范围最广的桥梁管理系统,已经存储近 20 万座桥梁的各项数据,如何将这些数据通过大数据分析技术发挥真正的价值,以指导桥梁养护工作,是现阶段的主要研究方向。

2.2.3　现有软件系统分析

目前,国内外已经在桥梁运维的信息化上做了大量的工作,也开发了 NBI、CBMS 等优秀的桥梁管理系统,完成了基本的信息管理工作,并在分析、评估、策略等领域做了各自的探索。此外,桥梁运维相关的咨询方、设计方、施工方等也各自开发了桥梁健康监测系统、桥梁检测管理系统等专用软件系统,辅助进行桥梁运维。

然而仅仅应用国内外目前已有的各种软件系统仍然不能满足桥梁智慧运维的需求。一方面,现有的各种软件系统数据格式并不统一,可能一个地区甚至一座桥就采用一套自己的数据结构和编码体系,给系统间的数据交流带来了较大的困难;另一方面,目前各软件系统往往是为了解决局部的现实问题而开发的,缺乏必要的维护手段和扩展升级接口,无法嵌入和更换先进的技术手段与算法;此外,一些系统仅仅收集数据,与桥梁运维管理本身的工作流程没有太大关联,导致软件系统的使用反而成为一种负担。

2.3　基础功能、平台能力及展望

在桥梁运维期信息化管理的探索过程中,业主方、咨询方、施工方陆续开发了多种桥梁管理系统、桥梁健康监测系统、桥梁检测管理系统等软件系统,并取得了一定的成果。但目前各系统之间彼此孤立,开放性、扩展性不强,后续的维护和升级受到较大的限制,且不能够很好地结合桥梁管理业务流程,不能满足桥梁智慧运维的需求。

为解决数据互通、开放、扩展等问题,有必要对现有的各系统进行升级改造,形成桥梁智慧运维系统平台,集成各既有系统,实现系统间的数据互通;提供开放接口,形成扩展能力,便于维护和后续升级,能够结合各种新技术、新算法,不断提升平台整体能力。

桥梁智慧运维系统平台作为现有平台的超集,必须首先实现以各既有系统的功能作为平台的基础功能,并连通平台上各子系统、子模块间的数据;在实现基础功能的基础上,需要考虑平台整体的扩展能力、互联能力与合作计算能力,使得平台可以不断扩展自身功能、连接外部数据、集成新技术与算法;最终,平台可与其他智慧城市、智慧政务等系统互联互通,共同提高基础设施运维和城市交通管理水平。桥梁智慧运维系统平台架构见图 2-2。

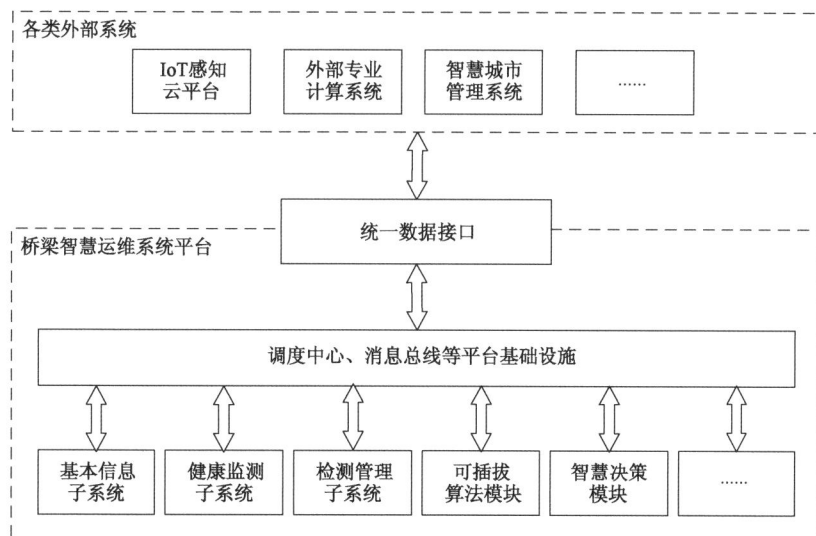

图 2-2　桥梁智慧运维系统平台架构

2.3.1 基础功能

1）桥梁相关类型编码规范的统一

桥梁相关类型编码是指将桥梁运维相关的桥梁、病害等类型对象赋予计算机容易识别的符号，并形成编码集合。在此前的信息化建设中，由于缺乏统一的编码规范，故不同地区、不同的开发团队通常使用各自的编码形式，造成数据对接困难、冗余和信息不一致的情况，无法应对桥梁群全寿命周期的养护需求。

在 FHWA 开发维护的 NBI 系统中，配套给出了有关编码的相关规定，并将此规定在相关网站上进行公示以供讨论，且不定期更新以适应桥梁行业的发展[2]。其他相关系统的开发人员参考该编码规范进行开发，通过这种做法可以很大程度上减少系统间数据通信的成本。

桥梁智慧运维系统平台涉及大量的子系统和子模块，各子系统、子模块之间需要进行大量的数据交换，且平台还需要与政务系统等外部系统进行数据互通，因此有必要形成一套统一的编码规范，减少数据冗余和信息不一致的情况，保证信息交流的通畅。

桥梁相关的编码应包括各种类型的编码和具体实例的编码，涉及桥梁信息、检测信息、监测信息、维护信息等各方面信息，也包括桥梁识别信息、地理位置信息、功能材料信息、几何尺寸信息等各种分类信息，并对不同类型桥梁中的部件类型和构件类型以及可能存在的病害类型处置方案等也进行了统一的编码。另外，对于单体桥梁、部件、构件、病害、检测、维护、施工等具体实例，也应明确编码格式。

2）桥梁基本信息管理功能

桥梁基本信息是桥梁的档案，包括行政识别信息、结构技术信息、水文信息、档案资料等桥梁运维所需的最基本的数据。桥梁智慧运维系统平台最基本的功能是对桥梁基本信息的管理，在平台中应有子系统实现对桥梁基本信息的管理。

具体地，桥梁的行政识别信息应包括桥梁名称、编号、所在路线、性质、用途、当前状态、环境条件、所跨地物、中心及始末桩号、经纬度、养护单位、管理单位、监管单位等与管理、编码和所在位置相关的信息；结构技术信息应包括设计荷载等级、当前荷载等级、桥跨组合、最大跨径、桥梁全长、跨径总长、桥宽组合、桥面全宽、桥梁分幅、路面净宽、桥高、桥下垂直净高、矢跨比、桥面纵坡、交叉形式、引道线形、引道总宽、引道路面宽等有关桥梁设计的总体信息，还应包括各桥跨的材料、受力形式、结构类型、截面信息、支座类型、桥墩桥台类型、基础类型、桥面铺装类型以及伸缩缝类型等具体的设计信息；水文信息应包括调治构造物、设计水位、历史洪水位、桥面中心高程、设计洪水频率、设计冲刷高程、主桥基底高程、防护工程类型、墩台防撞设施类型等；档案资料中应可以查看和下载设计资料、竣工资料、养护资料、验收资料等，并记录造价、施工工期、设计单位、施工单位等留档信息。

除基本信息数据管理功能外，基本信息管理子系统还应为平台中其他系统和模块开放数据接口。开放数据接口可以使得整个桥梁智慧运维系统复用桥梁的基本信息，减少平台功能重复开发的工作量；此外，将基本数据的管理限制在子系统内，便于实现整体的权限控制，使得用户交互更加友好，并可以避免系统运行时由于数据冗余产生的信息不一致问题。

3）健康监测数据管理及处理功能

健康监测数据包括静态数据和动态数据两部分。

静态数据是指变化相对较少的管理信息,包括桥梁健康监测中使用的传感器、采集设备、中继传输设备的信息,如各桥梁中部署传感器的采集类型、原理类型、采集指标等出厂时确定的硬件信息等,又如在桥梁监测过程中传感器的部署位置、部署编号、设定阈值、维护信息等。与采集的数据相比,这部分信息在健康监测过程中很少变化,因此可视为静态数据。

动态数据即在桥梁健康监测过程中采集到的数据以及根据采集数据计算的其他数据。与静态数据相比,动态数据采集频率可能很高,产生的数据量也更大,且在多数情况下需要进行动态统计。

根据静态数据和动态数据的不同特点,需要采取不同的策略进行处理。对系统网络传输方式、消息系统、数据库和数据再处理方式等模块进行设计时,要充分考虑静态数据和动态数据各自的特点,合理设计。

静态数据在桥梁健康监测的全过程中很少有变化,而且数据格式基本固定,因此使用传统的信息管理方式就可以满足要求,即使用应用程序接口(Application Programming Interface,API)提供新增、删除、修改和查询等接口,并采用结构化数据库进行数据存储。

对于动态数据,如果使用与静态数据相同的处理方式,会给系统带来很大的压力,甚至在进行某些高频采集处理的情况下,完全无法满足需求。仔细分析可以发现,桥梁健康监测的动态数据有以下特点:数据写多读少且很少更改,数据时间顺序明显,数据产生速率平稳持续,数据按时间范围读取、查询时需要多维度统计分析。这些特点正符合"时序数据"的要求,可以借鉴互联网、物联网中相关的技术针对动态数据做专门的处理。

目前,常使用消息队列技术进行业务的缓冲处理。在桥梁健康监测中,可使用消息队列来存储传感器和采集设备上报平台的海量数据。由于监测的各个数据点彼此独立,因此可以使用并行计算技术,通过多个消费者来处理队列中的数据,提高系统的处理能力。最后,可以使用时序数据库来存储数据。时序数据库是一类专门针对时序数据进行优化的数据库,提高了时序数据的插入性能,可以根据时间范围快速筛选数据,并提供大量常用的统计功能。

桥梁的健康监测不仅是数据的收集,还需要根据采集的数据动态地进行计算,以实现实时分析和预警的功能。平台可使用流式计算的相关技术,持续地、动态地根据预设的规则和算法进行分析。

最后,健康监测子模块应能够输出结果以供评估、决策和预警等其他模块参考,因此需要暴露部分接口。特别地,针对预警报警信息,需要提供事件驱动的接口供其他子模块订阅,在预警和报警发生时及时通知,真正发挥桥梁健康监测的作用。

4）检测数据管理及检测相关功能

桥梁的检测包括日常巡查、经常检查、定期检查和特殊检查。日常巡查一般以乘车目测的方式进行,主要检查桥面及以上部分的构件缺损以及桥梁结构异常变位的情况;经常检查需要抵近目测,并结合辅助工具,应检查目测所及的各个桥梁构件,并对损伤情况做出定性判断;定期检查应使用目测结合仪器量测,对桥梁的所有构件、部件进行检查,记录病害,并依据标准对构件、部件以及桥梁整体的技术状况做出评定;特殊检查是指通过特定的方法和仪器设备来对桥梁的材料物理化学特性、内部损伤、动力性能做出测试和评定。

桥梁检测数据包括各次检测的时间、人员等工程管理信息,也包括现场照片、发现的病害、对桥梁的评定等具体检测结果信息。检测数据结构固定,且与监测数据相比,数据量不大,非常适合使用结构化方式来存储。

除对检测数据的管理外,桥梁智慧运维系统平台还应实现对检测流程的优化,以及对检测结果的数据处理与分析。

在检测作业过程中,平台可提供多种智能化终端程序,供现场检测作业人员使用。智能化终端的使用一方面可以通过集成拍照、三维点选病害位置等功能提高检测作业人员的工作效率,另一方面还可以在数据源头对数据进行标准化处理;此外,结合后台的智能化算法,还可以指导现场的检测评定工作,减少对人工主观性的依赖。在检测数据收集完毕后,平台可以提供算法对检测结果进行处理与分析,包括检测评定评分的自动计算、检测报告等报表的自动生成、历次检测病害的追踪对比等功能。

为实现检测数据管理及检测相关功能,首先需要确定与检测相关的统一编码、分类标准,并在检测任务派发、检测作业以及后续处理、分析等检测全流程中使用该统一的分类标准。此外,由于各地各桥梁有不同的检测工作需要,平台应提供必需的接口来对外提供数据,并接入平台外其他系统的相关信息,以实现平台对定制化检测需求的支持。

5)桥梁维护数据管理及维护相关功能

桥梁的维护是指对检查中发现的病害制订相应的养护维修方案并及时处治。桥梁的维护涉及桥梁上部结构、下部结构、桥面系、基础、支座、调治构造物以及附属设施等各个部分,作业难度从简单的清扫桥面、排除积水到复杂的支座更换、预应力加固甚至梁体整体更换,作业内容及其实施方法众多。

桥梁维护数据包括历次维护施工的时间、人员等工程管理信息,也包括现场作业的图像、处治的病害、处治后效果等具体的维护信息,桥梁维护数据的管理首先应包括对这些工程管理信息和具体维护信息的管理。此外,桥梁维护施工还针对前期检测、监测发现的病害、缺损问题,因此需要打通维护数据与监测、检测等系统数据的关联,获取维护针对的病害信息,为后期病害追踪等提供数据支撑。最后,由于桥梁维护施工涉及方面较多、维护手段多样,桥梁维护数据的管理还应包括对常用维护手段的管理,便于在发现问题时能够给出维护建议,以供作业人员参考,并不断根据维护结果等更新知识库,提升桥梁维护工作的智能化程度。

除对桥梁维护施工进行数据管理外,系统还应对维护作业工作流程进行优化。目前的桥梁维护施工存在人工记录、事后转录的情况,造成维护相关记录的描述主观性过强,结构化程度不高,且产生了二次工作量。由于不同地区、不同桥梁的维护作业流程差异较大,故平台可统一提供二次开发接口,并对各种维护相关的类型信息进行统一编码,各用户可根据自己的实际工作流程开发智能终端应用,并通过接口上报平台,这既可以保证适用性,又能够统一数据格式,为后期的决策分析等提供良好的数据支撑。

2.3.2　平台能力

桥梁智慧运维系统平台作为既有各软件系统的超集,在实现了桥梁基本信息、监测信息、检测信息、维护信息等信息管理基本功能的基础上,应进行赋能升级,实现平台中各系统"1 + 1 > 2"的集成。

在平台赋能过程中,扩展能力、互联能力、合作计算能力和动态反馈能力最为重要:扩展能力可以使系统平台不断进化,提升服务水平;互联能力可以使平台与其他系统进行数据互通,扩展系统边界,共同为更高层的智慧城市等系统提供功能和支撑;合作计算能力和动态反馈能力使得平台中各专业计算功能的算法可插拔,便于针对具体问题采用更先进、更合适的算法。

1)扩展能力

桥梁智慧运维系统平台的扩展能力包括功能扩展能力和性能扩展能力两个方面。

可扩展性(extensibility)是软件工程和系统设计领域的概念,表现为软件系统的基础设施不需要经常变更,子模块之间较少依赖和耦合,可以对需求变更快速响应。在桥梁智慧运维系统平台中,表现为平台可以通过少量改变快速应对不断变化的桥梁运维需求,可以快速添加新的需求功能,接入新的硬件数据,嵌入新的应用算法。

实现桥梁智慧运维系统平台的功能扩展能力的关键在于各子系统、子模块间减少依赖和耦合。各个子系统、子模块之间通过设计良好的接口互相通信,无须了解彼此的底层数据逻辑和实现方式,为达到此目的,需要仔细划分模块,从业务上进行解耦,并认真设计接口协议,统一编码规范。

可伸缩性(scalability)也是系统设计领域的概念,表现为系统可以平稳地支持业务量的增长,主要是指通过调整硬件数量进行横向扩展。桥梁智慧运维系统平台可能管理从几十座到数万座不等的桥梁群,不同桥梁由于检测、监测等养护策略不同,产生的数据量也大不相同。因此,系统平台的设计应具备性能的扩展能力,以应对不同桥梁规模、不同数据规模的管理需求。

实现桥梁智慧运维系统平台的性能扩展能力的关键在于各具体功能点的无状态性。为实现可伸缩性架构,通常将同一个服务进行集群化组织,并通过负载均衡器进行调用,对于集群中任意一个具体服务的调用都应返回一致的结果,因此无状态性非常重要。为在桥梁智慧运维系统平台中实现这种无状态性,应将桥梁运维相关的桥梁、构件以及各个监测数值视作资源,并设计好资源间的依赖关系,使得单个功能仅对单种资源进行处理。通过这种方式,平台在不改变自身功能的情况下,可以通过简单的增减硬件配置来应对不同规模的桥梁运维问题。

2)互联能力

桥梁智慧运维系统平台的互联能力(connectivity)主要表现为可与平台外系统进行充分的信息交换。尽管桥梁智慧运维系统平台在设计时尽可能多地考虑了基本信息管理、检测、监测、评估、决策等各方面数据及流程管理,但必定无法解决所有问题。在使用过程中,无论是需要根据具体需求进行定制化开发,还是需要将数据导出供智慧城市等其他系统使用,都要求系统平台可以提供足够的互联能力。

桥梁智慧运维系统平台的互联能力要求系统可以简便、安全地对外提供数据及从系统外部接入数据。互联能力的两个要求即为简便和安全。

互联能力的简便性在于可以通过开放接口清晰、简单地交换信息,为此,可采用 REST 风格来设计接口,实现对桥梁运维中各种资源的读写。REST 是 Roy Thomas Fielding 博士于 2000 年在其论文[3]中提出来的一种万维网软件架构风格,目的是便于不同软件和程序在网络中互相传递信息,目前已经广泛应用于互联网的各种服务中。REST 风格的接口通过统一资源标识符(Uniform Resource Identifier, URI)来指定资源,并提供获取、创建、修改和删除等对资源的操作。在桥梁智慧运维系统平台中,每一座桥、每一根构件、每一处病害、每一条监测数据都应作为资源,平台可以通过 REST 风格的接口来描述这些资源,从而提供各种资源的读写能力。互联能力的安全性在于对平台中数据进行读写时的权限控制,包括操作权限和数据权限两个方面。操作权限是指是否有进行某些操作的权限,如是否允许对桥梁信息进行编辑,是否允许读取监测数值等,应综合通过接口地址和操作类型进行判断;数据权限是指是否有操作某些数据的权限,如某单位的管理员虽然有编辑桥梁基本信息的操作权限,但只可以编辑本单位所辖桥梁,而不能编辑其他单位所辖桥梁的信息。互联能力安全性的实现,首先应仔细设计权限分配,其次还应该通过各种识别令牌(token)来识别请求操作的用户,最终实现操作和数据的鉴权,保障桥梁智慧运维系统平台的互联能力。

3)合作计算能力和动态反馈能力

桥梁智慧运维系统平台的合作计算能力主要表现为可以方便地集成新技术、新算法,不断提高平台整体计算能力。

系统平台主要完成的应该是数据联通和集成,应提供输入、输出的接口,并为具体的算法程序提供数据保证、运行时环境等基础设施,而不关心算法的具体实现方式。这样,针对桥梁运维问题的各种算法将是动态、可插拔的,平台用户随时可以添加新的算法,并在已有的各种算法之间灵活选择、对比。

合作计算能力在扩展能力的基础上更强调可插拔、可替换。为解决同一个桥梁运维中的问题,会使用一组算法,这些算法使用相同的输入、输出格式,可随时添加新算法,也可动态调用不同的算法,具体的实现方式与平台无关,将平台与具体的算法解耦。

除集成算法外,平台还应实现对平台外算法的调用。平台外算法通常已有固定的输入、输出,与平台本身可能是数据结构异构、编程语言异构,这时应借助平台的互联能力,提供数据接入、格式转换等功能,实现对平台外算法的调用。

反馈,是控制论的基本概念,指将系统的输出返回到输入端并以某种方式改变输入,它们之间的回路存在因果关系,进而影响系统功能的过程。桥梁智慧运维系统平台的动态反馈能力是指在算法的使用过程中,算法调用者可以自动或半自动地对决策过程、计算结果实现正反馈。

桥梁智慧运维系统平台的动态反馈能力可以半自动的方式实现,算法调用者评估算法的效果,平台辅助进行记录和比较,并可以在多次计算后进行统计,辅助桥梁运维人员针对不同问题选择更为合适的算法。对于桥梁辅助决策等人工智能相关算法,算法调用者提供的反馈还可以为某些机器学习算法提供正确判别,通过平台的动态反馈能力,促进机器学习模型能力的提高。另外,通过提高算法本身准确度,辅助选择更适合算法的两种方式,平台的动态反馈能力可以使得平台自身的计算能力不断提高。

2.3.3　远景展望

借助扩展能力、互联能力、合作计算能力和动态反馈能力,桥梁智慧运维系统平台可以不断扩展自身功能、提升性能,与平台外各软件系统进行数据交互,参与桥梁设计、施工等其他生命周期,并与其他智慧基础设施系统一起参与智慧城市建设。

桥梁运维期的问题极其复杂,而且每一个单位的实际情况都有所区别。借助桥梁智慧运维系统平台提供的开放接口,各单位可以根据自身的实际情况开发适合自身的网页终端应用或移动终端 App,实现平台功能的不断扩展。

通过统一的编码规范以及数据组织形式,可以将各种应用层数据统一存入中心数据库,利用桥梁智慧运维系统平台的合作计算能力与动态反馈能力,这些数据可用于对各类算法的训练与调优,帮助桥梁运维人员选择更合适的算法,并提高已有算法的准确程度,实现平台智能程度的不断提高。

桥梁智慧运维系统平台的定位在桥梁的运维期,借助互联能力,可以将平台与桥梁生命周期的设计、施工、拆除等其他阶段结合,构建桥梁群和桥梁的全生命周期数字档案。平台可以从前期的设计、施工中提取资料,减少数据的重复录入,并提高养护建议的针对性;可以将数据传输到后续的拆除期,为决策提供数据支撑。

桥梁与道路、隧道等均属于交通基础设施,彼此关系密切。借助桥梁智慧运维系统平台的互联能力,可与其他基础设施管理相关系统进行数据交互,共享 GIS、天气、交通事件等信息,实现交通基础设施的统一智能化管理。

智慧城市是近年兴起的概念,是当前城市发展的新理念和新模式,以改善城市人居环境质量、优化城市管理和生产生活方式、提升城市居民幸福感受为目的,是信息时代的新型城市化发展模式。为实现智慧城市的目标,目前各地政府、各互联网企业都在努力探索,比如阿里巴巴以交通治理为起点提出的城市大脑框架等。桥梁作为城市交通基础设施的重要组成部分,必然要参与到智慧城市的建设过程中。借助扩展能力、互联能力,桥梁智慧运维系统平台可以不断扩展自身功能,并与交通管理、政府服务等其他城市管理系统进行充分的数据交换,不断提升城市管理智慧化水平。

2.4　IntelliBridge 系统平台介绍

为实现桥梁智慧运维概念,作者所在团队正在开发一套可以落地使用的桥梁智慧运维系统平台——IntelliBridge 系统平台(见图 2-3,以下简称 IntelliBridge 或平台)。平台能够实现桥梁基本信息的管理、健康监测数据采集与分析、检测流程管理与数据分析、桥梁技术状况评估、中长期养护规划决策等功能,并配套有管理端、安全预警、管理大屏等应用系统和小程序。此外,为实现桥梁智慧运维系统平台的扩展能力、交互能力、合作计算能力,设计平台时还认真设计了架构,开放了数据接口,可以连接平台外各政务服务系统、智慧城市系统等。用户也可根据自己的实际科研状况、工作流程,开发适合的算法以及应用终端,不断提升平台的能力。目前,平台主体已经开发完成,并在国内一些桥梁群运维的过程中投入使用。

图 2-3　桥梁智慧运维系统平台宣传首页

2.4.1　IntelliBridge 架构设计

IntelliBridge 被设计为一个"对内集成、对外开放"的软件系统平台。"对内集成"是指平台内部集成有桥梁基本信息管理、健康监测、检测施工、维护管理、业主管理端、安全预警、中长期养护规划等子系统、子模块,通过统一的权限管理、任务调度等机制结合在一起,实现桥梁运维管理的基本功能;"对外开放"是指平台对外暴露各种 API,第三方可以通过这些开放接口来实现特定算法、特定管理流程等具体功能的定制性开发,并借助开放接口将平台与其他信息化系统进行数据互联。

平台总体架构包括数据接入层、基础设施层、数据层、应用服务支撑层和应用层。其中数据接入层负责从 App、传感系统、电子文档和第三方系统中接入数据;基础设施层为平台运行提供 IT 基础设施,包括服务器、操作系统、各类运行时环境和虚拟化环境;数据层用于存储、处理平台各类数据,并对备份还原、冷热分离等具体要求做了优化;应用服务支撑层则采用各种软件系统开发工具,实现平台需要的各种具体功能;应用层可分为数据后台管理、专业化分析、管理及决策三类子系统。此外,用户可根据自身需求使用应用服务支撑层提供的各类开放接口与平台进行数据交互,或实现自己的各类应用层功能。

平台具体架构组织如图 2-4 所示。

1)数据接入层

平台数据接入层主要负责外部数据的接入,这里的外部数据并非指平台用户通过开放接口接入的平台外数据,而指平台已接入的外部产生的数据。其中,桥梁检测施工相关数据可通过各类移动终端 App 在检测时自动上报,也可以通过自然语言处理等手段从以往的电子版检测报告中录入,还可以通过转接程序从既有的第三方桥梁检测管理系统中进行转接;

桥梁健康监测数据可通过各类传感器、采集设备直接上报或通过物联网感知云等间接上报，也可以通过转接程序从既有的第三方健康监测系统进行旁路转接，还可以对已有的试验检测数据进行录入；桥梁维护施工与桥梁检测数据类似，也可以通过 App 上报、电子版报告录入和第三方系统转接的形式进行。

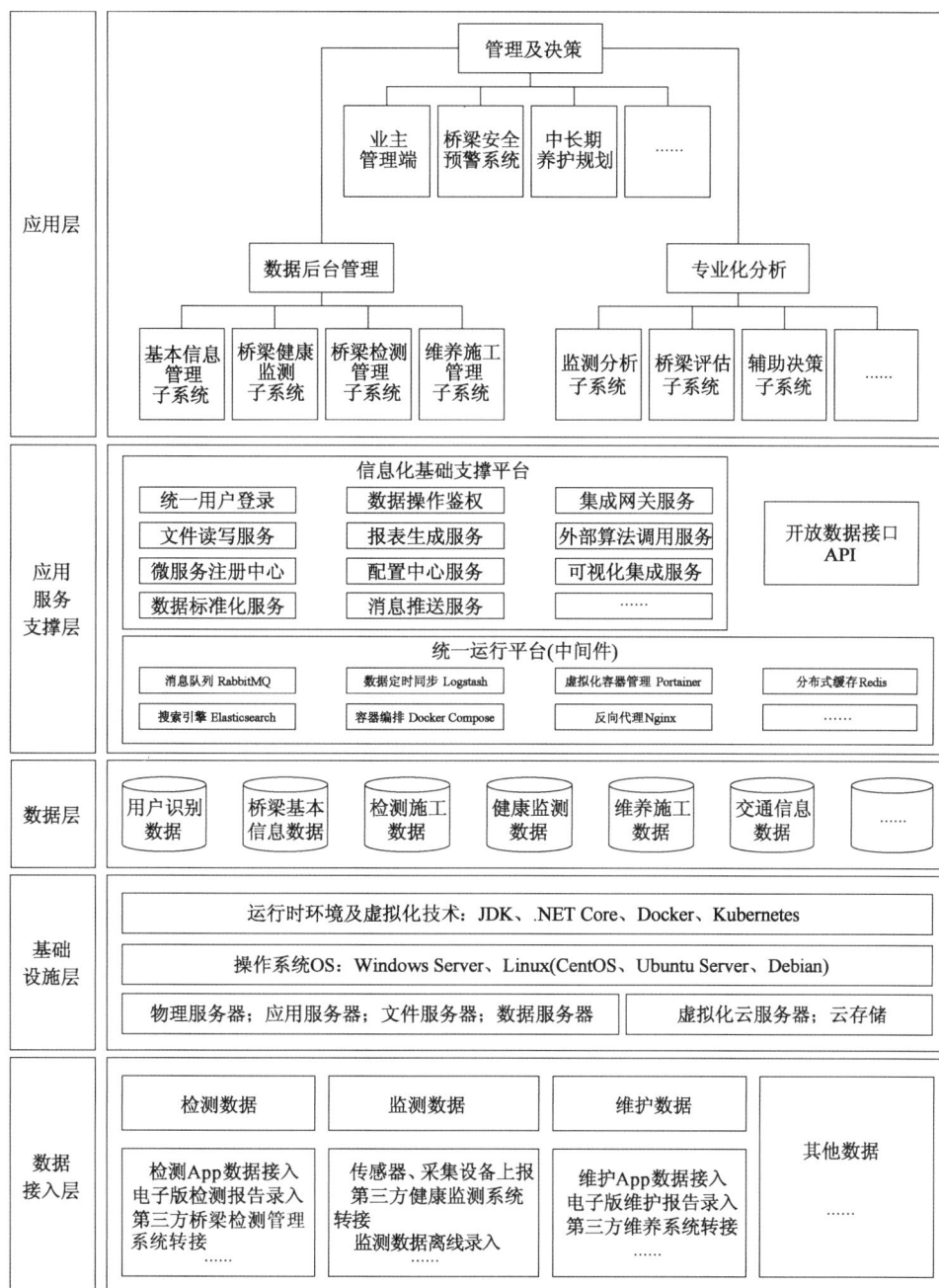

图 2-4　IntelliBridge 平台架构

2）基础设施层

平台基础设施层主要为平台提供 IT 资源的支撑，以保障平台整体的正常运行。平台整体为一个分布式系统，且为考虑数据安全性和计算性能，综合使用了物理服务器和虚拟化云服务器进行部署；为发挥不同硬件配置的优势，又对应用服务器、文件服务器、数据服务器做了区分。在操作系统方面，针对不同的需求，平台综合使用了 Windows 和各种发行版的 Linux 操作系统。为屏蔽系统层的差异，提升系统可迁移性，提高运维自动化程度，并为上层软件提供运行环境，平台使用了 JDK 和 .NET Core 等运行时环境以及 Docker 虚拟化技术。

3）数据层

平台数据层主要提供数据存储及管理功能，为上层应用提供数据支撑。平台中存储有用户识别数据、桥梁基本信息数据、检测施工数据、健康监测数据、维养施工数据、交通信息数据等。针对不同数据的结构特点、读写频次、检索要求，综合使用了结构化数据库（MySQL、SQL Server）、针对监测等时序数据特殊优化的时间序列数据库（TimescaleDB）和面向文档的非结构化数据库（MongoDB）。除使用成熟的数据库产品外，平台还针对数据多点热备、冷热数据分离、读写分离等具体要求实现了相应的功能，为平台上层应用提供了稳定、高性能的数据保障。

4）应用服务支撑层

平台应用服务支撑层向下与数据层通信，构成系统开发需要的各种基础设施；向上为应用层各子系统提供具体功能。应用服务支撑层可分为统一运行平台和信息化基础支撑平台两个部分，并对外提供数据接口。

统一运行平台与桥梁专业无关，主要为系统开发所需的各项基础设施。RabbitMQ 是一套成熟的开源的消息队列（Message Queue，MQ）服务软件，通过对消息队列的使用，可以实现微服务系统中各服务间的解耦，还可以对监测等高频数据进行缓冲和削峰等处理；Elasticsearch 是一个成熟的搜索引擎，使用倒排索引等技术，可以快速地在大量桥梁数据中根据指定的字段进行检索，配合 Logstash 工具，可自动地从主数据库中维护新的数据记录；平台使用微服务架构组织后端服务，并使用 Docker 虚拟化容器部署各服务，利用 Docker Compose 可实现对多个容器的编排，利用 Portainer 工具可以可视化地对各容器进行管理，提升系统运维效率；Nginx 是目前使用最广泛的网页服务器和反向代理服务器，在平台中，由于子系统众多，故需使用 Nginx 为各子系统提供统一的入口，并将请求分流到具体服务上；Redis 是一个基于内存的键值对存储数据库，读写速度快，在平台中，利用 Redis 可实现各微服务公用数据的统一高速读写。统一运行平台大量参考了当前先进的互联网工具和架构，不仅可满足当前平台的工作要求，还具备很强的扩展能力。

信息化基础中的各个功能是平台中的最小逻辑功能单元，为平台的各子系统实现具体功能。统一用户登录功能提供了全平台的登录中心，一处登录后，平台为用户发行一个可识别的 token，用户可使用该 token 在平台的各子系统的授权内进行访问；数据操作鉴权功能可根据用户的 token 从数据和操作两个方面对用户的请求进行鉴权，数据权限指用户对某些数据执行操作的权限，操作权限指用户对数据进行某些操作的权限，通过综合判断数据和操作的权限，可保证系统数据的安全性；平台功能众多，且同时对外暴露数据接口，集成网关服务可统一对各类请求进行路由控制,并集成鉴权相关功能,使具体功能的实现与操作权限的管理解耦;平台涉及报告读取、施工多媒体资料上传查看、各类报表生成等大量文件读写功能,文件读写服务为其他服务统一提供文件相关的路径分配、备份处理、分布式存储等功能,使其他功能可专注于自身业务,不必考虑文件存储相关的细节;平台为简化办公流程,提供了多种格式报表的在线生成功能,报表生成服务为生成 Word 文档、Excel 文档、PDF 文档等多种格式提供了封装的工具,简化了具体报表生成时的逻辑;平台考虑了对合作计算能力的支持,许多专业的算法使用 Python、MATLAB、C ++ 等多种语言实现,外部算法调用服务通过边车模式等技术集成封装了对外部系统的调用,对其他服务屏蔽了算法实现的语言和数据结构差异;随着平台规模的不断扩大,所使用的微服务数量也越来越多,使用微服务注册中心可有效管理各微服务,将微服务之间彼此解耦,并可根据具体性能要求对具体的微服务提供水平扩容的支持;多个微服务通常采用相同或相似的配置,如数据库连接信息、文件存储根路径等,通过使用配置中心服务可集中管理这些配置,使得各微服务可动态获取配置信息,减轻系统部署和迁移的工作量;平台对桥梁的管理集成了 BIM 和数字孪生等可视化技术,可视化集成服务为各类定制化的可视化应用实现提供了基本的工具箱,包括基于 Web-GL 的显示引擎、三维模型的转换、建模信息的存储等,平台应用层各类可视化应用可自由组合这些工具,快速进行开发;通过数据接入层以及开放数据接口等接入的数据有各种类型的数据结构,采取的编码规则也与平台内部的编码有一定区别,使用数据标准化服务可将这类数据统一处理,为后续的数据分析、存储等做好预处理准备;在安全预警、检测流程管理等与工作流程结合的功能中,需要使用消息推送功能及时推送最新的消息,消息推送服务包含邮件发送、短信通知、微信小程序推送、网页消息推送等多种推送机制,并进行封装,屏蔽了多种推送机制的细节,便于上层应用调用。

除统一运行平台和信息化基础支撑平台外,应用服务层还对外暴露开放数据接口,为平台提供足够的互联能力。平台暴露的开放数据接口分为两种,一种是低级 API,可直接操作统一运行平台中的各种系统基础设施,API 的使用者可以根据这些 API 进行数据层读写等比较底层的操作,使用难度相对较大,但提供了足够的自由度;另一种是高级 API,操作信息化基础支撑平台各服务,这些高级 API 带有较多专业属性,屏蔽了大量数据结构等细节,平台应用层各子系统本身也是基于这些 API 来开发。平台为 API 提供了足够的权限控制,可保证平台数据的安全性。用户可以自由组合高级 API 和低级 API,对平台内数据进行授权内的读写操作,或结合自身工作流程,开发适合的应用层工具。

5) 应用层

平台应用层针对桥梁智慧运维的需求,开发了多个子系统、子模块,适用于处理桥梁智慧运维过程中的数据后台管理、专业化分析、管理及决策相关问题。

桥梁数据后台管理需要对系统的各类元数据进行较为低级的数据管理操作,针对桥梁数据后台管理相关需求,目前开发有基本信息管理子系统、桥梁健康检测子系统、桥梁监测管理子系统和维养施工管理子系统。其中,基本信息管理子系统用于管理桥梁相关基本信息,如单位和人员信息、桥梁基本信息、桥梁跨径分布信息、桥梁构件信息、路网路线信息、GIS 信息、BIM 信息等;桥梁健康监测管理子系统用于管理健康监测相关元数据,如监测桥梁概览、监测任务的管理、监测数据列(传感器数据类型)的管理、各在监桥梁所用传感器管理、报警识别规则的预设、监测数据的可视化查看、动态称重及报警的查看、监测视频的接入查看以及基本的数据清洗与数据分析等;桥梁检测管理子系统用于管理日常巡查、经常性检查、定期检查、特殊检查等桥梁检测相关元数据以及其他相关检测功能,如检测施工单位的管理、检测工程及流程的管理、检测任务的管理与下发、检测病害的记录与查看、病害发展追踪、基于检测的桥梁技术状况评定、检测作业人员使用 App 自动上报、检测报告的自动生成等;维养施工管理子系统用于管理维养施工相关数据及维养相关功能,如维养人员的管理、日常维护的记录、维养施工的管理、施工人员使用 App 记录作业情况、维养历史的查询、维养效果的追踪以及针对具体桥梁问题的基本维养建议等。

桥梁运维管理不仅是对数据的增删改查,还需要结合具体专业算法对数据进行计算分析。针对桥梁运维专业化分析的需求,目前平台规划和开发了监测分析子系统、桥梁评估子系统以及辅助决策子系统。其中,监测分析子系统借助各种数据分析手段,提供桥梁健康监测相关数据分析功能,如模态分析、风荷载统计、拉索索力相关分析、车辆视频识别与动态称重、特殊事件监测、数字信号处理功能,并可以提供基于监测的桥梁状况评估;桥梁评估子系统可实现对桥梁整体状况、具体使用需求等进行评估等功能,如桥梁正常使用状态评估、大件运输评估、危桥状况评估、性能退化分析、施工安全评估和局部损伤的评估等;辅助决策子系统针对具体情境,通过养护措施库,提供了单体构件养护、单体桥梁养护、桥梁群养护、周期成本控制以及应急响应等的辅助决策。

通过对数据进行管理结合专业化的分析,最终可以为平台用户提供与管理和决策相关的功能,实现桥梁的智慧运维。目前,针对管理和决策,平台规划和开发了业主管理端子系统、安全预警子系统和中长期养护规划子系统。其中,业主管理端子系统结合桥梁业主的实际工作需求,为管理人员提供统计性、提示性信息,并可结合工作流程进行运维工作的管控,提供关键信息推送、状态看板、基本信息统计、养护工程量统计、数据对比分析和工作流程管理等功能;安全预警子系统针对桥梁运维过程中可能出现的危险因素,提供实时大屏展示、船撞预警、车撞预警、应急响应与处置以及移动终端的推送等功能;中长期养护规划子系统可提供中长期尺度的养护规划建议功能,包括桥梁单体性能预测、生成桥梁性能发展的评估与预测报告、桥梁单体的维护决策建议、桥梁群养护优先级决策建议以及各种养护方案的对比分析等功能。

2.4.2　IntelliBridge 基本功能介绍

IntelliBridge 为实现桥梁智慧运维的需求,结合桥梁运维现状及业务需求,在系统架构的应用层实现了具备数据管理、专业化分析、管理及决策三个方面功能的多种子系统的开发,具体介绍如下。

1)桥梁运维管理信息分类及编码

对数目众多的桥梁进行运维阶段管理,必然会产生大量不同种类的数据。如果没有统一的格式标准,则很难对这些数据进行访问,这些数据将失去价值。通过信息分类和编码技术可以更有效地处理这些数据,提高桥梁运维管理工作效率。

当前已有的信息分类编码标准主要是针对建筑领域,桥梁领域的相关标准、规范不多。在实现 IntelliBridge 系统平台时,作者所在团队参考相关理论基础,依照科学性、系统性、一致性、可扩展性的原则,对桥梁、构件、病害等要素进行系统性分类与编码。

常规的实体要素分类为 Is-a 关系,即细分类型属于某种大类;而桥梁相关的桥梁类型、构件类型、病害类型则需要额外考虑 Has-a 关系,即某种类型的桥梁可能会有某些类型的构件,某些类型的构件上可能发生某些类型的病害。通过描述这种 Has-a 的关系,可以更明确地反映桥梁运维管理过程中的各级概念的关系。

针对桥梁类型,首先分出一级类型(梁桥、拱桥、斜拉桥、悬索桥、刚构桥、组合结构桥等),再在一级类型内分出二级类型(简支梁桥、悬臂梁桥、连续梁桥等)。二级类型是一级类型的细分,因此为严格的 Is-a 关系。桥梁的分类情况如图 2-5 所示。

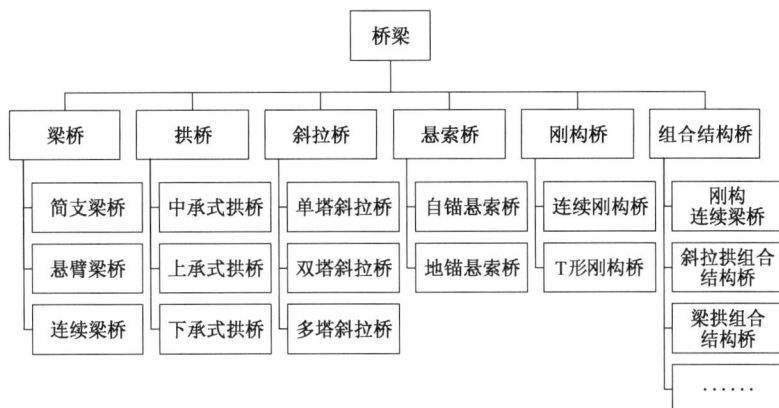

图 2-5　桥梁的分类示意

针对构件类型,首先根据所属的桥梁分类划分出构件一级分类,如在简支梁桥中,存在梁体、横向联系等;再在一级类型内细分出二级类型,如梁体中存在主梁、腹板、底板等。

针对病害类型,首先根据所属的构件类型划分出一级分类,如在主梁中,存在裂缝、混凝土碳化等;再在一级类型内细分出二级类型,如在裂缝类型中,存在横向裂缝、纵向裂缝、斜向裂缝等。

构件类型与桥梁类型、病害类型与构件类型都是 Has-a 关系,每种桥梁类型中可能存在多种构件类型,每种构件类型中也可能存在多种病害类型。这些构件类型、病害类型可能出现重名的情况,但应视为不同的类型。为解决这一问题,应使用一套统一的编码标准来进行类型的区分。

桥梁类型、构件类型、病害类型统一编码,采用 12 位定长数字码,不足 12 位用"0"补齐,从高位到低位依次表示桥梁类型、构件类型、病害类型。其中,桥梁类型、构件类型、病害类型均采用 2 位一级分类加 2 位二级分类来表示,如图 2-6 所示。

对桥梁类型、构件类型、病害类型的分类可以使用统一的形式以及编码来表示,即使针对同名的类型也可以有严格的区分。通过这种方式可以高质量储存桥梁运维信息,为后期桥梁运维过程中的分析和决策提供了良好的数据保证。

以桥梁中常见的"横向裂缝"病害为例,不同桥梁类型、不同部位、不同构件上的横向裂缝往往有着不同的形成机理,其对结构的影响也不尽相同。如果仅仅根据病害名称简单地将所有的横向裂缝归为一种类型,后期的数据统计和分析将受到影响。作者所在团队根据不同的桥梁结构形式、不同的部件和构件将同样的横向裂缝分成了多种不同的类型,可以为后期的数据统计与分析提供细粒度的数据支撑。同时,为了便于桥梁运维时的信息检索,又创新性地提出了病害类型标签的概念,为病害类型打上相应的标签,比如多种的横向裂缝虽然在形成机理、后期影响上有所不同,但均属于"横向裂缝"这个广义的分类,把所有的这些同名的病害类型打上相同的标签,这样在进行一些粗略的统计时,可以快速地进行检索。以上细分类型并用标签辅助的方式,兼顾了分类的科学性和使用的便利性。

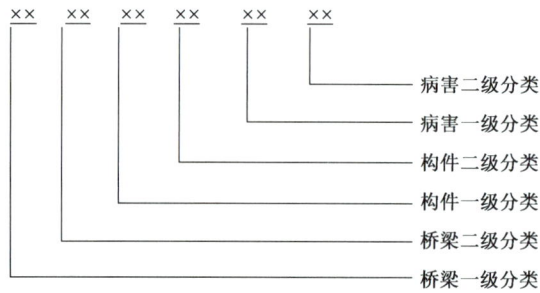

图 2-6　分类的统一编码格式

2)桥梁基本信息管理子系统

桥梁基本信息管理子系统主要为满足与桥梁运维相关的桥梁基本信息管理,以及平台正常使用的人员和权限管理等需求。

单位、人员及权限管理功能可实现对系统用户的部门划分,通过部门-子部门的层级关系建立数据管理的层级性;用户从属于一个部门,限定了用户的数据权限,同时用户还担任某种职务,规定了用户的操作权限,通过数据权限和操作权限的双重限定,可保证系统的安全性。同时,系统会对用户的登录以及重要操作进行记录,管理员可以对操作的时间、IP 等信息进行查看,便于对异常操作进行分析。

在基本信息管理子系统中,使用两种方式来对桥梁群进行展示。一种方式是在地图中,通过地理信息定位,生动、直观地展示桥梁群在地理空间上的分布情况;另一种方式是通过表格的形式准确、细致地展示桥梁列表。在两种展示方式中,都可以找到单个桥梁的详细信息入口,进入后可对单体桥梁的基本信息进行查看和编辑。基本信息管理子系统部分页面见图 2-7。

图 2-7　单桥详情页

　　单体桥梁的信息包括行政管理和地理位置信息、路线信息、护栏信息、水文信息、结构技术信息、跨径分布信息、构件布置信息、档案资料等,属于静态信息,在桥梁运维的全过程中变化较少,基本信息管理子系统在单体桥梁的详情页中集成了这些静态信息的查看与编辑功能。此外,在桥梁运维管理过程中需要经常对一些桥梁给予特殊关注,或是对桥梁进行动态的分类,系统提供了对桥梁的收藏和打标签的支持,为后续的养护管理提供了便利,如可以对重点关注的桥梁进行收藏操作,见图 2-8。

图 2-8　对重点关注的桥梁进行收藏操作

3)桥梁健康监测子系统

　　桥梁健康监测子系统提供了对整体监测概况的查看、对监测元数据的管理、对监测任务及警报规则的管理,以及传感器数据的接入、存储、分析和检索等功能,并为监测概况查看、动态称重管理等适合在移动终端中查看的内容开发了配套的 App 或小程序。

　　监测情况概览包括桥梁群监测情况概览和单体桥梁监测情况概览两个层级。在桥梁群监测桥梁概览中,可查看各监测桥梁的地理位置、报警状态、异常比例等,并在地图中通过不同的标记生动、直观地展示。单体桥梁的监测情况概览展示当前桥梁的报警和异常状态、传感器分布情况以及基于监测数据的评分,同时还可以导出监测所需要的各种报告和报表。单体桥梁监测概况页面见图 2-9。

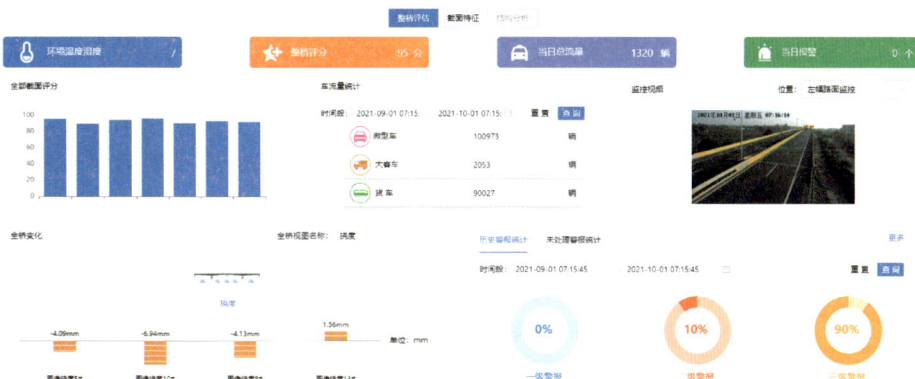

图 2-9　单体桥梁监测概况

监测管理工作还包括对数据列和传感器等监测基础信息的管理以及监测任务、报警识别规则等的管理。数据列是指传感器能够上报的一种数据类型,包括名称、物理单位以及自定义计算公式等,在监测数据采集之前应首先设定能够支持的数据列;系统通过对数据列定义的引入,可以实现一个传感器对任意数量监测指标数据的支持,数据列的自定义公式功能也可对数据进行简单的物理量转换计算等初步处理。对传感器的管理包括部署在桥梁上各个传感器的原理类型、采集指标、部署位置、历史维护记录等,并应和具体的数据列进行绑定。对于单个桥梁,可能同时存在长期健康监测和短期的施工监控,监测子系统通过监测任务对各种监测进行区分,在每个监测任务中可以选用桥梁中已存在的若干传感器,并设定各种报警识别规则,如图 2-10 所示。

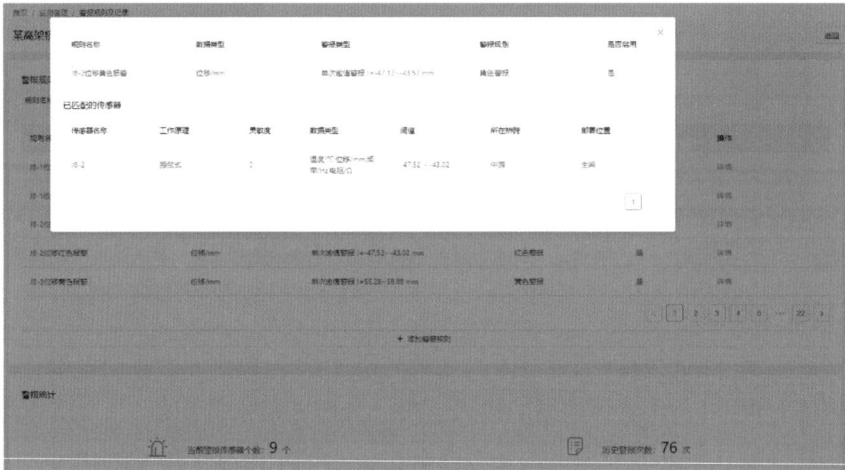

图 2-10　监测报警识别规则的设定

桥梁健康监测使用的传感器和采集设备类型多样,各厂商各类产品的数据结构、传输方式也不尽相同。为了能够在平台中以统一的流程对各种数值型的监测数据进行处理,在平台的数据接入层对各种监测数据进行定制化的前处理,将数据结构标准化后,再用平台的统一传输方式接入监测系统。数据接入后,平台可以采用统一的处理流程对数据进行存储、清洗、分析以及查看。针对监测数据实时性强、数据量大等特点,系统提供了实时显示、历史分级查询、对比查询等功能(历史数据对比查看功能见图 2-11),并实现查询结果的可视化输出。除传统传感器数据接入外,系统还集成了桥面动态称重系统,可实现数据查看、超限判定等功能(图 2-12)。此外,系统还集成了部分监测数据分析算法,可以提供模态分析等专业分析结果。

桥梁健康监测与检测、维护施工相比,数字化和自动化程度更高,对于监测结果的实时性处理要求也更高。为了能够帮助桥梁运维管理工作人员更快捷、更方便地获取监测中值得关注的数据,系统配套开发了监测管理小程序,可以在各类智能手机上随时查看桥梁群的实时监测情况。同时,为方便与交管部门合作治理重载情况,系统配套开发了动态称重小程序(页面效果见图 2-13),可以查看桥梁行车称重的实时和历史情况。

图 2-11 监测历史数据的对比查看

图 2-12 桥面动态称重数据的实时接入与超限判定

4）桥梁检测管理子系统

桥梁检测管理子系统提供了对日常巡查、经常性检查、定期检查和特殊检查等桥梁检测工程的管理,配套检测设备的管理,以及检测结果的查看和对比分析等功能,并针对检测现场作业需求,开发了配套的 App。

检测工程包含对多座桥梁的检测,一般被打包下发给检测单位。在检测工程的管理中,系统对检测单位、工程起始日期、当前状态等信息进行记录,并以列表的形式进行展示,每一项工程可以通过查看详情的方式查看工程整体信息,以及工程内各个桥梁检测任务的列表,在检测任务的详情中可查看当次检测的具体内容。系统针对定期检测、经常性检测、特殊检测等不同的检测类型,提供了不同的检测任务详情展示形式。检测工程列表如图 2-14 所示。

针对定期检测,需要重点关注发现的病害以及既有病害的发展情况。系统中记录了每条病害的所属构件、病害类型、发生位置、病害标度、病害描述等信息,并存储与病害相关的现场照片。此外,每条病害都可以关联前次检测中发现的病害,以实现对病害发展的追踪(图 2-15)。除定期检测外,系统还为水下声呐检查、钢管拱焊缝无损探伤、钢筋锈蚀电位评定等无损检测提供了适合各自检查内容的检测记录和查看功能(图 2-16)。

a)监测管理小程序　　　　b)车辆称重小程序

图 2-13　监测相关微信小程序

图 2-14　检测工程列表

桥梁的检测施工涉及现场作业,传统的检测施工需要检测人员在现场进行纸质记录,检测后再进行内业作业,将记录整理到信息化系统中,并手动生成检测报告。这种传统的作业流程收集到的数据质量取决于作业人员的专业程度,且存在信息二次加工的过程,导致工作效率低、数据质量差。为减轻作业人员工作负担,提升检测数据质量,系统配套开发了适用于检测人员施工作业使用的平板计算机 App(图 2-17),通过该 App 可以现场对病害进行拍照,并在病害库中选择适合的病害等级进行规范化描述。在开发检测用 App 时,作者所在团队收集并采纳了一线检测人员的多方面意见,实现了报告描述模板录入、自动复制历史病害、自动生成检测报告等功能,可切实提高现场检测作业效率,提高数据质量。

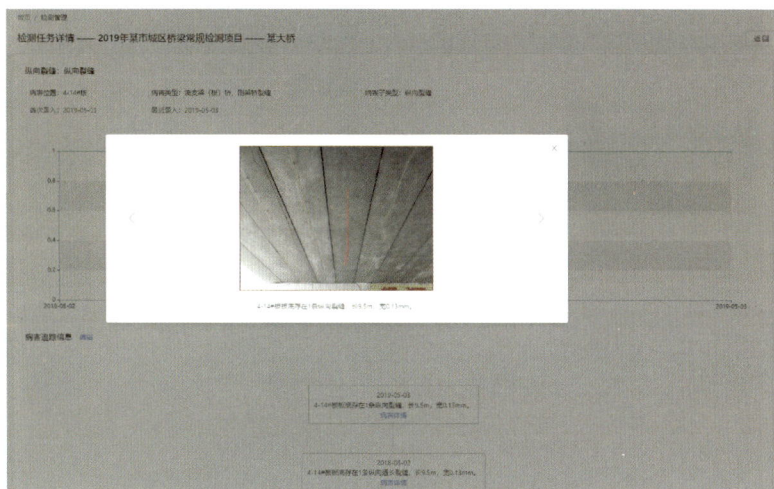

图 2-15　定期检测中病害追踪及展示

图 2-16　无损检测结果展示

5）管理端子系统

管理端子系统是针对桥梁运维的工作流程,面向业主方中高层管理工作人员的工作管理辅助系统。管理端子系统屏蔽了具体、琐碎的数据细节,大量使用图表为管理人员提供统计性信息,便于管理人员对桥梁群的健康状况有全局性的认识,并辅助进行工作流程的管理。整个管理端子系统分为工作平台、信息统计、数据分析三个模块,并提供了到安全预警和管理大屏等其他子系统的链接入口。

在管理端子系统中,通过"工作平台"模块,展示当前进行中工作的看板(图2-18),包括日常巡查计划进度查看,项目滞后、重点关注桥梁病害等关键信息的推送,年度检测工程和维护工程进度查看等功能。针对看板中的各个板块,可以点击"详情",查看具体业务流程的工作内容和当前进程(图2-19),便于管理人员把控时间及工作节点,有针对性地提升桥梁运维管理工作效率。

图 2-17　检测作业用 App

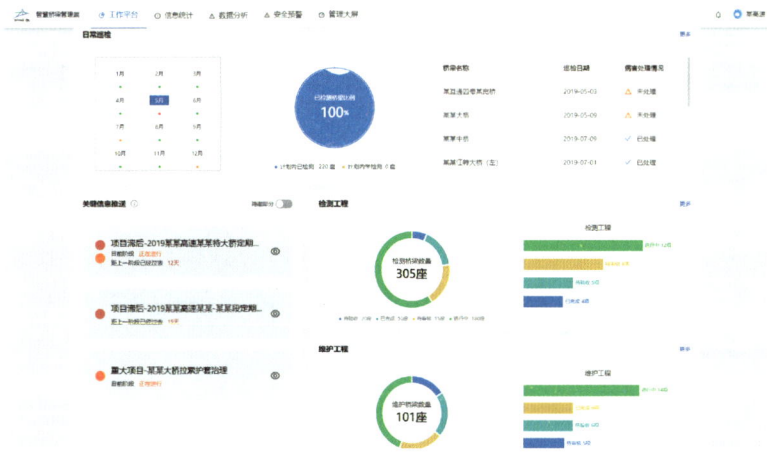

图 2-18　"工作平台"看板

图 2-19　具体工作内容及进程

管理端子系统通过"信息统计"模块对桥梁群的整体信息进行统计。用户可通过所属路线、结构体系、既有病害类型、维护状态、桥梁标签等对桥梁群进行筛选,系统会自动对选中的桥梁进行联动分析,对桥梁规模、结构形式、技术状况等进行分类统计。此外,管理端子系统还可以根据桥梁的标签和收藏标记将桥梁设置为重点关注对象,在桥梁列表中进行优先展示,为用户提供更高的自由度和便利性。

特别地,针对桥梁群管理过程中桥梁众多、筛选指标复杂的情况,Intellibridge 系统引入了搜索引擎相关技术,可以使用拼音甚至拼音首字母来进行模糊检索,并根据用户输入内容在搜索建议中提供桥梁名称、桥梁类型、包含标签、包含病害、所在路线等多种可能的检索建议,进一步提高桥梁运维管理工作的效率。模糊搜索效果见图 2-20。

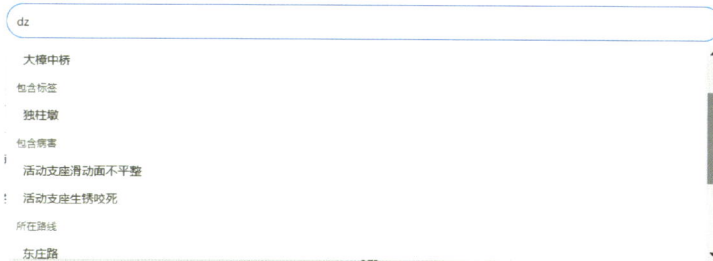

图 2-20　信息统计中的搜索建议功能

针对单体桥梁,在管理端子系统中可以查看该桥梁的基本信息、技术状况评定等级、重点关注病害、工程历时以及监测和巡检信息。此外,使用 Web BIM 技术,管理端子系统实现了在浏览器中轻量级 BIM 模型的加载,并可以在模型中集成检测、监测、维护相关信息,将病害所在构件、传感器部署位置等与 BIM 模型相对应,实现在三维模型中对桥梁各类信息的集中式、交互式查看。Web BIM 技术相关功能效果见图 2-21 ~ 图 2-23。

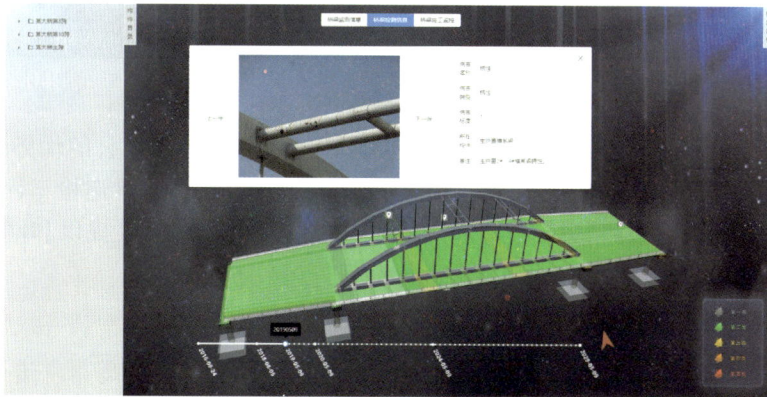

图 2-21　三维模型中集成检测及评定信息

管理端子系统通过"数据分析"模块提供了桥梁运维管理常用统计性数据对比分析的功能。其中,车流量与技术状况评定对比分析功能,对比相同地理位置某时间段的车流量信息以及桥梁群的技术状况评定等级;桥梁群技术状况对比分析功能,对比相同地理位置不同时间点的桥梁群中各个桥梁的技术状况;荷载分段对比分析功能,对比相同地理位置某时间段内荷载等级分布以及桥梁技术状况评定信息;单体桥梁技术状况对比分析功能,对比某一具体桥梁不同时间技术状况评定等级、重点关注病害、部件对比等信息。单体桥梁不同时间点的对比分析功能效果见图2-24。

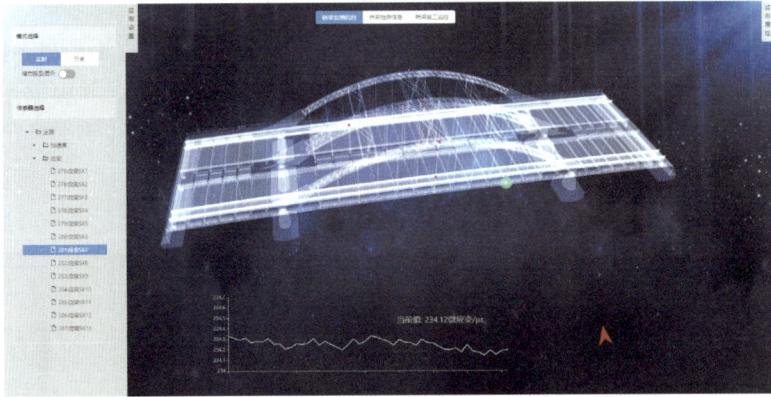

图2-22 三维模型中集成监测传感器布置及实时传感器示数

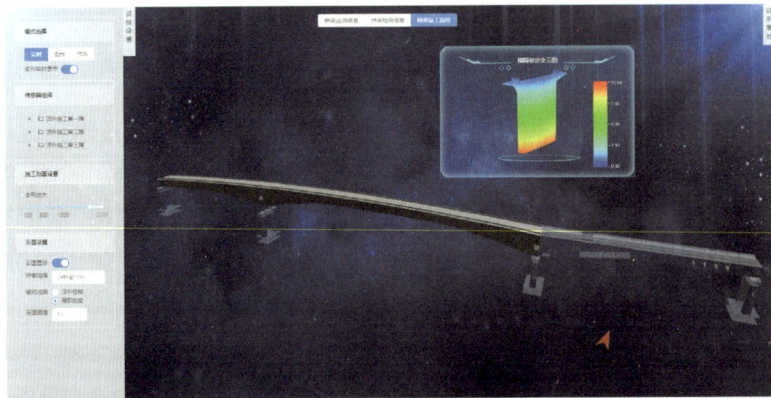

图2-23 三维模型集成顶升施工监测,展示变形放大及应变云图

为能够辅助管理人员进行高效的桥梁运维管理工作,发挥移动办公的优势,平台还配套开发了管理端微信小程序(页面见图2-25),实现了对监测、维护、日常巡检工程进度的管理和关键信息推送,重点关注桥梁信息查看、桥梁群筛选及统计等功能,提供和网页端版本一致的交互和体验,可以在各类移动终端上进行远程管理。

6)安全预警子系统

安全预警子系统针对桥梁群运维过程中结构健康安全、船撞车撞等事件进行监测,并通过大屏展示预警信息,再由管理端子系统辅助管理人员进行应急事件的相关处治。

安全预警与处治建议(大屏效果见图2-26)主要针对桥梁运维过程中的结构安全问题,以可视化大屏的形式对桥梁运维过程中的检测、监测、预警进行展示。大屏的首屏展示为桥梁群的分布地图,并使用长链接技术实时获取后台预警信息,当有预警信息时会以醒目的方式发送提醒消息,适合于监控指挥中心等场景。

图 2-24　单体桥梁不同时间点的对比分析

a)小程序首页　　　　　　　b)单体桥梁信息页

图 2-25　管理端微信小程序

7）中长期养护规划子系统

中长期养护规划子系统针对桥梁群中长期养护的需求,使用马尔科夫模型进行桥梁状态退化预测,建立动态养护措施库,利用强化学习算法构建维护决策优化模型。用户可以对系统内置的病害库和养护措施库进行配置,便于真实反映各项养护措施的经济性影响。系统可提供单体桥梁的自然劣化性能预测、单体桥梁的决策建议以及桥梁群养护方案的建议。

针对单体桥梁,系统根据桥梁技术状况以及当前病害情况,计算桥梁自然劣化的发展情况,给出性能发展曲线,并形成性能评估报告。在自然劣化基础上,结合病害库和养护措施库,可形成单体桥梁养护决策建议(图2-27),给出该桥梁各年的养护措施。同时,系统可以将按照建议养护后的效果与自然劣化效果进行比较(图2-28),供管理人员决策时参考。

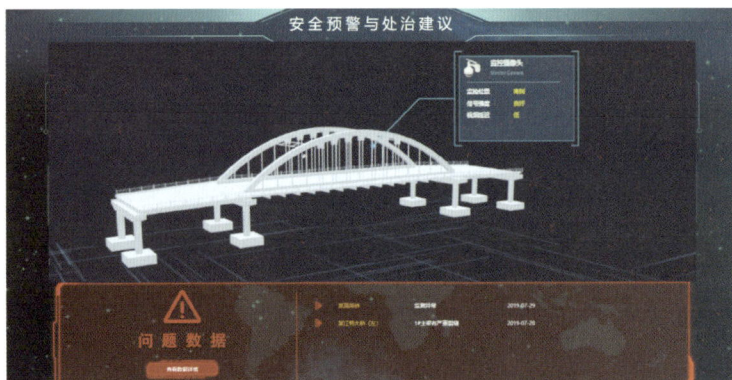

图2-26 安全预警与处治建议大屏

图2-27 针对单体桥梁的养护决策建议

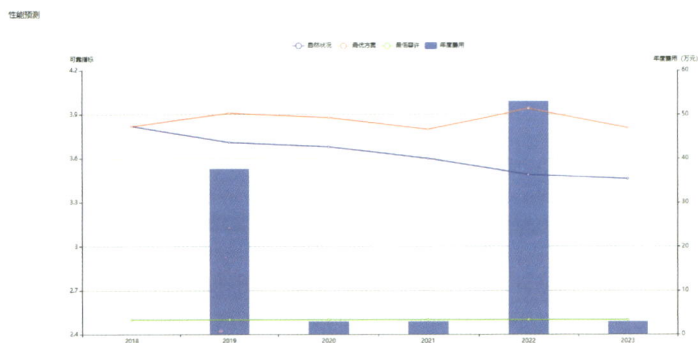

图2-28 自然劣化与采取方案养护的对比

针对桥梁群,系统会首先对桥梁群中各个单体桥梁进行计算分析,再通过经济性等限制条件,对各个桥梁养护的优先级进行排序,给出针对桥梁群的养护规划建议,并提供桥梁群内各个桥梁的养护预算。同时,用户还可以针对某个具体桥梁,查看针对该桥梁的具体养护建议,见图 2-29。

图 2-29　桥梁群养护规划建议

2.4.3　IntelliBridge 特色功能介绍

IntelliBridge 系统除实现了具备数据管理、专业化分析、管理及决策三个方面功能的多种子系统的开发外,还针对目前桥梁运维具体技术需求,结合计算机三维图像处理、人工智能等先进技术,配合水下声呐、检测机器人、无人机、桥梁称重地秤等装置,开发了适用于桥梁智慧运维各阶段的特色功能,具体介绍如下。

1)历史运维数据的接入及处理

在桥梁运维使用数字化系统以前,大量的桥梁运维相关资料,如桥梁基本信息卡片、桥梁检测报告等都使用纸质版本或电子文档版本。目前各省市开发的数字化桥梁运维系统很少处理这些资料,没能将历史数据进行有效利用。

为了更有效地发挥历史数据的作用,系统开发时针对纸质资料、Word 文档、PDF 文档等各种版本的资料录入工作形成了完整的解决方案,结合光学字符识别(Optical Character Recognition,OCR)、自然语言处理(Natural Language Processing,NLP)等计算机技术,可以半自动甚至全自动地进行资料录入工作。历史数据录入流程见图 2-30。

2)桥梁参数化建模工具

BIM 可视化三维模型可以展示病害发生位置、桥梁实时变形情况、车流量状况等,比表格、文字等更加形象、直观。然而,目前 BIM 建模需要在专门的建模软件中进行,且后期还要将桥梁数据埋入三维模型中才能真正实现数形结合。如果每座桥都手工建模,工作量将会是非常大的。

在实际工程中,各条路线上大部分的桥梁都是结构形式较为简单的梁式桥,桥梁中的各跨仅有跨径长度的微小差异,且桥梁运维的三维可视化并不需要过于精细的三维模型。

IntelliBridge针对桥梁运维过程的实际需求,开发了桥梁参数化建模工具,用户可以简单地输入桥梁跨径组合以及基本的截面形式等信息,工具自动批量化生成各跨,组合成完整的桥梁模型并自动关联数据库中各跨、构件的记录信息,用户在此基础上进行微调,即可生成可用的三维模型,非常方便。建模工具效果见图2-31。

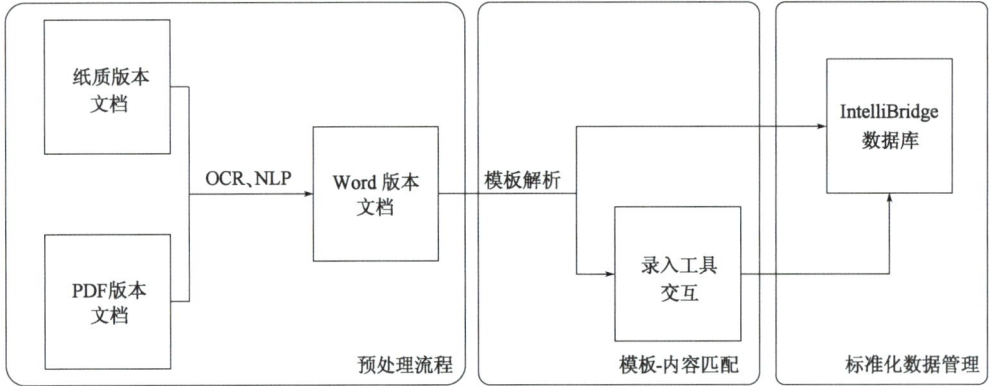

图2-30 各种版本历史数据录入流程

图2-31 建模工具效果图

3)施工监控管理系统大屏

在桥梁维护施工时,特别是在不中断交通的维护施工过程中,经常设置多种、多个传感器对桥梁的运行状况进行密切监控。针对桥梁维护施工时监测指标多、监测数据量大的特点,作者所在团队开发了施工监控管理系统大屏,作为 IntelliBridge 系统的组成部分(效果见图2-32)。大屏以施工所在桥梁的三维模型为核心,使用图表等形式展现施工过程中各监测指标、统计信息,实时提醒重点预警信息,适合施工指挥部使用,可以对施工过程中桥梁的状态进行全局性的掌控,并方便在应急事件发生时进行快速协调处理。

4)单体桥梁运行监测大屏

关键桥梁在运维过程中通常使用健康监测系统对桥梁的环境状况、受力和变形等关键指标进行监测,在必要时还会使用摄像头进行实时的图像采集。针对重点桥梁健康监测的集成展示需求,作者所在团队开发了单体桥梁运行监测大屏,作为 IntelliBridge 系统的组成部分(效果见图 2-33)。该大屏在设计时考虑了各种监测指标的可视化展示方式,并以三维模型为核心进行科学组合,可以显示环境监测指标、关键位置力学和变形监测指标、桥梁运行关键事件、摄像头实时图像信息等。

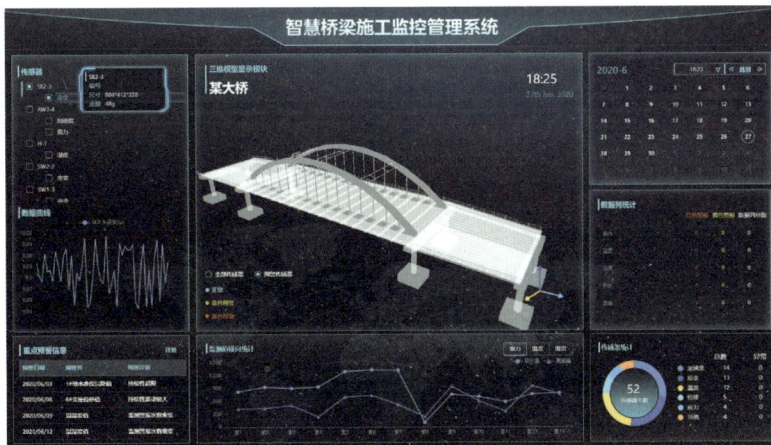

图 2-32　IntelliBridge 施工监控管理系统大屏

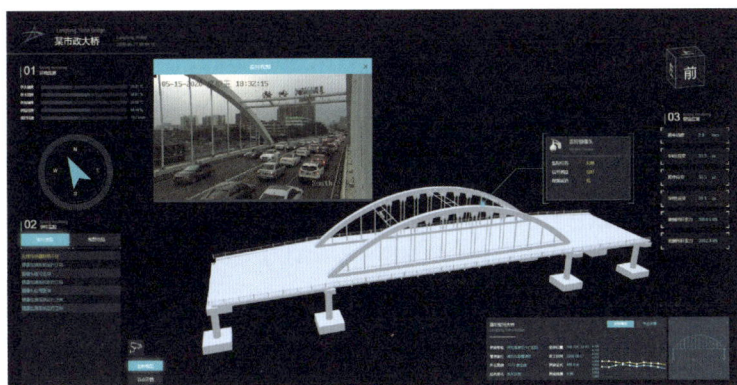

图 2-33　IntelliBridge 单体桥梁运行监测大屏

5)视频图像采集与处理

随着网络基础设施的完善和图像处理技术的发展,图像监测设备的性能快速提高,图像监测系统造价不断降低,越来越多的桥梁开始使用网络摄像头进行图像采集和实时视频监测。

IntelliBridge 系统引入流媒体直播技术,采用"反向穿透"的网络架构,可以使用较少的网络带宽支持多路视频的直播数据,并可以有效降低直播延迟。同时,引入深度学习中与图像处理相关的算法,对直播视频流进行实时分析,可以将桥面上经过各车辆进行分类(如小轿车、公共汽车、卡车等),分析各车辆行驶速度以及车辆之间的车距。所得到的数据通过消息队列技术发送,可供车流量荷载计算、重车识别等其他系统模块使用,同时分析结果视频也可以通过流媒体技术再次推送给各监控大屏进行实时的展示,辅助监测管理人员进行相关管理工作。识别结果如图 2-34 所示。

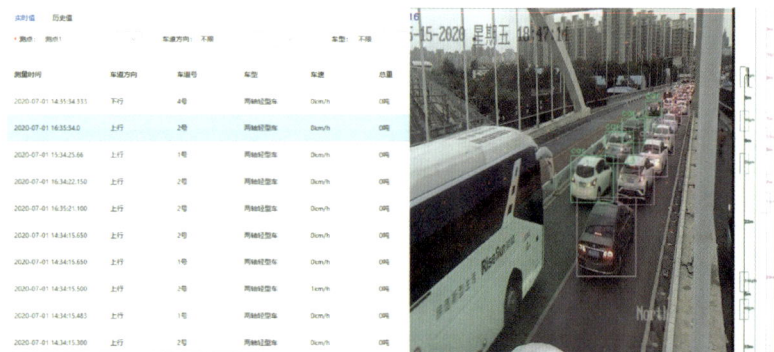

图 2-34　某桥运行中车型、车流量实时识别结果

6)桥梁下部结构及水下检测可视化

传统的桥梁水下检测工作采用潜水员触摸检测的方式,检测的效果取决于潜水员的专业程度以及敬业程度。近年来,声呐技术在桥梁水下结构中的应用越来越广泛,通过使用声呐,可以很方便地识别桥梁水下部分的缺损、冲刷等病害。

IntelliBridge 系统在声呐扫描的基础上,通过三维可视化技术和深度学习中图像处理相关技术,可以同时在三维模型中展示桥梁下部结构的水上及水下相关病害。同时,考虑到声呐扫描作业现场的实际需求,还开发了图像自动识别的功能,作为 IntelliBridge 系统的组成部分,可以在扫描的同时即时调用图像识别算法,辅助施工人员进行水下病害的识别。下部结构及水下检测可视化效果如图 2-35 ~ 图 2-37 所示。

图 2-35　在三维模型中展示墩柱上的竖向病害

7)桥梁拉索的索力识别、表观病害检测及可视化

在斜拉桥、悬索桥等索承力结构体系桥梁中,拉索对于桥梁的结构安全非常重要。爬索机器人是一种进行桥梁拉索检测的装备,可以夹持在桥梁拉索上进行攀爬,并可以搭载相机和其他传感器。

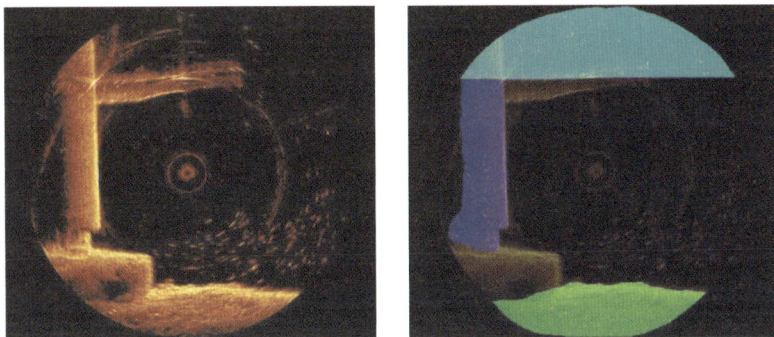

图 2-36　声呐扫描图像及深度学习识别

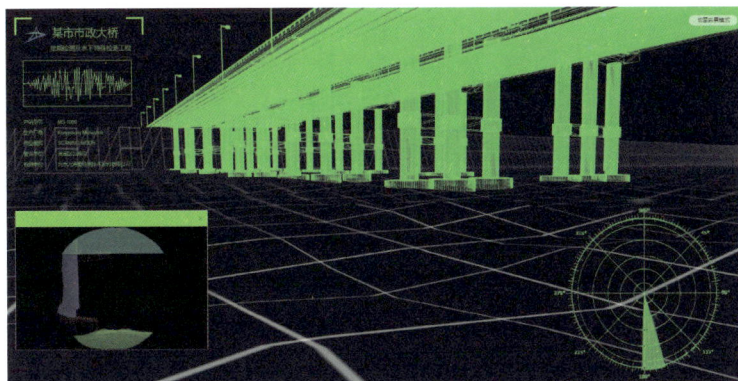

图 2-37　在三维模型中展示水下病害以及河床地势

IntelliBridge 系统开发时配套接入了一种爬索机器人的数据,在爬索机器人作业时可以进行加速度和图像采集,并记录各采集点的三维坐标。加速度采集后,可以实时调用索力识别算法,计算时变索力;图像采集后,可以实时调用图像识别算法,识别拉索表观病害;通过三维坐标,可以确定病害等在桥梁中的相对位置。通过这种集成方式,可以在三维平台中生动、直观地展现拉索检测过程中机器人的时变位置、各处测得的加速度及索力,以及发生病害的所在位置,效果如图 2-38 所示。

此外,作者所在团队将柳州欧维姆机械股份有限公司开发的智慧拉索产品作为配套设施,借助 IntelliBridge 系统平台,将智慧拉索中内置的传感数据接入平台,结合多种索力识别算法,最终通过三维可视化模块进行实时索力、锚头内窥的展示以及警报通知。目前,平台中监测数据处理相关功能已经在"世界第一拱"广西平南三桥主拱的施工监测中应用。智慧拉索相关效果见图 2-39。

8)使用无人机进行桥梁检测及可视化

桥梁的检测通常依靠近距离的观察,但对于跨度大、高度高的桥梁,抵近观察作业将会非常不便,甚至给作业人员带来安全风险。近年来,小型无人机在自动悬停、平滑控制等方面有了较大的性能提高,价格也随着技术的进步而逐渐降低。这些小型无人机可以通过控制器甚至智能手机进行控制,用于桥梁检测时,作业人员在地面站即可进行操作,无须亲自到达检测部位,可以极大提高安全系数并节约人力成本。然而,无人机应用在桥梁检测作业中仍然有一些问题需要解决。如根据检测中发现的问题动态规划检测路线,飞至桥下等GPS 信号较弱位置时定位难等。

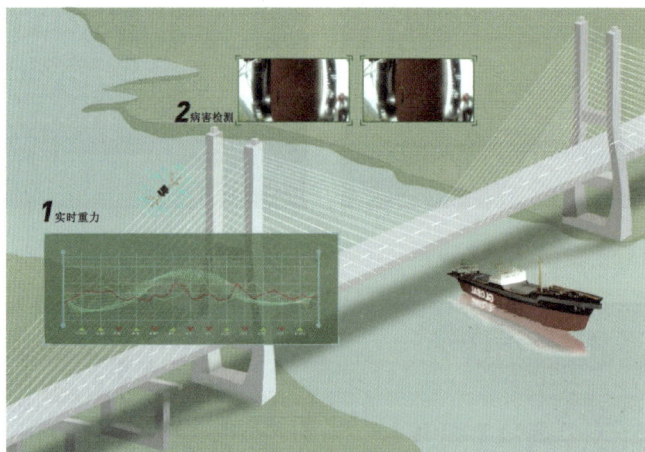

图 2-38　索力识别、拉索表观病害检测及可视化

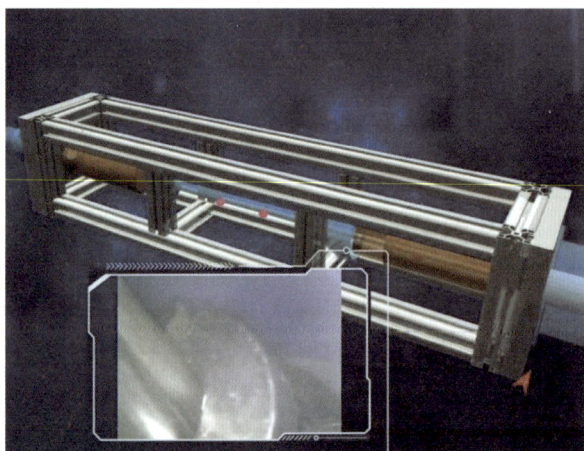

图 2-39　配合欧维姆智慧拉索的 IntelliBridge 系统应用

作者所在团队利用无人机 SDK(Software Development Kit,软件开发工具包)进行定制化开发,结合人工智能相关技术,实时识别飞行中捕获的图像,并指导接下来的检测路径规划。同时,利用桥梁上已经安装的自组网无线传感器进行无人机辅助定位,能在一定程度上解决GPS 信号较弱位置无人机定位难的问题。检测过程中无人机的飞行轨迹、发现桥梁病害的所在位置等信息,都可以集成在 IntelliBridge 系统中,进行数据统一管理及三维可视化展示。无人机桥梁检测及人工智能自动识别结果见图 2-40。

9)称重系统和视频监控结合的重车识别及可视化

车辆荷载是桥梁的主要荷载之一,而货车,尤其是重载货车,对于桥梁的荷载会产生相当大的影响,会对路面甚至桥梁结构产生破坏。为监控通行车辆的载重,目前一些桥梁安装了动态称重系统,在路面下埋入地秤进行实时的重量测量。然而,仅仅使用称重系统在车流量情况较复杂时可能会出现误判,且埋入式的地秤在路面维修过程中容易遭到破坏,综合造价较高。

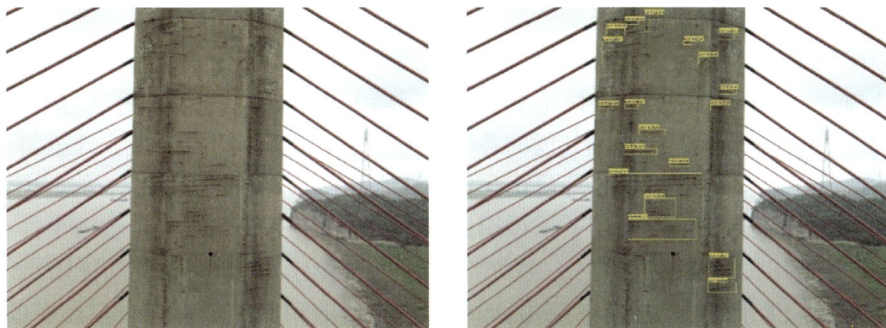

图 2-40　无人机桥梁检测及人工智能自动识别结果

作者所在团队对已有的一种动态称重系统进行定制化开发,将称重系统得到的数据通过消息队列技术进行推送,可在 IntelliBridge 系统上进行实时展示与历史查询。此外,利用流媒体技术和深度学习的图像识别技术,可以对桥梁监控视频进行逐帧分析,分析桥面上正在通行的车流量信息。最终,IntelliBridge 系统将称重数据和图像分析数据进行多源异构的数据融合,可以更准确地识别重载车辆,并在三维平台中进行集中的可视化展示。重车识别流程如图 2-41 所示。

图 2-41　重车识别流程

2.4.4　IntelliBridge 能力介绍

为实现桥梁智慧运维的概念,作者所在团队开发的智慧系统平台在实现了桥梁运维管理基本功能的基础上,对平台整体进行了赋能,提升了平台的扩展能力、互联能力和合作计算能力,使得 IntelliBridge 可以进行功能扩展、性能扩展,可以与平台外的系统进行数据交流、功能互补,并可插拔地、可替换性地使用专业算法,促进相关理论发展,不断提升桥梁运维管理水平。

1)扩展能力

系统的扩展能力包括功能扩展能力和性能扩展能力两个方面。平台通过架构分层的方案提供功能扩展能力,通过微服务集群的架构提供性能扩展能力。

为实现功能扩展能力,平台在架构设计时采用分层设计的模式,将应用服务支撑层与应用层分开,如图2-42所示。其中,应用服务支撑层向下连接各种数据库,并通过开放数据接口API的形式,为上层应用提供细粒度的各种服务;应用层结合桥梁运维业务逻辑,自由组合使用各种数据接口,实现各种专业应用。作者所在团队针对桥梁运维相关的数据管理、专业化分析、管理及决策已经开发了若干可用的子系统,用户还可以根据自己的个性化需要,开发适合自身需求的各类第三方App或系统。通过这种模式,当有新的功能需求时,只需在必要时扩充API并组合形成新的应用,即可实现平台的功能扩展能力且对已有的各项功能没有任何影响。

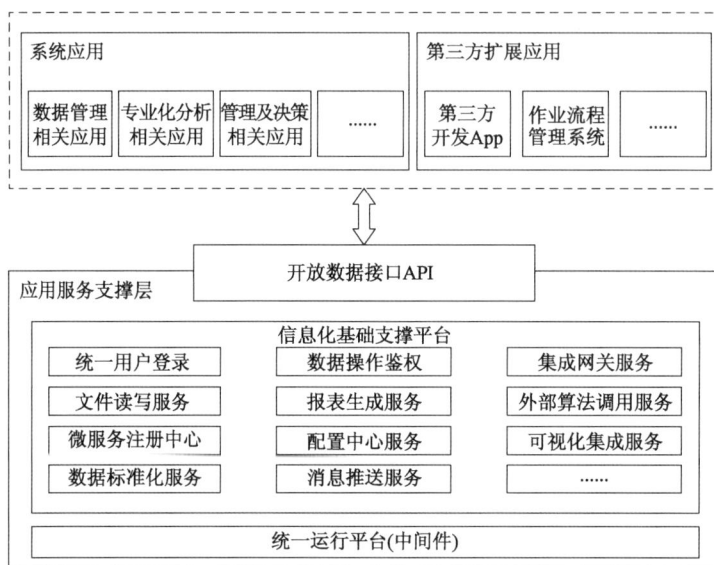

图2-42 应用服务支撑层与应用层的分离

为实现性能扩展能力,平台的应用服务支撑层使用了微服务集群的架构。所谓微服务,是指将应用拆分为多个核心功能,每一项功能被称为一项服务。微服务不仅可以单独构建和部署,它们之间还可以通过应用程序接口来进行调用(图2-43)。而微服务集群是指每一个服务可以运行多个称之为节点的副本,以集群化的方式对外提供服务,每个服务节点在启动时均会向注册中心注册,并由注册中心进行统一的控制和调度。平台的应用服务支撑层被划分为鉴权服务、桥梁信息、检测、监测、文件等多个微服务,每个服务运行多个副本,使用Docker虚拟化容器的形式进行部署。这样,在某个服务的性能压力较大时,仅需增加其副本数量,注册中心会自动对统一服务的各节点进行负载均衡,从而实现平台的性能扩展能力。

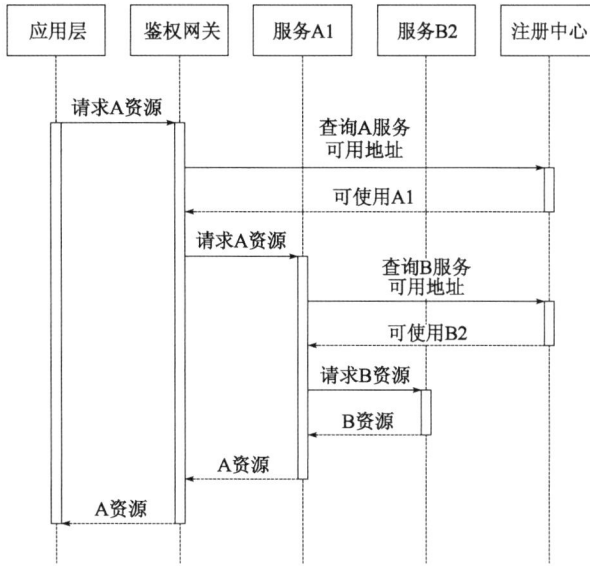

图 2-43　在微服务集群中,一次请求可能的循序

2) 互联能力

互联能力要求能够简便、安全地与平台外的数据进行交流。IntelliBridge 系统平台通过清晰、简明的 REST 风格接口保证互联过程的简便性,通过操作与资源双重验证的鉴权方案保证互联过程的安全性。REST 风格的接口使用 URI 来指定资源,并通过 HTTP 协议提供的GET、POST、PUT、DELETE 等方法对资源进行获取、创建、修改和删除操作。桥梁智慧运维系统管理平台在设计时就考虑到对互联能力的支持,应用服务支撑层暴露出各种清晰、简明的 REST 风格接口,不仅可用于应用层的数据支撑,还可以用于与平台外的数据交流。这些接口涉及平台内桥梁基本信息、检测、健康监测、评估、决策等各类桥梁运维相关数据,并提供了相应的说明文档,为平台的互联能力提供了足够的简便性。系统的部分 REST 接口如图 2-44所示。

为保障互联能力的安全性,桥梁智慧运维系统采用了操作权限和资源权限相结合的双重验证鉴权方案,如图 2-45 所示。每一个系统的登录用户都扮演着某种角色,并从属于某个单位。系统针对不同的角色有着不同的操作权限定义,在鉴权网关中可以通过 URI 和访问的方法来联合判断一个请求是否为合法的操作。系统中的桥梁等资源均属于某一个部门,部门又可以从属于其父级部门,通过这种机制,可以建立资源归属的层级关系,并在具体业务中对用户部门和资源部门进行比对,但仅对有权限的资源进行操作。操作权限和资源权限相结合的双重验证鉴权方案,为平台互联能力提供了足够的安全性。

3) 合作计算能力

合作计算能力要求可插拔、可替换性地集成专业算法。IntelliBridge 系统平台通过划分专业模块、分离接口与实现等方式保证了合作计算能力的可插拔性、可替换性。

平台将各专业功能封装为单独的应用层模块,与其他业务彼此独立,互不影响,实现可插拔性。此外,分离功能与算法,仅通过语言无关的 API 来描述功能,平台通过底层的各种运行时环境来对算法进行集成,保证可替换性。

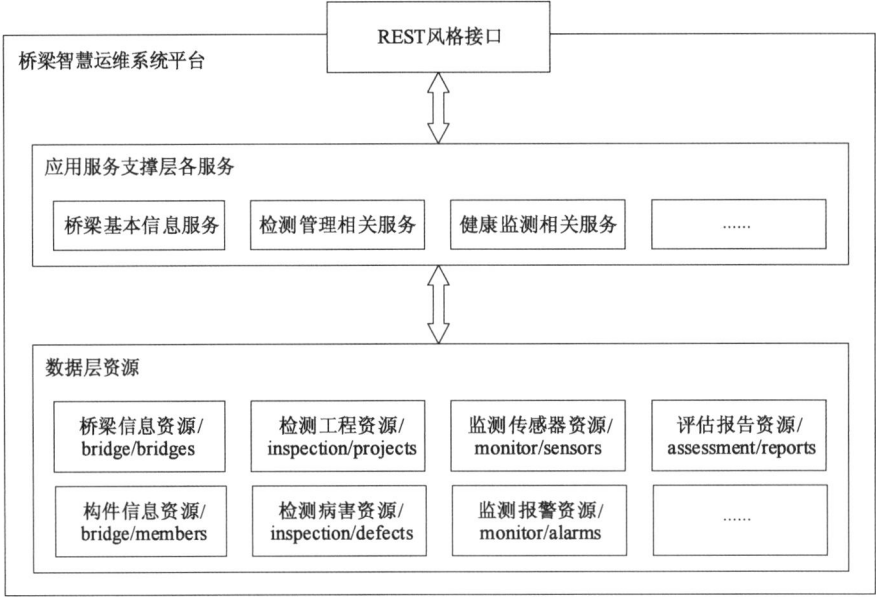

图 2-44　REST 接口示例

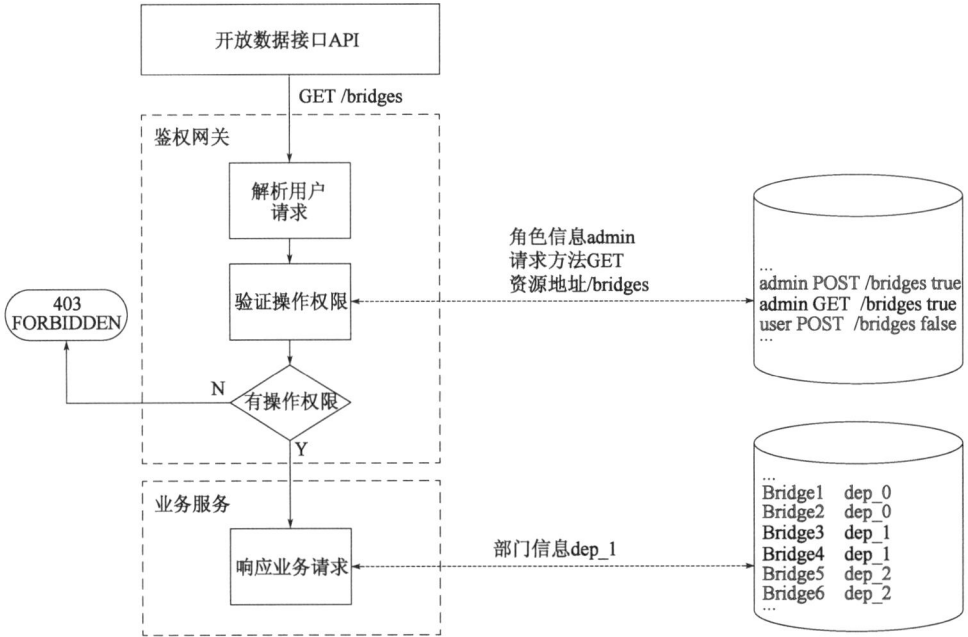

图 2-45　操作权限和资源相结合的双重验证鉴权示意

例如,平台针对桥梁无人机检测时无法实时识别、需要事后手动上传等不便,在大疆飞控平台上开发了无人机影像识别 App(图 2-46),可以在飞行过程中拍照、上报图像数据,并自动调用算法进行病害识别。该 App 不依赖其他应用,可独立运行;且图像识别接口简单,仅需要提供输入、输出文件路径,作者所在团队曾数次更换算法并进行比对,算法的更换对显示、后台调用等透明,体现了平台合作计算能力中算法的可插拔性、可替换性。

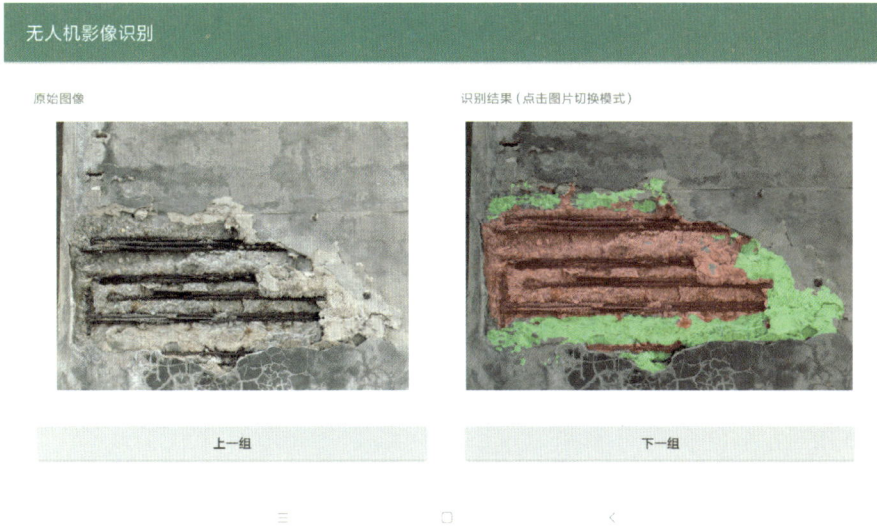

图 2-46　无人机影像识别 App

本章结束语

本章主要介绍桥梁智慧运维系统平台相关内容,这是桥梁智慧运维的落地实现。

首先分析了构建桥梁智慧运维系统平台的必要性和可行性。桥梁运维阶段会产生大量的数据,依靠传统非数字化手段难以有效利用;目前已存在的管理系统缺乏扩展能力,后续升级困难,且数据流通性差,容易形成数据孤岛。因此有必要建设系统平台。随着计算机科学、通信技术、人工智能、大数据等技术的发展,建设桥梁智慧运维平台的技术条件已经成熟,其具备可行性。

其次,针对国内外现有的系统进行了介绍与分析。目前国内外已经有大量优秀的桥梁管理相关系统,如美国的 PONTIS 和国内的 CBMS 等。但既有的系统或是针对检测、监测等具体的技术点,无法通用;或是针对某一地区定制化开发,缺乏扩展能力,数据交流不畅;或是无法与工作流程进行有效衔接,导致系统使用成为一种负担。在进行桥梁智慧运维系统平台设计和开发时,需要吸取各类已有系统的优点,并规避目前发现的各种问题。

再次,提出了建设桥梁智慧运维系统平台的通用性要求。在平台功能性上,应统一相关类型编码,提供基本信息管理功能,提供监测、检测、维护等运维过程的管理和数据处理相关功能,这些功能涵盖了目前已有系统的功能,实现这些功能可以使得平台功能完备;此外,平台还应具备扩展能力、互联能力、合作计算能力和动态反馈能力,这些能力使得系统升级为平台。通过这些功能和能力,平台最终可以与其他系统和平台数据互联、功能互通,共同促进智慧城市的形成。

最后,介绍了 IntelliBridge 系统平台,这是作者所在团队开发的一个桥梁智慧运维系统平台。IntelliBridge 平台架构分为数据接入层、基础设施层、数据层、应用服务支撑层和应用层;在应用层中,对照通用性要求,实现了各项功能,并形成了基本信息管理、健康监测管理端、安全预警、中长期养护规划等子系统。IntelliBridge 也具备了扩展能力、互联能力及合作计算能力,能够实现模块和算法的可插拔性,并开放了对外的数据接口,目前已经在国内多个省市应用。

本章参考文献

[1] GUTKOWSKI, RICHARD. M, ArenellaND. Investigation of pontis: a bridge management software[J]. Development, 1998.

[2] FHWA. National Bridge Inventory (NBI) [EB/OL]. https://www.fhwa.dot.gov/bridge/nbi.cfm.

[3] Fielding, R. Representational State Transfer (REST) [EB/OL]. 2000. https://www.ics.uci.edu/~fielding/pubs/dissertation/rest_arch_style.htm.

第3章

物联感知技术

利用感知技术获取物理及环境数据,是桥梁管养系统的基础应用。因此,在桥梁的运维过程中,数据的获取就显得尤为重要。而传统感知技术之间相互独立,无法从时空全局的角度把握桥梁群的健康状况,且采用传统技术的桥梁管养费用高昂。随着土木工程领域的智能化,物联感知技术因可以突破传统感知技术的局限而成为近年来的研究热点。本章从传统结构感知技术、智能物联技术、物联网云管理平台及物联网技术在桥梁管养中的应用四个方面对物联感知技术在桥梁管养领域的发展和应用进行了介绍。

3.1 传统结构感知技术

结构感知技术是指通过物理、化学及生物效应感受结构的状态和特征信息,并按照一定的规律转化成可利用信号,用于表征结构特征信息的一种信息获取技术。相较于其他工程结构类型,土木工程结构具有体量大、形式复杂、服役环境恶劣、荷载随机性强等特点,是否实行一套可行性高的感知技术手段,是决定土木工程健康诊断、管养及最终运维成败的前提。本节主要对传统结构感知和感知技术从接触式、非接触式两方面进行阐述,以方便读者全面了解各种感知、感知技术的性能特征,如表3-1所示。

传统结构感知技术 表3-1

分　类		类　型	特　点
接触式感知技术	与环境激励参量相关	风速风向	优点:安装后可长期稳定地持续产生监测数据流,桥梁结构长期监测适用性好。 缺点:传感器安装难度大、耗时长;安装可能造成结构损伤,易形成监测盲区;信息集密度有限
		温度	
		称重	
		其他(湿度、气压、雨量、日照、水位、腐蚀等)	
	与结构响应参量相关	位移	
		应力应变	
		索力	
		加速度	

分　类	类　型	特　点
非接触式感知技术	主动式 雷达干涉测量技术	优点:不依赖于结构表面测点位置,不会对结构产生附加荷载。 缺点:对外界测量环境要求较高,特殊土木工程环境(水下、地下)下监测困难,测量精度严重受限等;多用于结构表观病害的识别与应变变形测量,结构内部缺陷无法探测
	视觉测量技术	
	被动式 常规大地测量技术	

3.1.1　接触式感知技术

接触式传感是指通过在被测结构物不同部位安装各类传感器,从而获取安装位置处相关测量信息的传感方法。接触式传感是目前在桥梁健康监测领域中应用最广泛、最成熟的传感方法,也是实现桥梁结构长期监测的主要技术手段。

接触式传感器种类众多、型制多样。目前国内外实桥监测中应用最广泛的接触式传感器当属各类传统点式传感器。此类传感器基于多种物理效应,将被测量变化转化为可测电信号变化。此类传感器技术成熟,但普遍存在信号点对点传输,有源有线,体积、质量较大等缺点,这些缺点导致其系统成本较高,布设难度较大,所获信息集密度受限。近年来,随着光纤传感等新型传感技术的快速发展,接触式传感器正朝着微型化、轻质化、分布化、无线化、低成本化和多用途化的方向快速演化,有效解决了"全面覆盖"和"成本控制"的矛盾,为量大面广的土木工程结构的全面监测提供了切实可行的技术方案。

在桥梁健康监测体系中,接触式传感器可按监测量大体分为与环境激励参量监测相关的接触式传感器和与结构响应参量监测相关的接触式传感器。

1)与环境激励参量监测相关的接触式传感器

通过对桥梁环境激励参量的监测,记录各参量的时空演化历程,为桥梁环境荷载、桥梁可靠性和耐久性等方面的评估提供信息支撑。桥梁结构健康监测重点关注的环境测项主要包括风速风向、温度、湿度、称重等。

(1)风速风向。

现代桥梁跨度大、结构轻柔,全面、准确的风场监测对确保桥梁结构安全非常关键。实际工程中风速风向主要由风速仪测定。风速仪按工作原理一般可分为超声波式风速仪和机械式风速仪两种。其中超声波式风速仪是利用超声波探头发射的超声波传递时间来推算风速,主要用于脉动风速的测量。其优点是精度和采样频率高、寿命长、免维护;缺点是量程相对机械式小,精度易受雨、雪、雾等天气的影响。机械式风速仪是利用转子的转速来推算风速,更适用于雨雪天气较多的桥址。其优点是量程大、技术成熟;缺点是精度相对较低,需要定期维护。图3-1中展示了这两种风速仪。

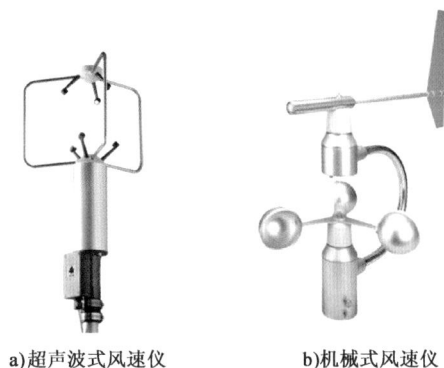

a)超声波式风速仪　　　　　　　　b)机械式风速仪

图 3-1　风速仪

（2）温度。

对于大多数的桥梁结构健康监测案例,温度监测均为必选。一方面,温度的时空演化对桥梁结构的变形、应力分布和索力等结构响应都将产生较大影响,是桥梁结构分析关注的重要方面。另一方面,一部分对温度较为敏感的传感器,需由温度传感器提供可靠的温度补偿,以剔除温度效应的影响。根据不同工作原理,接触式环境温度传感器可分为光纤光栅型、数字型、热电偶型、热敏电阻型等。

温度传感器在实际布设时需综合考虑桥梁结构整体和截面局部的温度梯度空间分布情况,在主梁跨中截面、桥塔、拱圈等关键构件位置布设温度传感器;布设位置宜与施工监控、应变温度补偿传感器共享,避免阳光直射和传感器直接受力[1]。

（3）称重。

车辆荷载是桥梁的主要可变荷载。重要的桥梁变形分析、位移分析、振动分析、应力分析等都必须考虑交通车辆荷载的因素。车辆荷载监测将为桥梁结构安全性评价及结构疲劳分析提供重要依据。

车辆称重主要可分为静态称重和动态称重两种。传统的静态称重要求称重时车辆必须停止运动,易造成交通阻塞,称重效率较低;与之对应,动态称重(Weigh in Motion,WIM)则是在车辆运动状态下进行称重,能极大提升称重效率。

动态称重依据测量原理的不同可分为桥梁动态称重(Bridge Weigh in Motion,B-WIM)和路面动态称重(on Board Weigh in Motion)[2-3]。前者根据桥梁结构对行驶车辆的响应来估计车重,通常通过应变监测信息及相应算法进行间接推算;后者则根据安装在路面上的称重传感器的输出信号及相应算法推算车重。

桥梁动态称重的优点主要是对行车无影响,安装和维护方便,实现称重功能的同时可以检测桥梁安全性,费用较低等;存在的主要问题是测量精度受桥梁刚度、车辆重量的影响较大,对于桥梁结构较复杂、多车行驶条件下的信号分析存在较大困难。该方法适用于荷载条件较为简单的中等跨径桥梁。

路面动态称重系统常常把称重传感器安装在路面之上或嵌入其中。这种称重系统适用于任何桥梁,测量精度较高。其缺点在于传感器价格昂贵,安装一般需对路面进行开挖,易造成路面损伤。根据传感器类型的不同,路面动态称重系统又可分为弯板动态称重系统、压电传感器称重系统和光纤传感器称重系统等。

（4）其他（湿度、气压、雨量、日照、水位、腐蚀等）。

通过对桥址处相对湿度、空气酸碱性、水位等环境的监测,可充分掌握与桥梁结构混凝土碳化、钢筋锈蚀等结构功能演化相关的环境参数情况,为桥梁的耐久性评估提供依据。

环境湿度一般和气温一起用温湿度计监测,气压用气压计监测,雨量用雨量计监测,日照强度用日照强度计监测,水位用水位计监测,腐蚀可用腐蚀计或阳极梯腐蚀监测仪监测。

2）与结构响应参量监测相关的接触式传感器

对桥梁结构响应参量的监测是桥梁结构健康监测感知端的核心内容。相关监测信息将为桥梁结构的安全性、适用性评价提供重要依据。相关测项包括位移（平动位移、角位移、裂缝）应力应变、索力、加速度等。

（1）位移。

通过对不同尺度结构位移的监测及显著性分析,可对桥梁结构的承载性能、运营状态、耐久性等进行有效评价,进而为桥梁的科学管养决策提供依据和指导。

位移可分为平动位移和角位移。按尺度划分,桥梁结构位移又分为:材料变形尺度的位移,如裂缝开展量;结构局部变形尺度的位移,如梁端位移、支座变形、墩柱倾斜、接合部处滑移、沉降等;总体变形尺度的位移,如主梁挠度、桥塔位移、基础沉降等。

材料变形尺度的相关位移量可使用埋入或外置式位移计进行测量。如对裂缝开展宽度变化可采用裂缝计进行监测[4]。

结构局部变形,通常需结合具体应用场景,针对性地选用各类位移传感器（杆式位移计、拉线式位移计等）、倾角仪、引伸计等进行测量。

桥梁总体变形通常涉及测量相距较远的结构两点间的相对位移变化。使用接触式传感器进行测量,测量策略可分为直接测量和间接测量两类。如主梁挠度可采用静力水准仪进行直接测量[5],又可通过倾角仪结合相关算法将转角进行转换后间接推算[6-7],或者利用LVDT（Linear Variable Differential Transformer,线性可变差动变压器）位移计等高精度位移计结合拉紧的钢丝绳等形成辅助基线进行测量[8-9],抑或通过长标距应变结合相关理论进行间接推算[10]。梁体伸缩可采用引伸计测量,桥梁整体平移可使用钟摆系统直接测量。

常用的位移传感器按工作原理可分为电学类、振弦类、光纤光栅类、磁致伸缩类等。各类位移传感器示意见图 3-2。

（2）应力应变。

应力应变作为表征桥梁结构健康状态的局部参数,对结构的局部损伤非常敏感,可直接用来描述损伤情况。通过监测桥梁结构关键部位的应变响应,不仅可通过实测值与阈值的比较判断桥梁结构的实际状态,还可进一步结合各类损伤识别算法,基于所采集的静、动态应变响应为桥梁的损伤识别与运营状态进行评估。目前桥梁健康监测中常用的应力应变传感器主要有电阻应变计、振弦式应变计等传统点式传感器,以及光纤光栅应变传感器、分布式光纤应变传感器等光纤类传感器。

根据频率响应范围的不同,应变监测可分为静态应变监测和动态应变监测。传统点式应变传感器的实际工程应用经验表明,振弦式应变计在桥梁短期和长期监测中均表现出良好的准确性和可靠性,但响应频率较低,适用于结构静态应变监测和低频动态应变监测;电阻应变计的采样频率较高,更适用于结构动态应变监测,但其受现场环境温、湿度等因素影响较大,不适用于长期监测[9]。

a)LVDT位移计 b)磁致伸缩式位移计 c)振弦式裂缝计

d)倾角仪 e)钟摆系统 f)磁致伸缩式静力水准仪

图 3-2 各类位移传感器

随着光纤布拉格光栅(Fiber Bragg Grating,FBG)传感技术的进一步发展和成熟,目前光纤光栅应变传感器开始广泛应用于桥梁结构静态和高频动态应变的采集中。布拉格光栅作为一种高度可靠的传感元件,精度高,稳定性和重复性好,但目前单个传感器的价格仍较高。针对一般的 FBG 应变传感器在实际工程中难以经济地实现全面覆盖潜在结构损伤信息的不足,东南大学团队开发了一种长标距 FBG 传感器,基于长标距范围内的平均应变替代局部应变来对桥梁结构进行健康监测和损伤识别。该技术使用较少的传感器即可经济地实现对结构重点区域的分布式、准分布式覆盖,避免结构损伤信息的漏检。该传感器使用玄武岩纤维复合材料(Basalt Fiber Reinforced Polymer,BFRP)作为长标距化封装的基本材料,实现了对传感元件的有效保护,同时兼具高精度和高耐久性的特点。图 3-3a)、b)分别展示了该传感器的基本结构和成品样式。

基于布里渊散射原理的分布式光纤传感技术[如布里渊光时域分析(Brillouin Optical Time-Domain Analysis,BOTDA)、布里渊光时域反射(Brillouin Optical Time-Domain Reflectometry,BOTDR)、布里渊光频域分析(Brillouin Optical Frequency Domain Analysis,BOFDA)等],通过布里渊散射光频率的变化,可推算沿光纤的每个空间分辨率单元处的相应被测量,从而实现对结构应变、温度等物理量的分布式传感。由于光纤传感器本身的低成本优势,使得获取长距离分布式信息的成本大幅度降低。所采数据集的分布式特征,使这类传感技术在获取结构多尺度分布式变形信息及裂损监测等方面具有独特优势[11-14]。图 3-4 展示了各类常见的应变传感器。

(3)索力。

拉索是斜拉桥和悬索桥的主要受力构件,一方面它是支撑和传递桥面荷载的主要构件;另一方面,索力的变化对结构的整体受力状态有重要影响,同时也直接反映结构受力状态和安全状态,因此对索力的长期监测是此类桥梁监测的重要内容。目前工程上常用的接触式索力监测方法主要有振动法、压力传感器测量法、磁弹仪测量法、光纤光栅智能索测量法等[16],部分索力监测传感器如图3-5所示。

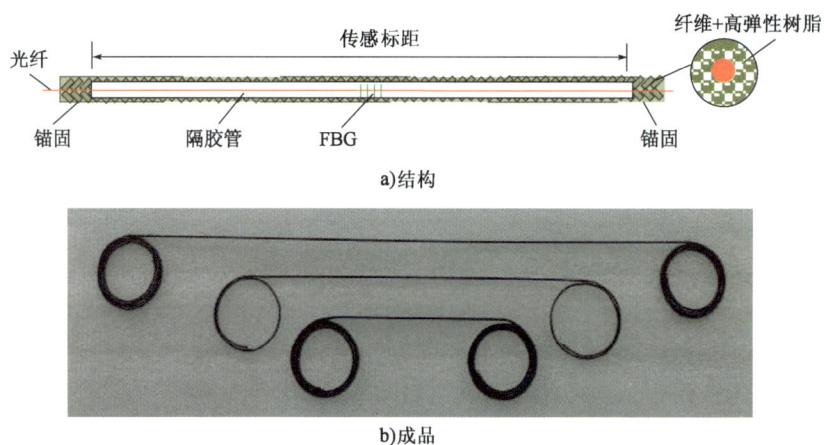

a)结构

b)成品

图3-3　长标距FBG传感器

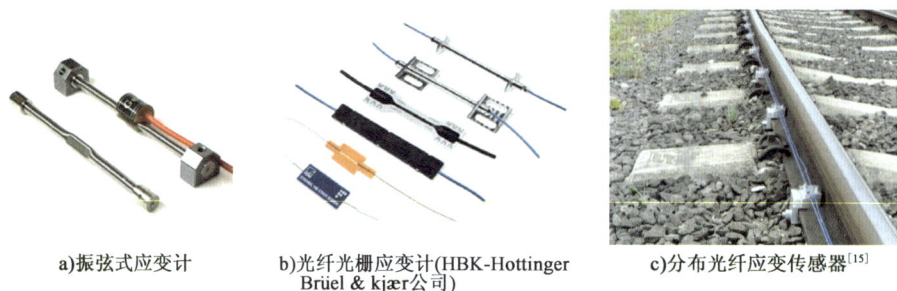

a)振弦式应变计　　b)光纤光栅应变计(HBK-Hottinger Brüel & kjær公司)　　c)分布光纤应变传感器[15]

图3-4　各类应变传感器

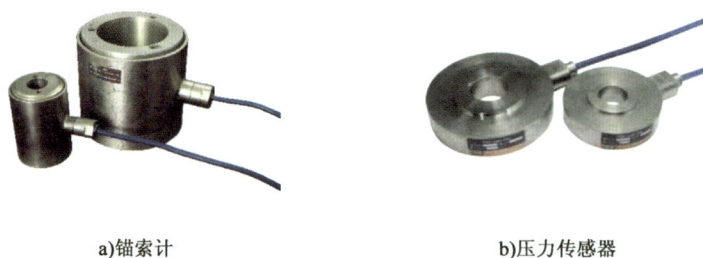

a)锚索计　　　　　　b)压力传感器

图3-5　索力监测传感器

振动法是在拉索上安装加速度传感器,对加速度信号进行时频变换,得到拉索的振动频率,最后换算成索力。其难点在于从拉索振动信号的众多频谱中有效分辨基频,对于保护措施好、减振措施多的拉索测量误差较大。

压力传感器测量法是在拉索固定锚头与桥体间加上垫板和承压环,拉索所受的拉力将全部作用在承压环上,并由承压环的应变推算索力。但承压环需在施工时即进行安装,施工难度大,且压力传感器作为结构的一部分将长期受力,其耐久性和强度直接影响结构安全。

磁弹仪是一个环形的装置,主线圈缠绕在待测索股上,用以感应磁通量的变化,同时用一个次线圈进行量测。磁弹仪及其组件可直接安装在索股上,不会对索股造成损伤。磁弹仪的优点是安装方便、实时性好,适用于拉索的长期监测;其不足在于对不同的材料必须现场标定调试,且磁通量的大小与温度变化相关,需设置温度补偿,仪器的抗干扰性和稳定性有待提升。

光纤光栅智能索是将光纤光栅应变计内置于拉索以直接测量拉索应力,该方法响应速度快,测试精确,但是安装方法比较复杂。

(4)加速度。

桥梁的振动特征是桥梁结构状态的指纹,通过相关振动模态分析方法对结构振动特征进行分析,可有效揭示桥梁的健康状态。振动模态分析方法是一种桥梁无损检测的重要方法,在桥梁健康监测领域有着广泛的应用。其主要原理是通过传感器监测、检测所得的振动数据,获取桥梁的动力特性,如频率、振型等,再依据相关理论用所得桥梁结构的动力特性的变化来表征桥梁结构健康状态。振动模态分析方法主要包括以频率、振型、柔度矩阵、模态应变能等为指标的方法。振动模态分析方法具有操作简单、成本低、不依赖结构有限元模型、能够实现结构全局监测等优点。

结构的动力特性一般通过各类加速度传感器获取。常见的加速度传感器通常由质量块、阻尼器、弹性元件、敏感元件、适调电路等部分组成。常用的加速度传感器按不同工作原理分为振弦式、振梁式、摆式积分陀螺式等,按不同传感元件原理分为压电式、压阻式、电容式、伺服式、光纤光栅式等。在桥梁工程监测中,应依据实际应用场景的需要对传感器轴数(单轴、双轴或三轴)和精度进行合理选择。

3.1.2　非接触式感知技术

非接触式感知技术是指在仪器的感受元件不与被测物体表面接触的情况下得到物体表面参数信息的测量技术。非接触式感知技术具有不依赖结构表面测点位置、不会对结构造成附加荷载的优势,因而在桥梁监测中得到广泛应用。非接触式感知技术主要分为被动式感知技术和主动式感知技术,被动式感知技术只能收集被测目标反射的来自太阳光或自身辐射的信号,如视觉测量技术、常规大地测量技术等;主动式感知技术是指向目标发射信号,然后收集从目标反射回来的信号的感知技术,如雷达干涉测量技术。

1)视觉测量技术

视觉测量技术(Vision Measurement Technology)主要用于对物体几何形状、空间位置和姿态等的定量测定和识别。通常由视觉感知器采集被测目标的特征图像后,依据先验知识或标准,对获得的被测目标特征图像通过图像处理分析得到的测量信息,做出判断和分析[17-18],其原理如图 3-6 所示,即视觉信息的获取、传输、处理与理解的过程。视觉测量技术具有精度高、自动化程度高、成本低、全视场测量、体积小、功耗需求小等突出优势。视觉测量系统依据参与测量的相机数目通常分为单目、双目(多目)视觉测量[19]。

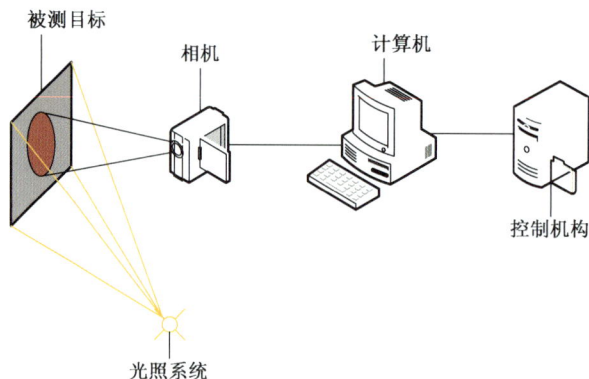

图 3-6 视觉测量技术工作原理[18]

早期基于单目视觉的测量方法是利用一台相机得到的图像序列计算,但存在精度问题及三维测量问题,限制了单目视觉测量的应用。基于双目(多目)视觉的三维重建方法则显示出了其优越性。双目视觉测量系统又分为两种形式,一种是两台相机同时获取重叠视场范围内目标的数字图像,另一种是移动单台相机在不同位置分时获取目标数字图像,通过投影变换等相关理论对图像进行处理,重建目标位置与姿态。双目视觉测量有很多优点,相对于单目视觉测量系统,它能更简单地实现视觉模型的三维重构[19-20]。

数字图像相关技术(Digital Image Correlation,DIC)是视觉测量技术中的一个重要分支。DIC 可直接处理具有一定灰度分布的数字图像,图像中像素点能记录相应点的灰度信息,通过对比结构在变形前后的灰度图,再运用相关算法得到全场位移和应变,其位移精度可达0.01 像素[21-22]。

视觉测量技术已经被广泛地应用于土木工程领域,主要是位移和应变的测量[23-26],如混凝土管片变形检测、轨道梁破损状况检测、钢结构挠度变形监测、岩体裂隙测量、工程力学实验中材料表面形变测量等[27];在结构的振动测量方面,被用于测量结构动态响应、提取结构的模态参数等[28-29];还被用于混凝土桥梁的裂纹识别和钢筋混凝土梁的剪切裂缝研究[30-31]。但视觉测量技术具有对环境要求较高,测量精度依赖测量设备,图像处理过程复杂,计算耗时久,不能用于实时显示等缺点。

2)常规大地测量技术

常规大地测量技术(Geodetic Technology)主要通过水准仪、经纬仪、全站仪(图3-7)检测结构对象角度和距离等以获取结构检测点的三维坐标,进而确定变形体的形变量。这类方法理论相对成熟,测量精度可达亚毫米级,能够获得可靠的观测数据,且费用较低。常规大地测量方法主要用于变形监测网的布设以及周期性的观测。

该方法具有较高的灵活性,但检测效率不高,易受现场地形条件、天气、通视等条件的影响,需要人为进行操作,劳动强度太大;当检测对象体型庞大时,测量困难,且难以实现各测点同步监控。此外,该类测量方法主要用于测量结构的整体变形,对于结构薄弱部位的局部变形则无法测量。传统大地测量的方法整体来说沉降测量精度较低,易受自然环境和气候影响[18]。

现代大地测量技术在不断发展和改进,各种先进的现代测绘仪器也不断面世,摄影测量技术、激光扫描仪、测量机器人等在变形监测领域的使用越来越广泛,其减少了外业工作量,可实现自动化[32]。

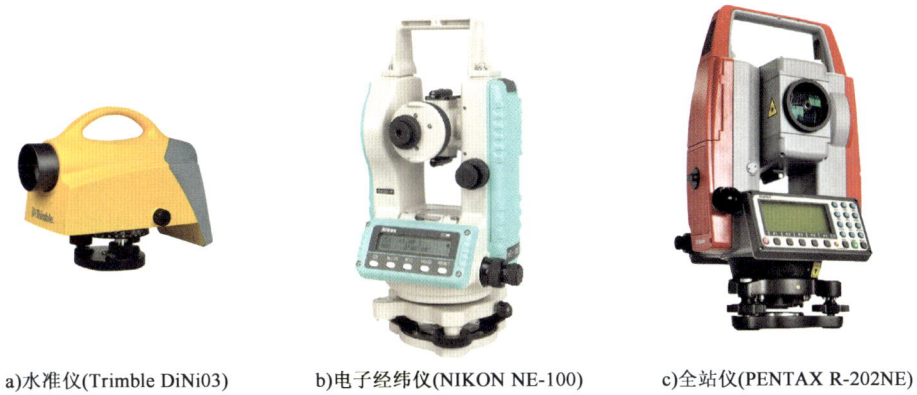

a)水准仪(Trimble DiNi03)　　b)电子经纬仪(NIKON NE-100)　　c)全站仪(PENTAX R-202NE)

图 3-7　常规大地测量技术设备

3)雷达干涉测量技术

雷达干涉测量技术(Synthetic Aperture Radar Interferometry)是指在已知雷达感知器的系统参数、姿态参数和轨道之间的几何关系等信息的情况下,通过合成孔径雷达技术获取目标的复数图像对,然后利用干涉测量技术就可以精确地测量出地表某一点的三维位置及其微小的变化。它成功地综合了合成孔径雷达技术的成像原理和干涉测量原理。该技术诞生于20 世纪 60 年代末[32-33]。

雷达干涉测量技术可进行微变形监测,是桥梁变形监测中引用的新技术,主要有空中雷达(机载雷达、星载雷达)和地面雷达,如图 3-8 所示。其中,空中雷达主要用于地表变形监测、地震形变、滑坡监测等静态监测[34];地面雷达不仅可用于静态监测,也可用于边坡、桥梁的动态监测,精度可达亚毫米级。雷达干涉测量技术包含微波雷达和毫米波雷达,其中毫米波雷达相较于微波雷达具有较强的观测性能,精度更高,穿透能力更强。毫米波雷达可用于桥梁拉索索力监测、桥梁动静挠度监测等。

a)空中雷达　　　　　　　　　　b)地面雷达

图 3-8　雷达干涉测量技术

雷达干涉测量技术对分析监测对象的变形规律和变形机理,预防灾害的发生有重要的作用[35]。雷达具有遥感测量(最远可达 1km)、无须进入目标物便可实时测量建筑物位移,精确度高,全天候24h连续监测,准确测量和追踪缓慢、微小的位移,可追踪频率为0~50Hz的振动等[36]。

在桥梁健康监测领域,目前将地面雷达运用在大型桥梁、建筑物等的动态和微变形监测方面,而空中雷达是在常年多云、多雨地区获取数据最为有效的方式[37]。该技术主要应用于桥梁的动态变形监测和微变形测量中[33,38]。

3.1.3 传统结构感知技术的局限性

传统结构的感知与感知技术蓬勃发展,已经在桥梁结构的健康监测上得到了广泛应用,但仍然存在一些局限性。从安装及运营角度来说,采用基于传统感知技术建立的桥梁管养系统多被应用于大型或重要交通动脉桥梁结构,其数据采集多数是接触式传感,传输采用有线或无线,储存和计算采用本地或集中方式等。对于数量众多、健康状况同样需要得到保障的中小型桥梁,如果采用此传统模式,则必定产生高昂的安装及运营费用。此外,从技术角度,基于传统感知技术建立的桥梁管养系统还可能包括以下缺点:

(1)传统结构健康监测系统通常以环境、荷载或灾害作用下的振动数据为主要分析对象,以环境监测为辅。此监测模式主要特点,从空间上来看,是传感位置低密度;从时间上来看,事件覆盖率低(比如,同时做到监测交通状况、灾害、突发事件,以及结构/环境反应),感知系统缺乏互补和存在冗余。采用特定算法对此小范围时空覆盖数据进行解析,可能导致误报或者漏报。

(2)各类感知技术所采集到的数据形式不统一,数据不互通。现有算法大部分具有专有属性,即对特定数据进行处理,转变成有效信息和经验知识,但分析方法缺乏数据和信息的融合。此传统数据管理手段难以对监测与检测数据进行有效的管理,数据查询分析困难。

(3)感知技术、设备之间相互独立、缺乏联系,各类数据分别从感知技术层传输到计算层和决策平台后,缺乏有效决策辅助技术。同时,基于决策操作层的传感方案的调整,很难体现到感知层,缺少反馈机制。因此,需要将可用于解决以上局限性的感知技术和感知管理技术运用于桥梁群的长期智慧运维。

3.2 智能物联技术

当前单座桥梁体量规模越来越大,桥梁群数量众多,桥梁管养对其结构的感知要求越来越高,测量参数也越来越多,针对传统桥梁管养系统布线众多、数据传输效率低、时效性低、维护成本高等不足以及目前桥梁管养系统专一性强、数据量大及种类繁多且不互通,难以进行高效分析,不能满足桥梁群健康监测需求的现状,故引进智能物联技术。本节在物联网架构体系下从感知层、网络层的技术层面出发,对现代物联网传感、物联网通信以及传感器与网络融合展开阐述,解决传统感知技术在桥梁多参数群体感知和数据传输上的缺陷,也为后面章节应用层的大数据管理与分析、多源异构数据融合提供可靠的技术支持。

3.2.1　物联网概述

1）基本概念及历史

物联网是继互联网（Internet）之后的又一代新兴信息技术，是继计算机、互联网与移动通信网之后的世界信息产业第三次浪潮[39]。它产生的主要目标就是要建立起一个物物相连、物物可管、资源统筹分配的实时感应系统。物联网发展至今，已经成为当今时代的关键发展技术之一。

1999 年，麻省理工学院的 Auto-ID 实验室提出，将书籍、鞋、汽车部件等物体装上微小的识别装置，就可以随时了解物体的位置、状态等信息，实现智能管理；作为物联网雏形，Auto-ID 的概念以无线传感器网络和射频识别技术（Radio Frequency Identification，RFID）为支撑[40]。1999 年在美国召开的移动计算和网络国际会议 Mobile Computing1999 上提出传感网是下一个世纪人类面临的又一个发展机遇。2005 年 11 月 17 日，在突尼斯举行的信息社会世界峰会（World Summit on the Information Society，WSIS）上，国际电信联盟发布《ITU 互联网报告 2005：物联网》，正式提出了"物联网"的概念。至今，物联网的定义和范围已经发生变化，覆盖范围有了较大的拓展，不再只是指基于 RFID 技术的物联网。2006 年 3 月，欧盟召开会议"From RFID to the Internet of Things"，对物联网做了进一步的描述，并于 2009 年制定了物联网研究策略的路线图。2008 年起，已经发展为世界范围内多个研究机构组成的 Auto-ID 实验室组织了"Internet of Things（物联网）"国际年会。2009 年，IBM 首席执行官 Samuel J. Palmisano 提出了"Smart Planet"（智慧地球）的概念，把传感器嵌入和装备到电网、铁路、桥梁、隧道、公路、建筑、供水系统、大坝、油气管道等各种应用中，并且通过智能处理，达到智慧状态。2014 年 1 月，谷歌以 32 亿美元收购创立仅 3 年的智能温控器公司 Nesto，掀起了全球范围内智能硬件的创业狂潮，涉及范围包括家居家电设备、医疗健康设备、可穿戴设备、出行设备，以及一些商用或工业设备等，这极大地推动了 Wi-Fi、ZigBee、蓝牙等技术在物联网领域的应用。2016 年 6 月 16 日，3GPP（The 3rd Generation Partner Projoct，第三代合作伙伴计划，常缩写为 3G）RAN（Radio Access Network，无线接入网）全会第 72 次会议在韩国釜山召开。在这次会议上，3GPP 宣布面向物联网的移动通信技术 NB-IoT 标准冻结。这标志着物联网有了自己的官方通信技术，意味着物联网在国际上受到了产业界的认可。此后，物联网产业发展进入了前所未有的繁荣发展阶段。

物联网是指按照标准的通信协议，通过信息传感设备（如射频识别设备、红外传感器、全球定位系统、激光扫描设备、声光电以及气体传感器等），把世界上所有的物品与国际互联网连接起来，进行信息通信和数据交换，从而实现对物品进行智能化识别、定位、跟踪、监控和管理，实现物与物、人与人、人与物之间通信的一种能互联互通互操作的基础网络。

若要满足以上需求，则物联网应具有以下关键要素：

（1）动态自适应。物联网设备和系统应该能动态地适应不断变化的流程，并根据其操作需要、用户需求或感知环境采取相应的措施。

（2）互相通信。物联网设备可以支持多个可互操作通信协议，并可以与其他设备和基础设施通信。

（3）唯一标识。每个物联网设备都有唯一标识和唯一标识符（如 IP 地址或 URI）。物联网设备接口允许用户通过唯一标识符控制、配置和管理基础设施来查询设备、监视设备状态和远程控制设备。

（4）集成到信息网络。物联网设备通常集成到互联网中，能与其他设备和系统进行通信和交换数据。物联网设备可以在网络中被其他设备和/或网络动态发现，并能够向其他设备或用户应用程序描述它们自己（及其特征）。

（5）边缘计算能力。物联网节点具备一定的计算和决策能力，可以对感知的数据进行初步处理甚至做出决策。

（6）智能处理。利用数据融合及处理、云计算等各种计算技术，可对海量的多源异构数据进行分析、融合和处理，向用户提供信息支持。

2）物联网体系结构

目前，物联网还没有统一的架构。不同的研究者提出了不同的体系结构。如图3-9所示，最基本的情况下，物联网可以被划分成三大部分：感知层、网络层与应用层[41-42]。

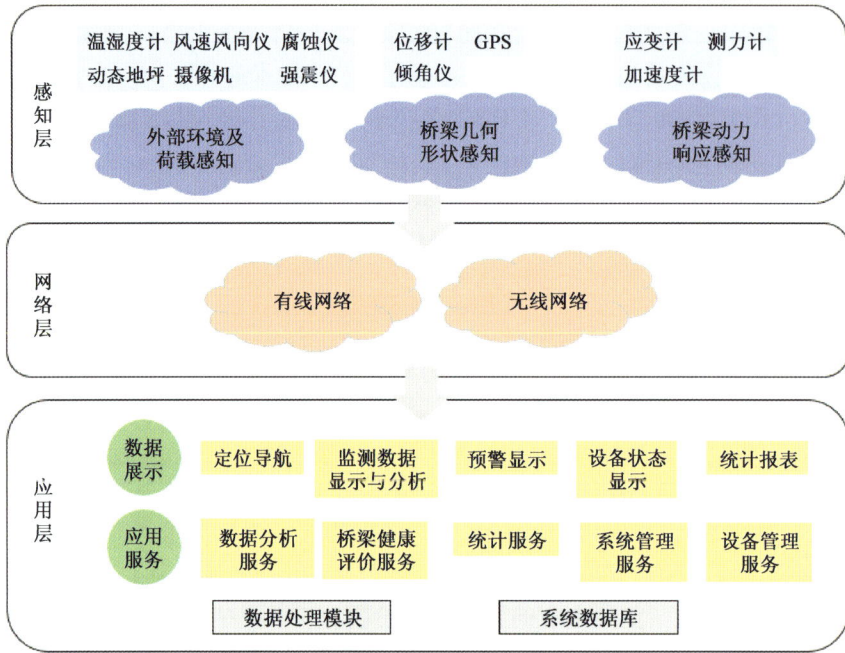

图3-9 基于物联网的桥梁健康监测系统架构示意图

感知层：物联网架构的前端，通常被称为物联网的眼睛，即物联网感知信息的一层，它是物联网与外界物体保持信息互换的通道。物联网与物体之间的信息交互工作就是由感知层来完成的。它通常由不同的传感器组成，常用的传感器有射频识别读写器、全球定位系统（GPS）以及各种常见环境信息传感器等。感知层最终将获取的数据进行信息的整合与传输，所以感知层的边缘计算能力也是必不可少的。

网络层：物联网的神经系统，主要进行信息的传递，包括接入网和核心网。网络层要根据感知延伸层的业务特征，优化网络特性，更好地实现物与物、物与人以及人与人之间的通信。这就要求必须建立一个端到端的全局物联网络。物联网中有很多设备的接入,是一个泛在化的接入、异构的接入。接入网络的方式多种多样,接入网有移动网络、无线接入网络、固定网络和有线电视网络。移动通信网具有覆盖广、建设成本低、部署方便、具备移动性等特点,这使得移动网络将成为物联网主要的接入方式,通信网络就是通过多种方式提供广泛的互联互通。除此以外,物体是可以移动的,而它们的要求是随时随地都可以"上网"。因此在局部形成一个自主的网络,还要连接大的网络,这是一个层次性的组网结构。这要借助有线和无线的技术,实现无缝透明的接入。随着物联网业务种类的不断丰富、应用范围的扩大、应用要求的提高,通信网络也会实现从简单到复杂、从单一到融合,从多种接入方式到核心网的融合整体的过渡。

应用层:物联网架构的最上层,实现网络层传递过来的数据与各个服务平台或应用程序的数据互通与处理。物联网与人类之间进行的信息交互工作由应用层来完成,所以它是物联网与人类联系最为密切的一层。它定义了可以部署物联网的各种应用程序,例如智能家居、智能城市、智能医疗等。

3) 无线传感器网络与物联网

桥梁健康监测已有 20 多年历史,传感器已经从传统的有线模式发展到无线模式,国内相关企业和高校在无线传感器网络上也都开展了相关领域的研究和应用。无线传感器网络在桥梁健康监测中的应用主要是对单座桥的监测与感知,数据传输也仅局限于单座桥梁到后台服务器之间。而要想实现桥梁群之间乃至桥梁群与外部物或系统之间的连接和沟通,就必须依赖更加强大的新一代物联网技术,下面详细介绍无线传感器网络与物联网的区别。

无线传感器网络(Wireless Sensor Networks, WSN)的概念,起源于美国提出的"智能尘埃"的设计思想,即将无线传感器制作成灰尘般大小,在战场上抛撒成千上万或上百万个"智能尘埃",用于监控敌人的活动。这些传感器自行组织成无线传感器网络,并对探测到的原始数据进行过滤,把重要的信息发送给使用者。"智能尘埃"具有成本低、体积小、功耗低、分布式、自组织、无线通信等特征。

无线传感器网络是由具有感知能力、计算能力和通信能力的大量微型传感器节点组成,通过无线通信方式,形成的一个多跳的自配置的网络系统,其目的是协作地感知、采集和处理网络覆盖区域中感知对象的信息并发送给观察者,因其网络结构的内部不采用基站或交换机进行中转,故又常被称为 Ad-Hoc 网络。在无线传感器网络中,节点可大量部署在被感知对象内部或者附近,通过自组织方式构成无线网络,以协作的方式实时感知、采集和处理网络覆盖区域中的信息,并通过多条网络将数据经由汇聚节点传送到用户端。反之,用户端也可以对网络节点进行实时控制和操纵。如图 3-10a) 所示,一个典型的无线传感器网络的系统结构,包括分布式传感器节点(群)、接收发送器、传输介质、用户端等。其中,无线传感器网络节点的基本组成包括 4 个基本单元:数据采集模块(传感器、A/D 转换器)、数据处理和控制模块、无线通信模块和供电模块[43]。数据采集模块负责监测区域内信息的采集和数据转换,传感器用于感知、获取外界的信息,A/D 转换器将物理信号转换为数字信号;数据处理和控制模块负责控制整个传感器节点的操作;无线通信模块负责与其他传感器节点进行无线通信、交换控制消息和收发数据;供电模块提供正常工作所必需的能量。

图 3-10b) 为典型的物联网系统结构。由图 3-10 中无线传感器网络和物联网的网络结

构可以看出,传统意义上的无线传感器网络更像是物联网结构下的感知层,并不具备 T2T (Thing to Thing)的连接能力,更不具备与物理系统连接并且控制物理系统的能力。无线传感器网络多为采集、感知信号,并不强调对物体的标识[44];而物联网强调物物相连(有线或无线),尤其强调与互联网的互联互通。因此,能够获得更多互联网的红利:强大的数据存储及处理能力,更加广泛的连接性(更大范围、更大动态),更强大的离散化服务能力(既能够服务人类,也能服务物体)等。前者的局域网络结构,各个节点有明晰的数据接力链路关系,数据只有传到汇聚点才能安全上传服务器,如果某一节点出现故障,往往会影响整个网络的运转,添加节点或减少节点都要重新设计调整整个网络布局。而后者,由多节点汇聚而成的网关或者各个节点,具有 IP 地址可独立上传云端进行通信,某一网关或者节点出问题不会影响其他设备和整体网络,非常灵活,网络空间布置的自由度很大。

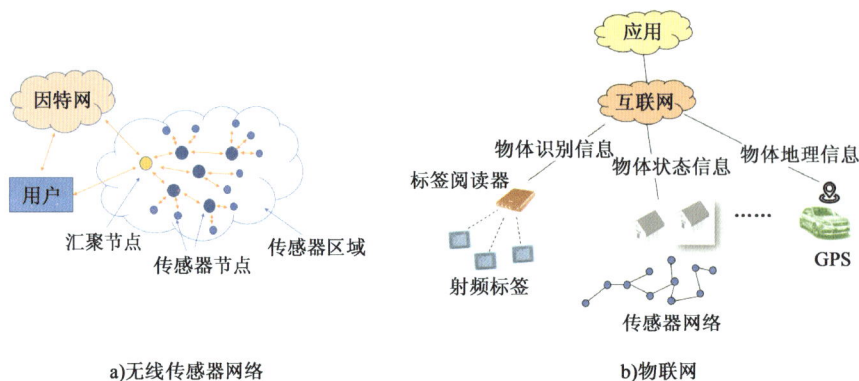

a)无线传感器网络　　　　　　　　　　b)物联网

图 3-10　无线传感器网络与物联网

所以,传统的无线传感器网络更倾向于一种由众多采集点组成无线局域网再连接因特网的结构形式,是受限于技术发展、在物联网普及之前的一种常见组网类型。目前,无线传感器网络(Wireless Sensor Network,WSN)已经逐步渗透到物联网的大概念范畴,并以更多、更新的形式发展与呈现。现代的物联网设备,可使用带有操作系统的微型单板机(Single Board Computer),比如我们可极其方便地购买到各种型号的 Arduino 开发板、树莓派单片机(图 3-11),其尺寸只有名片大小,将其连接上多种类型的传感器小模块便可进行数据采集,使用 C、Python 等多种高级语言编程,烧录后执行控制,功能强大且开发周期短。著名显卡公司 NVIDA 也在 2019 年推出了 JetsonNano 开发板,其带有强大的中央处理器(Central Processing Unit,CPU)、图形处理器(Graphics Processing Unit,GPU)、内存,拥有可以与一般台式机匹敌的运算能力。

4)现代物联网传感

(1)物联网传感器概述。

在物联网系统中,对各种参数进行信息采集和简单加工处理的设备称为物联网传感器,它是可以把自然界中的各种物理量、化学量、生物量转化为可测量的电信号的装置与元件。通俗来说,传感器是物联网的感觉器官,可以感知、探测、采集和获取目标对象各种状态的信息,是物联网全面感知的主要部件,也是整个物联网中需求量最大和最为基础的部件之一。

树莓派4 型号B

小型、双屏显示。可用于台式电脑、机器人大脑、智能家居中枢、媒体中心、网络人工智能核心以及工业控制器等。

树莓派4产品

树莓派4桌面套装　树莓派15.3W USB-C电源　树莓派4机型　官方micro HDMI to HDMI电缆

图 3-11　树莓派单片机与其开发的设备

20 世纪 70 年代末,欧美发达国家及日本等相继确立了大力发展传感器技术的方针,以打破计算机与通信技术相对发达造成的"大脑发达而五官迟钝"的窘境。日本在 1979 年《对今后十年值得注意的技术》中将传感器技术列为首位;美国国防部在 1985 年公布的二十项军事关键技术中,将传感器技术列为第十四项;同期英、法、德等国家也确立了相应的传感器技术发展的方针。2013 年,中国工业和信息化部、科技部等四部委制定了《加快推进传感器及智能化仪器仪表产业发展行动计划》,提到目前是中国传感器及智能化仪器仪表产业快速发展的关键时期。通过网络,把物质世界联系起来,赋予它们一个电子神经系统,使物质成为能感受信息变化的生命,能够承担起这一重任的核心就是传感器。

传感器的发展已有近 200 年的历史,随着新型传导材料、微电子技术的发展以及嵌入式系统技术和无线通信技术的高速发展,传感器的开发也有了相应的进展。在此期间,传感器技术的发展大概经历了三个阶段。一开始的结构传感器利用结构参量变化来感受和转化信号,例如电阻应变式传感器,利用金属材料发生弹性形变时电阻的变化来转化成电信号;随后 20 世纪 70 年代,随着集成技术、微电子技术及计算机技术的发展,出现了固体集成传感器,这种传感器由半导体、电介质、磁性材料等固体元件构成,利用材料的热电效应、霍尔效应、光敏效应等可分别制成热电偶传感器、霍尔传感器、光敏传感器;20 世纪 80 年代开始进入智能化时期,在微电子技术上发展的微型处理器通过与存储器、通信模块等多方面内容的集成进一步产生了嵌入式系统的概念,后逐步形成了如今的集感知、处理、通信和供能为一体的新一代物联网传感器结构,其结构组成如图 3-12 所示。物联网传感器主要由感知模块、通信模块、处理与控制模块及能源模块四个模块组成。

(2)智能传感器技术。

物联网传感器在经历微型化、集成化、智能化、网络化、多功能化的发展过程中,主要依赖新材料、新技术的发展和应用,其中除了涉及最基本的微电子技术、微加工技术和电路集成技术外,也产生了单片机、嵌入式系统及微型电子机械系统(Micro-Electro-Mechanical System,MEMS)等新的技术概念,并且这些新的技术在物联网传感器的发展中得以进一步应用和推广。

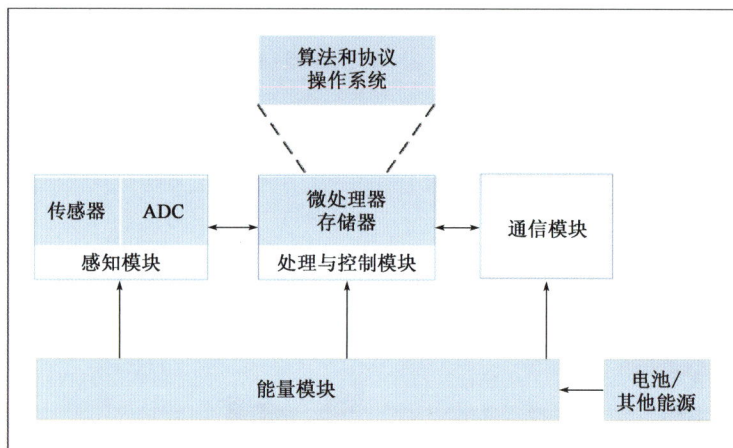

图 3-12　物联网传感器节点模块

①单片机:也被称为单片微控器,属于一种集成式电路芯片。在单片机中主要包含 CPU、只读存储器(Read Only Memory,ROM)和随机存储器(Random Access Memory,RAM)等,多样化数据采集与控制系统能够让单片机完成各项复杂的运算,无论是对运算符号进行控制,还是对系统下达运算指令,都能通过单片机完成。简单地说,单片机就是一块芯片,这块芯片组成了一个系统,通过集成电路技术的应用,将数据运算与处理能力集成到芯片中,实现对数据的高速化处理。单片机结构框架如图 3-13 所示。

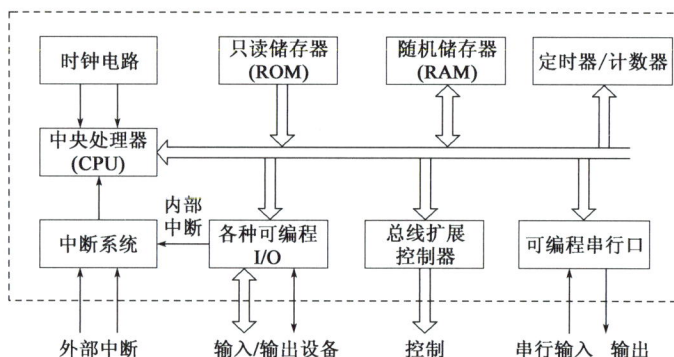

图 3-13　单片机结构框架图

在物联网传感器的应用中,单片机主要执行处理与控制模块的功能,因此单片机在传感器中的应用关键技术点在于单片机与感知模块、通信模块的连接。

以蓝牙通信方式为例,基于单片机技术的蓝牙智能传感器,其无线通信方案[45]是蓝牙模块与单片机接口和蓝牙模块与上位机侧接口的实现。

a.蓝牙模块与单片机接口的实现。其一是单片机与传感器接口的实现。不同的传感器与单片机的接口方式不同,比如数字式传感器 DS188B20,属于一线工作方式,主要占用单片机的一个 I/O 口,DS600 则需要连接到单片机的 ADC 接口,同时要求单片机内含有独立的 ADC 电源以供传感器工作。其二是单片机与蓝牙模块接口的实现。蓝牙模块与单片机的连接除了要接收与发送数据之外,还需要蓝牙模块提供流控机制,需要将流控信号与单片机的输入与输出两个接口连接以保障设备的正常运行,并根据流量控制的要求,对接口进行区别连接。

b. 蓝牙模块与上位机侧接口的实现。一般而言,蓝牙模块与上位机侧接口的实现相对比较简单,如果使用蓝牙配适器,则可以直接将其与 PC 机的 USB 连接,如果使用蓝牙模块,则需要通过电平转换实现。

②嵌入式系统:从单片机发展而来,是以应用为中心,以现代计算机技术为基础,能够根据用户需求(功能、可靠性、成本、体积、功耗、环境等)灵活裁剪软硬件模块的专用计算机系统。嵌入式系统由硬件和软件组成,是能够独立进行运作的器件。其软件内容只包括软件运行环境及其操作系统,硬件内容包括信号处理器、存储器、通信模块等。

嵌入式系统的核心是系统软件和应用软件,可看作专门为实现某种特定功能而裁剪出的微型计算机系统。从构成上看,嵌入式系统是集软硬件于一体的可独立工作的计算机系统;从外观上看,嵌入式系统像是一个"可编程"的电子"器件";从功能上看,嵌入式系统是对目标系统(宿主对象)进行控制,使其智能化的控制器[46]。

嵌入式系统因其以应用为中心、可编程的特点,多应用于手机、车辆、工业自动化控制、军工、多媒体等各个行业。现阶段,人、机、物之间有机连接的智能化物联网应用系统中,物理世界实体应具备良好的感知能力、计算能力、执行能力。为了提高能力水平,应引入嵌入式系统,这有利于实现单一性特定功能。嵌入式系统在物联网领域中的应用具体如图 3-14 所示[47],主要应用在传感器的智能化、对物体的识别、各种智能系统(小区监控、智能家居)的开发中。

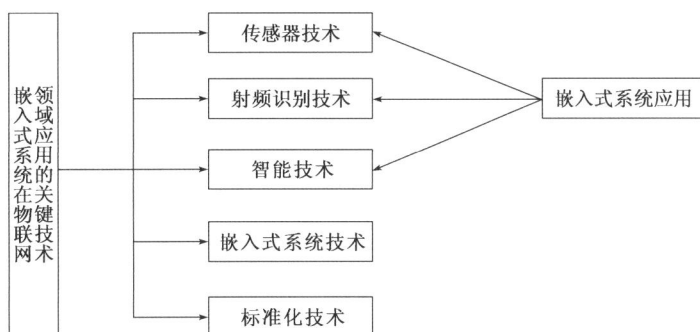

图 3-14 嵌入式系统在物联网领域中的应用

在物联网传感器技术应用方面,嵌入式系统可综合行使单片机与通信模块的功能,因此连接能源模块后通过控制传感器的感知模块即可组成物联网传感器的完整结构,形成体积小、低功耗、稳定性好的智能物联网传感器。

以智能手机为例,智能手机是指像个人计算机一样,具有独立的操作系统,可以由用户自行安装软件、游戏等第三方服务商提供的程序,通过此类程序来不断对手机的功能进行扩充,并可以通过移动通信网络来实现无线网络接入的一类手机的总称,可以说智能手机中包含一个完备的嵌入式系统。在技术快速发展的时代,智能手机的各种功能相继被研发出来,其中也包括安装在手机内部的各类传感器。例如,感应周围光线强度调节屏幕亮度的光线传感器,根据手机摆放方向自动切换横、竖屏的重力传感器,以及指纹传感器、距离传感器、加速度传感器、陀螺仪传感器等。可以说智能手机在安装了这些功能各异的传感器和相应软件程序后,即形成了一个多功能的物联网智能传感器。

加利福尼亚大学伯克利分校的地震学家发布了一个名为 *MyShake* 的小应用,如图 3-15 所示。它利用手机中自带的 GPS 和加速度传感器,观测不同智能手机所在地的地震数据后,将这类数据传输给物联网后端平台,然后通过大量数据分析,来预测某个特定区域发生地震的可能性,并在即将发生地震时提醒用户。*MyShake* 数据的质量可以满足许多科学减灾项目的要求,所收集的数据表明,*Myshake* 可记录到震中距超过 100km,震级为 M5.0 或更大的地震的高信噪比完整波形[48]。

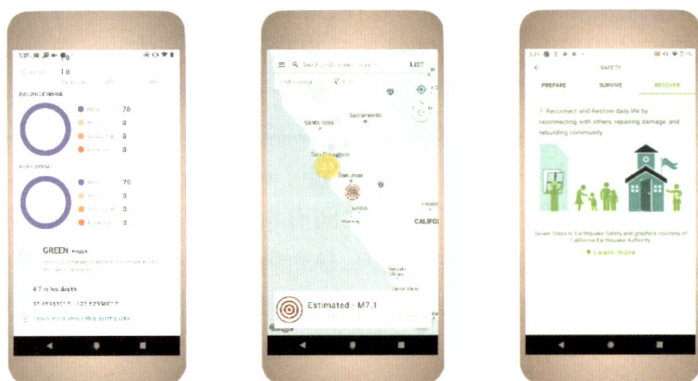

图 3-15　*MyShake* 应用界面

目前手机中传感器的精度还不够高,可以设想,随着技术的发展,智能手机以其分布广泛、移动性强、通信强大、数据可直接通过电信运营商接入互联网的特征,必将在未来的智慧城市、智慧交通、数字地球等领域大放光彩。

③MEMS:利用传统的半导体工艺和材料,融合了光刻、腐蚀、薄膜、LIGA（Lithographie, Galvanoformung, Abformung,光刻、电铸、注塑）硅微加工、非硅微加工、精密机械加工等技术制作的高科技电子机械器件,是集微型传感器、微型执行器、微机械机构,以及信号处理和控制电路,直至接口、通信和电源等于一体的微型器件或系统。

MEMS 中包含了传感器和执行器,二者之间是互补的。简单地说,MEMS 传感器实现的是机械能向电能的转换,而执行器实现的是电能向机械能的转换,它们共同实现了 MEMS 的双向操作。

MEMS 传感器（微传感器）作为 MEMS 器件的重要分支,采用微机械加工及处理技术,能够抵抗外界不良环境的影响,具有典型的体积小、功能齐全、灵敏度和可靠度高等优势[49]。

MEMS 传感器的门类品种繁多,分类方法也很多。按其工作原理,可分为物理型、化学型和生物型三类[50]。按照被测的量,又可分为加速度、角速度、压力、微位移、流量、电量、磁场、红外、温度、气体、湿度、pH 值、离子浓度、生物浓度及触觉等类型的传感器[51]。土木工程结构健康监测中常用的 MEMS 传感器如图 3-16 所示,图 3-17 为使用较多的几种常见 MEMS 传感器。

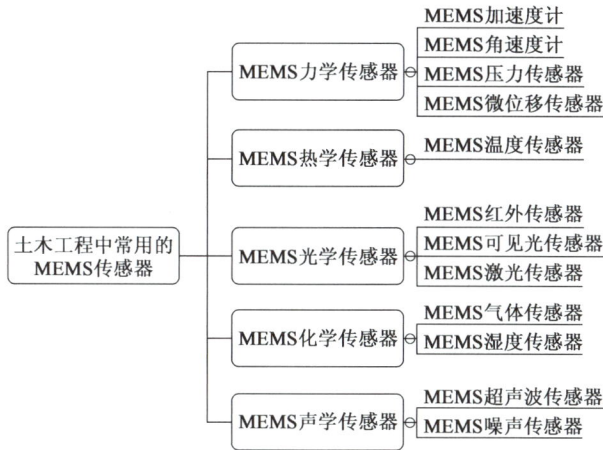

图 3-16　土木工程中常用的 MEMS 传感器

a)MEMS加速度传感器

b)MEMS压力传感器

图　3-17

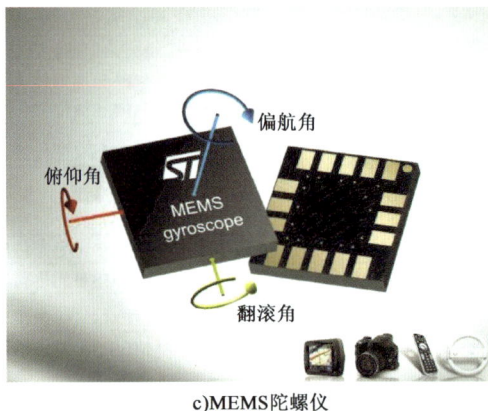

c)MEMS陀螺仪

图 3-17　常见的 MEMS 传感器

其中每种 MEMS 传感器又有多种细分方法。如微加速度计,按检测目标的运动方式划分,有角振动式和线振动式;按信号检测方式划分,有电容式、电阻式、压电式、热电偶式、光波导式等;按控制方式划分,有开环式和闭环式。

MEMS 传感器不仅种类繁多,而且用途广泛。MEMS 传感器对各种传感装备的微型化发展起着巨大的推动作用,已在消费电子、汽车工业、航空航天、医疗保健、机器人、结构健康监测等领域得到了广泛的应用。MEMS 传感器的典型应用如表 3-2 所示。

MEMS 传感器的典型应用　　　　　　　　　　　　　　　　表 3-2

应 用 领 域	产品或系统	所用到的 MEMS 传感器
消费电子	手机、数码相机、笔记本电脑等	加速度计、陀螺仪及惯性测量单元(Inertial Measurement Unit,IMU)
汽车工业	ABS(防抱死制动系统)、发动机系统和动力系统	压力传感器、加速度计、陀螺仪、气体传感器、指纹识别传感器等
航空航天	微型惯性导航系统、空间姿态测定系统、动力与推进系统、控制与监视系统、微型卫星等	加速度计、陀螺仪、压力传感器、IMU、微型太阳和地球传感器、磁强计和化学传感器等
医疗保健	临床化验系统、健康检测与诊断系统、心脏起搏器、计步器等	生物传感器、压力传感器、加速度计、微流体传感器等
机器人	无人机的姿态控制系统	加速度计、陀螺仪、IMU、气压传感器等
结构健康监测	桥梁健康监测系统、环境监测系统等	压力传感器、加速度计、环境(温度、湿度、腐蚀性离子)监控传感器等

基于 MEMS 的结构健康检测,目前多集中于 MEMS 微传感器在桥梁、铁路、高速公路等大型重要基础设施的结构健康监测的研发与应用上。台湾地震工程研究中心的 Yung-Bin

Lin 和台湾大学土木工程系的 Jin-Chong Chen 等联合开发出的基于无线 MEMS 微传感器网络的桥梁局部冲刷安全监测系统,可应用于洪水冲刷引起的桥梁故障的在线诊断[52]。印度理工学院和美国南加利福尼亚大学开始联合开发基于 MEMS 技术的铁路桥梁安全监测系统[53]。基于 MEMS 传感网络的铁路桥梁健康监测,其组合形式为由 MEMS 传感器组成无线传感网络,结合数据处理软件处理并显示探测到的振动信号,从而监测桥梁健康状况(图 3-18)。

a)MEMS加速度传感器和无线传感器网络

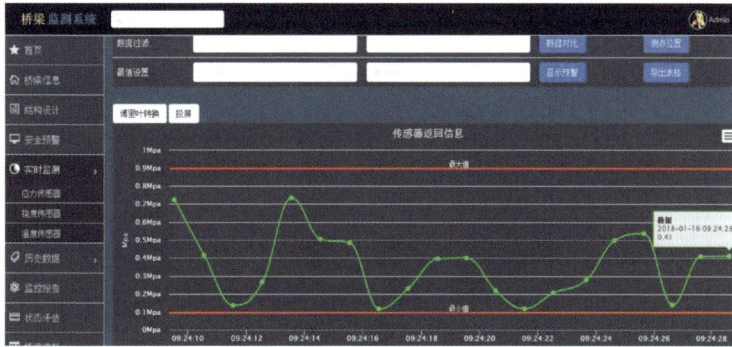

b)基于MEMS技术的铁路桥梁监测系统

图 3-18 基于 MEMS 技术的铁路桥梁安全监测

图 3-19 是一种典型的 MEMS 加速度传感器结构。MEMS 传感器在物联网传感器的组成中只属于感知模块部分,因此多配合嵌入式系统和能源模块,集成物联网智能传感器。另外,敏感方向不同的多个 MEMS 传感器集成为微传感器阵列,可实现物联网传感器的多功能化。

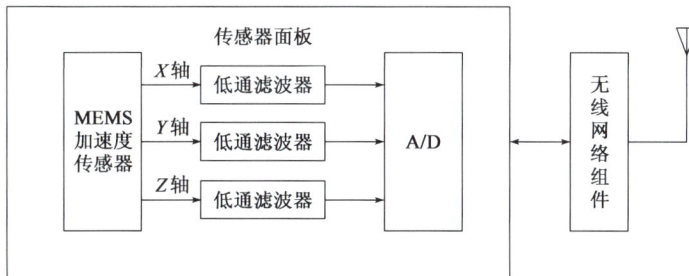

图 3-19 MEMS 加速度传感器模型

3.2.2　物联网通信

正如前文所说,网络层是物联网的神经系统,主要进行信息的传递。如图 3-20 所示,感知端的数据通过网络层传输至数据处理中心进行数据的融合、计算和处理以供用户使用。另外,应用层可以通过网络层对传感器进行控制和管理。

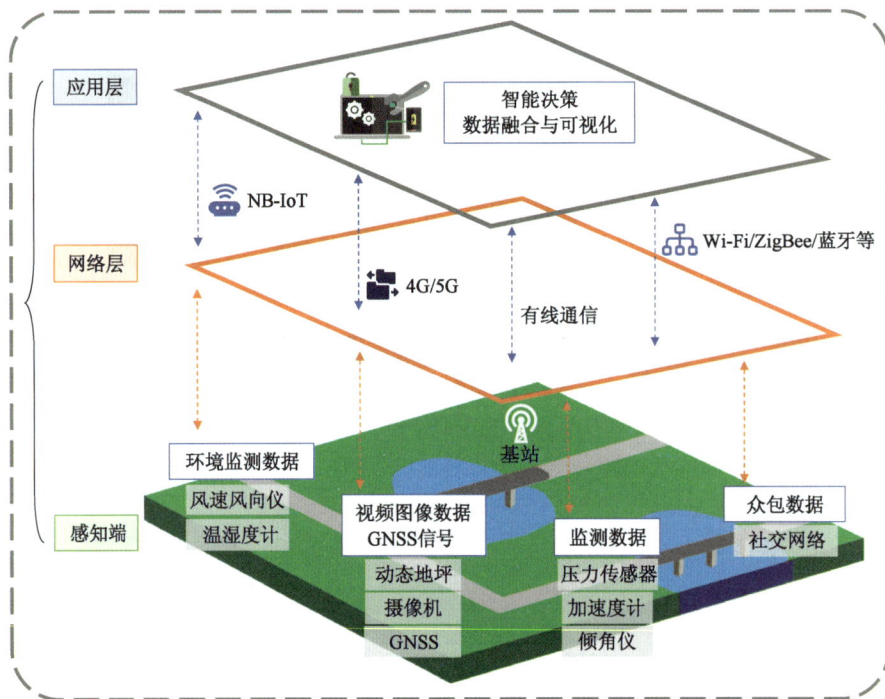

图 3-20　物联网通信

物联网通信按连接方式可以分成有线连接和无线连接。这里讲的连接,其目的都是进行通信,因此也即分别使用有线通信技术和无线通信技术。有线通信技术,是指利用金属导线、光纤等有形媒介传送信息的技术[54]。有线通信技术已经普及,譬如家庭电话口、网口、有线电视口等。有线连接的常用方式有串口、并口、USB 以及以太网。无线通信技术是利用电磁波信号在空间中直接传播而进行信息交换的通信技术,进行通信的两端之间无须有形的媒介连接。常见的无线通信方式有蜂窝(手机)无线连接、Wi-Fi 连接,还有一些令人倍感神秘的方式,如可见光通信和量子通信等。

按通信距离可以分为长距离通信和短距离通信。很多场景中人和物只需要跟附近的通信终端进行通信,例如在家、办公室、学校、工厂等。但也存在很多长距离的应用场景,例如两个城市之间,在高速上的车辆或乘客,甚至是海洋上的渔船。通常我们把通信距离在100m 以内的通信称为短距离通信,而通信距离超过 1000m 则称为长距离通信。现实中可以满足各种不同通信需求的通信技术有很多[54],但是考虑成本、功耗、效率等因素,还没有哪一种通信技术可以满足所有的通信需求。把数据传输到更远的距离以及传输更多的数据,常常意味着更高的能耗和更高的成本。因而短距离通信和长距离通信在技术实现、功耗、成本等各个方面均不同,这也是将物连接进网络时需要考虑的因素之一[54]。以下内容将简单介绍常见的有线、无线通信技术。

1)常见的有线通信技术

(1)串口。

串口(serialport)是一种非常通用的用于设备之间通信的接口,也被广泛用于设备以及仪器仪表之间的通信[55]。常见的串口有半双工的 RS-485 接口、全双工的 RS-232 与 RS-422 接口等。

串口通信使用串行方式进行通信,即串口按位(bit)发送和接收字节序列。简易串口通信使用 3 根线完成,即地线、发送线和接收线。串口通信可以在使用发送线发送数据的同时用接收线接收数据,不仅简单而且能够实现较远距离的通信,其通信长度可达 1200m。

串口通信的最大优点就是普及率高,串口至今还是 PC 标配(现在 USB 口模拟),通常是为了方便连接打印机。大部分工业设备都有串口,那些没有串口的设备,在进行开发时,常见方法是将串口连接到进行开发的计算机上,因此串口是设备进行通信的最简单、最容易的方法[55]。其缺点在于组网能力差,虽然通常情况比无线稳定,但串口的通信速度和以太网比起来还是有很大差距,一般来讲,只适合低速率和小数据量的通信。

(2)并口。

并口即并行接口,指采用并行传输方式来传输数据的接口标准。从最简单的一个并行数据寄存器或专用接口集成电路芯片如 8255、6820 等,直至较复杂的 SCSI(Small Computer System Interface,小型计算机系统接口)或 IDE(Integrated Drive Electronics,电子集成驱动器)并行接口,有数十种。一个并行接口的接口特性可以从两个方面加以描述:以并行方式传输的数据通道的宽度,也称接口传输的位数;用于协调并行数据传输的额外接口控制线或称交互信号的特性。数据的宽度可以是 1 ~ 128 位或者更宽,最常用的是 8 位,可通过接口一次传送 8 个数据位。在计算机领域最常用的并行接口是通常所说的 LPT 接口[56]。但并行传送的线路长度受到限制,因为长度增加,干扰就会增加,数据也就容易出错。

(3)USB。

USB(Universal Serial Bus,通用串行总线)是一个外部总线标准,用于规范计算机与外部设备的连接和通信,是应用在 PC 领域的接口技术。

自推出以来,USB 已成功替代串口和并口,成为 21 世纪大量计算机和智能设备的标准扩展接口和必备接口之一,现已发展到 USB 4.0 版本。USB 具有传输速度快、使用方便、支持热插拔、连接灵活、独立供电等优点,可以连接键盘、鼠标、大容量存储设备等多种外设,该接口也被广泛用于智能手机[57]。计算机等智能设备与外界数据的交互主要以网络和 USB 接口为主。

USB 作为一种高速串行总线,其极高的传输速度可以满足高速数据传输的应用环境要求,且该总线还兼有供电简单、安装配置便捷、扩展端口简易、传输方式多样化、兼容性良好等优点。

(4)以太网。

以太网(Ethernet)是一种局域网通信技术,电气和电子工程师协会(Institute of Electrical and Electronics Engineers,IEEE)组织的 IEEE 802.3 标准规定了以太网的技术标准,包括物理层的连线、电子信号和介质访问层协议的内容。以太网使用双绞线作为传输媒介,在没有中继的情况下,最远可以覆盖200m的范围。最普及的以太网类型数据传输速率为100Mb/s,更新的标准则支持1kMb/s和10kMb/s的速率。

以太网技术是目前应用最普遍的局域网技术,已经逐步取代了其他局域网标准,如令牌网(Token Ring)、光纤分布式数据接口网络(Fiber Distributed Data Interface, FDDI)、链接资源计算机网络(Attached Resource Computer Network, ARCNET)等。现在我们熟悉的互联网就是指所有大大小小的局域网连接在一起后形成的覆盖全球的网络[55]。物联网是连接的物超过人口以后的互联网,因而实际中任何连接到物联网的物总是连接到一个以太网的终端上。以太网主要涉及的组网低层技术和协议、中上层协议为TCP/IP。

2)常见的无线通信技术

(1)短距离无线通信。

常见的短距离无线通信有无线编解码芯片、无线数传芯片、IrDA、RFID、蓝牙、ZigBee、UWB、Wi-Fi。

①无线编解码芯片。

无线编码芯片将数据编码后进行无线传输,而无线解码器则接收无线数据并进行一些容错处理。无线编解码芯片相当于只实现了无线网络的物理层,利用无线构建了一个数据的通路,一般提供若干个"通道"供使用者使用。一般常用于汽车无线遥控开关、门禁遥控开关、玩具遥控器中,常见型号有PT2262/2272[58]。

②无线数传芯片。

无线数传芯片允许使用者通过芯片提供的接口进行数据传输,常见的接口有串行外设接口(Serial Peripheral Interface, SPI)及串口。无线数传一般工作频段为315MHz/433MHz/868MHz/915MHz/2.4GHz,这些频段是公开频段,使用不需要进行申请。无线数传有两种不同的传输方式:透明传输和非透明传输。透明传输是指数据所发即所得,不需要进行协议转换;而非透明传输是指用户需要操作一些寄存器,或是需要进行协议的转化与解析。典型的无线数传芯片有Si4432、nRF24L01、CC1100[58]。

③IrDA。

IrDA使用红外线进行通信,是一种低成本的通信方案。该标准制定了一个半双工的通信系统,通信范围在1~10m,传输角度为30°~60°。由于使用红外线作为通信媒介,IrDA的数据传输率最大可以达到4Mbps。IrDA较大的劣势就是其对传输路径的要求比较高(不能遮挡),抗干扰性差,传输距离、收发角度都有限制,这些劣势缩小了它的应用领域。IrDA常用于常规的家电控制中。

④RFID。

射频识别(Radio Frequency Identification, RFID)技术是一种基于射频的短距离无线通信技术,又称作电子标签、无线射频识别技术,采用的是非接触式自动识别技术。其工作原理是利用射频标签与射频读写器之间的射频信号及其空间耦合和传输特性,实现对目标的自动识别。RFID是一种简单的无线传输系统,由标签、读写器、天线三部分组成。其中,标签由耦合元件及芯片组成,赋予唯一的电子编码,附着在物体上,标识出目标对象;读写器负责读取标签的信息;天线负责在标签和读写器之间传递信号。RFID技术具有读取方便、识别速度快、数据容量大、使用寿命长、应用范围广、安全性好、动态实时通信等优点[59]，在物流(货物跟踪、仓储管理)、交通(出租车管理、公交枢纽管理)、身份识别(各种身份证件)等各个领域应用广泛。

⑤蓝牙。

蓝牙技术是一种低功率、短距离的无线连接技术，该技术采用较低的成本完成设备间的无线通信，天线单元、链路控制单元、链路管理单元和软件单元四部分组成一个蓝牙系统。蓝牙技术的实质是要建立一个通用的无线电空中接口和控制软件的统一标准，使得通信技术和计算机技术完美结合，在没有电缆连接的情况下，不同厂家生产的便携式设备可以在短距离范围内拥有互相通信的功能。蓝牙技术的出现拓展了无线通信的应用领域[60]。

蓝牙技术具有通信速率快，连接简单，全球通用，功耗低，成本低，工作频段为全球通用的 2.4GHz，可同时传输音频和数据，具有很好的抗干扰能力等优点，该技术被广泛用于手机、计算机、娱乐外围设备之中。其缺点则是通常应用于点对点的通信，组网能力差。

⑥ZigBee。

ZigBee 技术是一种新兴的短距离、低速率、低功耗、低成本的无线网络技术，是一种介于无线标记技术和蓝牙技术之间的技术提案，该技术依据的研发标准是 IEEE 802.15.4 无线标准。ZigBee 技术主要应用在短距离范围内且对数据传输速率要求不高的电子设备之间，通过多个 ZigBee 节点的部署，建立一个无线传感器网络，达到数据信息传输的目的。ZigBee 技术的特点：数据传输速率低，为 20～250kb/s，功耗低、成本低、网络容量大，每个 ZigBee 设备最多可与 254 个设备相连接，组成一个具有 255 个节点的 ZigBee 网络，覆盖 10～75m 的范围，基本上可以满足一般的家庭或办公室网络覆盖的需要，工作频段相对比较灵活，不仅可以使用全球通用的 2.4GHz 频段，还可以使用欧洲的 868MHz 频段和美国的 915MHz 频段。ZigBee 以其低功耗、低成本、低速率、高容量、支持 Mash 网络、支持大量网络节点以及有较高安全性等优点，一度被认为是物联网最有前景的通信技术。

⑦UWB。

超宽带(Ultra Wide Band,UWB)技术是一种无载波通信技术，不采用正弦载波，而是将通信信号直接调制到脉宽为纳秒级的脉冲上，形成扩频超宽带信号进行信息传输，能实现 10m 距离内的数百 Mbit/s 至数 Gbit/s 速率的通信。1989 年，美国国防部首次使用 UWB 名称，并规定"在 −20dB 处的绝对带宽大于 1.5GHz 或相对带宽大于 25%"的为超宽带信号。2002 年，美国联邦通信委员会 FCC(Federal Communications Commission)规定"−10dB 的相对带宽和绝对带宽分别为 20% 和 500MHz"的信号为超宽带信号，并给出了 UWB 的频谱范围 3.1～10.6GHz，发射机的信号最高功率谱密度为 41.3dBm/MHz[59]。UWB 技术具有如下特点：a. 速率高，能使用高达 0.5～7.5GHz 的带宽，即使发射功率很低，也可以在短距离上实现高达几百兆至 1Gbit/s 的传输速率；b. 通信距离短，当收发信机之间距离小于 10m 时，UWB 系统的信道容量高于传统的窄带系统；c. 与现有窄带无线系统的共存性好，通信保密度高，具有很强的隐蔽性；d. 定位精度高，抗多径能力强；e. 体积小、功耗低。

⑧Wi-Fi。

Wi-Fi 被广泛应用于笔记本电脑、手机、平板电脑中，用于支持设备通过无线的方式连接互联网。Wi-Fi 的通信吞吐率很高，且与现存的网络设备具有良好的兼容性[58]。Wi-Fi 是一种无线局域网通信技术,全称为 Wireless-Fidelity,无线保真,IEEE 组织的 IEEE 802.11 标准规定了以太网的技术标准。Wi-Fi 终端是指使用高频无线电信号发送和接收数据,并使用以太网通信协议,通信距离通常在 50m 以内的设备。

2016 年 Wi-Fi 联盟最新公布的 802.11ah Wi-Fi 标准——HaLow,使得 Wi-Fi 可以被运用到更多地方,如小尺寸、电池供电的可穿戴设备,工业设施内的部署,以及介于两者之间的应用。HaLow 采用 900MHz 频段,低于当前 Wi-Fi 的 2.4GHz 和 5GHz 频段。其功耗更低,同时 HaLow 的覆盖范围可以达到 1km,信号更强,且不容易被干扰。这些特点使得 Wi-Fi 更加顺应物联网时代的发展。

Wi-Fi 的优点是局域网部署无须使用电线,降低了部署和扩充的成本。由于 Wi-Fi 模块的价位持续下跌,使得它已普遍成为企业和家庭基础设施。另外,Wi-Fi 联盟指定了一套全球统一标准:不同于移动电话,任何 Wi-Fi 标准设备将在世界上任何地方正常运行。其缺点是通信距离有限,稳定性差,功耗较大,组网能力差,其安全性也遭到不少人的批评。通常 Wi-Fi 技术使用 2.4GHz 和 5GHz 周围频段,但全球各地的频率分配和操作限制也不完全相同,所以造成了一些混乱现象。

常见短距离无线通信综合性对比如表 3-3 所示。

常见短距离无线通信综合性对比 表 3-3

方案	通信速率	通信距离	网络拓扑	功耗	体积	硬件成本	应用范围
无线编解码芯片	较低	10～100m	点对点	低	较小	较低	节点设备,交换数据
无线数传芯片	较高	10～1000m	点对点、星型	一般	较小	一般	节点设备,交换数据
IrDA	较高	2m	点对点	低	最小	最低	节点设备,单向
RFID	较低	1～50mm	点对点	较低	较小	较低	节点设备,交换数据
蓝牙	一般	10m	点对点	较低	较大	较高	节点设备,交换数据
Zigbee	较低	10～100m	星型、网型	较低	较大	较高	节点组网
UWB	高	10m	星型、网型	低	较小	较低	节点组网
Wi-Fi	高	100m	星型	最高	最大	最高	接入层

（2）长距离无线通信。

常见的长距离无线通信包括 NB-IoT、LoRa、4G、5G 等。

①NB-IoT。

随着物联网的不断发展,物联网通信技术得到飞速提升。由 2G、3G、4G,以及随着 4G 演进而来的长期演进（Long Term Evolution,LTE）CAT-NB1,催生出新一代物联网通信技术——窄带物联网（NB-IoT）技术。NB-IoT 是运用 3GPP 技术标准而实施的物联网通信技术,它主要是面向长距离、低速率、低功耗、多终端业务的智能设备的通信技术,系统的功耗低、成本低、连接能力强、覆盖能力强是 NB-IoT 的主要优势,它特别适合远距离、多终端智能设备的物联网通信技术。

②LoRa。

LoRa 来源于 LongRange 这个单词,是一种长距离通信的通信技术。LoRa 技术基于线性

Chirp 扩频调制,延续了移频键控调制的低功耗特性,但是大大增加了通信范围。Chirp 扩频调制有长距离传输以及很好的抗干扰性,已经在军事和航天通信方面应用多年。极端情况下,LoRa 的单个网关或者基站可以覆盖整个城市或者几十公里。

LoRa 优势:相较于 NB-IoT,LoRa 基于 Sub-GHz 的频段使其更易以较低功耗远距离通信,可以使用电池供电或者其他能量收集的方式供电;LoRa 信号的较长波长决定了它的穿透力与避障能力;大大地改善了接收的灵敏度,超过 –148dBm 的接收灵敏度使其可视通信距离可达 15km;降低了功耗,其接收电流仅为 14mA,待机电流为 1.7mA,这大大延迟了电池的使用寿命;基于终端和集中器/网关的系统可以支持测距和定位。LoRa 对距离的测量是基于信号的空中传输时间而非传统的接收信号强度指示器(Received Signal Strength Indication,RSSI),其定位精度可达 5m(假设是在 10km 的范围内[61])。

③4G。

4G 是在 3G 的基础上发展而来的第四代移动通信技术,是基于 IP 协议的高速蜂窝移动网络。4G 集 3G 与无线局域网络(Wireless Local Area Networks,WLAN)于一体,能够快速传输高质量的数据、音频、视频、图像等多媒体信息。相较于 3G 技术,4G 具有如下特征:a. 速率高,上传速率可达 20~50Mb/s,下载速率达 100Mb/s;b. 网速快,是 3G 网速的 100 倍;c. 采用了多种智能技术,提高了灵活性和利用率;d. 兼容传统的 GSM(Global System for Mobile Communications,全球移动通信系统)、TDMA(Time Division Multiple Access,时分多址)和 CDMA(Code Division Multiple Access,码分多址)系统;e. 引入了自适应技术,使得用户数量增多;f. 支持多媒体业务;g. 采用多种新型技术,如正交频分复用技术、软件无线电、智能天线、无线接入网等技术,提高了频谱利用率和通信质量及容量;h. 采用了基于 IP 的核心网络结构,实现了多业务系统的无缝覆盖和网络结构的自动调节。目前广泛应用的 4G 技术主要包括 LTE 和 LTE-Advanced。LTE 技术是 3G 技术的演进,采用了正交频分复用(Orthogonal Frequency Division Multiplexing,OFDM)和多输入多输出(Multiple-Input Multiple-Output,MIMO)技术,能够在带宽为 20MHz 时提供上行 50Mb/s 和下行 100Mb/s 的峰值速率,相当于 3.9G 技术,这还不是真正意义上的 4G 技术。LTE-Advanced 是 LTE 的增强版,有时分双工(Time Division Duplexing,TDD)和频分双工(Frequency Division Duplexing,FDD)两种制式,其技术特征:带宽 100MHz;下行峰值速率 1Gb/s,上行峰值速率 500Mb/s;下行峰值频谱效率 30bps/Hz,上行峰值频谱效率达 15bps/Hz;有效支持新频段和大带宽应用等。2012 年,国际电信联盟(ITU)正式将 LTE-Advanced 和 Wireless MAN-Advanced(802.16m)技术确立为 4G 国际标准,中国主导制定的 TD-LTE-Advanced 和 FDD-LTE-Advance 也被列入了 4G 国际标准[59]。

④5G。

移动通信深刻地改变了人们的生活,为了应对未来流量爆炸式的增长、海量的设备连接和不断涌现的新业务新场景,第五代移动通信系统应运而生。5G 通信技术是继第 4 代移动通信技术,为了满足智能终端的快速普及和移动互联网的高速发展,面向以后人类信息社会需求的新一代移动通信技术。采用毫米波的 5G 基本特征主要有:a. 数据流量增长 1000 倍,单位面积吞吐量达到 100Gbps/km^2 以上;b. 联网设备数目是 4G 的 100 倍,特殊应用时,单位面积内设备数目将达到 100 万/km^2;c. 峰值速率至少 10Gb/s;d. 用户可获得速率达到 10~100Mb/s;e. 时延短,是 4G 的 1/10~1/5[59]。

2015 年 6 月 ITU 定义的 5G 未来移动应用的三大领域中便包括大规模机器类通信（m MTC），与此同时，3GPP TSG SA（Technical Specification Group，Service and System Aspects）也研究了未来 5G 的潜在服务、市场、应用场景和可能的使能技术。在 ITU 定义的三大应用场景基础上，进一步归纳了 5G 主要应用范围，包括增强型移动宽带、工业控制与通信、大规模物联网、增强型车联网等[62]。可以预测的是未来的物联网通信会以 5G 为基础，辅以其他无线通信技术。

常见长距离无线通信的优缺点比较如表 3-4 所示。

常见长距离无线通信优缺点比较   表 3-4

通信方式	NB-IoT	LoRa	4G	5G
组网方式	基于现有蜂窝组网	基于 LoRa 网关	基于运营商	基于运营商
网络部署方式	节点	节点 + 网关（节点部署位置要求较高）	节点	节点
传输距离	远距离（一般 10km 以上）	远距离（可达十几千米，城市 1～2 km，郊区可达 20km）	远距离（城市建筑密集区 1～3km，野外可达十几千米）	中距离（城市建筑密集区 100～300m，野外可达 2km）
单网接入节点容量	约 20 万	约 6 万	少	超多
电池续航	理论约 10 年/AA 电池	理论约 10 年/AA 电池	—	—
传输速度	理论 160～250kbps	0.3～50kbps	快	超快
网络时延	6～10s	较高（依赖频率、扩频因子、编码率等）	低	超低
适合领域	户外场景，LPWAN（Low-Power Wide-Area Network，低功率广域网络），大面积传感器应用	户外场景，LPWAN（低功率广域网络），大面积传感器应用，可搭私有网络、蜂窝网络覆盖不到的地方	广泛	广泛

3.2.3 传感器与网络的融合

目前有线 IP 网络的覆盖范围远未达到无处不在的程度。传统的 WSN 架构无法保证 WSN 无所不在的接入，为了扩大覆盖范围，可以在簇头之间进行再组网，从而形成分层的 WSN。簇头互联后，信息汇聚到更高一层的簇头会继续向上传递，以此类推，直到某一个簇头进入有线 IP 网络的覆盖范围，这个簇头就可以成为一个网关节点，将收集的所有信息传送到互联网。为了降低时延、平衡负载、降低成本、简化路由，必须实现尽可能扁平的网络架构，减少层数、缩小每个负担的范围，这又与 WSN 的覆盖范围相矛盾，为此依靠 WSN 架构自身不能实现无所不在地接入互联网[63]这一目的。

无线网络在技术演进和商用中实现了重大进展，从接入侧看，低功耗广域网络、第五代移动通信技术 5G,以及各类短距离通信网络均给业界带来新的功能和商用落地,不仅扩展了可以接入的物理设备的数量和范围,而且使物理设备接入网络更加便捷、安全且成本低。如图 3-21 所示,传感器可以通过低功耗广域网络(LoRa、NB-IoT)、第五代移动通信技术(5G)等直接接入互联网,或者通过各类短距离网络(ZigBee、Wi-Fi 等)进行本地连接,然后通过智能网关连接互联网[64]。

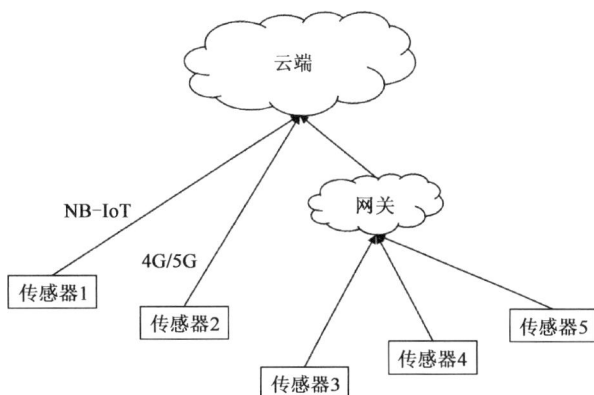

图 3-21　传感器与网络的融合

1)传感器直接接入互联网

长距离无线网络具有覆盖范围广、接入多、功耗低、成本低等优点,能够满足区域内海量传感器接入的需求。通过长距离无线网络将传感器接入网络优点众多:它打破了感知到的数据被发送到本地或远程服务器的障碍,使用具有几乎无限计算资源的云服务器;它很容易部署大量连接到云的传感器节点,包括配备物联网接口的传统无线传感器,从而简化了网络拓扑结构。

针对目前有线传感器测量成本高、传统无线测量受传输距离的限制以及在设备维护和数据管理方面存在诸多困难的现状,作者所在团队成员 Shitong Hou[65]设计了一种低成本的桥梁位移监测传感器系统,该系统将低功耗无线通信技术 NB-IoT 和传统传感器集成,能够准确采集位移数据,并将数据发送到服务器,如图 3-22 所示。

该系统由传感器、传感接口、微控制单元模块、无线通信模块和云服务器组成。传感器直接接入互联网,传感器和放大器能够采集和放大传感器信号。信号将被 A/D 转换器转换成数字格式,以便在微控制单元中进行数据处理,包括本地存储和数据标准化。硬件电路包含集成电路总线(Inter-Integrated Circuit,I2C)、通用异步发射机(Universal Asynchronous Receiver/Transmitter,UART)、电源接口等多个接口。电源采用聚合物可充电锂电池。无线通信模块将处理后的数据发送到云服务器,云服务器可以接收和存储数据以供进一步分析。

为了实现传感器数据的传输,降低桥上基站的成本,利用 BC95 模块实现数据的无线传输。BC95 是一个高性能、低功耗的 NB-IoT 无线通信模块。其尺寸仅为 19.9mm × 23.6mm × 2.2mm,能够最大限度地满足终端设备对小模块的需求,有效地优化产品成本。BC95 被设计成与 GSM/GPRS 系列移动通信的 M95 模块兼容,使得产品的设计和升级变得容易和灵活。LCC 包的低配置和小尺寸允许 BC95 轻松地嵌入空间受限的应用程序中,并提供与应用程序进行可靠连接的能力。而 NB-IoT 模块(BC95)则可以提供良好的通信条件。在现有基站条件下,单个基站的传输距离可达 10km,一个基站可连接 20 多万个终端,覆盖范围广而深。

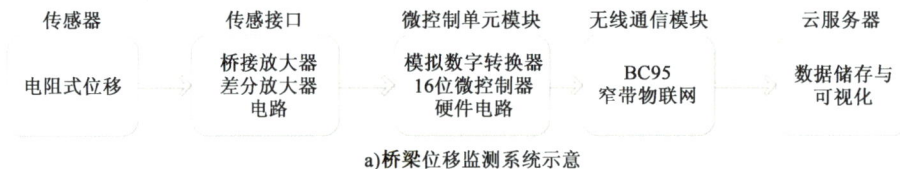

a)桥梁位移监测系统示意

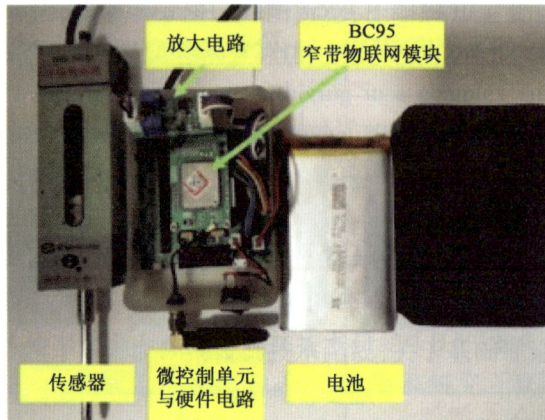

b)无线传感单元的集成

图 3-22　传感器与 NB-IoT 的融合

2）传感器经由网关接入互联网

网关(gateway)又称网间连接器、协议转换器。网关在网络层以上实现网络互联,是复杂的网络互联设备,仅用于两个高层协议不同的网络互联。底层网络通过 RFID、WSN、Wi-Fi、ZigBee、蓝牙等短距离通信技术将传感器采集数据汇聚到网关,并接入互联网以使感知信息进一步传递到应用端。

Xinlong Tong 等[66]研究、开发了一种低功耗、低成本的无线加速度传感器,自供电无线网关的集成,以及基于物联网协议的数据上传、下载、数据存储和可视化的云平台,无线加速度传感器结构如图 3-23 所示。

该无线加速度传感器通信模块为 CC1101 射频(Radio Frequency,RF)芯片,470MHz 频段,GFSK(Gauss Frequency Shift keying,高斯频移键控)传输方式。当传感器处于休眠状态时,可以操纵网关通过射频芯片发送电磁波激活传感器进行数据收集和通信。值得注意的是,该无线加速度传感器利用快速傅立叶变换(Fast Fourier Transformation,FFT)将采集到的信号从时域转换为频域,然后将信号在频域内的值按降序排列,提取振幅最大的前五个点发送到网关,网关再将接收到的数据上传到云平台,所以云平台可以通过 FFT 逆变换,将频域内的五个点与时域内的作图数据进行显示,从而对原始数据进行 FFT 压缩。如有需要,无线传感器采集的原始数据也可以通过网关传输到云平台,上传至云平台数据库。而一般 KT1100L 压电加速度传感器需要与 KT5201 恒流适配器和 NI6009 采集卡连接,将数据传输到计算机。

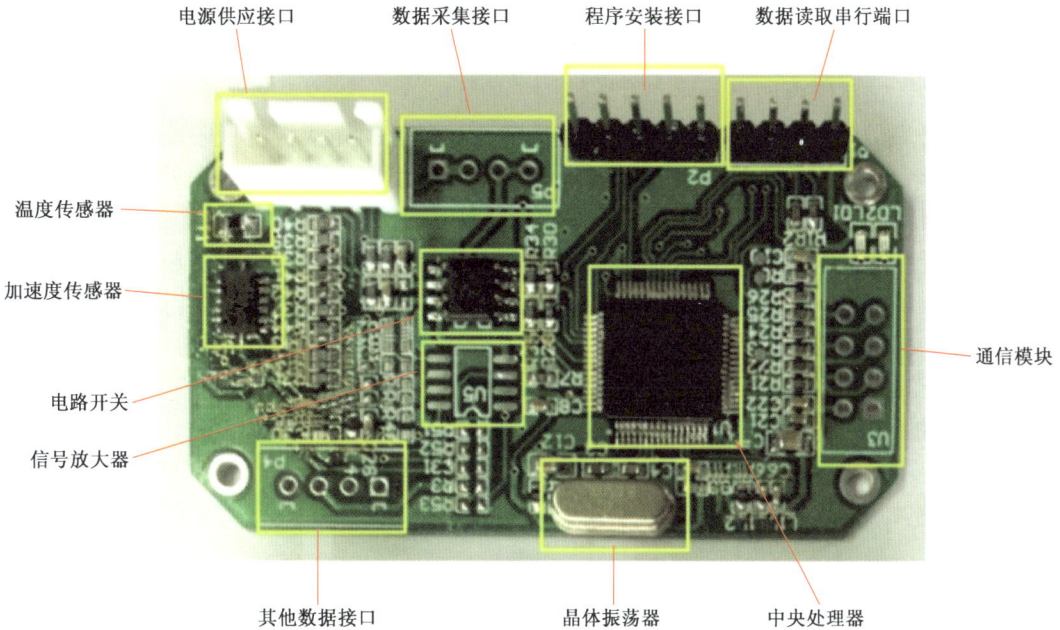

图 3-23 无线加速度传感器结构示意

网关组成示意如图 3-24 所示。该网关与服务器的通信采用 GPRS 数据传输模块,网关是连接服务器和传感器的纽带,对于远程监控非常重要。网关与服务器的通信采用 GPRS DTU 模块,该模块包含高性能的工业级通信处理器和工业级无线模块。网关与传感器之间的数据传输采用 TI 中的 CC1101 实现。主控制器为 STM32F103RCT6 处理器,采用高性能 ARM 架构-M332 位 RISC 内核,内置高速分组 SRAM(Static Random-Access Memory,静态随机存取存储器),工作电压范围为 2.0～3.6V。该网关可由外部电源和太阳能供电。该网关还具有多种标准和先进的通信接口,可以方便地连接到周围环境的温湿度传感器进行监测。网关和云平台通过 4G 流进行通信,所以距离不是问题,但是网关和传感器之间的通信是 470MHz 频段,距离有限。

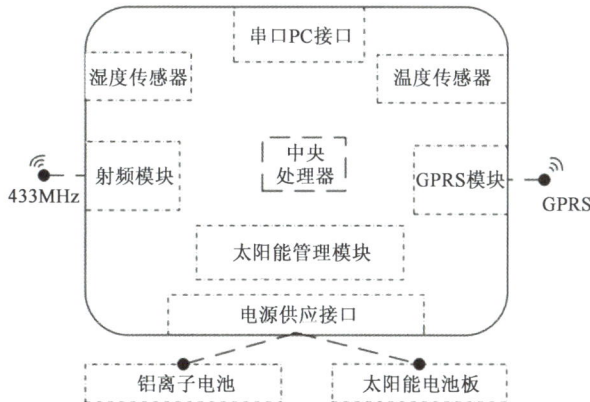

图 3-24 网关组成示意

Jin-Lian Lee 等[67]将 ZigBee 与传感器结合,开发了基于物联网的桥梁安全监测系统,能够对桥梁空气、水位等环境数据进行监测,并将数据通过 ZigBee 传输到服务器和数据库,供用户实时监测桥梁状况。

具体而言,该系统由四个主要子系统组成。①监控单元:监控安装在桥梁环境中的传感器和设备;②光伏(Photovoltaic,PV)单元:通过安装在桥上的光伏板将太阳能转化为电能;③无线通信系统:连接桥梁监控设备和基于云的服务器的通信设备;④数据处理系统:基于云的服务器带有动态数据库,存储桥梁状态数据,分析监控设备传输的数据。

其中,无线通信系统的主要功能是连接桥梁安全监测系统的各个部件,包括传感器、计算系统和 ZigBee 网络,如图 3-25 所示。无线通信系统基于 ZigBee,其主要特点是传输速度慢、功耗低、安全性高、支持大量网络节点和多种网络类型。ZigBee 网络层协议中有三种设备:协调器、路由器和终端设备。协调器是网络的核心,负责网络的建立和控制。路由器负责传输和维护网络中的通信路径。终端设备是通过 ZigBee 连接的各种设备。与蓝牙相比,ZigBee 可以支持更多的网络节点,工作带宽更宽。此外,ZigBee 比蓝牙具有更低的开发成本和更长的传输距离。

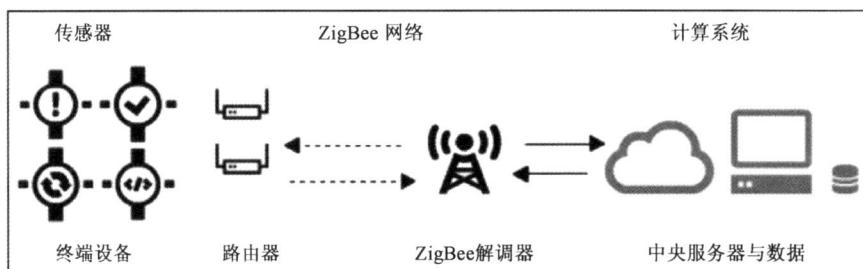

图 3-25　ZigBee 无线通信系统

除了在结构健康监测上的应用,各种物联网通信技术与传感器的结合在其他各个行业中也有了相应的应用。在不同应用场景,例如手机、智能家居、工业、汽车、农业、医疗、交通、金融、无人机等,根据不同的需求将会引进不同的传感器技术,这些传感器在采集信息后又会因为传递信息的过程中传输距离、数据类型、频率的不同需要结合不同的物联网通信技术。

3.3　物联网云管理平台

据全球知名的分析机构 Gartner 在 2018 年的预测,2019 年使用的联网物件将多达 142 亿个,到 2021 年总数将达到 250 亿个。物联网市场的爆发将刺激相关硬件市场,物联网为电子元器件制造商提供了巨大的市场机遇。大大小小的物联网公司,纷纷推出了众多连接物联网的设备与平台,例如使用温湿度传感器来检测并自动调节室内环境,而无须人为参与。发展物联网最主要的目的,不在于物物相连,而在于互联交换信息来提供智能化服务。硬件在智能化后,通过互联网服务进行加载,形成"云 + 端"的典型架构。大量的物联网设备终端,需要集中管理,同时,产生的大量数据存储到"云"平台,集中地进行计算分析与学习,从而产生认知、智能分析结果,该结果又能反馈到"端"设备,进而产生层出不穷的物联网应用。

物联网空前繁荣,新产品和新技术层出不穷,和云平台的结合已是势在必行。智能硬件种类繁多,每款智能硬件产品都需要大量的研发投入,使用面向物联网的开发云平台,就能很好地解决这一问题。物联网中各种物体充分连接,并通过无线等网络将采集到的各种实时动态信息送达计算处理中心,进行汇总、分析和处理。而对过程中采集到的海量数据进行智能储存、处理和分析,则是真正意义上实现物联网应用的关键。一般来说,云存储可以为物联网的海量数据提供足够大的存储空间,而云计算则可通过网格技术、分布式技术等将不同类型的设备集合应用起来,协同对外提供数据存储以及业务分析等功能。云计算将是真正实现物联网应用的核心技术,人们运用云计算的模式能够对物联网中不同业务进行实时动态的智能分析和管理决策。物联网与云计算的结合,必将通过对各种能力资源共享、信息价值深度挖掘等多方面的促进带动整个产业链和价值链的升级与跃进。除了云计算外,物联网的计算模式还有雾计算、边缘计算、流计算等。相关内容详见后续章节。

面向物联网的云管理平台,有别于通用云平台(详见第 5 章内容),因其与硬件的密切关联性,故具有独特之处。它是连接和支持系统内所有组件的大型物联网生态系统的重要组成部分,有助于促进设备管理,处理软硬件通信协议,收集与分析数据,增强数据流和智能应用的功能。物联网云平台包含四大组件:设备接入、设备管理、规则引擎、安全认证及权限管理。

1)设备接入

设备接入包含多种设备接入协议,最主流的是 MQTT(Message Queuing Telemetry Transport,消息队列遥测传输)协议,它是专门为小设备设计的一种简单且可互用的通信方式。MQTT 已是物联网生态系统的主要组成部分,此外还有 ModBus、EDP(Enhanced Dence Protocol,增强设备协议)、HTTP(Hyper Text Transfer Protocol,超文本传输协议)、CCP(CAN Calibration Protocol,CNA 校正协议)、COAP(Constrained Application Protocol,物联网协议)等多种协议。

目前开发出来的 MQTT 代理服务器大都是单机版,最多也就是并发连接十几万台设备。因此如果要管理数十亿的连接,则需要用到负载均衡与分布式架构。在云平台需要部署分布式 MQTT 代理服务器。

2)设备管理

设备管理包含设备创建管理以及设备状态管理等,一般以树形结构的方式来管理全部设备,根节点从产品开始,到设备组,再到具体设备。主要包含产品注册及管理、产品的隶属设备的增删改查、设备消息发布、OTA(Operational Transconductance Amplifier,跨导放大器)设备升级管理等。

3)规则引擎

物联网云平台通常是基于现有云计算平台搭建的。一个物联网的成熟业务,除了用到物联网云平台提供的功能外,一般还用到云计算平台提供的功能,比如云主机、云数据库等。规则引擎一般使用类 SQL 语言(Structured Query Language,结构化查询语言)方式,把物联网平台数据进行过滤与处理,再转发到其他云计算产品上。比如可以把设备上报的数据,转发到阿里云的 TableStore 时序数据库里。

4)安全认证及权限管理

物联网云平台为每个设备颁发唯一的证书,随后才允许设备接入,最小的授权粒度一般做到设备级。证书一般可分为产品级证书、设备级证书。每个接入云平台的设备,都在本地存储一个证书(由字符串构成的 KEY),每次与云端连接通信都要带上该证书,用于云端安全组件的核查。

表 3-5 所示是一些有亮点的著名物联网云平台。

著名物联网云平台 表 3-5

平台名称	简　介	特　点
ThingWorx	工业公司领先的物联网平台,为设备提供轻松连接、构建、部署和扩展的功能,具备先进企业解决方案的所有功能与强大的可扩展性,与尖端技术(如增强现实和广泛分析)集成	与传感器、RFID 等设备轻松连接,可远程工作,仪表板可预构建小部件,集成机器学习,提供简单的网页设计,设备易管理,连接方便;但难以管理复杂系统,在自定义平台上有安装边缘程序的限制
Azure IoT	一个全托管的云平台,因强大的安全机制、卓越的可扩展性,可与任何现有或未来系统轻松集成。允许连接数亿个设备,收集、分析数据并进行机器学习	简单的设备注册表,可与 SAP(思爱普)、Salesforce、Oracle 等丰富集成,仪表板可视化,实时流媒体,提供第三方服务,安全且可扩展,高可用性;但需要管理,成本高昂,不支持错误
AWS IoT	易从传感器和联网设备收集数据。设备脱机时也可交互。支持数十亿台设备和数万亿条消息,并对此进行处理	设备管理与安全性强,使用设备影子技术(在云端用 JSON 文件存储设备上报状态值和业务系统的期待值),与 IaaS(Infrastructure as a-Service,基础设施即服务)产品良好整合,价格持续下降,灵活开放;但学习曲线较陡,两年共中断三次
Cisco IoT Cloud Connect	基于云的移动套件,可加速数据转换和数据操作。支持语音和数据通信的广泛定制,可获得一整套设备管理和监控功能、高级安全措施、可扩展性选项	数据和语音连接,设备和 IP 会话报告,结算可自定义,灵活的部署选项
ThingSpeak	MATLAB 出品的开放平台,提供 MATLAB 分析和可视化数据的应用程序,可用 Arduino 开发板、树莓派单出机发送传感器数据,轻量化开发与应用	可用于私人收集数据、应用集成、事件安排、MATLAB 分析和可视化,免费托管频道,易于可视化,为 Ruby、NodeJS、Python 提供功能;但上传的 API 数据有限
阿里云 IoT	设备与云端稳定通信,全球多节点部署有效降低通信延时,多重防护能力保障设备云端安全。提供丰富的设备管理功能,稳定可靠的数据存储能力。使用规则引擎,客户在 Web 上配置简单规则,即可将设备数据转发至阿里云其他产品,获得数据采集、数据计算、数据存储的全栈服务,实现物联网应用的灵活、快速搭建。此外,还做了半封装,例如发布和订阅,预先定义了一些关键字,并且可以自定义	为设备端提供安全的认证方法、设备级的权限粒度,提供 Topic 跨账号的授权,实现与不同厂商设备的互联互通,更贴合国情与使用习惯,提供设备端 SDK,快速连接设备上云。 支持全球设备接入、异构网络设备接入、多环境下设备接入和多协议设备接入。亿级设备的长连接能力、百万级并发处理能力,架构支撑水平性扩展服务可用性极高。去中心化,无单点依赖。拥有多数据中心支持

除上述外,知名的物联网云平台还有 IBM Watson IoT 、Google Cloud IoT、京东微联、中国移动物联网开放平台 OneNET、华为 OceanConnect、Bosch 博世、SAP SE、Oracle 物联网云等,不胜枚举。

3.4　物联网技术在桥梁管养中的应用

物联网由于其关键技术(如 WSN、RFID 和云计算)而得到迅猛发展,这些技术促进了物联网与现有系统的集成。在此背景下,物联网的应用涉及领域广泛,如安全监控、环境监测、医疗保健、结构健康监测、农业、物流运输、制造业等[68-75]。基于物联网的应用依赖智能环境和智能家居、智能城市、智能基础设施、智能交通、智能健康、智能电网等的产生。物联网著名的应用之一是在医疗保健领域,随着在电子设备上运行的应用程序的发展,这些应用程序将传感器和移动电话结合起来作为一个平台,实时监控个人健康状况[76]。基于物联网应用的移动网关智能健康监测的一个很好的例子就是以文献[74]为代表的 AMBRO 平台。这些类型的应用也可以用于患者或临床试验,以记录和处理数据,从而实现诊断、治疗,并预防一些常规疾病。物联网技术在工业领域的应用有望通过智能监控和服务来改善业务流程和供应链管理。例如,智能水电消费服务、智能停车服务、在线交通监控、智能交通等。

本节着重介绍物联网技术在桥梁管养中的应用。随着桥梁建设和交通系统的日趋完善,桥梁也从大规模建设向桥梁管养过渡。此外,随着时间的推移,越来越多的桥梁将达到或接近使用寿命,加之长年累月承受车辆重压,导致桥梁发生结构性的损伤,出现老化现象,尤其是大型桥梁,一旦发生坍塌事故,将造成难以挽回的损失。通过物联感知技术减少甚至杜绝此类事故的发生是未来发展的一个趋势。本节首先介绍基于物联网技术的结构健康监测发展趋势,然后介绍将自研发的无线传感器硬件接入物联网云平台的搭建过程,紧接着介绍作者团队开发的基于云平台的物联网桥梁运维系统的搭建,最后通过两个案例来介绍物联感知技术在桥梁管养中的应用,以便读者对物联感知技术有更深入的了解。

3.4.1　基于物联网技术的结构健康监测发展

智能传感器和无线通信技术的快速发展,使航空航天、汽车和土木工程领域的结构健康监测发生了革命性的变化。作为这场革命的关键技术,无线传感网络(WSN)技术极大地改善了结构健康监测(SHM)系统从传感模块的安装到传感器数据的传输和处理技术的实现[60]。随着传感网络与 SHM 系统的集成,传感器的智能化程度越来越高,在传感器网络开发中引入新的通信协议来控制远程传感器及其产生的数据流变得非常重要。因此,在过去的几十年里,使用互联网架构标准来实现 WSN 技术的兴趣显著增长。例如,Heo 和 Jeon[77]设计了一个智能无线结构监控系统,利用蓝牙技术和 TCP/IP 网络协议来传输传感器测量的数据。该系统已成功地应用于随机激励原型自锚式悬索桥的实时自锚控制系统,并进行了测试。使用 IPs 和 WSN 来实现一个灵活的 SHM 系统的主要好处在于可将数据采集子系统与一个外部平台相连接,这个外部平台允许在任何地方对传感器进行实时访问、控制和管理[76]。

智能传感器和远程服务的交互需要物联网技术来有效地将互联网与 SHM 系统集成。

随着智能传感技术、无线技术、信息技术、互联网的融合,物联网与 SHM 系统的融合将为实时数据采集系统的发展带来新的机遇。作为结构健康监测的一个例子,通过 IP 通信信息并实时控制传感器,来编制一个数据采集子系统,当紧急事件发生或者数据量超过某一阈值时,该数据采集子系统可以向监控中心自动发送提醒。因此,负责维护和承担其他监控任务的工程师或技术人员可以从他们使用各种设备的任何地方访问数据和信息[76]。

Myers 等[78]提出了一种可以与物联网平台集成的数学模型,利用压电传感器检测物理结构损伤的大小和位置。Panthati 和 Kashyap[79]利用 LabVIEW 平台设计并实现了一种基于物联网的 SHM 系统。Pandey 等[80]设计并实现了一种低成本、灵活的桥梁健康远程监测平台,利用物联网将加速度计连接到互联网。它从加速度计中收集数据并将其存储在 Web 服务器上,然后,从 Web 服务器检索振动数据,并登录到谷歌电子表格,使最终用户能够访问桥梁的实时振动数据,从而确定桥梁的健康状况。目前,WSN 技术被认为是 SHM 系统开发中最重要的技术之一。使用 WSN 时,各传感器节点通过 Wi-Fi、蓝牙、Z-Wave、ZigBee 等无线传输协议与基站通信。近几十年来,将 WSN 与 Internet 连接的趋势是基于 WSN 中可能采用的 IP 协议套件,以便将传感器网络与其他域互连,如图 3-26 所示[76]。但是,一些 WSN 技术,如 IEEE802.15.4/ZigBee 目前不支持 IP,因此,提出的大多数解决方案都包含 IP 代理或网关的使用。

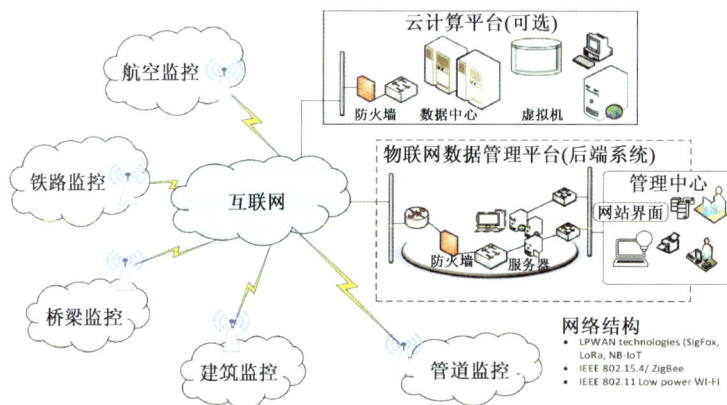

图 3-26　基于物联网的 SHM 框架[76]

众所周知,WSN 技术在物联网发展中也扮演着重要的角色。物联网的概念是,网络边缘的所有传感设备都能够支持 IP 协议。因此,新版本的 ZigBee 是专门为 WSN 设计的 IPv6连接,以实现物联网概念[76]。

3.4.2　基于无线传感的物联网云平台搭建

在桥梁管养中使用较多的传感器,按被监测的物理量类型,可分为应变计、加速度计、位移计、温湿度计、倾角仪等。无线传感技术具有成本低廉、灵活易用、安全可靠、施工周期短等优势,因此很多企业与研究者们都把目光汇聚到这一领域。

相较于落后且功耗较大的 GPRS(介于 2G 与 3G 之间),2016 年推出的 NB-IoT(窄带物联网,本节内简称 NB)通信方式,其设备平均待机时间更长(达 3～5 年),国内覆盖率达90%以上,穿透力及基站的数据承载能力都有很大提升。综合卡费与带宽因素,NB 官方推荐的数据发送间隔为半小时一次,最常用的通信模式为 PSM(Power Saving Mode,也是默认值),即在未收到数据 22s 后,进入深度休眠状态,此时不接受任何指令,要等下次采集周期或者预设的心跳包到来才会唤醒上线,且之后留给工作人员操作的时间窗口期也有限(无任何操作后 22s 进入休眠)。NB 主控板在初始化设置好采样频率等一系列参数后,一般也极少调整;当的确需调整时,假如采集间隔为 1h,则需要等待 1h 后才能上线操作。PSM 模式的这种快速深度休眠机制,正是 NB 省电持久的最主要原因,NB 通信模块的休眠态电流一般为 μA 级别。

因此,针对不同的采集频率与使用场景,可分别使用 4G 方式、NB 方式和相应的物联网 SIM 卡。其中,4G 方式主要应用于"高频或低延时"场景,成本相对较高,例如对桥塔索缆按 50Hz 加速度采样并将每秒收集到的数据发送到服务器端;NB 方式则适用于"低频且低功耗"场景,成本相对较低,例如针对桥梁结构主梁的每小时一次的静态应变测量。两种通信方式对比如表 3-6 所示。

作者所在团队选用的两种通信方式对比　　　　　　　　　　　表 3-6

通 信 方 式	主要应用场景	卡 费 标 准	推荐发送间隔	推荐采样间隔
NB-IoT	高频或低延时	每两万条 20 元	长于 5min	5min～24h
4G	低频且低功耗	每月 20 元	秒级或分钟级	100Hz 以下

相应地,作者所在团队自主研发了 NB 主控板、4G 主控板、6 种类型采集小板,如图 3-27 所示。两种主控板均为 4 通道,各通道以 RS485 电缆线与采集小板相连;采集小板再用线与传统传感器相连或者直接集成 MEMS 模块。采用嵌入式编程,主控板可将各通道的采集小板上传的采集数据汇聚后,再以无线 NB 或 4G 传输方式,发送到设定的服务器。6 种采集小板的类型为位移计小板、加速度计小板、温湿度计小板、振弦应变计小板、倾角计小板。

采用 4G 方式,可直接将数据快速地发送到 4G 卡绑定的服务器,服务器进行接收、监听并处理,较为简便,此处不作铺展。而采用 NB 方式,需遵循"NB 设备—NB 基站—NB Controller(核心网)—IoT 联接管理云平台—用户业务应用(用户云)"的五层次顺序,采集的数据必须由设备终端先经过基站,再到核心网、IoT 云平台,最后才能进行最上层用户应用的转发使用,模式如图 3-28 所示。其中,NB 核心网:实现对 NB 终端的移动性管理与会话管理,为 NB 终端建立用户面承载,传递上下行业务数据。IoT 联接管理云平台:实现对各种 NB 设备数据的统一会话管理,同时向第三方应用系统开放接口,让各种应用能快速构建自己的物联网业务。用户业务应用:实现对 NB 设备的业务管理,包括业务发放、业务控制和呈现等,由第三方基于 IoT 联接管理云平台的开放接口进行开发。

目前国内最主流的 NB 卡与配套平台由三大移动运营商提供,其中且电信公司因为国家的频段分配、业务投入等,在此业务上的优势较大,因此作者所在团队选用了电信的 IoT 云平台,其主要功能项如图 3-29 所示。

电信 IoT 云平台几乎可以被认为是双向透传的,但实际上帮助用户处理了很多的 NB 特性,核心是 NB 设备的管理与信息的上下行:南向(层次模型图中,向下提供的接口)对接 NB 设备,北向(向上提供的接口)对接用户应用。用户登录电信公司的物联网 IoT 通信云平台,可对硬件进行便捷管理,同时还需按帮助文档配置相应内容,如产品应用的创建、产品模型 Profile 定义[包含 service(服务)、property(属性)、command(指令)]、上下行消息的编解码插

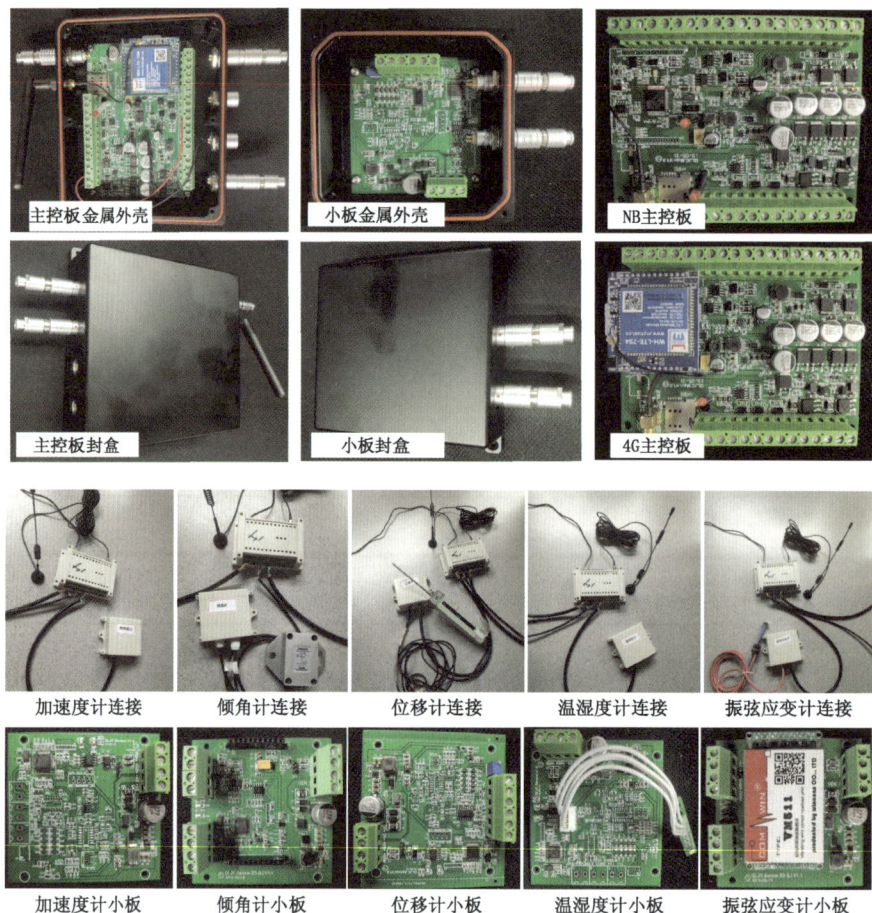

图 3-27　作者所在团队开发的各种 PCBA（Printed Circuit Board Assembly，装配印刷电路板）

件的开发、二进制码流的设置、设备的注册接入与删除、应用的接入与订阅等。Profile 相当于一个结构体，向设备描述上报数据的格式；编解码插件，则是用于北向对接电信云和用户业务之间的通信。NB 设备与电信 IoT 云平台的通信，必须通过 CoAP 协议，其传输层基于 UDP（User Datagram Protocol，用户数据报协议）发送；而电信 IoT 云平台与作者所在团队配套开发的监测平台之间，则使用 HTTP 协议进行通信。借助该平台，还可进行收发信息的即时查看与校对、历史数据的存储查看，并且还支持真实/虚拟设备的指令与收发报文的测试（图 3-30）。

以上操作也可参照该平台提供的 API 文档进行程序化编制，实现全使用过程的自动化。例如，在 API 基础上，开发的微信端小程序（图 3-31）可控制主控板的添加上限、传感器通道的启停、传感器采集频率的调整、传感器的标定、传感器关联的物理量等。

传感器板与主控板之间、主控板与服务器之间，都需要事先制定好相应的传输通信协议，协议的内容包含：系统板的信息获取、波特率与编号 SN 设置、重启与复位、IP 与端口号设置、传感器标定、传感器启停、采集频率挡位设置、主控心跳包设定、采集指令、远程升级等。这些指令在电信物联网平台的二进制码流制定、网页编程过程的底层 Socket 通信中，都会被使用与体现出来，形成完整的通信网络，以将采集的数据正确地汇聚到服务器后台。

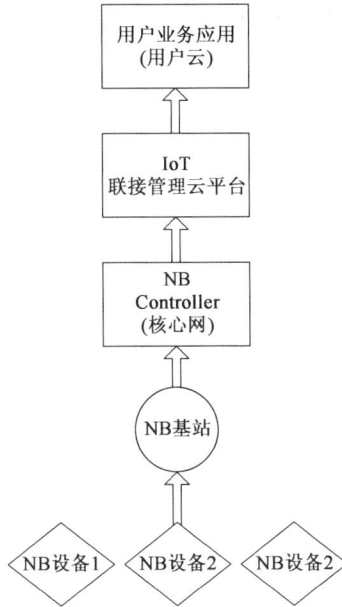

图 3-28　NB 的五层次开发模式

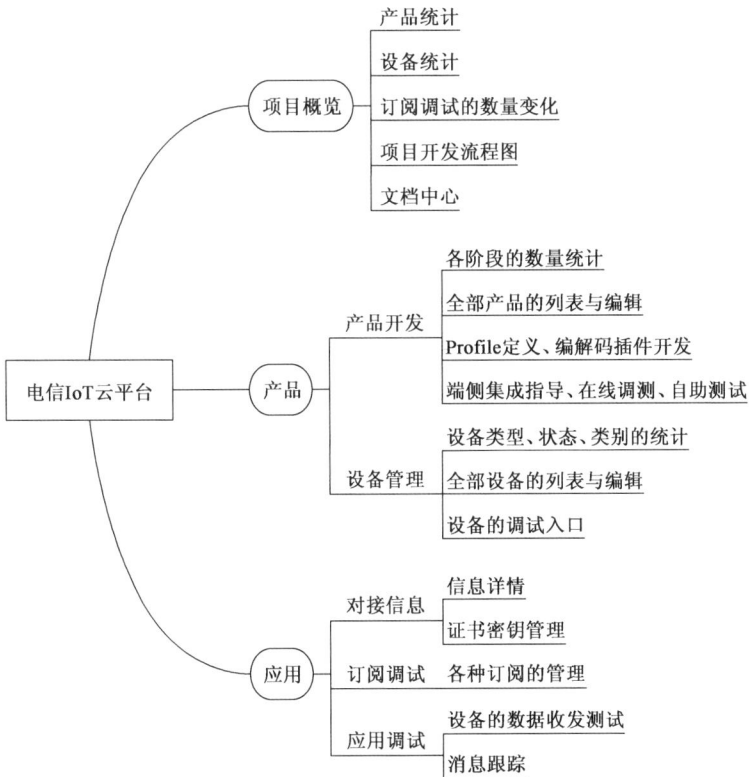

图 3-29　电信 IoT 云平台的主要功能

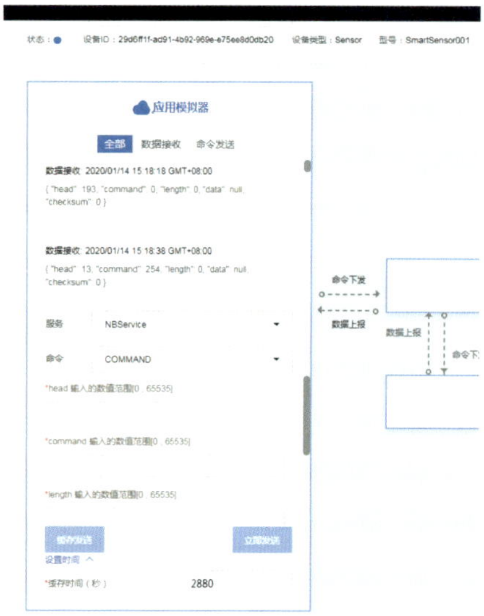

图 3-30　指令流调试与收发数据查看 　　　　图 3-31　使用微信小程序对主控板的控制

3.4.3　基于云平台的物联网桥梁运维系统搭建

以作者所在团队开发的"智慧桥梁管养平台"为例(可参见 2.4 节内容),该桥梁平台的总体框架如图 3-32 所示。

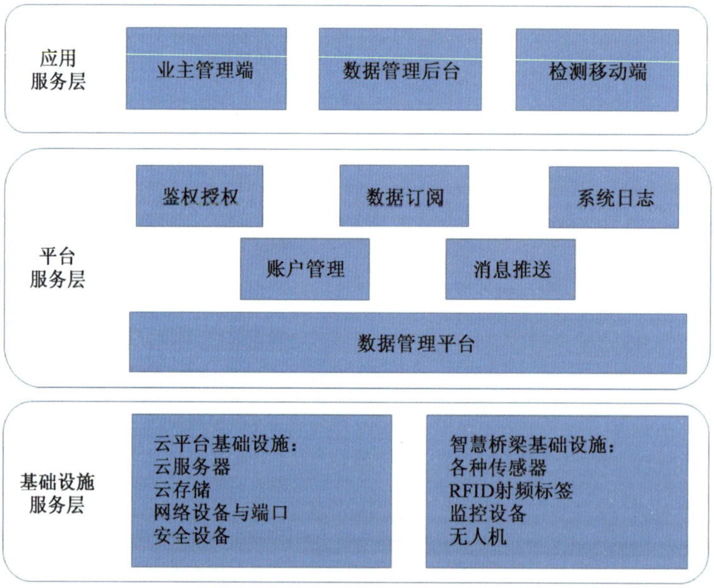

图 3-32　"智慧桥梁管养平台"框架

基础设施服务层包含了云平台基础设施、智慧桥梁基础设施。云平台基础设施包括云服务器、云存储、网络设备与端口、安全设备等,通常可购买商业化虚拟设备产品(如阿里云 ECS 服务器)进行配置和部署后使用;智慧桥梁基础设施包括适用于桥梁管理养护行业的

各种传感器、RFID 射频标签、监控设备、无人机等硬件(适用的相关设备可参照 3.2 节的相应内容介绍)。由传感器等设备采集得到的信息,通过本地解调后,经由节点、网关汇聚,可源源不断地向上传递到云服务器平台,再入库存储。本层为智慧桥梁管养平台的建设提供设施支持,为上层服务提供计算、存储功能和网络资源。

平台服务层分为两部分:数据管理平台、服务平台。数据管理平台数据的提供统一管理,包含桥梁信息数据库、传感器设备数据库、BIM 模型数据库、各种业务数据库等,一般在完成数据库表、字段的规划后使用已有的数据库产品自行搭建;服务平台的内容包含系统鉴权授权、数据订阅、系统日志、账户管理、消息推送等功能,一般采用含有相应功能的开发框架进行配置与后续开发。我们对这些数据库内容进行编程调用,并形成多种系统集成应用程序接口(API),提供给后续 SaaS 层具体调用。

应用服务层包含多方面的具体业务,是在 PaaS 层的 API 上进行的功能扩展与界面化包装,方便业主管理与维护,此处不作赘述。

因此,一个基于云平台的物联网桥梁运维系统,其主要功能除了云主机、云存储等通用云平台的功能外,更主要的是集成了对于基础设施(传感器等)、消息通信、历史数据存储的统一管理与安全服务,并且提供了与其相对应的大量 API,使开发者们能够轻松地进行调用与管理,并在此基础上衍生出丰富的软件产品内容,供业主管理者们使用。

3.4.4 工程应用案例

1) 案例 1:基于物联网感知技术的建筑结构地震监测

作者所在团队[81]基于 Python 语言研发了一种低成本、高精度、长周期、实时的结构地震监测(SSM)系统,用于实时处理地震加速度数据的采集、数据存储和数据传输,并成功应用于日本埼玉大学一座 10 层钢筋混凝土框架结构地震监测中。该系统的感知单元由一个MEMS 加速度计和单板机组成。

物联网传感的基本方式是通过 GPIO(General-Purpose Input/Output,通用 I/O 端口)将RaspberryPi 或 Arduino 等开发板与一些 MEMS 传感器进行连接。采用普通的智能手机电池作为 RaspberryPi 或 Arduino 的电源,并配备一个防水防尘测试箱来保护传感器单元。物联网感知单元如图 3-33 所示。

系统采用云存储,使用 Dropbox 和 NAS(Network Attached storage,网络附加存储)来保存记录。对于 Dropbox 来说,Dropbox 上传器是一个来自 GitHub 的开源脚本,可将记录发送到 Dropbox 的云文件夹中。SAMBA 是一种 VPN(Virtual Private Network,虚拟专用网络)协议,用于连接单板计算机和 NAS。将系统安装在日本埼玉大学的一座 10 层钢筋混凝土框架建筑的第 8 层,如图 3-34 所示。

自安装该系统以来,共观察到 4 次地震:①2019 年 6 月 18 日,6.7 级的山形近海地震;②2019 年 6 月 24 日,5.5 级的千叶县地震;③2019 年 7 月 28 日,6.6 级的三重县地震;④2019 年 8 月 4 日,6.2 级的福岛海域地震。

收集日本强震台网(K-NET 和 KiK-net)最近的观测站(K-NETSIT010)的记录,与作者所在团队研发的结构地震监测系统得到的信息进行比较。两个观测点之间的距离为 13km。

正交三轴测量方向分别与东西(EW)、南北(NS)、上下(UD)方向对齐,与观测站记录一致。

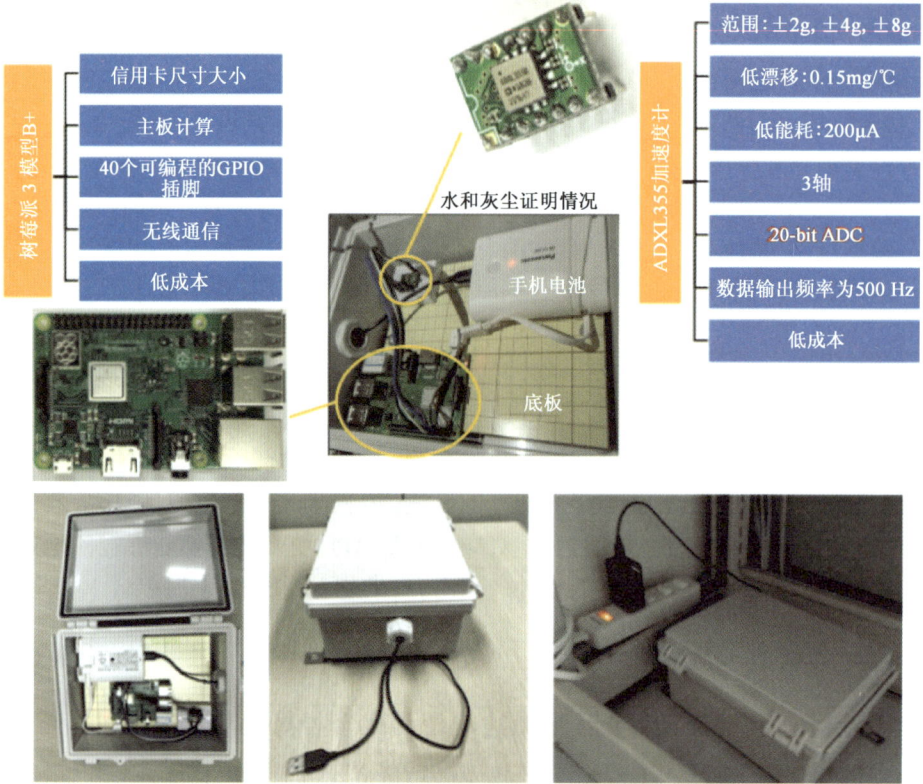

图 3-33　物联网感知单元[81]

图 3-34　日本埼玉大学 10 层钢筋混凝土框架结构中安装的基于物联网感知的结构地震监测系统[81]

三个轴的加速度波形如图 3-35 所示,对应的沿 EW 方向的傅立叶谱如图 3-36 所示。

从图 3-35 中的 UD 方向可以看到系统观察到的 P 波处于物联网传感器的垂直方向上,在经历很长一段后展现出异常的幅度。从图中可以看出,这样的幅值在附近的 K-Net 大宫站并没有显示。从图 3-36 中可以看出,波形中很容易观察到异常。根据一些地震记录,该结构在系统布置位置的主导频率约为 $1.4\mathrm{Hz}$。实测波形可大致反映结构的地震响应情况,但由于噪声的影响,振幅小于 $2\mathrm{cm/s^2}$ 的地震准确波形数据被掩盖。在 UD 方向上,只能观察到

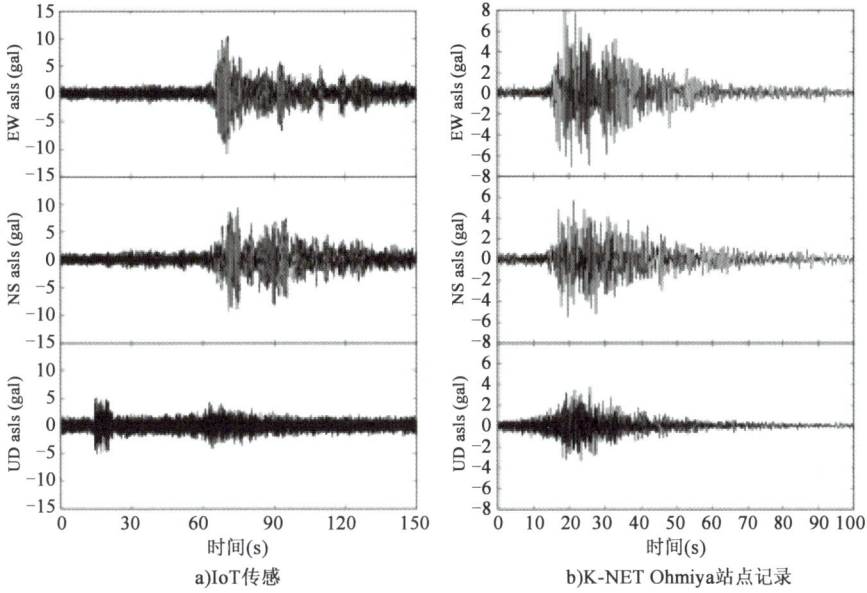

图 3-35 三重县 6.5 级地震的波形比较[81]

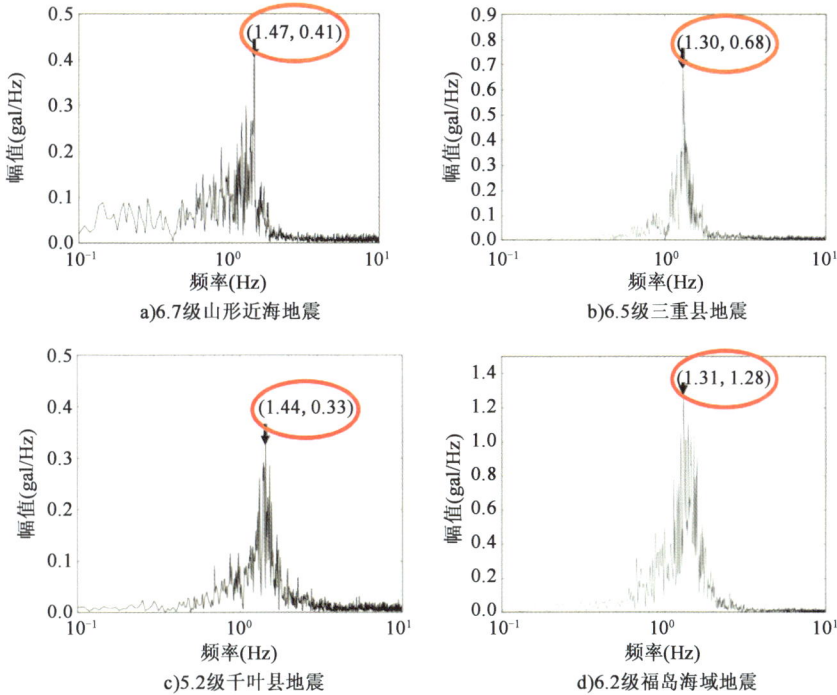

图 3-36 地震加速度的傅立叶谱[81]

$2cm/s^2$以下的噪声。然而,该系统可以观测到日本气象厅地震强度低至 1 级的区域。随着未来 MEMS 加速度计分辨率和灵敏度的提高,该系统有望在结构地震反应监测中表现出更好的性能。

通过以上所有验证,该系统在地震事件中可消除的加速度水平约为 $2cm/s^2$。物联网设备使结构地震监测系统的密集部署成为可能,海量的结构地震实时响应数据将增强对结构抗震性能的理解。

2)案例 2:基于智能手机的桥梁地震监测系统

本案例通过作者所在团队[82]开发的一个基于智能手机的桥梁地震监测系统,展示了集成到云服务器的智能手机如何作为无所不在的无线网络的监控平台在统一数据库中收集健康监测信息。其思路是:智能手机与传感器网络连接在一起,使用云服务器方便地上传和访问数据。使用易于安装的智能手机作为传感单元和智能神经元,建立分散的结构地震监测网络。

作者所在团队在 Xcode 集成开发环境中使用 Objective-C 编程语言开发了一个测量应用程序,它与智能手机硬件和操作系统功能交互,使内置的 MEMS 传感器组件可用,并获取、分析、存储和传输数据到云服务器。如图 3-37 所示,该测量系统包括独立的智能手机,可以安装在桥梁的不同位置,独立地测量数据。将这些设备连接到一个公共网络,并能够相互通信,从而为整个网桥建立一个稳定的测量系统。此外,使用智能手机的计算能力对数据进行实时处理,可以更快地对结构进行诊断,生成损伤指数报告或紧急警报输出。

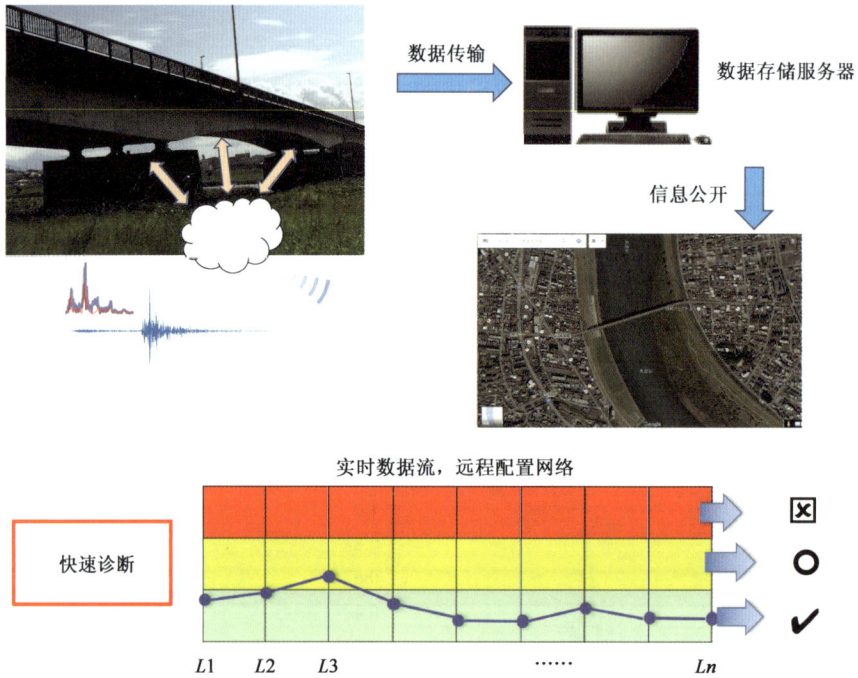

图 3-37 使用智能手机的测量系统[82]

该系统在日本高松大桥(图 3-38)上进行了长期的现场测试。高松大桥建于 1982 年,位于日本宫崎市。它是一座 7 跨预应力混凝土连续箱梁桥,长 444m。

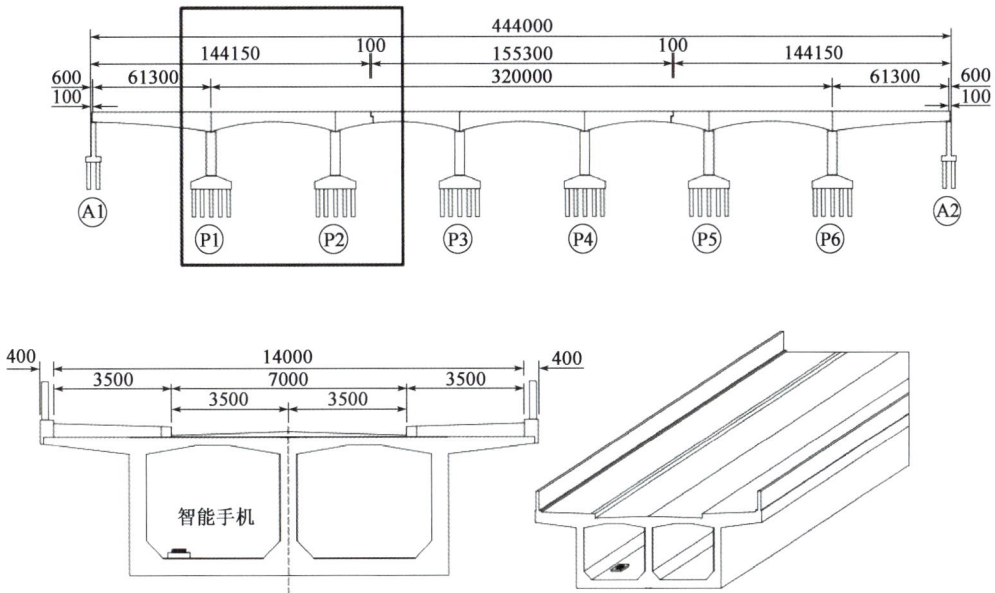

图 3-38　日本高松大桥断面图[82]（尺寸单位：mm）

将来自智能手机系统的数据与作为参考的高精度加速度计的结果进行比较。测量桥梁模型动态响应，有两个智能手机在桥墩处，另外两个在 1/4 位置，一个在 Gerber 梁悬臂端，安装细节如图 3-39 和图 3-40 所示。

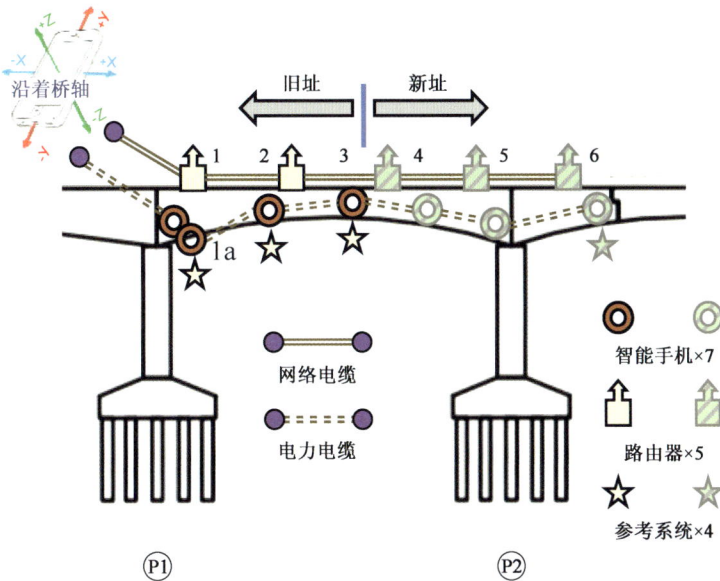

图 3-39　高松大桥传感器测点布置图[82]

通过设置每个智能手机终端的 Wi-Fi 连接，数据被无线传输到云服务器。通过在箱梁内安装的电源和局域网服务，建立电源和网络连接。

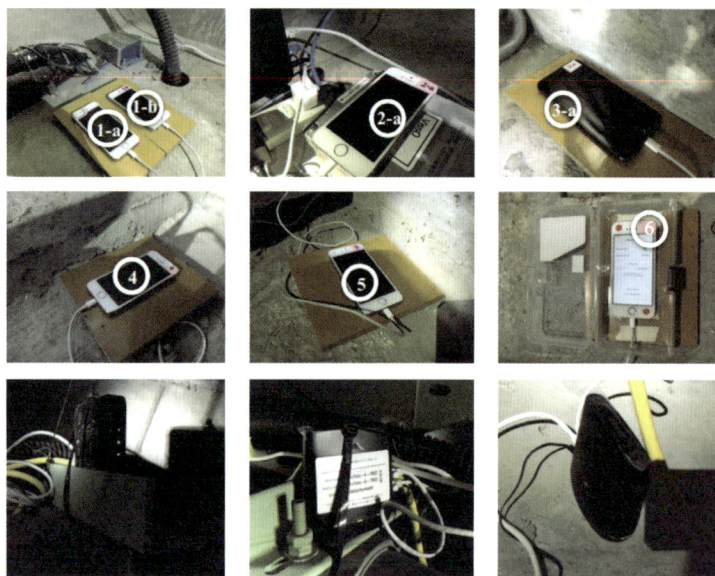

图 3-40　安装智能手机和 Wi-Fi 路由器的现场图[82]

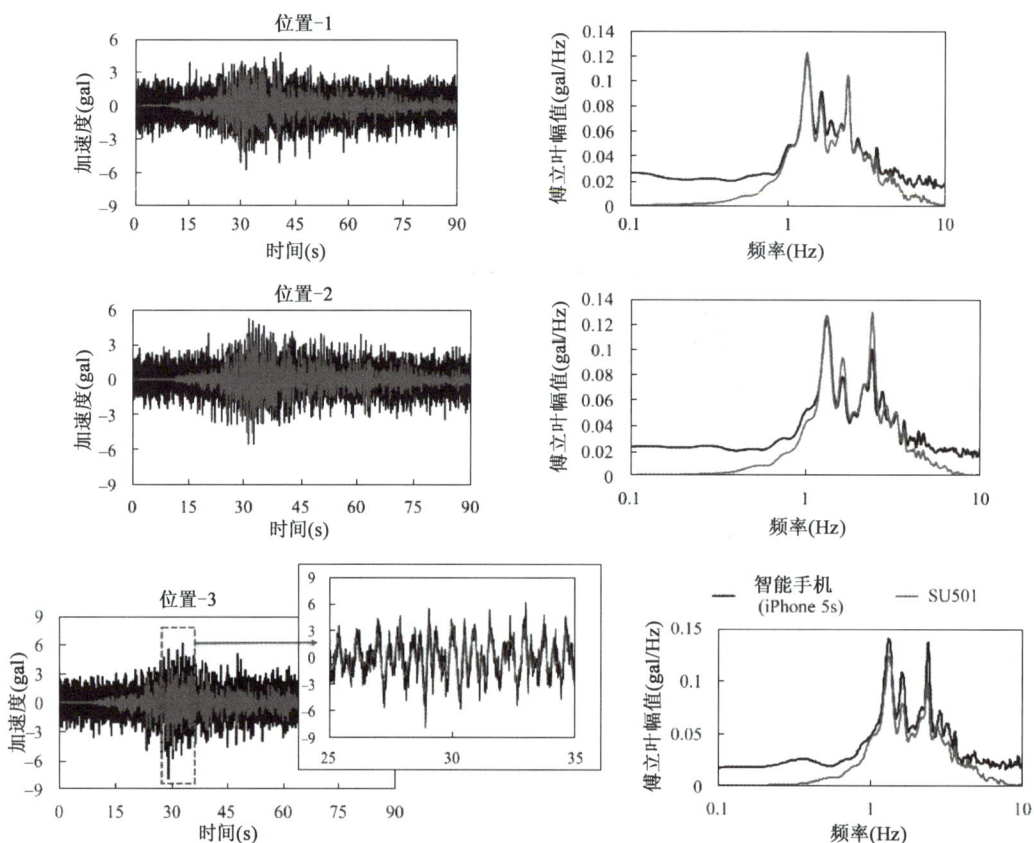

图 3-41　三个不同位置的波形和幅值对比图[82]

通过长期连续测量,智能手机记录了自系统安装之日起的四次地震事件。可以看出,该桥附近的平均 PGA 约为 10cm/s^2,这意味着该桥附近记录的四次地震振幅都很小。在记录的四次地震事件中,2017 年 3 月 2 日发生在三个不同地点的桥梁轴线加速度波形,与参考系统的对比如图 3-41 所示。

采用来自伺服加速度传感器(HakusanIndustrial SU501)的加速度记录,比较与智能手机同时记录的波形和傅立叶谱。由于 MEMS 传感器获得的连续信号的噪声分量大约为 $\pm(2\sim3)\text{cm/s}^2$,从所有四次地震的记录中可以看出,小震级地震的准确波形数据被噪声成分掩盖。尽管如此,仍然可以观察到一些显著的峰值来区分地震的特征,并且与参考系统相比,当信号相互重叠时,它们表现出良好的一致性。

本案例强调了智能手机在快速、远程、自动化和量化框架下进行地震监测的潜力。基于智能手机监控的物联网技术使用可以从根本上影响智能、可持续和基础设施的未来发展。

可以意识到,物联网技术在桥梁运维中发挥着重要的作用,也希望在未来桥梁监测工作中,现代物联网技术能得到更加广泛的应用,如物联感知技术与大数据人工智能分析技术相结合,对桥梁状态及运营环境做出适时评估及信息更新,从而发挥更大的作用。

本章结束语

本章首先从接触式和非接触式两方面介绍了传统的结构感知技术,综合评价了传统感知技术的局限性,包括对数据解读不足、获取的结构信息不全面,数据不互通、难以进行有效的管理、数据查询分析困难,感知技术和设备相互独立,数据传输成本高,对中小跨桥梁缺乏应用等,指出随着物联网技术的"物物相连、互联交换"的理念在土木工程领域的推进可解决这些问题。然后从物联网的发展、物联网传感器、物联网通信技术及其与传感器的融合等方面介绍了智能物联技术,指出物联网技术需要通过云平台进行集中管理、互联交换来提供智能化服务,并介绍了物联网云管理平台与通用云平台的区别。最后,通过两个案例介绍了物联感知技术在桥梁智慧运维中的地位和应用。

本章参考文献

［1］DENG Y, LI A. Temperature action monitoring of main girder［M］//Structural Health Monitoring for Suspension Bridges. Berlin Springer,2019.

［2］LYDON M, SU E T, DOHERTY C, et al. Bridge weigh-in-motion using fibre optic sensors［J］. Institution of civil engineers-bridge engineering, 2017,170:219-231.

［3］程路. 车辆动态称重技术研究［D］.杭州:浙江大学,2008.

［4］HARIK I, PEIRIS A. Case studies of structural health monitoring of bridges［M］//Nondestructive Testing of Materials and Structures. Berlin Springer,2013.

［5］DENG Y, LI A. Vertical deflection monitoring of main girder［M］//Structural Health Monitoring for Suspension Bridges. Berlin Springer,2019.

［6］HOU X M, YANG X S, HUANG Q. Using inclinometers to measure bridge deflection［J］. Journal of bridge engineering, 2005, 10(5): 564-569.

[7] 杨学山,侯兴民,廖振鹏,等.桥梁挠度测量的一种新方法[J].土木工程学报,2002,35(2):92-96.

[8] STEFANO A D, CERAVOLO R. Monitoring and response of CFRP prestressed concrete bridge [M]//Sensing Issues in Civil Structural Health Monitoring. Berlin:Springer,2005.

[9] ROBERTSON I N, JOHNSON G P, WANG S. Instrumentation performance during long-term bridge monitoring [M]//Sensing Issues in Civil Structural Health Monitoring. Berlin Springer,2005.

[10] CHUNG W, KIM S, KIM NS, et al. Deflection estimation of a full scale prestressed concrete girder using long-gauge fiber optic sensors [J]. Construction and building materials, 2008, 22(3): 394-401.

[11] WU Z S, XU B, TAKAHASHI T, et al. Performance of a BOTDR optical fibre sensing technique for crack detection in concrete structures [J]. Structures and infrastructure engineering, 2008, 4(4): 311-323.

[12] ZHANG H, WU Z. Performance evaluation of BOTDR-based distributed fiber optic sensors for crack monitoring [J]. Structural health monitoring, 2008, 7(2): 143-156.

[13] 毛江鸿.分布式光纤传感技术在结构应变及开裂监测中的应用研究[D].杭州:浙江大学,2012.

[14] 钱振东,韩光义,黄卫,等.基于 BOTDA 的钢桥面铺装裂缝疲劳扩展研究[J].土木工程学报,2009,42(10):132-136.

[15] Klug F,Lackner S, Lienhart W, et al. Monitoring of railway deformations using distributed fiber optic sensors[R]. The Joint International Symposium on Deformation Monitoring, 2016.

[16] DU Y, SUN B, LI J, et al. Cable stress monitoring technology based on fiber bragg grating [M]//Optical Fiber Sensing and Structural Health Monitoring Technology. Berlin: Springer, 2019.

[17] GROSSER H, BECKMANN-DOBREV B, POLITZ F, et al. Computer vision analysis of 3D scanned circuit boards for functional testing and redesign [J]. Procedia CIRP, 2013, 11:229-233.

[18] 闵永智.铁路路基表面沉降相机链视觉测量方法研究[D].兰州:兰州交通大学,2014.

[19] GORPAS D, POLITOPOULOS K, YOVA D. A binocular machine vision system for three-dimensional surface measurement of small objects [J]. Computerized medical imaging and graphics, 2007, 31(8): 625-637.

[20] 崔恩坤.高精度双目立体视觉测量系统关键技术研究[D].长春:中国科学院大学(中国科学院长春光学精密机械与物理研究所),2019.

[21] 邵新星.高精度、实时数字图像相关变形测量[D],南京:东南大学,2018.

[22] 林金燕,徐潇健,梁鹏,等.数字图像相关技术在结构损伤检测中的应用[J].工程质量,2019,37(3):48-52.

［23］　MALESA M, KUJAWINSKA M. Deformation measurements by digital image correlation with automatic merging of data distributed in time ［J］. Applied optics, 2013, 52 (19): 4681.

［24］　PAN B, LI K, TONG W. Fast, Robust and accurate digital image correlation calculation without redundant computations ［J］. Experimental mechanics, 2013, 53 (7): 1277-1289.

［25］　YONEYAMA S, KITAGAWA A, IWATA S, et al. Bridge deflection measurement using digital image correlation ［J］. Experimental techniques, 2010, 31(1):34-40.

［26］　胡梦岚, 李星新, 任伟新, 等. 基于数字图像技术的桥梁动态位移测量应用研究［J］. 合肥工业大学学报(自然科学版), 2015, 38(12): 1661-1667.

［27］　刘超. 基于数字图像处理技术的连续梁振动测试研究［D］. 广州:广州大学, 2011.

［28］　HUNADAY, ROBERT, HAGARA, et al. A new procedure of modal parameter estimation for high-speed digital image correlation ［J］. Mechanical systems and signal processing, 2017, 93:66-79.

［29］　TREBUŇA F, HAGARA M. Experimental modal analysis performed by high-speed digital image correlation system ［J］. Measurement, 2014, 50:78-85.

［30］　杭超, 杨广, 李玉龙, 等. 数字图像相关方法在焊缝材料力学性能测试中的应用［J］. 航空学报, 2013, 34(10): 2372-2382.

［31］　王静, 李鸿琦, 邢冬梅, 等. 数字图像相关方法在桥梁裂缝变形监测中的应用［J］. 力学季刊, 2003(4):512-516.

［32］　刘梦微. 基于 GPS 的桥梁变形监测应用研究——以东海大桥为例［D］. 南昌:东华理工大学, 2013.

［33］　刘德煜. GPS 与微波干涉测量在桥梁动挠度测量中的对比分析［J］. 桥梁建设, 2009 (3): 81-84.

［34］　刘媛媛. 基于多源 SAR 数据的时间序列 InSAR 地表形变监测研究［D］. 西安:长安大学, 2014.

［35］　刁建鹏, 梁光胜. 地面雷达的位移监测试验研究［J］, 测绘科学, 2011, 36(2): 62-64.

［36］　何宁, 关秉洪, 齐跃, 等. 微变形监测雷达在桥梁健康监测中的应用［J］. 现代交通技术, 2009, 6(3): 31-33.

［37］　刘森. 地面干涉雷达技术在桥梁动态检测中的应用［D］. 北京建筑大学, 2016.

［38］　陈怡曲. 基于 InSAR 的形变监测技术研究［D］. 电子科技大学, 2013.

［39］　王保云. 物联网技术研究综述［J］. 电子测量与仪器学报, 2009, 23(12): 1-7.

［40］　刘强, 崔莉, 陈海明, 等. 物联网关键技术与应用［J］. 计算机科学, 2010, 37(6): 1-4, 10.

［41］　SETHI P, SARANGI S R. Internet of things: architectures, protocols, and applications ［J］. Journal of electrical and computer engineering, 2017, 2017:1-25.

［42］　朱洪波, 杨龙祥, 朱琦, 等. 物联网技术进展与应用［J］. 南京邮电大学学报(自然科学版), 2011, 31(1):1-9.

[43] 司海飞,杨忠,王珺,等.无线传感器网络研究现状与应用[J].机电工程,2011,28 (1):16-20,37.

[44] 宁焕生,徐群玉.全球物联网发展及中国物联网建设若干思考[J].电子学报, 2010,38(11):2590-2599.

[45] 吕波,孟磊,孙文海,等.基于蓝牙技术的无线传感器的设计[J].信息通信,2014 (6):65-66.

[46] 苏曙光,沈刚.嵌入式系统原理与设计[M].武汉:华中科技大学出版社,2011.

[47] 朱程铭.互联网时代下在物联网领域中嵌入式系统的应用分析[J].信息通信, 2019,(9):110-111.

[48] KONG Q,ALLEN R M,SCHREIER L. MyShake:Initial observations from a global smart-phone seismic network[J]. Geophysical research letters,2016,43(18):9588-9594

[49] 伍国伟,伍斯龙.MEMS传感器技术发展现状及应用初探[J].中国设备工程,2019 (17):200-201.

[50] 余瑞芬.传感器原理[M].北京:航空工业出版社,1995.

[51] 王淑华.MEMS传感器现状及应用[J].微纳电子技术,2011,48(8):516-522.

[52] LIN Y B,LAI J S,CHANG K C,et al. Using mems sensors in the bridge scour monitoring system[J]. Journal of the Chinese Institute of Engineers,2010,33(1):25-35.

[53] CHEBROLU K,RAMAN B,MISHRA N,et al. Brimon:a sensor network system for railway bridge monitoring[C]//The 6th international conference on mobile systems,applications,and Services(Mobisys 2008),Brecken-ridge,CO,USA,June 17-20,2008.

[54] 一图总结物联网通信方式有哪些,一文浅谈几个常见的IoT通信方式[EB/OL]. (2017-11-02). http://www.360doc.com/content/17/1202/16/40903010_709260259. shtml.

[55] 详细介绍物联网无线连接的6种技术[EB/OL]. (2018-11-22). https://www. taodocs.com/p-181835668.html.

[56] 汪良.电致动人工肌肉的制备及其测控技术研究[D],南昌:南昌航空大学,2011.

[57] 董攀.一种用于USB设备自动热插拔的多通道检测系统设计[J],化工自动化及仪表,2019,46(5):356-360.

[58] 张东升.基于STM32的工业设备状态无线监控系统的设计[D],大连:大连理工大学, 2013.

[59] 东辉,唐景然,于东兴,等.物联网通信技术的发展现状及趋势综述[J],通信技术, 2014,47(11):1233-1239.

[60] 徐兴梅,曹丽英,赵月玲,等.几种短距离无线通信技术及应用[J],物联网技术,2015, 5(11):101-102.

[61] LoRa与NB-IoT技术优劣势和应用场景详细对比谁更是物联网的娇宠?[EB/OL]. (2018-9-24). http://www.elecfans.com/d/775095.html.

[62] 阮金波.基于射线追踪法的5G室内无线网络规划与优化研究[D],南京:南京邮电大学,2020.

[63] 谭路. 物联网探索——蜂窝网络与无线传感网络融合问题 [D]. 上海：华东师范大学，2011.

[64] 智东西，远比5G发展凶猛！物联网2018白皮书，国内规模已达1.2万亿[EB/OL].（2018-12-13）. https：//baijiahao. baidu. com/s？id = 1620646665729335793&wfr = spider&for = pc.

[65] HOU S, WU G. A low-cost IoT-based wireless sensor system for bridge displacement monitoring [J]. Smart materials and structures, 2019, 28(8)：085047.

[66] TONG X L, YANG H L, WANG L B, et al. The development and field evaluation of an IoT system of low-power vibration for bridge health monitoring [J]. Sensors, 2019, 19(5)：1222.

[67] LEE J L, TYAN Y Y, WEN M H, et al. Applying ZigBee wireless sensor and control network for bridge safety monitoring [J]. Advances in mechanical engineering, 2018, 10(7)：2072047827.

[68] CHEN S L, CHEN Y Y, HSU C. A new approach to integrate internet-of-things and software-as-a-service model for logistic systems：a case study [J]. Sensors, 2014, 14(4)：6144-6164.

[69] FANG S, XU L D, ZHU Y, et al. An integrated system for regional environmental monitoring and management based on internet of things [J]. IEEE transactions on industrial informatics, 2014, 10(2)：1596-1605.

[70] HASSANALIERAGH M, PAGE A, SOYATA T, et al. Health monitoring and management using Internet-of-Things (IoT) sensing with cloud-based processing：opportunities and challenges [C]//The 12th IEEE International Conference on Services Computing. New York, 2015.

[71] JI Z, GANCHEV I, DROMA M O, et al. A cloud-based car parking middleware for IoT-based smart cities：design and implementation [J]. Sensors, 2014, 14(12)：22372-22393.

[72] LAZO C, GALLARDO P, CESPEDES S. A bridge structural health monitoring system supported by the internet of things[C]//The IEEE Colombian Conference on Communications and Computing (COLCOM), Popayán, Colombia, 2015.

[73] PHAM T N, TSAI M F, DUC BINH N, et al. A cloud-based smart-parking system based on internet-of-things technologies [J]. IEEE access, 2015, 3：1581-1591.

[74] SANTOS J O, RODRIGUES J J P C, SILVA B M C, et al. An IoT-based mobile gateway for intelligent personal assistants on mobile health environments [J]. Journal of Network and Computer Applications, 2016, 71：194-204.

[75] ZANELLA A, BUI N, VANGELISTA L, et al. Internet of things for smart cities [J]. IEEE Internet of Things Journal, 2014, 1(1)：22-32.

[76] ARCADIUS TOKOGNON C, GAO B, TIAN G Y, et al. Structural health monitoring framework based on internet of things：a survey [J]. IEEE internet of things journal,

2017，4(3)：619-635.

[77] HEO G, JEON J. A smart monitoring system based on ubiquitous computing technique for infra-structural system: Centering on identification of dynamic characteristics of self-anchored suspension bridge [J]. KSCE journal of civil engineering, 2009, 13 (5): 339-345.

[78] MYERS A, MAHMUD M A, ABDELGAWAD A, et al. Toward integrating structural health monitoring with internet of things (IoT) [C]//IEEE international conference on electro-information technology,2016.

[79] PANTHATI S, KASHYAP A A. Design and implementation of structural health monitoring based on IoT using lab VIEW [J]. International journal magazine of engineering, technology, management and research,2016, 3(2):77-82.

[80] SHRADDHA P,MOHAMMAD H,NASIM U. Design and implementation of a low-cost wireless platform for remote bridge health monitoring [J]. International journal of emerging technology and advanced engineering,2016, 6(6): 57-62.

[81] JING D, RONG Z, CHANDRA S G. Time control and experimental verification of IoT based structural seismic monitoring[C]//The 17th World Conference on Earthquake Engineering, Sendai, Japan, F, 2020.

[82] SHRESTHA A, DANG J, WANG X, et al. Smartphone-based bridge seismic monitoring system and long-term field application tests [J]. Journal of structural engineering, 2020, 146(2): 04019208. 1-4019208. 14.

第4章

桥梁自动化检测技术

桥梁检测为桥梁养护维修提供了重要依据。长期以来,人们一直依靠日常和定期检查、抽样检查、临时检查等手段来获取桥梁结构的相关信息。然而目前桥梁表观检测主要依赖人工检测,比如桥梁的表观病害需由工作人员进行测量然后记录。这种方法效率低、耗时长、成本高,且人工检测受环境及检测人员职业技术素养等因素影响较大,检测结果存在不确定性。

随着信息化、自动化和智能化在土木工程领域的推进,一方面出现许多半自动化、自动化的检测装备,这些装备被应用于桥梁的桥面、高墩、拉索、主缆及水下结构的检测,可以大幅提高桥梁管养的工作效率。另一方面,水下机器人和空中无人机技术正在崛起。特别是新兴的基于无人机的遥感技术逐渐成熟,其使用成本也在逐渐降低,在桥梁检测领域展现出了巨大的应用潜力。本章重点介绍桥梁自动化检测装备,其中涉及的图像处理技术将在本书第7章详细展开。

4.1 桥梁自动化检测技术总述

桥梁自动化检测是指在桥梁检测作业的过程中尽可能地减少人的直接参与,改为使用检测设备和载运机械代替人工来工作,在人的要求下实现数据采集、信息处理、分析评估、操纵控制。目前的技术水平尚无法达到完全自动化的程度,机械的运动仍需由人来控制,但病害信息采集工作已可以由相应仪器来完成。与传统方法相比,自动化检测技术将人从繁重的重复性劳动以及恶劣、危险的工作环境中解放出来,并作为人的感官与肢体的扩展延伸,极大地提高了检测效率与精度。为了更鲜明地体现自动化检测技术的优势与先进性,本小节将首先介绍传统桥梁检测方法及其局限性,在已有的待解决问题的基础上进行桥梁自动化检测技术发展现状的介绍。

4.1.1 传统桥梁检测方法

桥梁检测作业中,检测对象包括桥梁的桥面系(桥面铺装、伸缩装置、栏杆等附属设施)、上部结构[梁体、桥塔、主缆、拉(吊)索、支座]与下部结构(桥墩、桥台、水下基础)在内的所有桥梁构件。至今已经形成了一套较为成熟的执行规程,如《城市桥梁检测与评定技术规范》(CJJ/T 233—2015)和《公路桥梁技术状况评定标准》(JTG/T H21—2011),均是桥梁检测评估方面的技术规范,它们详细规定了检查内容与检测指标。在传统的桥梁检测中,检测人员在相关规范标准的指引下人工完成检查任务,这一手段存在着诸多限制。

图 4-1 和表 4-1 展示了针对不同检测对象的传统桥梁检测方法,在方便到达的部位如桥面系、部分支座乃至主缆,检测人员可直接观测并随时记录病害情况,但也会伴随着一定的安全问题;在一些仅凭人力难以到达的部位如高墩,则需要搭设脚手架构建作业平台;而对于既难以接近又没有条件搭建平台的部位,如拉索、桥塔,则只能通过检测人员的远距离观察来大致判断其病害情况。为解决检测中梁底等检测人员难以到达部位的问题,人们使用桥梁检测车(简称桥检车)作为辅助工具来搭建一个可移动的作业平台,搭载检测人员及设备到达指定位置,这在一定程度上弥补了人工检测的不足。

a)梁体表面检查　　b)主缆检查　　c)桥墩检查　　c)桥墩裂缝远距离观测

图 4-1　部分桥梁人工检测场景

桥梁传统检测手段　　　　　　　　　　　　　　　　　表 4-1

检测对象	检测内容	检测手段	说　明
桥面系	表观病害(铺装面平整性、裂缝、伸缩缝变形)	检测人员直接行走在桥面上拍照记录	人在桥面上行走比较方便,因此这种检测较容易实现
梁体	表观病害;材料强度;承载能力;混凝土碳化深度;钢筋位置	检测人员需搭设支架才能接近检测对象并检测,或需要桥检车辅助;承载能力通过荷载试验测试	检测人员无法方便地接近检测对象,支架架设、租赁桥检车成本高
主缆	外部裂纹;索夹滑移	检测人员在主缆上的马道行走并记录	此手段较为直观,但高空作业安全性差
拉(吊)索	外部破损;内部断丝	使用吊篮搭载检测人员,部分可借助桥检车	检测人员无法方便地接近检测对象,吊篮安全性差
桥塔	表观病害;材料强度	使用望远镜远距离观测,或通过桥检车辅助	检测人员无法方便地接近检测对象,导致测量精度差
支座	变形、垫石破损等	部分支座可直接到达,部分需要架设平台,或通过桥检车辅助	多数支座检测中检测人员无法方便地接近检测对象,通过桥检车辅助成本高
桥墩	表观病害;材料强度	较高的桥墩需要架设平台,或通过桥检车辅助	检测人员无法方便地接近检测对象,支架架设、租赁桥检车成本高
水下基础	表观病害(露筋、裂纹、破损等);空洞	专业人员潜入水下对病害部位拍照	检测人员专业性要求高,且水中作业安全性差,效率低

总的来说,传统人工检测具有以下缺点:

(1)效率低:检测所需时间长,有时需要安装或拆卸脚手架等设备。

(2)精度低:主要通过人眼进行观察,受主观因素影响大。

（3）劳动强度大：桥梁多，检测工作量大，单纯依靠人工完成强度很大。

（4）安全性低：检测人员需要下到梁底或爬上主缆进行检测，危险性高。

（5）成本高：耗费大量的人力、物力，资金花费高。

（6）信息化程度低：检测数据孤立存在，无法精确建立桥梁裂缝历史数据库，不便于桥梁的管理和维护，亦无法给管理部门提供决策支撑信息。

以上这些问题严重制约着桥梁管养水平的提升，因此桥梁检测技术的自动化便显得尤为重要。

4.1.2　桥梁自动化检测技术现状

1946 年，美国福特公司的机械工程师 D. S. 哈德最先提出"自动化"一词，时至今日，自动化检测技术的发展越来越系统化、柔性化、集成化和智能化，这不断提高着工业、农业、传统制造业等行业的技术水平和市场竞争力，如常见的汽车加工厂中的机器人生产线。在桥梁检测领域，人们仍以人工检测为主，这就为自动化检测技术在该领域的发展提供了极大的空间。

1）桥面自动化检测

在使用桥检车的基础上，人们又使用摄像头来代替人来进行观测，通过拍摄图像完成对病害的记录。这种可以实现桥梁梁底病害采集的设备被称为桥面车载检测平台。此类装备适用于大型检测作业，而出于机动性的考虑，北京特希达特种设备技术有限公司研发的"智视"系统采用简化设计，单人即可携带及操作。

以上检测装备已经可以成功地运用于实际的检测中，但在使用时仍然需要占用桥面或桥底的空间，有时便不得不封锁车道，以致影响了交通。于是更加小巧、灵活的吸附式检测机器人应运而生，这种机器人可以在桥表面自由移动，最早用于钢桥，对于混凝土桥梁同样可实现吸附。这种吸附机器人不仅可以检查桥面，还可以用于桥墩及桥塔的检测。这一类装备尚处于研究阶段，暂无成熟的市场化产品。

在桥面系的检测中，现在已有成熟的桥检车可以使用，此外有集成了桥梁内部损伤无损检测功能的路面检测机器人。图 4-2 为桥面检测装备发展过程示意图。

| 桥检车 | 车载/便携式移动检测平台 | 吸附式移动检测机器人 路面检测车/检测机器人 |
| a)传统设备 | b)半自动化设备 | c)自动化设备 |

图 4-2　桥面检测装备发展过程[7-9,23-24]

2）高墩及高塔检测自动化检测

为解决到达性问题，可以使用大型桥检车搭载检测人员进行检测，但受臂展限制，其覆盖范围始终有限。升降式平台安装在桥塔的轨道上并可沿轨道移动，这种平台随桥永使用，需要有专门的牵引设备。其优点在于可以同时实现桥塔的检测与维修，因此实用性较强。与桥面检测类似，人们也设计了搭载摄像头的移动平台。这类平台有的需要布设轨道，在电机驱动下沿轨道移动，有的则需要使用牵引设备提供动力，相较于搭设供人行走的支架平台，移动平台简化了工序，节省了人力、物力成本，但准备工作仍较为烦琐且效率不高。图4-3为高墩及高塔检测装备发展过程示意图。

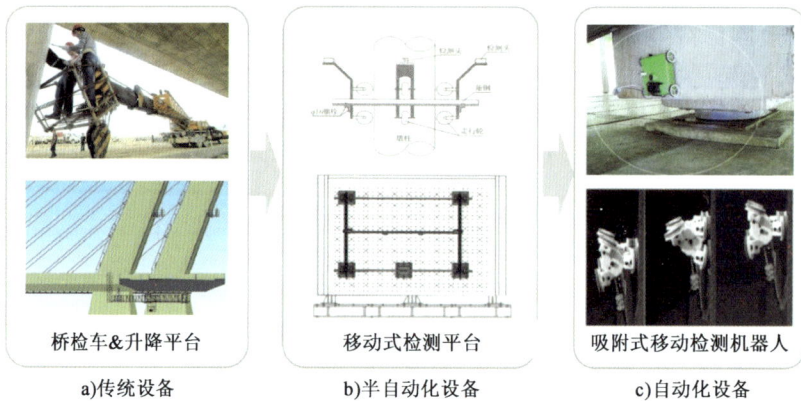

| a)传统设备 | b)半自动化设备 | c)自动化设备 |

图4-3　高墩及高塔检测装备发展过程[10-11,27]

为实现"即测即走"式的高效检测，人们研制了一系列吸附式爬行机器人。针对混凝土结构，机器人有仿生式吸附、负压式吸附、静电式吸附在内的多种吸附方式。国内外多个高校与研究机构研制的吸附机器人在测试中都展现了良好的性能，部分在实际桥梁的桥墩检测中得到了试用。

3）主缆自动化检测

传统人工检测是由检测人员在主缆的人行通道上行走并记录，而在实际工程中，主缆的检测与维修往往是一起进行的，为实现这一目的，人们大都采用检修车（图4-4）搭载相关人员进行作业。常见的检修车可分为牵引式和自动行走式，可以可靠地完成主缆检测与维修工作，但其机械结构复杂，使得控制、安装困难；质量过大，容易在检测作业中对主缆造成损伤。目前国内外针对主缆检测机器人的研究成果极少，技术方面属于空白领域。对于自主移动主缆检测机器人，如何保证其在高空风振下的稳定性、如何跨越索夹障碍十分重要。

图4-4　现行主缆检测装备[12,15]

4) 拉(吊)索自动化检测

除去最为传统的使用望远镜进行远距离观察的方式,目前国内外对桥梁拉(吊)索的检测主要有 2 种方法,对小型斜拉桥,采用液压或电动升降平台进行检测;对较大型桥梁,则预先在塔顶设置定点,用钢索拖动吊篮搭载工作人员进行检测。这些方法工作范围有限,且因为是人工操作,所以效率低下,高空作业对检测人员而言也存在安全隐患。图 4-5 是拉(吊)索检测装备发展过程。

升降平台&吊篮　　　　　　爬索检测机器人

a)传统设备　　　　　　b)自动化设备

图 4-5　拉(吊)索检测装备发展过程[18]

在自动化检测机器人方面,国内外研制的检测机器人爬升机构主要分为轮式爬升机构和多足式爬升机构。轮式爬升机构由于运动的连续性使其运动速度较快,但需靠电缆供电,且易损坏索表面;多足式爬升机构通过与索表面离散接触而提高了越障能力,但运动速度严重受限,安全性和负载能力较低。东南大学研制的斜拉索检测机器人在机构设计和检测技术上取得了显著成果;爬升能力强,可通过索表面常见的螺旋线等障碍,同时可实现对索表面多种缺陷及内部断丝等损伤的检测,已成功应用于杭州湾大桥、铜陵长江大桥等国内大型桥梁,技术在国内外处于领先地位。

5) 水下结构自动化检测

桥梁下部结构的检测一直是困扰检测人员的难题。作为整个桥梁的支柱,下部结构尤其是水下结构的使用条件和环境较上部结构更为恶劣,主要表现在水流冲刷成了墩柱产生病害的成因;由长期的环境污染所致的水质恶化也让水下病害的定位更加困难;此外,一些中、大跨径桥梁(跨河、跨江、跨海)的桥墩大都处于深水区域,水深客观因素的存在也使得桥梁水下部分的病害更为隐蔽,故桥梁下部结构的病害状况长期得不到重视。

传统的水下检测方法以人工检测为主,而人工检测的结果不仅主观性强,而且对于墩柱表观长年积累的附着物(如苔藓等),人工检测无法给出针对性的解决方案,因而检测结果的精准度也大打折扣。同时,人工检测的安全隐患大、风险高,因而检测的成本也相应增加。20 世纪 60 年代以来,水下检测装备已逐渐代替人工进行水下检测作业。其作业时间长、检测灵活性强、作业深度广、作业半径大,具有很好的工程适用性。目前,水下机器人已经在水下检测领域获得了一些成功案例[1],成为水下构筑物智能检测方面最具潜力的水下探测工具,对水下构筑物的除险加固和日常安全巡检等均有十分重要的应用价值。但是,由于桥梁水下检测的复杂水文环境,目前采用的传统通用型水下机器人难以正常稳定地作业,其缺陷主要表现在检测技术弱、工作性能低、检测结果差三个方面。

在检测技术方面,现有的技术在面对水下环境时,针对性不强。目前的水下机器人主要依靠作业设备和测量传感器的搭载,最常用的为利用水下摄像头、声呐等进行水下检测。在工作性能方面,目前的设备在进行水下作业时,自身稳定性不够,难以适应水下复杂的环境。现有水下机器人在进行检测作业任务时,需要携带定位设备以及检测设备配合机械手伸展进行作业,负载变化使得水下机器人质量和惯性局部变化明显,原有平衡不再满足,难以实现精确的姿态控制[2];在检测结果方面,当前的水下机器人难以提供精细、精准、精要的检测结果。目前进行水下构筑物的病害检测主要依赖光学图像信息,水下图像清晰度低、干扰信息多、视场范围小,给后续图像处理带来了很大挑战。图4-6为水下结构检测装备发展过程示意图。

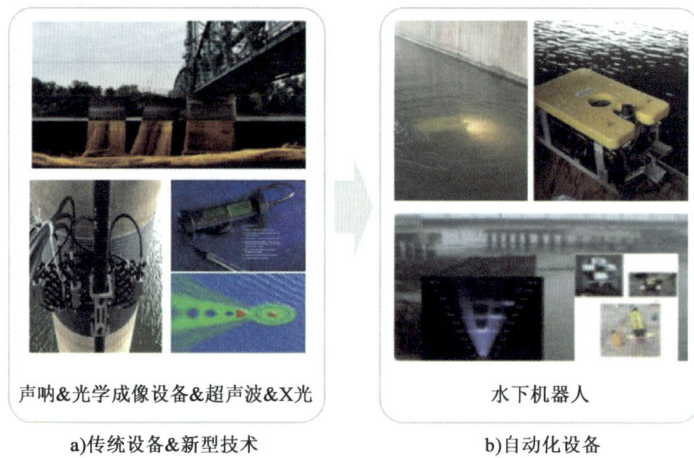

声呐&光学成像设备&超声波&X光   水下机器人

a)传统设备&新型技术   b)自动化设备

图4-6 水下结构检测装备发展过程

6)无人机自动化检测

本节前述的半自动化、自动化检测装置多针对某一特定的应用场景,如桥面、高墩及高塔、主缆、拉(吊)索、水下结构等。在空中飞行拍摄桥梁构件表观病害图像,受空间限制小,应用灵活,适用于桥梁的综合检测。无人机可以获取桥梁的表观信息、三维信息和的动态响应情况,还能够配合其他测量设备共同完成特定的测量工作。

无人机用于桥梁结构病害检测,通常包括相关图像采集与后续数据分析。桥梁结构构件多,且存在狭小、隐蔽部位,无人机自带的避障系统使其无法进行梁底近距离高清图像的采集。因此需要针对桥梁检测的特点开发适用于桥梁检测的无人机,如图4-7所示。在桥梁检测中应用无人机主要存在桥下GPS信号弱、桥下定位精度不高等问题,因此有必要研究适用于桥梁检测无人机的自主导航技术。

总体而言,大量桥梁自动化检测技术与装备的出现和应用将"人"从检测工作中解放出来,用设备代替人眼,用程序计算代替人工处理,从而在很大程度上提高了检测效率,节省了人力成本,提高了检测的精度。同时,机器的统一处理使得所有同类检测数据格式与描述形式做到了统一,方便了后期大数据的计算;所有数据自动分类,统一归档,构建了具有一定规模的数据库,便于数据价值的进一步挖掘。

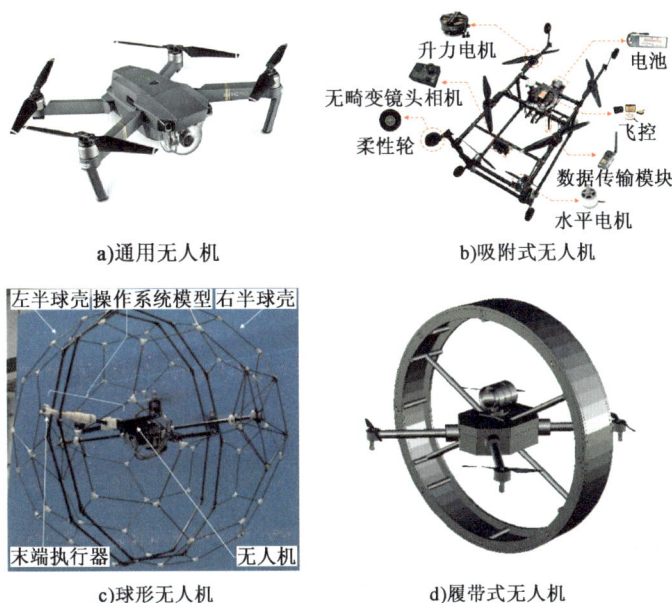

a)通用无人机　　　　　　　b)吸附式无人机

c)球形无人机　　　　　　　d)履带式无人机

图 4-7　用于桥梁检测的无人机[48-50]

4.2　桥梁接触式半自动化检测装备

桥梁自动化检测装备研制的重心在于设计能够满足不同检测场景要求的机械装置来搭载检测仪器,实现对病害信息的自动采集,机械装置除一定的运动能力与覆盖范围外,还需要有针对性的越障避障设计和足够的稳定性,以保证其能够适应复杂环境。需要指出的是,桥梁检测的自动化主要指病害信息采集的自动化,即在终端使用检测设备代替人来进行检测,由此提高检测效率和数据的可靠性,但检测范围的选定、检测装备运动的控制仍需要由人来完成。目前已经有大量自动化、半自动化检测装备被研发出来,其中有很多已经进入市场或在实际工程中得到了应用,形成了较为成熟的产品。

4.2.1　桥面检测装备

桥面检测主要包括桥梁上表面(路面铺装层)和下表面(梁底)的检测,其中梁底检测的主要内容为表观病害,如裂缝、破损、锈蚀等;路面铺装层的检测内容除表观病害外,为方便放置设备,所以往往还包括了材料强度与梁体内部损伤的探测。根据实际工作的需要,人们研制出了不同结构形式、工作方法和检测内容的桥面检测装备,并且均进行了不同程度的应用。随着这些装备自动化水平的提升,检测的效率和精度也不断提升。

1)桥检车

桥检车是用于桥梁检测与维护的一种专用大型设备:主要由二类汽车底盘加装专用工作装置与控制系统组成。将作用于桥梁检测的相关作业平台装备在汽车上,不仅能够进行大范围的移动,还能够帮助工作人员快速进入作业位置。该设备具有实施检测方便、不中断交通、工作机动灵活、作业效率高、操作方便、安全可靠等突出优点。桥检车最早出现在欧美,至今其装备技术已十分完善,均采用电子液压控制,并配置有应急装置、稳定装置、遥控装置及发电设备。

目前,桥检车主要分为折叠臂式桥检车与桁架式桥检车两类[3]。

折叠臂式桥检车(图4-8)采用吊篮式工作台,受桥梁结构制约少,工作灵活,既可检测桥梁下部,也可升起以检测桥梁上部结构。桁架式桥检车(图4-9)采用通道式工作平台,稳定性好,承载能力强,使用时检测人员能方便地从桥面进入平台或返回桥面,如配置升降机可大大增加下桥深度。从结构上看,折叠臂式桥检车比桁架式简单,但是桁架式桥检车的操作效率要高于折叠臂式,在实际的工作中能够实现更好、更稳定的操作,工作范围更加广泛。

图4-8 折叠臂式桥检车

图4-9 桁架式桥检车

区别于普通桥检车,梁底检查车(图4-10)也可作为移动式工作平台用于桥梁下表面病害检测。该平台安装在大桥梁体下方或梁体翼缘下的轨道上,设置有专用轨道且随桥永久使用,作业期间不干扰交通,检查范围全面,适合不同铁路及公路桥的检查。通过左、右自动控制同步行走技术、变轨过墩技术和轨道误差自动修正技术,可实现检查车的无障碍移动。

图4-10 梁底检查车

2)半自动化桥面车载检测平台

在桥检车研制成果的基础上,国内外学者仿照其工作方式,研发了一系列半自动智能桥梁检测机器人,利用信息时代高速发展的光电传感器,以车载机械臂+机械手为平台,集成高分辨率工业相机、结构光相机、线激光扫描器、微惯性导航系统等先进的传感器设备,在运载车辆+机械臂+机械手联合移动下,机器人可对桥梁进行全方位、无死角的快速扫描,实现各类型桥梁底部图像的自动采集及表面裂缝形状、位置的动态检测,还可对桥梁的每处病害定期跟踪,进行严格、科学的量化对比分析,为桥梁的检测、维护提供快速、全方位的定量分析与决策支持,能够及时对出现问题的桥梁进行预警,保障桥梁安全运营。

　　韩国汉阳大学最早成功研制了基于图像的车载式桥梁裂缝检测系统[4-5]。下面以韩国研制的检测系统为例对该类半自动化系统进行介绍。如图 4-11 所示,该桥梁检测系统由专用汽车、多连杆机械臂、导轨和检测设备组成,其中导轨安装在机械臂的末端,检测设备可在导轨上滑动,对梁底的病害情况进行检测。

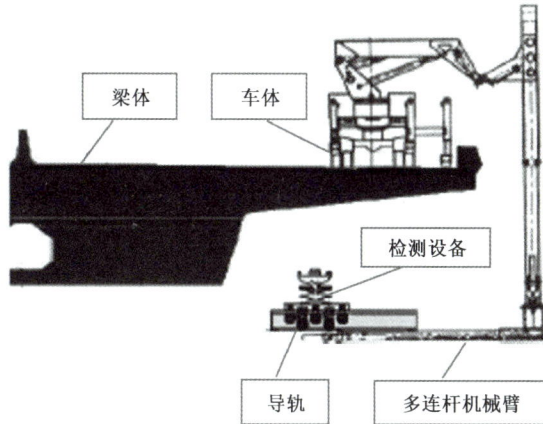

图 4-11　桥梁裂缝检测系统构成[5]

　　为确保检测设备能够覆盖梁底全部范围,机械臂设计为多连杆机构,并配有液压执行机构。该多连杆系统可手动或自动折叠/展开。多连杆系统由七个连杆的液压执行机构操作,每一个关节均控制不同方向上机械臂的运动。同时,多连杆系统末端的检测设备同样被安装在有三个自由度的机构上,这样的机构设计保证了桥梁下表面大范围、多角度的不同部位的全覆盖,使设备尽可能广泛地在桥下移动以进行检测。

　　在此系统的基础上,更多的机构研制出了一系列半自动化车载检测机器人系统,如法国里昂大学研制的半自主移动桥检机器人、韩国研制的桥梁通用检测机器人系统 U-BIROS(Ubiquitous Bridge Inspection Robot System)[6]等(图 4-12)。其基本工作原理均与前文介绍的类似。

图 4-12　韩国桥梁通用检测机器人系统 U-BIROS[6]

近年来,在科研创新政策的支持和桥梁养护巨大市场需求的驱动下,我国也研制出了车载检测平台,研制成果达到了欧美、韩国同类产品水平。湖南桥康智能科技有限公司自行研制了拥有完全自主知识产权的 BIR-X 车载式桥梁半自动检测车[7][图 4-13a)],已申请 17 项专利,并使用其完成了广昆高速公路广东云浮段新庆高架桥检测工作。中铁大桥科学研究院研制的梁底半自动检测车[图 4-13b)]在 2017 年中国(武汉)国际桥梁产业博览会上首次亮相,可实现智能避障,探头可 360°旋转,对梁底外观图像进行全自动采集和分析,并同步实现采集图像与桥梁坐标位置的自动对应。

a)BIR-X车载式桥梁半自动检测车　　b)中铁大桥科学研究院梁底半自动检测车

图4-13　国产车载桥梁检测平台[7]

尽管已有大量可投入实际使用的产品,桥梁智能化检测装备的研究仍处于起步阶段。未来的研究重点和热点将集中在装备模块化设计、长臂展与轻量化机构设计和机械臂稳定性控制三个方面。

3)便携式桥面检测设备

上一节所述的大型车载检测平台虽然提升了检测效率与精度,但由于其体积大、成本高,在一些小型桥梁检测中经济性不佳,因此便携式的桥面检测设备同样是实际桥梁检测工作中所需要的。本节将以"特希达智视"系统为例,介绍该类系统的构成与工作原理。

"特希达智视"系统(图 4-14)借鉴了桥检车设计思路,采用先进的遥视、遥测技术,为桥梁外观检查提供高效率、高质量、低成本的综合检查手段。该系统由架台部、云台部和操作部组成。

图　4-14

图 4-14 "特希达智视"系统外观

硬件搭载平台采用下探式、上升式两种设计思路,其主要作用与桥检车、登高车类似,即将一体化云台部送至桥梁适宜位置。两种搭载平台均采用轻型便携化设计,体积小、质量轻,单人即可背负。

下探式支架[图 4-15a)]可快速固定于桥面护栏,伸展后将云台部送至桥下适宜检测位置,还可使用遥控操作云台进行桥梁上、下部结构关键构件的遥视检查。上升式支架[图 4-15b)]可用于旱桥检查,适应地形架设,对 T 梁、箱梁、附属设施等进行有效观察。

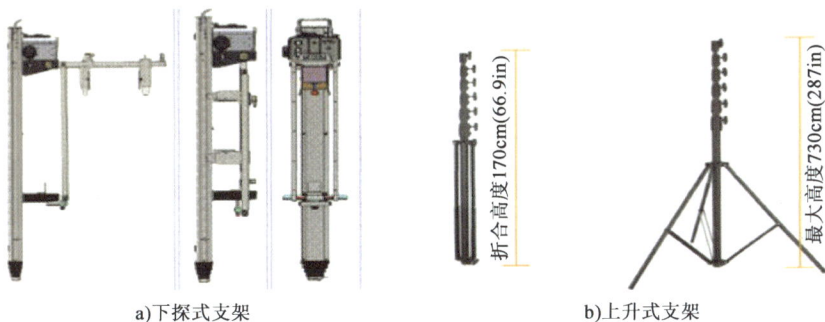

a)下探式支架   b)上升式支架

图 4-15 架台部示意图

云台部(图 4-16)搭载硬件数据采集端,可实现水平与俯仰两个方向上的360°转动,模拟外业养护人员目视检查习惯,运用非接触式遥控监测手段,通过集成高清图像采集模块、补偿式全站模块、远程裂缝测宽模块实现现场病害图片视频采集、病害空间坐标三维定位、病害尺寸远程测量、病害自动复查、裂缝宽度比对分析等功能,在满足检查结果的同时提高检查质量。

系统采用无线通信方式,外业人员可在桥面、桥下任意位置,在人机分离的状态下一站式完成病害构件的采集、记录、建档和存储,还可远程观察裂缝,完成病害空间坐标三维定位,准确描述病害的位置分布,远距离测量病害拟合长度、面积,并在裂缝照片上直接标注宽度信息,并存储附带标注的裂缝照片。系统设计符合桥梁检测行业的作业要求与习惯,具有很强的适用性。

图 4-16 云台部示意图

4)路面检测车

除去桥梁下表面病害的检测,桥梁上表面,即路面的病害检测同样是一项重要内容。从 20 世纪 20 年代起,西方国家的科研机构就利用摄像技术研制出了公路检测车的雏形,进入 21 世纪,随着计算机、CCD(Charge-coupled Device,电荷耦合器件)传感器、雷达技术、数字图像处理技术的不断发展,路面检测车的相关技术也不断得到完善,高速图像采集技术和图像处理技术的发展使得路面裂缝的自动化检测已经成为可能。目前国际上多功能路面检测车的开发成果主要来自美国和加拿大的几家公司和大学。目前国内外多功能检测车有 PATH-RUNNER、CiCS、ARAN、ZOYON-RTM 等[8]。图 4-17 ~ 图 4-19 为 PATHRUNNER、CiCS、ARAN、ZOYON-RTM 多功能检测车示意图。

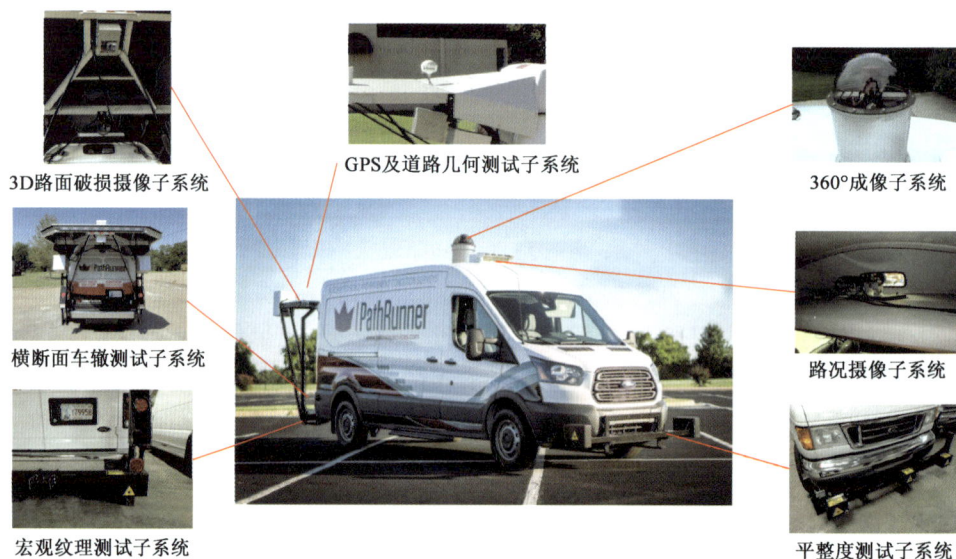

图 4-17 PATHRUNNER 多功能检测车

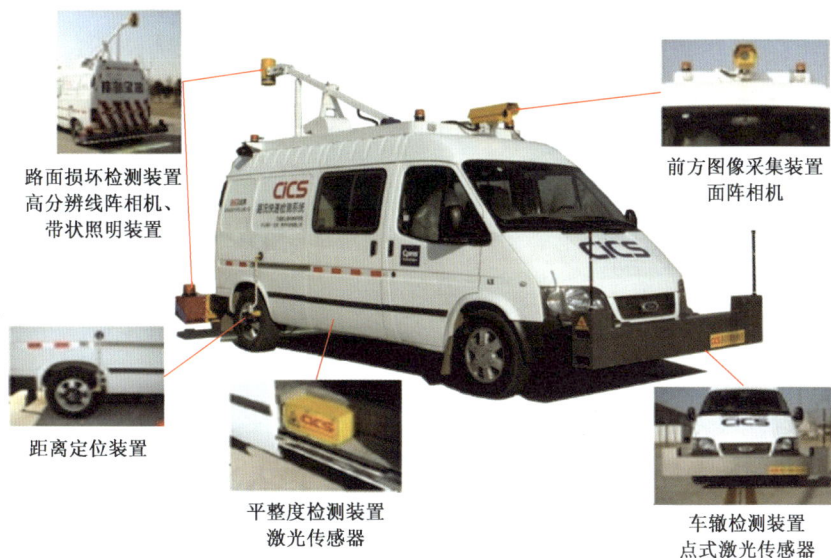

路面损坏检测装置
高分辨线阵相机、
带状照明装置

前方图像采集装置
面阵相机

距离定位装置

平整度检测装置
激光传感器

车辙检测装置
点式激光传感器

图 4-18　CiCS 多功能检测车

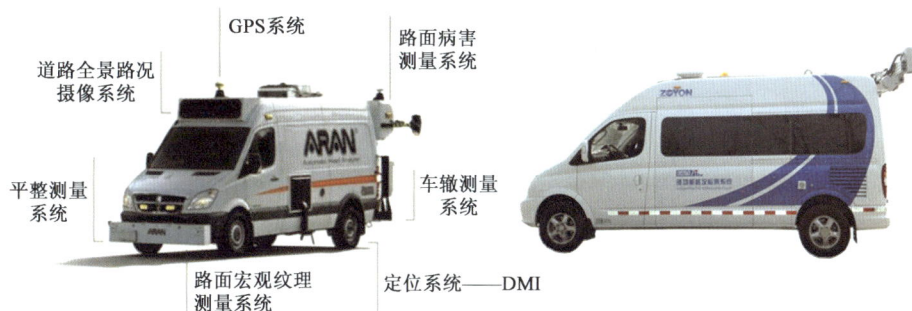

GPS系统

道路全景路况
摄像系统

路面病害
测量系统

平整测量
系统

车辙测量
系统

路面宏观纹理
测量系统

定位系统——DMI

图 4-19　ARAN 9000(左)、ZOYON-RTM(右)多功能检测车

此外,FHWA 在 2011 年启动了名为 RABIT(机器人辅助桥梁检查工具)的混凝土桥面无损检测机器人系统的开发,并成功进行了机器人的实地测试使用[9](图 4-20)。该机器人除了可以实现路面表面病害的识别外,还可以对梁体内部的损伤与退化进行探测。机器人使用了四项无损检测技术,分别为电阻率法、冲击回波法、探地雷达检测和超声波探测,通过这些方法实现了混凝土桥钢筋腐蚀、分层和混凝土退化三类内部病害的检测。机器人系统可对数据进行快速处理,最后绘制出桥梁内部病害分布图。这一机器人最大限度地集成了检测功能,综合性较强。

总的来说,目前检测车已有一定体量的应用。从技术角度而言,多功能检测车还处于不断更新与完善之中,国际上尚无一套完全成熟的检测车辆标准配置。从应用角度而言,检测车成本较高,国内尚无自主研发的成熟设备,主要依赖进口,这也为检测车的大规模应用制造了困难。

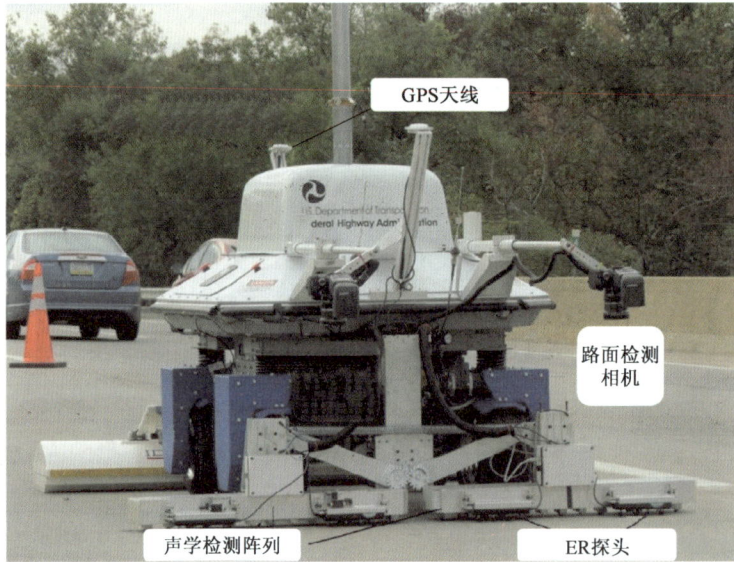

图 4-20　RABIT 桥梁无损检测机器人[9]

4.2.2　高墩及高塔检测装备

桥梁高墩、高塔由于其高度较高,不借助攀爬设施难以接近(如跨河桥梁的桥墩),因此传统的检测方法是检测人员借助望远镜在远处进行观察并记录,这种方式存在肉眼判断误差大、耗时耗力、存在观察死角等缺点。为实现近距离观测,检测人员搭设工作支架进行作业,此方法费时费力、成本高,且对高度过高的检测对象难以实施。因此在尽可能简单的装置条件下实现桥墩与桥塔的近距离检测十分有必要。

1)大型检测平台

使用大型桥检车搭载检测人员对桥梁墩、塔表观进行检测,可解决检测人员观察距离远的问题,相较于传统方法,检测车的使用提高了检测效率和精度。然而其本体结构设备较大且需要足够的位置进行撑持,所以占用桥的空间也比较大,影响桥面的正常交通。同时由于臂展有限,对于特别高的桥塔或桥墩仍无法实现全部范围内的近距离检测。

升降式桥塔检测平台(图 4-21)可以在不影响桥面交通的情况下对桥底进行检测,平台安装在桥塔拉索背面的轨道上,实现对桥塔的病害检测、锚具更换、防腐维护等。桥塔检测平台设置有专用轨道且随桥永久使用,适合公路桥的桥塔检查。但进行作业时桥底下方同样要求留有足够的作业空间。

2)环抱爬升式桥墩检测装置

与桥面检测类似,在已有的移动检测平台的基础上搭载摄像头来代替人对桥墩或桥塔表面进行检测。一些用于桥面检测的智能检测机设备同样可用于高墩及高塔的检测。此外,人们也研制了轨道攀爬式的智能检测系统。针对高墩,人们通过搭建简易的支撑架,并在支撑架上设置摄像头,利用牵引绳牵动支撑架沿桥墩墩柱上下滑行,通过摄像头获取桥墩外观病害信息,实现桥墩外观病害检测[10](图 4-22)。此系统相较于传统搭设支架的方法,结构简单、操作方便,可以重复利用,可根据桥墩的截面尺寸进行调整,具有较好的适应性,同时减少了安全隐患。

图 4-21　升降式桥塔检测平台

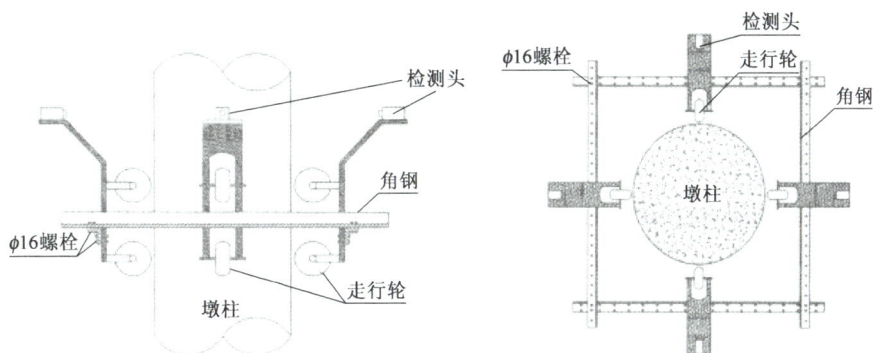

图 4-22　环抱爬升式桥墩检测装置[10]

　　对于高塔,由于其截面尺寸通常较大,搭设环抱式的支撑架显然不太现实。研究者所设计的轨道式攀爬检测机器人系统(图 4-23)由机械平台、视觉平台和控制平台组成[11]。机械平台为视觉平台提供运行轨道,并带动视觉平台轨道在竖直方向运动;视觉平台通过摄像模块采集桥面图像信息,并利用超声波测距模块定位检测车位置;控制平台通过无线网络控制机械平台竖向运动、视觉平台水平运动及数据采集,并实现采集数据的传输和存储。

　　该类装置均通过简化传统的搭设支架方法,将原有的落地式支架改为固定于检测对象上的导轨 + 移动式平台而实现。但此方法中导轨的布设同样影响了作业效率,且随着检测平台爬升高度的不断增加,对爬升所需的动力要求也越来越高,最终提升

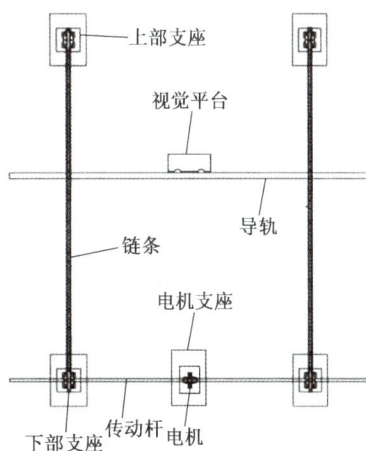

图 4-23　轨道式攀爬检测机器人部件组成[11]

高度有限;对于尺寸更大的墩、塔结构,需要更多的原材料来搭设导轨和检测平台,这增加了工程成本。因此,此类方法更适用于高度与尺寸有限、传统检测方法又难以到达的构件。

4.2.3 主缆检测装备

主缆是悬索桥中重要的受力构件,风、雨、冰冻、温湿度变化等自然因素的长期作用会对其产生侵蚀,因此应对主缆及吊索等构件进行定期检测、维护。目前对悬索桥主缆的检测主要是采用人工的方式,由于主缆的直径足够大,其上设有专门供人员行走的通道和护栏,检测人员可沿着主缆行走并随时对所观察到的病害进行记录。但很多悬索桥主缆往往垂直高差大、坡度陡、现场环境非常复杂,人工作业十分危险、效率低下,无法到达所有部位。同时主缆的检测与维修往往同时进行,需要有专门的检修设备。

目前我国在这一领域的研究还处于探索阶段,极少有悬索桥设置了专用检修设备,有少量企业和机构对主缆检修设备进行过初步探索;国外对于主缆检修设备的应用相对国内较多,但是研究内容也比较局限。按照攀爬方式,主缆检测车可分为牵引式和自动行走式[12-13]。下面对这两类设备进行详细介绍。

1) 牵引式主缆检测车

牵引式主缆检修设备通常采用钢丝绳牵引行走,钢丝绳卷筒机构设置于悬索桥主塔顶部或设备上。这类检测车结构简单、操作方便,但是也存在负载小、行走稳定性差等缺点。而且由于不具备自行走能力,故这类检修车适用性较差,只是针对特定桥梁设计和使用。

典型的牵引式主缆检修设备有广西吉森机械制造有限公司制造的主缆检修平台(图4-24),该平台由车架系统、夹持系统、行车系统、安全系统、高空作业防护系统、物料传送系统、牵引系统、限位系统八大部分组成,行走速度可达8m/min。镇江蓝舶科技公司也专门为南京长江四桥主缆涂装作业设计了检修设备[12](图4-25)。

图4-24 广西吉森制造有限公司制造的主缆检修平台   图4-25 南京长江四桥主缆检修设备[12]

国外对于主缆检修设备的应用也以牵引式检测车为主,如英国的福斯公路大桥(Forth Road Bridge)和 M48 塞文桥(M48 Severn Bridge)分别在 2004 年和 2006 年进行了主缆的检查与修复,在此过程中便使用了牵引式主缆检测车[14-15](图4-26)。

图 4-26　福斯公路大桥的主缆检修[15]

2）自行式主缆检测车

区别于牵引式检测车,自行式主缆检测车可在不需牵引设备的情况下沿着主缆自主移动。该类型的典型代表为新筑路桥公司所开发的设备,该公司根据不同类型悬索桥的检修需要,先后开发了几款不同类型的具备自行走能力的主缆检修设备,如针对天蒙山景区人行悬索桥开发的锥形轮主缆检修车(图 4-27)以及江阴悬索桥主缆维护使用的履带式主缆检修车[12](图 4-28)。

图 4-27　锥形轮主缆检修车[12]

图 4-28　履带式主缆检修车[12]

锥形轮主缆检修车使用电机驱动,其优点是具备自行走能力,同时,锥形轮的设计使得设备具有自动对中功能,可在行走中实现自动纠偏;但该类检测车只适用于小型悬索桥的检测与维护,且因为没有增压机构,其爬坡能力有限。履带式主缆检修车主缆表面接触面积大,能更好保护主缆表面,采用增压机构后爬坡能力增强;但是由于采用履带的行走方式,越障能力较差,在索夹这样有较大高差的部位进行跨越则更加困难,且跨越索夹时整车振动明显,行走的舒适性与安全性较差。

总体来讲,针对大型悬索桥的主要承力部件主缆的外形结构特征,目前国内外研制的主缆检测设备大都采用悬挂式吊篮结构检测车,虽然相较于人工能够更好地完成检测,但其机械结构过于复杂,运动速度缓慢,外形庞大,结构连接复杂,安装困难,最主要的缺点还在于检测车质量大且以主缆作为移动轨道和受力点,容易在检测作业中对主缆表面造成额外的损伤。目前国内外针对更轻型、更自动化的主缆检测机器人的研究成果极少,技术方面尚属于空白。

4.2.4 拉(吊)索检测装备

拉(吊)索作为斜拉桥最重要的受力构件之一,对其进行精准检测十分必要。相较于传统的低效、危险、精度差的人工检测方法,越来越多的自动化检测装备被用于拉(吊)索检测中。该装备通过携带检测设备在拉索表面爬行,可对索结构外表面 PE(Polyethene,聚乙烯)套管破损与索内部断丝进行检测。按照检测装备的结构形式,国内外研制的拉(吊)索检测装备主要分为轮式爬升装备和多足式爬升装备。

1)轮式爬升装备

图 4-29　UT-PCR 爬升装备[16]

德黑兰大学机器人和人工智能实验室研制了名为 UT-PCR 的爬升装备[16](图 4-29)。该装备具有 6 个自由度。它由 1 个三角形的身体和 6 个具有普通轮子的肢体组成。在 3 个较低的车轮上装有电机和 PID 控制器,以实现该装备的运动控制;上部的 3 个车轮用来增加其稳定性,6 个弹簧用来保持车轮与杆的接触。该装备可实现三种基本运动:沿杆的垂直爬升、矫直和绕杆的旋转。通过这三类运动即可满足检测时对机构状态的要求。

东南大学王兴松教授团队研发的拉索检测装备同样采用了轮式结构[17],如图 4-30 所示,它由三个等距的模块组成,其中一个模块为驱动模块,其他两个模块用于增强系统稳定性和提供支撑力。两个无源模块的上、下轮辐通过弹簧连接,为装备提供扣紧力,且无源模块上的轮肢与模块的连接方式为铰连接,这样就可以通过弹簧的伸缩变形实现索表面小障碍的跨越。所有的车轮表面均加工成 V 形以增加与索表面的接触面积,在保持稳定的同时也减少了磨损。通过改变上、下连接杆的长度,装备可适应不同的索径。经实际测试,该装备可以攀爬直径从 50mm 到 205mm 不等的拉索,可在有效荷载小于 2kg 的情况下可靠、安全地在索上移动具有,具有体积小、结构简单、爬行速度快的优点。

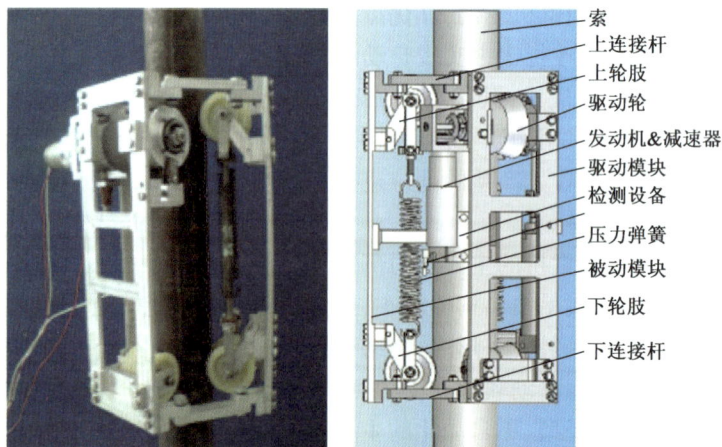

图 4-30　王兴松教授团队研发的爬升装备(第一代)[17]

　　2011 年,王兴松教授团队对已有的拉(吊)索检测装备进行了进一步的升级[18]。与第一代由三个模块组成的装备不同的是,第二代拉(吊)索检测装备由两个等距的模块面对面组成(图 4-31)。其中动力模块的上轮由直流电机驱动,无源模块则提供支撑力以提高系统的稳定性。两个模块由八根相连的钢连杆连接,形成一个闭合六边形来扣住斜拉索,其提供扣紧力与翻越小型障碍的方法与第一代装备大致相同。由于本方案中该装备的轮子对称地分布在索体两侧,容易出现车轮偏移,因此除 V 形轮设计之外,检测装备还配备了防偏装置(图 4-32)。四个防偏万向球(图中所标 C1、C2、C3、C4)与索体接触,以防止检测装备偏离索道。

图 4-31　王兴松教授团队研发的爬升装备(第二代)[18]

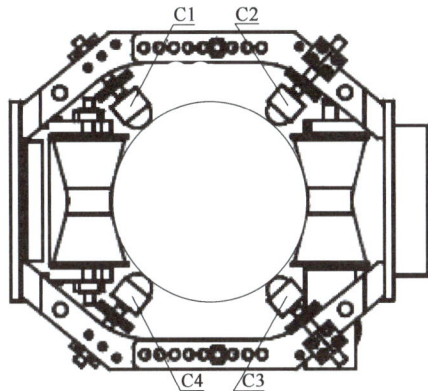

图 4-32　检测装备防偏装置[18]

　　为了保证检测装备在动力不足或出现故障的情况下能够安全返回地面,研究者在驱动轮上附加了以单向离合器为基础的安全着陆机构。检测装备可在任何角度的拉(吊)索上运行,其携带的传感器可实时测量检测装备的行走距离,同时也有传感器来感知拉(吊)索的上部末端,当检测装备到达顶端时,电机关闭,检测装备在重力作用下向下滑动,此时安全着陆机构开始工作,以确保检测装备在不消耗任何能量的情况下安全着陆。

　　2) 多足式爬升装备

　　多足式爬升装备利用机械卡爪交替夹持拉(吊)索来实现爬升,同轮式结构与索表面的连续接触相比,多足式结构为离散式接触。

　　S-G-CPRs(Climbing Parallel Robot)是一种用于结构框架节点处爬行的检测装备[19],也可在管道和管状结构上执行任务,其原理同样可以用于拉索上的爬行。检测装备结构如图 4-33所示,由两个圆柱形底座(底座下环和底座上环)组成,每个环上都装有两条用于夹持的机械足。上、下环之间由六个线性制动器连接,从而实现了两个环之间的相对移动,同时在两个环上都装有一个旋转环,可实现 90 度的转动,通

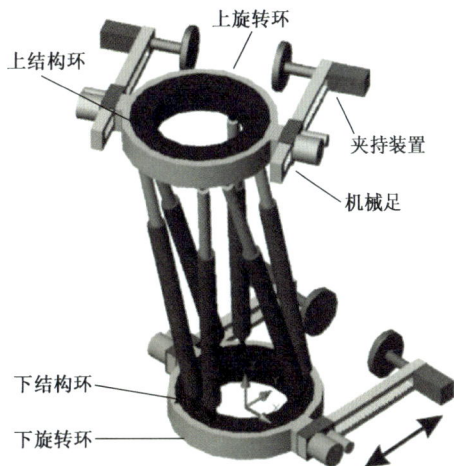

图 4-33　S-G-CPRs 结构示意图[19]

过这种方式来调整检测装备腿的方向以使其更好地抓住结构。通过前后机械足交替抓住攀爬结构,同时线形致动机构周期性伸缩,该检测装备可以实现直线方向上的运动(图4-34)。当然,这一检测装备还可实现更复杂的运动,如跨越框架节点,但这种运动方式在拉索上的应用机会很少,故不再赘述。

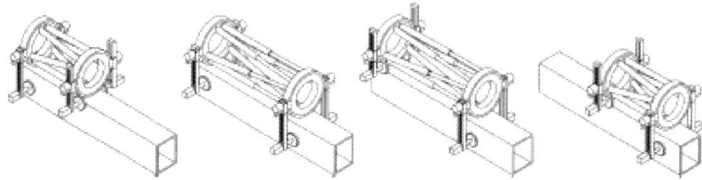

图4-34 S-G-CPRs 的运动过程[19]

此外,上海交通大学[20]与北华大学[21]也分别研制了夹持式的气动蠕动式缆索维护机器人[20-21](图4-35)。其原理与 S-G-CPRs 相似,不同的是该检测装备结构环抱住索体,这一设计更适用于拉(吊)索检测这一单一任务,增强了检测装备在索体上的稳定性。与轮式结构相比,多足式结构通过与索表面的离散接触提高了检测装备的越障能力,但其运动速度严重受限,安全性和负载能力较低。

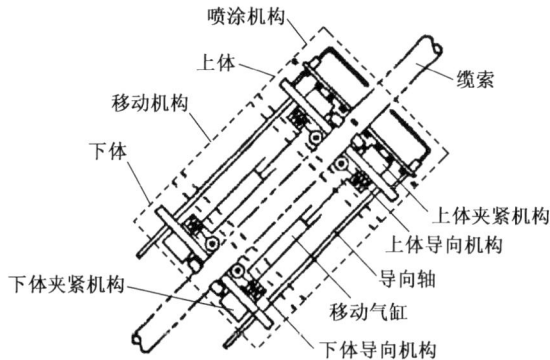

图4-35 北华大学研制的气动蠕动式缆索维护机器人[21]

4.3 桥梁接触式检测机器人

4.2 节介绍了研究与应用较为成熟的桥梁自动化与半自动化检测装备,这些装备的投入使用大大解放了人力,并拓展了检测空间,提升了检测效率与精度。随着国内外桥梁建设的不断发展,更大的桥梁体量、更复杂的桥梁结构、更多变的环境因素都在进一步提高对桥梁检测效率与质量的要求,前一章节中所介绍的设备并不能完全满足这些新的需求。因此,为了实现更强的机动性、更高的稳定性、更简单的结构、更优化的操控、更高的精度和更全面的检测内容,桥梁检测设备的研究不断向自动化、模块化和智能化的方向发展。很多研究者的尝试均取得了不错的成果,但由于技术成熟度、研发成本、操作的专业性等方面的要求,这些新的尝试只停留在设计模型或测试样机阶段,尚未市场化或广泛应用。

4.3.1　桥面与梁底爬行检测机器人

大部分中小型桥梁的表观病害多使用4.2.1节中介绍的车载检测平台进行检测,而对于车道过多、宽度过大的桥梁,前文所述的检测平台如要满足检测范围的覆盖要求,则需解决机械臂延伸长度、稳定性控制与轻量化的问题。因此,研究者们想到了另一种方法,即研制可独立吸附在桥梁表面行走的检测机器人,这类检测机器人的优势在于可实现小型化,作业方便,机动性强,同时,由于直接在桥梁表面作业,故避免了车载检测平台对桥上车道的占用。

近年来,各种吸附式检测机器人应运而生。这类机器人可以沿着桥梁表面的平坦部分移动,也可以在竖直平面上下移动。下面针对其中的几个典型代表进行介绍。

1)轮式检测机器人

从实际检测作业需求和经济性的角度考虑,机器人需附着在钢结构上而不消耗电能,因此磁体就成了钢桥检测机器人的重要组成部分。为了使带有磁体的机器人在钢桥表面能实现自由移动,轮式结构自然被研究者纳入考量。

图4-36所示的机器人名为基于柔性的移动传感节点(FMSN),能够爬墙并在地板表面继续运行[22]。该机器人是为加速度测量而设计的,能够携带加速度计到达指定位置,并实现仪器的固定与测量。

图4-37为FMSN通过梁柱转角示意图。FMSN由三个子结构组成:两个两轮车和一个柔性连接梁。FMSN的轮子被薄磁铁包裹着,为爬上铁磁结构提供了吸引力。同时在前后轮车的两侧都放置了红外传感器,用于纠正运动方向。柔性连接梁由弹簧钢制成,与传统刚体设计相比,可以牢固地将加速度计附着在结构表面,实现更精确的测量。

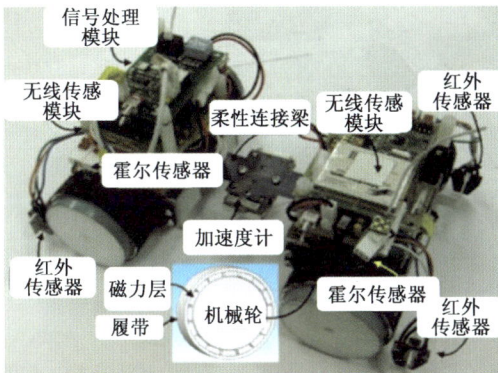

图4-36　FMSN示意图[22]

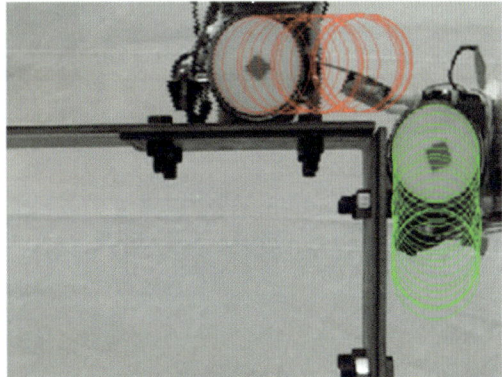

图4-37　FMSN通过梁柱转角示意图[22]

FMSN能较为高效地实现前后方向上的移动,然而在左右方向上,因为其车轮上包裹的磁铁有很大的接地面积,所以很难改变其行走路线。为进一步提高机器人的运动能力,名为BIREM(图4-38)的机器人被开发了出来[23]。与FMSN不同的是,BIREM使用带有附加磁铁的无框轮,由于磁铁的接地面积小,使用转向机构就可以改变机器人左右方向的航向。前部的驱动轮可以在控制下实现左右方向的自由旋转,后部的非驱动轮则用于机器人在天花板与垂直壁面之间的移动。

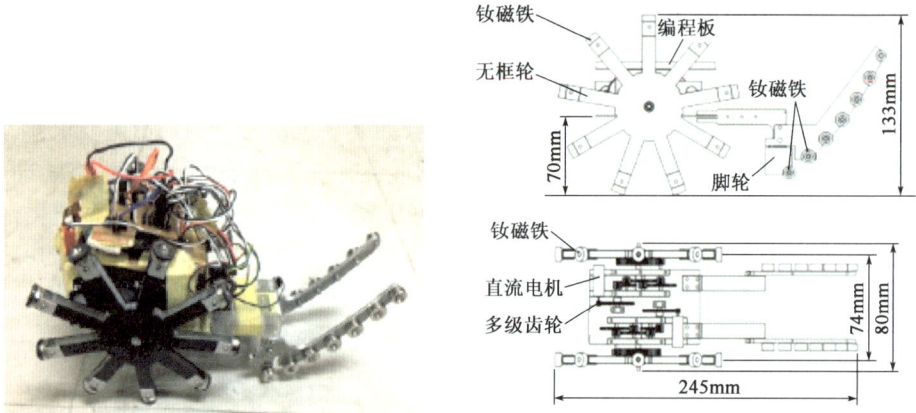

图 4-38 BIREM 示意图[23]

2）磁足式检测机器人

如前文所述，轮式设计在克服障碍、间隙和表面梯度的不连续变化方面存在困难。因此研究者提出了一种新的设计方案，即磁足式。2009 年，美国麻省理工学院研制了 Mag-Foot 磁足式钢桥检测机器人（图 4-39），可实现在桥梁表面的长时间（数天或数周）吸附、自由行走以及基本的越障。该机器人既可作为检测设备，又可用作长期监测设备，并能够改变其在桥上的位置，以提供更全面的桥梁信息[24]。

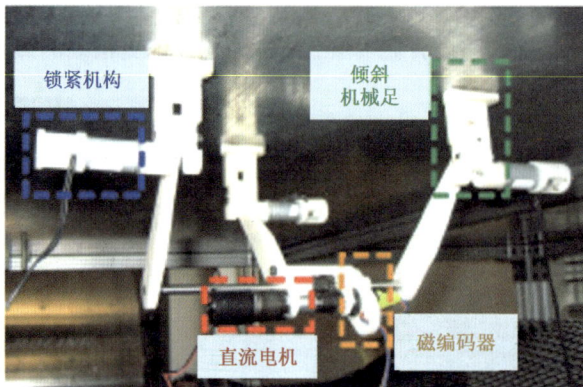

图 4-39 Mag-Foot 磁足式钢桥检测机器人示意图[24]

为了使机器人能够适应不连续的表面梯度变化，研究者设计了带有磁性脚的多连杆腿。为了完成移动，研究者引入一个气隙来调节永磁脚的力量，由此可以做到垂直于表面（沿竖直方向）将磁足从表面拉出，倾斜机械足的设计也使得其可以更容易地被拉离或沿表面滑动。

该机器人有着三种不同的移动方式（图 4-40）。第一种步态模式称为太空步（Moonwalk），适用于沿平面快速移动；第二种为曳步（Shuffle），适用于沿小斜面行走；第三种为秋千（Swing），适用于跨越小障碍。这三种移动方式均通过样机实验得到了验证（图 4-41）。

同时，当前的设计和实现存在诸多局限性。该种机器人只能在单一的运动平面上移动,且需要该平面相对平坦,如涉及不同平面间的移动或较大障碍的跨越时,目前的设计仍无法解决。不过即便如此,该机器人也已经可以满足目前桥梁表面检测的大部分需求。

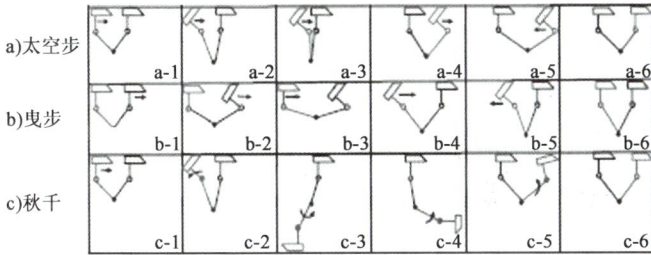

图 4-40　机器人步态示意[24]

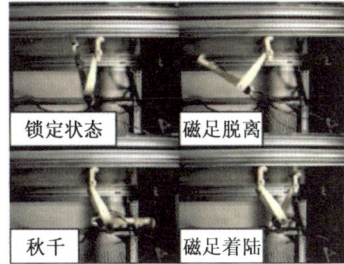

图 4-41　机器人控制的实验验证[24]

3) 履带式检测机器人

机器人的吸附装置还可以通过履带来实现。哈尔滨工业大学研制的水冷壁爬壁机器人(图 4-42)有两条履带,每条履带上有一部分磁块与壁面处于良好的接触状态。电机带动谐波减速器驱动链轮,进而带动履带以实现机器人的移动[25]。

为适应弧形排管壁面和实现行走纠偏,在车体上增加了导向板,另外,为了避免机器人越过焊缝时由于重力可能造成的倾覆,机器人后端增加了导向轮,通过弹簧及反倾覆杆使壁面对杠杆后端产生支撑力,利用杠杆原理使机器人前端始终受到压力,进而使机器人能够安全通过焊缝。这一类结构形式的机器人可以实现平面上的高效移动和较小障碍的跨越,但对于不连续的表面梯度变化仍很难克服。

4) 桥面板检测机器人

前三小节所介绍的机器人均为吸附在桥梁梁体上,用于梁体(主要为梁底)的表观病害检测。而在实际应用中,桥面板的检测同样是非常重要的一个方面。美国内华达大学研发的 Seekur Jr 桥梁巡查机器人便可以对桥面板上的裂纹等表观病害进行检测,除此之外,还可对梁体内部钢筋腐蚀或混凝土退化进行探测。

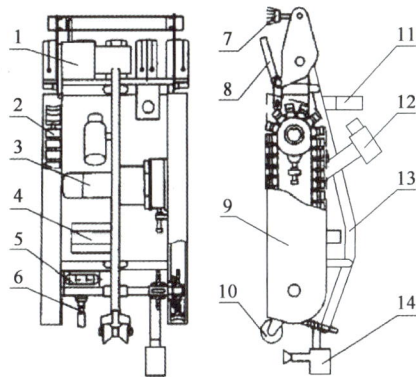

图 4-42　水冷壁爬壁机器人结构图[25]

1-清扫电机;2-履带;3-行走电机;4-测厚仪;5-配气箱;6-进气管;7-钢刷;8-铲刀;9-密封箱;10-导向轮;11-抬起电机;12-摄像机;13-抗倾覆杆;14-喷枪

Seekur Jr 桥梁巡查机器人(图 4-43)配备有裂纹视觉检测相机,用于检测表面裂纹等病害,还安装有能穿透地面的雷达和电阻式传感器。探地雷达(Ground-Penetrating Radar, GPR)可探测该桥梁梁体的内部信息,传感器则会对桥面进行扫描,检查混凝土的腐蚀程度,从而精准定位大桥内钢筋腐蚀或混凝土退化等危险部位。内置的机器学习软件能将这些监测结果实时转换成不同颜色标识,并制作成带有标记的地图。开发团队已经在美国内华达州、新罕布什尔州、缅因州和蒙大拿州的 4 座路桥上对该机器人进行了测试,结果证明其检测准确度可达 96%。

图4-43　Seekur Jr桥梁巡查机器人

　　此外,美国波士顿动力公司(Boston Dynamics)也开发出了能在多种环境下运动的机械犬(图4-44),它没有车轮或者履带,而是采用四条机械腿来运动。其运动由装载在机械犬身上的计算机进行控制,它能够以5.3km/h的速度穿越粗糙地形,负载154kg的重量,并且爬行35°的斜坡。这一机械最早用于军方,现在也可用其搭载各种类型的传感器进行桥梁检测作业。

图4-44　美国Boston Dynamics机械犬

　　5)车载桥梁检测平台的创新化设计

　　在实际应用中,4.2.1节中所介绍的半自动化桥面车载检测平台实用性最强,技术也最为成熟。但其面临的主要问题是不具有自动跨越障碍的能力,在作业时面对拉索、灯杆等障碍需要往复收缩机械臂,这极大降低了检测的效率。针对以上问题,本书的编写团队提出了一套桥梁表面检测机器人的设计方案(图4-45),包括轻量化、模块化、可避障及高稳定性的长臂展、高柔性机械臂桥梁表面病害高精度检测系统,具备自动行驶、自动避障及自动跨障功能的自动作业载运车辆。在跨越障碍时,可伸缩的长臂展、高柔性机械臂交替伸缩以跨越障碍。

4.3.2　高墩及高塔爬壁检测机器人

　　为了更快速、更经济地完成桥梁高墩与高塔的检测,研究者们使用爬壁机器人搭载视觉检测装置来实现表观病害的在线检测,这种检测方法能够在不影响桥上交通的前提下,灵活且精准地检测出桥梁裂缝,具有良好的应用价值。

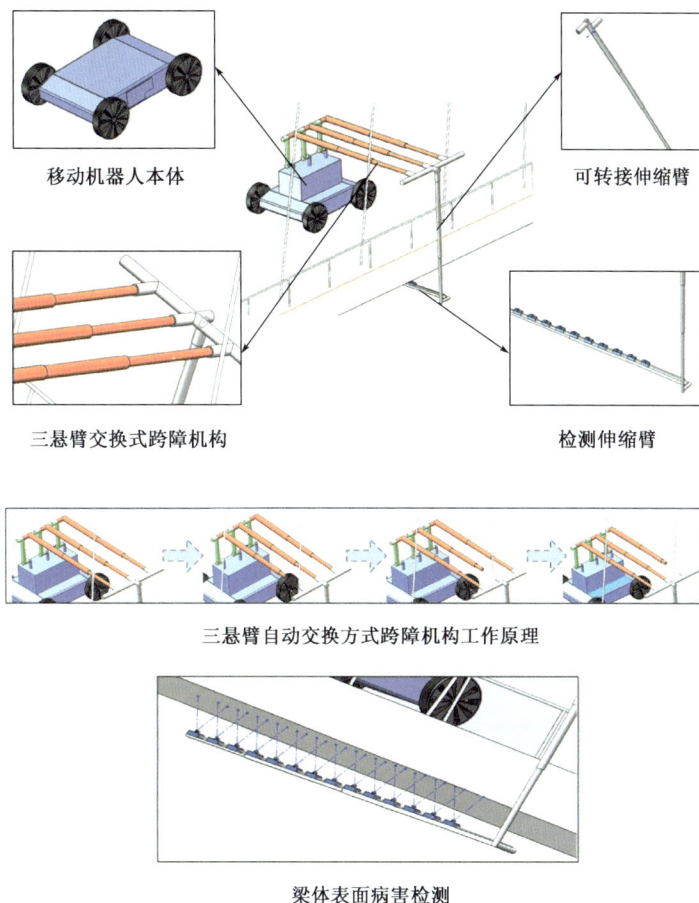

图 4-45　桥梁表面检测机器人示意图

　　爬壁机器人主要由吸附机构和移动机构组成,按照机器人的吸附方式,可分为磁吸附式机器人、仿生吸附式机器人、静电吸附式机器人及负压吸附式机器人。其中磁吸附式机器人在上一章节中已有介绍,下面将针对其他三类机器人展开介绍。

　　1)仿生吸附式机器人

　　仿生吸附的主要原理参考壁虎等爬行动物脚掌的微观吸附机理。机器人所采用的吸附材料由人工制成,模仿壁虎脚掌上的细微刚毛结构,利用分子间作用力而产生吸附力,可应用于各种常见材料的壁面[26]。

　　在此基础上,卡内基梅隆大学研制了如图 4-46 所示的机器人样机,该机器人为履带式结构,其中履带即由人工制作而成的仿生吸附材料制成,能够附着在多数常见的光滑壁面材料上。此外,研究者们还提出了 Waalbot 机器人(图 4-47)这一方案,与前者不同的是,Waalbot 使用了轮腿式结构,但同样的,其三个脚掌均通过仿生吸附材料实现吸附[27]。

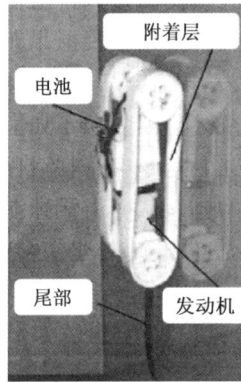

图4-46 履带式仿生吸附
机人[28]

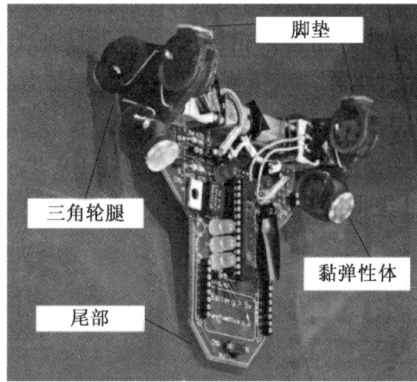

图4-47 轮腿式仿生吸附机器人[27]

Waalbot由两个电机驱动,每个电机控制一个轮腿,利用两条转动腿和每只脚上的两个被动转动关节,可以使Waalbot在任何方向上进行攀爬和操纵。同时利用轮腿上附加的压敏黏弹性体来实现向任何角度的转弯。机器人的抗倾覆性则是利用其后部的"尾巴"来得以保证。目前的设计原型可以进行90°爬升,斜坡上行驶速度可达6cm/s。图4-48为Waalbot爬行示意图。

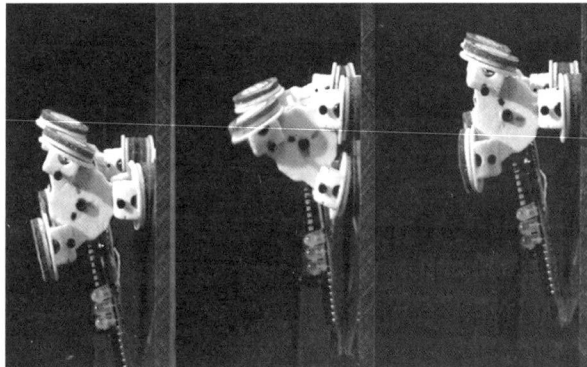

图4-48 Waalbot爬行示意图[27]

此外,南京航空航天大学也利用相同原理研发了一款仿壁虎四足爬壁机器人(图4-49),足底模仿壁虎的黏附阵列利用范德华力等分子间作用力,解决机器人的吸附问题[28]。

2)静电吸附式机器人

静电吸附是近年来出现的一种新型吸附技术,其主要原理是利用静电荷之间的吸附效应产生吸附力,即在材料表面产生大量静电荷,该静电荷在与墙体表面接触的过程中,使墙体表面产生相反电荷,从而实现吸附。

2007年,日本东京大学研制出的一种爬壁机器人即使用该原理[29]。其用于产生静电吸附力的装置为柔性电极板,由塑料薄膜和导电金属箔片组成(图4-50)。目前广泛使用的电极板均为刚性板和平板,它们可以被用于平滑的物体表面,然而很多检测对象的表面并不完全光滑,平板和刚性板并不适用,因此需要使用柔性电极板来满足对壁面的适应性。

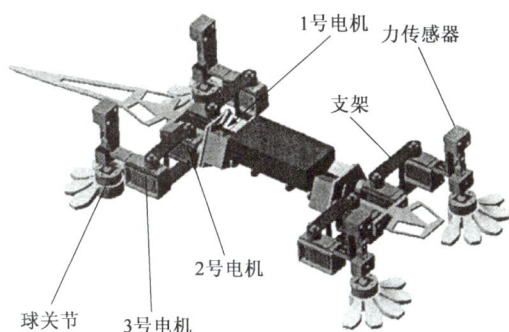

图 4-49 仿壁虎四足爬壁机器人示意图[28]

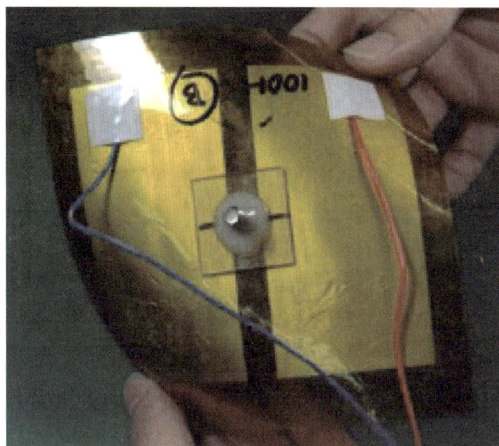

图 4-50 柔性电极板[29]

对于导电材料表面吸附,研究者设计了第一款样机(图 4-51),机器人仿照蠕动的爬行方式移动,主体由两个铝框架组成,两部分电极板交替进行吸附和爬升,以完成移动。而对于非导电材料的表面,研究者设计了第二款样机(图 4-52),此机器人使用前需对被测物体表面进行预充电,机器人被设计为履带式,并使用"尾巴"来维持其在竖直平面的稳定性。

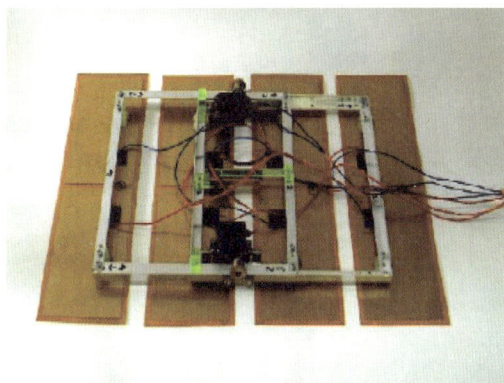

图 4-51 第一代静电吸附式机器人[29]

图 4-52 第二代静电吸附式机器人[29]

静电吸附式机器人是一种较新的门类,可以最大限度实现机器人的轻量化。但是由于材料和机理的关系,其产生的吸附力不及其他方法,且制作工艺较为复杂,目前实用性不强。

3) 负压吸附式机器人

负压吸附,是使吸盘内外产生压力差从而产生吸附力的一种吸附技术。压力差的产生主要依靠排气装置或其他方式来形成吸盘内的真空状态,常用设备有真空泵、离心式风机、文丘里管等,此外,采用螺旋桨在内侧产生负压也可以实现吸盘内真空。

　　运用负压吸附原理,2007 年日本神奈川大学研制了名为 WallWalker 的擦窗爬壁机器人[30],它由一个吸盘和两个驱动轮组成(图 4-53)。真空吸盘一般难以附着在粗糙的混凝土表面,并且难以滑动,因此研究者采用湿式附着系统,将液体(本例中采用硅油)注入吸盘的密封圈与被检物体表面之间,用液体的密封作用来提高吸盘内的密封效果,增强附着性;同时,由于液体的润滑作用,机器人在行走时与壁面间的摩擦力减小,使之更容易移动,这有助于减少能量损耗,使机器人有更长的作业时间。

　　此外,韩国成均馆大学也研制了名为 LARVA 的单吸盘爬壁机器人[31](图 4-54),与WallWalker 的湿式附着不同,LARVA 的附着机构采用干式附着,使用叶轮高速旋转产生真空(图 4-55)。为防止空气由内而外泄漏,设计者使用了两种封闭方法,即直内层和柔性弯曲层(图 4-56)。其中,直内层围绕着吸力中心,以在平面上保持良好的密封性;柔性弯曲层与不规则表面保持接触,防止装置意外漏气。

图 4-53　WallWalker 机器人[30]

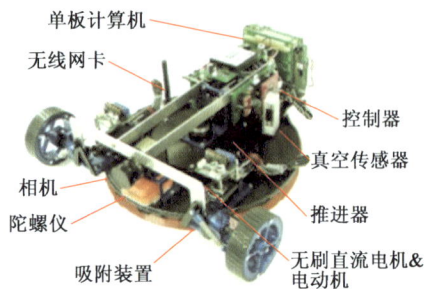

图 4-54　LARVA 机器人[31]

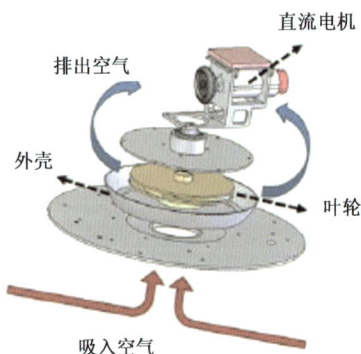

图 4-55　LARVA 机器人吸附原理[31]

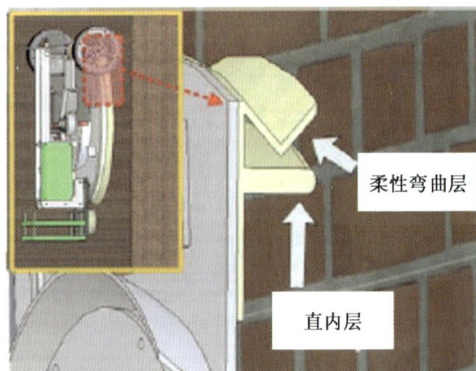

图 4-56　直内层与柔性弯曲层[31]

　　单吸盘结构在吸附能力、安全性和壁面适应性上都存在着劣势,不足以保证爬壁机器人的顺利作业。2007 年,北京航空航天大学研制了一种爬壁机器人[32],采用了振动吸附法(Vibration Suction Method,VSM),吸盘内部的负压通过吸盘的振动产生,具有能耗小、噪声低、吸力稳定性高等优点。吸附系统则由振动机构和空气释放机构组成,在机器人附着状态下,空气释放机构保持关闭状态,在机器人需要行走时该机构开始运行,释放负压。

　　由于机器人通过振动进行吸附,吸盘振动周期的存在使得吸盘内部的气压也出现周期性变化,单吸盘结构不可能在壁面上保持稳定的吸力,双吸盘结构在吸附系统的驱动下交替与壁面进行吸附,以保证吸附稳定性。图 4-57 为北京航空航天大学研制的吸附机器人示意图。

图 4-57　北京航空航天大学研制的吸附机器人[32]

需要说明的是,现今的吸附式机器人已经具有很高的稳定性和较强的运动能力,研制样机也在实际场景中进行了测试,如南京理工大学与江苏宁沪高速公路股份有限公司合作研制的桥梁检测爬壁机器人就成功应用于南京长江二桥的桥墩检测,但由于其检测范围的制约,要实现对整个结构的检测需花费很长时间,因此很难单独用于桥墩、桥塔的检测,未来更多的是与人工目测配合使用。

4.3.3　主缆行走检测机器人

主缆检测方面,国内外尚无成熟的自动化检测设备,相关研究尚属空白,因而主缆自动化检测机器人的研制便十分具有前景。悬索桥主缆往往跨度长、坡度大、直径大,表面分布的索夹与吊杆、高空的横风都会成为机器人在主缆上作业的阻碍。针对以上问题,作者所在团队提出了一套主缆检测机器人系统的设计方案,能够实现爬坡越障、稳定运动和主缆表面裂纹与索夹滑移的精确测量。图 4-58 为主缆检测机器人设计方案示意图。

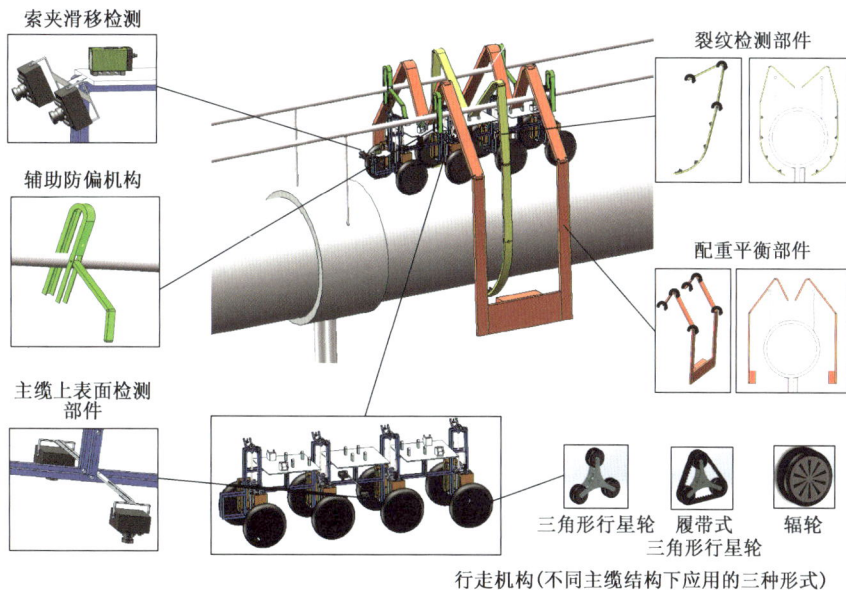

图 4-58　主缆检测机器人设计方案示意图

　　机器人在主缆表面行走,首先需要解决索夹与吊杆障碍的问题。该机器人设计为轮式,在主缆上表面运动以完成检测,这可以避开吊杆障碍,只需克服索夹台阶障碍即可。其次,采用模块化的四轴八轮独立悬挂机构,增加了机器人在跨越台阶时与主缆表面接触点的个数,从而提高了运动稳定性。模块化的设计利于机器人优化,同时简化了安装操作,还可通过改变模块化驱动部件数量改变机器人爬坡性能,从而适应不同的索夹障碍。图4-59为跨越索夹障碍过程示意图。

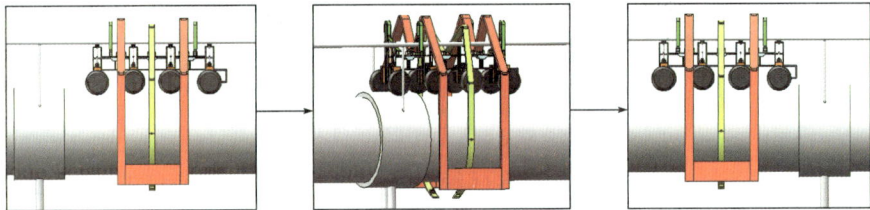

图4-59　跨越索夹障碍过程示意图

　　另外,主缆表面的裂纹具有形状细长、集中分布在应力较大区域、按圆周方向生长的特点,这些因素决定了机器人需要对主缆表面进行360°检测。该机器人装配了三自由度无源可锁定机械臂,第三关节臂作为相机承载平台,通过机械臂关节角度的调整使得机械臂可跨过主缆上方钢丝及第三关节臂圆弧部分与主缆同心。通过安装在机器人下方和第三关节臂上的相机就可以实现主缆表面360°覆盖检测。

4.3.4　拉(吊)索爬行检测机器人

　　总体来讲,拉(吊)索检测机器人的研究已经相对完善,目前也在实际的拉索检测中得到了规模化的应用,但在该领域再进行较大的革新则比较困难,更多的是对已有产品的不足之处进行细微改进。本小节将介绍除轮式与多足式之外的一种非主流的机器人结构形式,以及对轮式机器人防卡问题进行改进的方法。

1)蛇形爬升机器人

　　除轮式与多足式两类最常见的机器人结构外,蛇形机器人也是拉(吊)索检测常用的机器人。这种方案最早由日本东京工业大学的 Hirese S 教授提出,并由其研制出 ACM-I 蛇形机器人,在此基础上,蛇形机器人又有了进一步的发展[33]。

　　蛇形机器人采用正交关节得到三维结构,由标准化的模块拼接而成,可通过增加或减少关节结构来适应不同需要。蛇形机器人可安装驱动轮,也可直接依靠其本身的关节运动而运动。因此,蛇形机器人可以被看作一种与轮式、多足式两种方案均可结合的设计方案,其与前文所介绍的机器人结构的最大区别在于,由于多关节的设计,它拥有多个自由度。图4-60为蛇形机器人爬升示意图。

　　区别于轮式与多足式机器人通过环抱住索体进行爬升的模式,蛇形机器人采用了缠绕的方法,通过侧向滚动产生推动力,同时根据缠绕紧度变化所产生的不同摩擦力来控制爬升的速度。如此一来,机器人的安装相对简单,而且对索径的适应范围不再受固有设计尺寸的限制,只需不断增加标准化模块即可。但同样地,这一类结构和由此所带来的运动控制的复杂性也远超其他方案,再加上其相对较低的吸附与运动的可靠性,这类机器人很少被用于实际工程。

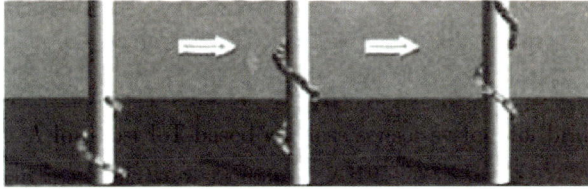

图 4-60　蛇形机器人爬升示意图[33]

2)新型轮式爬升机器人

拉索轮式爬升检测机器人的设计已经比较完善,对机器人运动的稳定性、越障能力、防偏能力均进行了考虑,在此基础上,王兴松教授团队针对机器人防卡问题对机器人进行了进一步优化。

拉(吊)索长期使用后,其外部会出现多种缺陷,其中便包括大面积翘皮。对于高度较低的翘皮,机器人可以直接碾过,但对于高度较高的翘皮,机器人在通过时可能会出现卡死现象,且无法自动回收。针对这一问题,研究者设计了一种柔性反馈装置(图 4-61),装置前部的挡环碰撞到翘皮时向下运动,压缩弹簧触碰行程开关,从而向机器人处理系统提供反馈信号,使其控制机器人停止运动以免发生卡死,并且可通过更改挡环直径以匹配不同的越障能力。

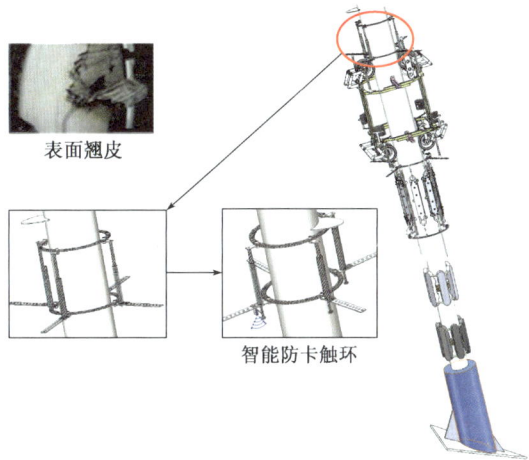

表面翘皮

智能防卡触环

图 4-61　柔性反馈装置工作示意图

4.4　桥梁水下结构自动化检测装备

正如 4.1.2 节中介绍,目前桥梁水下检测的作业形式还是以人工目测法为主。这种方法是由训练有素的潜水员携带照明和成像设备(探照灯、放大镜、数码相机等)对结构物表观进行周期性的"视觉"检查。人工目测法的主要优点是,训练有素的潜水员可以在安全储备充足的情况下对水下结构进行细致的检查。因此,在浅水、能见度好的检测环境中,该方法具有良好的效果。然而,在深度大、水质浑浊或水流湍急的环境中,人工目测法对潜水员来说具有极强的挑战性,甚至有生命危险。因此,为了解决这些问题,人们研发了很多可以代替人工或部分代替人工的水下检测装备。

4.4.1　桥梁水下结构检测技术

本小节重点介绍基于声呐的桥梁水下自动化检测技术和基于阵列式相机的桥梁水下自

动化检测技术。

1）基于声呐的桥梁水下自动化检测技术

声呐的全称为声音导航与测距（Sound Navigation and Ranging），它是一种利用声波对水下目标进行探测、定位、跟踪和识别的水声设备。按照工作原理的不同，声呐可分为两种：一种是被动接收和处理水中目标发出的辐射噪声信息或声呐信号的被动声呐；另一种是通过发射一定特征的超声信号，通过检测障碍物反射的回波实现对水下目标探测的主动声呐。常用于水下检测的多波束声呐属于主动声呐。

多波束声呐最早出现在 20 世纪 60 年代中期，是在美国 Woods Hole 海洋研究所举办的一次学术交流研讨会上提出的，一开始主要用于测深[34]。近些年，随着海洋战略地位的不断提高，人类对海洋的探测活动日益增多，针对声呐探测技术的研究也逐渐受到了世界各国的重视。目前，利用多波束声呐进行水下探测的方式可以分为两种：一种是只产生一系列距离与角度的测量信息，即测深声呐；另一种是可以同时生成对应探测环境的声呐图像，即成像声呐，利用多波束声呐进行海底地形地貌成像和水体成像得到了广泛的应用[35]。

水下结构检测使用的声呐设备较多，常见的有声呐探测仪、扇形声呐扫描仪、多束带声呐仪，等等。扇形扫描声呐技术是目前国内外比较先进的声呐检测技术。扇形扫描声呐技术的适用范围广，而且受水中可见度的影响小，成像的清晰度较高。因此，该设备可用于测量和识别冲刷沉陷、填筑面积、暴露的桥墩基础、杂物堆积及其他水下结构物的缺陷。扇形扫描声呐设备还可以在潜水员潜水前或潜水过程中，引导作业者发现结构可能存在的病害，从而绕过存在潜在危险的区域。水下声呐扫描技术可以探测水下河床底部的深浅变化及其对桥梁结构基础的影响。声呐扫描完成后，可以通过对声呐信号进行分析获得详细图像，通过图像使检测人员了解桥梁的病害状况，做出科学、正确的判断，进而更有效地安排人员进行潜水作业，细化病害的严重程度。

声呐扫描技术应用冲刷检测的原理主要有以下两种方法。

第一种是采用双摄像头移动式检测方法，该装置中发射器和接收装置并排安置于水面，发射接收面放置于水下。设备运作时，发射端先发出声呐信号，超声波到达河床底部时发生反射，反射后的声波经过水层后到达接收器并被接收装置读取。用发射信号和接收信号之间 1/2 的时间差与声波在水中的波速相乘，即可求得河床的深度。用相同的检测方法让声呐设备沿着水面行进，即可测出沿线河床的深度，其原理见图 4-62。

第二种是将发射器固定于桥墩的固定式声呐检测法。该装置仅使用一个探头，单个探头独自完成信号发射与接收。其发射信号时，探头向水下发射超声波信号，超声波信号到达河床底部反射，反射信号经过水层后返回发射处，由发射探头完成信号的接收。用发射信号和接收信号时间差的 1/2 与声波在水中的波速相乘，即可求得河床的深度，深度的变化反映了河床的变化。其整个原理如图 4-63 所示。

大量的工程应用案例表明，声呐设备在水下墩柱表观的损伤定位方面很有优势。但是，在损伤的精细化描述特别是微观损伤的定性与定量分析方面仍有明显的缺陷。此外，由于水流速度会对设备的稳定性造成干扰，声呐定位的精准度会受到很大的影响。因此，仍需要在水下结构的精细化检测方面开发更先进的设备。

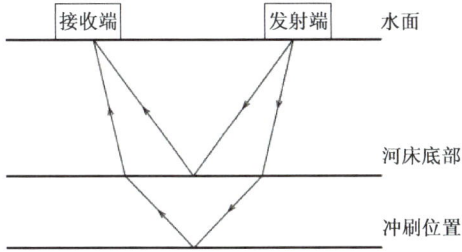

图 4-62　移动式双探头声呐

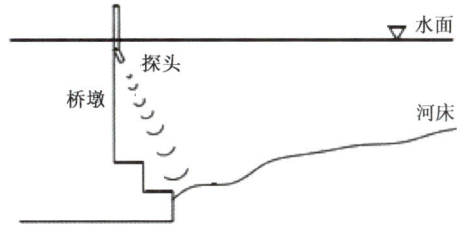

图 4-63　固定式单探头声呐

下面将以作者所在团队参与的青山湖大桥检测项目为例,介绍声呐检测的基本流程。

青山湖大桥位于临安市 S102 杭昱线上,于 1995 年 9 月建成通车。该桥全长 482.1m,共 15 跨,纵向布置为 $(5 \times 27 + 5 \times 30 + 5 \times 27)$ m;桥面净宽 19.5m。上部结构为空腹式圬工拱。下部结构为 U 形桥台、重力式墩、扩大基础和钻孔灌注桩。桥梁侧面及下部结构照片见图 4-64、图 4-65,现场检测照片见图 4-66。

图 4-64　桥梁侧面照

图 4-65　桥梁下部结构照片

图 4-66　现场检测照

本项目所采用的扫描仪器为 MS1000 扫描声呐(图 4-67),为单波束机械式扫描声呐,工作频率为 675kHz,可以对声呐换能器周围进行 360°扫描成像,扫描范围 0.5 ~ 100m。可以对海底、水下工程等进行高清成像,用于沉船搜索和救捞、坝体检查等领域。

图 4-67 MS1000 扫描声呐探头实物图

MS1000 扫描声呐的扇形波束换能器以 0.9°×30° 波束角度发射声脉冲,频率为 675kHz。当声波接触到物体或海底会反射回波,回波信号被声呐接收后,根据信号时延和强度形成图像,然后声呐探头以一定的角度步进旋转,再次重复发射和接收过程。

检测方法:每个测点分两个方向进行扫描,分别为竖直方向和水平方向。水平方向扫描过程:将声呐探头水平放置在水中,水平旋转探头方向,使扇形波束换能器所发射的 0.9°×30° 波束角度声脉冲放射到水下基础的检测部位,保证该检测部位处于声脉冲放射范围内,即可形成该检测部位的扫描图像。通过调整扇形波束换能器与被测物的距离、声呐扫描范围等措施,可使形成的图像达到最佳。通过扇形波束换能器的 360° 旋转数圈后,多次覆盖扫描该部位,得到该部位清晰、可靠的扫描图像。依次扫描即可获得水下基础各检测部位扫描图像,通过对扫描图像的观察、测量与分析,确定水下基础各检测部位的病害情况,为水下基础检测与评价提供真实、有效的数据支撑。其中某一桥墩的水下基础检测结果及基础所处高程示意图如图 4-68、图 4-69 所示,从图像上并未发现混凝土剥落及掏空现象。

图 4-68 水下基础检测结果

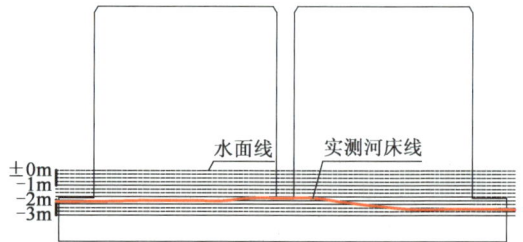

图 4-69 基础所处高程示意图

2)基于阵列式相机的桥梁水下自动化检测技术

很多水下结构在服役过程中会受到外部环境或突发灾害的影响[36],因而对其结构进行安全性、可靠性评估是非常有必要的。水下非接触式成像技术以检测快速、结果直观等优点成为水下结构无损检测的重要手段[37]。然而,无论是对采集到的图像直接进行处理或者通过计算机视觉方法进行三维重构计算,清晰的结构表面图像都是后续处理的关键。因此,在水下能见度低尤其是水质浑浊的条件下,获取高清晰度的结构表面图像是对结构进行安全性和可靠性评估的基础。为此,东南大学何小元、刘聪等提出了一种近距离大型结构表面动态测试系统及方法,该系统主要基于相机阵列装置。相机阵列装置是通过排成阵列形式的多个相机代替单个相机进行图像获取,由于采用多个相机,因而可以实现很多单个相机所不具备的功能,图 4-70 为该系统所运用的大视场非接触式相机阵列检测装置。

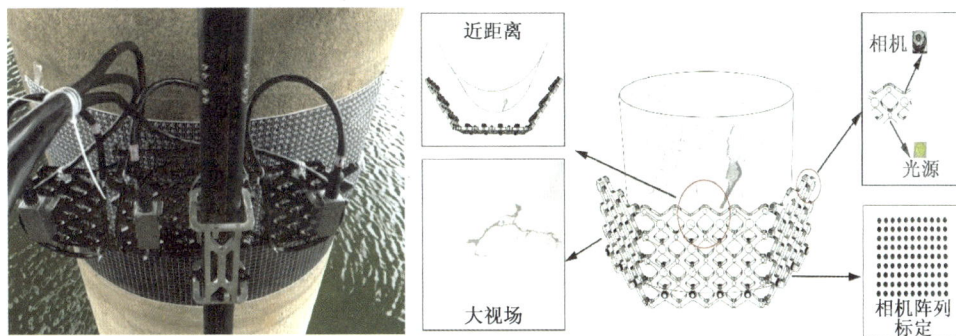

图 4-70　大视场非接触式相机阵列检测装置

下面将以本书作者所在团队参与过的马尾港大桥检测项目为例,重点介绍阵列式相机的水下作业流程。

马尾港大桥位于江西省上饶市鄱阳县田畈街镇附近 G56 九景高速公路上。该桥桥桩到河床的高度为 1040cm,测试桥桩直径为 121cm,2017 年 1 月冬季枯水期间水深 140cm,水质清透。实验测试期间为阴雨雪天气,气温 8℃ 左右。

水下阵列相机的测试流程:安装柔性箍—调试设备—相机标定—水下测量和图像拼接。图 4-71 为柔性箍的安装。为了保证对桥墩环向 360° 进行测量,在桥墩的水上部分安装了两道环向箍。通过环向箍的同步旋转带动阵列相机沿桥墩环向拍照。图 4-72、图 4-73 为对阵列相机测试系统通过碳纤维桁架与柔性箍相连形成完整的测试系统后进行的现场调试与标定。系统调试结束后,在测量开始前先对阵列相机进行标定,将编码标记粘贴在待测桥墩表面,用阵列相机对其拍照后将图像存于计算机中,以便于图像拼接前先进行标定。获取用于系统标定后的编码点图像后就可以开始对选定桥墩的水下进行环向测量。图 4-74 为水下测量的作业场景。

图 4-71　柔性箍的安装

图 4-72　调试设备

图 4-73　相机标定

图 4-74　水下测量

4.4.2　桥梁水下结构检测无人潜水器

无人潜水器是一种可以在水下执行某些任务的装置。它的外观更像一艘微型潜艇。无人潜水器的形状是根据具体的水下工作而设计的。目前无人潜水器大部分为框架式结构和类似于潜艇的回转细长体。无人潜水器在海底工作充满着未知和挑战,各种复杂的海洋环境给无人潜水器的运动和控制带来严重的干扰,使得无人潜水器的上下位机通信和导航定位都十分困难。这是目前阻碍无人潜水器发展的主要因素[38]。

欧美国家很早就开始致力于海洋开发,20 世纪五六十年代美国海军就投入对水下航行器的研究。1953 年,第一艘潜水器"Poodle"诞生。到 1956 年,美国研制的 CURV 系统在海洋中成功回收一枚氢弹,引起了世界各国关注。载人潜水器和无人遥控潜水器,包括有缆遥控潜水器、水底爬行潜水器、拖航潜水器、无缆潜水器[39]。1980 年,法国建造了一艘无人无缆潜水器,将其命名为"逆朗鲸"号。"逆朗鲸"号先后在太平洋海底进行过 100 多次深潜作业,出色地完成了太平洋海底峡谷调查、洋中脊调查等重大课题任务[40]。中国的无人潜水器研究始于 1985 年 12 月——第一台无人潜水器"海洋一号"首航成功,从而揭开了我国无人潜水器事业发展的序幕。1994 年,我国第一艘无缆无人潜水器"探索者"号研制成功,它是集搜索和调查于一体的无缆自治无人潜水器(图 4-75)。"探索者"号的成功研制大大缩小了我国与发达国家在这一领域的差距,标志着我国无人潜水器技术走向成熟,为国家探索和开发海洋资源做出了重要贡献。2009 年,上海交通大学水下工程研究所研究出当时我国功能最强、下潜深度最大的无人遥控潜水器"海龙"号(图 4-76),并将其成功应用于"大洋一号"第三航段的深海热液科考任务。虽然我国的无人潜水器研究起步较晚,但是,随着国家对无人潜水器研究的大力支持,我国的无人潜水器技术日趋成熟。

4.4.3　桥梁水下结构检测机器人

桥梁水下结构的病害往往隐蔽性强、危害性大,这直接影响结构的整体安全。然而,随着桥梁建设逐渐向"超长""超大""超深"的趋势发展,传统水下的检测技术已无法满足桥梁水下结构大规模检测的需求。在面对水体浑浊、急流等复杂环境时,现有检测手段主要存在以下三点不足:

图4-75　"探索者"号无缆自治无人潜水器　　　　图4-76　无人遥控潜水器"海龙"号

（1）面对水体浑浊环境，仅能获取结构表观病害的轮廓信息，对于水下整体与局部病害无法实现精确测量；

（2）面对急流环境，现有水下机器人在稳定控制性能方面仍具有较大缺陷；

（3）由于水下病害长期被忽视，已有图像样本数少、图像特征模糊、分辨率低，实际检测过程中病害识别准确性仍有待提高。

针对上述问题，东南大学吴刚教授、宋爱国教授团队提出了基于人机交互遥操作的新型桥梁下部结构水下检测机器人，着重解决深水、水体浑浊、急流环境所致的水结构表观病害识别难度大、检测设备稳定控制差和病害测量精度低三大难题。该仪器通过非接触式光学定位技术和接触式视觉传感技术，实现了水体浑浊环境下整体大视场（24cm×100cm）和局部高精度（0.1mm）的病害检测，借助自主与双边遥操作相结合的共享控制方法（机械臂控制精度0.5mm），开发了高稳定性能的大负载水下机器人平台（控制精度10cm），再经过团队自主建立的水下病害精准分割与信息同步识别模型，提升了小样本、低分辨率病害图像识别的准确率（优于90%）。由此，即可实现高效、可靠的水下结构检测，从而有效提高桥梁管养整体效率，大大减缓了未来我国水下结构管养压力。

该设备的总体结构如图4-77所示。仪器主要分为三个部分，第一部分为桥梁病害多层次检测技术，包括光学阵列相机、接触式视觉传感器，可实现水下构件整体病害的非接触式测量和构件局部病害的接触式测量；第二部分为水下多功能检测机器人平台，包括机器人本体、多功能机械臂、力感知加持与清洗装置；第三部分为病害智能分析系统，包括数据增强与病害分析等功能。

该水下检测机器人的目标是覆盖水下深度100m以内的水下结构表观检测工作，且实际检测病害精度优于0.1mm。设备的作业流程：水下检测机器人通过有缆连接方式下潜至结构表面附近，通过整体动力与加持装置保证其作业稳定性，分别采用光学阵列相机和接触式视觉传感器实现对水下病害的"目视""探摸"。机器人整体工作过程的图像、视频、力反馈等信息可通过有缆通信方式传输至上位机实时获取，并由病害分析软件及时输出水下结构病害具体信息。

该水下检测机器人各组成部分的具体内容如下：

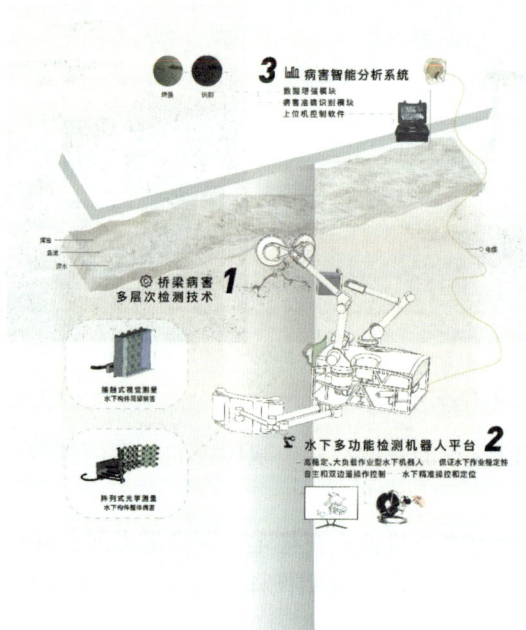

图4-77　基于人机交互遥操作的新型桥梁下部结构水下检测机器人结构图

1）桥梁病害多层次检测技术

本仪器包含的多层次检测技术可以表示为异源同形多层次病害感知,即采用非接触式与接触式(异源)为一体的多层级感知技术,实现病害部位的大视场与高精度描述(同形),整体概略性与局部精细化识别(多层次)。

非接触式相机阵列整体全场感知:在水质浑浊的条件下,光学成像的清晰度会受到测试距离的影响。为了在保证清晰度的情形下提高检测的视场范围,基于阵列相机集成的方式,研制了一种针对水下复杂环境直接光学成像的相机阵列装备。根据分析及实验表明,若视场大小相同,4×4的阵列针孔成像相机将比单个相机的测试距离缩短4倍,可显著提高成像清晰度,但会造成图像数据量的急剧增加。因此,采用高速磁盘阵列与总线直连的方式实现大容量阵列相机图像数据的快速、实时传输与存储,设计额外的阵列式照明光源以提高水下环境光照度,同时保证每个相机图像亮度的均匀。开展基于相机阵列的全参数标定方法研究,最终实现了水下结构表面大视场非接触式检测。

接触式局部病害精细化识别:当前水下墩柱中普遍存在的裂缝、破损、麻面等局部、细微的病害,往往形成较早且出于其尺寸较小、周围环境恶劣等原因,这些病害一直未能得到及时、精准的检测。接触式视觉传感器拟运用接触式视觉技术来实现病害的精细化描述。接触式视觉技术的主要技术路线为通过自主研制的高性能柔性透明疏水类弹性体主动接触混凝土,利用弹性体本身的柔软性和透明度翻刻其表面的病害,再借助高分辨率的成像设备和设备内部事先营造的优良成像环境,将其视场范围内的纹理状况以高清图像的形式采集下来。由于弹性体本身具有很好的化学稳定性和变形恢复能力,因此可以通过优化制备原料的配合比和控制界面接触力的大小来保证弹性体翻刻病害后的恢复与重复使用。大量模拟真实环境的实验室测试结果表明,通过该技术设计的传感器能够实现水下浑浊或能见度很低环境下（浊度 400NTU 以上）混凝土表面病害的快速识别与定量分析（精确到0.1mm级的裂缝），从而有效地克服了目前水下环境传统的人工检测或其他成像设备（声呐、阵列相机等）遇到的成像难、精度低的技术难题，为水下桥墩病害检测提供了一种全新的思路和技术手段。此外，通过"阵列集成"的思路，可研制一套用于水下结构多局部病害检测的感知设备。该设备将考虑桥墩的尺寸、形状对传感阵列布设的影响，通过合理设计可展机械装置和优化单体传感器的尺寸和重量，实现多种水下墩柱的局部精细化检测。

接触式视觉传感器的概念设计如图 4-78 所示，主要包括 PDMS 弹性体，外壳，高分辨率摄像头，LED 灯带及各类电路设计，图像存储装置。其主要实现方式为借助弹性体主动接触水下结构表面，利用弹性体本身的柔软性和透明度翻刻其表面的纹理状况。弹性体为本书作者团队自主研制的高性能透明疏水类有机硅化合物。通过探究不同配比、不同厚度的弹性体材料对同一类病害的变形敏感度，可得出适用于各类病害的最优配比和尺寸。在外壳设计方面，拟采用轻质高强的钛合金材料和透明亚克力板材作为壳体，弹性体黏附在壳体外部，传感器内部由摄像头和平行光源成像环境组成。为了进行全方位局部病害精细化检测，整个设备拟采用阵列式的布局。同时还配有图像实时传输的终端显示和外置存储卡的存储接口，以方便对检测结果进行定性和定量判定。在高分辨率摄像头的选用方面，采用高精度、低功耗、高频率的微距摄像头。该摄像头还应具有优良的自动调节和对焦功能，以确保采集图像的质量。在内部照明电路的设计方面，拟采用四边与侧面斜成 45°的 LED 灯带组成一个平行光源环境，以确保成像中不会有明显的亮斑。

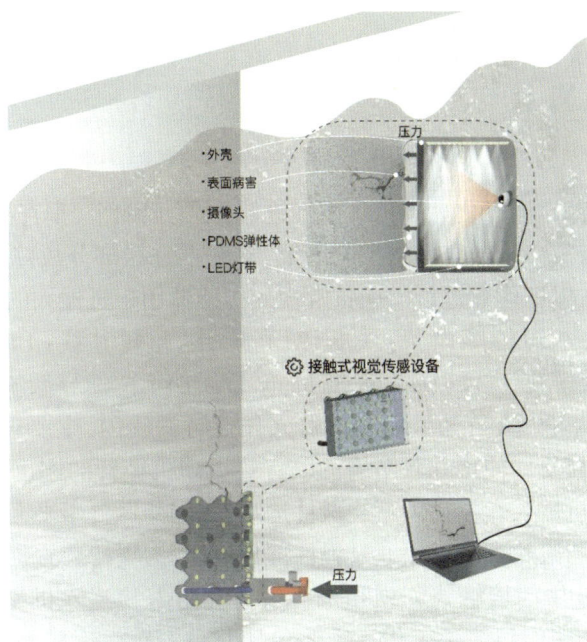

图 4-78　接触式视觉传感器概念设计图

除此之外，该设备还将配置图像实时动态传输的显示端和图像存储模块，显示端主要是方便水上操作人员随时获知设备在水下的位置以及该区域内结构表面的纹理状况；图像存储模块则是将采集到的图像无损地保存在存储卡中，以便后期的图像处理和形成客观的凭证。

2）水下多功能检测机器人平台

现有的水下机器人多用于开放水域的搜索与检测任务,少数用于水下构筑物检测的水下机器人也是在水流环境简单的情况下完成检测任务,且多采用非接触式的图像采集方法。对于水下结构检测,因其复杂的水流环境,传统的水下机器人难以采集到有效的图像信息。因此,本项目在提高水下机器人性能的基础上设计了新的机构,并协调机器人和新增机构的控制,使机器人可以应用在实际检测中。

水下机器人结构设计原理如图 4-79 所示,主要包括以下几个部分:水下机器人本体、夹持装置,操纵接触式阵列相机机械臂,非接触式阵列相机,水下结构表面附着物清除机械臂,搭载大功率聚光灯与高清摄像头的云台。

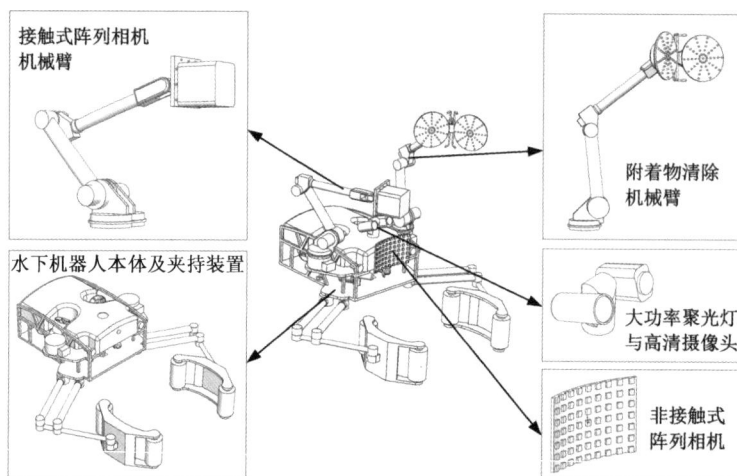

图 4-79　水下机器人结构设计原理图

水下机器人配备六个国产化大推力水下推进器,水平面四个,垂直方向两个。水平面上采用冗余设计,设计有故障诊断与容错控制系统,单个推进器部分故障或完全故障时,能够自适应进行容错控制,保证作业进行。配备常规的传感器用于机器人的导航和运动控制,包括用于机器人控制的常规传感设备:深度计、高度计、超短基线(Ultra Short Base Line,USBL)、电子罗盘、多普勒速度仪(Doppler Velocity Log,DVL)、惯导系统(集成光纤陀螺、加速度计、GPS 等)、声呐等。夹持装置用于机器人作业时的锚固,主要包括三自由度的并联式机械臂与滚轮夹持模块。使用并联结构可以有效提高机械臂的刚度,使锚固可靠。滚轮夹持模块的使用可使机器人在驱动力下绕墩柱运动,在同一运行水平面上减少锚固次数,提高作业效率。机械臂与滚轮夹持模块通过弹性部件连接,为夹持装置提供一定的自适应性。作业机械臂,即图 4-79 中的接触式阵列相机机械臂和附着物清除机械臂搭载末端作业工具,可按要求完成接触探伤与清洗工作。主要包括两台六自由度机械臂,分布于机器人两侧。六自由度机械臂可以保证作业有更大的作业空间,以提高工作效率。机械臂的力触觉反馈主要由安装于末端的六维力传感器提供。结构表面附着物清除设备主要通过气射流清洗部件与旋转刷头组成。气射流部件主要用于清理积灰、水生植物等浅表污渍,其工作所需气体由地面气泵提供。旋转刷头用于清理贝类等顽固附着污渍,两旋转刷头材料为不锈钢丝,旋转平面成一定角度排列,用于适应桥墩柱的圆弧表面;两刷头具有相反的旋转方向,其在工作时产生的反作用力扭矩可以相互抵消。搭载大功率聚光灯与高清摄像头的云台安装在机器人前部的上方,朝向机械臂的工作空间,其中高清摄像头为遥操作提供视觉反馈,而大功率聚光灯则保证在浑浊的复杂水下环境中具有良好的视野。

3)病害智能分析系统

水下病害智能分析系统总体框图如图 4-80 所示,主要包括图像采集、数据增强和病害智能分析三个部分。图像采集包括使用阵列式相机和接触式视觉获取图像信息,数据增强分为图像增强和图像拼接两个部分,针对由于镜头、场景等造成的镜头畸变和透视畸变,采用相机标定与图像特征结合的方法进行消除。考虑到复杂的水质及水流环境会使采集的相机阵列图像具有噪声、阴影、光斑等,需通过时域平均的图像去噪方法降低噪声的影响,利用多尺度 Retinex 颜色恒常的图像增强方法提高图像清晰度。基于阵列相机的标定参数,构建多折射率水下针孔成像模型,基于图像特征实现阵列相机图像配准,采用多分辨率样条方法完成阵列图像的融合及拼接,最终为高清晰度阵列图像的病害识别与分析提供数据来源。

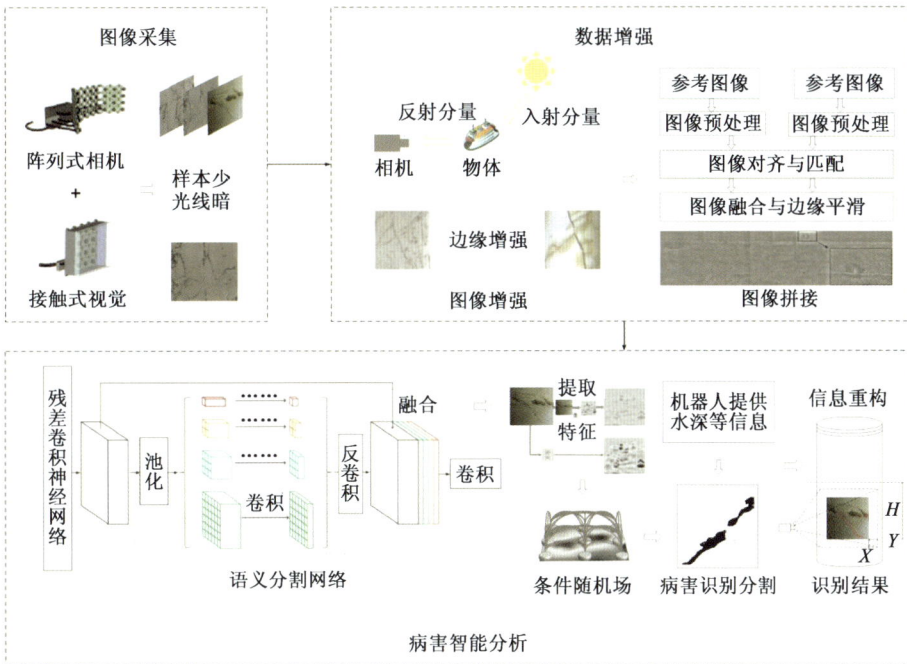

图 4-80　水下病害智能分析系统总体框图

病害识别分割包括基于语义分割网络的语义分割和识别分割后处理两个部分。针对图像增强后的图片数据分辨率较高但样本少的问题,采用深度迁移学习模型来减少训练对样本数量的依赖。该深度迁移学习模型利用水下病害的特征与水上病害的特征的方式比较类似,以预训练的水上病害识别模型作为水下病害的特征提取器,能够有效地提取出病害信息。针对水下环境复杂导致的病害边界清晰度差、轮廓分割准确率不稳定,采用图像增强与条件随机场后处理相结合的方法,对病害识别的结果进行进一步优化,大大提高轮廓分割的准确率。考虑到病害边界不清晰,可通过图像增强法提高输入病害清晰度,并利用吉布斯二元势函数预测提取病害像素点与背景像素点之间的界限,从而精准地分割病害。通过组合病害相对于相机的坐标信息与水下机器人提供的水深等信息,即可实现病害的重构,为病害分析提供准确的信息来源。

相较于传统的人工检测与局部自动化的检测装备(声呐设备、阵列式相机等),该水下病害智能分析系统将多种检测装备的优势集成并融合了机器智能的概念,克服了水下极端测量环境的影响,能够实现大视场、近距离、精细化、智能化的水下检测。

4.5 桥梁无人机自动化检测

目前,无人机已经广泛应用于农业、电力、交通等多个领域。在农业领域,无人机已应用于农作物生长及健康状况评估、农作物产量预测、自然灾害评估等方面[41];在电力领域,通过无人机可以检测杆塔、导地线、绝缘子等部件的运行状态[42];而在交通领域,无人机可应用于道路交叉口交通检测、交通事故检测等[43];在桥梁检测领域,无人机技术的应用可以大大提高其安全性和检测效率[44],本章前述的半自动化检测装备及机器人检测装备多应用于检测桥梁特定的应用场景,而桥梁无人机检测则是面向桥梁结构的一种综合性自动化检测方法,本节介绍了适用于桥梁检测的无人机、适用于桥梁检测的无人机导航技术及无人机在桥梁检测中的应用。

4.5.1 桥梁无人机检测概述

1)桥梁无人机检测的特点

在桥梁检测中,经常性检查是最主要的方面。经常性检查是指对桥梁及其附属设施的技术状况进行日常巡检,随时发现问题并进行维修。无人机代替人力进行桥梁支座、桥墩等部位的检查时,在地面站即可操作,无须到达检测地点,这可以极大提高安全系数且节约人力成本;无人机可以到达传统人力检测较难触及的部位,且可以对细节部分进行简洁、快速的重复采样;无人机的检测方案灵活可变,在后台即可修改,且可以提供多种方案备选,根据现场实际情况进行选择;在桥梁经常性检查时,无须封闭道路即可进行检查,保证了交通的正常运行[45]。

桥梁的检测通常依靠近距离的观察,但是对于跨度大、高度大的桥梁,这些作业可能会给作业人员带来安全风险,这种情况下用无人机观察桥梁构件成为灵活可行的方法。近年来,小型无人机的自动悬停和平滑控制等性能有了很大的提升,其价格也随着技术的进步逐渐降低,这些小型无人机可以通过控制器或者智能手机控制其飞行。图4-81为使用无人机检测桥梁示意图。图4-82为小型无人机及其控制设备示意图。

作者所在团队[46]通过对日本13座桥的现场检测验证了使用无人机进行桥梁检测的可行性。将无人机检测的结果与人工检测报告进行了对比,图4-83为传统检测及无人机检测出的桥梁病害数量对比。从图中可以看出,由日本国家交通运输部管理的公路桥梁,因为有充足的资金资助,拥有大型检测机和经验丰富的工作人员,所以通过更详尽的检测,报告了大量的损坏情况。而由地方政府管理检测出的病害数量则相对少得多。虽然无人机仅发现了桥梁总病害的30%,但对于梁、柱子和桥墩,无人机比地方检测发现了更多的病害。研究同时发现跨度越大的桥梁一般越有可能被无人机发现更多的损伤,因为这些桥梁有更多的空间让无人机在其下飞行,而人工检查往往很难覆盖所有的地方。研究的结果表明,虽然使用通用无人机进行桥梁检测还有一些局限,但展示出了无人机应用于桥梁检测的巨大潜力。

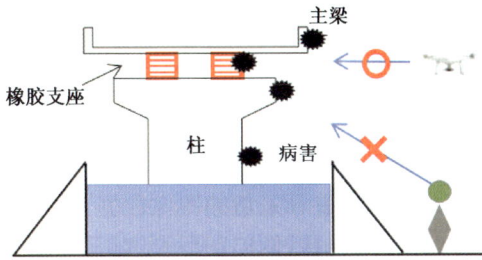

图4-81 无人机检测桥梁示意图[46]

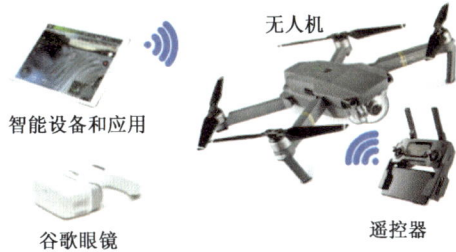

图4-82 无人机飞行控制[46]

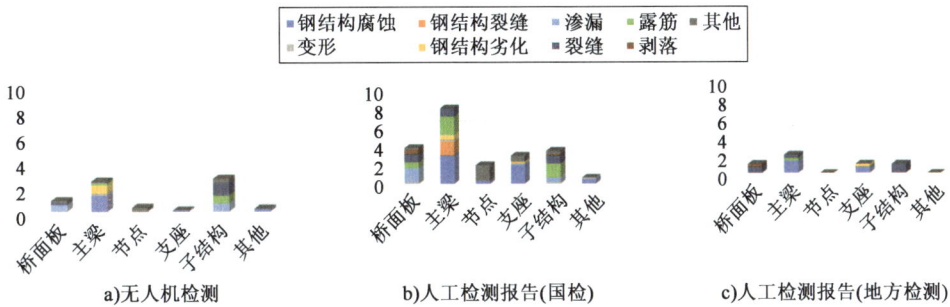

图4-83 传统检测和无人机检测桥梁病害数量[46]

2) 桥梁无人机检测相关技术

无人机桥梁检测作业流程主要包括面向用户的桥梁综合三维模型建立、无人机自动巡检航线设置、数据及图像采集、计算机自动化分析、数据统计管理与展示等环节。涉及无人机导航及视觉定位、无人机高清摄影、计算机深度学习图像识别、数据的可视化和管理等相关技术。

(1) 无人机导航及视觉定位。

受桥梁结构本身或周边环境的影响,在桥梁梁底或者梁体侧面的部位,存在 GPS 信号较弱的情况。因此,仅仅通过 GPS 进行无人机的航线规划,对于桥梁部位的检测有很大限制,特别是对于桥梁支座的检测有很大影响。而要满足在桥梁底部检测的要求,就需要用到视觉定位等技术。

计算机视觉是教会计算机如何"看"的技术,就是指用摄影机和电脑代替人眼对目标进行识别、跟踪、测量等,并对目标做进一步图形处理,让电脑对周边的环境和位置做出判断。无人机方向的应用主要通过搭载在飞机各个方向的视觉传感器获取周边目标图像,经过数字图像处理及特征点提取,得到目标的图像坐标,再由计算机实现被测物体的空间几何参数和位置信息的结合,从而实现无人机的空中定位。

该技术目前应用较为广泛,但是受环境影响较大,在光线、信号不良的情况下,无人机视觉定位会自动关闭。若此时无人机在桥梁底部,GPS 信号弱,则会自动返航,无法完成指定任务。

(2)无人机高清摄影。

在无人机进行桥梁数据采集的过程中,可获取动态视频和静态照片两种形式的信息。为了符合后期计算机视觉处理的要求,对云台相机的信噪比、灵敏度、像素、传感器动态范围等有一定要求。对于倾斜摄影建模,可采用大疆的 X5S 定焦镜头;对于裂缝以及支座等细节的拍摄,可采用大疆的 Z30 变焦镜头。在光线充足的情况下,这两款镜头均能满足桥梁检测作业的要求。

(3)计算机深度学习图像识别。

无人机在对桥梁细节进行数据采集拍摄后,可人工逐一查看采集的图像数据,但这并不能完全实现稳定、快速、准确的病害判别。因此,可借助计算机图像识别技术,对采集图像中的裂纹和病害种类进行自动识别。计算机图像处理时会根据图像的质量及病害信息的程度对图像使用图像缩放、灰度变化、图像去噪、图像增强、边缘检测等图像处理技术来提高识别精度。

从计算机技术上来说,利用图像识别技术对桥梁裂纹进行识别已较为成熟,但是受实际环境中桥梁下部光照、目标部位污染、渗水、表层脱落等因素的影响,图像识别的背景图像变得非常复杂,常常需要多种算法综合应用予以识别。基于深度学习的自主识别是通过采集大量病害图像,提取样本;通过计算机神经网络进行训练后,计算机自主提取病害特征模型,用于新采集图像的病害识别。该方法由于需采集大量病害样本,建立数据库,所以前期的投入较大。但随着样本量增加,识别精度会不断提高,最终符合检测精度要求。

(4)数据的可视化和管理。

以往的桥梁模型是面向设计方的,所以往往无法将桥梁的检测、监测数据或者性能评估结果反映到面向用户的界面中。而结合前期建成的桥梁三维实景 BIM 模型,可准确标记出桥梁的病害位置,并进行关联[47]。可将桥梁病害部位、严重程度等用统一的标准量化数据,实现对桥梁健康状况的科学评估。可根据存储在后台数据库的历史检测数据,对桥梁病害的具体分布位置、情况等详细信息进行管理维护和跟踪,对已有的历史数据进行归纳总结并形成桥梁检测综合报告,从而提高桥梁健康管理的科学性和准确性。

4.5.2 适用于桥梁检测的无人机

常规无人机检测桥梁时面临许多问题,如近距离拍摄桥梁狭小空间的病害图像采集精度不足,无人机自带的避障系统使其无法靠近桥梁表面进行拍摄。针对桥梁检测应用场景的研发,定制化地改进无人机就成为无人机应用于桥梁检测的关键一环。

1)接触式无人机

接触式无人机检测系统由两部分组成,分别是包含无人机机身和相机等部分的无人机主体以及包含无线视频传输设备、遥控器和智能手机的地面站[48]。无人机主体采用四旋翼的布局,由复合材料框架、无刷电机、飞行控制器、电池等部件协同工作实现无人机正常飞行的功能。为实现吸附功能,无人机在顶部和前部均安装有伸出机身的轻质轮,用以接触结构表面,使得无人机能贴在桥梁底部或桥墩上近距离检测裂缝。机身前部还安装有两个水平方向的电机以提供水平推力,一旦无人机接触到桥墩等结构立面,水平电机触发启动将无人机紧压在结构表面。这种特殊的可吸附结构结合了无人机和爬壁机器人两种装置的优势,在桥梁检测过程中既能快速飞行到任意位置,又能紧贴桥梁表面展开细致检测。吸附检测不仅实现了高精度的裂缝检测,还降低了检测过程的操作难度和危险性。接触式无人机系统的地面站应用了轻量化的端对端深度学习模型和移动端平台移植技术,形成了集成裂缝识别和宽度测量功能的安卓应用,实现了无人机检测视频与智能手机的实时传输、裂缝实时识别和指定裂缝宽度快速测量,大大提升了裂缝检测效率。图 4-84 为接触式无人机示意图。

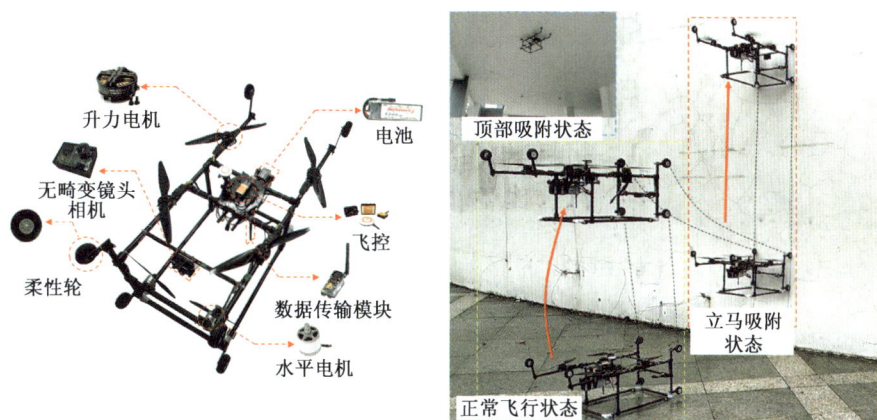

图 4-84　接触式无人机[48]

2）球形无人机

球状无人机的外防护装置由两个半球组成,它有两个相互独立的旋转轴。这种机制使得无人机能够在发生碰撞的时候维持良好的飞行稳定性,这让无人机不用设计复杂的避障策略。针对桥梁检测的应用场景,这种外防护装置使无人机有高稳定性,并对无人机进行了很好的保护,从而能够贴近桥梁采集图像。这种无人机的设计使无人机能够从外部引入电源线,通过电缆的方式从地面持续接入电源,提高了无人机的续航时间,助力其完成桥梁检测的任务[49]。图 4-85 为球状无人机示意图。

3）履带式无人机

作者所在团队研发了履带式无人机[50],由机身、图像采集模块、履带式支架和连接装置组成。履带式支架包括履带和支架,支架包括两个平行设置的框架,两个框架之间转动连接有多个转动杆,履带套设在转动杆上,机身通过连接装置连接框架。履带式无人机携带的图像采集模块负责采集桥梁的图像,其履带可贴梁底移动,通过转动杆的转动使无人机始终处于平稳的状态,以提高无人机在梁底运行时的稳定性,适用于拍摄桥梁狭小空间的部件(如支座),实现对桥梁狭小空间的图像采集。图 4-86 为履带式无人机示意图。

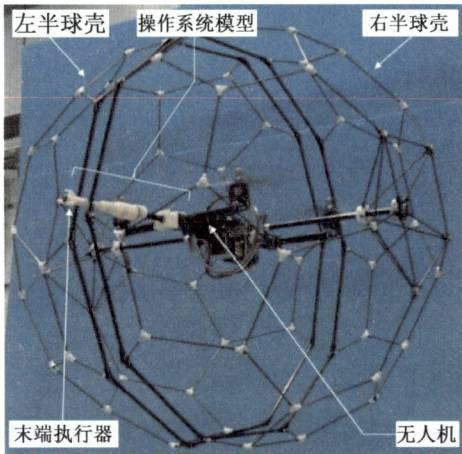

左半球壳　操作系统模型　右半球壳

末端执行器　无人机

图 4-85　球状无人机[49]

图 4-86　履带式无人机[50]

4) 双子无人机

作者所在团队设计了双子无人机[51],基于双子无人机及移动摄像机的桥梁检测装置由左、右两个无人机、连接索、连接线、卷索装置、移动摄像装置、探照装置和摄像装置的牵引装置组成。移动摄像装置通过连接线与牵引装置相连,连接索收纳于卷索装置中,左、右无人机互相分离时,卷索装置可调节连接索的长度,使得两无人机之间的连接索始终保持直线状态,以保证无人机的正常飞行。另外,移动摄像机置于连接索上可沿索滑动,两无人机上各设置一个摄像装置的牵引装置,通过连接线牵引摄像装置沿着连接索滑动。进行桥梁检测时,双子无人机的左、右无人机分别定位于桥梁的两侧,无人机间的连接索与桥梁的盖梁平行等高,由牵引装置牵引索上的移动摄像装置采集桥梁的图像。双子无人机的左、右无人机分别悬停于桥梁两侧,避免了无人机直接飞到桥下时出现的 GPS 信号弱及无人机主动避障造成的拍摄角度差等问题,同时,该装置极大地降低了无人机失控撞到桥面的风险。图 4-87 为双子无人机示意图。

图 4-87　双子无人机[51]

4.5.3　适用于桥梁检测的无人机导航技术

桥梁检测是一项周期性的工作,有相对固定的巡查路径,进行桥梁检测时,无人机的飞行路径可以保持不变,因此研究适用于桥梁检测的导航技术具有很高的实用价值。

无人机的定位导航普遍采用 GPS 导航方法,然而在桥下存在 GPS 信号精度低、信号易丢失等问题,导致其难以运用于桥梁检测。在 GPS 信号缺失的条件下,通过距离测量实现定位导航技术是常见的做法,如视觉导航和超声波导航。

1)视觉导航

基于桥梁点云模型配准的无人机导航方案,采用无人机对桥梁进行绕飞,获取桥梁的整体点云模型,再将桥梁整体点云和无人机实时获取的局部点云进行配准,得到无人机相对桥梁的位置[52]。具体来说,该方案采用双目立体视觉作为桥梁点云生成技术,通过点云配准算法求解无人机相对于桥梁模型的位置。该方案原理图如图 4-88 所示,包括三维点云数据的获取、桥梁点云模型的建立、无人机姿态的求解。通过搭载在无人机上的双目相机得到当前相机视场环境中桥梁的三维点云信息,再与已知桥梁三维模型进行配准,通过配准算法求解得到相机姿态坐标,即无人机的位置。

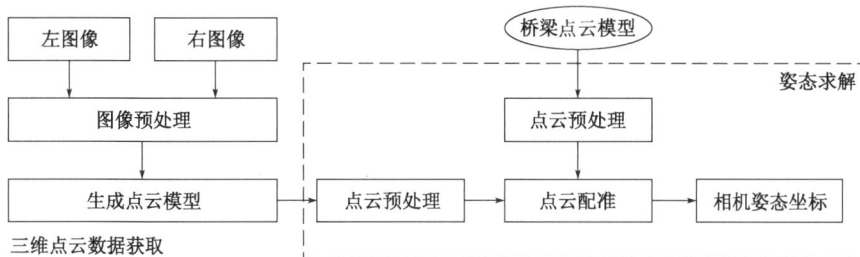

图 4-88　基于桥梁点云模型配准的无人机导航方案原理图[52]

三维信息的获取方式采用双目视觉测量技术,其根据三角测量原理及特征点匹配算法求得三维空间物体的坐标。该部分主要是图像的处理,包含图像滤波、特征提取、图像匹配等算法研究。桥梁点云模型采用带有双目相机的无人机对桥梁进行绕飞拍摄,获取桥梁不同角度的点云模型,最后对其进行配准、拼接等操作,将不同坐标系下的桥梁点云信息统一到同一坐标系下,从而得到整体的桥梁模型。其中主要操作包含点云数据的采样、滤波、关键点提取、特征描述子提取、配准等。生成桥梁点云模型后,再利用双目相机测量视场中的桥梁部分点云信息,这部分点云的坐标信息是基于双目相机坐标系下的,通过相机坐标系与桥梁模型下的坐标系之间的转换关系,把问题转换成相机坐标系下的桥梁三维点云信息与已知桥梁点云模型配准,从而间接地求得载有相机的无人机相对桥梁模型的姿态。该方法实施的要点如下:

(1)基于双目立体视觉的桥梁点云模型获取。

通过双目立体视觉技术来获取桥梁点云模型,由于桥梁结构比较大,无法采用立体视觉技术一次性获取整个桥梁点云模型,需要从不同位置测量桥梁的点云信息,最后将这些点云拼接成一个整体桥梁模型。在不同点云信息存在相同点的情况下,可以把不同位置获取的图像特征点进行提取与匹配。

(2)点云特征算法研究。

点云特征的提取是点云配准的基础,点云配准依赖点云特征提取结果,所以点云特征提取的好坏决定了后期点云配准精度的高低。

(3)点云配准算法研究。

无人机导航的本质是实时获取无人机的位置,将得到的无人机位置和预先设定的轨迹

163

进行比较,从而实时调整无人机飞行姿态。该研究利用桥梁点云模型与相机实时获取的点云进行配准,从而得到相机的相对桥梁位置。先进行粗略配准,再进行精确配准,来提高配准的精度。

2)超声波导航

超声波定位技术因其在精度、成本、敏感度上的优势,常与射频技术相结合,用于室内定位系统[53]。针对无人机桥梁检测时GPS信号缺失的问题,可利用周边信标的超声波信号确定相对位置。带定位的超声波发射模块先通过射频信号向各固定信标发送指令,同时向各个标签发送超声波,利用各个信标之间的相对距离来确定超声波发射模块的相对位置。超声波定位技术在桥梁的无人机检测领域具有良好的应用前景[54]。具体定位流程包括:①获取固定超声波信标和无人机的GPS坐标信息;②获取固定超声波信标和无人机之间的相对距离动态信息;③采用多种滤波方法对距离信息进行修正;④根据GPS和相对动态距离信息,计算真实坐标。

在基于超声波的无人机导航方案中,在无人机检测的范围内布设若干超声波信标,无人机将采集的图像数据、超声波信标系统(Ultrasonic Beacon System, UBS)数据和GPS坐标发送到无人机地面站,根据无人机的起飞和降落时间将图像信息和信标系统的时间进行同步。UBS所携带的信息是一个相对值,所以需要以GPS的数据为基点进行计算,从而获取每一个图像实际采集位置的数据。

超声波作为一种机械波,缺点也较为明显,在复杂工作环境下易受外部声波干扰,在狭小空间中超声波也会产生多径效应,使得定位的精度受到影响。图4-89为基于自组网的无人机超声波导航示意图。

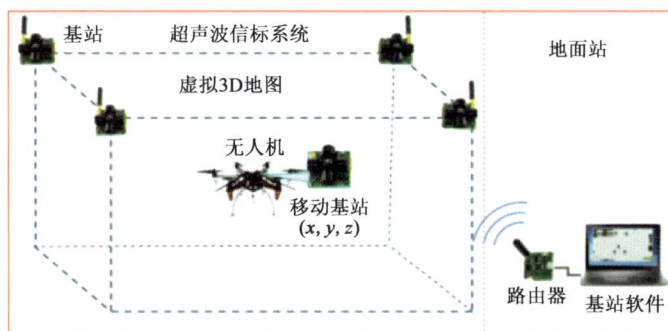

图4-89　无人机超声波导航示意图[53]

4.5.4　无人机在桥梁检测中的应用

无人机应用于桥梁结构检测,可以通过无人机的现场拍摄和后期的图像处理获取结构的表观信息、三维信息,结构的动态响应等,而且还能够作为其他测量设备的辅助设备来获取结构信息。

1）获取结构的表观信息

表观病害检测是桥梁检测的重要组成部分,而无人机能够灵活、高效地采集桥梁表观病害的信息,配合后期图像数据的处理,能够在很大程度上提高桥梁检测的效率。在当前桥梁安全检测需求迅速增长的情况下,无人机成为国内外桥梁表观检测技术的研究热点。

Norman Hallermann 等[55]提出一种基于无人机拍摄的机载图像和视频的视觉桥梁检测方法和基于计算机视觉的半自主飞行任务损伤自动检测方法,并讨论了环境、风及光照对无人机图像拍摄质量的影响。Reagan 等[56]提出了一种 3D-DIC 技术,用于无人机对混凝土桥梁进行裂缝检测。结果表明,3D-DIC 无人机系统是一种可行的 SHM 解决方案,其测量桥梁集几何变形的误差在 10^{-3}mm,并高于目测精度。Omar 和 Nehdi[57]使用配备了红外热成像能力的无人机来观察混凝土桥面的损坏情况,对采集到的热图像进行处理,使用一种将图像拼接在一起形成桥面马赛克的算法,并使用 k-Means 聚类技术将缺陷分为严重级别组,最后对桥梁的病害进行评价。最近,Duque 等[58]评估了使用无人机量化衡量桥梁病害量的有效性,并提出了一个四阶段的桥梁病害量化评估方法,使用无人机结合损伤量化协议对一座木桥出现的病害如裂缝的长度、宽度还有锈蚀等病害进行评估。

厉狄龙[59]针对服役于沿海腐蚀环境中桥梁对混凝土耐久性较高的特点,特别是混凝土裂缝宽度限制、防腐涂料开裂等问题,采用无人机对上述病害进行了定量化检测应用。陶晓力等[60]针对桥梁裂缝细小难获取的问题,采用无人机装配高倍变焦摄像头的方法来采集桥梁裂缝图像。彭玲丽等[61]以八旋翼无人机检测四渡河大桥,成功地探测出高强螺栓的缺失,而人工检测时难以接近该病害,这体现了使用无人机检测的优势。Lei 等[62]介绍了一种新的裂缝检测技术,以改进无人机系统拍摄的照片的图像处理方法,提出裂缝中心点的方法,该方法能够在样本很少的情况下达到较高的识别精度,并以某混凝土桥梁为例验证了该方法能准确地测量出裂纹宽度,误差小于 5%。

作者所在团队[63]开发了一种基于控制应用程序的智能设备操作系统,用于控制无人机的基本飞行动作并从摄像机中获取图像。通过一系列试验,对无人机的有效载荷、飞行速度、工作时间、抗风性能进行了测量和比较,对小型航拍无人机(UAV)用于桥梁常规及震后应急检查的可行性进行了验证。根据试验结果,选择了合适的无人机设备和飞行方案,对 2016 年日本熊本市地震中损坏的一座高 143m、长 400m 的钢拱桥和一座橡胶支座钢梁桥进行了现场验证。

对于桥梁维修检查,小型无人机用于拍摄非常近距离(3～7m)的 4K 视频。如图 4-90 所示为日本宫崎市的青云大桥,对于这座高 143m 的大桥来说,人很难到达下部结构构件,即使是最大的吊篮车也只能将工程师运送到桥面下 10m 左右的地方。使用无人机则成功地获取了详细、高分辨率的视觉信息,从图 4-91 中可以清楚地看到钢桥表面油漆的剥落和内部钢材的锈蚀。

日本熊本市地震后,钢管被设计为次要构件(非结构构件),导致钢管搭建的检修线路中断,这使得接触和近距离观察支座非常困难和危险。由于缺乏合适的电梯或起重检查车辆,在地震后频繁发生强震的情况下,工作人员不得不冒着生命危险,借助简单的安全绳攀爬到高处破损的构筑物上进行维修检查。此时,采用无人机进行桥梁损伤检测和测量是一种非常有效的方法。

图 4-90　青云大桥[63]

图 4-91　近距离飞行航拍照片详图[63]

2）获取结构的三维信息

随着无人机三维建模技术的日益成熟,其在工程领域的应用呈现出巨大潜力,2015 年,Freimuth 等[64]提出了一个基于 4D 建筑模型的半自动无人机系统,用于建筑工程的施工进度监控和验收,该系统可以利用 4D 建筑模型提供的信息来规划无人机的飞行任务,在保证与建筑物不发生碰撞的同时获取更加全面的建筑物图像;2015 年,Lin 等[65]提出了一个基于模型驱动的图像采集框架,通过使用 4D BIM 模型处理无人机收集的点云数据来获取施工进度信息,以实现施工进度监控的自动化;2015 年,Yiannis 等[66]将 BIM 技术和 UAV 技术结合使用,实现对基础设施项目施工信息的有效收集和高效管理,用于施工进度监控和工期延长责任划分等争端的解决;2017 年,Hamledari 等[67]提出了一个基于计算机视觉和 4D BIM 的无人机平台,用于施工进度监控,并详细讨论了无人机动态飞行对测量准确性的影响。

在桥梁三维建模领域,2018 年庞浚疑等[68]基于 BIM 的 3D 实景建模方法,结合无人机数据采集技术,对道路和桥梁工程中 3D 实景模型在工程进度和质量管理中的应用进行了

研究。Liu 等[69]提出了一种基于无人机和 3D
场景重建的桥梁墩柱裂缝的评估方法,该方法
能够实现桥梁墩柱的三维重建并准确地识别
出裂缝的位置和裂缝宽度,他们还在实桥上验
证了方法的可行性。图 4-92 为文中墩柱三维
重建与裂缝定位示意图。

　　Guido Morgenthal 等[70]将无人机系统应
用于大型桥梁检测的框架中,并将无人机获取
的图像经过两步关键的处理,即三维重建技术
构建桥梁的三维点云模型和通过图像处理技
术检测桥梁的异常状态,获得的三维点云模型
转化成三角形网格,使得构建的三维模型更适

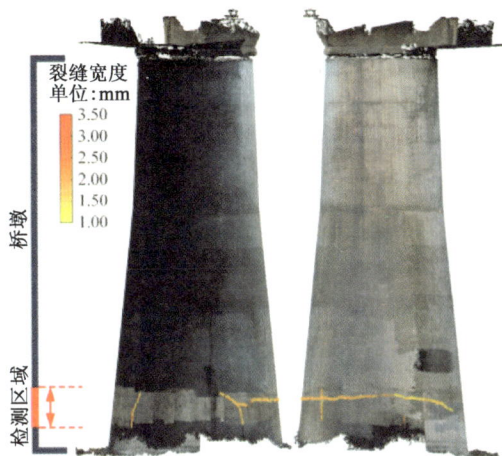

图 4-92　墩柱三维重建与裂缝定位示意图[69]

用于展示结构的真实状态。高质量的三维建模需要对无人机的飞行路径进行规划,以确保
结构的每个点均在两张图像的不同点上出现,而且两张图像还需在空间形成三角形姿态,确保
无人机采集到的图像具有足够的重合度。图 4-93 为生成的无人机分行路径示意图。

图 4-93　无人机分行路径示意图[70]

3)获取结构的动态响应

　　基于振动的结构健康监测(SHM)是评估民用基础设施安全性最主要的解决方案之一。
SHM 的应用基本都是从测量结构的动态响应出发的,传统的健康监测手段多是使用有线或
无线传感器测量结构加速度,再通过积分得到结构位移,但加速度测试在结构低频振动时测
量结果通常是不准确的。而对于诸如激光扫描仪等直接测量位移的方法也由于需要固定的
参考点、成本高或精度低而一直受到限制。

　　近年来,研究人员展开了基于视觉的结构健康监测研究,为结构健康监测提供了非接触
式的高效测量手段,具体内容将在 7.3.3 节中详细介绍。但是,这些方法往往都使用位置固
定的摄影机进行拍摄,这就需要找到一个合适的地点来部署摄影机,使其具有合适的观测角
度,对于桥梁来说,许多桥梁建设在深山峡谷之间或江河海洋之上,往往并不能为摄像机找
到合适的安放地点。无人机或者说无人机系统(Unmanned Aerial System,UAS)的发展为这
种情况提供了一种解决方案,但也存在诸多尚未解决的难题。

首先,现有的基于视觉的位移测量方法依赖于相机静止的假设,但由于无人机本身的移动,通过无人机拍摄视频直接测量得到的结构位移实际上是结构对于摄像机的相对位移,而非绝对位移,此外,还有无人机与结构的距离不恒定等问题,因此需要确定测量的比例因子。2017年,Yoon 等[71]率先提出了一种利用无人机拍摄的视频确定结构绝对位移的方法,通过引入一种自适应缩放机制对每一帧的尺度因子进行重新估算,以及减小卷帘效应的附加补偿方法,又通过计算结构上各点的互相关函数,有效地补偿了无人机的运动,获得结构更精确的位移估计。在其2018年的研究中[72],又基于光流的跟踪算法对结构的相对位移进行估计,再利用背景信息估计相机6个自由度(3个平移和3个旋转)的非平稳运动,最后将结构相对位移与相机运动相结合,复原绝对结构位移。Reagan 等[73]首次将无人机与DIC技术相结合进行桥梁状态评估,使用三维点跟踪和三维全场测量两种不同的DIC技术监控桥台上两个伸缩缝对应的两个不同位置,结果表明该系统可以提供量化的测量结果,且精度优于目视检测所达到的精度。

其次,由于视频画面分辨率的限制,使用单个摄像机拍摄整个大型结构并精确获取结构上所有点的位移测量是很难实现的,而且在远距离测量时,大气的影响可能会造成变焦镜头拍摄画面的扭曲,因此基于视频的技术在全尺寸民用基础设施模态分析中的应用一直受到限制。在 Yoon 等[71]使用无人机捕捉实验室框架结构模型动力特性的基础上,基于无人机拍摄得到的视频,将互相关函数与 NExT(Natural Excitation Technique)-ERA(Eigen System Realization)一起用于系统识别。通过六层模型的实验比较了加速度计、静止相机和无人机视觉系统三种系统辨识方法,并根据所提取的模态参数对固有频率和振型方面的准确性进行了比较。随后在文献[72]中,针对提出的方法在室外进行了现场试验,在液压模拟器上再现了美国伊利诺伊州罗克福德一座铁路桁架桥的位移,UAS 的飞行距离为4.6m,位移测量的均方根(Root Mean Square,RMS)误差为2.14 mm。

利用无人机进行桥梁结构健康监测并不只有通过航拍视频这一种思路。Ellenberg 等[74]对商用无人机的遥感能力,以及缩写为 TRITOP 和 X-Box Kinect 的光学计量系统进行了比较研究。还对具有代表性的桥梁结构构件进行了力学试验,使用空中交通工具进行了变形测量;在静态和飞行条件下,对位移和相应的精度进行了量化。为了评价无人机的性能,在 MATLAB 中开发了一种识别标记的图像后处理算法,利用无人机在人行天桥上进行室外可行性试验。Na 等[75]提出了一种基于振动无损健康监测方法的无人机应用方案,这个方案使用单个压电传感器来监控结构,让无人机暂时把压电传感器连接到一个特定的区域,在那里激励和数据采集同时发生,这样就不需要在结构上覆盖数百个用于监控的传感器。这些都为将无人机与基于振动的方法相结合提供了新的研究方向。使用无人机和计算机视觉、遥感技术及其他新兴技术相结合的测量方法,有助于实现桥梁检测的自动化,使得对桥梁状况进行更频繁、更具成本效益的测量成为可能。

Spencer 等[76]利用“分而治之”(divide and conquer)的理念,提出一种把从振动结构的特写视频中提取出的部分模态形状拼接在一起,以产生结构整体模态形状的方法,在实验室六层框架的振动台试验中测量得到了结构的前六阶自振频率和模态形状,后又在美国伊利诺伊州马霍姆市伍兹湖的人行天桥上进行了室外测试,这种方法直接解决了前面提到的与使用基于视觉的方法进行全尺寸基础设施模态分析相关的许多困难。

所测桥梁为美国伊利诺伊州 Mahomet 森林之湖上的小金门大桥（Little Golden Gate Bridge），见图 4-94，该桥位于伊利诺伊州香槟市西北约 18km 处，是一座钢结构人行悬索桥，梁体上覆有木板。这座人行桥跨度 67m，两个桥塔高 10m。桥梁梁体两侧每隔 1m 均有吊索与之连接并悬挂于主缆之上。

图 4-94　伊利诺伊州 Mahomet 森林之湖上的小金门大桥[76]

为了测量桥梁的振动，在桥南侧沿纵向等间距处贴上 13 个基准标记，同时为了便于比较，在桥的前半跨度上安装 4 个加速度计。为了给桥以激励，3 个行人在桥的后半段距离中心大约 1/3 的距离处跳跃。桥梁尺寸、标记位置、传感器和无人机飞行路径如图 4-95 所示。视频片段采用商用无人机 DJI Phantom 4 Pro（DJI 2018）拍摄，分辨率为 3840 像素×2160 像素，频率为 30Hz。将计算的结构模态特性与通过加速度计计算的参考数据进行对比，对应的 MAC 值均在 0.925 以上，三种比较模态的固有频率差均小于 1.6%。

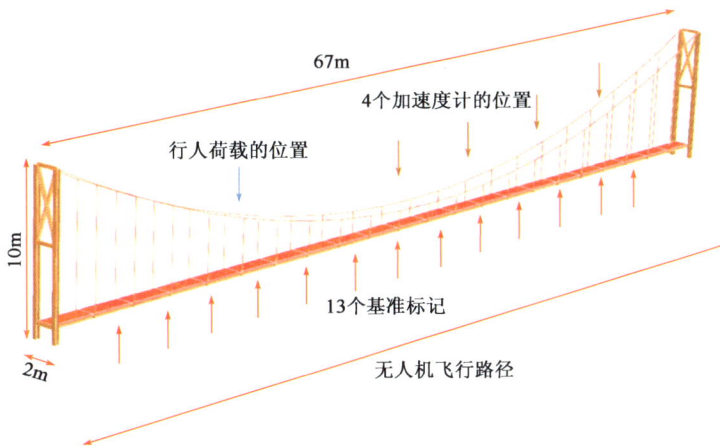

图 4-95　桥梁尺寸、标记位置、传感器和无人机飞行路径[76]

4）辅助其他设备进行测量

在桥梁检测领域，一般都是将无人机作为相机或其他检测设备的工作平台或运输载体来检查桥梁表观的病害，而无人机也可以作为辅助设备获取结构位移。西班牙的塞维利亚大学视觉和控制小组创新性地研发了基于天花板效应的接触式多旋翼无人机，将无人机作为图像的靶点，用全站仪进行测量并开发了桥梁挠度测量系统[77]。该系统由空中无人机平台、反射棱镜、地面控制站和激光跟踪站组成。图 4-96 为该系统示意图。

图 4-96　桥梁挠度测量系统示意图[77]
A-航空平台;B-记载反射棱镜;C-全站仪;D-地面控制系统

无人机整体设计是基于一个交叉布局的四旋翼,在螺旋桨周围有一个特殊的整流罩。所有电子元器件(自动驾驶仪、电池、传感器等)被放置在螺旋桨的平面或下方。根据气动天花板效应,该设计在稳定贴壁时能耗较小,但横向抗风能力弱,所以整流罩的顶部覆盖橡胶材料,以防止顶部表面的滑动。这种设计使得多旋翼可以安全地与桥的下部保持接触。无人机在桥梁底部检测时常会出现 GPS 信号丢失的情况,研究人员须对无人机的姿态控制器进行调整,以避免定位系统对于测量精度的干扰。

为了满足对桥梁挠度检测的需求,在整流罩的上部安装反射棱镜,为全站仪提供信号来源,且加设了弹性垫块,以适应不同的桥面状况。在无人机飞行到达桥梁指定位置并固定飞行姿态之后,研究人员利用全站仪对无人机的反射棱镜模块进行激光追踪,所有的数据及过程通过地面站实现,并将激光追踪结果结合局部三维激光点云扫描结果,对比无人机反射棱镜相对于原始位置的变化,从而测得桥梁挠度的变化值,图 4-97 为利用全站仪激光追踪获取无人机位置示意图。研究人员在卡图亚桥进行了实地应用,并取得了良好的效果,充分证明了无人机作为可移动测量靶点在桥梁检测领域的适用性。

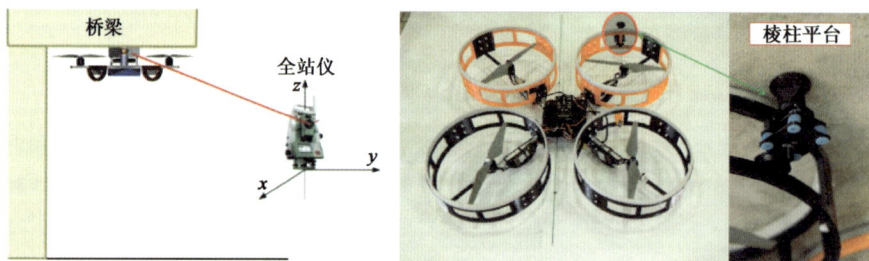

图 4-97　利用全站仪激光追踪获取无人机位置示意图[77]

本章结束语

本章介绍了不同种类的桥梁检测装备,按照检测对象的不同,可分为桥面系检测装备、墩塔检测装备、拉(吊)索检测装备、主缆检测装备、水下结构检测装备和综合检测装备。按照其自动化的程度,又可分为半自动化装备、自动化装备。需要注意的是,目前的半自动化和自动化技术装备,多着眼于实现自主接触式移动(autonomous locomotion)。而实现自主运行,还需要与人工智能、导航系统相结合。而目前的水下及空中无人机、机器人技术的核心之一是导航,这类设备实现自主导航运行和接触式装备不同。基于此,本章按照其自动化运行模式,将桥梁检测装备又分为接触式半自动化装备、自动化装备,水下机器人及装备和空中无人机综合检测装备。

总体来看,大多数得以应用的桥梁检测机器人和无人机仍处于人工干预下的单机工作模式和半自动化工作状态,距离完全的自动化还有一定距离,机器人检测作业效能评价、精细化操控方法、多源检测数据融合分析、检测任务规划等功能有待开发,面向桥梁检测的专用检测装备、自主导航技术和配套的图像处理算法也有待进一步研究和完善。另外,从环境适应性角度考虑,现有的检测装备设计仍不能完全克服复杂环境所带来的干扰,如强风强振、爬坡越障、浑浊湍流等,从而造成检测结果的不准确。

综合以上考虑,自动化、模块化、智能化将是该领域未来的发展方向。在机器人检测方面,即实现机器人自主行走、数据自动采集和实时处理,机器人部件的标准化和量化生产以及机器人的自动作业、检测数据的深入挖掘与分析,乃至形成决策方案。在无人机的应用方面,即实现适应于各类桥梁检测环境的专用无人机,实现检测路径的自动规划和自主导航,完善基于人工智能的检测、导航、路线规划,集成相关技术形成桥梁检测全自动一体化平台。

本章参考文献

[1] 张贵忠, 马晓贵. 沪通长江大桥巨型沉井超深基底水下检测技术 [J]. 桥梁建设, 2016, 46(6): 7-12.

[2] CHO H, KIM B, YU S C. AUV-based underwater 3-D point cloud generation using acoustic lens-based multibeam sonar [J]. IEEE journal of oceanic engineering, 2018, 43(4): 856-872.

[3] 夏杰, 张雷. 桥梁检测车现状及发展趋势 [J]. 汽车实用技术, 2019(2): 205-207.

[4] OH J K, LEE A Y, OH S M, et al. Design and control of bridge inspection robot system [C] // International Conference on Mechatronics and Automation. IEEE, 2007.

[5] OH J K, JANG G, OH S, et al. Bridge inspection robot system with machine vision [J]. Automation in Construction, 2009, 18(7): 875-880.

[6] LEE B J, SHIN D H, SEO J W, et al. Intelligent bridge inspection using remote controlled robot and image processing technique [C] // 28th International Symposium on Automation and Robtics in Construction, IAARC, 2011.

[7] 万智, 姚剑, 刘理. 自动化桥梁底面裂缝检测机器人系统 [C] // 2016 五省一市二区桥隧高新技术论坛——长大桥隧的安全、智能、绿色、耐久论文集. 上海, 2016: 12-20.

[8] 胡忠林, 齐英杰, 白璐. 国外公路路面、隧道检测车发展概况 [J]. 林业机械与木工设备, 2016(5): 4-7.

[9] GUCUNSKI N, KEE S, LA H, et al. Delamination and concrete quality assessment of concrete bridge decks using a fully autonomous RABIT platform [J]. Structural monitoring and maintenance, 2015, 2(1): 19-34.

[10] 殷迅, 刘敏. 适用于高墩桥梁的桥墩检测装置 [J]. 交通科技与经济, 2014, 16(4):

79-82.

[11] 秦海伟,陆从飞,蒋永生,等. 轨道式攀爬机器人系统设计与图像处理 [J]. 中国安全科学学报, 2019, 29(7): 117-122.

[12] 江周. 自行式悬索桥主缆检修车关键技术研究 [D]. 成都:西南交通大学, 2017.

[13] 张露,江周,王少华. 自行走悬索桥主缆检修车设计 [J]. 机械工程师, 2017(8): 26-28.

[14] 沈平. 英国 M48 塞文桥主缆检查与修复 [J]. 世界桥梁, 2011,(5):70-73

[15] 叶觉明, 龚志刚, 李荣庆. 福斯公路桥的主要维护和维修工程回顾 [J]. 世界桥梁, 2014,(2):82-88.

[16] MAHDAVI S, NOOHI E, AHMADABADI M N. Basic movements of a nonholonomic wheel-based pole climbing robot[C] // IEEE/ASME International Conference on Advanced Intelligent Mechatronics. IEEE, 2007.

[17] WANG X, XU F. Design and experiments on cable lnspection robot[C] // Conference of the IEEE Industrial Electronics Society . IEEE,2007.

[18] XU F Y, WANG X S, CAO P P. Design and application of a new wheel-based cable inspection robot [C] // IEEE International Conference on Robotics & Automation. IEEE,2011.

[19] SALTAREN R, ARACIL R, REINOSO O, et al. Climbing parallel robot: a computational and experimental study of its performance around structural nodes [J]. IEEE transactions on robotics, 2005, 21(6):1056-1066.

[20] 姜生元, 李荣丽, 李建永, 等. 气动蠕动式缆索维护机器人喷涂机构的研制 [J]. 机械传动, 2008, 32(3):92-93, 96.

[21] 张家梁, 吕恬生, 罗均, 等. 气动蠕动式缆索维护机器人的研制 [J]. 机器人, 2000, 22(5):397-401.

[22] ZHU D. Wireless Mobile Sensor Network for the System Identification of a Space Frame Bridge [J]. IEEE/ASME Transactions on Mechatronics, 2012, 17(3):499-507.

[23] TAKADA Y, ITO S, IMAJO N. Development of a bridge inspection robot capable of traveling on splicing parts [J]. Inventions, 2017, 2(3): 22.

[24] MAZUMDAR A, ASADA H H. Mag-Foot: A steel bridge inspection robot[C] // IEEE/RSJ International Conference on Intelligent Robots and Systems. IEEE, 2009.

[25] 吕学勤,刘刚,郑小霞, 等. 水冷壁高温腐蚀机制及机器人检测技术[J].上海交通大学学报,2008(51):4.

[26] SITTI M, FEARING R S. Synthetic gecko foot-hair micro/nano-structures as dry adhesives [J]. Journal of adhesion science & technology, 2003, 17(8):1055-1073.

[27] MLIRPHY M P, SITTI M. Waalbot:An Agile Small-Scale Wall-Climbing Robot Utilizing Dry Elastomer Adhesives [J]. IEEE/ASME transactions on mechatronics:A joint publication of the IEEE industrial electronics society and the ASME dynamic systems and control division, 2007, 12(3): 330-338.

[28] 戴启凡. 桥梁检测爬壁机器人及其自适应控制技术研究 [D].南京：南京理工大学, 2014.

[29] YAMAMOTO A, NAKASHIMA T, HIGUCHI T. Wall climbing mechanisms using electrostatic attraction generated by flexible electrodes [C] // International Symposium on Micro-Nano Mechatronics and Human Science. IEEE,2007.

[30] MIYAKE T, ISHIHARA H, YOSHIMURA M. Basic studies on wet adhesion system for wall climbing robots [C] // IEEE/RSJ International Conference on Intelligent Robots and Systems. IEEE, 2007.

[31] SONG Y K, LEE C M, KOO I, et al. Development of wall climbing robotic system for inspection purpose [C] // IEEE/RSJ International Conference on Intelligent Robts and Systems. IEEE, 2008.

[32] HAOYANG, RONG L, HONG Q, et al. A miniature multi-joint wall-climbing robot based on new Vibration Suction Robotic Foot [C] // IEEE International Conference on Automation and Logistics. IEEE,2008.

[33] 蒋湘军, 魏武. 基于蛇形机器人桥梁缆索无损检测系统的研究 [J]. 传感器与微系统, 2011, 30(4):82-84,95.

[34] 陈宝伟. 超宽覆盖多波束测深技术研究与实现 [D]. 哈尔滨：哈尔滨工程大学, 2012.

[35] 续元君. 水下目标探测关键技术研究 [D].大连：大连海事大学, 2011.

[36] 陆玲, 陈国明, 戴扬. 水下结构物表面缺陷的自动检测与识别 [J]. 计算机测量与控制, 2004,12(12):1125-1127, 1142.

[37] 张爱恩. 浑水环境下的成像检测技术 [C] // 渤海湾油气勘探开发工程技术论文集, 2008.

[38] 沈新蕊, 王延辉, 杨绍琼, 等. 水下滑翔机技术发展现状与展望 [J]. 水下无人系统学报, 2018, 26(2): 89-106.

[39] 孙国兴, 李春江, 母政龙. ROV 水下机器人在长河坝水电站中的应用 [J]. 水利水电施工, 2017(4):85-87.

[40] 平伟, 马厦飞, 张金华, 等. "海马"号无人遥控潜水器 [J]. 舰船科学技术, 2017, 39(15): 138-141, 145.

[41] 周超, 向绪友, 钟旭, 等. 无人机在农业中的应用及展望 [J]. 湖南农业科学, 2017(11):80-82, 86.

[42] 吕吉伟. 图像处理技术在无人机电力线路巡检中的应用 [J]. 通信电源技术,2019, 36(6): 84-85.

[43] 赵建宏, 徐宝坤, 王宝鑫, 等. 基于无人机的交通监控研究现状与展望 [J].计算机产品与流通, 2017(9): 125.

[44] 陈金桥, 李佳颖, 李慧乐, 等. 无人机在桥梁检测中的应用初探 [J].交通世界, 2018(32):103-106.

[45] 卢玉韬, 韩春华, 曾鹏. 基于BIM 的无人机桥梁检测实施方案研究 [J]. 土木建筑工

程信息技术,2017,9(2):73-77.

[46] DANG J, SHRESTHA A, CHUN P J. Bridge damage detection using unmanned arial vehicle and deep convolutional neural network [M]. Asia Conference on Earthquake Engineering. Thailand, 2018.

[47] 曹再兴. BIM 技术在桥梁管养中的应用研究 [D]. 重庆:重庆交通大学,2017.

[48] JIANG S, ZHANG J J C A C, ENGINEERING I. Real-time crack assessment using deep neural networks with wall-climbing unmanned aerial system [J]. Computer-aided civil and infrastructure engineering, 2020, 35(6):549-564.

[49] SALAAN C J, TADAKUMA K, OKADA Y, et al. UAV with two passive rotating hemispherical shells for physical interaction and power tethering in a complex environment [C] // IEEE International Conference on Robotics and Automation (ICRA). IEEE, 2017.

[50] 崔弥达,吴刚. 一种自动定位桥梁支座的履带式无人机:CN109606678A [P/OL]. 2019-04-12.

[51] 吴刚,崔弥达. 基于双子无人机及移动摄像机的桥梁支座检测装置:CN110254714A [P/OL]. 2019-09-20.

[52] 朱普茂. 用于桥梁检测的无人机自主导航技术研究 [D]. 重庆:重庆大学,2017.

[53] 万富华. 基于多传感器的无人机定位和避障技术研究 [D]. 杭州:浙江工业大学,2017.

[54] KANG D, CHA Y J J C A C, ENGINEERING I. Autonomous UAVs for structural health monitoring using deep learning and an ultrasonic beacon system with geo-tagging [J]. Computer-aided civil and infrastructure engineering, 2018, 33(10): 885-902.

[55] HALLERMANN N, MORGENTHAL G, RODEHORST V. Unmanned aerial systems (uas)-case studies of vision based monitoring of ageing structures [C] // International Symposium Non-Destructive Testing in Civil Engineering (NDTCE 2015), 2015.

[56] REAGAN D, SABATO A, NIEZRECKI C. Feasibility of using digital image correlation for unmanned aerial vehicle structural health monitoring of bridges [J]. Structral health monitoring, 2018, 17(5): 1056-1072.

[57] OMAR T, NEHDI M L J A I C. Remote sensing of concrete bridge decks using unmanned aerial vehicle infrared thermography [J]. Automationg in construction, 2017, 83:360-371.

[58] SEO J, DUQUE L, WACKER J. Drone-enabled bridge inspection methodology and application [J]. Automationg in construcyion, 2018, 94:112-126.

[59] 厉狄龙,沈剑,毛江鸿,等. 无人机在沿海腐蚀环境桥梁病害巡检中的应用[J]. 低温建筑技术,2018,40(3):128-130,137.

[60] 陶晓力,武建,杨坤. 基于无人机视觉的桥梁裂缝检测[J]. 计算机技术与发展,2018,28(3):174-177.

[61] 彭玲丽,黄少旭,张申申,等. 浅谈无人机在桥梁检测中的应用与发展[J]. 交通科技,2015(6):42-44.

[62] LEI B, WANG N, XU P, et al. New crack detection method for bridge inspection using

UAV incorporating image processing [J]. Journal of aerospace engineering, 2018, 31(5): 4018058-4018058. 13.

[63] DANG J, ENDO K, MATSUNAGA S, et al. Performance evaluation of unmanned aerial vehicle for bridge inspection inspection and application in 2016 kumamoto earthquake [M]. Huixian International Forum on Earthquake Engineering for Young Researchers. United States, 2017.

[64] FREIMUTH H, KöNIG M. Generation of waypoints for UAV-assisted progress monitoring and acceptance of construction work [C] // Conference on Construction Applications of Virtual Reality, 2015.

[65] LIN J J, HAN K K, GOLPARVAR-FARD M. A framework for model-driven acquisition and analytics of visual data using UAVs for automated construction progress monitoring [M]. Intrenational Workshop Computing in Civil Engineering, 2015.

[66] VACANAS Y, THEMISTOCLEOUS K, AGAPIOU A, et al. Building Information Modelling (BIM) and Unmanned Aerial Vehicle (UAV) technologies in infrastructure construction project management and delay and disruption analysis[C] // Third International Conference on Remote Sensing and Geoinformation of the Environment (RSCy2015), 2015.

[67] HAMLEDARI H, MCCABE B, DAVARI S, et al. Evaluation of computer vision-and 4D BIM-based construction progress tracking on a UAV platform[C] // 6th CSCE/ASCE/CRC international construction specialty conference, 2017.

[68] 庞浚疑. 路桥工程中基于BIM的3D实景建模与应用研究[D]. 重庆:重庆交通大学, 2018.

[69] LIU Y F, NIE X, FAN J S, et al. Image-based crack assessment of bridge piers using unmanned aerial vehicles and three-dimensional scene reconstruction [J]. Computer-aided civil and infrastructure engineering, 2020, 35(5):511-529.

[70] MORGENTHAL G, HALLERMANN N, KERSTEN J, et al. Framework for automated UAS-based structural condition assessment of bridges[J]. Automation in construction, 2019, 97:77-95.

[71] YOON H, HOSKERE V, PARK J W, et al. Cross-correlation-based structural system identification using unmanned aerial vehicles [J]. Sensors, 2017, 17(9): 2075.

[72] YOON H, SHIN J, SPENCER JR B F, et al. Structural displacement measurement using an unmanned aerial system [J]. Computer-aided civil and infrastructure engineering, 2018, 33(3): 183-192.

[73] REAGAN D, SABATO A, NIEZRECKI C. Unmanned aerial vehicle acquisition of three-dimensional digital image correlation measurements for structural health monitoring of bridges[C] // SPIE Smart Structures and Materids + Nondestructive Evaluation and Health Monitoring, 2017.

[74] ELLENBERG A, BRANCO L, KRICK A, et al. Use of unmanned aerial vehicle for quantitative infrastructure evaluation [J]. Journal of infrastructure systems, 2015, 21(3):

4014054. 1-4014054. 8.

[75] NA W S, BAEK J. Impedance-based non-destructive testing method combined with unmanned aerial vehicle for structural health monitoring of civil infrastructures [J]. Applied Science 2017, 7(1): 15.

[76] HOSKERE V, PARK J W, YOON H, et al. Vision-based modal survey of civil infrastructure using unmanned aerial vehicles [J]. Journal of structure engineering, 2019, 145 (7): 4019062. 1-4019062. 14

[77] SANCHEZ-CUEVAS P J, RAMON-SORIA P, ARRUE B, et al. Robotic system for inspection by contact of bridge beams using UAVs [J]. Nature reviews cancer, 2019, 19(2): 305.

第5章

大数据计算方法

大数据是一种规模大到在获取、存储、管理、分析方面大大超出了传统数据库软件工具能力范围的数据集合。随着人们迈入信息化社会,大数据越来越多地出现在了人们的生活当中,影响人们生活的方方面面。在桥梁运维过程中也伴随着大数据的产生,对于大数据的存储、处理、利用是现阶段桥梁智慧运维研究领域的一个重要课题。本章将介绍大数据的基本概念和常见的大数据计算方法,并介绍用于集成物理空间和信息空间的信息物理系统,重点介绍大数据计算方法在土木工程特别是桥梁工程领域的应用。

5.1 大数据计算概述

5.1.1 大数据历史与定义

大数据(big data),指无法在一定时间范围内用常规软件工具进行捕捉、管理和处理的数据集合,是需要新处理模式才能具有更强的决策力、洞察发现力和流程优化能力的海量、高增长率和多样化的信息资产。在大数据科学发展初期,狭义的大数据由巨型数据集组成,这些数据集的大小常超出普通计算设备或算法在可接受时间下的收集、使用、管理和处理能力。全球数据量的总体发展趋势如图 5-1 所示[1]。

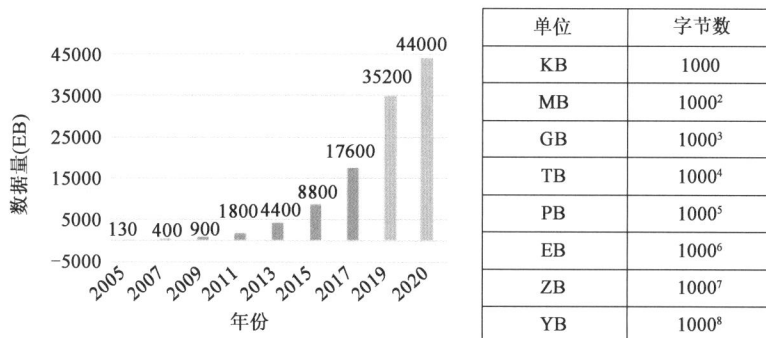

单位	字节数
KB	1000
MB	1000^2
GB	1000^3
TB	1000^4
PB	1000^5
EB	1000^6
ZB	1000^7
YB	1000^8

图 5-1 全球数据量发展趋势

　　大数据已成为很多领域中的流行词汇,但它并不是一个新的概念,早在1980年,著名未来学家阿尔文·托夫勒就在其著作《第三次浪潮》中明确提出了"数据就是财富"的观点,并赞誉大数据为第三次浪潮的华彩乐章。被广泛认可的"大数据"概念,是由著名咨询公司Gartner的高级分析师道格拉斯·兰尼提出的。2001年,他在一篇名为《3D数据管理控制数据量、速度和多样性》的文章中指出,大数据管理面临三大挑战:容量、多样性和速度(volume、variety、velocity,3V)。后来这三大挑战成为大数据的三大基本特征。

　　现今常说的大数据技术,起源于Google的三篇重量级论文:2003年10月发表的《Google文件系统》、2004年12月发表的《MapReduce:超大集群的简单数据处理》和2006年11月发表的《BigTable:结构化数据的分布式存储系统》。这三篇文章论述了大数据技术的"三驾马车":分布式文件系统GFS(Google File System)、大数据分布式计算框架MapReduce和NoSQL(Not Only SQL)数据库系统BigTable。2006年,Doug Cutting启动了一个独立的项目专门开发维护大数据技术,由此诞生了大数据技术的经典框架——Hadoop,主要包括分布式文件系统HDFS(Hadoop Distributed File System)和大数据计算引擎MapReduce。

　　2009年8月,Adam Jacobs在 *ACM Queue* 上发表了一篇名为《大数据的病态》的文章,论述了大数据问题的起源、发展和现状,指出"大数据"的概念是相对的,并提出了应该考虑为什么会出现"大数据"现象,他认为"大数据"出现的很大一部分原因在于数据录入更容易。2011年5月,麦肯锡全球研究所发布了白皮书《大数据:创新、竞争和生产力的下一个前沿》,指出企业面临大量的交易数据、客户信息、供应商信息、运营数据等需要管理和挖掘的问题。2012年2月,《纽约时报》发表《大数据时代》,向公众宣传大数据时代的到来;同年3月,美国开始布局大数据,并强调大数据是未来信息时代之"石油";同年7月,联合国在纽约总部发布了《大数据治理白皮书》,总结了世界各国政府如何更好地利用大数据服务和保护人民。

　　国内方面,2014年,"大数据"首次写入我国《政府工作报告》;2015年,国务院正式印发《促进大数据发展行动纲要》;2016年2月,国家发改委、工信部、网信办同意贵州省建设国家大数据(贵州)综合试验区,这也是我国首个国家级大数据综合试验区;2016年10月,国家在京津冀、珠江三角洲、上海、重庆、河南等七个区域推进国家大数据综合试验区建设。

　　随着大数据方法和技术在众多领域的应用和通过大众媒体的传播,已经很难得到能被广泛接受的广义的大数据的定义。2016年,IBM提出了一个描述性定义,即大数据应该具有以下若干或全部5V特点:volume(体量)、velocity(高速)、variety(多样性)、value(价值性)、veracity(真实性)。具体阐述如下:

　　volume(体量):指数据体量大,包括采集、存储和计算的量都非常大。大数据的定义取决于持有数据组的机构之能力,以及其平常用来处理分析数据的软件之能力。大数据的起始计量单位至少是PB(1000个TB)。

　　velocity(高速):指数据增长和处理速度快,时效性要求高。比如搜索引擎要求几分钟前的新闻能够被用户查询到,个性化推荐算法要求尽可能实时完成。这是大数据区别于传统数据挖掘的显著特征。

　　variety(多样性):指数据种类和来源多样化。数据种类有结构化、半结构化和非结构化,具体表现为网络日志、音频、视频、图片、定位等;数据来源有搭载感测设备的移动设备、高空感测科技(遥感)、软件记录、相机、麦克风、无线射频识别和无线感测网络。多种类、多来源的数据对数据处理能力提出了更高的要求。

value(价值性):指不同于传统的具有专一目的的测量数据,大数据价值密度相对较低。随着互联网以及物联网的广泛应用,信息感知无处不在,信息海量,但价值密度较低,如何结合业务逻辑并通过强大的机器算法来挖掘数据价值,是大数据时代最需要解决的问题。

veracity(真实性):指数据的准确性和可信赖度,即数据的质量。不同于传统测量或专业收集数据,大数据往往包含更多的不确定性,不精确的数据点或块,以及由此和大数据内部产生的复杂的因果(causation)、关联(association)等属性,导致数据缺乏可信赖性。

比较大数据与传统数据,两者的差异性如表 5-1 所示。

大数据与传统数据的差异性比较   表 5-1

维　　度	传 统 数 据	大　数　据
数据体量	GB	PB(目前)
生成速率	每小时、每天	每秒甚至更快
数据结构	结构化	半结构化、非结构化
数据来源	中心化	分布式
数据整合	容易	困难
数据存储	RDBMS	NoSQL、HDFS
数据处理	交互式	批处理或实时

由于现代的技术进步,发布新数据的便捷性以及全球大多数政府对高透明度的要求,大数据分析在现代研究中的应用越来越突出。大数据的应用领域,包括天文学、大气学、交通运输学、医学、基因组学、生物学、金融学等学科领域与 RFID、感测设备网络、大社会数据分析、互联网文件处理、互联网搜索引擎索引、通信记录明细、军事侦察、社交网络、大规模的电子商务等应用技术领域。大数据时代的来临带来了无数的机遇,但个人或机构的隐私安全也可能受到冲击,加强对用户权利的尊重也是时势所趋。

大数据并没有使用统计学的抽样方法,它只是观察和追踪已发生的事情。大数据必须借由计算机对数据进行统计、比对、解析方能得出客观结果,且大数据通常包含的数据大小超出传统软件在可接受的时间内处理的能力,几乎无法使用大多数的数据库管理系统进行处理,而必须使用"在数十、数百甚至数千台服务器上同时平行运行的软件"(集群)。在许多领域,由于数据集过于庞大,科学家经常在分析处理上遭遇限制和阻碍。

数据发现、数据科学是与大数据配套的深化技术研究领域。数据发现,指从大量数据中发现见解、规律与隐藏模式的一个过程。数据科学,主要以统计学、机器学习、数据可视化以及(某一)领域知识为理论基础,其主要研究内容包括数据科学基础理论、数据预处理、数据计算和数据管理,过程涉及使用各种科学方法、算法将其转换回实用的解决方案。三者的关系与特征如图 5-2 所示。

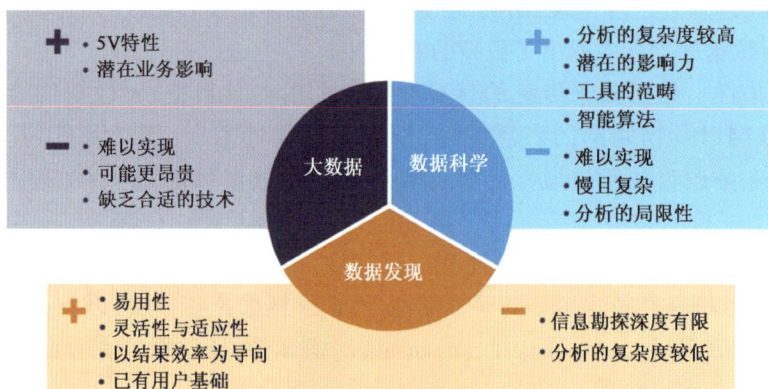

图 5-2 大数据、数据发现、数据科学的关系与特征

从数据发现与数据科学出发,图灵奖获得者 Jim Gray 在 2007 年提出了科学研究的第四范式——数据密集型科学发现。在他看来,人类科学研究活动经历过三种不同范式的演变过程(原始社会的"实验科学范式"、以模型和归纳为特征的"理论科学范式"、以模拟仿真为特征的"计算科学范式"),目前正转向"数据密集型科学发现范式"。第四范式的主要特点是科学研究人员的工作主要是从大数据中查找和挖掘需要的信息和知识,而非直接面对研究的物理对象,也不再需要模型和假设,而是利用超级计算能力直接分析海量数据来发现相关关系,进而推导因果关系,以获得新知识。第四范式是一种基于数据驱动的科学研究范式,被认为是以大数据科学为代表的新型科学研究的准则。

大数据科学的技术体系主要由三部分构成,即存储技术、计算技术、分析技术。下面分节进行介绍。

5.1.2 存储技术:数据库与数据仓库

数据库(database),是对数据进行存储和管理的工具,通常分为关系型数据库、非关系型数据库。其中,关系型数据库管理系统(Relational Database Management System,RDBMS),用以操作建立在关系模型基础上的数据库,对于之前传统数据的存储,其应用面非常广且已发展得很完备,目前有 MySQL、SQL Server、PostgreSQL、Oracle、DB2、Access 等。非关系型数据库(NoSQL),严格来说不是一种数据库,而是一种数据结构化存储方法的集合,它有诸多优点,包括模式自由、支持分区复制、支持大量数据等,并逐渐成为处理大数据问题的标准。NoSQL 根据数据模型的不同主要分成 3 类:键值(key-value)存储数据库、列存储数据库、文档型数据库。键值存储数据库的数据模型最为简单,数据都以一个键与一个值的形式配对保存,且键值都是唯一的,通常用在轻量级的数据应用中,一般依托于内存,较有名的如 Redis(Remote Dictionary Server,远程字典服务器);列存储数据库基于列进行数据处理,而非传统的以行为单位,可以按行、列同时分割成多个节点进行扩展,最有名的是 Google 的 BigTable 和基于 Hadoop 的 Hbase,其基本数据结构是稀疏的、分布式的、永久的多维排序映射表,表通过行键、列键与时间戳三个维度建立索引;文档型数据库,相比于键值存储数据库能支持更复杂的数据结构,不限制存储内容、格式,通常依赖的存储设备是硬盘,如 MongoDB。

数据仓库(data warehouse),是一个面向主题的、集成的、非易失的(不可更新的)、时变的数据集合,出于企业的分析性报告和决策支持目的而创建,旨在对多样的业务数据进行筛选与整合。它为企业提供一定的 BI(Business Intelligence,商业智能)能力,指导企业改进业务流程,帮助监视并控制时间、成本、质量。数据仓库的输入方是各种各样的数据源(或数据库),最终的输出用于企业的数据分析、数据挖掘、数据报表等方向。数据仓库依靠 ETL [extract(抽取)、transform(转换)、load(加载)]进行不同数据源的数据集成,这也是最耗时、耗资源的一个环节。按数据的读取顺序,数据仓库的 4 个核心组件依次为各种数据库源、ETL、数据仓库、前端应用,如图 5-3 所示。目前主流的数据仓库工具,有基于 Hadoop 框架的 Hive、阿里自主研发的 AnalyticDB(PB 级实时数据仓库)等。

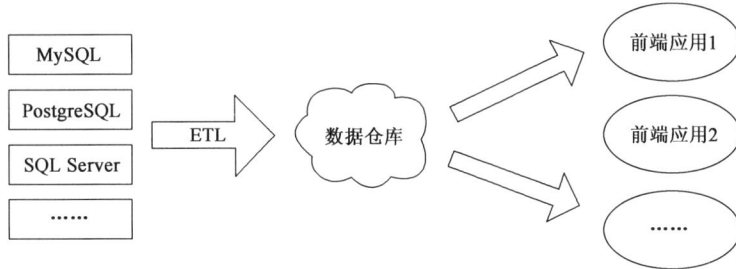

图 5-3 数据仓库核心组件

数据库与数据仓库的区别:数据库的操作,一般为联机事务处理(On-Line Transaction Processing,OLTP),是针对具体的业务在数据库中进行的联机操作,具有数据量较少的特点,通常对少量数据记录进行查询、修改;数据仓库的操作,一般为联机分析处理(On-Line Analytical Processing,OLAP),是针对某些主题(综合数据)的历史数据进行分析,支持管理决策。

大量的工业监测数据,特点是产生频率快、严重依赖于采集时间、测点多、信息量大,可使用"时序数据库"来处理带顺序化时间标签的数据,时序数据库中最有代表性的有 TimescaleDB(基于 PostgreSQL)、InfluxDB 等;而针对遥感、空间、GIS 的大数据,Geodatabase 是一种采用标准关系数据库技术来表现地理信息的数据模型,目前有基于 GIS 的 ArcGIS (商业)、QGIS(开源)等。

5.1.3 大数据计算技术

大数据的计算框架主要分为批处理、流式计算、交互式分析、增量计算这四类。从图 5-4 中可以看到,各种类下的具体框架名目较多,部分还有交叉组合,而这一"繁荣景象"说明了各框架之间也各有优劣、形成互补,适用于不同的场景需求。

Hadoop 为纯批处理的大数据计算框架,是 Apache 公司开发的一款可靠、可扩展、分布式计算的开源软件。10 多年前,正是因为它的横空出世,才有了大数据分布式计算技术的迅猛发展。Hadoop 分为三大部分:YARN(Yet Another Resource Negotiator,资源调试)负责资源和任务管理,HDFS(分布式文件系统)负责分布式存储,MapReduce(计算框架)负责分布式计算,允许在集群服务器上使用简单的编程模型对大数据集进行分布式处理。Hadoop 隐藏了很多烦琐的细节,如容错、负载均衡等,更便于使用,也具有很强的横向扩展能力,可以很容易地把新计算机接入集群中参与计算。在开源社区的支持下,Hadoop 不断发展完善,集成了众多优秀的产品,如 NoSQL 的列存储数据库(HBase)、数据仓库(Hive)、数据处理工具(Sqoop)、机器学习算法库(Mahout)、分布式协调器(ZooKeeper)、管理工具(Ambari)等，形成了相对完整的生态圈和分布式计算的标准，如图5-5所示。

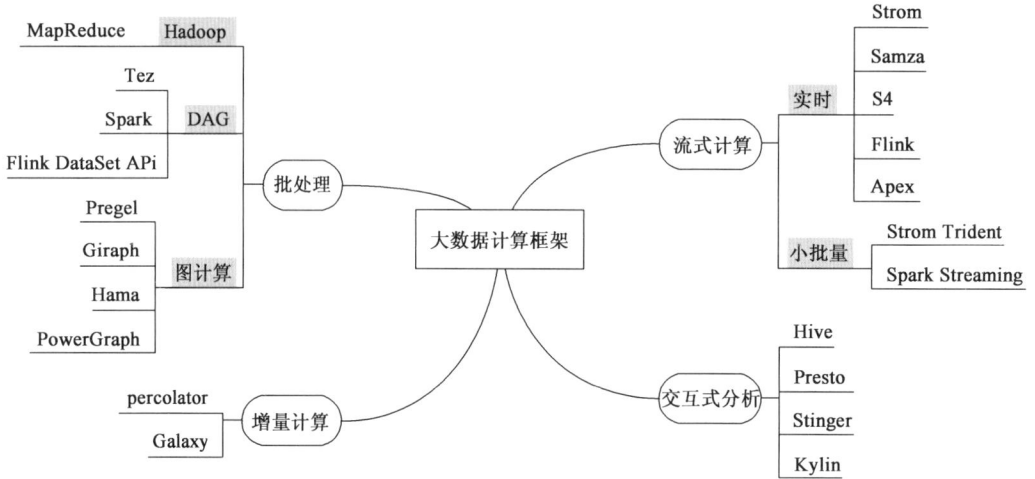

图5-4 大数据计算框架分类

注：DAG-Directed Acyclic Graph，有向无环图

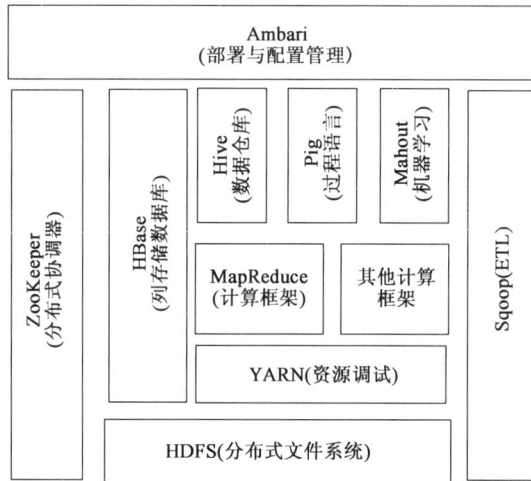

图5-5 Hadoop 生态圈

MapReduce，作为 Hadoop 框架的计算核心，是一种简单且具有较强表达能力的编程模型，它能自动化地将大规模计算任务交由普通 PC 集群进行并行、分布式处理。该编程模型主要包括两个用户定义的函数——Map 函数与 Reduce 函数。Map 函数根据一定规则将原始数据转换成中间结果，并用中间变量进行标记，这一过程称为 Shuffle，由系统自动完成。之后，计算框架会将具有同样变量的中间结果交给 Reduce 函数进行汇总得到结果。但面对越来越复杂的大数据计算任务，MapReduce 因其抽象层次过低，表达能力有限，故不适合完成逻辑关系复杂的计算任务。为克服上述问题，业界提出了 DAG(Directed Acyclic Graph，有向无环图)计算模型，其核心思想是把任务在内部分解为若干有先后顺序的子任务，因此可更灵活地表达各种复杂的依赖关系。MapReduce 的另一个不足是使用磁盘存储中间结果，严重影响了系统性能，这在机器学习等需要迭代计算的场合更为明显。加利福尼亚大学

伯克利分校开发的 Spark 克服了上述问题,受到市场的追捧与欢迎,并得到了广泛的应用。Spark 对早期 DAG 模型做了改进,提出了基于内存的分布式存储抽象模型 RDD(Resilient Distributed Datasets,可恢复分布式数据集),把中间数据有选择地加载并驻留到内存中,减少磁盘 IO 开销。与 Hadoop 相比,Spark 基于内存的运算要快 100 倍以上,基于磁盘的运算快 10 倍以上。

大数据时代,数据通常都是持续不断动态产生的,这需要在非常短的时间内对数据进行处理,并且还要考虑容错、拥塞控制等问题,避免数据遗漏或重复计算,因此诞生了流式计算框架。流式计算框架一般也采用 DAG 模型,并将 DAG 图中的节点分为两类:一类是数据的输入节点,负责与外界交互而向系统提供数据;另一类是数据的计算节点,负责完成某种处理功能,如过滤、累加、合并等。从外部系统不断传入的实时数据,流经这些节点,把它们串接起来。目前人气最高、应用最广的流式计算框架是 Storm。它具有简单的编程模型,且支持 Java、Python 等主流开发语言,同时具有良好的性能和容错性,在多节点集群上每秒可以处理上百万条消息。在 DAG 模型中,确保消息可靠的难点在于,原始数据被当前的计算节点成功处理后,还不能被丢弃,因为它生成的数据仍然可能在后续的计算节点上处理失败,那么就需要由该原始数据重新生成,因此会消耗大量资源。Storm 为每条消息分派一个 ID 作为唯一性标识,在消息中包含原始输入消息的 ID,并通过异或计算来决定是否可清除原始消息。Storm 还实现了更高层次的抽象框架 Trident。Trident 以微批处理的方式处理数据流,比如每次处理 100 条记录。Trident 提供了过滤、分组、连接、窗口操作、聚合、状态管理等操作,支持跨批次进行聚合处理,并对执行过程进行优化,包括多个操作的合并、数据传输前的本地聚合等。

在实现了大数据的高效计算后,分析师们希望能更方便地进行数据交互。Hive 是最早出现的架构在 Hadoop 上的大规模数据仓库,其基本思想是通过定义模式信息,把 HDFS 中的文件组织成类似传统数据库的存储系统,并保持 Hadoop 所提供的可扩展性和灵活性。Hive 支持熟悉的关系数据库概念,比如表、列和分区,包含对非结构化数据一定程度的 SQL 支持,还支持使用类似 SQL 的声明性语言 HiveQL 表达的查询。HiveQL 被编译为 MapReduce 过程执行。Hive 的主要弱点是需要建立在 MapReduce 的基础上,性能受限。一些交互式分析平台对 Hive 做了相应改进和扩展,如 Presto、Stinger、Kylin 等。

此外,大数据的高频或多应用之间的数据收发,常采用"消息中间件"作为一个独立的模块:发送者将消息发送给消息中间件,消息中间件将消息存储在消息队列(message queue)中,在合适的时候再将消息转发给接收者。消息中间件,在不同平台之间通信,常被用来屏蔽各种平台及协议之间的特性,实现多应用程序之间的协同,其优点在于能够在客户和服务器之间提供同步与异步的连接,并且在任何时刻都可以将消息进行传送或者存储、转发,消息中间件也是它比远程过程调用更进一步的原因。消息中间件已广泛应用于各类分布式应用系统,并向发布(或订阅)架构转变,成为企业应用集成中间件的一种核心机制。目前比较典型的消息中间件有 RabbitMQ、Kafka、阿里的 RocketMQ 等。

5.1.4　大数据分析技术

数据分析(data analysis),指用适当的统计分析方法对收集来的大量数据进行分析,提取有用信息和形成结论而对数据加以详细研究和概括总结的过程;数据挖掘(data mining),是在大型数据存储库中自动地发现有用信息的过程,它是 KDD(Knowledge Discovery in Database,数据库中知识发现)中不可缺少的一部分。数据挖掘的建模流程通常分五步:数据选取(分为训练集与数据集)、训练模型、验证模型、修正模型、使用模型。数据分析和数据挖掘都是投入数据、产出信息的过程,它们虽类似但也有差别,两者的比较见表 5-2。

数据分析与数据挖掘比较 表 5-2

维　度	数 据 分 析	数 据 挖 掘
理论基础	基于统计推断的知识(统计学、概率论和数理统计、多元统计分析、时间序列)	需要更多的计算机工程能力(统计学、概率论和数据库、编程基础、Linux 基础)
数据量级	基于抽样或相对较小的数据量	大数据
业务理解	较强	较弱
工具	关注应用(Excel、SQL、R、Python、SAS 等)	更关注算力、存储、算法(Python、R、SQL、Hadoop、Hbase、Spark 等)

数据分析与数据挖掘的模式如图 5-6 所示。

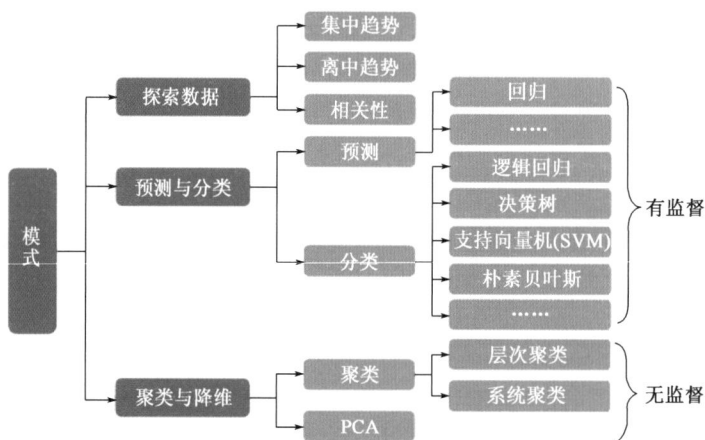

图 5-6　数据分析与数据挖掘的模式

探索数据,分为集中趋势(均值)、离中趋势(标准差)、相关性(协方差)等来进行数据的描述。

预测与分类是两种使用数据对未来结果进行预测的方式,属于"有监督学习"范畴。两者的不同之处在于,预测是根据给定自变量来预测对应的因变量的值,需要预测的属性值是连续的、有序的,常见的概念模型有"回归"等;分类是用于预测数据对象的分类标号,需要预测的属性值是离散的、无序的,常见的概念模型有逻辑回归、决策树、支持向量机(Support Vector Machine,SVM)、朴素贝叶斯、随机森林等。相关内容参见后续章节。

聚类与降维,都属于"无监督学习"范畴。聚类是把数据对象集按相似性划分成若干个子集的过程,其与分类的区别在于:分类是已知事物类别,要从样品中学习分类的规则,是一种有指导学习;而聚类以相似性作为基础,直接得到若干类别,是一种无指导学习。

k-Means(k-均值)是最著名、最常用的一种聚类算法,也是一种基于形心的技术。它将

n 个数据对象划分为 k 个聚类,使所获得的聚类满足:同一聚类中的对象相似度较高,不同聚类中的对象相似度较低。聚类的相似度是利用各个聚类中对象的均值获得的一个"引力中心对象"来进行计算的,各聚类本身尽可能地紧凑,而各聚类之间尽可能地分散。该算法的过程:首先从 n 个数据中任选 k 个作为初始聚类中心,对其他对象,根据与这些聚类中心的相似度(距离),分别将它们分配给与其最相似的聚类;然后计算每个所获新聚类的聚类中心(该聚类中对象的均值),不断重复这一过程直到标准测度函数(一般采用均方差)开始收敛为止。

对大量数据进行分析与挖掘时,一般要做降维与可视化方面的处理。降维,利用线性或非线性变换,尽量把一些关系紧密的变量减少为互不相关的新变量,将高维空间的数据投影到一个有观测意义的低维空间中,进而获取其内在特征的低维可视化表示。它同时降低了模型的计算量与复杂度,降低了噪音变量影响,减少了数据存储;降维后的可视化呈现,能以人类可感知的方式探索原始图像集背后隐藏的规律。数据降维分类与模型如图 5-7 所示。

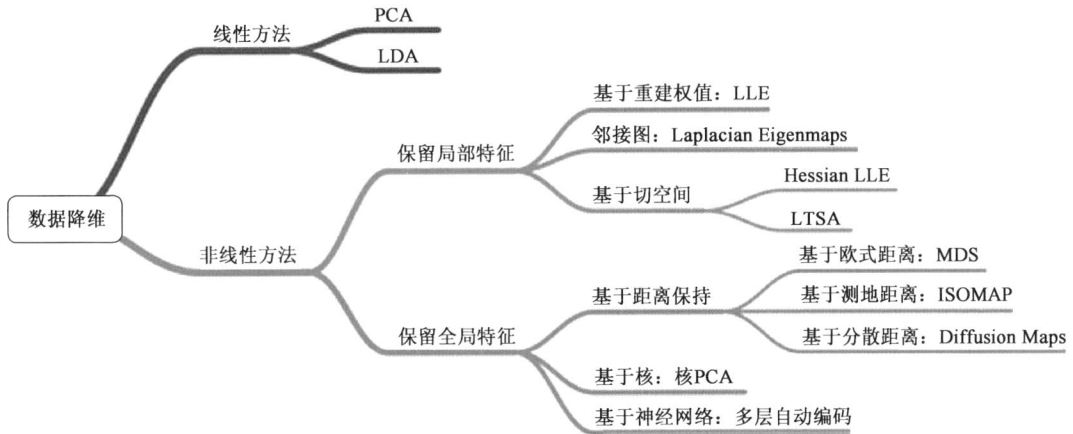

图 5-7　数据降维分类与模型

PCA(Princinpal Component Analysis,主成分分析)是最常用的一种线性降维算法,可提取出数据的主要特征分量,因此在数据压缩、消除冗余等领域有着广泛应用。PCA 用数目更少的 m 个特征取代数据集的原始 n 个特征,新特征是旧特征的线性组合,这些线性组合最大化样本方差,尽量使新的 m 个特征互不相关,并从旧特征到新特征的映射中捕获出数据中的固有变异性。PCA 不仅是对高维数据进行降维,也去除了噪声、发现了数据中的模式。PCA 的基本过程如下[2]:①对输入数据进行规范化处理,使每个属性都落入相同区间,确保具有较大定义域的属性不会支配具有较小定义域的属性。②计算 k 个标准正交向量,作为规范化输入数据的基。这些单位向量,每一个都垂直于其他向量,称为主成分。输入数据是主成分的线性组合。③对主成分按重要性或强度降序排列。主成分本质上充当数据的新坐标系,提供关于方差的重要信息。即对坐标轴进行排序,使得第一个坐标轴显示数据的最大方差,第二个显示数据的次大方差……这一信息帮助识别数据中的组群或模式。④去掉方差较小的弱成分,来归约数据,使用最强的主成分,就能近似重构出原数据的情况。多于二维的多维数据可通过将问题归约为二维问题来进行处理,主成分可以用作多元回归和

185

聚类分析的输入。与小波变换相比,PCA 能够更好地处理稀疏数据,而小波变换更适合处理高维数据。PCA 应用于数据集时,将会失去其可解释性。

t-SNE 是一种比较新且效果较好的非线性方法,在 2008 年提出,由 SNE(Stochastic Neighbor Embedding,分布邻域嵌入算法)衍生而来。SNE 出现于 2002 年,它改变了 MDS 和 ISOMAP 中基于距离不变的思想,将高维映射到低维的同时,尽量保证相互之间的分布概率不变。SNE 将高维和低维中的样本分布都看作高斯分布,而 t-SNE 将低维中的坐标当作 t 分布,这样做是为了让距离大的簇之间距离拉大,从而解决拥挤问题。t-SNE 是目前来说效果最好的数据降维与可视化方法,但是它的缺点也很明显:占内存大,运行时间长。当我们要对高维数据进行分类,又不清楚这个数据集有没有很好的可分性(同类之间间隔小,异类之间间隔大)时,可以通过 t-SNE 投影到二维或者三维的空间中进行观察。如果在低维空间中具有可分性,则数据是可分的;如果在高维空间中不具有可分性,可能是数据不可分,也可能是因为不能投影到低维空间。

在进行数据分析与挖掘的过程中,异常检测也是一个重要又绕不开的问题,它也更能体现出数据挖掘的初衷。异常值也称为离群点,忽视异常值的存在是十分危险的,不加剔除地把异常值包括进数据的计算分析过程中,会对结果产生不良影响;重视异常值的出现,分析其产生的原因,常常成为发现问题进而改进决策的契机。异常检测方法也一直伴随着大数据相关技术的发展而不断进步,从早期的统计学方法,到后来的基于神经网络的检测技术的方法,再到现在采用决策树分类、基于距离的聚类、基于密度的聚类等各种模型的方法。Gerhard Münz 等将 k-Means 模型应用于交通异常检测,从流记录中提取特征数据集[3]。在将来,可能会集合物联网数据源、网关、网络基础设施、流、聚类/分类算法、大数据处理技术、异常检测分析和可视化技术,以进行实时的异常侦测的分析[4]。

下面简要介绍数据清洗方面的内容。

由于监测系统在采集数据过程中会遇到噪声干扰、传感器故障或者传输网络故障等状况,这些海量原始数据中会包含大量噪声,甚至存在严重故障数据,这些数据的存在会直接影响后期桥梁健康状况的准确评估和及时预警。传感器数据的异常类型[5]有以下几大类:数据缺失、数据漂移(跃迁)、长周干扰、非一致异常(跳点)、弱噪声干扰、无法消除的强噪声、频域信号异常等。

因此,需要人工或用数据处理软件进行数据预处理、二次预处理和后处理。其中,数据预处理包括滤波、去噪、去趋势项、截取和异常点处理;二次预处理主要是进行基本的统计运算,如时段内的最大值、最小值、均值、方差、标准差、协方差、峭度、偏度等,计算结果作为初级预警的依据;后处理主要是对数据进行专项分析,如模态分析、桥梁特征量与环境因素之间的相关性分析、非线性回归分析等。

对平稳信号的频谱分析,可采用 DFT(离散傅立叶变换);对非平稳信号,宜采用时频域信号处理分析。对于需要进行频谱分析的数据,在信号截断处理时应考虑被分析信号的性质与处理要求,为减少截断对谱分析精度的影响,应施加适当的窗函数。借助 Python、MATLAB 等工具中相关的数学、信号处理函数包,可对上述手段进行编程统一化处理;使用 R 语言,可进行统计分析与绘图;也可通过多种混合编程方式进行集成,从而实现快速自动化的清洗与处理。

大数据、高性能计算（High Performance Computing, HPC）、人工智能（AI），三者融合是目前大数据分析技术发展的趋势，如图 5-8 所示。大数据计算必然是高性能计算，大数据为人工智能的新崛起提供了数据引擎，大数据的挖掘是人工智能最重要的场景。高性能计算为人工智能新崛起提供了计算引擎，人工智能与大数据牵引高性能计算呈现新业态。三者的交叉区域，是我们今天研究最为关注的热点。

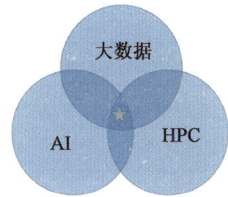

图 5-8　大数据、HPC、AI 的交叉关系

机器学习（ML），属于人工智能领域的一个核心子领域，涉及概率论、统计学、逼近论、凸分析、算法复杂度理论等多门交叉学科，研究计算机怎样模拟或实现人类的学习行为，以获取新的知识或技能，并重新组织已有的知识结构使之不断改善自身的性能。它是使计算机具有智能的根本途径，主要使用的分析方法是归纳、综合而不是演绎。在计算机系统中，"经验"通常以"数据"形式存在，因此，机器学习所研究的主要内容，是关于在计算机上从数据中产生"模型"的算法，即学习算法。这些学习到的"模型"面对新的情况能够给出相应的判断。其中，当前最为热门的是"深度学习"，其动机在于建立模拟人脑进行分析学习的神经网络，它模仿人脑的机制来解释数据，这种技术的最大特点就是能够基于海量数据使用通用的学习算法来自动化地进行特征分析，极大地减少了人工进行特征挖掘的需求。因此，深度学习广泛应用于图像分类、物体检测、个体分割、语音识别、机器翻译、文本生成等领域。桥梁结构健康监测大数据云平台，就是在海量、复杂数据中挖掘潜在的规律与模式，使用机器学习与深度学习工具，完成桥梁健康状态的评估与预测。

除了数据挖掘、机器学习，还需对现有算法进行并行化设计，常见的并行化包括数据并行化、模型并行化。数据并行化是将总体的训练数据进行划分，每一个计算节点负责一部分的数据集训练，训练过程通过计算框架进行整体同步更新，如 Hadoop 的 Mahout，Spark 的 MLlib。而当模型特别庞大时，常使用"参数服务器"对模型进行划分，以完成模型的并行化训练，对大规模模型参数进行统一管理和同步控制，对外提供一个统一的模型参数访问接口，对内把大规模模型参数切分成多个分区，以分布式的方式进行存储和管理。

5.1.5　桥梁相关现状

对于桥梁的管理养护过程与数据特征而言，大数据的 5V 特点中"高速"与"多样性"的体现较明显，而"体量"这一特点并不突出。试想一个桥面板长 1000m、宽 30m 的桥梁模型，当每像素对应 1mm 时，全桥面的面积共有 3.0×10^{10} 像素。估算该桥运行一年的数据总量，约为 4.67×10^3 TB，过程见表 5-3。

桥梁单体运行一年数据总量估算　　　　　　　　　　　　　　　表 5-3

传感器类型	数量（个）	字节	次数（天）	倍数（年）	采样率（Hz）	合计大小	位
温度等环境传感器	300	8	24	365	1	1.96×10^{-2}	GB
众包移动计算	10000	24300KB	1	1	1	2.32×10^2	GB
应变计	1000	8	1800	365	100	4.90×10^2	GB
加速度计	1000	8	1800	365	200	9.79×10^2	GB
桥面板扫描	1	9.0×10^{10}	1	12	1	1.01×10^3	GB

续上表

传感器类型	数量(个)	字节	次数(天)	倍数(年)	采样率(Hz)	合计大小	位
无人机	3	24300KB	3600	24	1	6.01×10^3	GB
交通相机	10	3MB	86400	365	1	9.24×10^5	GB
高速相机	10	3MB	1800	365	200	3.85×10^6	GB
数据总量						4.67×10^3	TB

不同于一些大数据已经存在的领域(金融、医学、生物,甚至交通运输),目前桥梁领域的数据总量相较而言,如果从体量(volume)上讲,还未达到狭义的大数据级别。但基于其他四个"V"的角度,桥梁的设计、建设、监测、检测、养护、管理等过程实时产生的数据和积累的数据,可以称为大数据。在检测与监测过程中涉及大量多样性数据的处理,都需要用到新兴的大数据技术。并且,更加集群化与精细化的智慧管养发展过程,结构(特别是区域内的结构群)检测、监测技术与大数据科学技术的融合发展,是未来结构管理养护与运维的重要发展趋势。

1)在桥梁监测方面

(1)基于监测数据的深入挖掘需要大数据技术,以支持大跨桥梁结构的运维。

(2)通过图像数据与大数据的深度学习技术,进行结构的外观病害监测。

(3)通过同区域环境相似桥梁的温度监测数据的协同分析,可得出既有环境下桥梁的温度场分布。

(4)基于视频技术,开发桥梁运营阶段车辆荷载的快速识别方法,可实现对结构群协同监测范围内车辆荷载的快速识别与特征统计。

(5)通过各类桥梁结构的结构群监测数据协同分析,揭示结构在运营时的内在机理,建立结构变化的固有模式,形成控制的指标及评价方法。

(6)利用数据挖掘、机器学习等大数据应用层相关技术,进行数据准确性的自动化检测与修正。例如,Bao 等[6]利用计算机视觉与深度学习技术对监测数据进行异常分析,自动对六类异常模式进行识别。

2)在桥梁检测方面

(1)图像采集与人工智能识别处理;

(2)三维激光点云与重建技术;

(3)损伤与裂纹检测(声发射等方式);

(4)基于空间数据的结构几何评估。

在城市尺度的评估方面,大数据体量已相当可观。例如,利用无人机拍照、图像处理与云计算技术,对城市进行震后快速评估。Agarwal 等[7]建立了一套采用分布式计算机视觉算法的三维重建系统,通过对图像分享网站中超过 10 万张的城市照片进行分析,能够在 1 天内对城市三维模型进行重建。Byrne 等[8]采用无人机拍摄的视频对结构进行三维模型重建研究,并证实了合理的视场角选择能够同时满足精细度要求与拍摄覆盖度要求。

而在具体使用数据库或数据仓库进行桥梁数据的后台管理时,应考虑其可扩展性、可维护性、安全性、易用性、稳定性,做好前期规划,包含数据库软件的选取、分库分表、字段设计、索引排序、读写分离、主从复制、负载均衡等多个方面。例如,可对桥梁、传感器的静态结构化数据采用 MySQL 进行存储,对监测数据的统计、分析、评估结果这类少量信息按年/月的方式用 MySQL 分表存储,对桥梁监测的大量动态数据使用 MongoDB 或时序数据库存储。又如,可对数据按调用频度进行分区存储,以提供不同的访问速度:1 年内为热数据,1～3 年内为温数据,3 年以上为冷数据。

目前,国内外成熟的桥梁大型数据库不多,其中较为知名的列举如下:

苏交科集团,在 10 多年内承担了包括 11 座长江公路大桥在内的 70 余座桥梁的健康监测系统设计与实施项目,是目前全世界千米级桥梁健康监测系统业绩最多的单位[9];2010年建立的江苏省长大桥梁健康监测数据中心,是国内首家区域性桥梁健康监测系统数据中心,中心着重于长大跨桥梁的管养运维,接入了江苏省内的润扬大桥等 5 座跨长江公路大桥和 2 座高速公路大跨索承桥梁,并作为综合交通大数据处理及应用技术研发中心的核心内容在 2017 年通过专家评审。其中,江苏省长大桥梁健康监测数据中心管控的 7 座大桥,在2018 年的累积数据量达到 15TB,并以每年 3.5TB 的增量不断累加(包含了 1.05 万亿条数据记录),同时还有针对性地开发了专门的故障检查调试系统,将系统的完好率从 2010 年的78.8% 提高到了 2018 年的 85.5%,每年有 8500 亿条数据可用于分析。

美国的国家桥梁档案库(NCHRP Bridge Inventory Database,NBI),作为 LTBP(Long Term Bridge Performance Program,桥梁长期性能研究计划)的一部分,由 NCHRP(美国公路合作研究组织)建立,2019 年 10 月其公示了《国家桥梁检查标准(NBIS)》草案。LTBP[10-11]于 2008年启动,有效期为 20 年(分 5 年准备阶段和 15 年执行阶段),目的是在美国选取典型桥梁,通过收集其性能变化的数据,建立详细、及时的桥梁健康数据库,开展桥梁结构性能理论和应用技术的全面研究,并利用大数据来改善对交通事故的管理,最终提高美国公路桥梁的安全性、可靠性和延长其长期寿命。计划建设的数据库将整合多个数据源,包括 NBI、PONTIS桥梁管理数据库、天气交通等数据,民众目前可通过美国联邦公路局(FHWA)的网站来查询数据,如桥梁类型、年代、天气统计数据、交通信息、地理位置、过去 20 年的评定结果等。

5.2　云　计　算

传统模式下,企业建立一套 IT 系统不仅需要购买硬件等基础设施,还要购买软件的许可证,并且需要专门的人员进行维护。当企业的规模扩大时还要继续升级各种软硬件配套设施以满足需要。对于企业来说,计算机等硬件和软件本身并非他们真正需要的,它们仅仅是完成工作、提供效率的工具。对于个人来说,我们使用电脑时需要安装软件,但对不经常使用收费软件的一些用户来说,购买收费软件是非常不划算的。于是人们开始寻求一种服务,以期望向集中的站点租赁这样的软硬件服务,在这样的背景下,云计算应运而生。本节将从云计算的基本概念讲起,介绍云计算的特征、服务模型、部署模型,介绍云计算的商业产品以及与桥梁工程相关的应用场景。

5.2.1　云计算概述

1)云计算的定义及特征

云计算(cloud computing)是由分布式计算(distributed computing)、并行处理(parallel computing)、网格计算(grid computing)发展而来的,是一种新兴的商业计算模型。目前,人们对于云计算的认识在不断发展变化,对云计算仍没有普遍一致的定义。研究界存在许多对云计算的定义,其中一个普遍的定义是由美国国家标准与技术研究院(National Institute of Standards and Technology,NIST)给出的,即:云计算是一个提供普遍的、便捷的、按需的网络访问进入可配置的计算资源(如网络、服务器、存储、应用软件和服务)共享池的模型,这些资源可以通过很少的管理工作或与服务提供商进行很少的交互快速予以配置和发布。通过这项技术,网络服务提供者可以在数秒之内处理数以千万计甚至亿计的信息,提供和"超级计算机"同样具有强大效能的网络服务,云计算应用简图如图5-9所示。

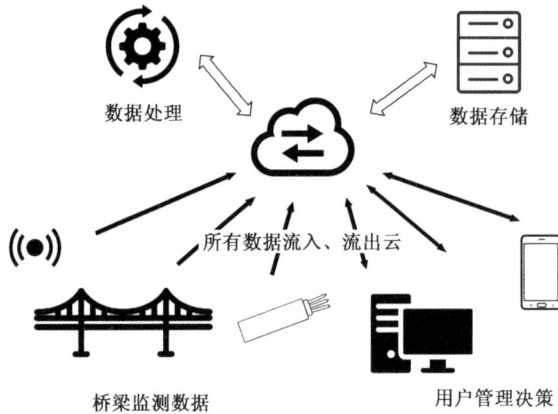

图5-9　云计算简图

云计算具有以下特征[12]:

(1)按需自助服务。用户可以在任何需要的时候请求一个或多个服务,并且可以使用"即付即用"的方法进行支付,而不必使用在线控制面板与人进行交互。

(2)广泛的网络访问。位于云中的不同供应商区域的资源和服务可以从广泛的位置获得,也可以通过不协调的瘦客户机(thin clients)或胖客户机(thick clients)的标准机制提供。术语"易于获取的标准化机制(easy-to-access standardized mechanisms)"和"全球覆盖能力(global reach capability)"也被用来指这一特点。

(3)资源池化。在云计算中,基础设施提供商可以将计算资源池动态分配给不同的使用者。从这个意义上说,用户不知道也不需要知道所提供的资源的位置。

(4)快速弹性。从根本上讲,弹性是可伸缩性的另一个名称,指的是在需要时按比例增加(或减少)资源的能力,用户可以随时根据需要请求不同的服务和资源。这是云计算非常重要的一个特性,著名的云服务供应商Amazon将其最流行和最常用的服务之一命名为弹性计算云(Elastic Compute Cloud,EC2)。

(5)基于效用的定价。云计算供了"按使用付费"的计费模式,允许计算每个客户端对云服务的使用情况。用户按需购买,并像电力、水和天然气供应一样付费。

(6)多韧性。这是云安全联盟(Cloud Security Alliance,CSA)提出的第五个云特性。多韧性意味着必须有针对不同消费者类别的策略驱动实施、细分、隔离、治理、服务级别和收费/计费的模型。

(7)可审核性和可证明性。对于服务来说,准备日志和规划路径以评估遵守法规和政策的程度也同样重要。

云计算使用户的计算机变得十分简单,除了通过浏览器给"云"发送指令和接受数据外,用户的计算机基本上什么都不用做便可以使用云服务供应商提供的计算资源、存储空间和各种应用软件。这就像连接"显示器"和"主机"的电线无限长,从而可以把显示器放在计算机用户的面前,而把主机放在远到用户本人也不知道的地方。云计算把连接"显示器"和"主机"的电线变成了网络,把"主机"变成云服务供应商的服务器集群。同时用户的使用观念也发生了变化——从"购买产品"到"购买服务",因为他们直接面对的将不再是复杂的硬件和软件,而是最终的服务。

2)云计算的服务模型

目前,云计算的主要服务模型有 SaaS(Software as a Service,软件即服务)、PaaS(Platform as a Service,平台即服务)、IaaS(Infrastructure as a Service,基础设施即服务)。

(1)SaaS。

在供应商基础设施上执行的软件或应用程序被认定为服务,但消费者拥有有限的访问权限;服务是通过瘦客户机(如 Web 浏览器)或用于发送数据和接收结果的程序接口提供的。使用者不知道应用程序提供者的基础结构,也不知道配置某些设置的权限有限。对于小型企业来说,SaaS 是采用先进技术的最好途径。但对于其他一些企业,尤其是大型企业,会因为安全问题而选择不使用 SaaS,以便保护他们的核心数据。目前,SaaS 应用主要有电子邮件服务、谷歌文档、Microsoft Office Live、在线杀毒软件、网络会议,以及游戏、视频等在线娱乐应用。云服务供应商的例子有 salesforce. com(SFDC)、Google、Microsoft、Oracles、NetSuite 和 IBM。

(2)PaaS。

PaaS 中,服务供应商提供适度的基本服务,包括操作系统、网络和服务器,以及允许使用者开发所获得的应用程序或软件并管理其配置设置的开发工具。主要的例子有 GAE(Google App Engine,谷歌应用引擎)、force. com(来自 salesforce. com)、微软的 Azure。与基于数据中心的软件开发平台相比,PaaS 的成本非常低。

(3)IaaS。

使用者已经开发了所需的应用程序,只需要一个基本的基础设施。在这种情况下,处理器、网络和存储可以由供应商作为一种服务提供给消费者。提供 IaaS 的最知名的供应商是 Amazon EC2(Amazon Elastic Compute Cloud)和 Amazon S3(Simple Storage Service)、Rackspace 云服务器、Sun Microsystems 云服务、Flexiscale、Terremark 和 Dropbox。

上述服务模型的分类在业界得到广泛认可。但是根据所提供的服务还有更细的分类,如一切都是服务(X as a Service,XaaS),其中 X 可以是软件、平台、基础设施、硬件、框架、业务或组织等。

3)云计算的部署模型

(1)公共云(public cloud)。这种方法是云计算的主要部署模型。公共云中,云所有者根据预定义的规则、策略和定价模型在互联网的绝大多数情况中提供公共服务。因其拥有大量广泛分布的世界资源,所以提供商能够在考虑服务质量的同时为消费者提供不同的合适的资源,并由公共云服务提供商管理和运营。云端可能部署在本地,也可能部署在其他地方。

(2)私有云(private cloud)。私有云的设计和建立是用来为专门的组织或机构提供内部的公共云。与内部网功能类似,私有云中的所有云资源和应用程序都由组织本身管理,只有组织及其指定的涉众才有权操作特定的私有云,从而在企业的控制下实现对数据、安全、合规和服务质量的最有效控制。由于公司防火墙的设置,这样的系统可能会有较高的安全性。但因为实现私有云的组织需要负责系统内的所有事务,所以建立私有云也相对更昂贵。云端位于本单位内部,也可能托管在其他地方。

(3)社区云(community cloud)。出于相似的兴趣和需求,一些组织会建立一个社区共享云计算,供社区成员使用。第三方服务提供商或社区成员可以负责提供云计算所需的基础设施。降低成本、在社区成员之间分配费用以及支持高安全性是社区云最重要的优势。云端可能部署在本地,也可能部署在其他地方。

(4)混合云(hybrid cloud)。组合两个或两个以上不同的公共云、私有云或社区云创建的一个不同的云模型称为混合云,其中构成它们的基础设施不仅保持它们自己的特定属性,还需要具有标准化的或约定性的功能,使其能够在应用程序和数据的互操作性和可移植性方面互通。由多个相同类型的云组合在一起属于多云的范畴,比如两个私有云组合在一起形成的混合云就属于多云的一种。由私有云和公共云构成的混合云是目前最流行的——当私有云资源短暂性需求过大时,自动租赁公共云资源来平抑私有云资源的需求峰值。例如,网站在节假日期间点击量巨大,这时就会临时使用公共云资源来应急。

5.2.2 云计算平台

云平台是基于硬件资源和软件资源的服务,提供了计算、网络和存储能力,并为海量数据接入和数据承载提供了平台。数据通常以文件的形式存储在云服务器的硬盘中,可使用数据库管理软件进行读写与管理。当用户需要某种功能服务时,只要向云平台发出网络请求,计算后的结果就会在短时间内呈现在他的面前。

云平台的出现可以说是必然的。从商业角度来看,互联网产业快速发展,产品需求不断变化,对应用程序的快速开发、管理的简化和自动化,以及对应用程序的可靠性、可用性提出了更高要求;从技术角度来看,随着基础设施的建设,以及虚拟化技术、容器技术的广泛应用,集中式、统一的应用平台的出现成为可能;每个云平台还有着独门的SDK(软件开发套件)与丰富的API(应用程序接口),使之能配合开发代码进行程序化运作,实现一些业务通用或者特有的强大功能。云平台给开发者们提供了整个开发周期的基础工具,保障了运行的稳定性、管理的便捷性,降低了对知识体系的要求,极大地提高了开发的敏捷性,加快了产品的生产速度;同时吸引了更多的用户,在提供更丰富服务内容的同时,也为自身提供了更多的数据支撑。不知不觉中,现代社会已经进入云平台的时代。Gartner公司在2014年的调查显示,彼时72%的服务器工作负荷已实现虚拟化,近1/3的企业具有建立私有云的能力,服务器虚拟化比率在未来将达到100%。

如今云计算正处于一个快速发展的时代,通用云平台功能种类繁多,不一而足,也各有特点与所长。表 5-4 列举了部分知名的开源及商业云平台产品。

通用云平台列表　　　　　　表 5-4

类　　型	主要功能	云平台名称	公　　司
开源	云计算平台	AbiCloud	Abiquo
		Eucalyptus 桉树云	慧与
		Nim-bus	Nim-bus
	大数据平台	Hadoop	Apache 基金会
	数据库存储平台	MongoDB	10gen
商业	综合型	Azure	Microsoft
		AWS	亚马逊
		蓝云	IBM
		阿里云	阿里巴巴
		腾讯云	腾讯
		华为云	华为

提供云计算服务的公司各式各样。亚马逊、Microsoft、Salesforce、IBM、雅虎等公司都是云计算市场的先驱。有很多公司都在试图占领云计算市场，而国内的阿里巴巴等公司也在迅速成长，高盛研报指出，AWS 真正的竞争对手并不在美国，而是来自中国的阿里巴巴，AWS 和阿里云将成为全球最大的两家基础设施技术公司。下文将简要介绍一些行业领先的综合性商业服务供应商及其提供的云平台。

1）Amazon

在 IaaS 领域，Amazon 无疑是云供应商中的先驱和市场领导者。Amazon 有一套称为 Amazon Web Services 的云服务。这些服务包括：Amazon EC2、Amazon S3、Amazon SimpleDB。EC2 按租金提供计算服务器；S3 使用一个简单的 Web 接口按租金提供数据存储；SimpleDB 是一个非关系型数据库，它提供了基于 Web 的服务，用于实时查询结构化数据。

2）IBM

"蓝云"解决方案是由 IBM 云计算中心开发的企业级云计算解决方案。该解决方案可以对企业现有的基础架构进行整合，通过虚拟化技术和自动化技术构建企业自己的云计算中心，实现企业硬件资源和软件资源的统一管理、统一分配、统一部署、统一监控和统一备份，打破应用对资源的独占，从而帮助企业实现云计算理念。

3）Microsoft

在 SaaS 领域，Microsoft 推出了企业级沟通的软件服务产品 Business Productivity Online Suite（BPOS），产品套装包含 Exchange Online，SharePoint Online，Office Communications Online 和 LiveMeeting Online 等服务。这些联机服务旨在通过高可用性、全面的安全性和简化的 IT 管理为企业提供简化的通信。在 PaaS 领域，Microsoft 提供了一个名为 Microsoft Azure 的平台，支持大量开源应用程序、框架和语言，并且数量仍在不断增加，其主要目标是为开发者提供一个平台，帮助其开发可运行在云服务器、数据中心、Web 和 PC 上的应用程序。云计算的开发者能使用微软全球数据中心的储存、计算能力和网络基础服务。

4）阿里巴巴

国内最具有代表性的商业化通用云平台，当属阿里巴巴公司的阿里云。得益于品牌效应与技术能力，目前40%的中国500强企业在使用阿里云，约一半的中国上市公司使用阿里云。阿里云产品分为六大类：云计算基础、安全、大数据、人工智能、企业应用、物联网。

云计算基础（Cloud Essentials）产品体系完整度全球领先，基础产品及功能持续投入建设，源源不断地通过新技术提高企业云上的计算、运维、开发和管理能力。云计算基础产品又分为以下六个模块：弹性计算、存储服务、CDN（Content Delivery Network，内容分发网络）与边缘、数据库、云通信、网络。弹性计算是阿里云的核心产品，拥有包括云服务器、高性能计算（HPC）、容器服务、弹性编排、函数计算等各项业务。

实时计算（Alibaba Cloud Realtime Compute，Powered by Ververica）是阿里云提供的基于Apache Flink 构建的企业级大数据计算平台。其可以在 PB 级别的数据集上支持亚秒级别的处理延时，赋能用户标准实时数据处理流程和行业解决方案；支持 Datastream API 作业开发，提供批流统一的 Flink SQL，简化 BI 场景下的开发；可与用户已使用的大数据组件无缝对接，更多增值特性助力企业实时化转型。

5.2.3 云计算在土木工程中的应用

1）BIM 相关应用

建筑信息模型（Building Information Modeling，BIM）是以三维数字化技术为基础，集成建筑项目相关信息的工程数据模型，是对该工程详尽信息的数字化表达。随着建筑项目规模的不断扩大，管理模式日益复杂、数据量爆炸性增长，传统的 BIM 架构面临诸多挑战：规模化的建筑项目涉及越来越多的参与方，各方的协作活动贯穿于项目各个阶段，目前常用的基于文件服务器的 BIM 存储无法满足更为频繁、复杂的信息共享和交互需求，容易发生 BIM 数据的漏传或误传。同时，目前 BIM 数据的管理集中于结构化数据的管理，而对于建筑项目中大量的非结构化工程数据（合同、施工日志、图片、视频等）以及全生命期管理产生的半结构化管理数据（进度、质量、成本、变更等）通常缺乏合适的存储和处理方式。另外，BIM 数据量的增长使得传统数据管理方法不再适用：BIM 数据访问需要在多达 TB 级的数据库中进行，数据访问效率低。如何满足 BIM 应用存在的跨阶段、跨专业、跨参与方的共享和交互，数据结构繁多以及数据量大等多个特性带来的存储、协作和深度分析要求，已成为建筑行业亟待解决的问题。

云计算依托于互联网进行按需交付计算资源的服务，具有超大规模、高可靠性、高可扩展性、按需服务等优点，能够较好地解决 BIM 应用存在的一些共性问题，这已经在学术界和工业界得到了认可。通过使用互联网资源可管理建筑工地的图纸、实时跟踪和更新信息。图 5-10 示意了工程中参与云计算的各方人员，在整个项目生命周期中，所有信息都可以直接在云端上进行追溯。互联的 BIM 有助于控制建设项目的风险，同时提高效率和质量，帮助收集大量数据并加以分析来优化未来的项目。

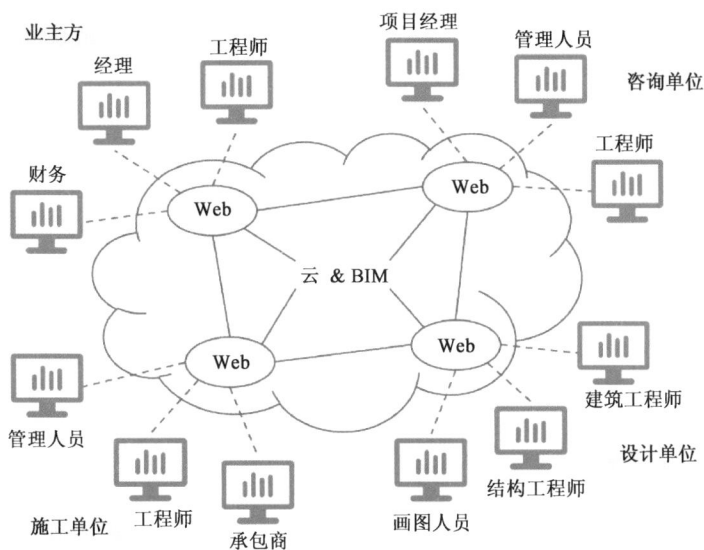

图 5-10 云计算的参与方[13]

目前市面上已出现许多 BIM 云平台产品,相较于传统 BIM 产品,BIM 云平台可以支持 BIM 工程快速增长的异构数据存储,支持分布式的开发和管理模式,并为数据的深度分析提供平台及支持,能够用于 BIM 数据潜在价值的深入挖掘。

目前市面上已出现了众多商业和开源产品以支持 BIM 云架构,如 BIM 360、BIMx、Onuma System 等。其部署模型、生命期、功能特性等基本情况见表 5-5。国内 BIM 软件开发起步较晚,但是发展迅速,近几年 PKPM、广联云、鲁班云等的功能逐渐丰富、实用。中国建筑科学研究院设计的 PKPM 优势在于对结构和能源的分析,广联云和鲁班云在造价和算量的计算方面应用较广。广联云的优势是在建筑项目管理中,各参与方的数据可以在该平台软件中快速地导入或导出。在国外产品中,BIM 360 所提供的功能最为全面,主要在设计阶段提供丰富的设计功能,最重要的是其基于云计算技术,使应用程序既可以安装在本地计算机中进行使用也可在云端使用,用户可灵活地进行选择。BIM9 主要是利用云计算技术实现虚拟化桌面,这极大地降低了硬件成本,使用户的使用更加自由。BIMServer 是一款免费的开源软件,主要用于文件和 BIM 模型的共享,使项目的多个参与方能高效地协同工作。BIMx 是 Graphisoft 公司的产品,主要实现 BIM 模型的云端共享。由表 5-5 可以看出,这些平台目前提供的主要是较为基本的数据存储、获取和浏览服务。部分的商业平台也提供领域相关的 BIM 数据分析服务,如能源分析服务等。同时,尽管这些平台在多用户协同功能上有着一定的支持,但是该支持尚未能很好地覆盖 BIM 所需的全生命期开发过程。此外,由于 BIM 云技术涉及的层面很多,目前的 BIM 云平台还处于快速更新和迭代的过程中,部分的架构设计并不稳定,现有的功能覆盖也很少涉及 BIM 与云技术深度结合的解决方案[14]。

2)桥梁结构健康监测与运维管理

结构健康监测意味着对结构性能进行评估,以确保其预期的性能水平、结构完整性和安全运行。目前,国内外新建或正在服役的大型桥梁均增设了长期健康监测系统。例如,美国的 Sunshine Skyway Bridge 斜拉桥,中国香港的青马大桥、内地的苏通大桥都安装了上百个加速度传感器和应变计,或高精度的 GPS 位移监测系统,对桥梁的振动特性、变形、位移以及环境参数进行长期的实时在线监测。近年来,如何处理桥梁健康监测得到的海量数据已成为一个重要的研究方向,已有学者将云计算引入桥梁健康监测当中。

国内外 Cloud-BIM 平台的比较[14]

表 5-5

产品功能		BIM 360	BIMx	Onuma System	广联云	鲁班云	PKPM	BIM9	BIMServer
生命期	设计阶段	√	×	√	√	√	√	√	×
	施工阶段	√	×	×	√	√	—	×	×
	运维阶段	√	√	√	√	√	—	×	√
功能特性	三维可视化	√	√	√	√	√	√	×	√
	碰撞检测	√	×	×	√	√	√	×	√
	变化检测	√	×	×	√	√	—	×	√
	在线文件存储	√	√	√	√	√	√	×	√
	在线观看绘图	√	√	√	√	√	√	√	×
	在线绘图编辑	√	×	√	√	√	√	√	√
	文件在线共享	√	√	√	√	√	√	√	√
	识别 IFC 文件	×	√	√	√	√	√	√	√
	加密数据	√	×	√	—	—	—	×	×
	能源分析	√	×	√	—	—	×	×	×
	结构分析	√	×	×	√	—	√	×	×
终端支持	虚拟化桌面	×	×	√	√	√	√	√	√
	Web 浏览器访问	√	√	√	√	√	—	×	√
	离线访问	√	√	√	√	—	√	×	√
	移动 App	√	×	√	√	√	√	×	√
云部署模型	私有云	×	×	×	×	√	×	√	√
	公有云	√	√	×	×	×	×	×	×
	混合云	×	×	×	√	√	√	×	×
许可模式	免费试用	√	×	×	√	√	√	√	×
	免费开源	×	×	×	×	√	×	×	√

朱仕村等[15]提出利用第三方提供的云计算服务来解决桥梁健康监测中海量数据的存储和管理以及大规模专业计算的问题。Yu 等[16]基于云计算对结构进行时间序列分析,从而进行损伤识别,提高了计算效率。Shrestha 等[17]开发了一个基于智能手机的桥梁地震监测系统,将智能手机与传感器网络连接在一起,建立分散的结构地震监测网络,并使用云服务器进行实时数据上传和远程控制,实现了方便、快捷地上传和访

问数据。

基于云计算技术与云服务理念,吴巨峰等[18]提出了基于云计算的桥梁结构监测平台,根据云监测应用需求和现代软件设计思想,将其系统中的应用层设计为应用服务层、业务逻辑层和用户界面层,每一层都抽象地定义各自的功能和对外接口,每层都可以独立开发,层与层之间通过共享数据库数据以及调用中间件等进行通信。目前平台已在平潭海峡大桥施工区域监测、武汉杨泗港大桥沉井监测、福州金山大桥施工监控、福州琅岐匝道桥长期监测、云南大瑞铁路澜沧江特大桥施工监测等项目中得到应用。张亚运等[19]提出的基于云平台的桥梁健康监测系统,成功地运用在海河大桥健康监测项目中。招商交科路联网中心"桥梁云平台"系统利用云计算技术建立了针对桥梁结构运营安全监测的"桥梁云平台",实现了桥梁结构运营监测系统的低成本、快速化、灵活使用和远程维护升级,已在重庆、广东、贵州、甘肃、浙江等省(直辖市)进行了成功的示范应用。

中国在高速铁路上投入了大量资金,以改善城市间长途交通,到2014年底,中国已拥有世界上最长的高铁网络,而桥梁往往占高铁线路总长度的绝大部分。中国铁道科学研究院开发了一种面向用户的高速铁路桥梁综合预测与健康管理(PHM)系统[20],该系统由一个结构健康监测系统和一个智能检测系统组成。它从多种资源中收集信息,包括设计和施工信息、智能检测结果、基于结构健康监测系统的桥梁和轨道系统状态评估、维修和维护记录。同时,通过建立信息模型和地理信息系统,实现大部分信息的可视化。结构健康状态、检测和维修记录的标准化和信息化,将有利于高速铁路整个生命周期的桥梁管理。

大型桥梁的健康监测和智能检测系统采用3S技术,依托客户端(C/S)、广域网(B/S)、移动互联网(M/S)网络架构,考虑系统功能及使用方式的灵活部署,相关业务流程、数据和成果的多方位管理以及使用人员的全方面覆盖,借助移动设备使检修现场作业信息化、简洁化、标准化。特定用户可通过浏览器实现远程数据录入、查询及管理,C/S客户端则提供了PHM系统各模块的直接操作和综合管理[20]。大型桥梁PHM系统3S网络架构如图5-11所示。

基于以上网络架构,PHM系统利用桥梁结构健康监测系统对结构的损伤位置和程度进行实时诊断,对桥梁的服役情况、可靠性、耐久性和承载能力进行智能评估,在特殊天气或桥梁运营状况严重异常时触发预警信号,为桥梁的维护、养护与管理决策提供依据和指导;同时,通过结合日常人工巡检和定期检测工作,对桥梁部件或单元的损伤部位、类型和程度进行数据采集和巡检管理。人工日常巡检时,借助巡检移动设备 App,关联桥梁 BIM 模型和桥梁病害库,随时随地调取巡检计划与任务,现场按管理单元快速定位桥梁损伤并实时录入,自动对桥梁单元的各类损伤进行记录、统计和智能分析。

3)城市大脑:云边协同城市视觉计算

早在2016年,智慧城市就成为我国的国家战略,以实施电子政务、建设新型智慧城市为重点,通过数据集成构建全国综合大数据中心,促进数据融合、技术融合和业务集成,实现跨地域、跨系统、跨部门的协同管理和服务。如今,第一批使用人工智能技术的"数字镜像城市"在城市大脑的帮助下形成了数据共享、数据共创和数据自动化的互联网模式。

图 5-11 大型桥梁 PHM 系统 3S 网络架构[20]

城市大脑是人工智能、大数据和云计算前沿技术的聚合体。基于弹性计算和大规模数据处理平台,结合机器视觉、大规模拓扑网络计算和交通流量分析等跨学科、跨领域的顶级技术,城市大脑能够实现大规模多源数据的收集、实时处理和智能计算[21]。

(1)城市大脑智能计算架构。

城市大脑智能计算的关键架构采用云边结合、分层解耦的方式,由中心云平台、边缘节点和视频图像信息采集系统构成。信息采集系统从视频共享平台和分布在城市中的摄像头中采集实时的视频和图像数据,并将其传输至边缘集群计算平台进行存储、计算、结构化。不同的边缘节点处理不同区域、不同类型的城市数据,最后将结构化数据汇聚至中心云平台。中心云平台由四层平台分层解耦,IaaS 层为边缘集群计算平台,PaaS 层为中心云引擎平台和云边协同调度平台,DaaS 层为中心云数据平台,SaaS 层为中心云应用平台。如图 5-12 所示。

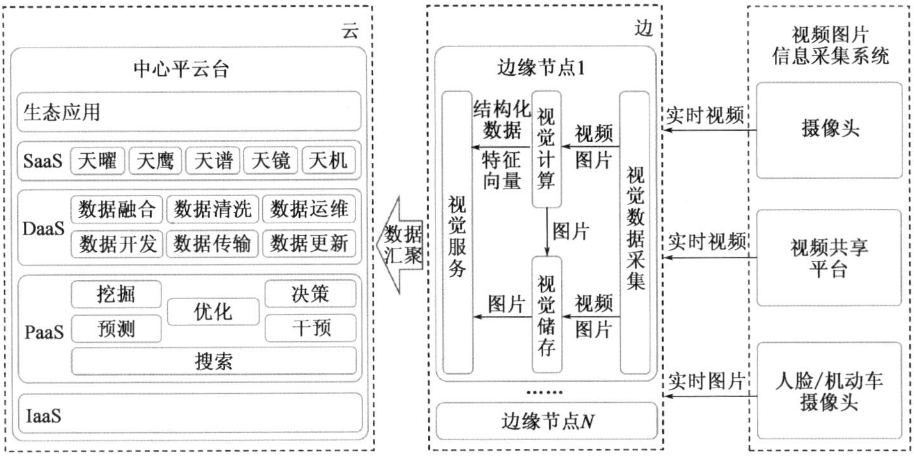

图 5-12　城市大脑智能计算关键架构[21]

中心云数据平台需要管理各个边缘节点、不同厂家的数据库,实现从数据融合服务、数据开发服务、数据清洗服务、数据治理服务、数据传输服务、数据运维服务到数据更新服务的全生命周期数据管理。其既可满足平台用户的数据治理及知识沉淀需求,又能为上层算法、应用提供干净、标准的数据。

①数据融合:提供对数据库进行抽取监控的功能,能够对数据源头的数据资源进行统一清点,并能够在复杂网络情况下对不同结构的数据源进行数据同步与集成。

②数据开发:数据开发平台为数据使用者提供一站式的集成开发环境,可使数据资源平台下数据管理和开发人员建立对应的数据中心,进行对应数据的加工、开发。

③数据清洗:目的在于去除原始数据中的噪声,提供一份统一标准的、高质量的、可信的数据源。

④数据治理:将分散、多样化的数据通过数据汇集,进行标准化、核对等操作,对数据的质量进行全面的监控和提升,形成平台内的数据管理和控制机制,并形成一站式数据治理体系,帮助客户持续不断地提升和挖掘数据的应用价值。

⑤数据传输:在数据迁移的过程中,通过将数据的全量迁移和增量迁移结合,迁移的源端数据库无须在迁移过程中停机,应用服务不会因为数据迁移而中断。

⑥数据运维:为数据开发者和维护者提供一站式的数据运维管控能力,用户可自主管理作业的部署、作业优先级,以及生产监控运维。平台提供数据监控运维、任务运行情况监控、异常情况告警、日常运维数据统计等功能。

⑦数据更新:多样、精准、有效的数据是各厂家引擎提供算法服务的基础,保持基础数据信息的现势性才能充分发挥数据资源在平台功能中的作用。为保证数据资源的现势性,及时反映数据的实时变化,必须在原有数据的基础上,根据不同情况,按照统一的技术要求,通过调用各厂家提供的数据库更新接口以实现不同数据库的定期更新。

(2)城市大脑五大应用场景。

①城市交通监测,通过全面、全网、跨域数据的融合与分析,量化城市的"生命体征",为每一个交通问题提出全面的解决方案。

②警情自动监测,利用机器学习和计算机视觉,将警察从繁重的体力工作中解放出来。

③交通微控,打开"大脑""眼睛"和"手脚"之间的反馈控制系统,基于多源数据和全球智能算法对城市的交通信号进行细粒度控制,提高城市交通的流动性。

④应急车辆路线优化,根据实时交通状况,规划紧急车辆到达现场的最快路线。

⑤城市布局规划与验证,在云智能平台上利用仿真数据模型分析和拟议城市建设方案。

5.3 边 缘 计 算

随着万物互联时代的到来,网络将产生大量的数据,如果所有的数据都传到云端进行处理会对网络的带宽和可靠性提出很大的挑战。而边缘计算作为一种在网络的边缘端进行数据处理的计算模型,能够有效减缓网络的压力,缩短响应的时间,因而逐渐得到研究者的重视。本节将着重介绍边缘计算与云计算的区别,边缘计算的发展历程及其在工程领域的应用。

5.3.1 边缘计算的概念及与云计算的区别

边缘计算是指在网络边缘执行计算的一种新型计算模型,边缘计算操作的对象包括来自云服务的下行数据和来自万物互联服务的上行数据,而边缘计算的边缘是指从数据源到云计算中心路径之间的任意计算和网络资源[20]。例如,智能手机是用户与云之间的边缘,智能家庭中的网关是家庭与云之间的边缘,微数据中心(micro data center)和云计算(cloudlet)是移动设备与云之间的边缘。图5-13为边缘计算示意图,终端设备和云中心之间的请求传输是双向的,边缘设备不仅从云中心请求内容及服务,而且还可以执行部分计算任务,包括数据存储、数据处理、数据缓存、设备管理、隐私保护等。

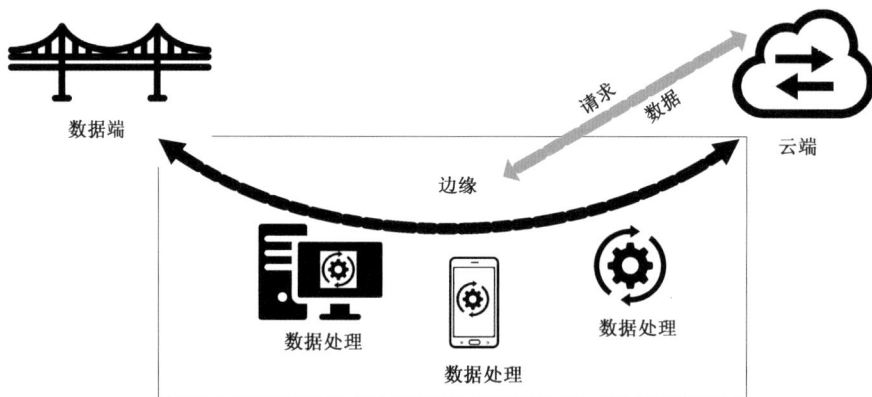

图5-13 边缘计算示意图

边缘计算是一种分散式运算的架构,将应用程序、数据资料与服务的运算,由网络中心节点切割成更小与更易管理的部分并移往网络逻辑上的边缘节点来处理。图5-14为边缘计算应用于桥梁监测示意图。用于桥梁位移的监测,应变传感器在边缘节点完成计算,然后将计算的结果传到云端服务器。桥梁边缘节点更接近终端传感器,可以加快资料的处理与传送速度,减少延迟。在这种架构下,资料的分析与知识的产生,更接近数据资料的来源,因此更适合处理大数据。

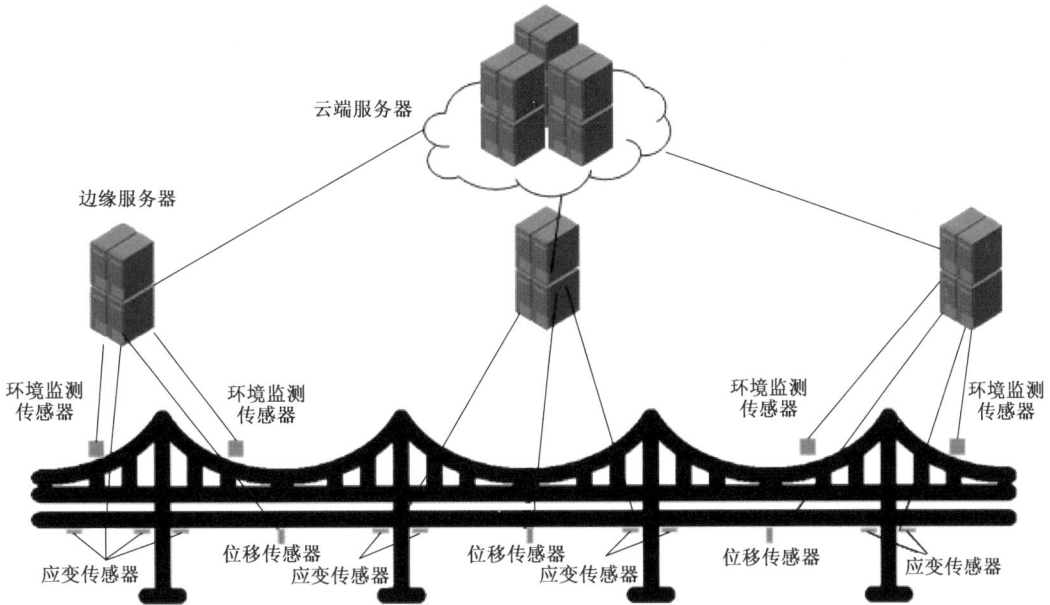

图 5-14　边缘计算应用于桥梁监测示意图

1)边缘计算产生的背景

把所有的计算任务放在云上已经被证明是一种有效的数据处理方法,因为云上的计算能力远远超过了边缘事物的能力。然而,与快速发展的数据处理速度相比,网络带宽却已经跟不上速度。随着边缘数据的增长,数据传输的速度成为云计算模式的瓶颈。如果将所有数据发送到云进行处理,会导致响应时间过长,目前的网络带宽和可靠性将受到挑战。在这种情况下,需要在边缘处处理数据,以缩短响应时间、更有效地处理和减缓网络压力。

几乎所有种类的电子设备都将成为物联网的一部分,它们将扮演数据生产者和消费者的角色。可以推断网络边缘的事物在几年内会发展到数十亿以上。因此,由它们产生的原始数据将是巨大的,但传统的云计算效率不够高,无法处理所有的这些数据。这意味着由 IoT 产生的大多数数据将永远不会被传输到云,而是会被消耗在网络的边缘。数据生产者生成原始数据并将其传送到云,数据消费者请求将数据发送到云。然而,这种结构对 IoT 来说是不够的。首先,边缘处的数据量过大,这将导致巨大的不必要带宽和计算资源的浪费。其次,隐私保护能力不足将成为物联网云计算的隐患。最后,IoT 中的大多数节点是受限的,无线通信模块通常是非常耗能的,因此将一些计算任务转移到边缘可以更节能。

2)边缘计算的优势

云计算是将所有数据上传到云端再进行处理和存储,而边缘计算是利用本地服务器先对数据进行计算,再传到云存储。图5-15为云计算与边缘计算的对比图。

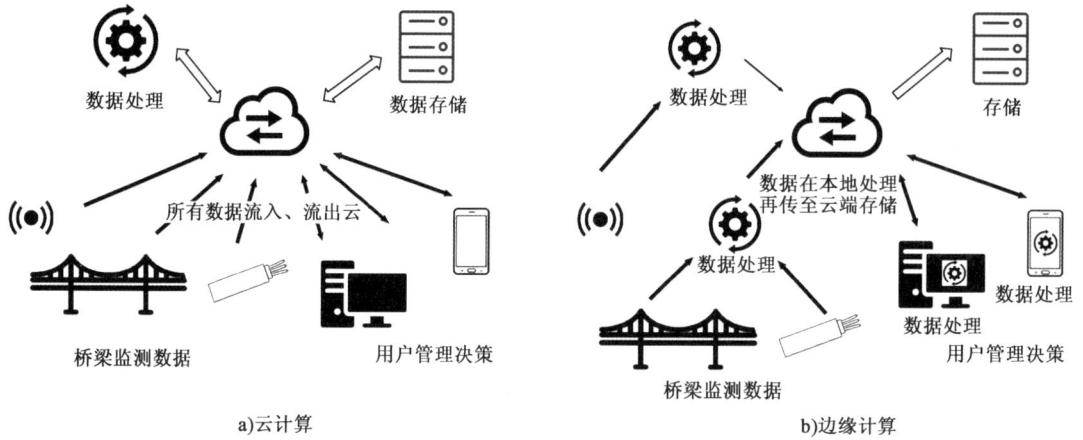

图5-15 云计算与边缘计算对比图

边缘计算相较于云计算有如下方面的优势:安全(security)、认知(cognition)、敏捷(agility)、低延迟(latency)和高效率(efficiency)。

(1)边缘计算为物联网设备提供额外的安全性,以保证交易的安全性和可信赖性。例如,现在部署在户外环境中的无线传感器经常需要对远程的无线信源编码进行更新以解决与安全相关的问题。然而,由于动态环境因素,如信号强度不稳定、信号中断、带宽约束等,远程中央后端服务器可能面临快速执行更新的挑战,因此增加了网络受到攻击的风险。另外,如果边缘计算设备可用,则后端可以通过各种边缘计算节点从整个网络中配置最佳路由路径,从而对无线传感器快速执行软件安全更新。

(2)边缘计算使客户能够意识到在何时何地部署计算、存储和控制功能,从而支持自主决策。从本质上讲,边缘计算的意识涉及大量自我适应、自我组织、自我修复、自我表达等机制,它将物联网设备的角色从被动智能设备转变为主动智能设备,使其能够持续运行并对客户需求做出响应,而无须依赖远程云端的决定。

(3)边缘计算增强了大范围物联网系统部署的敏捷性。与现有的依赖大型业务持有者来建立、部署和管理基础架构的公用云服务业务模式相比,边缘计算为个人和小型企业提供了使用通用开放软件接口或开放软件开发工具包(SDK)来获得边缘计算服务的机会。例如,欧洲电信标准化学会(European Telecommunications Standards Institute,ETSI)的 MEC(Multi-access Edge Computing,多接入边缘计算)标准和独立雾(Indie Fog)商业模式将加速物联网基础设施的大范围部署。

(4)边缘计算可为需要超低延迟的应用程序提供快速响应。具体来说,在许多无处不在的应用程序和工业自动化中,系统需要以数据流的形式连续收集和处理传感数据,以便识别事件并及时执行操作。显然,通过应用边缘计算,这些系统能够支持时间敏感的功能。此外,边缘计算具有软件化的特征,其中物理设备的行为可由远程中心服务器使用软件抽象进行完整配置,这为物联网设备的快速、重新配置提供了高度灵活的平台。

(5)通过提高性能和降低不必要的成本,边缘计算可提高 C-IoT 的效率。例如,通过应用边缘计算,医疗保健或老年护理系统可以将许多任务分配给医疗保健传感器的互联网网关设备,并利用这些网关设备执行传感数据分析任务。理想情况下,由于该过程发生在数据源附近,因此系统可以更快地生成结果。此外,系统利用网关设备来执行大部分任务,大大降低了输出通信带宽的不必要成本。

5.3.2　边缘计算的发展历程

边缘计算最早可以追溯至 1998 年阿卡迈(Akamai)公司提出的内容分发网络[22](Content Delivery Network,CDN),CDN 是一种基于互联网的缓存网络,依靠部署在各地的缓存服务器,通过中心平台的负载均衡、内容分发、调度等功能模块,将用户的访问指向距离最近的缓存服务器,以此降低网络拥塞,提高用户访问响应速度和命中率。CDN 强调内容(数据)的备份和缓存,而边缘计算的基本思想则是功能缓存(function cache)。2005 年,美国韦恩州立大学施巍松教授的团队就已提出功能缓存的概念,并将其应用在个性化的邮箱管理服务中,以减少时延和带宽[23]。2009 年,Statyanarayanan 等提出了 Cloudlet[24] 的概念,Cloudlet 是一个可信且资源丰富的主机,部署在网络边缘,与互联网连接,可以被移动设备访问,并为其提供服务。Cloudlet 可以为用户提供服务,此时的边缘计算强调下行,即将云服务器上的功能下行至边缘服务器,以减少带宽和时延。

随后,在万物互联的背景下,边缘数据迎来了爆发式增长,为了解决面向数据传输、计算和存储过程中的计算负载和数据传输带宽的问题,研究者开始探索在靠近数据生产者的边缘增加数据处理的功能,即万物互联服务功能的上行。具有代表性的是移动边缘计算(Mobile Edge Computing,MEC)、雾计算(fog computing)、海云计算(cloud-sea computing)等。

1)移动边缘计算

万物互联的发展实现了网络中多类型设备的互联,而大多数网络边缘设备的能量和计算资源有限,这使万物互联的设计变得尤为困难。移动边缘计算是在接近移动用户的无线接入网范围内,提供信息技术服务和云计算能力的一种新的网络结构,并已成为一种标准化、规范化的技术[24-25]。通过移动边缘计算,可将密集型移动计算任务迁移到附近的网络边缘服务器,由于移动边缘计算位于无线接入网内并接近移动用户,因此可以实现较低时延、较高带宽来提高服务质量和用户体验。移动边缘计算在网络边缘部署服务和缓存数据,不仅可以减少中心网络的拥塞,还能高效地响应用户请求。

移动边缘计算模型强调在云计算中心与边缘设备之间建立边缘服务器,在边缘服务器上完成终端数据的计算任务,但移动边缘终端设备基本被认为不具有计算能力。相比而言,边缘计算模型中的终端设备具有较强的计算能力,因此,移动边缘计算是一种边缘计算服务器,作为边缘计算模型的一部分。

2)雾计算

雾计算定义为迁移云计算中心任务到网络边缘设备执行的一种高度虚拟化的计算平台。雾计算在终端设备和传统云计算中心之间提供计算、存储和网络服务。Vaquero 等对雾计算下了较全面的定义[26],雾计算通过在云与移动设备之间引入中间层,扩展了基于云的网络结构,而中间层实质是由部署在网络边缘的雾服务器组成的"雾层"。雾计算的示意图如图5-16所示。雾计算避免云计算中心和移动用户之间多次通信。通过雾服务器,可以显著减少主干链路的带宽负载和能耗,在移动用户量巨大时,可以访问雾服务器中缓存的内容,请求一些特定的服务。此外,雾服务器可以与云计算中心互连,并使用云计算中心强大的计算能力和丰富的应用、服务。从研究者的角度来看,边缘计算与雾计算是可互换的,但是边缘计算更关注事物(thing)方面,而雾计算更关注基础设施(infrastructure)方面。

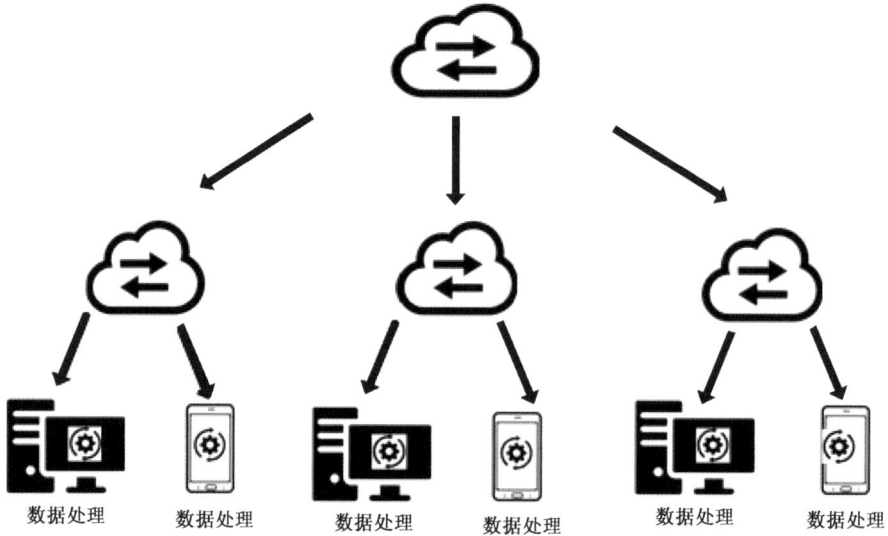

图5-16 雾计算示意图

3)海云计算

万物互联对信息系统的感知、传输、存储和处理的能力提出了很大的挑战,中国科学院于2012年启动了10年战略优先研究倡议,称之为下一代信息与通信技术倡议(Next Generation Information and Communication Technology Initiative,NICT)。倡议的主旨是要开展"海云计算系统项目"的研究,其核心是通过"云计算"系统与"海计算"[27]系统的协同和集成,增强传统云计算能力,其中,"海"端指由人类本身、物理世界的设备和子系统组成的终端(客户端)。"海云计算系统项目"的目标是实现面向ZB级数据处理的能效比现有技术提高1000倍,研究内容主要包括从整体系统结构层、数据中心级服务器及存储系统层、处理器芯片级等角度提出系统级解决方案。与边缘计算相比,海云计算关注"海"的终端设备,而边缘计算是关注从"海"到"云"之间的任意中间计算资源和网络资源,海云计算是边缘计算的一个非常好的子集实例。

5.3.3 边缘计算的应用

1)智能手机监测

现代智能手机配备了加速度计、陀螺仪和GPS,可以有效地用于结构的状态评估。而且随着廉价智能手机的普及,它们的移动性和巨大的存储容量、强大的计算能力以及易于修改的软件,使之成为非常有潜力的边缘计算设备,用它们来监测和改造建筑结构已经变得很普遍。另外,由于一些智能手机有吸引力的功能,它们将有很大的潜力用于结构的 SHM 应用。

Zhao 等[28]提出了一种基于激光投影的智能手机位移监测技术并发展了传感方法,利用普通的激光装置和投影板,就可以用智能手机监测结构位移。首先,激光光斑质心识别方法用于位移识别,之后一个位移监测应用程序(D-Viewer)基于 Android 平台开发。为了验证所提出方法的可行性,利用两款 Android 智能手机进行了静态和动态对比实验。最后,利用该方法对某悬索桥模型进行了跨中位移测试。Dashti 等[29]使用 4 个 iPhone 3GS 和 3 个 iPod touchpad 监测地震诱发的地面运动,其中高质量的加速度计用于在 3D 振动台测试下收集振动测量数据。得到的结论是,使用智能手机作为地震传感器的主要缺点是其工作范围有限,以及不同模型之间存在性能差异。

作者团队[30]开发的一个基于智能手机的桥梁地震监测系统,将智能手机作为智能传感器在数据采集端对监测数据进行处理,并在云端进行远程控制和访问智能手机端处理的数据。该监测系统应用于日本高松大桥的长期监测,并成功捕获到地震信息。

该监测系统通过自主开发测量应用程序,并通过智能手机硬件和操作系统功能交互,从而获取、分析、存储和传输数据到云。如图 5-17 所示,该监测系统包括独立测量数据的智能手机,这些设备连接到一个公共网络以实现相互通信。此外,使用智能手机计算能力对数据进行实时处理,可以更快地对结构进行诊断,生成损伤指数报告或紧急警报输出。通过与加速度传感器(Hakusan Industrial SU501)的加速度记录的波形和傅立叶谱对比,证实了运用智能手机监测地震的有效性。详细对比结果参见第 3 章实例。

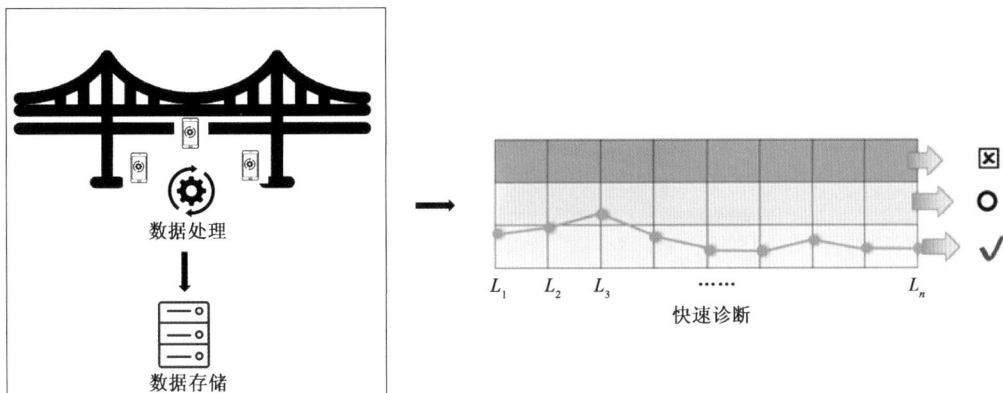

图 5-17　智能手机的监测系统

2)智能相机监测

智能相机将视频传感、高级视频处理和通信与嵌入式设备结合在一起,这种相机是新型监视系统的关键部件。随着物联网时代的到来和各类视频采集设备的普及,把视频处理放到边缘可以减少中央处理器的运行和存储压力,减少响应时间。

Michael Bramberger 等[31]开发了一种用于交通监控的智能相机的原型机,提出了一种由 CMOS 传感器、数字信号处理器(Digital Signal Processors,DSP)和网络处理器组成的可扩展体系结构,将智能检测静止车辆的算法从基于 MATLAB 的原型应用迁移至智能相机的嵌入式 DSP 模块,从而能够把视频数据传送到中央监控站,并且实时地对视频中的静止车辆进行标注。图 5-18 是引入边缘计算的智能相机监测示意图。

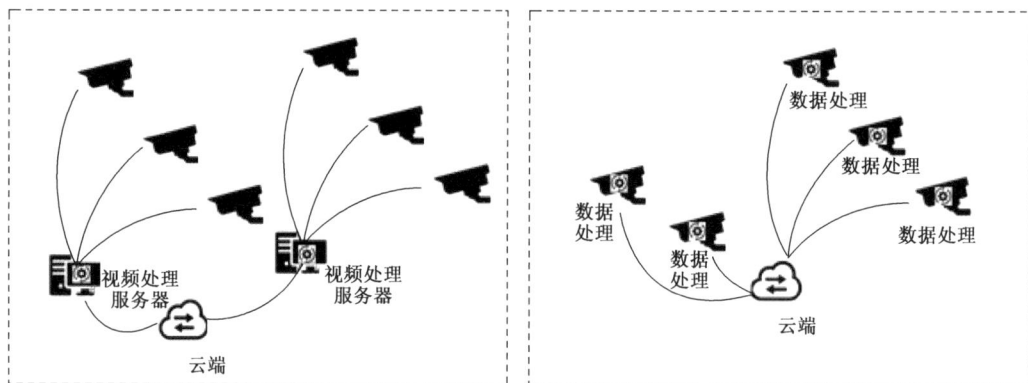

图 5-18　引入边缘计算的智能相机监测示意图[31]

智能相机由三部分组成,分别是视频传感器、处理单元和通信单元。视频传感器是整个数据流的第一个阶段,传感器捕获入射光并转换成电信号,再传输到处理单元。CMOS 传感器最能满足视频传感器的要求,由于其对数特性,这些传感器具有高动态特性,并提供放大器。整个数据流中的第二个阶段是处理单元,由于高性能的车载图像和视频处理对计算性能的要求非常高,故智能相机配备了数字信号处理器。智能相机整体数据流的最终阶段是通信单元,这个单元由 Intel XScale IXP425 处理器构成,能够管理 PCI、Ethernet、USB 等接口。图 5-19 是智能相机的示意图。

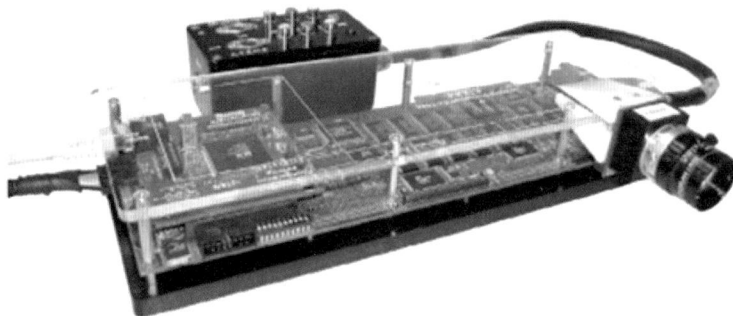

图 5-19　智能相机示意图[31]

静止车辆检测的样本输出实例如图 5-20 所示,图中的一系列图像显示了在隧道中发生车祸后检测到的静止车辆。左图显示了事故发生后的情况;在事故车辆停止运动约 3s 后,事故车辆的第一部分被识别为潜在的静止区域(中间图像);再过 3s,系统检测到事故车辆是静止的,并发出警报(右图)。由于卡车比事故车辆晚几秒停止移动,因此尚未检测到卡车处于静止状态。此结果证实了监测的有效性。

图 5-20　静止车辆检测实例

5.4　众　　包

众包(crowdsourcing)是指由非特定的群体在有偿或无偿(大部分为无偿)的条件下共同参与一项任务,通过每人完成其中的一小部分来实现整体任务的达成。这一概念自 2006 年被提出以来,随着互联网与计算机技术的迅猛发展,目前已经得到越来越广泛的应用。相较于传统模式,众包在成本、效率、数据来源广泛性等诸多方面拥有优势。在土木工程领域,海量检测、监测数据的采集,简单而冗杂的处理任务的完成均可通过众包得以更快、更好的实现。

5.4.1　众包的概念及分类

1) 众包的概念

众包一词最早出现于 2006 年美国《连线》杂志,由该杂志的记者杰夫·豪(Jeff Howe)首次提出。众包最原始的含义是指公司或机构将原本由员工执行的一项任务开放外包给一个非指定的(通常是大型的)人群的行为。后来其应用范围逐渐扩大,除去原本的由非特定群体共同完成一项任务的"众分包"形式,由单个用户组成的群体贡献个人采集/拥有的数据以实现数据库的构建、举办产品设计竞赛以选拔出优秀的设计方案、在猎头网站发布悬赏职位以鼓励用户推荐或者自荐来应聘等,均可以作为众包在实际生活中商业、工业、科学界等领域的应用体现。

2) 众包的分类

众包活动可以分为选择性众包(selective crowdsourcing)和整合式众包(integrated crowdsourcing)两类[32]。

选择性众包多用于机构或公司的方案比选,选择性众包对参与者的专业技能要求较高,参与者的数量多少与众包的成功与否没有直接关系。整合式众包则是一种由大量用户参与产生海量结果进而达成目的的众包形式,在整合式众包中,个体参与者只需负责提供信息,参与者的数量越多,所提供的数据量越大,众包活动就越有价值。

在土木工程领域应用较多的是整合式众包,因此有必要对整合式众包的两种类别——众包计算和众包感知进行介绍,如图 5-21 所示。

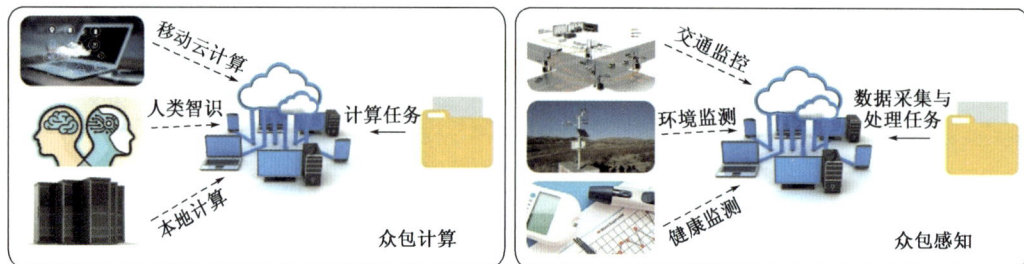

图 5-21 众包计算(左)与众包感知(右)

众包计算是指大众执行的众包任务涉及计算或处理加工工作,用户在根据自己所分配到的信息完成计算任务后将结果上传至平台。此类任务一般较为简单,但相较于机器计算,更适合由人来执行,如实体解析、图像标注、情感分析、文本翻译、效能评价等。

众包感知则用于数据收集和处理。数据库或信息库的建立需要大量的资源,如地区环境监测等用户可以使用配备了传感器的移动设备进行数据采集,并通过本地服务器或移动云计算进行数据处理。代表性应用如 SignalGuru,可利用智能手机随机检测当前的交通信号情况,最终根据所收集的信息预测未来交通信号的调度,从而进行路线及驾驶策略规划。

当然,需要注意的是,整合式众包需要大量数据的输入才能体现其价值,而与此同时必然会出现不同来源的信息不兼容、不准确或冗余的情况。为了提高计算结果的可信度,实施者需要通过一系列的手段对原始数据进行过滤和选择,如规范数据输入格式,选择合理数据源,基于单个用户的历史表现对其所贡献数据划定可信度等。

5.4.2 众包的实现过程与移动计算

1)众包的实现过程

一个成功的众包项目可分为三个阶段。

首先,在众包活动中一个复杂而巨大的任务被划分为若干个简单、可管理的微任务,其任务量的大小可以让单个用户快速得到准确的结果,同时又令他们觉得自己对项目做出了有意义的贡献。其次,众包平台需要努力吸引和组织有贡献作用的足够数量的用户,并鼓励他们做出准确的贡献。最后,在收集了大量的用户反馈结果之后,通过后端的处理程序区分不同用户的贡献的质量,并将它们组合起来以产生最终的、可靠的解决方案。

为了使众包活动更加高效,最终的项目成果更加准确,有以下三点工作需要特别注意:

一是参与者的选择与培训。为了招募更多的志愿者参与项目,要广泛利用社交媒体鼓励更多的参与者,或者提供一定的奖励。在进行实际工作之前,每个参与者都需经过一定的培训并接受详细的指导以保证其提交的结果是可靠、有效的。

二是众包平台的搭建。开发基于互联网的应用程序,让用户可以使用自己的账号登录平台来访问自己所负责的项目单元,并且可使用平台中所配备的工具更快捷地完成任务。这一做法可以更有效地将参与者组织起来,从而对用户反馈成果实现更快速的管理与整合。

三是个体贡献的评价。参与者由于其知识背景和能力的不同,其贡献的成果可能会有质量上的差距,如构建数据库的案例中,不同来源的数据就可能有格式、精度方面的错误,这时便需要筛选出错误数据,并基于每个用户所贡献数据的质量为其标记可信度以便于未来的数据筛选,对贡献度大的用户给予更多奖励以鼓励其贡献高质量成果。

2)移动计算[33]

众包计算成为可能有赖于现代互联网与计算机技术的发展,其中移动计算便是非常重要的一项基础技术。

移动计算是随着移动通信、互联网、数据库、分布式计算等技术的发展而兴起的新技术,它使得计算机或其他信息设备在没有与固定的物理连接设备相连的情况下实现数据传输及资源共享。移动计算可以分担中央信息系统的计算压力,将有用、准确、及时的信息提供给在任何时间、任何地点需要它的任何用户。

基于移动计算,众包中的群体性参与、处理并上传结果成为可能。不同用户使用其移动设备将其贡献成果上传到统一的云端,并可在相同的云端进行任务的查看,这使得不同时间与空间内的不同个体可以共同参与到同一项任务中来。移动计算和云服务为众包提供了最为经济与便捷的实施方案,称为移动众包(图 5-22)。

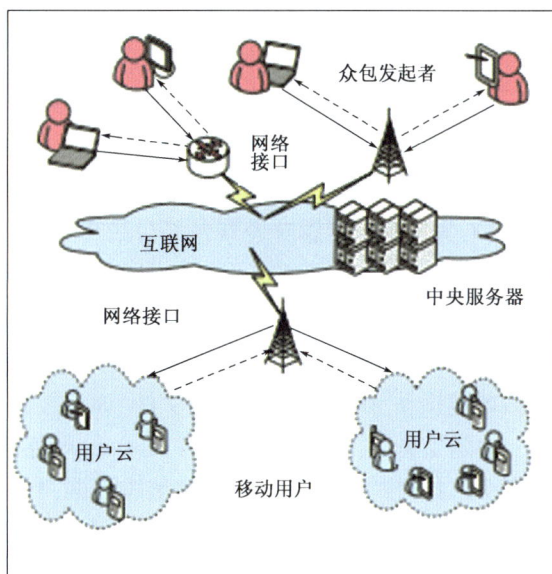

图 5-22　移动众包概念图[33]

5.4.3　众包在桥梁管养领域的应用

1)众包用于桥梁健康监测

桥梁健康监测是桥梁管养领域中一个非常重要的研究内容。在实际应用中,传统传感器有很高的硬件安装和维护成本以及远程监控和布线问题;无线传感器虽解决了传统传感器的一些问题,但仍存在功耗、数据采集稳定性、网络稳定性等方面的新问题。为了解决以上问题,许多新兴的传感器技术正在被开发。而互联网、智能手机和移动网络的发展促使公民更好地参与众包活动并产生有价值的数据。

基于智能手机的公民传感器网络可以利用智能手机内嵌的传感器来测量结构振动。人们使用自己的智能手机来测量结构振动,将数据传输到在线服务器,最终计算得到桥梁的模态信息。这属于本书5.4.1小节中所提到的众包感知的应用范畴,其主要目的是数据的采集。

该众包平台由三部分组成:参与公民、管理员和网络平台。其中,参与公民是指使用智能手机进行数据采集并上传数据的人;管理员则收集可用的最佳振动数据,并最大限度地提高结构系统识别的效率和准确性;最后,数据的集成与处理涉及移动传感、服务器获取、数字信号处理和数据库存储,这些工作均在网络平台上完成[34-35]。图5-23为桥梁监测众包平台示意图。

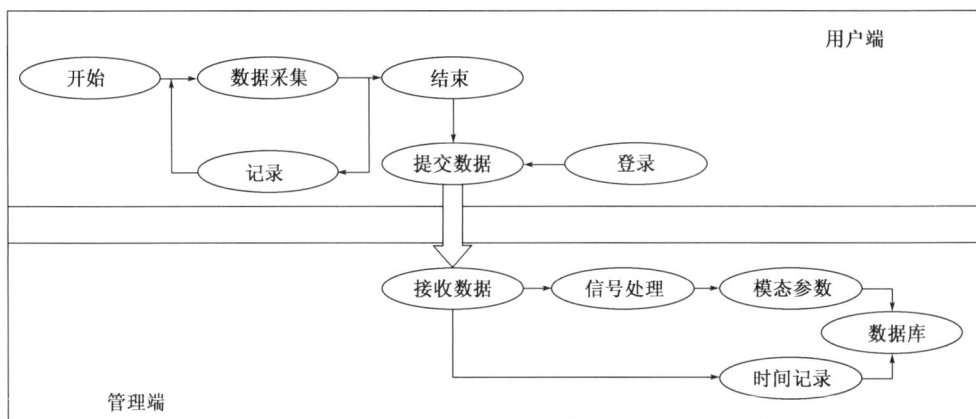

图5-23 桥梁监测众包平台示意图[35]

在实际应用中存在许多不确定性因素影响着众包平台最终的输出结果,究其原因,基本上可以分为三类:用户相关、硬件相关和结构相关。其中,用户相关的原因包括用户对众包问题和平台的理解、智能手机上的第三方配件以及测量的时间和质量;硬件相关的原因主要是用户智能手机中嵌入的传感器及CPU的性能的不同所引起的差异;结构相关的原因在于不同的振动荷载模式,包括环境振动、操作振动和极端事件(如地震)。

尽管测量设备、环境与测量实施者的不确定性都可被减弱,规范化测量本身仍有可能产生误差,这就需要将参与者个体提交的数据整合后形成整体数据,利用平均集体傅立叶光谱去噪,改善个体的结果,在这样一个结构化整体数据库的基础上,可以组织、挖掘和提取结构特征,形成有价值的分析。

相关案例如下。

(1)*MyShake*:智能手机地震预警网络[36]。

基于众包的思路,研究者开发出了一个基于Android的应用程序*MyShake*,利用个人智能手机传感器来收集数据并分析地震。如图5-24所示。它可以检测手机的移动是否可能是由地震或其他人类活动引起的,并将信息发送回处理中心,由处理中心的检测算法确认是否为地震信号。地震的位置、起始时间和震级是根据电话网络的多个触发器来确定的,这些信息可以用来估计震波到达目标位置之前的振动强度和剩余时间。

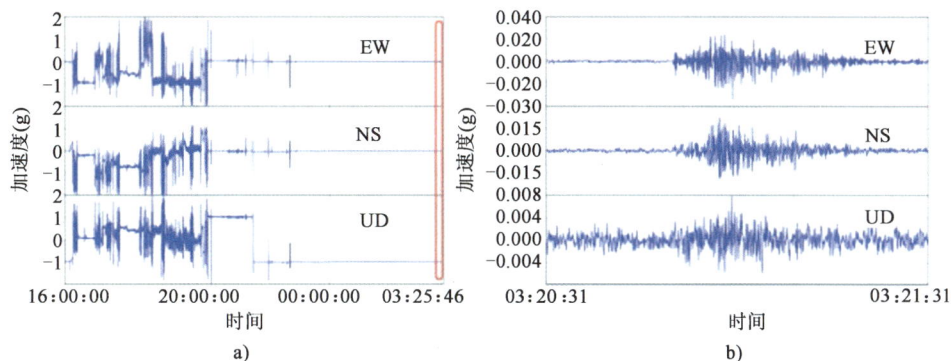

图 5-24　*MyShake* 的地震记录[36]

（2）交通系统管理与运营[37]。

突发事件管理：美国佛罗里达州交通部将基于社区的交通和导航应用程序的数据与计算机辅助调度系统的数据相结合，以缩短事故和意外道路封闭的响应时间。

交通信号灯管理：美国得克萨斯州奥斯汀市通过从外部购买众包数据，实现了数据驱动的信号重新定时策略，以取代周期性定时策略。使用众包数据不需要基础设施投资且劳动力成本更低，这允许奥斯汀市根据实际情况调整信号灯的时间，改善道路状况。

设施维护：美国特拉华州交通部创建了一个旅行者信息应用程序 *DelDOT*，该程序允许旅行者报告坑洞、街灯故障和其他道路状况。*DelDOT* 每周与每个地区共享相关报告，以告知维护计划。

以上两类应用均不是直接用于桥梁检测，第一类用于地震的感知，第二类则是在信息的基础上进一步实现了策略的制订。但它们的基本原理是相同的，众包所实现的只是海量数据的收集功能，而对数据的处理计算则在中央平台统一进行。

2）众包用于桥梁状态评估

（1）桥面状况与性能评估[38]。

桥面状况和性能评估是桥梁评估的重要内容，为了更高效地完成这一工作，美国密歇根州交通部和汽车研究中心研究了基于车辆所采集的数据进行评估的方法，主要实施方法是收集大众驾驶的车辆在行驶过程中智能手机传感器所采集的数据，当车辆驶过桥面时，车辆内放置的智能手机便可以采集到加速度信号。

与传统监测数据相比，使用该方法获得的数据并不直接关联到桥面，任何桥面状况的评估都建立在车辆、桥面和驾驶条件之间的相互作用上。车辆类型、行驶状态、传感器配置的不同均会导致不同读数的产生，这对数据采集的重复性和准确性造成了影响。而众包正好可以缓解这一问题，从多个车辆和不同时间收集的大量数据可以消除泛化方面的限制，通过建立区别于传统评价指标的新的评价方法，众包所采集的数据可以被最大限度地加以利用。

（2）桥梁病害情况评估。

现今桥梁检测与评估作业中，通常做法是在进行检查时拍摄病害图像，而图像的分析与桥梁评估则在后续进行，不能实现实时成像、计算和分析，很难支持团队协同作业。研究者借助协同移动云计算（Collaborative Mobile-Cloud Computing，CMCC），建立了一个可用于民用基础设施检查的平台。

多组检查人员同步对目标设施进行排查,使用移动设备拍摄发现的病害图像并上传到云平台,同时对其位置、类型等基本参数进行简单标注。如图 5-25 所示。如此一来,检查人员上传的所有图像便可根据其不同参数自动分类,便于下一步的图像分析与后期的查找。

图 5-25　图像上传与参数输入界面

为实现实时图像分析,研究者需要对比不同算法的处理速度与精度,以及在移动端与云端的处理速度的差异,实现最快速、最准确的分析识别。在研究者提出的系统中,交互式以及初步图像处理在移动端进行,而深度图像分析则在云端进行。研究者测试了多种有代表性的算法,不同算法的处理速度与图像大小或图像内容高度相关。另外,云端计算速度普遍快于移动端计算,因此大部分图像处理任务都可在云端完成。而使用 Canny 边缘检测进行图像过滤以及使用直方图均衡化进行图像处理的时间相对较短,因此这一步骤可在移动端进行。

3)众包用于灾后区域损伤评估[39-41]

快速评估关键信息,如影响区域、损害分布、经济损失以及可能需要搜索和开展救援任务的潜在区域,在灾难应对中至关重要。遥感技术在灾害损伤评估中提供了对应地区灾后地面的真实图像,可以帮助评估人员在不到达现场的情况下对地区状况有整体的掌握。然而有限的救援资源和处理优先级的不同使得分析复杂化,评估人员需要考虑多方面的信息。而众包可以提供一种机制来分解信息处理任务,减轻灾难分析人员的压力。全球地球观测灾害评估网络(GEO-CAN)就是这样的众包平台,它允许大量专家在线进行工作,并利用分布式网络快速完成关键的损害评估任务。

在 GEO-CAN 上,每一位参与者均会被分配一个单元的区域,通过同步查看该区域地震前和地震后的图像,在系统地图上进行点击来标记已评估的建筑物,并快速分配损伤评估等级和置信程度,最后将结果保存到一个本地文件并提交到中央数据库。图 5-26 显示的就是经过众包所形成的灾后评估地图,图上每个多边形都由一个参与者绘制,并以一个伤害等级来进行标记。共识度较高的三个地点被突出显示在地图右侧,显示可靠的损害评估结果。

在海地地震后,来自 23 个国家的 600 多人参与了这一活动。图 5-27 显示的是在这次活动中由志愿者识别出的 4 级和 5 级损毁的建筑物数量每天的变化情况,可以发现 GEO-

CAN 的使用大大加快了建筑物标记速度,有利于灾后应急救援和工作调配的进行。

图 5-26　灾后评估平台界面及灾后评估结果实例[39]

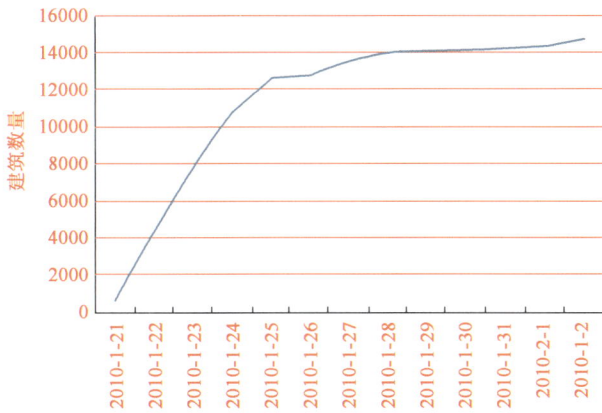

图 5-27　志愿者每天识别出的 4 级和 5 级损毁的建筑物数量变化情况[39]

新西兰克赖斯特彻奇地震后,200 多名用户分析了克赖斯特彻奇中央商务区超过 77km² 的面积,贡献了 1400 多个建筑轮廓和损害评估。这时 GEO-CAN 已得到了进一步的改进,用户可以使用在 Web 浏览器中运行的简单界面,而不是使用专家专用的 GIS(地理信息系统)平台,并且平台可以通过集成的培训模块带领没有经验的普通用户熟悉操作,而不需要事先阅读任何指导手册。

总的来说,众包的方法在灾后地区建筑损毁情况评估中已经得到了成功的运用,我们相信同样的思路也可以移植到桥梁损伤评估中来。这里的桥梁损伤评估不仅包括了灾后桥梁损毁等级的判定,也包括平时检测中单个桥梁整体技术状况的判定或桥梁单个构件技术状况的判定。对于前者,参与者的专业性要求相对较低,而对于后者,则应由具有相关专业背景的人士从事。

5.5　协　同　计　算

协同计算(cooperative computing)的概念源于计算机支持的协同工作(Computer

Supported Cooperative Work,CSCW),指在地域上处于分散状态的一个群体借助计算机和网络技术,相互协作共同完成一项任务。这一概念自20世纪80年代中期提出以来,引起了学术界和工业界的广泛关注。协同计算具有群体性、交互性、分布性和协作性,可以充分调动各计算资源的计算优势,提高群体工作质量和效率。本节将着重介绍几种在桥梁工程领域广泛运用的协同计算技术。

5.5.1 云边协同计算

如图5-28所示,在实际应用中,边缘计算与云计算往往需要通过紧密协同才能更好地满足各种需求场景的匹配,从而放大边缘计算和云计算的应用价值。边缘计算既靠近执行单元,更是云端所需高价值数据的采集和初步处理单元,可以更好地支撑云端应用;反之,云计算通过大数据分析优化输出的业务规则或模型可以下发到边缘侧,边缘计算基于新的业务规则或模型运行。

云边协同需要保证以下几方面的协同:资源、安全策略、应用管理、业务管理等。

(1)资源协同:包括边缘节点为增值网络业务提供的计算、存储、网络、虚拟化等基础设施资源的协同,以及边缘节点设备自身的生命周期管理协同。其中以计算资源、网络资源和存储资源的协同为主。

图5-28 边缘计算和云计算的关系[42-43]

①计算资源协同,指的是在边缘云资源不足的情况下,可以调用中心云的资源进行补充,并满足边缘侧应用对资源的需要。中心云可以提供的资源包括裸机、虚拟机和容器。

②网络资源协同,指的是在边缘侧与中心云的连接网络可能存在多条链路,在距离最近的网络发生拥塞的时候,网络控制器可以进行感知,并将流量引入较为空闲的链路,而控制器通常部署在中心云上,网络探针则部署在云的边缘。

③存储资源协同,指的是在边缘侧存储不足时,将一部分数据存到中心云,在应用需要的时候通过网络传输至客户端,从而节省边缘侧的存储资源。

(2)安全策略协同:边缘节点提供了部分安全策略,包括接入端的防火墙、安全组等,而中心云则提供了更为完善的安全策略,包括流量清洗、流量分析等。在安全策略协同的过程中,中心云如发现某个边缘云存在恶意流量,可以对其进行阻断,防止恶意流量在整个边缘云平台中扩散。

(3)应用管理协同:边缘节点提供网络增值应用部署与运行环境;云端实现对边缘节点增值网络应用的生命周期管理,包括应用的推送、安装、卸载、更新、监控、日志等。中心节点可以对已经存在的应用镜像在不同的边缘云上进行孵化启动,完成对应用的高可用保障和热迁移。

(4)业务管理协同:边缘节点提供增值网络业务应用实例;云端提供增值网络业务的统一业务编排服务,按需为客户提供相关网络增值业务。由于边缘侧的资源紧张,中心云可以对某些应用进行高优先级的处理,从而对业务进行不同优先级的分类和处理。

(5)不同地域的边缘协同:在某些具体应用场景,如车联网的场景中,由于车辆在不断行驶中,应用需要根据不同的地域进行同时部署或热迁移,中心云需要根据应用的不同时段的地域要求,将应用事先进行部署,并下发策略实现应用的平滑迁移。

5.5.2　移动云计算

随着科技的发展,智能手机已经成为人们生活、工作中不可或缺的一部分。智能手机支持各类应用,可以实现诸如视频处理、电子商务、在线社交、休闲娱乐等功能。在桥梁和土木工程领域,智能手机也被应用于项目管理和结构监测等领域。智能手机应用程序复杂性的提高对手机的计算能力和资源也提出了更高的要求。尽管近年来智能手机硬件和电池寿命一直在缓慢地进步和延长,但受限于智能手机的尺寸,相较于大型计算设备,低处理能力、有限的内存、不可预测的网络连接性、有限的电池寿命等依然是限制智能手机在计算方面应用的主要原因。通过将移动设备与云计算相结合,将资源密集型计算从移动设备迁移到资源丰富的云或服务器,使智能手机能够执行更为复杂的应用程序,实现更为复杂的计算任务。从这一角度看,移动云计算是一种特殊的云边协调计算。本小节将重点介绍移动云计算的概念、主要架构、实现方式。

作为一种新兴的计算模式,移动云计算的主要目的是通过利用云端在计算、存储等方面的资源优势,大幅提高移动设备的计算能力,以此为移动用户提供更加丰富的应用以及更好的用户体验。AEPONA 公司于 2010 年发布的《移动云计算解决方案白皮书》将移动云计算定义为:移动终端通过无线网络,以按需、易扩展的方式从云端获得所需的基础设施、平台、软件等资源或信息服务的使用与交付模式[44]。Satyanarayan 等[23]则将移动云计算定义为"一种通过移动云计算技术与移动设备的集成,从而提升移动设备在计算能力、内存、存储等方面能力的技术"。一个典型的移动云计算的架构如图 5-29 所示,移动设备通过基站等无线网络接入方式连接到因特网上的云端服务器。云端服务器的数据中心部署在不同的地方,为用户提供可扩展的计算、存储等服务。内容提供商也可以将各类多媒体资源部署在适当的数据中心,为用户提供更加丰富、高效的内容服务。

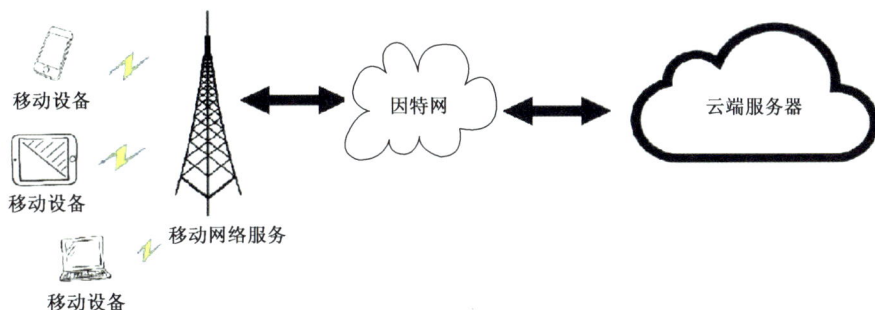

图 5-29　移动云计算的典型架构[45]

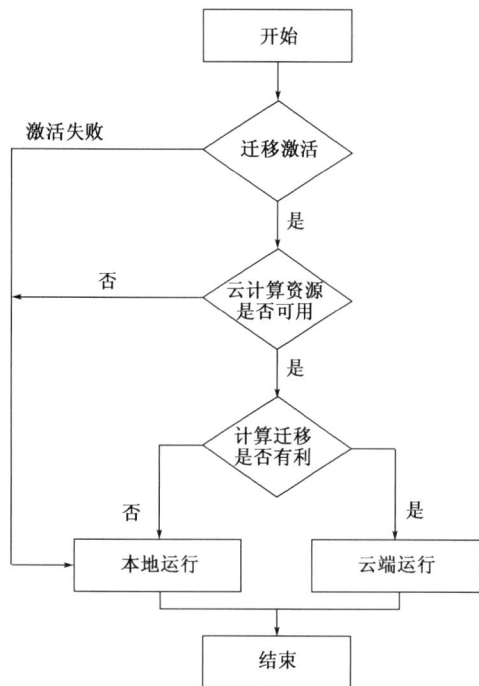

图 5-30　计算迁移的基本流程

移动云计算得以实现的核心技术是计算迁移技术,顾名思义,计算迁移技术就是将移动终端的存储、计算等任务迁移到云端数据中心或高性能服务器上执行,从而使移动终端获得灵活、高效的服务。其基本流程如图 5-30所示,计算迁移的工作流程始于应用程序的执行,程序检查用户的迁移权限。如果用户拥有相关权限,则检查云计算资源是否可用,并记录可用(可分配)的资源。下一步为根据用户的期望目标确定计算迁移是否对用户有利,如果有利的话,则执行计算迁移,并将相关数据和计算任务迁移至云端进行计算。否则,应用程序将在本地执行所有计算。移动终端与远程服务器连接后将执行计算迁移,计算迁移是一个复杂的过程,会受到来自系统硬件和软件方面的各种影响。Othman 等[46]归纳了计算迁移的主要影响因素,如表 5-6所示。

移动云计算的主要影响因素　　　　　　　　　　　　　　　　　　　　表 5-6

影 响 实 体	主要影响因素
使用者	网络数据花费,服务花费,数据隐私,计算速度,应用支持
移动设备	CPU 速度,内存,存储,电量
连通性	通信技术 (2G/3G/4G/5G,Wi-Fi 等),通信带宽,通信延迟
应用模型	语境意识,应用分区,代码可用性
应用程序	可迁移性,数据可用性,输入大小,粒度
云端服务器	计算能力,内存,存储,运行时间,周转时间

然而,现阶段的移动云计算还面临以下一些挑战:

(1)用户的移动性:移动性是移动云计算的重要特点之一。通过精确、高效地确定用户位置,可以保证用户在移动中随时随地按需获取云端数据。

(2)移动终端电池容量的限制:受移动终端体积、重量,以及电池技术水平的限制,终端可用电量很难在短期内获得大幅提升。为了延长移动终端的可用时间,研究者一直关注移动终端节能技术的开发。

(3)隐私的保护:人们已经越来越习惯将通信录、照片等个人信息备份在云端,甚至直接用手机完成电子支付。因此,移动云计算环境中的数据安全与隐私保护也越来越重要。

5.5.3　其他协同计算

除了目前较为成熟的云边协同计算之外,还存在其他协同计算模式。本小节将对这些计算模式进行介绍。

1)边边协同

边缘与边缘之间互相协同(边边协同)是目前的研究热点,其主要解决两个问题:一是边缘计算能力有限的问题。例如,在完成神经网络模型的训练任务时,单个边缘进行训练比较吃力,既耗费时间和算力,又容易因为数据量的限制使得模型过拟合。因此,需要多个边缘进行协同训练。二是数据孤岛的问题。边缘的数据来源具有较强的局部性,需要与其他边缘协同以完成更大范围的任务。例如,在交通路况监测中,一般一个边缘只能获取当地的路况信息,多个边缘相互协作的信息可以组合成大区域的路况地图。

边边协同主要有以下两种模式:

(1)边边分布式协同。在这种协同方式下,每个边缘都作为计算节点承担计算任务,边缘拥有整个模型或者部分模型,计算数据来自边缘自身产生的数据。模型训练到一个阶段后,会将计算结果汇总至中心节点(服务器)中,最终训练得到计算结果。在这种协同中,设计高效算法以达到带宽和模型准确率的权衡是重点。

(2)边边联邦学习协同。基于数据安全和隐私保护的目的而提出这种方式。某个边缘节点保存最优模型,每个边缘作为计算节点参与模型的训练,其他节点在不违反隐私法规的情况下向该节点更新参数。该协同方式与边边分布式协同有相似之处,同时也存在区别:在联邦学习协同中,边缘节点是数据的绝对拥有方,可以自主决定参与学习的时机;而在分布式协同中,中心节点占据主动地位,对分节点具有管理权限。

2)边物协同

边物协同中的"物"指物端设备,也可被表述为物联网设备,主要包括传感器设备、摄像头、工厂机械设备等。主要目的在于增强边缘节点的能力。该协同在物联网,尤其是在智能家居和工业物联网中的应用非常广泛。边物协同下,物端负责采集数据并发送至边缘,同时接收边缘的指令进行具体的操作执行;边缘负责多路数据的集中计算,发出指令,对外提供服务。

5.5.4　协同计算技术在土木工程中的应用

随着协同计算的发展,协同计算技术在土木工程领域的应用也得到了重视。早期的工程案例中,通常是将移动设备(边缘)采集到的数据传输并显示在云端,如 Intergraph[47] 利用移动云计算协助进行的基础设施检查等,一些传统的基于个人电脑的设计施工辅助软件也开始主动提供方便手机端查看数据的功能,但是这些应用并没有很好地体现出协同计算的优势和特点。因此,本书对这些案例不做过多介绍。

1)基于协同移动云计算的基础设施检查

Chen 等[48]实现了基于 CMCC 的框架基础设施检测。其基本流程如图 5-31 所示。

图 5-31 CMCC 基础设施检测的基本流程[48]

（1）检测工程师用智能手机或智能平板电脑在监测现场采集图像数据；
（2）在采集图像数据的时候采用环境激活（context enable）的成像方式；
（3）通过移动端的互动来增强成像和处理图像；
（4）将图像和其他数据存储在云中，并在云中对复杂的图像进行分析；
（5）通过网页模式在单个的移动设备中显示原始图像和处理结果。

为了实现这一流程，Chen 等分别设计了两个子系统，包括前端的手机应用程序及后端的云计算服务平台。两个系统的基本架构如图 5-32 所示。两个系统之间通过 HTTP 或者 SOAP 协议进行信息交换。

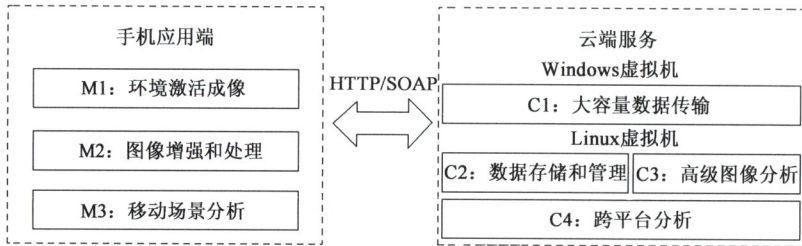

图 5-32 CMCC 系统的软件架构[48]

CMCC 系统各组成部分的详细情况如下。

M1：环境激活成像。主要通过人工输入相关数据信息实现，检测人员手动输入相关检测数据并将其与图像绑定。

M2：图像增强和处理。此部分使用 OpenCV 编程进行图像/视频捕获，而不是使用原始 Android SDK 中的内置摄影/视频功能。

C1 和 C2：大容量数据的传输、存储和管理。依赖于现代的云基础架构，可以随时随地支持对启用 Internet 的移动设备的实时服务。众多移动客户端可以同时连接到云，并将大量数据传输到云。

C3：高级图像分析。主要通过学习相关算法实现高级图像处理功能，但是损伤识别和损伤量化在此实例中并未实现。

M3 和 C4：跨平台基础设施的状态分析。可以实现以下功能：①根据特定的情境（时间、位置、条件、类型、电话等）搜索图像；②定位（根据图像的位置，基于 Web 的 Google Earth 进行拍摄）；③使用已实现的图像分析方法进行进一步处理；④注释附加信息；⑤下载到本地计算机。

Chen 等[48]设计的这一平台可以进行复杂的损伤场景分析。图 5-33 为利用这一平台进行裂纹处理的一个例子。

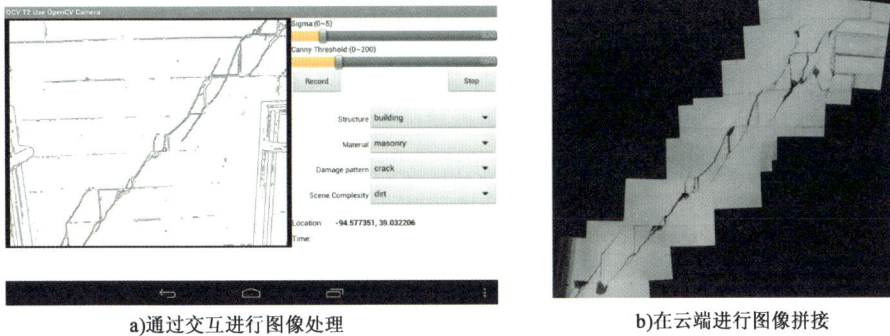

a)通过交互进行图像处理　　　　　b)在云端进行图像拼接

图 5-33　利用移动云计算处理裂纹损伤[48]

2）基于移动云的结构监测系统

大连理工大学的赵雪峰等[49-51]开发了基于移动云（主要以智能手机为载体）的结构监测系统，并将其用于桥梁结构的日常监测。其基本原理是通过智能手机的内置传感器获得基本监测数据，如 GPS 信息、温度、加速度、倾角、位移等。通过智能手机的互动界面输入地震烈度信息。将监测数据上传到云端服务器或网站，并和结构相关信息进行集成。云端服务器对数据进行处理，利用损伤识别和评估的相关算法，获得结构参数的变化情况，评估结构损伤。然后将相关信息发送给智能手机的用户，根据计算结果，用户可以采取相对应的措施。系统的整体架构如图 5-34 所示。

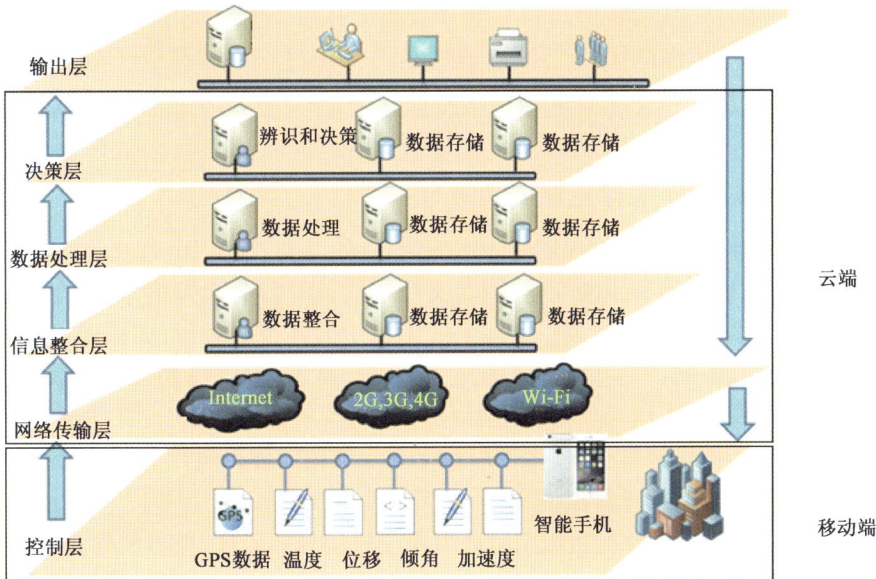

图 5-34　基于移动云的结构监测系统的基本架构[50]

为了使数据采集更为方便，作者还开发了相应的手机 App-Orion，用于采集数据和交互式分析。主要功能包括：①收集当前位置，以获取监测项目的位置。②建立监测项目，用于建立云端的项目数据库。③数据分析,通过加速时程曲线获得频谱数据。④根据索力参数计算索力。

作者将此系统用于星海湾大桥的索力监测当中证明移动云监测系统的应用可以大大提高结构监测的便捷性,降低监测成本。智能手机的使用使现场监测更加方便、低成本、高效。此外,友好的界面易于操作,促使人们可以积极参与结构健康监测,使快速、安全评价成为可能,而这是传统监测系统所不能实现的。智能手机采集的数据可以同步到云端 SHM 数据共享平台,方便数据的获取和深度分析。

5.6　压缩感知

为了缓解大数据时代对信号的采样速率、信号传输速度和存储空间需求的压力,Candès 在 2006 年的国际数学家大会上介绍了一种被称为压缩感知的新颖信号采样理论,指出利用这种理论,只要远少于传统 Nyquist 采样定理所要求的采样数即可精确或高概率精确重建原始信号。需要指出的是,压缩感知的核心仍是一种计算理论方法,该方法已在不同感知领域中得到应用。本节首先简要介绍压缩感知技术,随后介绍其在结构损伤识别中的应用,最后提出一种基于压缩感知和物联网技术的智慧桥梁管养平台。

5.6.1　压缩感知技术概述

压缩感知(Compressed Sensing, CS),也被称为压缩采样(Compressive Sampling)或稀疏采样(Sparse Sampling),从名称中可以直观地看出 CS 是一种针对信号采样的技术。它通过一些算法,实现了"压缩的采样",准确地说是在采样过程中就完成了数据压缩的过程[52]。如今,CS 被应用于电子工程尤其是信号处理中,用于获取和重构稀疏或可压缩的信号[53]。

1)信号采样与 Nyquist 采样定理

连续信号是指用连续变化的物理量所表达的信息,如温度、湿度、压力、长度、电流、电压等,常用电信号来模拟这些物理量的变化,因此又把连续信号称为模拟信号,它在一定的时间范围内可以有无限多个不同的取值。实际生产生活中的各种物理量,如摄像机摄下的图像,录音机录下的声音,车间控制室所记录的压力、流速、转速、湿度等都是模拟信号。但对于计算机来说,处理这些模拟信号显然无能为力,要使计算机能够识别、计算、处理这些模拟信号就必须将其转化为数字信号,即模拟信号数字化。常用的数码照片、视频等都是经过了模拟信号数字化才得以应用于计算机的[54-55]。

如图 5-35 所示,模拟信号转换为数字信号需要经过信号的采样、信号的保持、信号的量化与信号的编码四个基本步骤。其中采样是指对模拟信号在时间上进行离散,即按照特定的时间间隔在原始的模拟信号上逐点采集瞬时值[54-55]。问题在于,采样后,计算机得到的是离散的点,用这些离散的点来代替连续的线势必会产生误差,那么通过采样得到的离散的点能不能还原出连续的信号呢?

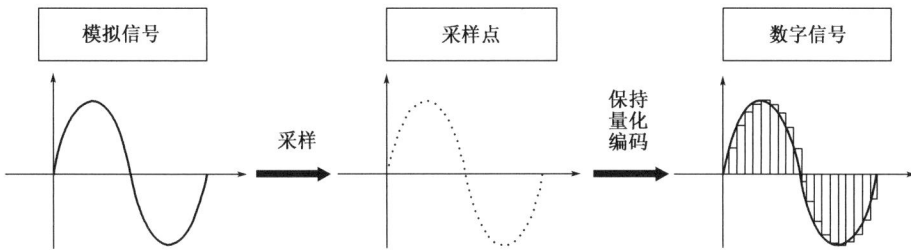

图 5-35　模拟信号数字化过程

1928 年美国电信工程师 H. Nyquist 提出采样定理,解决了采样频率的问题,该定理被称为 Nyquist 采样定理。Nyquist 采样定理指出:只有当采样频率达到信号最高频率的两倍以上时,才能由采样信号精准重建原始信号[56];如果采样频率低于信号最高频率的两倍,信号在频域频谱搬移后就会发生混叠。该定理为采样率提供了一个有效的条件,该采样率允许离散采样序列从有限带宽的连续时间信号中捕获所有信息。一直以来,在数字信号处理领域,Nyquist 采样定理是模拟信号和数字信号之间的基本桥梁,是连续信号离散化的基本依据。

然而,随着当今世界信息需求量的日益增加,信号带宽越来越宽,在信息获取中对采样速率和处理速度等都提出了越来越高的要求。为了缓解信号传输速度和存储空间的压力,当前常见的解决方案是信号压缩,如基于小波变换的 JPEG2000 标准[57]。图 5-36 给出了传统的信号采样与压缩/解压过程示意图[56]。但是,信号压缩实际上是一种严重的资源浪费,因为大量采样数据在压缩过程中被丢弃了($N \gg K$),它们对于信号来说是不重要的或者只是冗余的信息。从这个意义上可以得到结论:带宽不能从本质上表达信号的信息,基于信号带宽的 Nyquist 采样机制是冗余的或者说是非信息的。

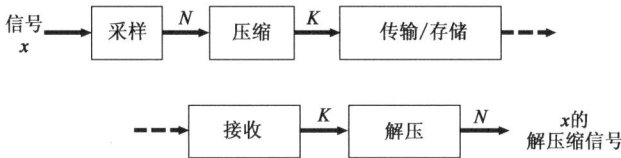

图 5-36　传统的信号采样与压缩/解压过程示意图

不同于 Nyquist 信号采样机制,Candès 等[58]近年来基于信号稀疏性提出一种被称为压缩感知或压缩采样的新颖采样理论,成功实现了信号的同时采样与压缩。虽然压缩感知理论只出现了短短几年,但是一经报道立即引起了广泛关注,是近年来国际上迅速兴起的热门研究方向。图 5-37 给出了压缩感知的采样/重建过程示意图。

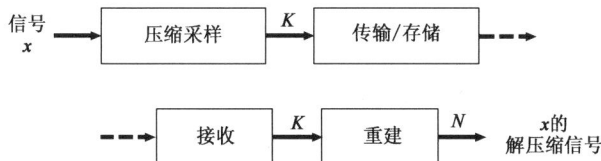

图 5-37　压缩感知的采样/重建过程示意图

2)压缩感知的基本方法

通过上述背景的相关介绍,可以用一句话概括地描述压缩感知的基本思想:如果一个信号在某个变换域是稀疏的,那么就可以用一个与变换基不相关的观测矩阵将变换所得的高维信号投影到一个低维空间上,然后通过求解一个优化问题就可以从这些少量的投影中以高概率重构出原信号。

在该理论框架下,采样速率将不再取决于信号的带宽,而在很大程度上取决于两个基本准则,即稀疏性和非相关性,或者稀疏性和等距约束性。

图 5-38 给出了压缩感知的基本方法。如图所示,压缩感知主要包括三部分:①信号的稀疏表示;②设计观测矩阵;③设计信号恢复算法。

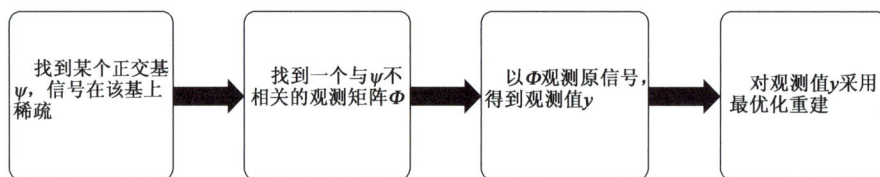

图 5-38　压缩感知的基本方法

此外,本节仅简单介绍了压缩感知的基础技术路线,关于基础理论的算法、引申、推广与变种,感兴趣的读者可以阅读压缩感知的相关参考文献[59-60]。

3)压缩感知的应用

直接信息采样的特性使得压缩感知理论具有巨大的吸引力和应用前景,随之而来的是相关理论的完善和实践成果的出现。如今,压缩感知的应用研究已经涉及众多领域,如无线通信[61]、阵列信号处理[62]、成像[63-64]等。在此对单像素压缩数码相机技术作简要介绍。

运用压缩传感原理,莱斯大学成功研制了单像素压缩数码相机,其原理如图 5-39 所示。首先是通过光路系统将成像目标投影到一个数字微镜器件(Digital Micromirror Device,DMD)上,其反射光由透镜聚焦到单个光敏二极管上,光敏二极管两端的电压值即为一个测量值 y。将此投影操作重复 M 次,得到测量向量,然后用最小全变分算法构建的数字信号处理器重构原始图像。数字微镜器件由数字电压信号控制微镜片的机械运动以实现对入射光线的调整。该相机直接获取的是 M 次随机线性测量值,而不是原始信号的 $N(M,N)$ 个像素值,这为低像素相机拍摄高质量图像提供了可能。

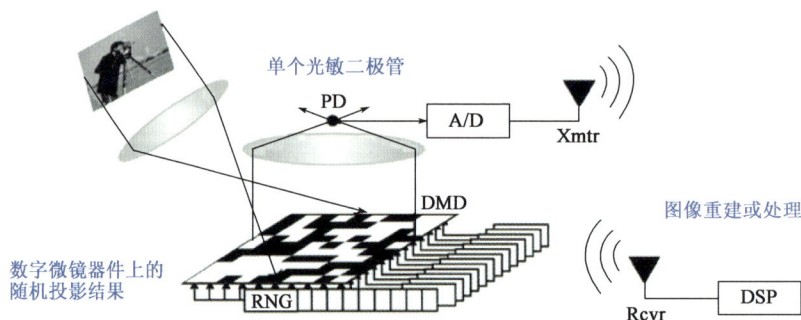

图 5-39　单像素压缩数码相机的原理

5.6.2　基于压缩感知的结构损伤识别方法

近些年,压缩感知理论在许多研究领域得到广泛研究与应用。从本质上讲,压缩感知理论中的信号重构问题就是寻找欠定方程组的最稀疏解,压缩感知理论的提出也推动了对稀疏优化问题求解方法的研究,为时间域、空间域下是稀疏的表示的若干反问题的求解提供了新的思路。

由于结构损伤识别是典型结构动力学中的反问题,且由于通常情况下结构的动力响应数据只有少数几阶模态参与,因此,在频域上是一个窄带信号,具有稀疏性。即使有测量噪声的影响,结构动力响应数据在频域或其他变换域上仍然具有近似稀疏的特性。因此,压缩感知理论为结构损伤识别领域的一些关键问题提供了新的解决思路。另外,结构损伤识别中已经广泛应用无线传感器与传感器网络,其中困扰学术界已久的无线传感器的能耗与数据丢失以及有限带宽等问题,也可以采用压缩采样的方法来解决。在此简要介绍将压缩感知理论用于结构损伤识别的国内外研究现状。

1)数据采集与信号重构

在压缩感知理论中,信号的采样速率将不受信号带宽的限制,可以根据情况选择满足要求的较低的采样频率,减少数据采集量,节省数据的存储、传输成本。随着压缩感知理论的提出,近年来,越来越多的学者对压缩感知理论和压缩采样进行了研究,该理论目前已经应用于许多土木工程的结构损伤识别的数据采集过程中。

鲍跃全等[65]研究了压缩感知理论在健康监测加速度数据采集中的应用,研究结果表明结构振动加速度数据的稀疏性是影响数据重构精度的重要因素。Mascarenas 等[66]对压缩感知技术在结构损伤识别中的应用进行了研究。在他们的研究中,压缩传感器首先被用于从测量信号中收集压缩系数,并且把它们传送到离板处理器,用最小化 l_1 范数的方法来重构数据。匹配滤波器的压缩版本被用在了传感器节点上,用于结构损伤识别。O'Connor 等[67]试图使用压缩感知理论来减少无线传感器在健康监测系统使用中的能量消耗。他们根据压缩感知理论对无线传感器进行改进,使其对数据进行随机采样,然后将数据从站外传送到数据计算服务器,使用 CoSaMP 匹配追踪恢复算法对数据进行重构,然后对数据进行进一步处理以提取结构的模态参数。

在此对几种较前沿的技术展开介绍。

(1)基于压缩感知的无线传感器数据丢失恢复方法。

2013 年,Bao 等[68]研究了压缩感知理论在结构健康监测无线传感器数据丢失恢复中的应用。如图 5-40 所示,在他们的研究中,随机丢失的数据相当于压缩感知中被压缩的数据,可以利用稀疏优化算法以较高的精度对丢失数据进行恢复。另外,使用随机解调技术将压缩感知算法嵌入无线传感器。对哈尔滨松浦大桥进行的现场测试结果显示基于压缩感知理论算法的数据丢失恢复是可行的且成功的。

(2)基于压缩感知的面向结构损伤信号的多传感器感知融合方法。

在结构健康监测中,往往是通过多传感器之间的协同工作以实现损伤的识别与定位。为提高损伤识别精度、减少数据的传输量,常采用多传感器数据融合的方法来满足其应用需求。无线传感器节点往往是高频采样,数据传输量非常大,而传统的直接融合方法会导致网络中的数据传输量过大而增加整个网络的能耗,进而影响监测系统的服役寿命。因此提出了一种基于压缩感知的多传感器感知融合方法,其主要思想是:通过测量矩阵将多个传感器节点的原始采集数据进行线性投影,实现采集数据从高维序列到低维度线性测量信号的压缩转变,然后对多个传感器的线性测量信号实现数据级的信息融合,最后重构原始采集数据。其主要流程如图5-41所示。图中3个传感器获得的结构损伤差信号可通过两种方案进行数据融合:一种方案为传统方法的直接融合,即将传感器获取的采集信号直接进行数据融合;另一种方案是本节提出的基于压缩感知的数据融合,即对3个传感器节点采集的信号通过感知压缩后,对获得的3个线性测量信号进行融合并重构,其本质是对稀疏样本先融合后重构。最后对比两种方案的效果,实验结果表明,后一种方案的融合方法具有良好的融合精度和压缩能力,同时对噪声信号也具有较好的抗噪性[69]。

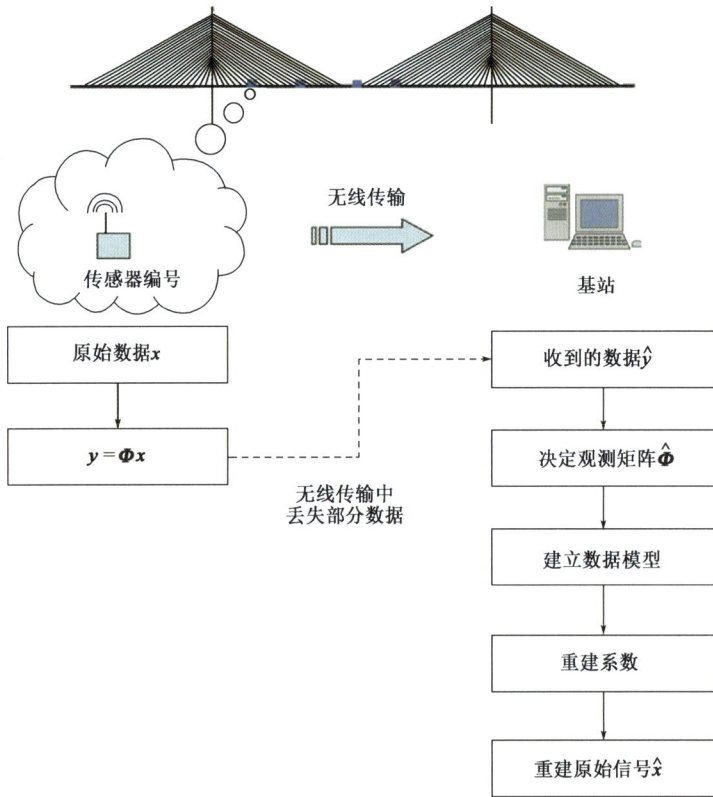

图5-40　数据丢失恢复方法的流程图[68]

(3)基于群稀疏优化的结构健康监测数据压缩采样与重构方法。

实际的健康监测系统中,结构上往往会布置多个测点,多个传感器同时采集数据,这些数据反映了同一个结构在同一时刻的振动特性,信号之间具有时空相关性,在频域有基本相同的稀疏性。因此在结构健康监测压缩感知数据重构算法中通过引入群稀疏模型,利用原始信号之间的相关性和在频域上的群稀疏性,可以更好地去除冗余信息,提高压缩采样数据所含信息的利用率。如图5-42~图5-44所示,通过对厦门海沧大桥的测试,证明该方法可以改善压缩感知的数据重构的精度[70]。

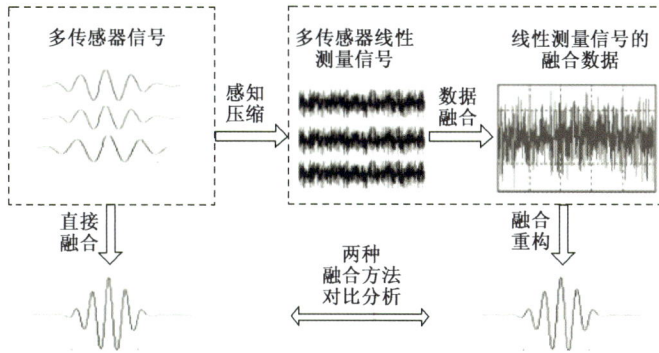

图 5-41　基于压缩感知的多传感器感知融合方法

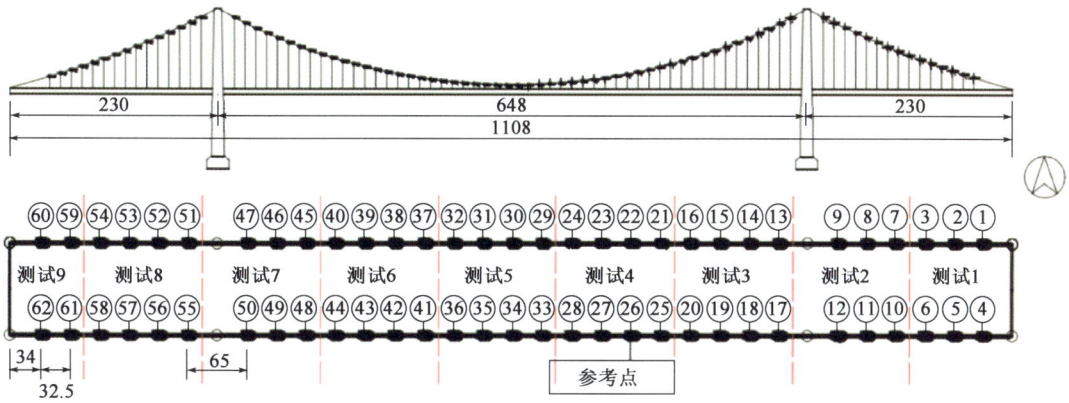

图 5-42　传感器布置图[70]

图 5-43　监测用传感器[70]　　　图 5-44　现场采集模块[70]

（4）基于听觉机制的仿生压缩感知技术。

Peckens 和 Lynch[71]提出了结构健康监测系统采集数据的仿生压缩感知技术,如图 5-45 所示。由于生物传感系统与工程传感系统之间存在许多相似之处,因此生物神经系统可以为结构监测系统当前的不足提供潜在的解决方案。神经系统能够通过非常精简的格式(具有非常基本的处理单元)对外部刺激进行实时处理和数据传输。这项研究通过探索哺乳动物的听觉系统以寻求启发,从而实现了优于现有工程传感系统的高效数据采集过程,并基于此提出了一种仿生压缩感知技术,该技术可以实现实时处理和数据压缩,具有较好的发展前景。

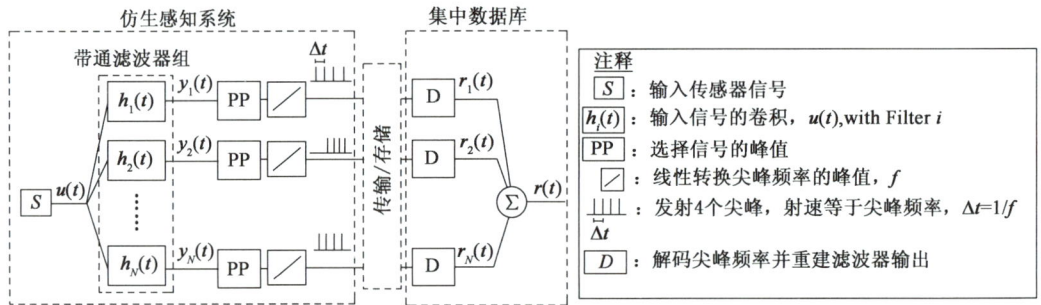

图 5-45   仿生感应系统的示意图[71]

2)损伤定位与量化

(1)基于系统模型的稀疏损伤定位方法[72]。

如图 5-46、图 5-47 所示,在导波系统模型的基础上,为了对结构中的损伤进行定位,通过空间上离散分布的观测位置对总体的波场进行观测。根据观测和系统模型,构建反演问题,以找出结构中的损伤位置。结合实际损伤的空间分布往往较总体被检测区域稀疏的特点,根据压缩感知的思想利用空间稀疏性这一先验知识作为正则项约束反演问题,克服了反演模型高度欠定的问题,并使用交叉验证保证获得稀疏的损伤分布。根据仿真验证结果,该方法能有效实现定位。

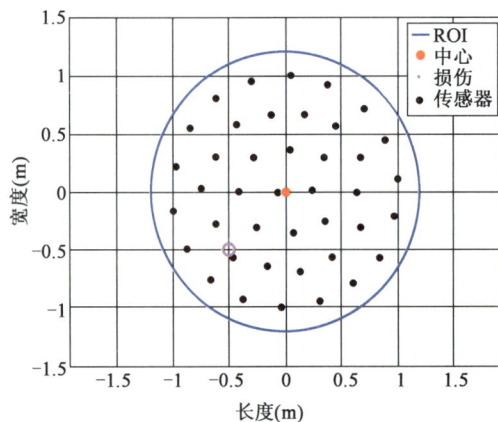

图 5-46   仿真方案示意图[72]

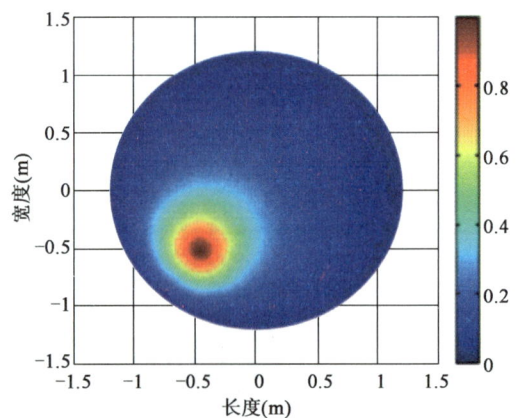

图 5-47   信噪比在 20dB 时还原的折射波场示意图[72]
(数值越高,代表该处存在损伤的概率越大)

(2)基于结构灵敏度分析与稀疏约束优化的结构损伤识别方法。

周述美等[73]基于结构灵敏度分析,引入稀疏约束条件,提出了一种结构损伤识别方法,并通过数值模拟验证了方法的有效性。该方法在结构损伤稀疏的基础上,通过灵敏度分析,建立结构单元损伤程度与实测频率和振型变化量之间的关系。但是所建方程为一对噪声敏感的病态线性方程组,通过传统方法较难获得准确解。根据压缩感知理论,引入稀疏约束对方程组进行求解,并通过图 5-48 中的简支桁架模型的数值模拟验证(结果如图 5-49 所示)得出结论:考虑稀疏约束可以明显增加损伤识别的准确性。

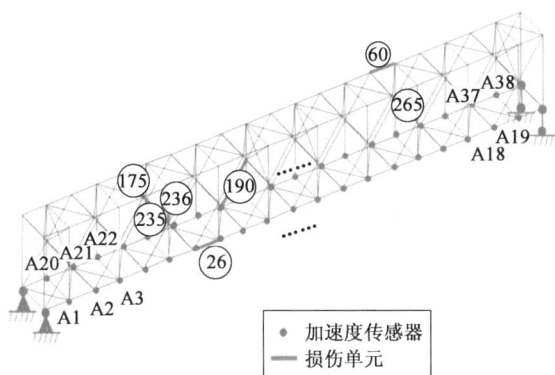

图 5-48　简支桁架模型[73]

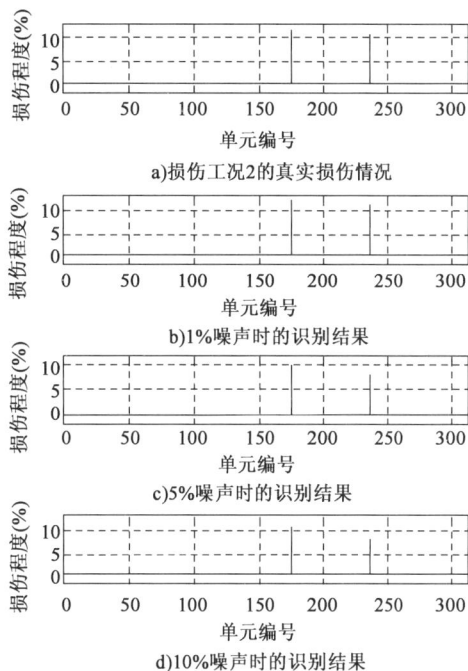

图 5-49　某损伤工况下的识别结果[73]

(3)基于输出数据的模态识别方法。

Yang 等[74]提出了一种基于输出数据的模态识别方法。如图 5-50 所示,将盲源分离技术(Blind Source Sepration,BSS)和压缩感知相结合,在该方法中非均匀低速率的随机采样被直接用于模态参数识别。它通过减少潜在的高采样率,仅需要较低的采样率进行模态识别,提供了传统奈奎斯特均匀感测的替代方法。

5.6.3　基于压缩感知(CS)和物联网技术(IoT)的智慧桥梁管养平台

1)应用背景

未来的桥梁智慧管养将严重依赖大数据来提高管养的准确性和效率。此类大数据通常由桥梁现场的传感器或无人机、机器人等检测设备收集,并通过无线传输到云端。由于检测设备和云端的存储能力有限,管养大数据的存储将是一个关键问题,并且无线数据传输将带来非常大的功耗。由于设备获取到的大数据本身存在很多冗余数据,如果可以不再收集冗余数据,则可以取消大量的无线传输并节省能量[75]。受压缩感知技术和已有文献[76]的启发,作者提出了一种基于压缩感知(CS)和物联网技术(IoT)的智慧桥梁管养平台,综合运用前文提到的压缩感知技术、边缘计算技术、云计算技术以及物联网技术等,希望在确保数据质量的同时最大限度地减少收集量。

第一步：非均匀低速率随机传感

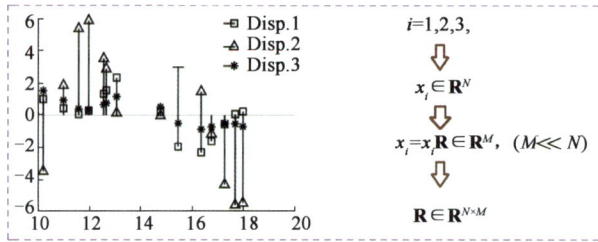

$i=1,2,3,$

$x_i \in \mathbf{R}^N$

$x_i = x_i \mathbf{R} \in \mathbf{R}^M, \ (M \ll N)$

$\mathbf{R} \in \mathbf{R}^{N \times M}$

第二步：盲源解耦

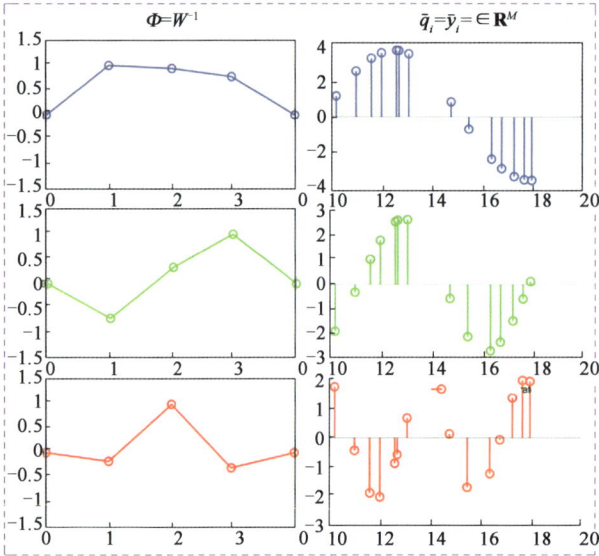

$\Phi = W^{-1}$

$\tilde{q}_i = \tilde{y}_i = \in \mathbf{R}^M$

第三步：稀疏重构

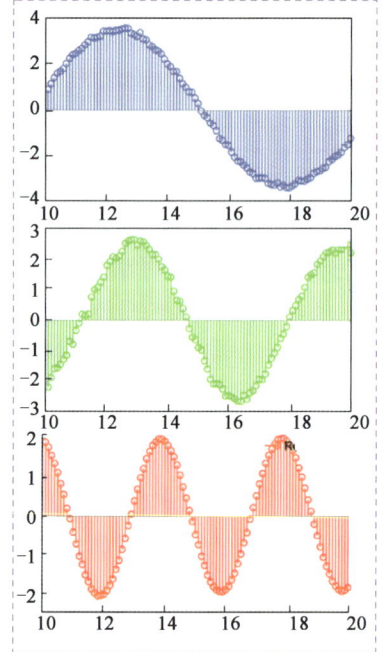

图 5-50　基于盲源分离和压缩感知的模态识别方法流程

2）技术路线

基于 CS 和 IoT 的智慧桥梁管养平台共包括四个模块，即数据采集模块、数据重构模块、云端存储模块和管养应用模块，如图 5-51 所示。

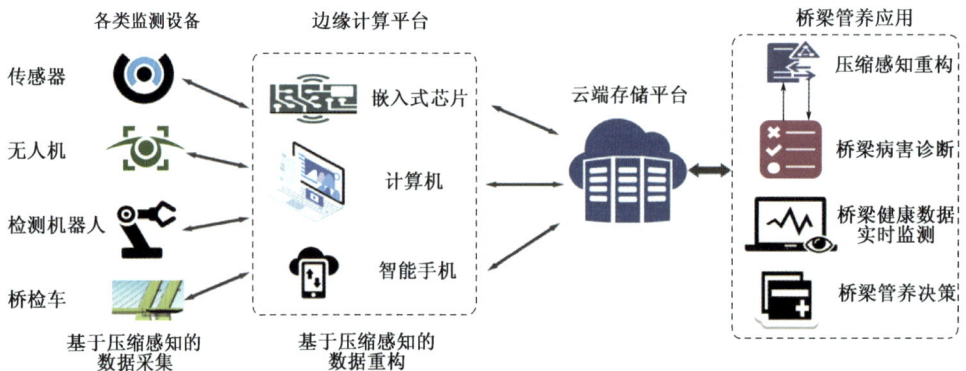

图 5-51　基于 CS 和 IoT 的智慧桥梁管养平台

(1)数据采集模块。

数据采集模块是由部署在桥梁不同位置的智能监测设备构成的,包括智能传感器、智能无人机、智能检测机器人、智能桥检车等。这些监测设备将根据不同的管养需求在很长一段时间内收集各种类型的桥梁健康数据。数据采集模块是整个桥梁管养平台的基础。但是随着桥梁管养要求的不断提高,对数据采集效率和传输速度的要求也日益提高。同时,如何在保证数据的采集效率和传输速度的前提下使功耗降到最低是需要解决的关键问题。鉴于压缩感知技术的优越性能,可以将其作为一种有效的压缩技术来开发一种节能的数据采集和传输方案。以往的数据压缩技术都是“先采集再压缩”[77],这样往往会造成资源的浪费,并且不适用于大数据的无线传输,传输过程中的能耗也是极大的;压缩感知技术可以做到“压缩的采集”,即直接采集压缩后的数据,这样就可以大大减少所需采集的数据量,从而提高数据的无线传输速度并降低传输功耗,非常适用于未来桥梁管养的数据收集过程。

(2)数据重构模块。

尽管经数据采集模块得到的数据已经经过压缩,但是由于桥梁的规模一般较大,同时需要对桥梁进行 24 小时的实时监测,所以所收集的数据量通常较大,并且包含一些对桥梁管养无用的冗余信息。如果将这些数据不经处理就直接上传到云端服务器,不仅会因为无线传输大量数据而带来沉重的通信开销,而且会对云端服务器的存储性能提出较高的要求。因此,鉴于压缩感知和边缘计算的思想,将 CS 部署在不同的计算系统(嵌入式芯片、计算机、智能手机等)上实现局部处理单元,从而构建“基于 CS 的边缘计算平台”[77]。

该模块首先从数据采集模块处获取压缩后的桥梁健康监测数据,然后在处理单元本地进行存储并重构提取重要信息,再将重构和筛选的重要数据通过无线传输发送至云端存储平台。同时,处理单元还扮演着网关的角色,它只将有用的信息路由到云上,而不是将收集到的全部数据传输到云上,这种方法可以显著降低网络带宽。

此外,边缘计算不仅将计算平台带到网络的边缘,还提供了低延迟、位置感知、智能地理分布、在线分析等功能[78]。因此,将计算从云移动到物联网设备附近的边缘将有助于满足计算需求,提供实时响应,提高网络的可扩展性。边缘计算利用强大的本地处理单元将数据计算和存储从云集群转移到嵌入式跨平台。边缘计算可以通过 PC、移动计算设备、现场可编程门阵列(FPGA)等来实现。

(3)云端存储模块。

云端存储模块主要用来存储经数据采集模块和数据重构模块压缩和筛选后的有效监测数据。在云端存储模块中,CS 也可以与其他数据分析算法一起执行操作,并根据管养应用模块交付的特定任务提供解决方案。云存储可以使桥梁的监测数据管理实现自动化和智能化,并将所有的存储资源整合到一起,提高存储效率。另外,还通过虚拟化技术避免了存储空间的浪费,并且可以自动重新分配数据,进而提高了存储空间的利用率。同时,云存储使得桥梁管养人员可随时随地在云端调取相关数据进行分析决策,为桥梁管养决策提供了便利。

(4)管养应用模块。

管养应用模块的主要功能为通过调用云端存储模块中存储的数据,协助桥梁管养工程师进行桥梁的健康监测及养护决策,包括桥梁病害诊断、健康数据实时监测、桥梁管养决策等。压缩感知虽然不用于信号处理和数据采集,但是压缩感知理论中的信号重构问题的本质就是寻找欠定方程组的最稀疏解,压缩感知理论的提出也推动了对稀疏优化问题求解方法的研究,为时间域、空间域下是稀疏的表示的若干反问题的求解提供了新的思路。因此压缩感知也可用于桥梁病害诊断和管养决策中某些问题的求解。

5.7　信息物理系统

信息物理系统(Cyber-Physical System,CPS)将计算、通信与控制技术紧密结合,实现了计算资源与物理资源的结合与协调,是当前自动化领域的前沿研究方向,已经引起了学术界和工业界的广泛关注,被认为是实现工业4.0的核心技术之一。就计算来讲,信息物理系统的知识范围可以包括上述所有计算模式。而从更宽泛的意义来讲,把信息物理系统的各子系统(包含物理本体、感知系统、通信与控制系统及计算硬件)结合起来的是计算和子系统之间的数据流。因此,作者将信息物理系统作为一种计算模式列于本章。

近年来土木工程领域的信息物理系统应用也成了一个重要的研究方向,有望成为建筑业信息化和工业化的重要推动力,本节主要介绍信息物理系统的来源、概念、基本架构、核心技术,并探索信息物理系统在土木工程领域的应用。

5.7.1　信息物理系统的来源与发展

信息物理系统的概念最早由美国国家航空航天局(National Aeronautics and Space Administration,NASA)于1992年提出。2006年美国国家科学基金会(National Science Foundation,NSF)科学家Helen Gill在国际上第一个关于信息物理系统的研讨会(NSF Workshop on Cyber-Physical Systems)上对这一概念进行了详细的描述。2006年2月,美国科学院发布《美国竞争力计划》,明确将信息物理系统列为重要的研究项目,2006年年底,NSF召开了世界上第一个关于信息物理系统的研讨会,并将信息物理系统列入重点科研领域,开始对其进行资金资助。随后,各主要国家都开始重视信息物理系统的研究和应用,信息物理系统迅速发展。

国内方面来说,从2009年开始,信息物理系统在工业领域的应用逐渐引起国内科研机构、高校、企业的关注。2010年,国家高技术研究发展计划信息技术领域办公室举办了"信息论坛"专题研讨会,对科学基础、关键技术、战略布局等进行研讨,会后清华大学、同济大学等高校相继成立了多个信息物理系统工作组。2016年,政府提出了深化制造业与互联网融合发展的要求,其中,在强化融合发展基础支撑中对信息物理系统未来发展提出了进一步的要求。政策的延续和支持使得中国信息物理系统发展驶入快车道。

5.7.2　信息物理系统的概念及特征

1)信息物理系统的概念

作为一个新兴的概念,尽管信息物理系统已经引起了国内外的广泛重视,但由于其发展时间较短,不同国家的专家学者对其的认识也不尽相同,表5-7整理了各国一些机构对信息物理系统的看法和认识。

各国机构对信息物理系统的看法和认识[79]　表 5-7

机　　构	看法和认识
美国国家科学基金会(NSF)	信息物理系统是通过计算核心(嵌入式系统)实现感知、控制、集成的物理、生物和工程系统。在系统中,计算被"深深嵌入"每一个相互连通的物理组件中,甚至可能嵌入物料中,信息物理系统的功能由计算和物理过程交互实现
美国国家标准与技术研究院信息物理系统公共工作组	信息物理系统将计算、通信、感知和驱动与物理系统结合,并通过与环境(含人)进行不同程度的交互,以实现有时间要求的功能
德国国家科学与工程院	信息物理系统是指利用直接捕捉物理数据并执行物理过程的嵌入式系统、物流、协调与管理过程及在线服务,它们通过数字网络连接,使用来自世界各地的数据和服务,并配备了多模态人机界面。信息物理系统开放的社会技术系统,使整个主机的服务和功能远远超出了当前嵌入式系统具有的控制行为的能力
欧盟第七框架计划	信息物理系统包含计算、通信和控制,它们紧密地与不同物理过程,如机械、电子和化学,融合在一起

为了统一信息物理系统的概念,本书采用中国信息物理系统发展论坛发布的《信息物理系统白皮书》对信息物理系统的定义[79]:信息物理系统通过集成先进的感知、计算、通信、控制等信息技术和自动控制技术,构建了物理空间与信息空间中人、机、物、环境、信息等要素相互映射、适时交互、高效协同的复杂系统,实现系统内资源配置和运行的按需响应、快速迭代、动态优化。

信息物理系统的基本组成包括传感器、控制执行单元和计算处理单元,如图 5-52 所示。传感器对信息物理系统信号进行采集,计算处理单元对采集到的数据进行计算分析,控制执行单元根据计算结果对信息物理系统施加控制作用,它们之间的数据传输通过通信网络进行。

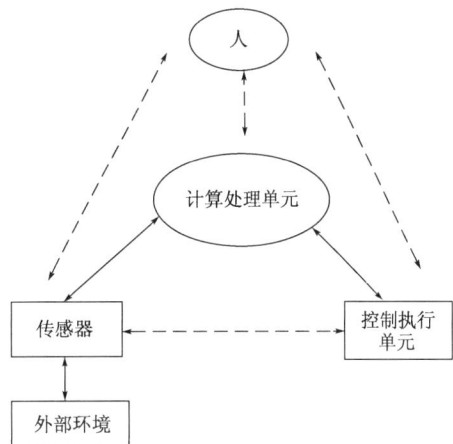

图 5-52　信息物理系统的基本组成[80]

2)信息物理系统的特征

信息物理系统作为一套综合的技术系统,构建了一个能够联通物理空间与信息空间,驱动数据在其中自动流动,实现对资源优化配置的智能系统,表现出六大典型特征:数据驱动、软件定义、泛在连接、虚实映射、异构集成、系统自治。

(1)数据驱动:信息物理系统通过构建"状态感知、实时分析、科学决策、精准执行"数据的自动流动的闭环赋能体系,能够将数据源源不断地从物理空间中的隐性形态转化为信息空间的显性形态,并不断迭代优化形成知识库。

(2)软件定义:工业软件是对工业各类工业生产环节规律的代码化,支撑了绝大多数的生产制造过程。作为面向制造业的信息物理系统,软件就成了实现信息物理系统功能的核心载体之一。

(3)泛在连接:网络通信是信息物理系统的基础保障,能够实现信息物理系统内部单元之间以及与其他信息物理系统之间的互联互通。应用到工业生产场景时,信息物理系统对网络连接的时延、可靠性等网络性能和组网灵活性、功耗都有特殊要求,还必须面对异构网络融合、业务支撑的高效性和智能性等挑战。

(4)虚实映射:信息物理系统构筑信息空间与物理空间数据交互的闭环通道,能够实现信息虚体与物理实体之间的交互联动。

(5)异构集成:在高层级的信息物理系统往往会存在大量不同类型的硬件、软件、数据、网络。信息物理系统能够将这些异构硬件(如 CISC CPU、RISC CPU、FPGA 等)、异构软件(如 PLM 软件、MES 软件、PDM 软件、SCM 软件等)、异构数据(如模拟量、数字量、开关量、音频、视频、特定格式文件等)及异构网络(如现场总线、工业以太网等)集成起来,实现数据在信息空间与物理空间不同环节的自动流动。

(6)系统自治:信息物理系统能够根据感知到的环境变化信息,在信息空间进行处理、分析,自适应地对外部变化做出有效响应。同时在更高层级的信息物理系统中通过网络平台互联(如信息物理系统总线、智能服务平台)实现信息物理系统之间的自组织。

5.7.3 信息物理系统的实现

信息物理系统是一个具有层次性的系统,一个智能部件、一台智能设备、一条智能产线、一个智能工厂都可能成为一个信息物理系统。同时一个工厂可能涵盖多条产线,一条产线也会由多台设备组成。因此,信息物理系统的实现首先需要明确信息物理系统的最小组成单元。信息物理系统可以分为以下几个层级:单元级信息物理系统、系统级信息物理系统、系统之系统(System of System,SoS)级信息物理系统。其相互关系如图5-53所示。

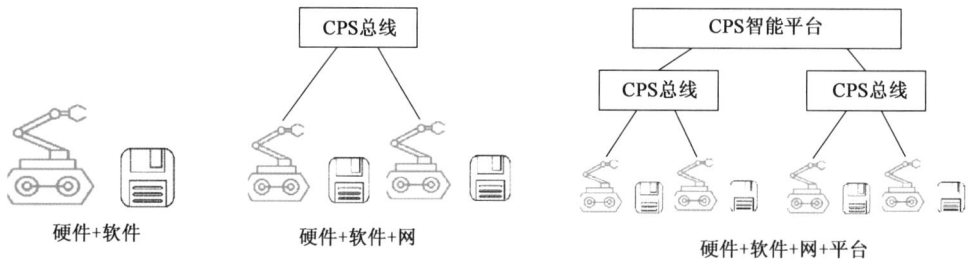

图5-53 信息物理系统的层级演进

单元级信息物理系统:通常一个部件(如智能轴承)、一台设备都可以构成一个信息物理系统最小单元。在土木工程领域,单元级信息物理系统可以是一个结构构件或者某智能监测设备等。单元级信息物理系统具有不可分割性,其内部不能分割出更小的信息物理系统单元。

系统级信息物理系统:在单元级信息物理系统的基础上,通过网络的引入,可以实现系统级信息物理系统的协同调配。在这一层级上,多个单元级信息物理系统及非信息物理系统单元设备的集成构成系统级信息物理系统。如由多个智能传感器构成某结构健康监测系统。

SoS 级信息物理系统:在系统级信息物理系统的基础上,可以通过构建信息物理系统智能服务平台,实现系统级信息物理系统之间的协同优化。

1)单元级信息物理系统的实现

如图 5-54 所示,单元级信息物理系统是具有不可分割性的信息物理系统最小单元,其本质是通过软件对物理实体及环境进行状态感知、计算分析,并最终控制物理实体,构建最基本的数据自动流动的闭环,以使物理世界和信息世界融合交互。

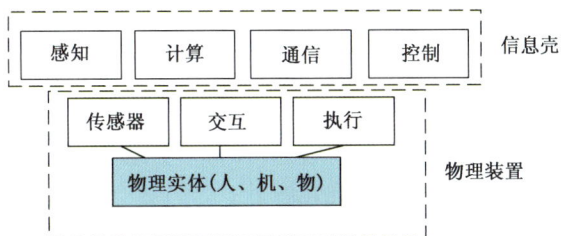

图 5-54　单元级信息物理系统的架构

单元级信息物理系统的主要技术需求包括状态感知能力,对物理实体的控制执行能力,对数据的计算处理能力,对外交互和通信能力。

2)系统级信息物理系统的实现

在实际运行中,任何活动都是多个人、机、物共同参与完成的,是多个智能产品共同活动的结果,这些智能产品组合在一起形成了一个系统。通过信息物理系统总线形成的系统级信息物理系统架构如图 5-55 所示。

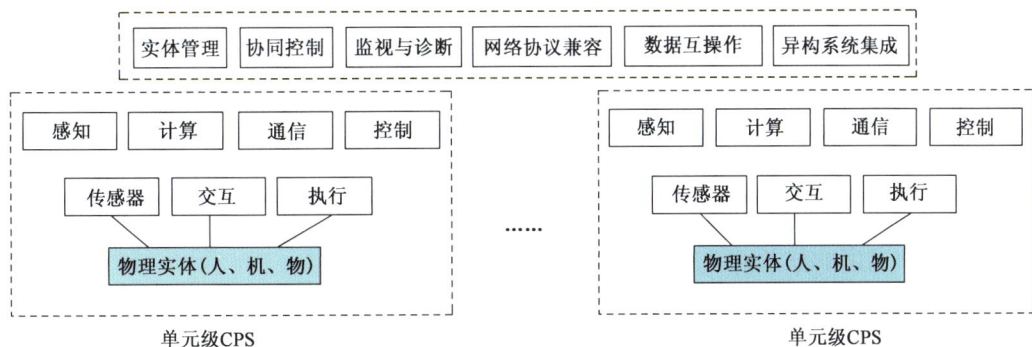

图 5-55　系统级信息物理系统的架构

多个最小单元(单元级)通过工业网络(如工业现场总线、工业以太网等)实现更大范围、更宽领域的数据自动流动,实现了多个单元级信息物理系统的互联、互通和互操作,进一步提高了制造资源优化配置的广度、深度和精度。

3)SoS 级信息物理系统的实现

如图 5-56 所示,多个系统级信息物理系统的有机组合构成 SoS 级信息物理系统。例如多个工序(系统的信息物理系统)形成一个车间级的信息物理系统,或者形成整个工厂的信息物理系统。

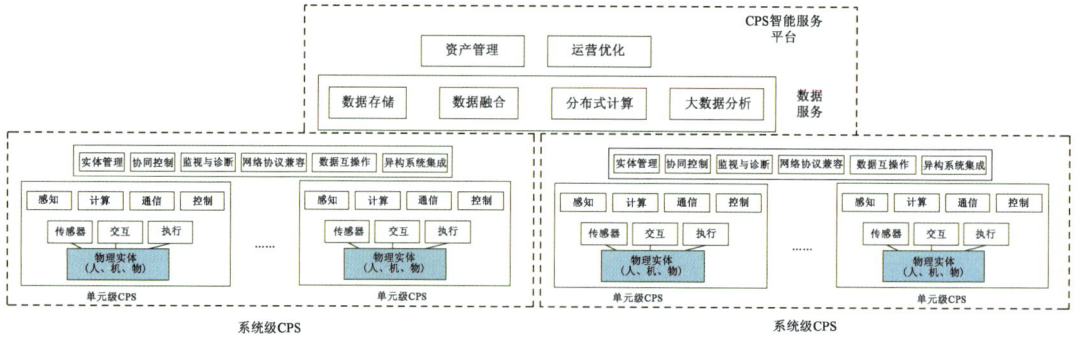

图 5-56　SoS 级信息物理系统的架构

SoS 级信息物理系统主要实现数据的汇聚,从而对内进行资产的优化,对外形成运营优化服务,其主要功能包括数据存储、数据融合、分布式计算、大数据分析等数据服务,并在数据服务的基础上形成了资产管理和运营优化服务。

4)信息物理系统的技术

信息物理系统的核心技术包括"一硬"(感知和自动控制)、"一软"(软件)、"一网"(网络)、"一平台"(智能服务云平台)。本部分对其中部分关键技术进行介绍。

(1)感知和自动控制。①智能感知技术:信息物理系统主要使用的智能感知技术是传感器技术。传感器是一种检测装置,能感受到被测量的信息,并能将检测感受到的信息按一定规律变换成电信号或其他所需形式的信息输出,以满足信息的传输、处理、存储、显示、记录、控制等要求。②信息物理系统虚实融合控制:是多层"感知—分析—决策—执行"循环的过程,建立在状态感知的基础上,而感知往往是实时进行的,向更高层次同步或即时反馈。虚实融合控制包括嵌入控制、虚体控制、集控控制和目标控制四个层次。

(2)软件:工业软件是指专用于工业领域,为提高工业企业研发、制造、生产、服务与管理水平以及工业产品使用价值的软件。常用的软件技术包括嵌入式软件技术、基于模型的定义(Model Based Definition,MBD)技术、CAX 软件技术。

(3)网络:从技术角度来看,信息物理系统网络主要涉及工业异构异质网络的互联互通和即插即用。由于不同的网络在传输速率、通信协议、数据格式等方面的差异,异构异质网络的融合具有高度的复杂性。

(4)智能服务云平台:通过边缘计算技术、雾计算技术(见 5.3 节)、大数据分析技术等对数据进行加工处理,形成对外提供数据服务的能力,并在数据服务基础上提供个性化和专业化智能服务。

5.7.4　信息物理系统与数字孪生技术

数字孪生(digital twin)的概念可追溯至 NASA 的阿波罗计划,其中提及至少建造两个相同的空间飞行器用以镜像反映空间飞行器在执行任务时的状况。数字孪生是物理产品的虚拟数字形式的相等物,主要包括三个部分:①实体空间中的物理实体;②虚拟空间中的虚拟实体;③用以连接实体产品与虚拟产品的数据与信息的关系。本小节主要介绍信息物理系统与数字孪生的关系和结合应用,对数字孪生的具体实现方法不做过多的介绍,关于数字孪生的详细信息,读者可以参阅第 8 章。

1)信息物理系统与数字孪生的集成

信息物理系统和数字孪生都通过"状态感知、实时分析、科学决策、精确执行"的闭环促进智能制造。借助虚拟模型,数字孪生提供了更加直观和有效的手段。通过持续的数据集成,数字孪生提供相关解决方案的能力被加强。虚拟模型可用作补充以丰富信息物理系统的组成和功能。因此,数字孪生被视为构建和实现信息物理系统的必要基础。信息物理系统和数字孪生的组合将帮助实现更精确、更好、更高效的管理,如图 5-57 所示。

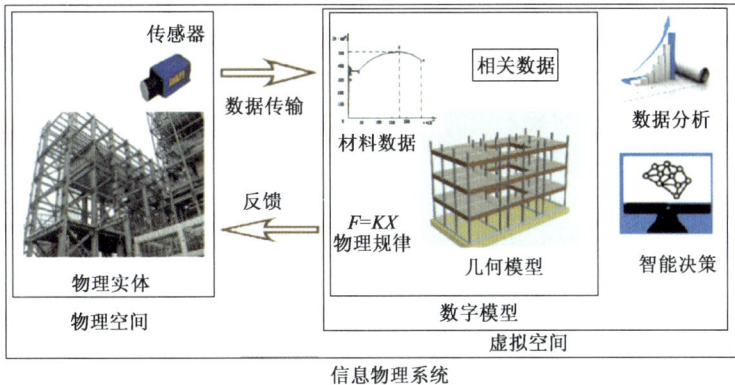

图 5-57　信息物理系统与数字孪生的集成

2)信息物理系统与数字孪生的区别

尽管在构成上,信息物理系统和数字孪生都涉及物理世界和信息世界,但信息物理系统和数字孪生并不完全相同。通过信息物理交互和控制,信息物理系统和数字孪生都实现了对物理世界的精确管理和操作。然而,对于信息世界,信息物理系统和数字孪生各有侧重点。数字孪生更侧重虚拟模型,从而实现一对一映射,而信息物理系统强调 3C 功能,从而形成一对多映射关系。在信息物理系统和数字孪生的功能实现方面,传感器和执行器支持物理世界和信息世界之间的交互以实现数据控制和交换。相比之下,模型在数字孪生中起着重要的作用,有助于根据各种数据解释和预测物理世界的行为。

5.7.5　信息物理系统在土木工程领域的应用

目前信息物理系统在土木工程领域的应用仍然处于起步阶段,很多应用场景和架构仍然在探索当中,工程应用实例稀少。本小节选取其中一些工作做简单介绍,希望可以引起读者对土木工程领域信息物理系统应用的思考。

1)用于结构监测的信息物理系统

结构健康监测领域(SHM)是目前信息物理系统在土木工程领域应用的研究热点。Bhuiyan 等[81]认为传统的基于无线传感器网络的健康监测系统可以发展为一个典型的信息物理系统系统。但相对于传统的传感器监测系统,用于监测的信息物理系统对于以下几个方面有着更高的要求:

(1)信息物理系统中的结构控制:与传统 SHM 相比,信息物理系统不仅需要通过传感器采集结构数据并进行分析,还需要将分析结果反馈到结构上实现结构控制。

(2)传感器部署。信息物理系统中传感器的部署需要围绕确保监控的质量而确定,而传统的 SHM 传感器系统对定位和通信效率的要求不是很严格。

(3)传感器的类别和采样频率。信息物理系统的功能往往相对于 SHM 会更加复杂,因此如何选择合理的采样频率的传感器进行数据收集是信息物理系统的另一个重要问题。它可能需要各种传感器一起工作。

(4)传感器覆盖率和连接性需求。信息物理系统在传感器的覆盖率和连接性方面提出了更高的要求。

(5)容错要求。信息物理系统对于容错的要求更高。

(6)时间同步。时间同步(Time Synchronization,TS)是 SHM 系统的重要方面。振动数据的采集对同步性和实时性的要求较高,无线电传输的延迟或传感器时钟错误,会导致时间不同步,从而采集到错误的监测数据。

(7)远程访问和云计算。信息物理系统的复杂性决定了一些计算难以在本地服务器上进行,无线传感器需要将数据上传到云端。

在此基础上,Bhuiyan 等[81]提出了一个用于结构健康监测的信息物理系统架构体系,如图 5-58 所示。信息物理系统模型包括物理层和网络层。物理层由传感器和执行器组成,分别负责数据收集和监视结构的物理元素。传感器使用其附加的传感单元从结构中收集的各种类型的信号也将在此层中进行处理,并作为实时决策系统的信息物理系统输入发送到网络层。在网络层中,决策系统在收到输入后,执行抽象计算以检查收集到的信号,然后通过一系列控制过程将其决策中继到物理层的执行器中。

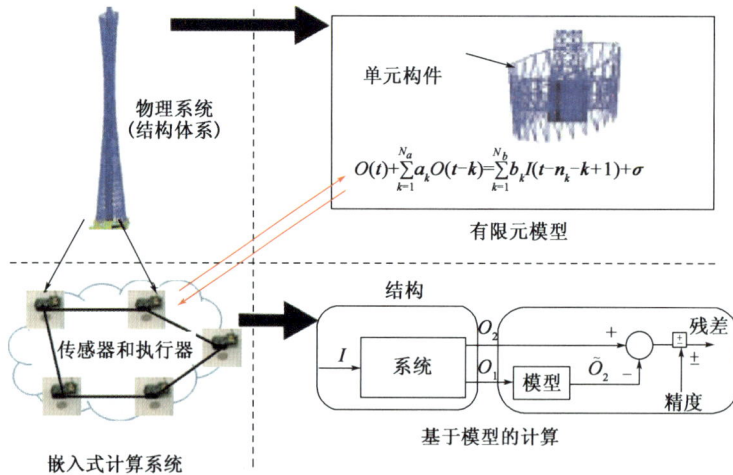

图 5-58　用于结构健康监测的信息物理系统的架构体系[81]

2)基于信息物理系统的临时结构监测

以一个实例[82]来介绍信息物理系统在临时结构监测中的应用。

(1)信息物理系统开发背景。

临时结构通常是用来供建筑工人及管理人员休息或工作的。相对于永久性结构,临时结构的安全等级较低,安全问题较为严重,而对临时建筑进行日常监测和预警是降低这一风险的有效手段。

（2）信息物理系统的主要功能和优势。

①预定义的监测选项,用于检查最常见的结构故障。旨在供最终用户简单使用,并进行全面的临时结构监视。

②用户定义的潜在危险阈值。根据相关安全法规和制造商的建议预先定义建议阈值,为最终用户主动管理临时结构。

③实时和远程通信。为了实现临时结构及其虚拟模型之间的实时和远程交互,必须建立连续的无线连接。

④便携式和可穿戴设备,用于接收警告和说明。建筑工人携带的设备应足够小,以免影响他们的日常工作,还应该提供有关潜在危险的清晰信息,以通知建筑工人问题出在哪里,并为安全检查员和项目经理提供详细信息。

⑤可视化。良好的可视化效果可以使用户清楚地了解潜在问题。可视化的要求包括两个方面:临时结构的可视化和响应指令的可视化表示。

⑥数据精度和分辨率。临时结构的结构分析对数据的准确性和分辨率有很高的要求,因为动态施工环境可能会导致故障。考虑到噪声干扰,建议使用具有适当精度的水平传感器,这样可以捕获临时结构的更详细的结构性能。

（3）系统架构。

临时结构监测信息物理系统的架构如图 5-59 所示,包括实体结构和虚拟模型两个部分,并通过数据库和网络通信实现数据共享。

实体结构:包括临时支撑系统(如脚手架系统和模板)和临时使用的结构。

虚拟模型:实体结构的虚拟表示。虚拟模型可以使用 BIM 相关平台进行开发。

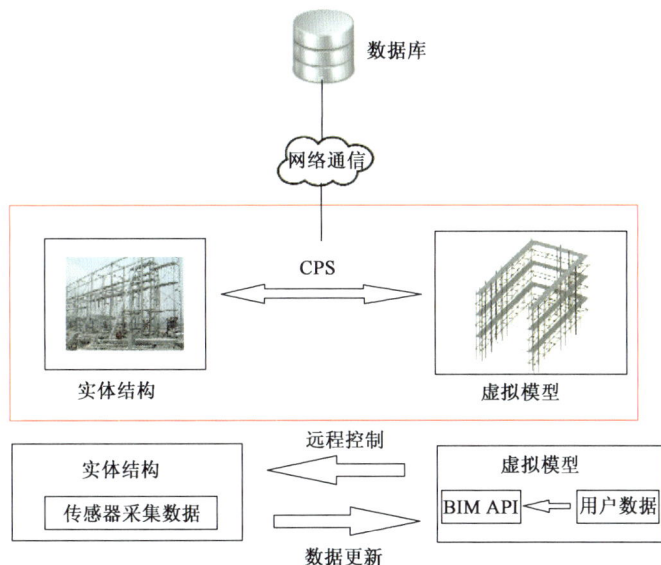

图 5-59　临时结构监测信息物理系统的架构[82]

（4）信息物理系统搭建及使用。

信息物理系统的软件结构和工作流程如图 5-60 所示。

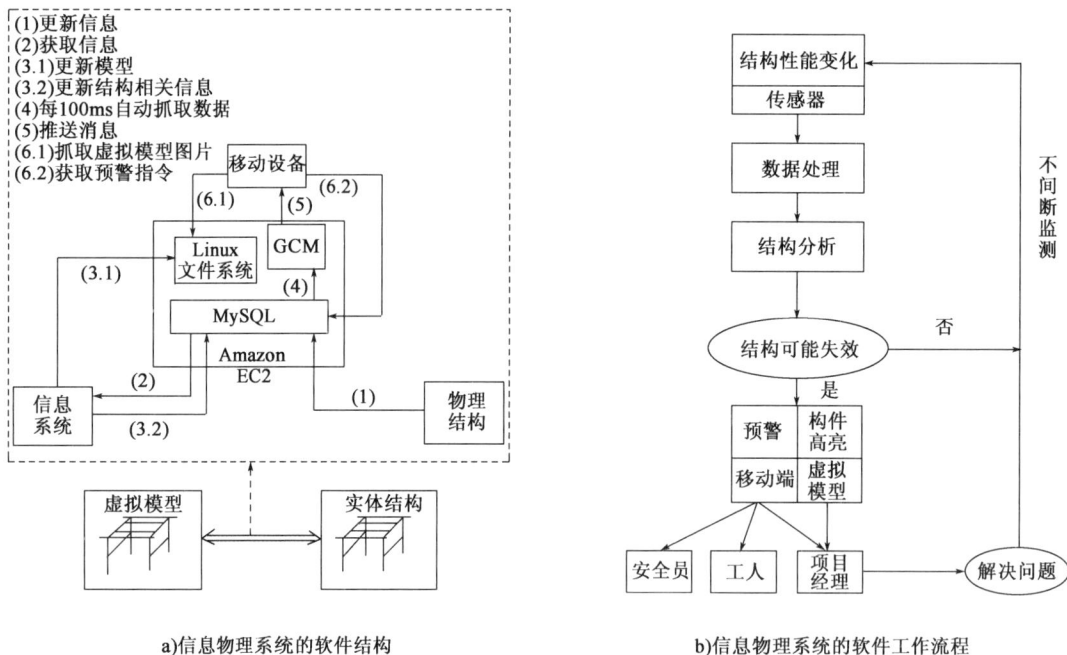

a)信息物理系统的软件结构   b)信息物理系统的软件工作流程

图 5-60 信息物理系统的软件结构和工作流程[82]

（5）信息物理系统的测试。

为了验证信息物理系统的效果，模拟实际环境进行测试。

这是通过降低其中一个杆件 1/8 英寸（1 英寸 = 2.54 厘米）来模拟倾斜。四根立杆都是倾斜的。在 2s 内，各立杆在虚拟模型中立即被高亮显示。服务器向手机发送警告，显示在手机 App。项目主管单击详细信息按钮查看更详细的情况，并立即采取纠正措施或报告给项目经理以进行进一步调查。

本章结束语

本章从大数据的基本概念出发，介绍了大数据的主要特点，阐述了在桥梁智慧运维中应用大数据的必要性。介绍了几种在大数据计算中常用的计算方式，包括云计算、边缘计算、众包、协同计算。针对大数据计算数据量大的特点，介绍了用于数据压缩降维的压缩感知理论。最后利用信息物理模型，将以大数据为核心的数字模型与物理实体空间进行了统一。由于篇幅所限，我们对于这些技术的具体实现方式没有做过多的展开，有兴趣的读者可以参阅相关专业书籍。

本章参考文献

[1] 张建，吴刚. 长大跨桥梁健康监测与大数据分析——方法与应用[M]. 北京:中国建筑工业出版社，2019.

[2] HAN J W, KAMBer M. 数据挖掘概念与技术[M]. 范明，译. 北京:机械工业出版社，2001.

［3］　Münz G, Li S, Carle G. Traffic anomaly detection using k-means clustering：GI/ITG Workshop MMBnet 2007［C］．Hamburg, Germany 2007：13-14.

［4］　HABEEB R A A, NASARUDDIN F, GANI A, et al. Real-time big data processing for anomaly detection：A survey［J］．International Journal of Information Management, 2019, 45：289-307.

［5］　张宇峰,李贤琪．桥梁结构健康监测与状态评估［M］．上海：上海科学技术出版社, 2018.

［6］　BAO Y Q, TANG Z Y, LI H, et al. Computer vision and deep learning based data anomaly detection method for structural health monitoring［J］．Structural Health Monitoring, 2019, 18(2)：401-421.

［7］　AGARWAL S, FURUKAWA Y, SNAVELY N, et al. Building Rome in a Day［J］．Communications of the ACM, 2011, 54(10)：105-112.

［8］　BYRNE J, KEEFFE E, LENNON D, et al. 3D reconstructions using unstabilized video footage from an unmanned aerial vehicle［J］．Journal of Imaging, 2017, 3(2)：15.

［9］　佚名.江苏省长大桥梁健康监测数据中心［J］.江苏交通科技, 2012(4):1.

［10］韩依璇,张宇峰,赵亮,等.国外桥梁长期性能研究最新进展介绍及思考［J］.中外公路, 2015, 35(4):217-221.

［11］朱从明,张宇峰,戴云峰.美国桥梁长期性能研究计划及其启示［J］.现代交通技术, 2012, 9(2):18-21.

［12］JULA A, SUNDARARAJAN E, OTHMAN Z. Cloud computing service composition：A systematic literature review［J］．Expert systems with application, 2014, 41(8)：3809-3824.

［13］何清华,潘海涛,李永奎,钱丽丽.基于云计算的 BIM 实施框架研究［J］.建筑经济, 2012, 355(05):86-89.

［14］桂宁,葛丹妮,马智亮.基于云技术的 BIM 架构研究与实践综述［J］.图学学报, 2018, 39(5):817-828.

［15］朱仕村,张宇峰,张立涛,等.面向长大桥梁结构健康监测物联网的云计算［J］.现代交通技术. 2011, 8(1)：24-27.

［16］Yu L, Lin, J C. Cloud computing-based time series analysis for structural damage detection［J］．Journal of engineering mechanics, 2017, 143(1)：C4015002.

［17］SHRESTHA A, DANG J, NAKAJIMA K, et al. Image processing-based real-time displacement monitoring methods using smart devices［J］．Mathematical research letters, 2020, 27(2)：e2473.

［18］吴巨峰,钟继卫.桥梁结构云监测平台设计与实现［J］.计算机时代, 2017, 2:13-19.

［19］张亚运,钱国明.基于云平台的桥梁健康监测系统在工程中的应用［J］.电脑知识与技术, 2015, 11(30):206-208.

［20］杨怀志.高速铁路大型桥梁养护维修 PHM 系统应用初探［J］.铁道建筑, 2017, 3(5)：637-646.

[21] 华先胜,黄建强,沈旭,等.城市大脑:云边协同城市视觉计算[J].人工智能,2019(5):77-91.

[22] PALLIS G, VAKALI A. Insight and perspectives for CONTENT DELIVERY NETWORKS [J]. Communications of the ACM, 2006, 49(1):101-106.

[23] RAVI J, Shi W S, Xu C Z. Personalized email management at network edges[J]. IEEE Internet Computing, 2005, 9(2):54-60.

[24] SATYANARAYANAN M, BAHL P, DAVIES N, et al. The case for vm-based cloudlets in mobile computing[J]. IEEE pervasive Computing, 2009, 8(4):14-23.

[25] ABBAS N, ZHANG Y, TAHERKORDI A. Mobile Edge Computing:A Survey[J]. IEEE Internet of Things Journal, 2017, 5(1):450-465.

[26] VAQUERO L M, RODERO-MERINO L. Finding your way in the definition fog:Towards a comprehensive of fog computing[J]. Computer Communication Review, 2014, 44(5):27-32.

[27] Jiang M. Urbanization meets informatization:A great opportunity for China's development [J]. Informatization Construction, 2010, 6:8-9.

[28] Zhao X F, Liu H, Yu Y, et al. Displacement monitoring technique using a smartphone based on the laser projection-sensing method[J]. Sensors and Actuators A Physical, 2016, 246:35-47.

[29] DASHTI S, BRAY J D, REILLY J, et al. Evaluating the reliability of phones as seismic monitoring instruments[J]. Earthquake Spectra, 2014, 30(2):721-742.

[30] Ashish Shrestha, Ji D, Xin W, et al. Smartphone-Based Bridge Seismic Monitoring System and Long-Term Field Application Tests [J]. Journal of structural Engineering, 2020, 146 (2):4019208.1-4019208.14.

[31] BRAMBERGER M, BRUNNER J, RINNER B, et al. Real-time video analysis on an embedded smart camera for traffic surveillance[C]//Proceedings RTAS 2004. 10th IEEE Real-Time and Embedded Technology and Applications Symposium, 2004. IEEE, 2004:174-181.

[32] GEERTS S A M, Weggeman M, Gevers J M P. Discovering crowdsourcing:theory, classification and directions for use[D]. Eindhoven:Technische Universiteit Eindhoven, 2009.

[33] ZIMMERMAN J B. Mobile computing:Characteristics, business benefits, and the mobile framework[D]. University of Maryland European, 1999.

[34] FENG M, FUKUDA Y, MIZUTA M, et al. Citizen sensors for SHM:Use of accelerometer data from smartphones[J]. Sensors, 2015, 15(2):2980-2998.

[35] OZER E, FENG M Q, FENG DM. Citizen sensors for SHM:Towards a crowdsourcing platform[J]. Sensors, 2015, 15(6):14591-14614.

[36] KONG Q, ALLEN R M, Schreier L, et al. MyShake:A smartphone seismic network for earthquake early warning and beyond[J]. Science advances, 2016, 2(2):e1501055.

[37] OLSEN M J, BARBOSA A, BURNS P, et al. Guidelines for Development of Smart Apps for Assessing, Coding, and Marking Highway Structures in Emergency Situations[R/OL].

[2021-09-04]. https://research-information. bris. ac. uk/en/publications/guidelines-for-development-of-smart-apps-for-assessing-coding-and.

[38] DENNIS E P, Hong Q, Wallace R, et al. Pavement condition monitoring with crowdsourced connected vehicle data[J]. Transportation Research Record, 2014, 2460(1): 31-38.

[39] BARRINGTON L, GHOSH S, GREENE M, et al. Crowdsourcing earthquake damage assessment using remote sensing imagery[J]. Annals of Geophysics, 2012, 54(6): 680-687.

[40] GHOSH S, HUYCK C K, GREENE M, et al. Crowdsourcing for rapid damage assessment: The global earth observation Catastrophe Assessment Network (GEO-CAN)[J]. Earthquake Spectra, 2011, 27(s1): 179-198.

[41] MINSON S E, BROOKS B A, GLENNIE C L, et al. Crowdsourced earthquake early warning[J]. Science advances, 2015, 1(3): e1500036.

[42] 张星洲,鲁思迪,施巍松.边缘智能中的协同计算技术研究[J].人工智能,2019(5): 55-67.

[43] 崔勇,宋健,缪葱葱,等.移动云计算研究进展与趋势[J].计算机学报,2017,40(2): 273-295.

[44] Paper W. Mobile Cloud Computing Solution Brief[R]. [S.l.]: AEPONA, 2010.

[45] Khan A N, Kiah M L M, Khan S U, et al. Towards secure mobile cloud computing: A survey[J]. Future generation computer systems, 2013, 29(5): 1278-1299.

[46] OTHMAN M, MADANI S A, Khan S U, et al. A survey of mobile cloud computing application models[J]. Communications surveys and tutorials, 2014, 16(1): 393-413.

[47] Intergraph. Intergraph mobile alert[R/OL]. (2013-11-01)[2021-09-04]. http://geospatial, intergraph com/products aspx mobile.

[48] CHEN Z Q, CHEN J, SHEN F C, et al. Collaborative mobile-cloud computing for civil infrastructure condition inspection[J]. Journal of Computing in Civil Engineering, 2015, 29(5): 04014066.

[49] ZHAO X F, YU Y, LI M C, et al. Cloud-structural health monitoring based on smartphone[J]. Vibroengineering PROCEDIA, 2015, 5: 241-246.

[50] ZHAO X F, HAN R, DING Y B, et al. Portable and convenient cable force measurement using smartphone[J]. Journal of Civil Structural Health Monitoring, 2015, 5(4): 481-491.

[51] 韩瑞聪.基于智能手机的多参数监测技术及地震应急响应研究[D].大连:大连理工大学,2018.

[52] 焦李成,杨淑媛,刘芳,等. 压缩感知回顾与展望[J]. 电子学报,2011,39(7): 1651-1662.

[53] 石光明,刘丹华,高大化,等. 压缩感知理论及其研究进展[J]. 电子学报,2009, 37(5): 1070-1081.

[54] 王金平. 模拟信号和数字信号[J]. 物理教学探讨,2004,22(5):49-51.

[55] 徐守时，谭勇，郭武. 信号与系统：理论、方法和应用［M］. 3版. 合肥：中国科学技术大学出版社，2018.

[56] 邵文泽，韦志辉. 压缩感知基本理论：回顾与展望［J］. 中国图象图形学报，2012，17(1)：1-12.

[57] 刘雷波. JPEG2000静止图像压缩关键技术研究及VLSI实现［D］. 北京：清华大学，2004.

[58] CANDES E J, WAKIN M B. An introduction to compressive sampling[A sensing/sampling paradigm that goes against the common knowledge in data acquisition]［J］. IEEE Signal Processing Magazine, 2008, 25(2)：21-30.

[59] JIN J, GU Y T, MEI S L. An introduction to compressive sampling and its applications［J］. Journal of electronics and information technology, 2010, 32(2)：470-475.

[60] TSAIG Y, DONOHO D L. Extensions of compressed sensing［J］. Signal Processing, 2006, 86(3)：549-571.

[61] 郗有田，宋萍，郝创博. 无线传感网络中大数据量压缩感知编解码算法［J］. 计测技术，2019，39(3)：28-33.

[62] 程增飞. 基于压缩感知的阵列信号处理技术研究［D］. 西安：西安电子科技大学，2017.

[63] 李少东，杨军，陈文峰，等. 基于压缩感知理论的雷达成像技术与应用研究进展［J］. 电子与信息学报，2016，38(2)：495-508.

[64] 刘海英. 基于压缩感知理论的高光谱图像重建和超分辨成像技术研究［D］. 西安：西安电子科技大学，2014.

[65] BAO Y Q, BECK J L, LI H. Compressive sampling for accelerometer signals in structural health monitoring［J］. Structural health monitoring, 2011, 10(3)：235-246.

[66] MASCARENAS D, CATTANEO A, THEILER J, et al. Compressed sensing techniques for detecting damage in structures［J］. Structural health monitoring, 2013, 12(4)：325-338.

[67] O'CONNOR S M, LYNCH J P, GILBERT A C. Compressed sensing embedded in an operational wireless sensor network to achieve energy efficiency in long-term monitoring applications［J］. Smart materials and structures, 2014, 23(8)：085014.

[68] BAO Y Q, LI H, SUN X D, et al. Compressive sampling-based data loss recovery for wireless sensor networks used in civil structural health monitoring［J］. Structural Health Monitoring, 2013, 12(1)：78-95.

[69] 季赛，潘锦基，孙亚杰. 面向结构损伤信号的多传感器感知融合方法［J］. 数据采集与处理，2015，30(4)：857-867.

[70] 王晓玉. 结构健康监测数据压缩采样与重构的群稀疏优化算法［D］. 哈尔滨：哈尔滨工业大学，2016.

[71] PECKENS C A, LYNCH J P. Utilizing the cochlea as a bio-inspired compressive sensing technique［J］. Smart Materials and Structures, 2013, 22(10)：105027.1-105027.16.

[72] 潘攀. 基于导波的结构损伤识别与定位算法研究［D］. 上海：上海交通大学，2015.

[73] 周述美, 鲍跃全, 李惠. 基于结构灵敏度分析与稀疏约束优化的结构损伤识别方法 [J]. 振动与冲击, 2016, 35(9): 135-140.

[74] YANG Y C, NAGARAJAIAH S. Output-only modal identification by compressed sensing: Non-uniform low-rate random sampling [J]. Mechanical Systems and Signal Processing, 2015, 56:15-34.

[75] KONG L H, ZHANG D Q, HE Z J, et al. Embracing big data with compressive sensing: A green approach in industrial wireless networks [J]. IEEE Communications Magazine, 2016, 54(10): 53-59.

[76] DJELOUAT H, AMIRA A, BENSAALI F. Compressive sensing-based IoT applications: A review [J]. Journal of Sensor and Actuator Networks, 2018, 7(4): 45.

[77] 鲍跃全. 结构健康监测的数据压缩采样与损伤识别融合方法 [D]. 哈尔滨:哈尔滨工业大学, 2009.

[78] SAMIE F, BAUER L, HENKEL J. IoT technologies for embedded computing: A survey [C] // International Conference on Hardware/Software Codesign and System Synthesis (CODES + ISSS). IEEE, 2016.

[79] 中国信息物理系统发展论坛. 信息物理系统白皮书 [R/OL]. (2017-03-02) [2021-09-04]. http://www.cesi.cn/201703/2251.html .

[80] 李洪阳,魏慕恒,黄洁,等. 信息物理系统技术综述 [J]. 自动化学报, 2019,45(1): 37-50.

[81] BHUIYAN M Z A, WU J, WANG G, et al. Towards cyber-physical systems design for structural health monitoring: Hurdles and opportunities [J]. ACM Transactions on Cyber-Physical Systems, 2017, 1(4): 1-26.

[82] YUAN X, ANUMBA C J, PARFITT M. K. Cyber-physical systems for temporary structure monitoring [J]. Automation in Construction, 2016, 66: 1-14.

第6章

基于机器学习的评估与预警技术

随着大数据时代的到来,人工智能近些年来在技术领域的突破日新月异。尤其是最近几年,人工智能已经成为国家、高校、企业等关注的焦点。世界各国都高度重视人工智能的发展,纷纷制定人工智能发展战略,将发展人工智能视为提升国家竞争力,维护国家安全的重大战略,并加快出台相关规划和政策,力图在新一轮科技竞争中掌握主导权。人工智能已成为引领未来的新兴技术,以人工智能技术为主导的新一轮科技和产业革命蓄势待发。

在通往人工智能的道路上,机器学习是核心。机器学习作为一种强大的实现人工智能的工具,对各个领域,尤其是对传统行业的信息化、自动化、智慧化发展产生了巨大的推动作用。找到合适的切入点进行机器学习的应用探索是打破传统行业瓶颈,实现智能化的关键。

在如今人工智能飞速发展的时代,土木工程作为传统支柱型行业,更是需要进行新一轮的技术和产业升级,将机器学习的成熟技术应用到土木工程领域是整个智慧工程发展的关键步骤。本章从桥梁智慧运维的角度出发,主要介绍人工智能与机器学习的相关基本概念、常用的机器学习算法及其在桥梁运维中的应用。

6.1 人工智能与机器学习概述

6.1.1 人工智能概述

1)基本概念

人们总以为人工智能距离现实生活很遥远,但其实如今的人工智能技术已经渗透到生活中的方方面面。出门不用带钱包,扫二维码就可以支付;开车前查查导航,规划一条不拥堵的路线;与朋友合影,手机软件自动对照片进行美化;打开《今日头条》看新闻,其中有几条可能就是人工智能写的;上抖音看视频,第一页看到的内容就是人工智能推荐给你的;淘宝等购物网站使用人工智能技术给你推荐最适合你的商品……所以,想真正认识和理解人工智能,首先我们必须认清一个事实:人工智能已经来了,它就在我们身边,几乎无处不在,而且正在改变我们的生活方式[1]。

对人工智能的定义有很多种,大致可以分为两大类,第一大类关注使计算机建立人的思维活动的机制[2],第二大类关注使计算机能够执行需要人的智能参与的动作[3]。总的来说,发展人工智能的目的,就是要制造出一种与人类智能相仿的、具有思考能力并能够独立处理事件的计算机程序。这种目的使得人工智能成为一门涵盖面极广的学科,包括信息论、控制论、自动化、心理学、数理逻辑、生物学等多门学科。

人工智能按照目标和哲学立场可以分为以下三类[4]:

弱人工智能(Artificial Narrow Intelligence,ANI),也被称为狭义人工智能,指只能完成某一项特定任务或者解决某一类特定问题的人工智能。目前所讨论的人工智能技术,主要集中在弱人工智能上,例如:手机自动拦截骚扰电话、邮箱的自动过滤,还有在象棋方面打败人类的机器人,这些都属于弱人工智能。

强人工智能(Artificial General Intelligence,AGI),又被称为通用人工智能,指可以像人一样完成任何智力性任务的人工智能。强人工智能在各方面都能达到人类的水平,它能够进行思考、计划、抽象思维、经验学习等操作。创造强人工智能比弱人工智能要难得多,目前还无法做到。

超人工智能(Artificial Super Intelligence,ASI),由知名人工智能思想家 Nick Bostrom 提出,指在几乎所有领域比最聪明的人类都聪明许多的人工智能,它拥有科学、创新、社交等能力。超人工智能是人们对人工智能最终发展趋势的讨论和想象。

目前,科学的进展已基本实现了弱人工智能,然而对于实现强人工智能,目前还存在很大的技术难题。人工智能技术根据发展顺序和难易程度可分为三个层次:计算智能、感知智能和认知智能。如图 6-1 所示。

		表现	价值
计算智能	弱人工智能	存储与计算:计算机可以完成人类的计算和简单的信息传递工作	能够帮助人们快速处理大规模的数据,是感知和认知的基础
感知智能		感知能力:计算机可以看懂和听懂信息,能够做出判断,并采取一些行动	能够帮助人类高效地完成“看”和“听”的工作
认知智能	强人工智能	智能行为:机器能像人一样地自主思考,能够主动采取多样化的行动	能够全面辅助或完全替代人的工作

图 6-1 人工智能技术发展图

计算智能帮助人们快速地处理大规模的数据,比如利用超级计算机千万亿次的计算能力,可以快速完成一些非常复杂的计算任务。感知智能主要指视觉、听觉、触觉等感知能力,当下热门的人脸识别、语音识别即属于感知智能。认知智能包括理解、分析、思考、判断的能力,其最终目的是使人工智能拥有全面辅助或者完全代替人工作的能力,如完全自主驾驶、通用智能机器人等。

从现阶段人工智能的发展来看,由于计算机计算能力的不断发展以及数据存储方式的不断升级,计算智能基本已经实现。随着移动互联网的普及,云计算、大数据等技术的发展,更多非结构化数据的价值被挖掘,语音、图像、视频等与感知相关的感知智能也在快速发展。在计算智能和感知智能发展的基础上,人工智能正在向能够理解、分析、思考、判断等的认知智能延伸。可以说,人工智能的发展已经到了由感知智能向认知智能迈进的临界点。

2)发展历程

人工智能自诞生以来,其发展经历了三起两落。

诞生之年(1950—1956年)。1950年,世界上首台神经网络计算机诞生。同年"计算机科学之父"Alan Mathison Turing提出了图灵测试,将其作为机器智能的度量。1956年,美国对智能研究感兴趣的学者们在达特茅斯学院召开了为期两个月的研讨会,被誉为"人工智能之父"的John McCarthy在会议上提出了"人工智能"一词,这是人工智能正式诞生的标志。

黄金之年(1956—1974年)。自人工智能被提出后,其迎来了第一次发展高峰。在这段时间里,计算机被广泛应用于解决代数、几何[5]和翻译[6]等问题,这些研究使人们对人工智能的前景充满了期待。其间,代表性的事件主要有:1958年,第一个人工智能程序被Herbert Simon和Allen Newell开发出来;同年,John McCarthy发明了著名的LISP(List Processing)编程语言,其在很长一段时间内被作为一门人工智能语言。1960年,M. Masterman和他的同事设计出了语义网络,用于机器翻译。1963年,关于模式识别的论文发表。1965年,E. Feigenbaum发明了首套专家系统,用于推断有机化合物的分子结构。1974年,基于规则的医学诊断程序MYCIN(一种帮助医生对住院的血液感染患者进行诊断和选用抗生素类药物进行治疗的人工智能)被开发出来。

第一个人工智能之冬(1974—1980年)。1960年,机器翻译宣告失败。1970年连接主义遭到唾弃,以及受Lighthill关于"人工智能:综合调查"报告的影响,美国大幅削减人工智能的研究经费。这些原因使得人工智能从1974年开始进入了长达六年的痛苦而艰难的时期。当时人工智能技术主要面临三个瓶颈:一是计算机性能不足,导致早期很多程序无法得到应用。第二,问题的复杂性。早期的人工智能程序主要是解决特定的问题,可一旦问题维度上升,变得复杂,程序立马就不堪重负。第三,数据量严重缺失,这导致机器无法读取足量的数据进行智能化。

人工智能繁荣期(1980—1987年)。1980年,美国人工智能学会在斯坦福大学召开了第一届全国大会。20世纪80年代中期,机器学习出现了,当时发明了决策树模型,并以软件形式推出。同时,多层人工神经网络出现,人工智能进入第二次繁荣发展期。

第二个人工智能之冬(1987—1993年)。1987年,LISP的市场崩溃。1988年,美国政府取消了关于人工智能的新预算。专家系统的问题(应用领域狭窄、知识获取困难、缺乏分布式功能等)也在这段时期逐渐暴露出来,很多问题被发现却无法得到解答,专家系统逐渐滑向谷底,人工智能进入第二个冬天。

突破期(1993年至今)。1997年,IBM的计算机系统"深蓝"战胜了国际象棋世界冠军,这是人工智能发展历史上的一个重要事件。2010年前后,准确地说是从2006年开始,随着深度学习技术的成熟,加上计算机运算速度的大幅加快以及互联网时代积累起来的海量数据,人工智能走上了一条与以往大为不同的复兴之路。2006年,Hinton在神经网络的深度学习领域取得突破,这是标志性的技术进步。2011年,IBM开发的智力竞赛程序获得了冠军。同年,谷歌启动了深度学习项目"谷歌大脑"。2012年,Hinton的学生Alex提出了深度卷积神经网络模型 AlexNet,该模型以显著的优势在 ImageNet ILSVRC 中获得了冠军,这是人工智能发展史上一个了不起的里程碑,也是掀起当今人工智能热潮的关键节点。AlexNet 的出现可以说是神经网络在低谷期后的第一次发声,确立了深度学习在计算机视觉中的地位,同时也推动了深度学习在语音识别、自然语言处理等领域的拓展。同年,苹果公司引进了 Siri(Speech Interpretationg& Recognition Interface,语音识别接口)。2016 年,AlphaGo 打败了韩国职业围棋冠军,轰动一时。图 6-2 列出了人工智能 60 年发展历程中的关键事件。

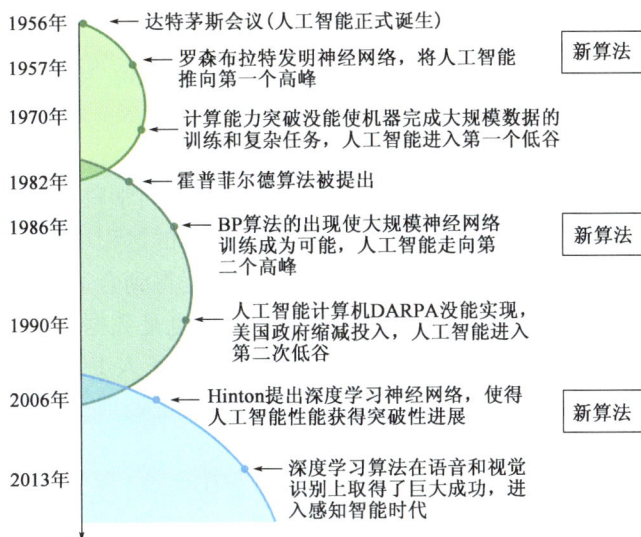

图 6-2　人工智能 60 年发展历程中的关键事件

3)产业结构

人工智能的产业结构可以大致分为三大层,即基础层、技术层和应用层(图 6-3)。在基础层,以人工智能芯片、智能传感器为主的计算硬件,大量采集、标注和分析的数据以及以大数据、云计算、5G 通信为代表的计算系统技术为人工智能提供了应用基础。大数据训练可以有效地提高人工智能的水平。随着全球云计算的高速发展,计算的成本大大降低,为数据集中化奠定了基础,促进了大数据产业的发展。这些基础层的发展保证了人工智能应用所需要的计算能力和数据量。

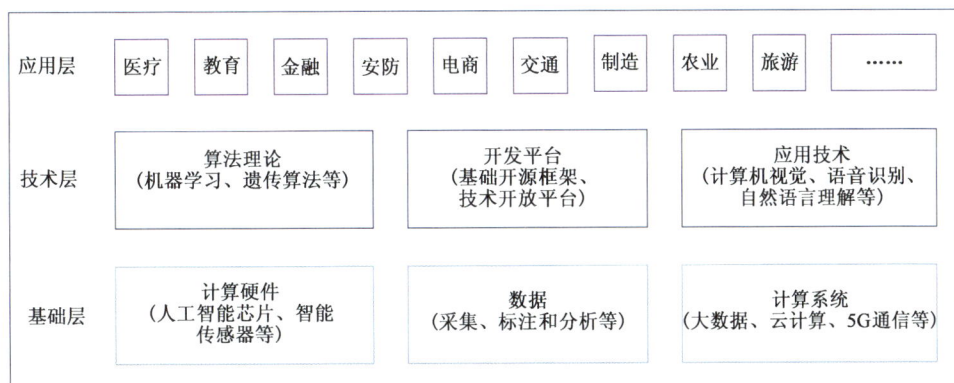

图 6-3　人工智能产业结构划分

技术层是人工智能产业的核心,以模拟人的智能为出发点,构建技术路径。技术层主要包括算法理论(机器学习、遗传算法等)、开发平台(基础开源框架、技术开放平台)和应用技术(计算机视觉、语音识别、自然语言理解等)。计算机视觉技术用摄影机和计算机代替人眼对目标进行识别、跟踪和测量,其在近几年不断取得突破,目前已经被投入实际应用,如人脸识别、安防监控等。

应用层是人工智能产业的延伸,集成一类或多类人工智能基础应用技术,面向特定的应用场景需求形成软硬件产品或解决方案。目前,人工智能技术已经开始广泛地在实际生产层面被应用,涉及各行各业,包括医疗、教育、金融、安防、电商、交通、制造、农业、旅游等。"X+人工智能"已经成为行业和场景未来智能化的趋势。

4)人工智能与机器学习、深度学习的关系

如上所述,人工智能是研究开发具有人类智能系统的一门学科,涉及机器人、计算机视觉、自然语言处理、专家系统等广泛领域。在实现这一目标的过程中,需要机器学习提供技术支持。机器学习的核心是运用算法指导计算机利用数据得到合适的数学模型,目前机器学习的方法被大量地应用于解决人工智能问题,机器学习也是数据挖掘或大数据科学的基础工具。所以机器学习是人工智能的一种实现方式,也是当下人工智能最重要的实现方式。机器学习成为人工智能开发计算机视觉、语音识别、自然语言处理、机器人控制和其他应用技术的首选方法。

对神经网络方向的研究很早就已出现。神经网络最初是一个生物学概念,后来受神经网络的启发,发展出了人工神经网络。今天的神经网络已经是一个相当大的多学科交叉的学科领域。机器学习所涉及的神经网络指的是"神经网络学习",或者说是机器学习与神经网络这两个学科领域的交叉部分,它是众多机器学习算法中的一种,也是目前使用最广的机器学习算法之一。

2006年,"深度神经网络"的出现引起了人工智能的变革,相关技术几乎刷新了所有的纪录,在很多问题上也都取得了成功,这些技术现在被称为"深度学习"。值得一提的是,虽

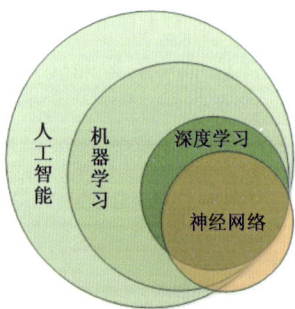

然深度学习是机器学习的一种,但深度学习利用深度的神经网络将模型处理得更为复杂,从而使模型对数据的理解更加深入。相较于其他机器学习算法,深度学习算法适合处理大数据。深度学习使得机器学习能够实现众多应用,并拓宽了人工智能的领域。今天,深度学习使人工智能系统在计算机视觉、语音识别、自然语言处理等许多重要问题上都有了显著的性能提升,它已经成为目前人工智能实现突破的关键。人工智能、机器学习、深度学习等的关系如图6-4所示。

图6-4 人工智能相关概念的关系

6.1.2 机器学习概述

1)基本概念

机器学习是人工智能发展到一定阶段的必然产物。20世纪80年代之前,人工智能技

术解决各类问题的主流方法是逻辑推理、知识工程与专家系统,它们通过人类的知识建立规则库,依靠规则库进行推断与决策以实现人工智能。与早期专家系统不同的是,机器学习不用人工事先在计算机程序中建立规则库,而是让计算机程序利用"经验数据",通过自身运行,学习事物的规律和事物间的关联,即经验知识。

在计算机系统中,待学习的经验以数据形式存在并常常蕴藏在高维数据中。因此,机器学习所研究的主要内容是关于在计算机上从数据中建立模型的算法,即"学习算法"[7]。如图 6-5 所示,有了学习算法,计算机就能从给定的数据中学习规律,即从训练样本中寻找规律,建立模型,并利用学习到的规律(模型)对未知或无法观测的数据进行预测。

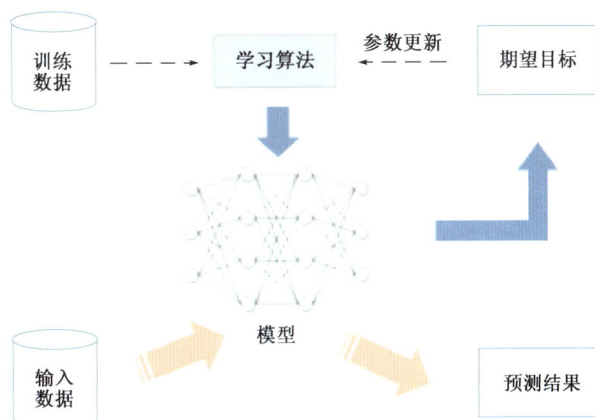

图 6-5　机器学习的基本过程

其实,机器学习的思想并不复杂,简单来讲,就是对人类主要的一种认知过程的模拟。在生活中,人类通过定期反复观察,对生活经验进行"归纳"(induction),从而发现关于某件事的"规律"。当遇到新的问题时,便可以使用这些"规律"对未知的问题进行"推测"(inference)。例如,通过观察大量的猫和狗,总结出猫和狗的特征,从而在之后的生活中能够轻易地区分两者。机器学习中的"训练"和"预测"过程可以分别对应人类生活中的"归纳"和"推测"过程。

机器学习的目的并不是对训练样本进行正确的预测,而是对未来的样本能够进行正确的预测。一般地,将图 6-5 中模型的预测输出与样本的真实输出之间的差异称为"误差",其中,在训练集上的误差称为"训练误差",在训练集以外的新样本上的误差称为"泛化误差"。模型对训练集以外的样本的预测能力称为模型的泛化能力。显然,机器学习的目的是得到泛化能力强的模型,也就是模型的泛化误差越小越好。

在对模型进行评估时,最理想的方法显然是对模型的泛化误差进行评估,然后选择泛化误差最小的模型。然而,由于事先并不知道新样本,泛化误差无法直接获得,所以实际能做的是努力使训练误差最小。但是,模型训练经常会出现两种情况,一种情况是模型对训练集学习得"太好",以至于将训练集中单个样本的特点都能捕捉到,并将其认为是所有样本的普遍规律,导致泛化性能下降。这样的模型虽然训练误差很小,但是对新样本的预测效果并不好,这种现象在机器学习中被称为"过拟合"。另一种情况是由于学习能力不足,模型对训练集一般的性质都没有学好,这种现象称为"欠拟合"。显然,由于过拟合问题,训练误差不能作为模型的评估标准。因此,需要用一些其他的方法去衡量模型效果的优劣。一般地,主要分为评估方法和性能指标两方面。

(1)评估方法。

在对机器学习模型的评估中,一般会通过实验测试来对模型的泛化能力进行评估,进而做出选择。因此,需要创建一个"测试集"来测试模型对新样本的预测能力,然后用测试集上的"测试误差"来近似泛化误差。

数据集的划分通常要保证两点:一是训练集和测试集的分布要与样本的真实分布一致,也就是说,训练集和测试集都要保证是从样本的真实分布中独立同分布采样而得;二是测试集要尽可能与训练集互斥,即两个子集尽可能没有交集。基于划分方式的不同,评估方法主要可以分为留出法、交叉验证法、自助法等。

(2)性能指标。

对模型的泛化能力进行评估,不仅需要有效、可行的评估方法,还需要衡量模型泛化能力的评价指标,这就是性能指标。性能指标反映了任务需求,在比较不同模型的能力时,使用不同的性能指标往往会导致不同的评估结果,这意味着模型的"好坏"是相对的。分类任务中常用的性能指标有错误率与精度、查准率、查全率,以及基于图形的指标——ROC 曲线、代价敏感错误率与代价曲线等。

2)发展历程

机器学习真正作为一支独立的力量登上历史舞台是在 1980 年,在此之前,机器学习算法大都是零碎化、不成体系的,但是它们对机器学习的发展起了重要的推动作用,如贝叶斯理论、k-近邻(k-Nearest Neighbor,KNN)算法等。1980 年之后,各种机器学习算法相继被提出,机器学习得到了快速的发展,并得到了广泛的实际应用。按照模型的层次结构发展,机器学习大致经历了两次浪潮——浅层学习和深度学习[8]。

(1)第一次浪潮:浅层学习。

20 世纪 80 年代末期,神经网络误差反向传播算法的提出给机器学习带来了希望,掀起了一直持续到今天的基于统计模型的机器学习热潮。研究者们发现,利用误差反向传播算法可以让人工神经网络模型从大量训练样本中学习统计规律,从而对未知事件做出预测。但是,由于模型训练上的困难,这个时期的人工神经网络大多数还是单隐层。

20 世纪 90 年代是机器学习大规模发展的时代,各类浅层机器学习模型相继被提出,如支持向量机、AdaBoost、随机森林等。这些模型在理论分析和实际应用中都取得了巨大的成功。相较之下,由于理论分析和模型训练上的难度,这个时期多层神经网络反而发展滞缓。从 21 世纪开始,互联网的高速发展对大数据的智能化分析和预测提出了大量的需求,浅层学习模型在互联网应用上获得了巨大的成功。最成功的应用包括广告点击率预测、网页搜索排序、垃圾邮件过滤等。

(2)第二次浪潮:深度学习。

深度学习的起源可以追溯到机器学习领域的泰斗 Hinton 教授和他的学生于 2006 年提出的一种训练深层神经网络的方法。但直到 2012 年,Hinton 小组发明的 AlexNet 网络模型在解决图像分类问题上的成功,才真正掀起了深度学习的浪潮,随后其被广泛应用于处理机器视觉的问题。区别于传统的浅层学习,深度学习的不同在于:①强调了模型结构的深度,模型结构通常具有 5 层以上的隐含层;②突出了特征学习的重要性,其通过逐层特征变换,将样本在原空间的特征表示变换到一个新的特征空间,从而使分类或预测更加容易。与人工构造特征相比,利用大数据来学习特征更能够刻画数据丰富的内在信息。常见的卷积神经网络、循环神经网络、对抗生成网络都属于深度学习。

在处理时间序列分析的问题上,循环神经网络取得了成功,直接推动了语音识别、机器翻译等技术走向实际应用。以对抗生成网络为代表的深度神经网络在数据生成方面取得了不错的效果,可以创造出逼真的图像、悦耳的音乐等,为解决数据生成类问题开辟了新思路。在处理策略、控制类问题上,深度强化学习技术取得了成功,典型的代表是 AlphaGo。

3)机器学习的应用

大数据时代的来临促使机器学习的应用更为广泛。例如:随着物联网和移动设备的发展,图片、文本、视频等非结构化的数据越来越多,机器学习模型可以获得更多种类的数据资源。同时,分布式计算使得机器学习的速度越来越快,机器学习的优势更加明显。机器学习在众多领域的外延和应用促使了很多智能领域的进步,改善了人们的生活。

在信息技术领域,计算机已经能够成功地识别人类的讲话[9];在医疗领域,机器学习已经能够准确地预测肺炎患者的康复率[10];在数据挖掘方面,大型数据库中包含的设备维护、金融、借贷等信息被机器学习算法用来发现有价值的信息。机器学习对商业化产品的营销和金融投资做出了无可比拟的贡献。各大搜索引擎利用机器学习对用户的搜索记录、点击习惯等数据进行归纳分析,实现了广告的定时、定向投放。人们的日常生活也被机器学习深刻地影响着:大量的垃圾邮件、骚扰电话被机器学习识别并过滤,交通系统利用图像识别找到违章、肇事者,等等。与此同时,在工程领域,基于机器学习技术的结构安全监测系统开发研究已经展开[11-12]。

对于土木学科来说,人工智能的三次浪潮深刻影响了土木学科的发展。20 世纪 80 年代至 21 世纪初,早期人工智能与土木工程的结合主要集中于专家系统在结构设计与性能评估中的应用,并取得了一定的社会经济效益。2012 年以来,深度学习网络的迅速发展使人工智能的应用取得了巨大成功并成为各领域研究的热点方向,人工智能逐步渗透土木工程领域的结构设计、施工建造、管养运维、防灾减灾的全寿命周期过程,推动了土木工程的智能化、信息化、自动化发展。

虽然应用前景广阔,但机器学习仍是一门很年轻的学科,还处在迅速发展当中。机器学习的优势在于通过学习数据中的历史关系和趋势,产生可靠、可重复的决策和结果,并发现隐藏的见解。此外,随着时间的推移和数字数据的爆炸式增长,机器学习得出的结果会更加精确,并提供更多的分析和预测。未来,机器学习在各行各业将会发挥更大的作用,土木工程的智慧化发展更是与机器学习息息相关。

6.2　机器学习算法

6.2.1　机器学习算法分类

机器学习算法众多,按照不同的标准有不同的分类。根据不同的学习准则,可以分为统计方法和非统计方法;按照函数的不同,可以分为线性模型和非线性模型。目前最常见的是根据信息反馈方式的不同,将机器学习算法分为监督学习、无监督学习、强化学习以及弱监督学习,如图 6-6 所示。

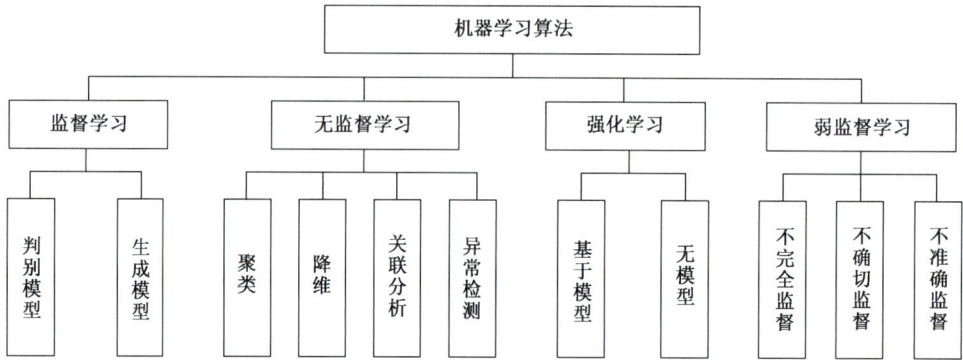

图 6-6　机器学习算法树状图

1)监督学习

监督学习是指机器通过学习大量样本数据集,训练出一个模型,当新的数据出现时,该模型可以根据输入预测结果[13]。监督学习也称有教师学习,其输入的学习数据是有标签的数据。在监督学习下,输入的数据被称为"训练数据",每组训练数据都有一个明确的标识

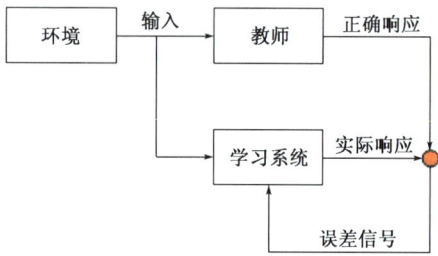

图 6-7　监督学习的学习过程

或结果,也就是为算法提供了输入 x 和对应的输出 y(如垃圾邮件拦截系统中,每封邮件都有一个标签,即"垃圾邮件"或者"非垃圾邮件")。监督学习的学习过程如图 6-7 所示,在建立预测模型的过程中,监督学习将模型的预测结果与训练数据的真实结果进行比较,基于误差不断地调整模型,直到模型的预测结果达到满意的准确率。

根据是否对观测变量的分布进行建模,监督学习方法可以分为判别方法(discriminative approach)和生成方法(generative approach)。对应的学习模型分别称为判别模型(discriminative model)和生成模型(generative model)。

判别模型是一种基于概率理论的方法,通过构建条件概率分布 $P(y\,|\,x)$,即在 x 出现的情况下 y 出现的概率,作为预测模型,或者由训练数据直接学习决策函数 $f(x)$。模型关注的是对给定的输入 x,应该预测什么样的输出 y。生成模型则是考虑 x 与 y 之间的联合分布,由数据学习联合概率分布 $P(x,y)$,即 x 和 y 共同出现的概率,然后求出条件概率分布 $P(y|x)$ 作为预测模型。之所以称为生成模型,是因为模型表示了输入 x 产生输出 y 的生成关系,能够学习数据生成的机制。在实际应用中判别模型非常常见,如逻辑回归、支持向量机、Boosting、条件随机场、神经网络、随机森林等。典型的生成模型如高斯混合模型、隐马尔科夫模型、朴素贝叶斯模型等。

生成模型和判别模型各有优缺点。首先,生成模型能提供的信息比判别模型丰富,但是也需要更多的样本和计算,尤其在分类问题上,为了更准确地估计类别条件的分布,需要增

加样本的数目,而且类别条件概率的许多信息在分类过程中是用不到的,其并不关心划分各类的分类边界到底在哪。而判别模型虽然不能反映训练数据本身的特性,但它能寻找不同类别之间的最优分类面,反映异类数据之间的差异。直接面对预测,判别模型学习的准确率往往更高,而且由于其直接学习 $P(y \mid x)$ 或 $f(x)$,可以对数据进行各种程度的抽象,因此可以简化学习问题,节省计算资源。但是,生成模型的学习收敛速度更快,当样本容量增加的时候,学到的模型可以更快地收敛于真实模型。当存在隐变量时,判别模型会失去作用,而生成模型仍然可以使用。

总体上来说,一般认为判别模型更常用。在文献[7]中,周志华教授指出基于有限的样本直接估计联合概率,在计算上会出现组合爆炸的问题,在数据上会出现样本稀疏的问题,而且当数据维数越多的时候,问题越严重。在实际的问题中,可获取到的样本通常是有限的,而且样本间还可能存在类别之间不平衡的问题,因此很难使用这些有限的样本来估计并得到一个接近于真实分布的联合概率,这也是判别模型比生成模型更常用的原因。但近几年来,因为对抗生成神经网络的成功,生成模型在深度学习中再度受到重视,成为当前研究的热点。

监督学习的常见应用场景分为两类,即分类和回归。分类是指通过训练分类模型,把测试集中的样本映射到已知的类标签中。如图 6-8 所示,分类的目的是寻找决策边界,即分类算法得到的是一个决策面,用于对数据集中的数据进行分类。分类方法在桥梁结构健康监测中的损伤识别、桥梁加固性能评估、荷载模式识别等方面已经得到了大量的应用。用于桥梁损伤识别时,分类模型会根据输入特征输出损伤的有无[14]。回归主要用来研究变量间的相关关系,也可基于时间序列数据描述由输入、输出表示的系统特征。如图 6-9 所示,回归的目的是找到最优拟合,通过回归算法得到的是一条最优拟合线,这个线条可以最好地接近数据集中的各个点。回归方法在桥梁结构健康监测中常用于对结构状态评估的荷载效应进行分析,或者通过建立回归模型描述结构荷载和响应之间的关系,以分离响应数据中的荷载成分。回归也可以直接用于桥梁的损伤识别[15]。

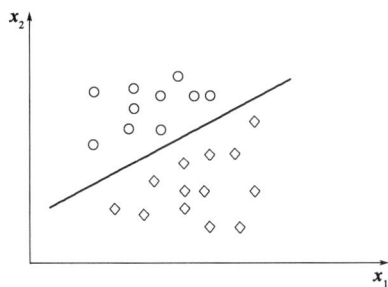

图 6-8 分类示例图 图 6-9 回归示例图

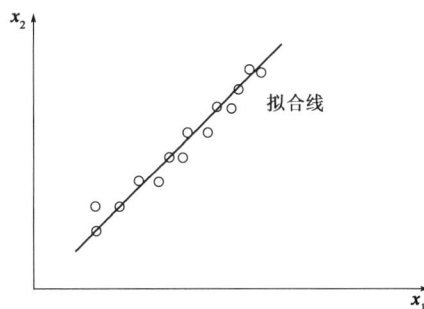

监督学习已经被广泛应用于各个领域,如手写文字识别、图像处理、垃圾邮件分类与拦截、网页检索、基因诊断、股票预测等。在土木工程中,监督学习的应用也十分广泛,斜拉索、不规则连续梁桥、城市立交桥梁等建筑物的损伤识别都频繁使用监督学习算法[16-17]。

2) 无监督学习

无监督学习是指根据未知类别的训练样本来发现数据中的模式,该理论源于 1996 年

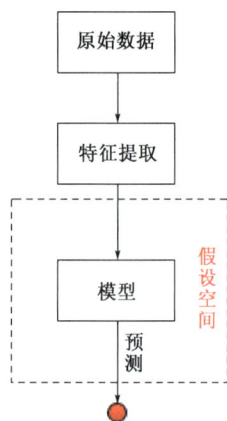

图 6-10 无监督学习的学习过程

Bruno Olshausen 和 David Field 发表的文章[18]。与监督学习不同,输入无监督学习的数据没有附带任何的标签,也就是说只为算法提供了输入变量 x,而没有对应的输出变量 y。因此计算机无法准确地知道哪些数据具有哪些标签,只能凭借其强大的计算能力分析数据的特征,从而得到一定的结果,通常是得到一些集合,集合内的数据在某些特征上相同或相似。无监督学习的学习过程如图 6-10 所示,类似于在没有"老师"的情况下,"学生"自学的过程。无监督学习的应用主要有故障诊断、视频分析、社交网站解析、声音信号解析、数据可视化、数据压缩、监督学习的前处理工具等。

尽管监督学习取得了一定的成功,但有一种思想流派认为无监督学习具有更大的潜力。监督学习模型的能力受到训练的限制,也就是说,监督学习模型只能学习它所训练的任务。相比之下,无监督学习与实现通用人工智能有更紧密的关系,这意味着人工智能能够学习人类可以学习的任何任务。无监督学习的问题主要有聚类[19]、降维[20]、关联分析[21]、异常检测四种。

(1)聚类。

聚类问题是无监督学习的典型代表,在数据挖掘、模式识别的很多实际问题中得到了广泛的应用。和分类问题的目的一样,聚类问题也是要确定一个物体的类别,但不同的是,聚类没有事先定义好类别,需要模型自己想办法把一批样本分成多个类别。基于"物以类聚"的思想,聚类算法根据数据结构本身的特性,按照某一个特定的标准,如数据点之间的距离等,把数据集划分为不同的类或簇,使得同一个类或簇内的数据对象的相似性尽可能大,而不同类或簇之间的数据差异性尽可能大,如图 6-11 所示。聚类算法没有训练过程。

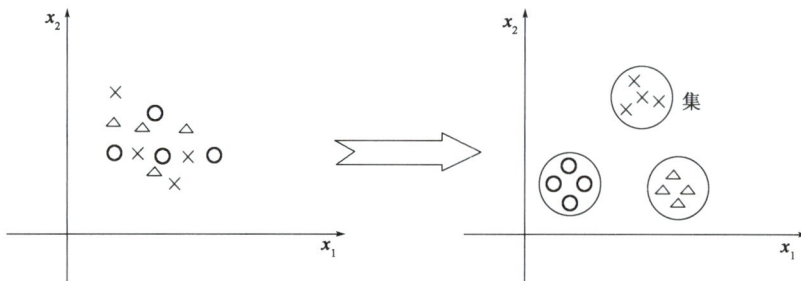

图 6-11 聚类示例图

聚类算法从本质上来看是集合划分问题。因为没有人工定义的类别标准,所以算法要解决的核心问题是如何定义簇,唯一的要求是簇内的样本尽可能相似。通常的做法是根据簇内样本之间的距离,或样本点在数据空间中的密度来确定。由对簇的不同定义可以得到各种不同的聚类算法。目前常用的聚类算法有很多种,常见的有 K 均值聚类算法、均值漂移聚类算法、DBSCAN 聚类算法(一种基于密度的聚类算法)、EM 聚类算法、层次聚类算法等。

在桥梁结构加固性能评估中,可以用聚类方法对预应力进行分析,利用聚类结果,可以提取数据集中的隐藏信息,对未来数据进行分类和预测[22];可以使用层次聚类方法识别桥梁模型的截面损伤,还可以免于对结构基准状态进行设定[23]。

（2）降维。

降维是机器学习中很重要的一种思想。在涉及向量计算的问题中，随着维数的增加，会出现数据样本稀疏、计算量呈指数倍增长、计算困难等情况，这类问题是所有机器学习方法共有的严重问题，被称为"维数灾难"。除此之外，在高维特征中容易出现特征之间的线性相关，这意味着有的特征是冗余存在的。

基于上述问题，降维思想应运而生，其是指通过采用某种映射方法，将原来高维度空间中的数据映射到低维度的空间中，以获取更加有效的特征信息，在保证尽可能传递重要信息的同时降低数据的复杂度。降维的意义在于克服维数灾难，获取数据的本质特征，节省存储空间，去除无用噪声，提高训练效率，实现数据可视化等。常用的降维算法有主成分分析、线性判别分析（Linear Discriminant Analysis，LDA）、局部线性嵌入（Locally Linear Embedding，LLE）、t-分布式随机邻域嵌入（t-distributed Stochastic Neighbor Embedding，t-SNE）、拉普拉斯特征映射（Laplacian Eigenmap）等。在文献[24]中，研究人员采用降维处理实现了大型复杂桥梁结构虚拟变形模拟，提出了一种高效的桥梁结构代理模型。

（3）关联分析。

关联分析是一种简单、实用的分析技术，是指通过频繁项集或者关联规则来发现大数据集中元素之间有趣的关联关系，从而描述一个事物的某些属性同时出现的规律和模式。这些关联并不总是事先知道的，而是通过对数据集中的数据进行关联分析获得的。关联分析的根本目标是发现频繁项集和关联规则。频繁项集指的是经常一起出现的元素的集合，而关联规则暗示两个元素之间可能存在很强的关系。

关联分析最早是为了发现超市交易数据库中不同商品之间的关系——著名的"啤酒 + 尿不湿"的故事：沃尔玛超市曾对数据仓库中一年多的原始交易数据进行了详细的分析，发现67%的顾客在购买啤酒的同时也会购买尿不湿。这是因为在美国，妻子经常会嘱咐丈夫下班后为孩子买尿不湿，而大部分丈夫在买尿不湿之后还会顺便购买自己爱喝的啤酒。借助数据仓库和关联规则，沃尔玛发现了这个隐藏的现象，调整了货架的位置，把尿不湿和啤酒放在一起销售，大大增加了两种商品的销量。

关联分析常用的算法有 Apriori 算法、FP-growth 算法、FreeSpan 算法等。除了上面提到的商品应用外，关联分析的数据挖掘方法被应用在人们生活的很多方面。例如：通过对用户的信用卡账单进行分析可以得到用户的消费模式，有助于进一步的市场推广；在医学方面，研究人员能够从已有的众多病历中找到患有某种疾病的病人的共同特征，从而找出更好的该种疾病的预防措施。关联方法在桥梁管理系统中也有所应用，如分析各构件的缺损状况与桥梁总体的缺损状况之间的关联关系，以及各构件缺损状况之间的关联关系[25]。

（4）异常检测。

异常检测，又被称为"离群点检测"，是机器学习算法的一种常见应用。Hawkins[26]给出了异常的通用定义：异常是指数据集中与众不同的数据，这些数据并非随机偏差，而是产生于完全不同的机制，例如信用卡消费记录中的大额交易。该定义揭示了异常数据的两大特点：①异常数据与样本中的大多数数据不太一样；②异常数据在整体数据样本中的占比较小。给定正常数据集 $x_1, x_2, \cdots, x_n$，异常检测算法应该能够根据测试数据的信息判断新的数据是否是异常数据。

异常检测主要应用于无监督学习,原因主要包括:首先,异常数据很少,大量数据是正常的,监督学习要求同时拥有大量的异常数据和正常数据;其次,有许多不同种类的异常,一般的算法很难通过少量的异常样本学习多种异常类型,而且未来遇到的异常可能与已掌握的异常不同。

异常检测和分析是数据挖掘的一个重要方面。它用来发现数据集中显著不同于其他数据的对象。为了刻画异常数据的"不一样",最直接的做法是利用各种统计的、距离的、密度的量化指标去描述数据样本与其他样本的疏离程度。相关研究学者将深度学习引入了异常检测,如:基于深度神经网络的自动编码器[27],处理时序数据的循环神经网络模型 LSTM 模型(Long Short-Term Memory,长短期记忆模型)[28],以及适合文本日志数据异常检测的 DeepLog[29]。异常检测已经得到了广泛的应用,如信用卡欺诈检测、贷款审批检测、药物研究、医疗分析、消费者行为分析、气象预报、金融领域客户分类、网络入侵检测等。

3)强化学习

强化学习,又称再励学习、评价学习或增强学习,是一种以环境反馈作为输入的、特殊的、适应环境的机器学习方法。关于强化学习的研究最早可以追溯到巴甫洛夫的条件反射实验,但直到 20 世纪 80 年代末,在相关研究学者对强化学习的数学基础研究取得突破性进展后,关于强化学习的研究和应用才日益开展起来。强化学习目前已经成为机器学习领域的研究热点之一。

强化学习是指从环境状态到动作映射的学习,以使动作从环境中获得的累积奖赏值最大。该方法不同于监督学习技术那样通过正例、反例来告知应该采取何种行为,而是通过不断地"试错",从错误中进行学习,最后发现最优行为策略。其主要元素包括:智能体、环境、状态、动作、奖励。

强化学习的学习过程如图 6-12 所示。智能体表示强化学习算法模型,环境是指智能体执行动作时所处的场景。环境首先向智能体发送一个状态,然后智能体基于其知识采取动作来响应该状态。随后,环境发送下一个状态,并把奖励返回给智能体。智能体用环境所返回的奖励来更新其知识,对上一个动作进行评估。这个循环一直持续,直到环境发送终止状态来结束这个过程。

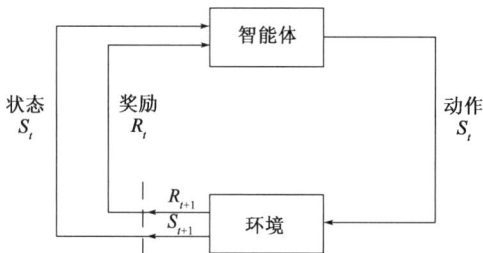

图 6-12　强化学习的学习过程

根据算法是否依赖于模型,可以将强化学习分为基于模型的强化学习算法和无模型的强化学习算法。这两类算法的共同点是通过与环境交互获得数据,不同点是利用数据的方式不同。基于模型的强化学习算法利用与环境交互得到的数据学习系统或者环境模型,再基于模型进行序贯决策。无模型的强化学习算法则是直接利用与环境交互获得的数据改善自身的行为。两类方法各有优缺点,一般来说基于模型的强化学习算法的效率要比无模型的强化学习算法更高,因为智能体在探索环境时可以利用模型信息。但是,有些根本无法建立模型的任务只能利用无模型的强化学习算法。由于无模型的强化学习算法不需要建模,所以和基于模型的强化学习算法相比,它更具有通用性。

监督学习是学习预测的过程,无监督学习是分析数据,发现数据结构的过程;而强化学习则是决策的过程。系统仅有识别与预测并不够,还需要完成大量的任务,采取一系列动作或行为使自身具备决策能力。强化学习是从大量的数据中反复学习找到最优解,是从最终产生的结果来倒推模型应该是什么,刚好对应决策过程。因此,强化学习的应用主要是制造过程控制、各种任务调度、机器人设计和游戏等。

传统的强化学习局限于动作空间和样本空间,且一般是离散的情境。然而比较复杂的、更加接近实际情况的任务则往往有着很大的状态空间和连续的动作空间。当输入数据为图像、声音时,这些数据往往具有很高的维度,传统的强化学习很难处理,深度强化学习就是把深度学习对高维数据的处理能力与强化学习结合起来。近几年强化学习在决策方面有很大的突破,此前大热的 AlphaGo 与 AlphaGo Zero 都是经过深度强化学习后,在游戏中"碾压"了人类。不再需要人为设计特征,可以直接将棋盘上黑白棋子的摆放作为原始数据输入模型,机器使用强化学习来自我博弈,不断激励自己出色地完成下棋。AlphaGo 的成功证明了在没有人类的经验和指导下,深度强化学习依然能够出色地完成指定的任务[30]。

4)弱监督学习

近年来,由于各种各样深度学习模型的出现,机器学习对现实世界的影响与日俱增。可以说,高质量的机器学习模型几乎成为一种可以商业化的资源。然而还存在一个重要的问题——这些模型依赖于大量手动标注的训练数据。在很多任务中,这些手动标注的训练数据集创建起来既昂贵又耗时。除此之外,在现实世界中任务经常会发生变化和演变。例如:数据标注指南、标注的粒度等都经常会发生变化,需要重新进行标注。可见,由于数据标注要付出昂贵代价,这种强监督信息是很难获取的。因此面对急需解决的数据标注问题,研究者们整合了现有的主动学习、半监督学习等研究成果,提出了弱监督学习的概念,旨在研究通过较弱的监督信号来构建预测模型。

弱监督学习可以分为三类:不完全监督、不确切监督和不准确监督。

(1)不完全监督。

不完全监督是指训练数据只有部分是有标签的,同时大量数据是没有被标注过的。这是最常见的标注成本过高导致无法获得完全的强监督信号。例如,聘请领域专家直接给大量数据添加标签的成本相当高。另外,在一些专业领域,标注者经验不足,对数据科学的了解不够深入,导致有许多数据的标注结果(例如为分割任务框定的病害轮廓)是无法使用的,从而产生了很多实际上缺少有效标注的训练样本。针对不完全监督环境开发的机器学习方式中,主动学习、半监督学习、迁移学习是三种最流行的学习方式。

主动学习假设未标注数据的真值标签可以向人类专家查询,让专家为最有价值的数据点打上标签[31]。在只用查询次数衡量标注成本的情况下,主动学习的目标是提高查询效率,在查询次数尽可能少的情况下,使得训练出的模型的性能最好。与主动学习不同,半监督学习是一种在没有人类专家参与的情况下对未标注数据加以分析、利用的学习方式。关于半监督学习的相关内容,会在下一部分详细介绍。迁移学习是近些年来被广泛研究、风头正劲的学习方式,其内在思想是借鉴人类举一反三的能力,提高对数据的利用率。

(2)不确切监督。

不确切监督是指训练样本只有粗粒度的标签。例如,针对一张图片,只拥有对整张图片的类别标注,而对于图片中各个实体则没有标注的监督信息。例如:当我们对一张肺部 X 光图片进行分类时,我们只知道这张图片是某位肺炎患者的肺部图片,但是并不知道图片中具体哪个部位的异常说明了该图片的主人患有肺炎。

多示例学习已经成功应用于多种任务,例如图像分类、检索、注释,文本分类,垃圾邮件检测,医疗诊断,人脸、目标检测,目标跟踪等。

(3)不准确监督。

不准确监督是指给定的标签并不总是真值。出现这种情况的原因有很多,例如:标注人员自身水平有限、标注过程粗心、标注难度较大。在标签有噪声的条件下进行学习就是一种典型的不准确监督学习。最近非常流行的利用众包模式收集训练数据的方式也成为不准确监督学习范式的一个重要的应用。

5)半监督学习

传统的机器学习技术一般只利用有标记样本集或者只利用无标记样本集进行学习,但是在实际任务中,有标记样本与无标记样本往往是并存的。很多时候,只有少量的带有标记的数据,而大量的未标记的低成本数据却很容易得到。为了更好地利用这些数据,半监督学习技术应运而生。近年来,半监督学习技术成为机器学习领域的一个热门话题。

让机器学习不依赖外界交互、自动地利用未标记样本来提升学习性能,就是半监督学习。半监督学习介于监督学习和无监督学习之间,是监督学习与无监督学习相结合的一种学习方法,其训练数据一部分是有标签的,一部分是没有标签的。半监督学习[32]已经成为模式识别和机器学习领域研究的重点问题。

未标记样本的利用,建立在一定的假设条件上——未标记样本的数据规律与类别信息关联,即"相似的样本有相似的输出"。也就是说,尽管未标记样本没有明确的标签信息,但是其数据的分布特征与已标记样本的数据的分布往往是相关的,这样的统计特性对于预测模型是十分有用的。模型仅根据有标签数据的分类边界如图 6-13a)虚线所示。但是当有了无标签数据的分布信息后,两个类的分类超平面就变得比较明确了,如图 6-13b)所示。因此,使用无标签数据有提高分类边界准确性、提高模型稳健性的作用。

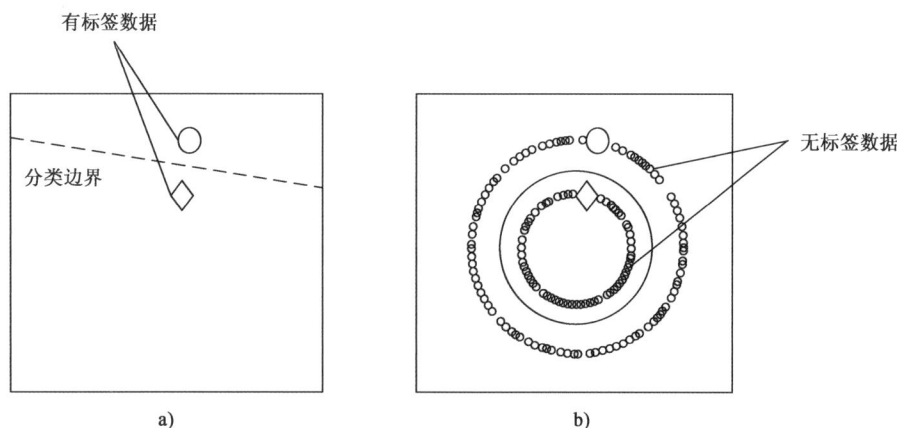

图 6-13　无标签数据的作用示意图

总体来看,半监督学习的发展大致经历了三个阶段[33]。

萌芽期:20 世纪 90 年代开始,研究者们开始探索无标记样本在传统机器学习算法中的作用[34]。这个时期的半监督学习算法大多是通过在传统的监督学习算法中加入无标记样本来进行改进的,典型的半监督学习算法有最大似然分类器、贝叶斯分类器、多层感知器等。其中研究较为广泛的是半监督支持向量机和协同训练。

成型期:半监督支持向量机的求解难度大,协同训练的假设条件苛刻,于是相关学者开始探究新的方法进行半监督学习。21 世纪初,"半监督学习"的概念被明确提出,大量的半监督学习算法开始涌现,独立的半监督学习算法和理论体系开始形成。这个时期的半监督学习算法主要有混合模型、伪标记或自训练、图论半监督学习、流形半监督学习等。相较于其他半监督学习算法,基于图论的半监督学习算法存在诸多优势,受到了广泛的关注。

新高度:最近几年,深度学习取得了重大突破并得到了广泛应用,但是其在普及中面临的一个重要问题就是深度学习需要对海量的样本进行手动标记,这在很多实际状况中很难实现。因此,深度学习与半监督学习结合形成的半监督深度学习就成了热门话题。目前已有的半监督深度学习算法大致可归为三类,即无监督特征学习、正则化约束和生成式对抗网络。

在实际问题中,半监督学习有着广泛的应用,比较典型的就是在自然语言处理领域的应用。由于互联网的日益发展,网络资源呈指数级增长,但能进行人工标记的网页等资源微乎其微,半监督学习技术在这方面得到了很广泛的应用。

6.2.2 机器学习经典算法

机器学习算法众多,目前在土木工程领域的各个过程也得到了非常广泛的应用,如:逻辑回归、随机森林、决策树、支持向量机(SVM)、贝叶斯网络、k-近邻(KNN)、AdaBoost 分类器、k-均值(k-Means)、人工神经网络(Artificial Neural Network,ANN)等。下文只针对其中常用的几种算法进行简要介绍。

1)决策树

决策树是一种基于实例的归纳学习方法,属于监督学习,它能从给定的有类别名称的无序训练样本中提炼出树形的分类模型树。它采用自顶向下的递归方式,在决策树的内部节点进行属性值的比较,并根据不同的属性值从该节点向下分支。树中的每个非叶节点记录了使用哪个特征来进行类别的判断,每个叶节点则代表了最后判断的类别。

一般来说,如图 6-14 所示,一棵决策树包含一个根节点、若干个内部节点和若干个叶节点。根节点包含样本全集,叶节点则对应决策结果,而其他每个节点对应一个属性测试。每个节点包含的样本集合根据属性测试的结果从该节点向下分支。根节点到每个叶节点均形成一条分类的路径规则。当需要对新的样本进行测试时,只需要从根节点开始,在每个分支节点进行测试,沿着相应的分支递归地进入子树再测试,一直到达叶节点,该叶节点所代表的类别即为当前测试样本的预测类别。决策树学习的目的是产生一棵泛化能力强,即处理未见示例能

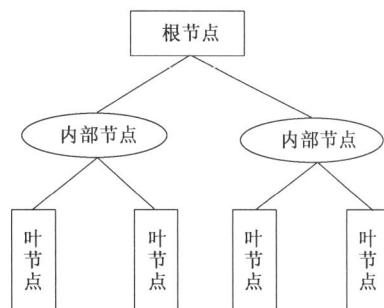

图 6-14 决策树结构

力强的决策树。

决策树学习通常包括三个步骤。

(1)特征选择:从训练数据的特征中选择一个特征作为当前节点的分裂标准。特征选择的标准不同,产生了不同的特征决策树算法。决策树学习的关键是如何选择最优的划分属性。一般而言,随着划分过程的不断进行,我们希望决策树的分支节点所包含的样本尽可能属于同一类别,即节点的"纯度"(purity)越来越高。常见的特征选择原则主要有信息增益、信息增益率、基尼系数,分别对应 ID3 算法、C4.5 算法、CART 算法(Classification and Regression Tree,分类回归树算法)。

(2)决策树生成:根据所选特征的评估标准,从上至下递归地生成内部节点,直到数据集不可分则停止决策树。

(3)决策树剪枝:在决策树建立的过程中,为了尽可能正确地对训练样本进行分类,节点划分过程会不断重复,有时会造成决策树分支过多而导致过拟合。剪枝是决策树学习算法预防"过拟合"的主要手段。剪枝的形式有两种,即先剪枝和后剪枝。其中,先剪枝是指在构造过程中,当某个节点满足剪枝条件时,则直接停止此分支的构造;后剪枝是指先构造完整的决策树,再通过某些条件遍历决策树进行剪枝。

最早的决策树算法是由 Hunt 等于 1966 年提出的 CLS(Concept Learning System,概念学习系统)。1986 年 Quinlan 提出了著名的 ID3 算法。在 ID3 算法的基础上,1993 年 Quinlan 又提出了 C4.5 算法。为了适应处理大规模数据集的需要,后来又提出了若干改进的算法,其中 SLIQ 和 SPRINT 是比较有代表性的两种算法。

ID3 算法的核心是在决策树的各级节点上选择属性时,把信息增益作为属性选择的标准。其具体方法是检测所有的属性,选择信息增益最大的属性产生决策树的节点,由该属性的不同取值建立分支,再对各分支的子集递归调用该方法建立决策树节点的分支,直到所有子集仅包含同一类别的数据为止。C4.5 算法继承了 ID3 算法的优点,并对 ID3 算法进行了改进,增加了决策树构造过程中剪枝的方法,实现了对连续属性的离散化处理和对不完整数据的处理,采用了信息增益率作为属性选择的准则,克服了用信息增益选择属性时的不足。SLIQ 算法对 C4.5 算法的实现方法进行了改进,在决策树的构造过程中采用了"预排序"和"广度优先策略"两种技术。SPRINT 算法进一步改进了决策树算法的数据结构,去掉了在 SLIQ 中需要驻留于内存的类别列表,将它的类别列合并到每个属性列表中。关于这几类决策树算法优缺点的比较见表 6-1。

常见决策树算法比较   表 6-1

算法	优　　点	缺　　点
ID3	算法的理论清晰,方法简单,学习能力较强	只对比较小的数据集有效,且对噪声比较敏感
C4.5	产生的分类规则易于理解,准确率较高	算法低效,并且当内存容纳不下训练集时,程序将无法运行
SLIQ	一定范围内具有良好的随记录个数和属性个数增长的可伸缩性	一定程度上限制了可以处理的数据集的大小
SPRINT	使寻找每个节点的最优分裂标准变得更简单	可伸缩性不好

当前,决策树算法已经成功地应用于医疗诊断、天气预报、金融分析、网络安全、工程安全、行为分析等多个领域。在土木工程中,一些机器学习的传统方法在收敛速度和处理多分类问题等方面存在明显的劣势,而决策树在处理模型不可微分和特征离散的多分类问题时存在明显的优势,并在对桥梁、房屋等结构构建离散元模型、复杂有限元模型等方面获得了广泛的应用,以及在大跨度桥梁结构损伤识别中也获得了应用[35]。

2) 支持向量机

支持向量机最初于 20 世纪 60 年代由 Vapnik 教授提出[36],20 世纪 90 年代后得到了快速的发展。其基本思想是在输入空间内寻找一个超平面将训练集中不同类别的样本分隔开。如图 6-15 所示,可能存在多个平面可以将不同类别的数据分隔开,但很明显,红色线代表的超平面的分隔效果最佳,因为它处在两类样本的"最中间"。这个超平面对训练样本局部扰动的"容忍"性最强,鲁棒性最好。这就是支持向量机的分类原则,即间隔最大化。

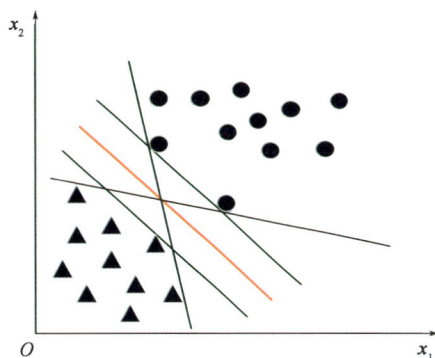

图 6-15　存在多个划分超平面将两类训练样本分开

在样本空间中,使用法向量 $\boldsymbol{w} = (w_1, w_2, \cdots, w_d)$ 决定超平面的方向,b 代表超平面与原点之间的距离,则划分超平面$(\boldsymbol{w}, b)$可用如下线性方程表示:

$$\boldsymbol{w}^{\mathrm{T}} x + b = 0 \tag{6-1}$$

因此,样本空间中的任一点 x 到超平面的距离可表示为

$$\gamma = \frac{|\boldsymbol{w}^{\mathrm{T}} x + b|}{\|\boldsymbol{w}\|} \tag{6-2}$$

假设超平面$(\boldsymbol{w}, b)$能对训练样本正确分类,令

$$\begin{cases} \boldsymbol{w}^{\mathrm{T}} x_i + b \geqslant +1, y_i = +1 \\ \boldsymbol{w}^{\mathrm{T}} x_i + b \leqslant -1, y_i = -1 \end{cases} \tag{6-3}$$

则满足该条件的决策边界实际上构造了两个平行的超平面作为间隔边界,两个间隔边界的距离被定义为间隔,大小为 $\dfrac{2}{\|\boldsymbol{w}\|}$。位于间隔边界上的样本点使得等号成立,它们被称为支持向量,即距离超平面最近的样本点,如图 6-16 所示。

然而在实际任务中,原始的样本空间内往往不存在某个超平面能将训练样本正确地划分,即线性不可分。在这种情况下,支持向量机通过引入核函数,将低维空间中的点映射到高维空间,使它们线性可分,然后使用线性支持向量机寻找划分超平面。这种划分方式在映射的高维空间中是一种线性划分,而在原始的样本空间中,则是非线性划分,如图 6-17 所示。核函数的引入很好地解决了支持向量机中数据的非线性问题,而无须考虑映射过程。常见的核函数主要有线性核函数、多项式核函数、高斯核函数以及 Sigmoid 核函数。不同的核函数各有优劣,需要根据实际情况和实例验算来确定具体使用哪一种核函数。需要指出的是,线性支持向量机是参数模型,而引入核函数的支持向量机则是非参数模型。

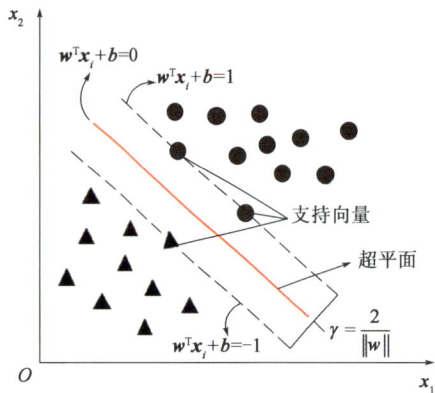

图6-16 支持向量与间隔

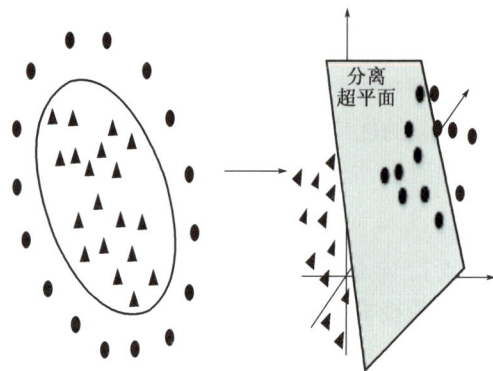

图6-17 支持向量机非线性分类器

当训练样本在原始空间或特征空间中线性可分时,可以直接通过间隔最大化学习一个线性可分的支持向量机,此时的间隔称为硬间隔。然而,实际上往往很难确定合适的核函数使得训练样本线性可分,即使找到了合适的核函数,也很难排除存在过拟合的可能性。为解决此类问题,支持向量机将线性支持的硬间隔变为软间隔,即允许样本中存在部分不满足分类标准的特异点,如图6-18所示。

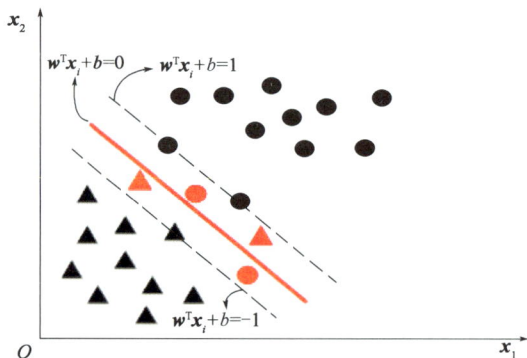

图6-18 软间隔示意图

为了提高支持向量机算法的效率和速度,众多学者在标准支持向量机算法(C-SVM)的基础上提出了一系列的改进措施。考虑到实际应用中不同样本在训练集中所占的比重不同,提出了加权支持向量机(W-SVM)。对于训练样本集较大的情况,提出了最小二乘支持向量机(LS-SVM)。除此以外,还有加权中心支持向量机(WP-SVM)、直推式支持向量机(T-SVM)、有限牛顿支持向量机(NL-SVM)等。

标准支持向量机解决的是二分类问题。为了进一步扩展其应用范围,研究人员在标准支持向量机的基础上进行了扩展,主要分为下面两种。

(1)将支持向量机由分类问题推广至回归问题。

在支持向量机中,将超平面决策边界作为回归模型,即可得到支持向量回归(Support Vector Regression,SVR)。此时标准支持向量机算法被称为支持向量分类(Support Vector Classification,SVC)。在桥梁的损伤识别中,SVC常用于桥梁结构损伤种类的识别,而SVR常用来评估桥梁结构的损坏程度[37]。

（2）将支持向量机由二分类问题推广至多分类问题。

多分类问题中常将支持向量机与决策树相结合,采用二叉树将要分类的样本集构造出一系列的两类问题,通过每个两类再构造一个支持向量分类器。基于聚类的支持向量机是支持向量机在聚类问题中的推广,也常用来解决多分类问题。多分类支持向量机主要适用于文本分类和数字识别等技术。

支持向量机以统计学习理论为基础,专门针对有限样本情况,能快速、有效地完成从训练集到预测集的"推理转换",提高了分类与回归的准确性和效率。从理论上来看,支持向量机通过计算全局最优解,避免了局部极值的问题。同时,支持向量机的分类和回归都取决于关键的支持向量,其运算的复杂程度取决于支持向量的个数,并不涉及向量的维度问题,适用于多维甚至无限维数据的分类和回归。但支持向量机算法难以实施于大规模的训练样本,对缺失数据的敏感性很高,对核函数和参数的构造和选择缺乏理论指导,对核函数高维映射的解释力不强。

当前,支持向量机已经在指纹识别、脸部辨别、文本分类、物体三维识别、生物信息学等多个领域得到了成功的应用。在建筑结构的健康监测中,基于支持向量机的损伤识别技术已日益成熟。将桥梁结构动力学的参数作为输入变量,通过支持向量机进行训练学习,从而对桥梁的损伤情况进行识别也是当前支持向量机在桥梁健康监测中常见的应用场景[38]。

3）贝叶斯网络

贝叶斯网络于 1988 年由图灵奖获得者 Pearl 提出,它也称为置信网络[39],是一种典型的生成模型。其是在贝叶斯定理的基础上,结合图形理论发展而成的,既有概率理论的完美数学解释,又有图例形象、直观的展示形式,是目前不确定知识表达和推理领域最有效的理论模型之一。

贝叶斯网络通过网络结构来表达变量的联合分布及条件独立性,其由代表变量的节点及连接这些节点的有向弧构成,是一个具有若干个节点的有向无环图。简言之,把某个研究系统中涉及的随机变量,根据是否条件独立绘制在一个有向图中,就形成了贝叶斯网络。图 6-19 是一个简单的贝叶斯网络,其中,圆圈节点表示随机变量,可以是观察到的变量或隐变量、未知参数等,连接两个节点的箭头代表这两个随机变量具有因果关系。若两个节点间以一个单箭头连接,表示单向弧的发出节点为"因",指向节点为"果"。例如图中节点 x_1 直接影响节点 x_2,则用从 x_1 指向 x_2 的箭头建立节点 x_1 到节点 x_2 的有向弧,权值则表示为条件概率 $P(x_2|x_1)$。

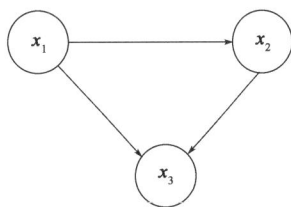

图 6-19　简单的贝叶斯网络

对于任意的随机变量,其联合概率由各自的局部条件概率分布相乘而得。例如,在图 6-19 中,因为 x_1 影响 x_2,x_1 和 x_2 影响 x_3,所以有 $P(x_1,x_2,x_3)=P(x_3|x_1,x_2)P(x_2|x_1)P(x_1)$。

一个典型的贝叶斯网络结构如图 6-20 所示。这张图涵盖了贝叶斯网络的三种主要结构:V 形结构、同父结构和顺序结构。

V 形结构,如图 6-21a)所示,A 与 B 相互独立,类似于两条小河汇入一条大河。在

这种结构下, $P(A,B,C)=P(A)P(B)P(C|A,B)$。图 6-20 中的 x_1,x_2 和 x_4 就是 V 形结构。

同父结构,如图 6-21b)所示,类似于一条大河在某处分叉成两条支流。A 与 B 的关系需要根据 C 的状态进行分情况讨论。当 C 未知时,A 与 B 不独立;当 C 已知时,A 与 B 独立。图 6-20 中的 x_3,x_4 和 x_5 就是同父结构。

顺序结构,如图 6-21c)所示,类似于一条大河流到底,中间既不分叉也不汇入其他河流,但其中的一段叫 A 江,另一段叫 B 江。在这种结构下,A 与 B 的关系也需要根据 C 的已知和未知分为两种情况。当 C 未知时,A 与 B 不独立;当 C 已知时,A 与 B 独立。

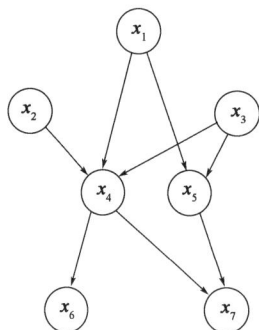

图 6-20 典型的贝叶斯网络结构

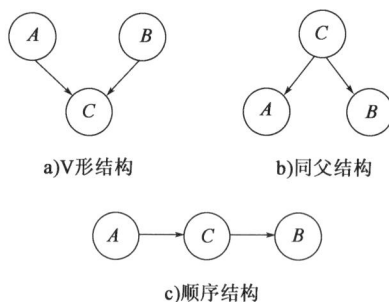

图 6-21 贝叶斯网络结构形式图

贝叶斯网络理论主要包含网络构造、网络学习和网络推理三部分。

网络构造的方法有两种。一种是借助经验手动构造,另一种是通过大量数据分析得出。在使用手动构造贝叶斯网络的方法时,常利用变量间的因果关系来确定网络结构。

网络学习则是利用数据训练模型求解事件间的关系。常见的网络学习方法有 SGS 算法、PC 算法、TPDA 算法、K2 算法、模拟退火算法以及贪婪算法等。

网络推理包括预测和诊断两个方面。常见的推理方法分为近似推理和精确推理。近似推理的方法包括抽样方法、马尔科夫链方法和变分方法等,精确推理的方法包括因果树算法、Poly Tree 算法和 Junction Tree 算法等。

当模型复杂时,如何有效地进行概率计算是 BN(Batch Normalization)算法发展的主要限制。为克服这些局限, BN 算法也在不断改进和完善。早期的 BN 算法中节点只能为离散变量,无法满足随机分布的连续变量要求。因此,混合贝叶斯网络慢慢发展了起来。在混合 BN 算法中,节点既可以是离散的变量也可以是连续的数字变量。在实际应用中,随机变量的不确定性往往会随时间发生变化,如医学诊断中疾病的演变、股票指数的变化、语音的产生以及连续变化的视觉图像等。为了解决这类问题,研究人员提出了一种动态贝叶斯网络模型,并在此基础上不断进行优化。为扩展 BN 算法的应用领域和范围,在不断改进 BN 算法的同时,也将其与其他算法结合。如将贝叶斯网络与遗传算法、粒子群算法相结合,可有效避免过拟合和局部最优等问题,适用于信号处理、模糊模式识别以及多目标优化。

贝叶斯网络利用简单、直观的拓扑结构将变量间的概率关系可视化,直观表现了事件间的依赖或独立关系,实现了数据的双向推理。与传统概率统计理论相比,贝叶斯网络无须依赖大量的历史数据建模,直接借助先验知识即可构建变量间的概率关系。与神经网络、逻辑回归模型等相比,贝叶斯网络模型中所有的节点都可见,结果的可解释性强。除此以外,贝叶斯网络还可在数据不完整的条件下完成网络构建,其特有的学习算法可对数据样本进行补充,完成网络模型构建,这也使得贝叶斯网络的使用范围更加广泛。

桥梁结构系统是不断变化、充满不确定性的复杂系统,其结构参数也存在着诸多不确定性。贝叶斯网络是量化不确定性的有力工具,具有强大的不确定性推理和数据分析能力。在桥梁结构评估中,贝叶斯网络可同时考虑多个变量的综合作用,有效确定监测数据中所蕴含的不确定信息,为桥梁健康状况的评估和预警提供更加科学、合理的依据[40]。

4)k-近邻

k-近邻是一种基本的分类和回归算法,属于惰性学习方法,由 Cover 和 Hart 于 1968 年提出[41]。该算法的思想简单、直观,无须估计参数,无须训练。k-近邻算法采用测量不同特征值之间距离的方法进行分类,与选举中的投票多数表决类似。在该算法中,如果一个样本在特征空间中的 k 个最近的样本中的大多数都属于某个类别,则该样本属于这个类别,并具有这个类别的特性。即相同类别的样本在特征空间中应当聚集在一起。

K-近邻算法的基本原理如图 6-22 所示。给定一个训练集作为样本集,样本集中每个数据都带有类别标签。输入一个测试对象(不带类别标签的新数据)后,将测试对象的特征与样本集中数据对应的特征进行比较(即计算特征空间中测试数据与样本集中每个数据的距离)。然后提取样本集中与测试数据最近的 k 个数据的类别标签;选择 k 个最相似数据中出现次数最多的类别,作为新数据的类别。k-近邻算法只选择样本数据集中的前 k 个数据,这也是 k-近邻算法中 k 的出处,k 通常是不大于 20 的整数。

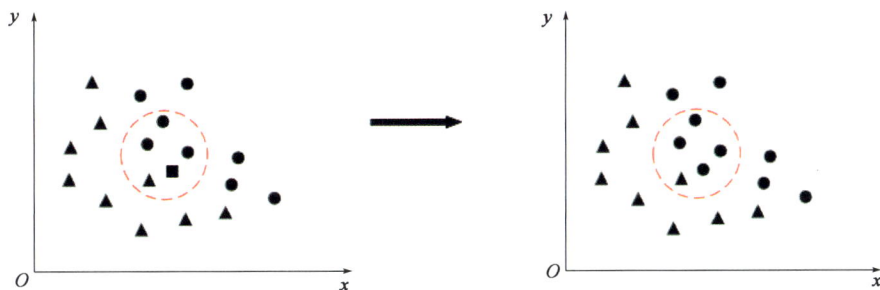

图 6-22　k-近邻算法的基本原理

决策规则、k 值和距离度量是 k-近邻算法中的三个重要元素。k-近邻算法中的分类决策规则大多是多数表决法,即以 k 个点多数属于的类别作为新实例点的最后分类归属。关于距离度量,k-近邻算法中使用的是欧式距离,计算公式如下:

$$d(x,y) = \sqrt{(x_1 - y_1)^2 + (x_2 - y_2)^2 + \cdots + (x_n - y_n)^2} = \sqrt{\sum_{i=1}^{n} (x_i - y_i)^2} \qquad (6-4)$$

在 k-近邻算法的计算中,k 值的选取非常重要,对分类结果的影响很大。k 值选择过大会增大训练误差,选择过小会增大泛化误差,从而出现过拟合。k 值的选取不是固定的,一般来讲会采用交叉验证的方法,通过不断降低误差来得到合适的 k 值。具体操作方法为将样本数据按照一定的比例拆分为训练集和验证集。从一个较小的 k 值开始,针对训练集和验证集开展 k-近邻计算,计算验证集合的方差。不断增加 k 的值,最终找到一个使分类结果

最佳的 k 值。

k-近邻算法提出时间较早,随着其他技术的不断更新和完善,k-近邻算法的诸多不足之处也逐渐显露出来,因此 k-近邻算法的诸多改进算法也应运而生。在分类效果上,主要采用权值的方法(与该样本距离小的邻居权值大)对 k-近邻算法进行改进;在分类效率上,一般可通过事先对样本属性进行约简,集中选取一些有代表性的样本作为新的训练样本,或通过聚类,将聚类所产生的中心点作为新的训练样本。提高分类效率也可以通过加快 k-近邻搜索过程的方法,即在最短时间内搜索到 k 个最近邻。基于此,学者们提出了多种快速搜索的方法。如基于小波域部分距离计算的 k-近邻搜索算法、快速算法(KWENNS)等。除此以外,还可以通过引入高效的索引方法降低 k 个最近邻的计算开销,该方法在高维空间中的效果显著。近些年来,为了在应用领域上取得更大的突破,常将 k-近邻算法和其他算法融合以提高分类性能。常见的融合方式主要有 k-近邻和支持向量机融合,k-近邻、Grouping 和 LSA 集成,模糊 k-近邻和遗传算法融合,k-近邻分类器和贝叶斯分类器融合,k-近邻和 P-tree 融合等[42]。

k-近邻算法简单、有效,无数据输入假定,新数据可以直接加入数据集而不必重新进行训练。当前,k-近邻算法已被广泛应用于人脸识别、文字识别、医学图像处理等领域,并且取得了一定的成果。虽然 k-近邻算法的优点非常明显,但其仍有不可忽视的缺点。当数据集非常庞大的时候,k-近邻算法的计算会非常耗时,空间复杂度很高。同时,如果样本不平衡,k-近邻算法的预测偏差也会比较大。

桥梁健康监测系统通过对桥梁结构进行长期、全面的监测,获取大量监测数据用于研究桥梁在运行期间的结构响应特征。然而,由于多种不确定因素,监测数据中往往会存在一些异常数据,从而影响对桥梁结构安全的评估。k-近邻算法作为一种简单的监督学习分类方法,可有效地针对监测数据中的异常数据进行检测和识别[43]。

5)人工神经网络

人工神经网络是基于生物神经网络的基本原理,以网络拓扑知识为理论基础,模拟人脑的神经系统对复杂信息的处理机制而建立的一种数学模型。和人类大脑的神经系统相似,人工神经网络是一个由大量简单"神经元"相互连接、相互传递构成的复杂网络结构。目前对人工神经网络最广泛的定义是:人工神经网络是由具有适应性的简单单元组成的广泛并行互连的网络,它的组织能够模拟生物神经系统对真实世界的物体所做出的交互反应[44]。人工神经网络具有很好的容错性,鲁棒性,自学习、自组织、自适应性和高度的并行能力,是人工智能、计算智能和信息处理的有力工具。

美国心理学家 McCulloch 在文献[45]中首次提出了"M-P 神经元模型"(图 6-23),该模型是对生物神经元信息处理模式的数学简化,是神经网络结构的基本信息处理单元,其为神经网络的理论研究开辟了道路。后续的神经网络的研究工作都是以它为基础的。

如图 6-23 所示,当前神经元接收来自 n 个其他神经元传递的输入信号,这些信号经过带权重的连接进行传递,神经元将接收到的总输入值与自身的阈值进行比较,然后经过激活函数处理产生输出,其输出可以表示为

$$y_j = f\left(\sum_{i=1}^{n} w_{ij} x_i - \theta_j\right) \tag{6-5}$$

式中，$x_i(i=1,2,\cdots,n)$ 表示与当前神经元相连的其他神经元的传输信号；w_{ij} 表示从神经元 i 到神经元 j 的连接权值；θ_j 表示当前神经元的阈值；$f(\cdot)$ 为激活函数。激活函数在构成神经元及神经网络的结构中具有重要地位。激活反映了不同的网络输入及其输出间的映射关系，可以解决不同类型的实际应用问题。激活函数的线性或者非线性也决定了网络的线性或者非线性。常用的激活函数有阈值函数、线性函数、S 型函数等。

把许多上述神经元按一定的层次结构连接起来，就得到了神经网络。神经网络发展初期，网络结构简单，只有输入层和输出层。图 6-24 所示的二输入感知机模型由两层神经元组成，输入层接收外界的输入信号后传递给输出层，输出层是 M-P 神经元。

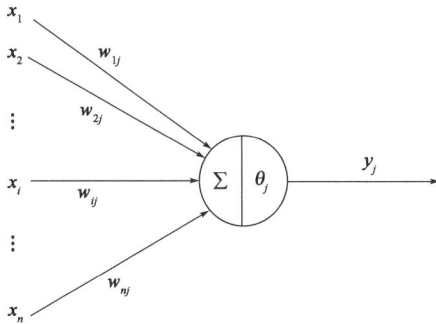

图 6-23　M-P 神经元模型　　　　图 6-24　二输入感知机模型

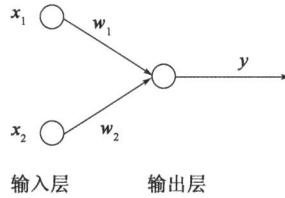

感知机能实现简单的逻辑与、或、非运算，但是其只拥有一层功能神经元，学习能力有限，无法解决非线性可分的问题。多层神经网络的出现是神经网络发展的必然结果。多层神经网络除了输入层和输出层外，还有中间层，中间层都称为隐含层，可以是一层或多层。常见的神经网络结构是如图 6-25 所示的层级结构，每层神经元与下层神经元全部互连，同层神经元之间不存在互联，也不存在跨层连接，这样的神经网络结构通常称为"多层前馈神经网络"[7]。

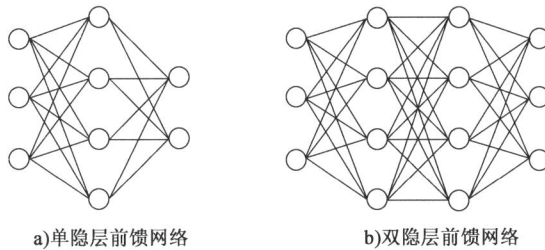

a)单隐层前馈网络　　　　　　b)双隐层前馈网络

图 6-25　多层前馈神经网络

神经网络的连接方式、网络的层数、每层的神经元数目这些参数不是学习出来的，而是人为事先设置的。这些人为设置的参数被称为超参数。而神经元之间的连接权值与神经元的阈值才是模型要学习的东西。对权重的动态修改是学习中最基本的过程，网络最重要的信息存在于调整过的权重之中。于是，神经网络学习的关键在于如何决定每一神经元的权值。由于训练网络权值的原理不同，从而形成了各种各样的神经网络学习规则。常用的学习规则有 Hebb 学习规则、Delta 学习规则、Winner-take-all 学习规则等。

网络结构的不同和权值训练算法的不同导致神经网络具有不同的特性和应用功能。目前,神经网络有几十种不同的模型,按不同的角度可分为不同的类别。此处不详尽描述,只对常见的几种神经网络稍作简介。

(1)BP 神经网络。

层数的增加可以为网络提供更大的灵活性,但是参数的训练算法一直是制约多层神经网络发展的一个重要瓶颈。直到 1974 年,Werbos 在他的博士论文中提出了著名的误差反向传播算法(Error Backing Propagation,BP),才解决了多层神经网络的学习问题,极大地促进了神经网络的发展。

BP 算法的基本思想是:学习过程由信号的正向传播与误差反向传播两个过程组成。信号正向传播时,输入样本从输入层传入,经过各隐含层逐层处理后传向输出层。若输出层的实际输出与期望输出不符,则转入误差反向传播阶段。误差反向传播是将输出误差以某种形式通过隐含层向输入层逐层反传,并将误差分摊给各层的所有单元,从而获得各层的误差信号,此误差信号即作为修正单元权值的依据。这种信号正向传播与误差反向传播的权值调整过程周而复始地进行,一直进行到网络输出的误差减少到可接受的程度,或完成预先设定的学习次数为止。

BP 神经网络是一种基于 BP 算法的多层前馈网络,使用广泛,它能够在事先不知道输入、输出的具体数字或表达式的情况下,通过学习来存储这种复杂的映射关系。其采用信息正向传播、均方差最小反向传播的学习方式,借助最速梯度信息来寻找使网络误差最小化的参数组合,成功地解决了调整权值和阈值的问题。BP 神经网络的训练流程如图 6-26 所示。

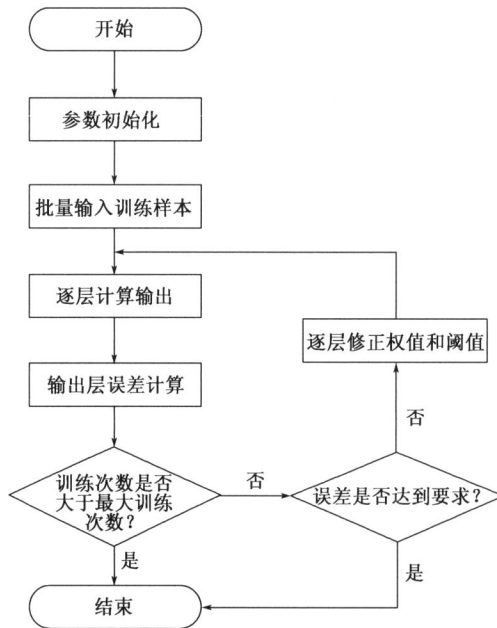

图 6-26　BP 神经网络的训练流程

(2)RBF 神经网络。

继 BP 神经网络之后,为模拟生物神经元的局部响应特性,D. S. Broomhead 将径向基函数(Radical Basis Function,RBF)引入了神经网络的设计,形成了 RBF 神经网络[46],其基本工作原理是:利用由 RBF 构成的隐含层空间对低维的输入矢量进行投影,将数据变换到高维空间中,使原来线性不可分的问题变得线性可分。图 6-27 为 RBF 神经网络的基本结构示意图。

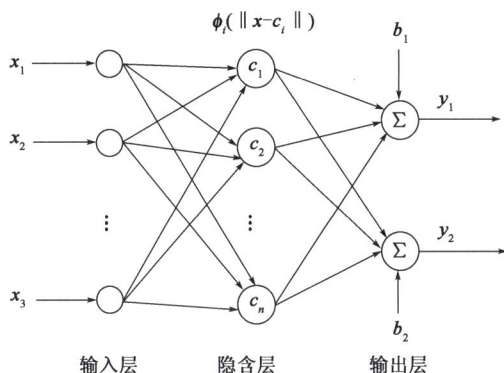

图 6-27　RBF 神经网络的基本结构示意图

如图 6-27 所示,RBF 神经网络是一种单隐层前馈神经网络:第一层为输入层,节点个数等于输入数据的维度;第二层为隐含层,节点个数视问题的复杂程度而定;第三层为输出层,节点个数等于输出数据的维度。RBF 神经网络使用径向基函数作为隐含层神经元的激活函数,输入层与隐含层之间不需要权值连接,输出层是对隐含层神经元输出的线性组合。径向基函数通常定义为样本 x 到数据中心 c_i 之间欧式距离的单调函数,常用的高斯径向基函数为

$$\phi(x,c_i) = e^{-\beta_i \| x - c_i \|^2} \tag{6-6}$$

通常采用两步来训练 RBF 神经网络:第一步为无监督学习,从样本数据中确定神经元中心,常用的方式有随机采样、聚类等;第二步为监督学习,主要是利用 BP 算法等计算隐含层与输出层之间的权重。

RBF 神经网络运算速度快,具有较强的非线性映射能力和最佳的逼近性能,文献[4]证明,具有足够多隐含层神经元的 RBF 神经网络能以任意精度逼近任意连续函数。其网络结构简单、算法简便,被广泛应用于函数逼近、时间序列预测、语音识别、自动控制、信号预测、信号处理等领域。

(3)反馈神经网络。

前面介绍的 BP 神经网络、RBF 神经网络都属于前向神经网络。在这种网络中,各层神经元节点接收前一层输入的数据,经过处理输出到下一层,数据正向流动,没有反馈连接。前向神经网络的输出仅由当前的输入和网络的权值决定,而反馈神经网络的输出除了与当前的输入和网络的权值有关以外,还与网络之前的输入有关,反馈神经网络的结构示意图如图 6-28 所示。

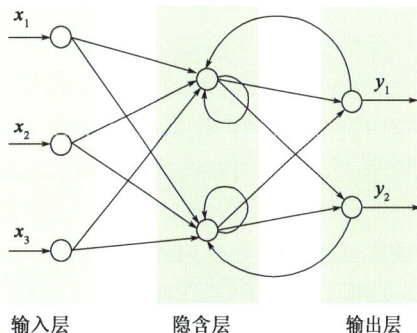

图 6-28　反馈神经网络的结构示意图

269

典型的反馈神经网络有 Hopfield 网络、Elman 网络、CG 网络模型、BSB(Brain State in a Box,盒中脑)模型、BAM(Bidirectional Associative Memory,双向联想记忆)等。反馈神经网络具有比前向神经网络更强的计算能力,其最突出的优点是具有很强的联想记忆和优化计算功能。

(4)自动编码器。

自动编码器是一种无监督的神经网络模型。但从某种意义上讲,自动编码器也是一种特殊的监督学习,只不过其监督信号就是其输入数据本身。因此,也有相关研究者称自动编码器是一种"自监督"的神经网络。同多层感知机一样,自动编码器也使用 BP 算法进行学习,但最大的不同在于,自动编码器的目标是通过训练将输入复制到输出,其一般结构如图 6-29 所示。该网络可以看作由两部分组成,从输入层到隐含层的过程可以学到输入数据的隐含特征,这称为编码;同时利用学到的隐含特征重构出原始输入数据,这个过程称为解码,对应从隐含层到输出层的过程。也就是说,输入数据 x 经过隐含层的编码和解码,到达输出层时,需要确保输出结果 $\hat{x}$ 尽量与输入数据 x 保持一致。因此,这种网络是通过最小化重构误差(输入 x 和输出 $\hat{x}$ 之间的差异)来进行训练的。

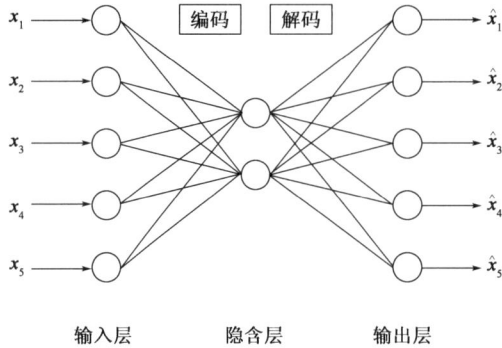

图 6-29　自动编码器的结构示意图

显而易见的是,如果自动编码器的目的只是单纯地得到一个与输入数据完全一样的输出结果,那么它是毫无意义的。实际上,通过训练自动编码器实现输入重构的目的在于使隐含层学习更有用的特征。因此,针对自动编码器的很多改进方法都是通过对隐含层的表达增加一定的约束,迫使隐含层只能近似地复制。如果在添加这些约束之后,模型还可以重构输入信号,那么说明隐含层的表达是通过模型自动学习的有效特征。常见的自动编码器有降维自动编码器、降噪自动编码器[47]、稀疏自动编码器[48]、变分自动编码器[49]。

降维自动编码器是指限制隐含层的节点数量,使得其节点数量小于输入/输出的节点数量,如图 6-29 所示。由于隐含层的节点数量小于输入的节点数量,所以强制模型只能学习数据中最重要的特征,而将不相关的特征去除。从直观上来看,这种自动编码器类似于 PCA,但是相较于 PCA,其性能更强。因为神经网络模型可以提取更有效的新特征。除了进行特征降维,降维自动编码器学到的新特征可以送入监督学习的模型中,所以降维自动编码器还可以起到特征提取器的作用。

降噪自动编码器在输入中增加噪声,通过训练之后得到无噪声的输出。这防止了自动编码器简单地将输入复制到输出,这样的模型在有噪声的情况下,依然可以提取出有用特征。最常用的噪声是高斯噪声和随机遮挡的噪声。

稀疏自动编码器在传统自动编码器的基础上增加了一些稀疏性约束。这个稀疏性是针对自动编码器的隐含层神经元而言的。通过对隐含层神经元的大部分输出进行抑制,每次网络运行时,只有很小一部分神经元会被触发,使网络达到一种稀疏的效果。稀疏自动编码器也通过一种规则化的形式来减少网络过拟合的倾向,这一点与降噪自动编码器相似。

变分自动编码器是一类重要的生成模型,其由 D. P. Kingma 和 M. Welling 于 2013 年提出[49],已成为目前较为流行的一种非监督学习复杂分布的方法。变分自动编码器是自动编码器的升级版本,其结构与自动编码器类似,也由编码器和解码器构成。不同的是,变分自编码通过在编码网络上添加约束,将训练样本映射成隐变量服从的概率分布均值和标准差,然后通过采样得到隐变量。解码器则将隐变量映射回样本变量,进行重构。正是这种约束将变分自动编码器与标准的自动编码器分离开来。与标准的自动编码器相比,变分自动编码器最大的不同是其输出的是概率分布的参数,而不是直接的隐变量,且在重构时进行了随机采样,从而注入了随机性,如图 6-30 所示。标准的自动编码器只能原样重构出输入样本数据。

图 6-30　变分自动编码器结构图

(5)深度神经网络。

将简单的单层神经网络中的隐藏层扩展为多层,就得到了深度神经网络。从理论上来说,神经网络模型越复杂,其解决复杂问题的能力越强。对于神经网络模型,提高其复杂度的简单办法是增加隐含层的数目或者增加隐含层神经元的数目。但从增加模型复杂度的角度来看,前者比后者更有效。因为增加隐含层数目不仅增加了拥有激活函数的神经元的数目,而且增加了激活函数嵌套的层数[7]。然而,隐含层数目增加带来的最直接的结果是参数增多,难以直接用经典算法(例如标准 BP 算法)进行模型的训练,因为误差在多隐含层内反向传播的过程中往往会出现"梯度消失"或"梯度爆炸"的问题。

无监督逐层训练是深度神经网络训练的有效手段,其基本思想是"预训练 + 微调"。"预训练"是指利用无监督算法对每层依次进行训练,每次训练一层隐含节点;预训练全部完成后,再对整个网络进行"微调"训练[50]。"预训练 + 微调"可视为将大量参数分组,对每组先找到局部比较好的设置,然后基于这些局部较优的结果联合起来进行全局寻优。这样就在利用模型大量参数所提供的自由度的同时,有效地节省了训练开销[7]。

另一种节省训练开销的策略是"权共享",即让一组神经元使用相同的连接权。这种策略在卷积神经网络[51]中发挥了重要作用。关于卷积神经网络的相关知识在第 7 章有详细的介绍。

(6)图神经网络(Graph Neural Networks,GNN)。

传统的机器学习算法所处理的都是欧式空间下的数据,这些数据最显著的特征是有着规则的空间结构,能够通过一维或二维的矩阵表示(例如,图片是规则的二维矩阵,语音数据是一维序列）。同时,存在的一个核心假设是样本之间相互独立。然而在实际生活中,存在许多非欧式空间的数据,如电子交易、推荐系统等抽象出来的图谱,图谱中每个节点与其他节点的连接不是固定的。

图神经网络可以对非欧氏空间的数据进行建模,捕获数据的内部依赖关系。图神经网络络是不规则的、无序的。其概念起源于 Gori 设计的一种用于处理图结构数据的神经网络模型[52]。如图 6-31 所示,图神经网络通过节点之间的消息传递来捕获图的依赖性。与标准的神经网络不同,图神经网络可以以任意深度表示来自其邻域的信息。图神经网络考虑了输入数据的规模、异质性和深层的拓扑信息等,在挖掘深层次、有效的拓扑信息,提取数据的关键复杂特性,实现对海量数据的快速处理等方面,显示出了令人信服的可靠性能[53]。

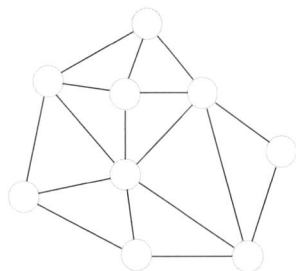

图 6-31　图神经网络的结构

人工神经网络较适用于对系统内部的运行机理和规律不甚了解、输入的数据模糊或不完善、无法建立合适的数学模型、要求有容错性的系统。土木工程中的许多问题是非线性问题,很多工程的实际问题很难用确切的数学、力学模型来描述,变量之间的关系十分复杂。目前已有大量文献采用神经网络方法解决土木领域中的相关问题。

6.3　机器学习应用场景与挑战

6.3.1　应用场景

1）结构健康监测

结构健康监测系统从结构的变形、位移、动力响应等数据中量化、定位结构损伤,进而基于结构状态做出管养决策。结构监测包括数据采集、数据处理、统计分析与可视化等过程,通过引入机器学习技术,能提升监测系统的效率与精度,从而提高结构管养决策的可靠性。当前,机器学习在传感设备的布局优化、故障检测及监测数据的预处理、特征分析上已取得良好的应用成果。

（1）设备布局优化。

数据采集要以设备为载体,而传统的监测系统中数据采集的方式主要依赖于传感器网络,这也是目前应用最广泛的监测方法。近年来,搭载相机、雷达、激光等传感器的无人机、水下机器人的兴起拓展了结构监测的手段,提高了复杂环境下监测结构病害的效率。对于这些设备的布局优化可以提高监测网络的准确性、灵敏性。目前,机器学习算法在设备布局优化方面已经有了不少研究成果,下面主要从传感器的布置优化和无人机的巡检路线优化两方面来介绍机器学习算法的应用。

在传感器的布置方面,因为同一结构中不同的传感器网络布置方式所获取的信息不相同,所以需要优化传感器的布置以提升健康监测系统评估决策的效率与合理性。对于这类工程优化问题,首先需要确定参数（变量）,然后在满足特定限制条件（约束）下,使设计指标

(目标)达到最优值。机器学习算法中的优化算法,如群智能算法和神经网络算法等,都适用于传感器的优化布置。群智能算法是一类模拟生物觅食、繁衍等行为的仿生优化算法,其中遗传算法[54]、粒子群算法[55]、猴群算法[56]等在传感器的优化布置中都有应用。

目前传感器优化布置研究最多的是遗传算法。遗传算法可寻求全局的最优解,且在复杂优化问题上具有较强的鲁棒性,这使得它在传感器的优化布置中有独特的优势。刘宇等[54]基于遗传算法研究了润扬大跨斜拉桥传感器的优化布置,流程如图 6-32 所示。

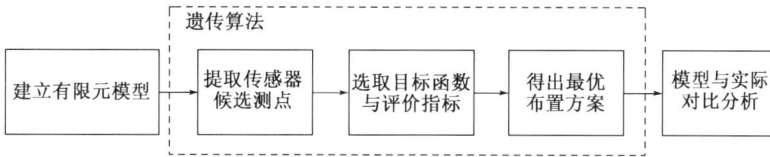

图 6-32 传感器优化布置流程

研究首先建立了润扬大桥的有限元模型,分析得到候选测点的振型矩阵,将振型中所有可能的测点位置作为优化位置的候选资源;然后选取结构模态振型信息矩阵的行列式数值、非对角元素均方根、矩阵元素和、模态应变能作为评价遗传迭代过程中种群优劣的目标函数,并依据收敛性、稳定性和敏感性来评价最终优化方案的好坏。优化结果表明,遗传算法得到的最优测点布置方案具有较好的噪声鲁棒性,且将有限元分析模型的计算频率与大桥的实测频率进行对比,验证了所建模型的有效性。

群智能算法需要通过布置方案与评价指标的直接关系来寻优,由于该关系网络分布未知且极为复杂,因此容易陷入局部最优。对此,袁灿[57]基于深度学习模型建立了布置方案与评价指标的映射关系,通过深度神经网络来预测布置方案的优劣,然后基于评估结果采用遗传算法来找到最优的评估值,从而得到最优化的布置方案。

在无人机的巡检路线优化上,对于大型结构的监测,结构健康状况的历史评估数据往往很庞杂,人为规划的路径无法很好地综合考虑这些复杂的数据,使无人机对结构健康监测的效率很低。在这个问题上,机器学习可以基于其强大的数据信息挖掘能力,根据结构损伤的历史评估数据,对无人机的重点巡航路线进行优化,使无人机监测能更多聚焦于结构重要部件的损伤部位的长期巡检,以高效监测桥梁损伤的发展情况,避免安全事故的发生。这样可以将无人机的巡检路线根据日常巡检和重点损伤检测的需要进行不同的规划,通过引入机器学习,有望实现以无人机为代表的自动化设备的高效、精准巡检。

(2)设备故障检测。

传感器在长期使用过程中,由于老化、环境等因素的影响会发生故障。当传感器网络中较多传感器发生故障时,健康监测系统就无法完成对结构健康状况的有效监测。传感器故障检测是健康监测系统发挥监测预警作用的重要保障。目前,学者基于神经网络[58]、支持向量机[59]、主成分分析及贝叶斯网络[60]等算法在研究传感器的故障检测方面已经做了很多工作。温嘉斌等[61]通过将 4 个 BP 神经网络并行组合得到改进的神经网络,相较于传统的 BP 神经网络,改进后的神经网络将霍尔传感器的故障诊断率提高到了 96%;许濛萌[62]通过研究发现,基于深度学习的方法与 BP 神经网络、支持向量机等传统方法相比,它将传感器故障诊断的准确率提升了 17.8%,有力地验证了深度学习算法在传感器故障诊断中的优越性。

李娟娟等[63]通过小波包分析提取出数据中用于故障诊断的特征,结合自组织映射(Self Organizing Maps,SOM)神经网络对处理后的数据进行无监督学习聚类,在传感器常见的周期型、漂移型和偏置型故障诊断方面,总体上实现了95%以上的准确率。研究主要分为生成故障样本、提取样本特征、训练与测试模型三部分。首先,研究者采用数值分析程序模拟传感器在3种故障状态及正常工作状态下的输出,并在输出数据中加入了高斯白噪声来模拟系统噪声。仿真共得到了4种状态下的故障样本。然后,根据这些故障样本的频带特点对其进行小波包分解,将分解后在故障和正常两种状态下各频段的能量值相比构建特征样本。最后,训练好的模型基于特征对8组传感器进行诊断,所有测试样本均得到了正确分类,验证了方法的有效性。在这项研究中,小波函数的选取对故障诊断结果的影响很大。同样的故障样本信号选取不同的小波函数时,诊断的准确率可能在80%～100%之间变化,所以也说明特征的提取对于机器学习十分关键,会影响算法的准确性。

值得一提的是,目前在机械、化工等领域,机器学习技术已经被用来处理传感器故障。处理方式主要有补偿[64-65]与隔离[66]两种无损手段,曾喆昭等[65]从补偿的思路提出了基于正交基神经网络的高精度传感器误差补偿方法。而传感器故障引起的数据异常有时难以补偿,那么隔离故障传感器就是另一种处理策略,Jordi Fonollosa等[66]基于多核支持向量机通过屏蔽故障数据输入通道来实现故障传感器的隔离。这些研究技术也完全适用于土木工程的结构监测领域:建立有一定冗余的传感器网络,结合机器学习算法对故障传感器进行检测、隔离,在无须更换传感器的条件下继续维持监测系统的正常运行。

(3)数据预处理。

在对大型结构进行长期监测的过程中,由于监测设备自身的局限、环境影响等原因,数据采集过程中往往会存在数据缺失、错误、不一致等问题,这影响了后续对结构进行评估的可靠性与准确性。所以首先需要对监测数据进行清洗,修复缺失数据,降低数据噪声,修正不一致的数据,以为后续的结构评估预警提供高质量的数据。

郑霞忠等[67]提出了一种利用关联规则约束和引导大坝安全监测异常数据清洗方法。研究流程如图6-33所示,首先采用关联指标来评价水位与位移监测数据的关联性,将监测的大坝上游水位与径向位移数据分为强关联序列与弱关联序列,并考虑异常数据可能来源于监测错误和结构状态异常,通过基于密度的聚类算法(DBSCAN)对数据中强、弱关联序列采用不同的异常分类规则。然后,根据关联序列异常数据清洗规则,辨识大坝安全监测中有粗大误差的数据,并利用基于粒子群优化最小二乘支持向量机模型重构异常数据。最后,对大坝典型位移量数据进行异常数据清洗。结果表明,考虑数据关联的方法比只考虑单一监测数据的传统方法能更准确地区分粗大误差与环境突变引起的异常数据。

黄宴委等[68]基于极限学习机(Extreme Learning Machine,ELM)提出了桥梁健康监测系统数据丢失的解决方案。研究者在研究中引入了格兰杰因果检验,研究各传感器通道数据之间的因果关系。格兰杰因果检验的基本思想是:若在包含变量X、Y以往信息的条件下,对变量Y的预测效果优于只由Y以往信息对Y进行预测的效果,则称X是Y的格兰杰原因,否则称为非格兰杰原因。基于此性质,在数据恢复系统的众多输入变量中,可在格兰杰因果关系的基础上,选取有利于输出变量恢复的因果关系最密切的变量。

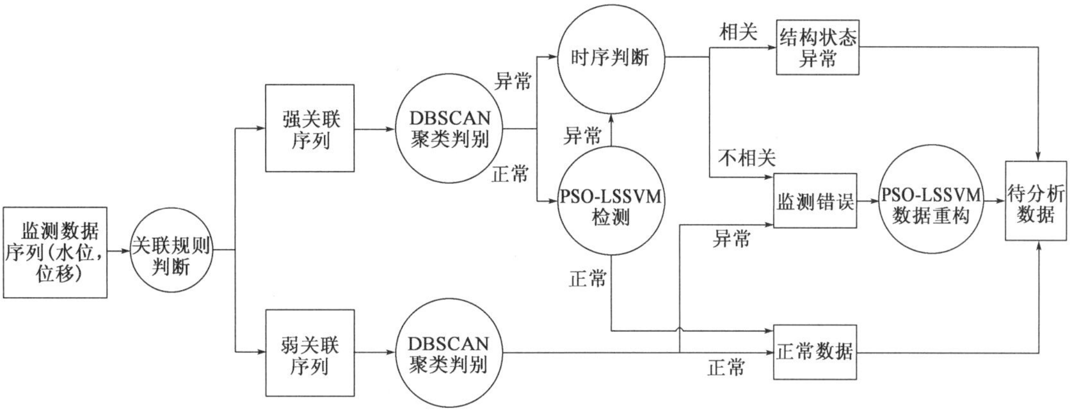

图 6-33 基于时序关联的数据清洗流程

ELM 网络的训练流程如图 6-34 所示,它本质上是一个监督学习的模型,研究者首先假定某传感器通道数据集 Y 丢失,通过格兰杰因果检验找到与之关联最密切的传感器通道数据集 X,然后将 X 输入 ELM 预测得到丢失通道数据集 Y',最后 ELM 可以根据预测值 Y' 与实际值 Y 对比的误差,修正自身参数。ELM 在数据集 Y 的一次次监督下,修正自身参数,直到满足预测精度要求。

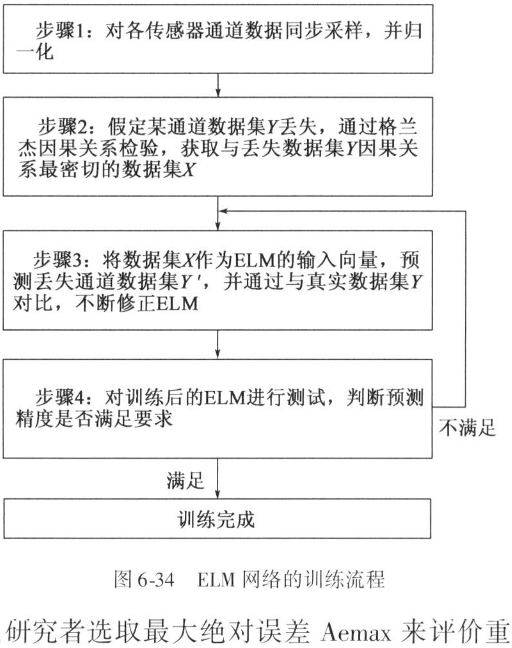

图 6-34 ELM 网络的训练流程

在数据恢复实验中,研究者选取最大绝对误差 Aemax 来评价重构数据个体的误差,选取均方根误差 Rmse 来评价重构数据的总体误差,研究了 ELM 与 BP 神经网络、最小二乘支持向量机(LS-SVM)的预测情况。结果表明,LS-SVM 与 ELM 两者的预测精度相近,都高于 BP 神经网络,但 ELM 的运算速度较 LS-SVM 快很多,效率更高。精度最高的 ELM 对某通道应变丢失数据的预测情况如图 6-35[68] 所示,可看出应变丢失数据与真实数据基本吻合,反映了丢失部分数据的变化趋势,但是对部分个体而言,绝对误差仍较大。整体上可以认为

ELM满足了预测数据的要求,该方法能有效恢复监测系统丢失的数据。

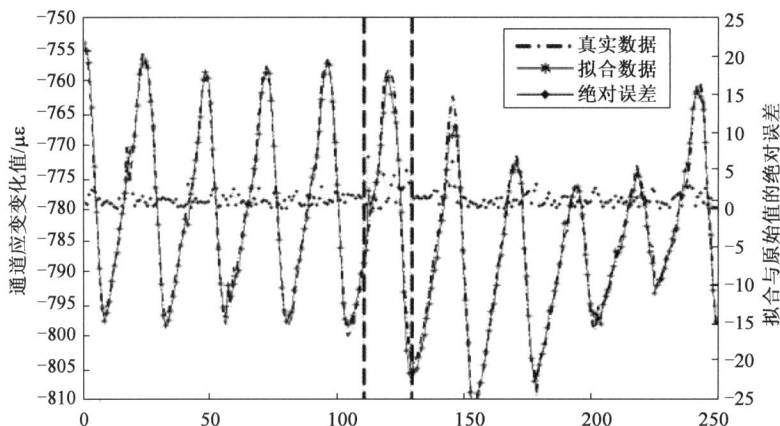

图6-35 ELM丢失通道数据的预测结果

(4)特征工程。

特征工程是把原始数据转化为机器学习可用的特征数据,包含特征构建、特征提取、特征选择。从原始的监测数据中提炼出反映结构健康状况的特征,能提高机器学习模型的准确性和运行效率。在结构健康监测系统中,不同的应用场景所提取的特征也不同,这些特征主要有频域特征、时频域特征、统计特征、力学特征等几类[69]。

袁慎芳等[70]选取时域、频域和自回归模型统计特征用于加速度数据的异常识别,运用核主成分分析(Kernel Principal Component Analysis,KPCA)对江阴大桥主梁钢板减速度传感器的数据进行了特征提取,并在此基础上研究了传感器数据集异常识别分类。在研究中,原始的数据集由正常样本与异常样本组成,其中异常样本包含传感器跳变信号、传感器装机噪声信号以及船撞和台风引起的结构异常信号。这时的数据有过多的冗余特征,无法直观反映数据集的重要信息。所以在特征构建阶段,通过时域、频域和自回归模型统计特征的构建方法生成了17个特征。这时的特征维度依然较高,特征间相关性大,需要降维来提取有效的关键特征。在特征提取的过程中,实验选用了主成分分析(PCA)与核主成分分析(KPCA)来对比,特征提取结果见表6-2[70],表中的贡献率反映了某一特征包含的整体特征信息的多少。可以看出,PCA的特征贡献率比KPCA的特征贡献率集中,PCA中较少的特征能反映整体特征的更多信息,当特征数超过4个时两者的特征累计贡献率相近。

特征提取结果 表6-2

特征值序号	PCA			KPCA(多项式核函数)		
	特征值 λ_1	贡献率(%)	累计贡献率(%)	特征值 λ_1	贡献率(%)	累计贡献率(%)
1	10.218	68.6853	68.6853	1652374	56.7448	56.7448
2	4.0453	27.1909	95.8762	833998	28.6486	85.3854
3	0.3039	2.0426	97.9188	222300.9	7.6341	93.0196
4	0.2708	1.8204	99.7392	80202.81	2.7542	95.7738
5	0.0312	0.2098	99.9490	37941.94	1.3030	97.0768
6	0.0070	0.0470	99.9960	19361.45	0.6648	97.7417

276

要实现异常数据的识别分类,还要考虑特征的可分性。研究者研究发现,使用 KPCA 方法提取的特征在空间可分性上要优于使用 PCA 方法提取的特征。所以综合考虑特征的信息量和可分性,最后研究、对比了不使用 KPCA 降维以及使用 KPCA 降维为 2、4、6 共 4 种情况下获得的数据异常识别率。结果表明,4 种方法识别的准确率分别为 93.79%、93.37%、93.89%、93.68%。证明 KPCA 在较低的数据维度下能达到较好的预测精度,且选取前 4 个主元作为分类特征时准确率最高,达到了 93.89%,说明基于 KPCA 的特征处理方法能有效降低数据维度,提高异常数据的识别率,保证识别精度。

Ashish Shrestha 等[71]创造性地将机器学习工具集成到移动设备上,利用移动设备对桥梁振动信号进行实时监测和识别,提取出进行结构健康监测分析所需的地震、车流等特征信号。这个系统架构的核心是研究者开发的一维机器学习网络,相较于 AlexNet 和 VGG16 等经典神经网络,其具有占用内存小、运行效率高的优点,且在特征信号识别精度上与上述经典神经网络相近,可适用于智能手机等小型移动设备。这个系统架构以移动设备作为传感器和处理器,具有成本低、离线可用、延迟低等特点。研究者结合机器学习与移动设备的优势开发的这套桥梁振动信号监测识别系统对推动桥梁健康监测的高效化、便捷化有重要意义。

2)结构性能评估

结构性能的评估和预测主要从材料性能预测、结构变形预测、结构损伤识别、结构状态评估、结构可靠性分析等几个方面展开。传统的解决这些方面问题的方法往往工作量较大,准确率也不高。将机器学习算法用于结构性能的评估可以有效提升评估的效率,保证评估的准确性。同时随着样本量的增加,可以不断更新已有算法,进一步提升模型性能。

(1)材料性能预测。

在土木工程中,使用量最大的建筑材料是混凝土,学者将机器学习的算法用于混凝土材料各项性能的预测上,例如弹性模量、抗压强度等。在各种算法中,支持向量机(SVM)是最常被用于材料性能预测的算法之一。

Gong 等[72]为了提高混凝土抗压强度的预测精度,使用基于网格优化的 SVM 模型(GRID-SVM)、基于粒子群算法的 SVM 模型(PSO-SVM)和基于遗传优化算法的 SVM 模型(GA-SVM)建立了混凝土立方抗压强度预测模型,将不同模型下混凝土抗压强度与实验结果进行对比,取得了较好的效果。研究者先按"确定训练集的数量、测试集的数量和两者之间的比率→选择预测参数→实验数据的标准化处理→确定核函数和核函数参数"的顺序,确定了折中参数 C 和核宽度参数 E,使用 RBF 作为核函数。随后,使用网格优化算法(GRID)、粒子群算法(PSO)和遗传优化算法(GA)分别进行最优参数的搜寻。实验结果表明,三种优化模型能够选择合适的 SVM 模型参数,有效地提高混凝土抗压强度预测能力,三种优化模型的相关系数分别达到了 0.9948、0.9946 和 0.9930,其中 GRID-SVM 模型的均方误差仅为 0.001,取得了非常好的优化效果,这证明了利用机器学习算法进行材料性能预测的可行性。

针对材料性能的预测,Yan 等[73]研究了 SVM 对普通强度混凝土和高强度混凝土的弹性模量的预测,发现其表现出良好的性能,并比人工神经网络模型拥有更好的泛化能力,可以作为一种非常有效的方法来预测各级混凝土的抗压强度、弹性模量。张鑫等[74]使用迭代决策树进行了混凝土抗压强度的预测,并用试验测试结果进行了预测,预测的平均正确率接近99%,精度极高,且易于实现。而且相比于 BP 神经网络,迭代决策树在预防过拟合、防止陷入局部极值点等方面有着更好的效果。李地红等[75]使用 BP 神经网络对混凝土的密度、坍落扩展度、表观密度进行了预测,结果总体上相对满意。肖前慧等[76]使用 BP 神经网络建立了评估混凝土冻融后的性能的人工神经元网络模型,预测的相对动弹性模量与试验数据吻合较好,且具有明显优势:首先相对动弹性模量的影响因素很复杂,而人工神经网络方法不需要明确的数学物理模型就可以得到比较精确的结果;同时,随着样本数量的增多,人工神经网络在网络结构不需要改变的情况下就可以进行自学习,进一步提高精度,这是其他算法所不具备的。

针对全寿命周期材料可能发生的退化,韩建军等[77]利用 SVM 对于解决高维模式识别问题的特有优势,对有机成膜混凝土的碳化深度进行了预测,发现预测模型的试验值与预测值曲线吻合较好,表明模型的误差较小。进一步研究,将 BP 神经网络预测模型的试验值与预测值曲线拟合,发现拟合效果也较好,但准确性和可靠性不如 SVM 高。这表明了 SVM 预测模型的可靠性,同时通过建立智能化涂层混凝土碳化深度预测模型,可以有效预测防护涂层失效时的混凝土碳化深度,可用来指导将涂层应用于对混凝土的有效防护。龙云鹏[78]采用机器学习的方法对数据库中大量的混凝土徐变数据进行分析,先对现行的混凝土徐变预测模型的预测效果进行了分析对比和参数修正,之后建立了全连接神经网络混凝土徐变预测模型和支持向量回归混凝土徐变预测模型,并在测试集上对两种机器学习的混凝土徐变预测模型进行了验证,相比之下不确定性范围更小,说明其预测在受到不确定性影响时更能够给出精确的预测值。刘斌云等[79]将人工蜂群算法与 BP 神经网络相结合,设计出预测精度更高的 ABC-BP 神经网络,取得了较高的精度。申家玮等[80]分别使用决策树算法和逻辑回归算法对多传感器的钢筋锈蚀情况进行无损检测,发现使用逻辑回归算法得到的分类效果更优。

(2)结构变形预测。

在结构变形预测方面,目前机器主要应用于边坡变形、隧道围岩变形、大坝变形等。Jia 等[81]其利用混沌时间序列构造训练样本,利用 SVM 的回归特性对边坡变形进行预测,达到了高精度预测边坡位移的目的。段宏涛等[82]以监测数据为学习样本,对隧道围岩沉降和变形收敛进行了预测,预测结果具有很高的准确性。Su 等[83]将 SVM 与相空间重构、小波分析、粒子群优化等方法相结合,建立了大坝变形预测模型,选取观测变形重构相空间和 Morlet 小波基函数作为 SVM 的输入向量和核函数,再对 PSO 算法进行改进,实现了基于 SVM 的大坝变形预测模型的参数优化,最终以实例进行验证,取得了较好的效果,实现了建模效率和预测精度的提高。

在众多算法中,BP 神经网络算法对于结构变形预测有着比较好的适应性。因为结构变形问题大多是多变量的复杂非线性问题,无法建立精确的数学模型。而神经网络预测是一种基于非线性系统的预测方法,具有很强的非线性映射能力。Xue 等[84]使用 BP 神经网络方法对城市深基坑支护结构的变形进行了分析和预测,取得了较高的精度,并且认为神经网络模型比信息模型等更容易描述支护结构位移与其影响因素之间的机理关系。在 BP 神经网络的基础上,许多学者做了一定程度的优化,使得参数选择更合理,避免了过早收敛、局部极值等问题。Zuan 等[85]使用 BP 神经网络进行对滑坡变形的预测,发现网络结构参数的选择会对预测结果产生很大影响,MOBP、CGBP、QNBP 和 LMBP 四种改进算法在一定程度上克服了标准 BP 算法的缺陷,但存在收敛速度慢的问题。最终使用 RBF 算法,预测结果与滑坡曲线吻合较好,具有更大的优势。Wei 等[86]使用遗传算法进行了 BP 神经网络的优化,并应用于隧道围岩的变形预测,预测值和试验测得的变形值误差很小,证明其效果很好。Wang 等[87]和 Xu[88]分别使用 MPGA-BP 神经网络方法和 RBF 神经网络方法对大坝的变形进行了预测,仿真结果都验证了神经网络方法的高精度和可靠性,证明了其有较强的工程应用价值。

在桥梁领域,利用传统机器学习方法进行变形预测的案例较少,但也有学者做了一定的研究。王培金[89]利用决策树方法对大跨径悬浇连续梁桥的变形进行了预测,其重点放在对连续桥梁每一个施工节段的预抬高值的快速预测上。因为具有较高的准确度,该方法适用于在有限元计算完成后对数值的校核。

(3)结构损伤识别。

将机器学习算法应用到结构的损伤识别可以追溯到 20 世纪 90 年代。Kudva 等[90]使用拥有两层隐含层的神经网络对一个加筋铝板进行损伤识别,证明该方法可以有效地识别出损伤的位置和程度。

Elkordy 等[91]使用 BP 神经网络对 5 层钢框架结构的损伤情况进行了有效的识别,证明了即使在训练数据不完全准确的情况下,神经网络仍然具有识别结构损伤的能力,即证明了 BP 神经网络的抗噪性。之后很多学者对桥梁的损伤进行了大量的研究,桥段损伤模式的识别流程如图 6-36 所示。Hakim 和 Razak[92]使用 BP 神经网络并利用固有频率抽取过的实验模态数据对钢桥的主梁损伤进行了识别。孙宗光等[93]利用悬索桥模型试验并进行模型误差分析,以此为基础建立了高精度的有限元模型并模拟不同的损伤工况生成训练样本,继而采取 BP 神经网络对损伤进行识别,损伤位置的识别准确率可以达到 86%,精度在可接受范围以内。谭冬梅等[94]以一座大跨斜拉桥的拉索为研究对象,基于小波分析对振动信号进行小波包分解并提取特征值,利用 BP 神经网络结合 AdaBoost 算法对拉索的损伤进行识别,并研究了测量误差对该算法的识别精度的影响。

图 6-36　桥梁损伤模式的识别流程

Gonzalez-Perez 和 Valdes-Gonzalez[95]对一座车辆桥构件的抗弯刚度进行了修正,将模态应变能的差异作为输入数据,刚度则作为输出数据,基于神经网络对车辆桥的主梁弯曲损伤进行了识别,并验证了神经网络对于噪声的泛化能力。孙宗光等[96]在假设了结构损伤区域的条件下,选取了汲水门斜拉桥桥面结构的 10 个构件的各 5 种损伤情况进行数值模拟,获取了各个工况下的模态参数,并将其作为输入变量输入神经网络,证明了神经网络在绝大多数工况下都可以得到较好的识别结果。肖书敏等[97]针对桥梁结构建立有限元模型,在此基础上做数值模拟动力特性分析,基于小波包分析方法来构造结构损伤指标,并使用神经网络

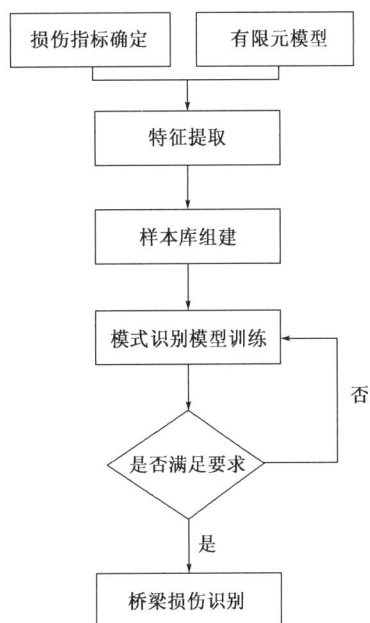

对结构损伤进行定位。刘仁云等[98]提出了一种新的小波神经网络,基于灰色关联分析并应用局部学习改进了神经网络的逼近效果,其对简支梁桥的损伤识别效果要优于传统的神经网络。Liu 等[99]利用模态曲率检测损伤位置,利用 RBF 神经网络识别损伤的严重程度,并以一座五梁简支梁桥为例,验证了该方法的可行性。Yin 等[100]为了基于振动测量的概率损伤检测,通过同时选择隐层神经元个数和隐层传递函数类型,对多目标变量嵌入贝叶斯推理的人工神经网络进行优化设计,得到具有适当复杂度的网络模型,并通过钢桁梁桥模型的数值算例验证了该方法的有效性。Shu 等[101]以结构动力响应的统计特性为输入数据,实现了一种基于人工神经网络的损伤检测算法,并在简化铁路桥梁模型上实现了应用。Hasni等[102]提出了一种基于人工智能的钢桥梁变形疲劳开裂的检测方法。

Arangio 等[103]利用包含桥梁损伤前后的振动数据的数据集对贝叶斯神经网络损伤检测方法进行了测试。以天津永和桥为例,如图 6-37 所示。天津永和桥上已经装配了连续监测系统,包括 14 个永久安装在桥面上的单轴加速度计和 1 个固定在塔顶上的双轴加速度计,用于监测其水平振动。塔顶安装的风速计可测量三个方向的风速,大梁中跨部位安装的温度传感器可测量环境温度。智能结构研究中心提供了一套包含两个不同日期的传感器数据,可用于损伤情况的检测与分析。

图 6-37　天津永和桥

对此,作者开发了贝叶斯神经网络模型,应用贝叶斯模型分类选择,选择了模型的最优结构。同时,对各种模型进行了训练以逼近健康状态下结构响应的时间历程。随后,针对健康和受损情况的新输入,在训练模型上进行了测试。在分析预测误差增量的基础上,提出了桥梁性能存在异常的结论。最后,将其与传统的基于振动的结构识别技术 EFDD 进行比较,基本验证了所得到的结论。在与贝叶斯神经网络拥有相同数据集的基础上,得到了结构的模态特性,并比较了在未损伤和损伤情况下的频率和振型,表明可能是异常或损伤症状的频率显著降低。

(4)结构状态评估。

结构状态评估是指通过各种可能的、结构允许的测试手段测试出能够反映结构当前工作状态的内部信息,并在此基础上运用某种状态评估理论对结构整体施工、运营等工作状态进行评估。传统方法是基于模态分析和层次分析法进行状态的评估,随着机器学习的兴起,状态评估与人工智能的结合也越来越紧密。

Chen 等[104]提出了一种基于网格和领域知识的人工神经网络,可用于钢筋混凝土梁桥状态估计的方法。与现有的桥梁风险评估方法相比，桥梁风险评估方法需要大量桥梁专家的主观判断来建立复杂的非线性关系，从而帮助桥梁机构更系统地确定桥梁的状态。Gehl等[105]提出了一种利用系统可靠性方法和贝叶斯网络推导多危险脆弱性函数的方法。将桥梁系统分解为其本构构件，以在构件级别隔离特定的失效机制和损伤状态。Setunge 等[106]提出了一种基于故障树的系统故障风险综合评估方法。该方法能够得到桥梁构件损伤机理发生的可能性和风险的相对严重程度，对一座或一组桥梁中不同构件的整体使用性能失效风险进行排序。

罗秀兰[107]在双曲拱桥技术状况综合评估中引入了贝叶斯网络方法。首先确定网络节点，用每个节点表示影响双曲拱桥技术状况综合评估的因素，也就是模型中所需的变量，然后根据《公路桥梁技术状况评定标准》中的双曲拱桥技术状况评定方法及指标确定模型需要的所有变量，也就是贝叶斯网络中包含的每个节点，由变量之间的关系来确定节点之间相互依赖关系的网络结构，网络节点布置如图 6-38 所示。

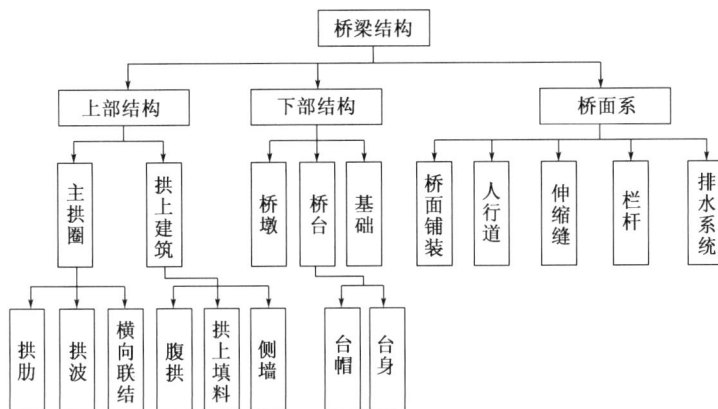

图 6-38　贝叶斯网络模型节点布置图

在该网络模型中，贝叶斯网络节点分为三类：①条件节点，它是最基本的节点，该类结点的概率大多通过经验、数据归纳总结、专家访问等方式获取；②中间节点，它是连接条件节点和目标节点的所有节点，中间节点可以分成一个或者多个层次；③目标节点，即要解决问题的最终节点。在双曲拱桥技术状况综合评估贝叶斯网络中，中间节点分为两层，第一层为主拱圈、拱上建筑、桥面系、桥墩、桥台、基础，第二层为上部结构、下部结构、桥面系、桥墩、桥台、基础。条件节点是与中间节点相连接的单一构件评定标度概率，标度的选择根据桥梁实际状况与《公路桥梁技术状况评定标准》的比对完成。以构件拱肋为例，其标度根据拱肋变形、拱肋渗水、拱肋裂缝、拱脚位移、蜂窝麻面、剥落掉角、空洞、孔洞等病害现状分类取值。

节点确定以后，需确定条件节点的先验概率和中间节点的条件概率。双曲拱桥技术状况综合评估贝叶斯模型中先验概率和条件概率的确定分成两步：第一步，依据桥梁状态在客观事实基础上的主观经验判断，对每一个构件的评定标度进行确定；第二步，根据已经收集并确定的评定标度信息获取统计样本，然后根据统计样本获取条件节点的先验概率和中间节点的条件概率。最终，在已有数据的基础上，利用贝叶斯网络软件可以计算出双曲拱桥技术状况综合评估的概率。

最后以一座在役双曲拱桥为例,展示贝叶斯网络理论在桥梁技术状况评估中的应用。由于桥梁存在严重病害,影响结构的使用功能,对该桥梁的使用提出合适的建议。

(5)结构可靠性分析。

在判断结构可靠与否时,不能简单用"是"与"否"来衡量,而需要用以概率为基础的可靠指标来衡量。在规定的时间内和条件下,工程结构完成预定功能的概率是工程结构可靠性的概率度量。目前关于可靠性分析的方法主要有矩阵法、Monte Carlo 法、响应面法等。

2002 年,Rocco 和 Moreno[108]最早把支持向量机与评估网络系统的可靠性分析相结合。之后,Hurtado 和 Alvarez[109]将可靠性分析问题转化为模式识别问题,运用支持向量机结合有限元计算进行可靠性分析。余晓琳等[110]采用支持向量机回归方法逼近结构极限状态函数,并应用于一座斜拉桥在主跨挠度失效模式下的可靠性分析,对比了线性分析与非线性分析的结果。白冰[111]在其博士论文中采用支持向量机分类算法重构了系统极限状态曲面,采用支持向量机分类算法实现了斜拉桥体系的可靠性分析。

粟洪等[112]采用 BP 神经网络将隐式功能函数显示化,结合矩阵法,对某大型桥梁进行可靠性分析。但是,神经网络采用的是最小方差准则,在泛化时,神经网络会对数据进行过拟合,从而对可靠性的计算结果产生影响。张建仁等[113]将经遗传算法优化过的神经网络运用到了斜拉桥的可靠性分析中,大大提高了计算和分析的效率。朱劲松等[114]提出将 RBF 和 MC 法相结合的可靠性评估方法,并运用 ANSYS 建立斜拉桥模型,进行可靠性分析。Liu 等[115]提出了一种基于模态柔度的简支梁桥挠度计算方法并对其进行改进,然后结合模态频率、振型、环境温度、湿度等监测结果,采用动态贝叶斯网络对挠度的可靠性进行了评估。

曾浩[116]在其硕士论文中调用支持向量机工具箱、结合蒙特卡洛抽样法进行可靠性分析,并使用该方法计算了一些算例以验证其实用性与准确性,同时对比了其他一些算法,最后基于上述方法对某连续刚构桥进行了可靠性分析和可靠性参数敏感性分析。

首先基于分类支持向量机进行可靠性算法的设计,基于 MATLAB 平台,利用支持向量机的分类功能拟合工程结构的功能函数,再结合蒙特卡洛可靠度算法,求得结构的可靠指标。先选取核函数,多项式核函数需要确定的参数有 d(多项式次数)、g(gamma 函数)和 C(惩罚因子),它们对支持向量机的构建起着关键作用。只有经过对这三个参数的合理寻优之后,才能拟合出具有良好精度的支持向量机模型。

之后进行模型参数的寻优。采用 K-折交叉验证方法,该算法是把训练样本点均匀地分成 K 组,将每个子集都建立支持向量机模型,余下的 $K-1$ 个训练数据子集用来验证模型。这种方法一般不会有欠学习与过学习的情况发生,这样就可保证所模拟出的支持向量机函数的精度。最后基于 MATLAB 平台进行支持向量机机器学习,构造出一个准确的 SVM 分类面,结合 MC 样法计算失效的概率。

完成算法设计后,对一座大跨连续刚构桥梁模型进行可靠性分析,计算该桥可靠性时考虑抗力与效应的不确定性,连续刚构桥示意图如图 6-39 所示。用材料性能作为功能函数的控制因素来反映抗力的不确定性,考虑混凝土主梁和主墩的弹性模量、容重及钢束预应力等对功能函数影响较大的因素。用车道荷载和二期恒载这两个影响较大的因素作为效应不确定性的控制因素。

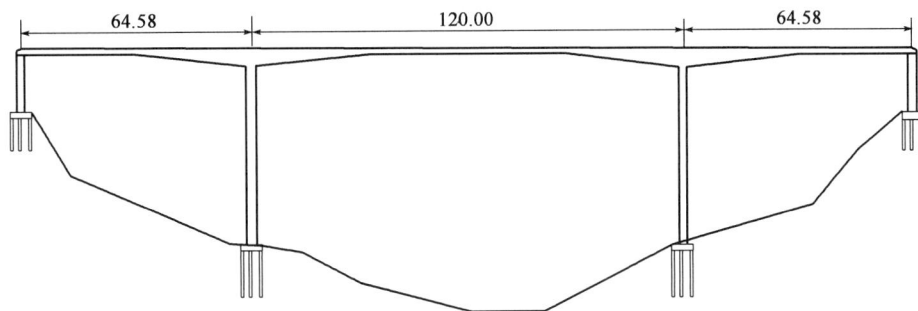

图 6-39　连续刚构桥示意图(尺寸单位:m)

结合之前设计的 MATLAB 程序编程与有限元程序计算对该桥进行可靠性分析,通过对该连续刚构桥边跨 $L/3$、跨中与中跨 $L/4$ 与 $3L/4$ 处截面处在应力失效模式下进行可靠性分析,对比公路桥梁结构 I 级结构承载能力在极限状态下延性破坏构件的目标可靠指标可知该桥满足可靠性要求,桥梁设置的随机参数见表 6-3。

桥梁设置的随机参数

表 6-3

类　　型	作 用 位 置	分 布 类 型	均　　值	标　准　差
弹性模量	主梁	正态	3.55×10^4 MPa	1.78×10^3
	主墩	正态	3.52×10^4 MPa	1.76×10^3
容重	主梁	正态	26.56kN · m^3	0.266
	主墩	正态	26.24kN · m^3	0.262
预应力	主梁	正态	1395MPa	140
二期恒载	主梁	正态	40.0kN · m	2.12
车道恒载	主跨	极值 I 型	10.5kN · m	1.20

3) 灾害预警和恢复

前文主要侧重于机器学习算法在桥梁监测、数据处理和性能评估方面的应用。而近两年随着人工智能的发展,机器学习在桥梁灾害方面的研究也取得了很多亮眼的成果,包括强风、海啸、随机风浪、船撞、地震等,下文将详细阐述。

(1)强风。

目前在风工程研究领域,有学者将机器学习算法运用于风速的预测,针对下一小时的风速,Çevik 等[117]提出了一个三阶段预测模型。在第一阶段,使用历史数据预测风速、风向和风力。选用三种机器学习方法,包括人工神经模糊推理系统(ANFIS)、人工神经网络(ANN)和支持向量回归(SVR)进行预测,同时采用经验模态分解(EMD)和平稳小波分解(SWD)方法进行数据前处理。其他两个阶段用于改进在第一阶段结束时获得的预测值。第二阶段将第一阶段的预测值应用到相同的预测方法中,得到更新后的预测值。第三阶段进行修正处理,得到最终的预测值。具体流程分解如图 6-40 所示。SWD-ANFIS 在第一阶段给出了最好的结果,而 ANN 在第二阶段给出了最好的结果。最后,通过对三种方法的结果进行加权平均来求得整体结果。在每个阶段发现的平均绝对误差值(MAE)分别为 0.333、0.294 和 0.278。将获得的结果与其他文献研究进行了比较,表明提出的三阶段预测模型能够有效地进行风速预测,并与实际数据非常接近。

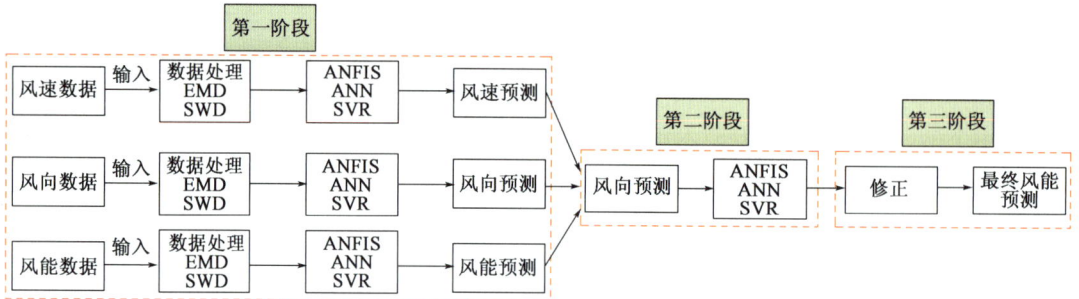

图 6-40 计算流程分解图

近年来人工神经网络方法被成功地应用于桥梁和结构[118]抗风领域。Wu 等[119-121]将人工神经网络用于桥梁气动力时程的预测,并在神经元中引入二次项来考虑气动力的非线性效应。Jin 等[122]采用卷积神经网络建立了圆柱压力和速度场间的关系模型,通过该模型只需测量钝体上的压力分布即可预测结构尾流速度场。在气动参数的识别上,Lute 等[123]利用支持向量机识别了斜拉桥的颤振导数和颤振临界风速;Jung 等[124]利用神经网络识别了多种断面形式的颤振导数。在国内,Chen 等[125]利用人工神经网络技术识别了矩形截面的颤振导数;李乔等[126]用人工神经网络系统识别了桥梁断面的静力三分力系数和颤振临界风速等。

上述识别过程主要以试验为主,且存在样本数量不足或数据不够准确等问题,识别效果并不理想。陈讷郁和葛耀君[127]对既有大跨桥梁风洞试验数据成果进行数据库集成,以增加神经网络训练数据样本且方便用户查看及调用。利用已知数据,基于人工神经网络技术,通过改进的误差反向传播算法(BP 学习算法),进行静力三分力系数和 8 个颤振导数的拟合识别,即根据已有的气动参数数据样本预测相似断面的气动参数,使桥梁结构特定断面气动参数的识别能够脱离烦琐的试验和复杂的数值模拟,识别结果可直接应用于大跨度桥梁抗风性能的智能评价环节。人工神经网络最大的特点就是其学习能力较强,学习内容记忆于网络的连接权值中,修正权值的算法称为学习规则。BP 算法近年来在许多领域均得到了广泛的应用。根据神经网络的输入、输出情况,可设计整个神经网络模型结构(以扁平箱梁为例,如图 6-41 所示)。其中,隐含层的单元数根据实际情况,反复试算来确定。目前已知隐含层单元数对训练结果的影响十分复杂,对于不同数量的样本需要不同数量的隐含层单元数,单元数过少不能很好地反映样本规律,单元数太多则会包含过多的噪声,对网络归纳能力造成影响,内在规律变得十分复杂,导致网络以过于复杂的非线性来模拟输入和输出间的关系,相应的训练时间也会大大延长。让网络去学习已有结构的气动参数,最后从中挑选出最好的结果予以展示。网络的随机赋值次数与每次赋值后的训练次数间的关系较为

a)扁平箱梁

b)倒梯形箱梁

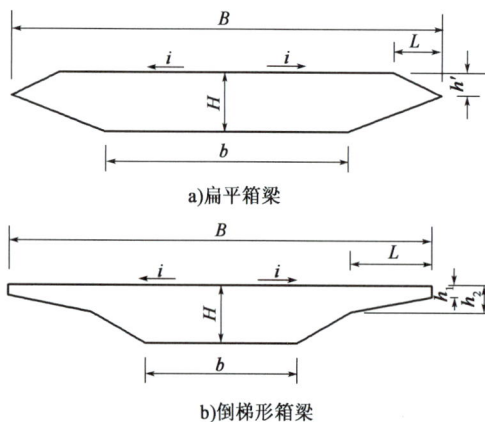

图 6-41 桥梁断面的几何特征参数

复杂,应在保证训练时间的前提下尽可能多地随机赋值,随机赋值的效果将直接影响训练结果。

近年来,在一些大跨度桥梁上观察到涡激振动(Vortex-Induced Vibration,VIV)现象。尽管已经进行了许多关于结构的 VIV 研究,并且已经基于风洞实验提出了半经验模型,但是由于风场的复杂性、雷诺数效应、三维(3D)气动弹性效应、动态结构模型的不确定性等多种原因,所以很难精确地模拟足尺结构的 VIV。Li 等[128]提出了一种基于机器学习(ML)方案的数据驱动方法,针对一座实际的大跨悬索桥,基于近六年来现场测量的 VIV 数据库,提出了 VIV 响应预测模型。首先,采用决策树算法,通过映射风场特征与 VIV 模式之间的关系来训练 VIV 模式分类模型,此模型可以用来自动识别 VIV 模式。其次,采用支持向量回归(SVR)算法在时域中为不同的 VIV 模式模拟主梁的 VIV 响应。在此 ML 方法中,考虑到风场的不均匀性,沿着桥跨的三个不同位置的风速和风向被用作分类模型和回归模型的外部输入量。对于回归模型,上一步的 VIV 响应也作为附加输入变量。对经过训练的模型进行一些实测 VIV 响应的验证,这些数据是从现场测量数据库中随机选择的。此外,采用训练后的模型对 VIV 响应进行参数分析,表明分类模型和回归模型可以分别针对所研究桥梁的各种模式准确识别和预测 VIV 响应。风速、风向和不均匀性是整个响应过程(发展阶段、稳定阶段和衰退阶段)和 VIV 响应幅度的关键参数。

(2)海啸。

海啸是沿海桥梁遭遇的重要灾害之一[图6-42a)],Mulia 等[129]研究应用了一种极限学习机(ELM)算法,利用在特定位置记录的海啸信号,对沿海地区的海啸波形进行快速预测。该算法卓越的训练速度意味着它可以实时运行,因此适用于近场海啸的预警。另外,作为通用函数逼近器,ELM 算法可以获得海啸所表现出的非线性。因此,它相较于许多现有研究中使用的标准反演分析有明显的优势,而标准反演分析通常是在线性假设下进行的。将 ELM 算法法应用于 2011 年东北海啸的预警,结果表明,与标准方法相比,该方法更准确,并且不会显著增加计算时间。

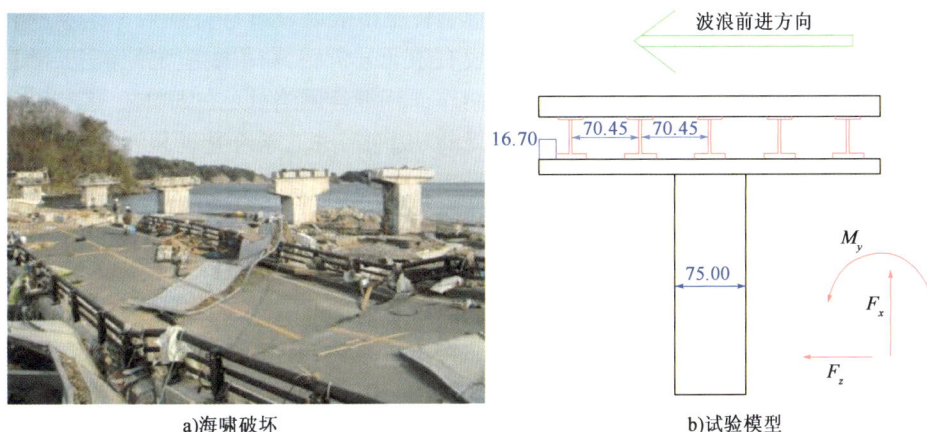

a)海啸破坏　　　　　　　　　　　　　　　　b)试验模型

图6-42　机器学习算法在海啸场景的应用(尺寸单位:cm)

Mazinani 等[130]提出了一种基于极限学习机(ELM)的试验方法来估算海啸对沿海桥梁的破坏力。研究参数包括 3 种水深、10 种波高和 4 种梁的桥梁模型,共计 120 个案例。研究目的是对沿海桥梁上的海啸力进行估算,包括水平力、垂直位移和倾覆力矩。试验在尺寸为 24m×1.5m×2m 的波浪槽中进行,混凝土桥梁模型的比例为 1:40[图 6-42b)]。在桥梁模型的底板上安装了两个六轴称重传感器和四个压力传感器以测量力的大小。在数值模拟过程中,将 ELM 模型的预测结果与遗传规划(GP)模型和人工神经网络(ANN)模型的预测结果进行了比较。试验结果表明,与 GP 和 ANN 相比,ELM 方法可提高预测的准确性,并具有通用性。此外,ELM 模型可以用于进一步研究制定沿海桥梁海啸力的新型模型预测策略。试验结果表明,ELM 模型在大多数情况下都能产生良好的泛化性能,并且比传统学习算法的学习速度快数千倍。其根据研究得出结论:ELM 会发展为预测沿海桥梁海啸破坏力的替代方法。

(3)随机风浪。

随机多因素的不确定性给评估大跨度桥梁的响应带来了巨大挑战,Fang 等[131]利用贝叶斯正则反向传播神经网络(Bayesian Regularized Back Propagation Neural Network,BRBPNN)研究随机风浪对两跨跨海斜拉桥的影响。与 BP 神经网络模型(BPNN)相比,BRBPNN 可以自动优化目标参数并调整关键输入变量的权重,以训练出性能更好的模型。通过集成贝叶斯统计的先验参数和传统 BP 神经网络更高的迭代效率,提高网络泛化能力。贝叶斯正则化算法具体优化过程如图 6-43 所示:第一,将输入参数初始化为随机变量。第二,将第一步的目标函数基于 Levenberg-Marquardt(LM)算法最小化。第三,将 LM 算法中的 Hessian 矩阵通过高斯-牛顿逼近法求解,接着可以更新目标函数中的参数。第四,重复上述过程直到函数收敛为止。

将风-波浪-桥系统与 BRBPNN 相集成,提出一个动态分析框架,然后研究在极端风浪参数下跨海斜拉桥的随机响应。考虑平稳波动的风场和多向随机波浪场,如图 6-44 所示,构造包含风-桥和波浪-桥相互作用的风-波浪-桥系统,以 Newmark 方法计算桥梁的动力响应。为了降低计算成本,引入 BRBPNN 模型,并进行模型评估以表明其准确性和效率。在执行小规模有限元分析后,获得响应统计信息,随后将其用作训练神经网络的已知样本。进行确定性结果的功率谱分析,以研究风和波浪的作用机理。最后,通过 BRBPNN 模型的不确定性分析,得到桥梁响应与单个风浪参数之间的相关性。结果表明,所提出的框架能够捕获由非线性风和波浪荷载引起的非线性桥梁响应,但是,与仅在风的作用下相比,存在显著差异。相对于较小风荷载和波浪荷载时桥梁的振动特性,桥梁响应受到风和波浪的重大影响。在较大的风浪荷载下,桥梁振动特性的贡献变得非常明显。不确定性分析说明了四个风浪参数对梁、桥塔和水下结构的重大影响。

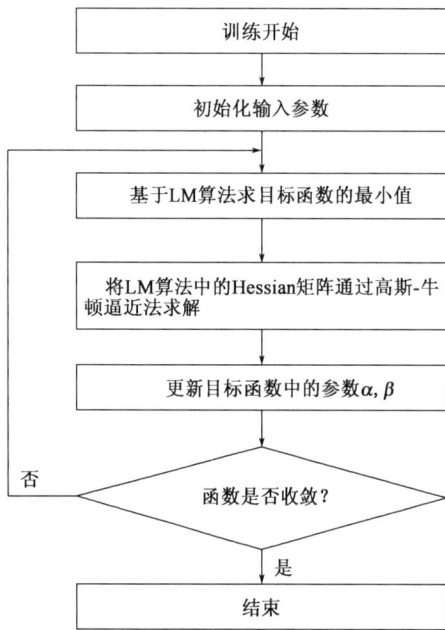

图 6-43 贝叶斯正则化算法的优化过程

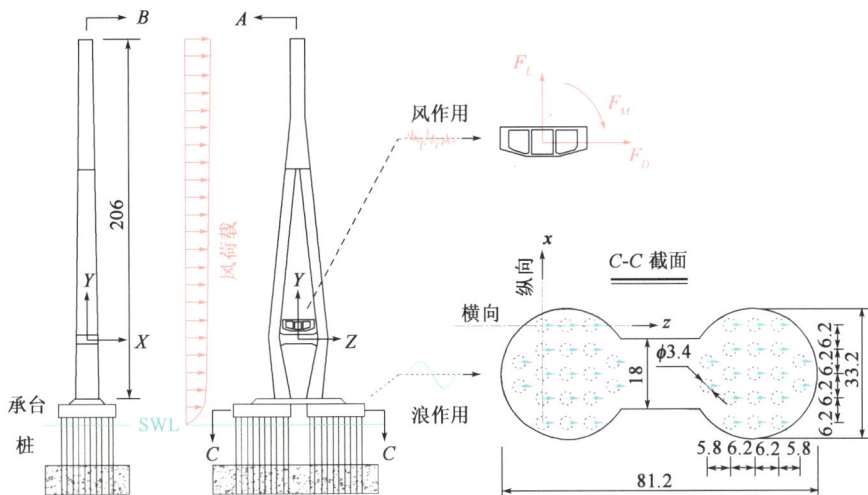

图 6-44　随机风浪作用示意图(尺寸单位:m)

(4)船撞。

桥梁与船舶碰撞是一个动态过程,具有高度的非线性和瞬时性。计算船-桥碰撞力通常使用设计规范规定的等效静载荷,或者使用费时且需要超级计算资源的有限元方法(Finite Element Method,FEM)。文献[132]和[133]提出了一种将 FEM 与人工神经网络相结合的替代方法。采用径向基函数人工神经网络(RBFNN)计算船桥碰撞后的冲击力,计算流程如图 6-45 所示,以船舶速度和质量为输入向量,以船舶的碰撞力为输出向量,通过有限元模拟结果获得的学习样本对不同网络参数的神经网络进行训练。对学习和测试样本的误差分析表明,所提出的 RBFNN 具有足够的精度来计算船-桥碰撞力。RBFNN 获得的输入-输出关系与典型的经验公式基本一致。最后使用 MATLAB 软件开发了一个特殊的工具箱,以提高应用程序的计算效率。

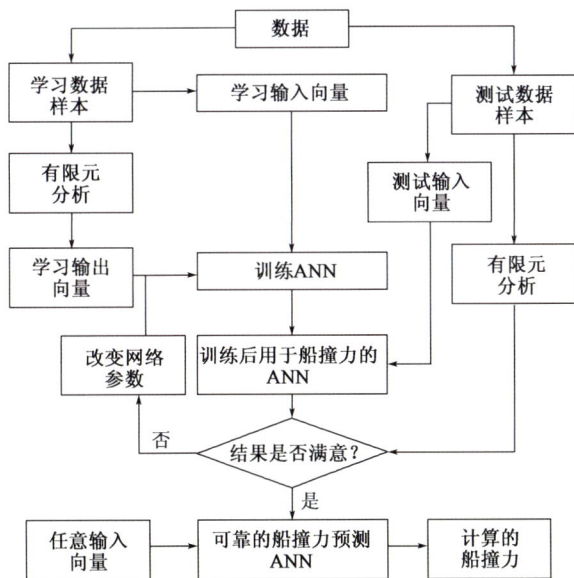

图 6-45　采用径向基函数人工神经网络计算船桥碰撞后冲击力计算流程图

287

目前对桥梁防撞技术的研究主要从桥梁自身的角度出发,通过能量和受力的计算来研究各类防撞装置,增强桥梁的抗撞击能力[134]。这种方式能有效降低船撞桥时桥梁的受损程度,但无法从根本上避免事故的发生,桥梁仍存在垮塌的风险。

作为感知外界的重要方式之一,视觉帮助人类获取关于周边环境的大量信息,而且能够让我们对周边环境进行信息获取的同时无须发生身体接触。信息化时代计算机的出现,让人们产生了让机器也拥有视觉的想法,并一直在为此努力,称之为机器视觉。作为极具发展前景的人工智能的一个重要部分,机器视觉是一门研究怎样让机器"看"的科学,旨在用摄像机和计算机代替人眼对目标进行识别、跟踪和测量等,并进一步做图形处理,以形成更适合人眼观察或传送给仪器检测的图像[135]。与人眼视觉相比,机器视觉具备如下优点:①非接触测量。避免了观测者与被观测者之间直接接触可能产生的损伤,提高了系统的安全性和可靠性。②光谱响应范围较大。机器视觉的范围比人眼视觉宽,例如利用红外摄像机在夜间也可以进行测量。③超长待机。当需要长时间对同一目标进行监测时,人眼会因为疲劳而无法完成任务,而机器视觉不存在这一问题。④具有定位功能。机器视觉可以自动对目标的位置进行检测,并通过相关通信协议输出目标的位置信息。⑤具有测量功能。机器视觉可以自动对被测目标的外形、尺寸信息进行测量,例如测量长度、轮廓、孔径、角点等。

鉴于目前我国每年船撞桥事故数量逐渐增长的趋势,对桥梁主动防撞技术的研究越来越重要。利用安装在桥梁上方的摄像头采集视频图像,检测运动船舶,在视频图像中构建虚拟航道,并实时检测船舶是否偏航。主要要点包括:①基于计算机编写对复杂内河航道中运动船舶的检测识别算法并进行实验测试与性能分析。②借助模板匹配和三角形相似原理确定虚拟航道线端点的坐标。针对复杂的河道地形,基于 OpenCV 直线绘制函数在端点间构建直线型虚拟航道线,利用点到直线的距离公式实时计算船舶与该虚拟航道线的距离,该距离小于给定的阈值表示船舶偏航,有撞击桥梁的危险;利用贝塞尔曲线在端点间构建曲线型虚拟航道线,根据 RGB 值提取曲线上像素点的坐标并计算其与船舶的距离,取最小距离作为判断船舶是否偏航的参考值。

(5)桥梁震后恢复。

Kameshwar 等[136]基于决策树算法开发了桥梁地震恢复模型,并研究了地震恢复模型对区域路网的影响。采用数据驱动方法,首先从过去地震的侦察报告中获得有关桥梁损坏、功能和恢复时间的定性数据;为了进一步增加数据,将维护和修复报告中的观测结果以及基于工程判断的专家意见都包含在数据集中。决策树模型的主要输入量是桥梁构件的损坏级别,可以使用现有文献中提供的构件易损性模型估算。确定实际交通流量限制及其持续时间可直接为路网分析提供信息,其是开发桥梁地震恢复模型的关键功能。此模型能够为在地震和其他极端事件中损坏的桥梁的潜在交通限制提供建议。此外,随着从调查或经验来源获得更多的数据,数据驱动的方法可以轻松地对提出的模型进行更新。

下面详细说明决策树用于桥梁关闭决策的过程。从图 6-46 中可以看出,支座从显著到完全的损坏程度导致桥梁关闭的可能性极高,因为完全的支座损坏会导致梁偏移或落梁,导致通行不安全或不可行。但是,对于较低程度的支座损坏,桥梁关闭的可能性取决于桥台和桥墩的损坏程度。轻微到中等的支座损坏以及桥台的任何损坏都可能导致桥梁的关闭,因为梁的过度沉降或桥台的旋转会损坏桥台,使桥梁无法通行。即使支座没有损坏,桥墩的中等到完全损坏也可能导致桥梁关闭。但是,由桥墩损坏而导致桥梁完全封闭的可能性比支座或桥台的损坏要低,因为在这种情况下,部分桥梁封闭(车道/速度/载重限制)是一种选择。另外,桥墩轻微损坏而支座没有损坏不会导致桥梁关闭。

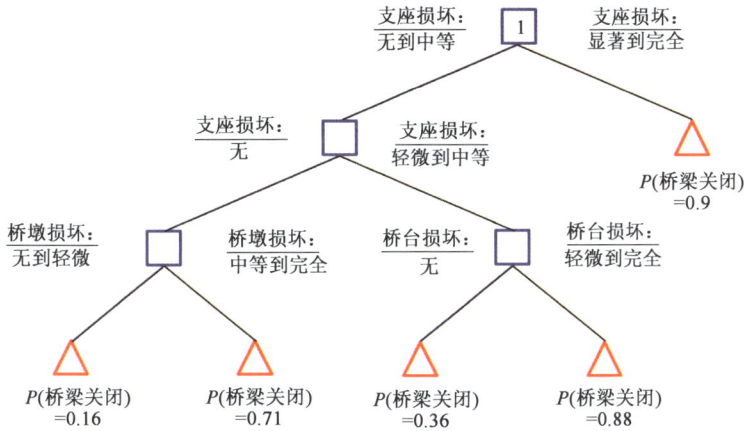

图 6-46　决策树模型用于桥梁关闭决策

将提出的决策树模型应用于单个桥梁和区域路网的决策。首先,评估交通限制对五座假想桥梁的交通流量的影响,相同的流量限制可能会对桥的使用功能产生不同的影响,这取决于流量需求、桥上的车道数量和速度限制。该结果表明了现有桥梁恢复模型的局限性。然后,将决策树模型应用于美国田纳西州孟菲斯的区域路网(图 6-47),以评估地震发生后桥梁的使用功能和恢复情况,其中考虑了桥梁损坏状态、震后使用功能和恢复时间带来的不确定性。决策树和 HAZUS(美国开发的一款地震灾害损失分析软件)建议的路网级恢复曲线的比较表明,基于 HAZUS 的恢复曲线缺少路网恢复的逐步特性。此外,在大多数情况下,基于 HAZUS 的恢复模型的使用会导致路网中总通行时间严重高估几个数量级,而使用基于决策树的模型则可以避免这种情况,表现出了极大的优势。

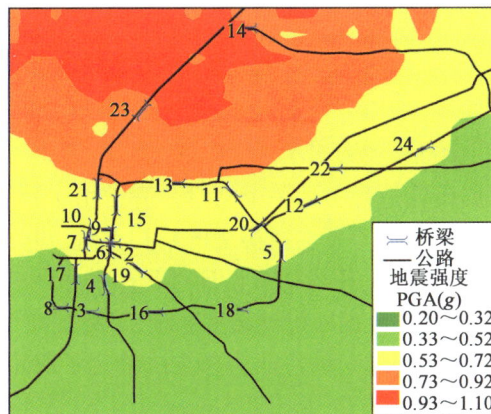

图 6-47　假想地震和桥梁位置分布的区域路网示意

通过使用功能和恢复模型促进的路网级别的分析可以进一步用于区域性路网的间接损失或可持续性评估。未来的工作还可能集中在收集更多桥梁损坏和恢复数据上,以在决策树模型中考虑多重灾害、桥梁类型和大小,并开发具有低不确定性的决策树模型。

（6）交通网络灾后可靠性。

在严重的地震灾害之后，交通网络至少应满足两个要求：①必须保持关键节点之间的连通性和一定的通行能力，以满足从灾区撤离、运输短时急需物资（例如食品和药品）、将受伤人员运送到医院，以及运送寻找被困在坍塌结构中的人员所需的设备；②除了有效的紧急响应外，在交通网络拥挤的情况下，交通网络应为人和货物提供可靠的移动条件。因此，交通网络的可靠性分析可以分为两类，即纯网络可靠性分析和流网络可靠性分析。纯网络可靠性分析适用于严重的灾害事件后立即发生的情况，包括连通性可靠性分析（两端、全端和 k 端连通性）和容量可靠性分析。流网络可靠性分析适用于对灾害做出响应后的日常运营，可以分为网络性能可靠性分析和终端可靠性分析，其中前者研究网络的整体性能，而后者评估关键节点对之间的可靠性。

Nabian 和 Meidani[137]将深度学习算法用于加速路网在地震后的可靠性分析，其重点是在地震发生后选择"k 端连通性"作为可靠性度量标准研究交通网络的可靠性。与两端和全端连通性相比，k 端连通性更适合作为可靠性度量。因为在灾后的现实情况中，通常需要在某些关键节点之间保持连通性以应对灾难响应，而不是只针对两个终端或所有终端。Nabian 和 Meidani[137]提出了可靠性分析的通用框架，具体而言，首先展示如何在交通网络的 k 端可靠性评估的背景下使用深度神经网络代理来实现这一目标。构造和研究了两种截然不同的深度神经网络代理：分类器代理，可加速给定网络拓扑的 k 终端连通性评估；端到端代理，可替代整个蒙特卡洛模拟（MCS），并可以立即计算出考虑路网组件失效概率的 k 终端连接性平均值。

已有研究将人工神经网络应用在结构和基础设施系统的可靠性分析中，该模型的主要特点：①使用具有多个隐含层的神经网络代理模型来增强可靠性分析；②提出了端到端的替代方案，该替代方案绕过了通常需要数量过多的蒙特卡洛模拟（MCS）的基于样本的计算模块；③在训练端到端代理时，使用分类器代理的预测来大大减少计算时间，而不是使用精确的训练数据。数值计算显示该端到端的替代方案能够将可靠性分析加速四个数量级以上。最后，通过对美国加利福尼亚州的一个交通网络案例进行研究，表明基于代理模型的分析的准确性和效率较高。

4）其他应用

（1）引用监督学习算法辅助桥梁设计。

结构系统的选择是桥梁设计过程中的一个关键步骤。由于预算和时间的限制，工程师通常基于对工程的判断和积累的经验来选择桥梁的结构系统，设计和选择的范围有限。文献[138]探索了监督学习算法在辅助桥梁初步设计过程中的适用性。通过分析来自国家桥梁数据库中超过 600000 座桥梁的数据来设计结构系统，最终提高了设计优化和设计标准化的可能性，并降低了维护成本。通过三种特征选择方法确定了决定桥梁结构选型的关键属性，从美国地质调查局（United States Geological Survey，USGS）数据库和《工程新闻记录》中添加了一些潜在的有用属性，例如地震强烈度和有关材料（钢筋和混凝土）成本的历史数据。

由于支持向量机在监督学习领域被认为是非常好的分类算法，因此它被用作评估决策树（图 6-48）和贝叶斯网络（图 6-49）性能的基准。对比实验结果表明，决策树和贝叶斯网络的性能在所有状态下都与支持向量机一样好,甚至要好于支持向量机。实验结果表明,能够预测美国所有桥梁的类型的单一模型在预测精度上有过大的差异,因此单一模型对设计类型的建议被认为是不可靠的。使用单个状态数据开发的模型的性能要好得多,并且预测精度更高。可以进一步扩展未来的工作,以利用这些监督学习模型的预测结果,如通过高级计算技术(例如拓扑优化)和优化技术(例如进化计算),进而根据规范进行桥梁最终的选型设计。

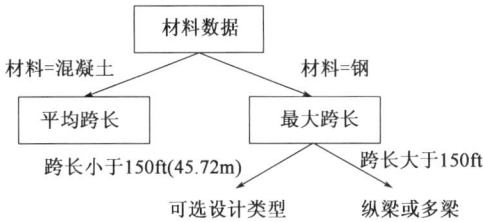

图 6-48　决策树算法用于桥梁设计示意图

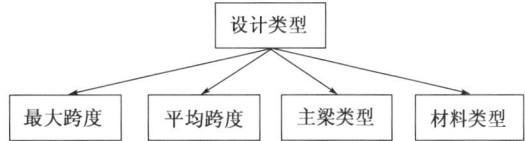

图 6-49　贝叶斯网络用于桥梁设计示意图

(2)桥梁抗震设计和评价。

王克海等[139]将机器学习方法引入梁式桥梁抗震设计和评价中,阐述了实现的总体思路,如图 6-50 所示。面向桥梁抗震任务的机器学习主要有两方面的工作:第一项是收集数量可观的桥梁设计资料,建立数据集;第二项是数据挖掘,包括对原始数据的处理,调试或开发合理的机器学习算法模型。

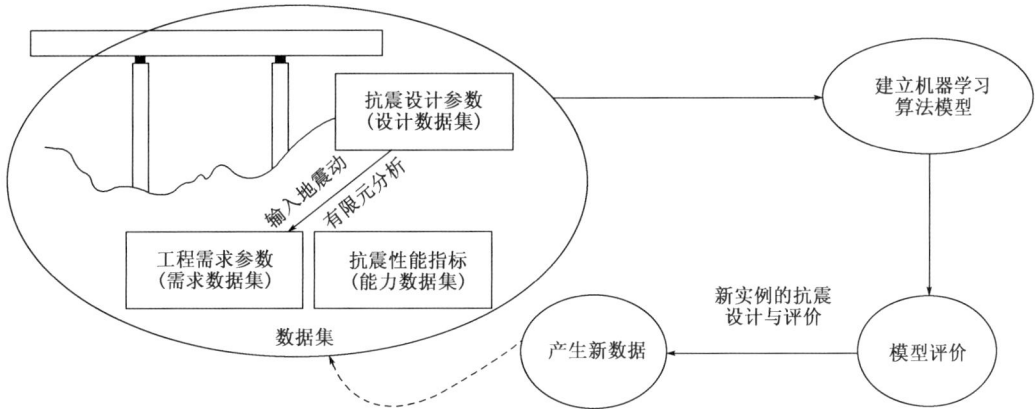

图 6-50　机器学习引入梁式桥梁抗震设计和评价的基本分析思路

机器学习的引入并不是为了替代传统的统计分析技术,相反机器学习是统计学方法的延伸和拓展。近年来,在基于性能的桥梁概率抗震设计和评价方法中,地震易损性分析多采用非线性时程方法以统计回归的概率形式进行,成为量化桥梁抗震性能的有效工具。但是对我国桥梁进行易损性分析时,以下两点是难以把握的:①基于概率地震需求模型方法假定结构的地震需求分布。②从桥梁构件易损性到系统易损性的形成过程,如今多采用一阶界限法、蒙特卡洛抽样等方法进行分析,准确描述构件地震需求之间的非线性相关性的难度较大。可见,易损性技术基于完善的数学理论和严格的假定条件,在桥梁抗震领域的应用很成熟。在此基础上,经过几十年的桥梁抗震设计、相关试验研究和震害经验的积累,特别是对公路桥中量大面广的中小跨径桥梁的研究,许多工作重复性高、有统计意义、可学习性强。通过数据科学、快速、高效地完成工程要求(基于性能的抗震设计和评价),机器学习面对该类任务特点有可能获得传统分析技术无法获得的效果。

6.3.2 应用挑战

随着传统行业数据量的增大,机器学习算法在传统行业的应用逐渐成为研究热点,土木工程更是如此。然而,机器学习在实际应用中仍然面临许多挑战,主要分为两个层面,一个是数据,另一个是算法。

1)数据

(1)完整的标记数据不足。

数据是驱动机器学习算法的动力,数据量不足是机器学习任务中经常会遇到的问题。对于桥梁结构健康监测,其主要表现在完整、可用的标记数据不足:桥梁的结构健康监测期限很长,这期间的大部分时段桥梁结构都处于正常状态,所以虽然存在海量的监测数据,但是难以出现一个完整的案例以构建对应的标注库,使得机器学习中最有效的有监督算法的应用变得困难。在这种情况下,如何利用海量、无标记的监测数据进行数据挖掘,是一件使得思考和探索的事情。

另外,大量历史数据存在于桥梁检测的纸质检测报告中,纸质检测报告蕴含了大量有用的数据信息。但纸质检测报告存在数据读取方面的问题,如果单纯靠人工读取,带来的最直接的问题就是大量的人力成本。针对这种情况,基于自然语言处理技术的检测报告自动读取是一个可行的研究方向。

(2)数据不均衡。

在学术研究中,很多算法都有一个基本假设,那就是观测数据对应结果(或类别)的分布是均衡的。但是,在实际应用中,大多数情况下都无法取得理想的结果。因为实际数据往往分布得很不均衡,都会存在"长尾现象"。如在桥梁结构健康监测系统中,采集到的数据中有价值的异常数据所占的比例很小,而绝大部分数据都是正常数据。

解决这一问题的基本思路是让正负样本在训练过程中拥有相同的话语权,比如利用采样、新数据生成与加权等方法。采样方法是通过对训练集进行处理使其从不均衡的数据集变成均衡的数据集,在大部分情况下会使最终的结果得到优化。新数据生成方法是利用已有样本生成更多样本,这类方法在小数据场景下有很多成功案例,如医学图像分析等。除了采样和新数据生成等方法,还可以采用加权的方式来解决数据不均衡的问题,即针对不同的类别,模型判断错误的代价不同。对于正负样本极不均衡的问题,还可以换一个完全不同的角度来看待:把它看作一个分类或者异常检测的问题。这类方法的重点不在于捕捉类间的差别,而是为其中一类进行建模。

解决数据不均衡问题的方法有很多,本书只是指出了一些最常用的方法,每种方法各有优缺点,需要根据桥梁健康监测过程中的实际场景来进行合理的判断和选择。

(3)低质量的数据。

很明显,如果训练集中的错误、异常值和噪声(错误测量引入的)太多,系统检测出数据下潜在规律的难度就会变大,性能就会降低。花费时间对训练数据进行清理是十分必要的。

事实上,大多数据科学家的大部分时间都用来做数据清洗。

相较于其他典型的工业大数据,桥梁结构健康监测数据有其独特性和复杂性。桥梁结构具有更大的监测体量,这代表着其参数空间大而测点密度小,数据中的绝对信息量有限,更易受随机因素的影响[69]。桥梁结构健康监测数据清洗的对象主要是数据缺省值、噪声、野值、趋势项等数据错误。数据清洗是桥梁结构健康监测分析中最为费时、耗力的环节,提升其自动化水平是进行桥梁结构健康监测大数据分析预先要解决的问题。

此外,针对有些低质量的数据,常规的数据清洗工作可能无法将数据进行近似的还原,在此基础上进行数据标注更是存在一定的困难(如由噪声干扰带来的图形边界不清晰)。在这种情况下,弱监督学习对样本标记的错误标注有一定的容忍度,是一个值得关注和研究的方法。

(4)无关特征。

对一个学习任务来说,有些属性可能很重要,而另一些属性可能没什么作用。一般地,将对当前任务有用的属性称为"相关特征",而将与当前学习任务联系不大的属性称为"无关特征"。系统只有在训练数据包含足够多的相关特征而无关特征不多的情况下,才能进行学习。在桥梁结构健康监测中,有一个重要的特性是监测数据全,除了监测应变、位移、加速度等反映桥梁结构本身状态的响应特性外,还强调对环境条件的监测和记录分析,如风速、温度以及外部载荷等。为了更好地完成机器学习任务,需要在多维的采集数据中选用合适的特征进行训练,这个过程称为特征工程。特征工程在机器学习中有非常重要的作用,其可以将原始数据转换为更好的代表预测模型潜在问题的特征,从而提高对未知数据预测的准确性。特征工程包括特征选择、特征提取、特征构建三个部分。

从给定的特征集中选择出相关特征子集的过程称为特征选择。在机器学习的实际应用过程中,如果可以从多维数据中选择出重要特征,那么维数灾难问题将大为减轻。但是,特征选择过程必须确保不丢失重要特征,否则在后续学习过程中会因为信息的缺失而无法获得好的性能。

需要注意的是,特征选择中的"无关特征"是相对的,是指与当前学习任务无关。给定数据集,学习任务不同,相关特征很可能不同。有一类特征被称为"冗余特征",它们所包含的信息能从其他特征中推演出来。冗余特征在很多时候不起作用,将其去除可以减轻计算负担。但有些时候,若某个冗余特征恰好对应了学习任务所需的中间概念,那它的存在会降低学习任务的难度。

特征提取的对象是原始数据,目的是将原始的特征转化为一组具有明显物理意义或者统计意义的特征。比如说通过变换特征取值来减少原始数据中某个特征取值的个数,或者将连续的特征变化为离散的特征等。

特征构建指的是从原始数据中人工构建新的特征。这需要花大量的时间去研究真实的数据样本,思考问题的潜在形式和数据结构,同时思考如何能够更好地应用到预测模型中。特征构建需要很强的洞察力和分析能力,要求能够从原始数据中找出一些具有物理意义的特征。假设原始数据是表格数据,一般可以使用混合属性或者组合属性来创建新的特征,或是分解或切分原有的特征来创建新的特征。

2）算法

如前文所述,泛化能力是机器学习的根本目标。在实际应用过程中,经常会出现欠拟合和过拟合。欠拟合常常在模型学习能力较弱而数据复杂度较高的时候出现。与欠拟合相反,过拟合常常在模型学习能力过强而数据复杂度较低的时候出现。归根结底,欠拟合和过拟合都是模型容量以及训练集这大小两者与问题复杂度不匹配的问题。只有当模型容量和训练集大小这两者与问题复杂度平衡时,才能得到理想的泛化误差。因此,在实际使用机器学习处理问题的时候,为了更高效地处理问题,需要根据实际情况选择和设计合适的算法。

通常来说,选择算法是一件比较麻烦的事情,但是并不是不能选择。采用某种流程可以缩小算法的选择范围,少走弯路,但在具体选择哪种算法方面,一般并不存在最好的算法或者可以给出最好结果的算法。在实际处理问题的过程中需要多次尝试,有时还要尝试不同的算法。在桥梁工程中,利用机器学习算法解决实际问题时,必须考虑下面两个最基本的问题。

（1）使用机器学习算法的目的。

选择算法首先需要明确任务的目标。如果目标变量是离散型,那么就锁定分类算法,如对传感器故障类型的诊断、对桥梁病害种类的识别等;如果目标变量是连续型,那么就使用回归算法,如估算悬索桥吊杆在不同风偏角下的风致动态内力响应。当然,如果不需要预测目标值,就使用无监督学习,如从海量监测数据中找出核心数据,这样在记录了整体特征的同时,还能有效解决海量数据的存储问题。如果解决方案是通过与环境交互来优化目标函数,那么这就是强化学习问题,如桥梁管养的决策优化问题。

此外,选择和设计合适的算法还需要分析任务的需求或者场景。模型的"好坏"是相对的,什么样的模型是好的,不仅取决于算法和数据,还取决于任务需求。例如,在灾害预警的任务中,宁可错误预警也不可漏过任何一种可能存在的危险情况,因为漏判一次,就可能带来巨大的人员伤亡和财产损失。在这种情况下,模型查全率远比查准率来得重要。而相反的是,在桥梁损伤程度的识别中,模型的查准率更为重要。因此,结合实际情况对任务目标和需求场景进行分析,是解决问题的第一步。

（2）收集的数据及其特性。

选择合适算法的第二步就是充分了解数据及其特性,这能够帮助我们更有效地选择机器学习算法。在为正确的问题选择正确的算法的过程中,数据的理解过程起着关键的作用。一些算法可以处理较小的样本集,而另一些算法则需要大量的样本。针对小样本的快速学习问题,有一个专门的机器学习分支——Few-shot Learning 来研究和解决。而如果是针对大数据集的应用,深度学习方法一般比传统机器学习算法具有更显著的优势,例如,在根据图像进行桥梁表观病害的识别和分析中,卷积神经网络等深度模型因集成了特征提取与分类器的功能,能够得到更为准确的分类结果;在利用时间序列进行的分析中,如超重车荷载模式识别问题,循环神经网络考虑时间尺度上的依存性,能够对时间序列进行更为准确的建模。但是,需要注意的是,深度学习需要海量的数据,若训练数据比较少,深度学习的性能并不见得就比传统的机器学习方法好。如果在数据标注有困难的情况下,弱监督学习可降低算法对标注有数据的依赖程度。很多情况下,在充分了解数据特性后,往往还需要将不同算法进行结合,如前文所提到的将半监督和深度学习相结合的半监督深度学习算法等。

本章结束语

总体来说,人工智能为土木工程学科的发展带来了新的机遇,而机器学习作为实现人工智能的一种有效方法,给桥梁健康监测问题的解决提供了希望和契机,同时由于领域的特殊性,人工智能的发展仍面临巨大的挑战。为使人工智能理论与技术更好地应用于土木工程,推动智慧土木工程学科的发展,需要因地制宜,结合土木工程学科的特点,进行系统的科学研究和技术研发,建立土木工程学科的人工智能理论体系。

本章参考文献

[1] 李开复,王咏刚. 李开复:到底什么是人工智能 [J]. 科学大观园, 2018(2): 48-49.

[2] HAUGELAND J. Artificial intelligence: the very idea [J]. Philosophical Review, 1985, 7: 3-11.

[3] KURZWEIL R, RICHTER R, KURZWEIL R, et al. The age of intelligent machines [M]. Cambridge: MIT Press, 1990.

[4] 陈自富. 强人工智能和超级智能:技术合理性及其批判 [J]. 科学与管理, 2016, 36(5): 25-33.

[5] GELERNTER H. Realization of a geometry-theorem proving machine [J]. Computers and Thought, 1963: 134-152.

[6] WINOGRAD S, COWAN J D. Reliable computation in the presence of noise [J]. Mathematics of Computation, 1964, 18(87): 1469-1477.

[7] 周志华. 机器学习[M]. 北京:清华大学出版社, 2016.

[8] 余凯,贾磊,陈雨强,等. 深度学习的昨天、今天和明天[J]. 计算机研究与发展, 2013, 50(09): 1799-1804.

[9] LEE K-F. Automatic speech recognition: the development of the SPHINX system [M]. Springer Science and Business Media, 1988.

[10] COOPER G F, ALIFERIS C F, AMBROSINO R, et al. An evaluation of machine-learning methods for predicting pneumonia mortality [J]. Artificial Intelligence in Medicine, 1997, 9(2): 107-138.

[11] 孙卫泉. 基于支持向量机的梁桥损伤识别 [D]. 成都:西南交通大学, 2008.

[12] 马立勇,袁统帅. 基于极限学习机的焊点质量检测 [J]. 计算机工程与应用, 2018 (12): 214-218, 239.

[13] 李航. 统计学习方法 [M]. 北京:清华大学出版社, 2012.

[14] SHU J, ZHANG Z, GONZALEZ I, et al. The application of a damage detection method using Artificial Neural Network and train-induced vibrations on a simplified railway bridge model [J]. Engineering Structures, 2013, 52: 408-421.

[15] 付春雨,单德山,李乔. 基于支持向量机的静力损伤识别方法 [J]. 中国铁道科学, 2010, 31(5): 47-53.

［16］ PAN H, AZIMI M, YAN F, et al. Time-frequency-based data-driven structural diagnosis and damage detection for cable-stayed bridges ［J］. Journal of Bridge Engineering, 2018, 23(6): 04018033.

［17］ HUO L S, LI X, YANG Y B, et al. Damage detection of structures for ambient loading based on cross correlation function amplitude and SVM ［J］. Shock and Vibration, 2016: 1-12.

［18］ OLSHAUSEN B A, FIELD D J. Sparse coding with an overcomplete basis set: A strategy employed by V1? ［J］. Vision Research, 1997, 37(23): 3311-3325.

［19］ CURY A, CREMONA C, DUMOULIN J. Long-term monitoring of a PSC box girder bridge: Operational modal analysis, data normalization and structural modification assessment ［J］. Mechanical Systems and Signal Processing, 2012, 33:13-37.

［20］ 刘军煜, 贾修一. 一种利用关联规则挖掘的多标记分类算法 ［J］. 软件学报, 2017, 28(11): 2865-2878.

［21］ CULURCIELLO E, BATES J, DUNDAR A, et al. Clustering learning for robotic vision［J］. Computer Science, 2013.

［22］ SAXENA D K, Deb K. Non-Linear Dimensionality Reduction Procedures For Certain Large-Dimensional Multi-Objective Optimization Problems: Employing Correntropy And A Novel Maximum Variance Unfolding［J］. Evolutionary Multi-Criterion Optimization, 2007, 4403:772-787.

［23］ ZHOU Y L, MAIA N M, SAMPAIO R P, et al. Structural damage detection using transmissibility together with hierarchical clustering analysis and similarity measure ［J］. Structural Health Monitoring, 2017, 16(6): 711-731.

［24］ 聂珏光. 基于虚拟变形法的桥梁结构有限元模型修正算法研究［D］. 哈尔滨: 哈尔滨工业大学, 2014.

［25］ 杨炳尧. 关联规则发现在桥梁管理系统中的应用［C］// 第十七届全国桥梁学术会议, 2006.

［26］ HAWKINS D M. Identification of outliers ［M］. Springer, 1980.

［27］ AN J, CHO S. Variational autoencoder based anomaly detection using reconstruction probability ［J］. Special Lecture on IE, 2015, 2(1).

［28］ MALHOTRA P, VIG L, SHROFF G, et al. Long Short Term Memory Networks for Anomaly Detection in Time Series［C］// 23rd European Symposium on Artificial Neural Networks, Computational Intelligence and Machine Learning. ESANN 2015, 2015.

［29］ DU M, LI F, ZHENG G, et al. DeepLog: Anomaly Detection and Diagnosis from System Logs through Deep Learning ［C］// Acm Sigsac Conference on Computer & Communications Security. ACM, 2017.

［30］ GIBNEY E. Self-taught AI is best yet at strategy game Go ［J］. Nature, 2017, 10(1): 68-74.

［31］ SETTLES B. From theories to queries: Active learning in practice ［J］. Active Learning

Challenge Challenges in Machine Learning, 2011,6(1).

［32］ ZHU X J. University of Wisconsin-Madison Department of Computer Sciences, 2005.

［33］ 屠恩美, 杨杰. 半监督学习理论及其研究进展概述［J］. 上海交通大学学报, 2018, 52(10): 1280-1291.

［34］ CASTELLI V, COVER T M. The relative value of labeled and unlabeled samples in pattern recognition with an unknown mixing parameter［J］. IEEE Transactions on Information Theory, 1996, 42(6): 2102-2117.

［35］ 蒋雍建, 刘逸平, 周立成, 等. 基于桥梁响应统计信息的智能损伤识别方法［J］. 合肥工业大学学报, 2019, 42(12): 1667-1671.

［36］ VAPNIK V, CHERVONENKIS A. A note on class of perceptron［J］. Automation and Remote Control, 1964:24.

［37］ 安平和, 邬晓光. 基于支持向量机的梁桥多位置损伤识别研究［J］. 铁道科学与工程学报, 2019(5): 16.

［38］ KOUREHLI S. Structural damage diagnosis using incomplete static responses and LS-SVM ［J］. Inverse Problems in Science and Engineering, 2017, 25(3): 418-433.

［39］ PEARL J. Probabilistic reasoning in intelligent systems: networks of plausible inference ［J］. Artificial intelligence, 1990, 48(8):117-124.

［40］ ARANGIO S, BECK J. Bayesian neural networks for bridge integrity assessment［J］. Structural Control and Health Monitoring, 2012, 19(1): 3-21.

［41］ ZHANG M L, ZHOU Z H. ML-KNN: A lazy learning approach to multi-label learning ［J］. Pattern Recognition, 2007, 40(7): 2038-2048.

［42］ 李秀娟. KNN 分类算法研究［J］. 科技信息, 2009(31):81,383.

［43］ SARMADI H, KARAMODIN A. A novel anomaly detection method based on adaptive Mahalanobis-squared distance and one-class kNN rule for structural health monitoring under environmental effects［J］. Mechanical Systems and Signal Processing, 2020:140.

［44］ KOHONEN T. An introduction to neural computing［J］. Neural Networks, 1(1): 3-16.

［45］ MCCULLOCH W S, PITTS W. A logical calculus of the ideas immanent in nervous activity ［J］. Bulletin of Mathematical Biology, 1943, 52(1-2): 99-115.

［46］ BROOMHEAD D S, LOWE D. Multivariable functional interpolation and adaptive networks ［J］. Complex Systems, 1988, 2(3): 321-355.

［47］ VINCENT P, LAROCHELLE H, BENGIO Y, et al. Extracting and composing robust features with denoising autoencoders［P］. Machine learning, 2008.

［48］ HOSSEINI-ASL E, ZURADA J M, NASRAOUI O. Deep learning of part-based representation of data using sparse autoencoders with nonnegativity constraints［J］. IEEE Transactions on Neural Networks and Learning Systems, 2015, 27(12): 2486-2498.

［49］ KINGMA D P, WELLING M. Auto-encoding variational bayes［C］// ICLR. ArXiv. org,2014.

［50］ HINTON G E, OSINDERO S, TEH YW. A fast learning algorithm for deep belief nets

［J］. Neural Computation, 2006, 18(7): 1527-1554.

［51］ LECUN Y, BENGIO Y. Convolutional Networks for Images, Speech, and Time-Series ［J］. Handbook of brain theory & neural networks, 1995.

［52］ SCARSELLI F, GORI M, TSOI A C, et al. The graph neural network model ［J］. IEEE Transactions on Neural Networks, 2009,20(1):61-80.

［53］ 白铂, 刘玉婷, 马驰骋, 等. 图神经网络［J］. 中国科学:数学, 2020,50(3):367-384.

［54］ 刘宇, 毕丹, 李兆霞. 大跨斜拉桥基于遗传算法的传感器优化布置方法［J］. 东南大学学报(自然科学版),2009, 39(4): 825-829.

［55］ 赵建华, 张陵. 利用粒子群算法的传感器优化布置及结构损伤识别研究［J］. 西安交通大学报, 2015, 49(1): 79-85.

［56］ YI T H, LI H N, ZHANG X D J S C, et al. Health monitoring sensor placement optimization for Canton Tower using immune monkey algorithm ［J］. Structural Control and Health Monitoring, 2015, 22(1): 123-138.

［57］ 袁灿. 基于深度学习的桥梁健康监测传感器优化布置方法研究［D］. 重庆:重庆交通大学, 2018.

［58］ JABBARI A, JEDERMANN R, LANG W J W A O S, et al. Application of computational intelligence for sensor fault detection and isolation ［J］. International Journal of Computer Information and Systems Science, 2007, 33:265-270.

［59］ ZAVALJEVSKI N, GROSS K C. Sensor fault detection in nuclear power plants using multivariate state estimation technique and support vector machines ［J］. Office of scientific & technical information technical reports, 2000.

［60］ LIU Z, MRAD N. Validation of strain gauges for structural health monitoring with Bayesian belief networks ［J］. IEEE Sensors Journal,2012, 13(1): 400-407.

［61］ 温嘉斌, 赵红阳, 刘子宁, 等. 改进神经网络的传感器故障诊断与容错处理［J］. 传感器与微系统,2019, 38(10): 132-134,138.

［62］ 许濛萌. 基于深度学习的桥梁健康监测传感器故障诊断研究［D］.重庆:重庆交通大学, 2018.

［63］ 李娟娟, 孟国营, 谢广明, 等. 基于小波包与SOM神经网络的传感器故障诊断［J］. 传感技术学报, 2017, 30(7): 1035-1039.

［64］ 罗钧, 宋信玉. 基于BP神经网络的激光位移传感器误差补偿［C］∥中国光学学会2010年光学大会. 天津, 2010.

［65］ 曾喆昭, 竺炜, 王耀南. 一种基于正交基神经网络算法的传感器误差补偿方法［J］. 传感技术学报, 2007,20(3): 536-539.

［66］ FONOLLOSA J, VERGARA A, HUERTA R J S, et al. Algorithmic mitigation of sensor failure: Is sensor replacement really necessary? ［J］. Sensors and Actuators, B. Chemical, 2013, B183:211-221.

［67］ 郑霞忠, 陈国梁, 邹韬. 考虑时间序列关联的大坝监测异常数据清洗［J］.水力发电, 2020,46(4):111-114,125.

［68］黄宴委,吴登国,李竣.基于极限学习机的结构健康监测数据恢复［J］.计算机工程,2011,37(16):241-243.

［69］孙利民,尚志强,夏烨.大数据背景下的桥梁结构健康监测研究现状与展望［J］.中国公路学报,2019,32(11):1-20.

［70］袁慎芳,梁栋,高宁,等.基于结构健康监测系统的桥梁数据异常诊断研究［J］.电子科技大学学报,2013,42(1):69-74.

［71］SHRESTHA A, DANG J. Deep learning-based real-time auto classification of smartphone measured bridge vibration data［J］. Sensors, 2020,20(9):710.

［72］GONG Z, ZHANG Y M, HU Y J, et al. Cubic meter compressive strength prediction of concrete［J］. Journal of Wuhan University of Technology(Materials Science Edition),2016,31(3):590-593.

［73］YAN K Z, SHI C J. Prediction of elastic modulus of normal and high strength concrete by support vector machine［J］. Construction and Buliding Materials, 2010, 24(8):1479-1485.

［74］张鑫,张德贤,徐路路.迭代决策树在混凝土抗压强度预测中的应用［J］.四川建筑科学研究,2018,44(5):85-87.

［75］李地红,高群,夏娴,等.基于BP神经网络的混凝土综合性能预测［J］.材料导报,2019,33(Z2):317-320.

［76］肖前慧,范骏.基于人工神经网络的混凝土抗冻性预测［J］.混凝土,2013(1):30-32.

［77］韩建军,南少伟,王俊伟.基于支持向量机的有机成膜涂层混凝土碳化深度预测模型［J］.施工技术,2020,49(2):94-98.

［78］龙云鹏.基于机器学习的混凝土徐变模型研究［D］.北京:北京交通大学,2019.

［79］刘斌云,王鑫,万其微.基于ABC-BP神经网络预测钢筋锈蚀程度［J］.合成材料老化与应用,2019,48(5):54-58.

［80］申家玮,彭建平,郭建强,等.多传感器钢筋锈蚀无损检测数据的机器学习［J］.无损检测,2019,41(11):59-64.

［81］JIA L, LI Y, XIE Y. Slope Deformation Prediction Based on Chaotic-SVM［J］. Applied mechanics & materials, 2013, 353-356:673-677.

［82］段宏涛,刘宁,郭文,等.基于支持向量机的公路隧道围岩变形预测［J］.山西建筑,2019,45(22):126-127.

［83］SU H Z, LI X, YANG B B, et al. Wavelet support vector machine-based prediction model of dam deformation［J］. Mechanical Systems and Signal Processing, 2018, 110:412-427.

［84］XUE Y, XU L, CAO Z Z. Research on deformation forecasting of deep foundation pit supporting structure based on BP neural networks s［J］. Advanced materials research, 2011, 250-253:2116-2119.

［85］ZUAN P, HUANG Y. Prediction of Sliding Slope Displacement Based on Intelligent Algorithm［J］. Wireless personal communications, 2018, 102(4):3141-3157.

[86] WEI J, QI J, WU Y, et al. Prediction of the deformation of the surrounding rock around tunnels by GA-BP network model [J]. Applied mechanics and materials, 2013, 256-259: 1157-1160.

[87] WANG X Y, YANG K, SHEN C S. Study on MPGA-BP of Gravity Dam Deformation Prediction [J]. Mathematical problems in engineering, 2017(6):1-13.

[88] XU G H. Application of RBF neural network in dam deformation prediction [J]. Applied mechanics and materials, 2014(3547): 261-264.

[89] 王培金. 基于模型树的大跨径悬浇连续梁桥变形预测 [J]. 现代交通技术, 2019, 16(4): 49-53.

[90] KUDVA J N, MUNIR N, TAN P. Damage detection in smart structures using neural networks and finite-element analysis [J]. Smart materials and structures, 1992, 1 (2):108.

[91] ELKORDY M F, CHANG K-C, LEE G C. Neural networks trained by analytically simulated damage states [J]. Journal of Chinical Rheumatology, 1993, 7(2): 130-145.

[92] HAKIM S, RAZAK H A. Application of artificial neural network on vibration test data for damage identification in bridge girder [J]. International journal of physical sciences, 2011, 6(35):965-970.

[93] 孙宗光, 陈一飞, 邵元, 等. 基于模型试验的悬索桥结构损伤识别研究 [J]. 工程力学, 2014, 31(6): 132-137.

[94] 谭冬梅, 谢华, 陈杰, 等. 提升小波包和 BP-AdaBoost 模型在大跨斜拉桥拉索损伤识别中的应用[J]. 噪声与振动控制, 2015, 35(5): 154-158.

[95] GONZALEZ-PEREZ C, VALDES-GONZALEZ J. Identification of structural damage in a vehicular bridge using artificial neural networks [J]. Structural Health Honitoring-an International Journal, 2011, 10(1): 33-48.

[96] 孙宗光, 高赞明, 倪一清. 基于神经网络的损伤构件及损伤程度识别 [J]. 工程力学, 2006, 23(2): 18-22.

[97] 肖书敏, 闫云聚, 姜波澜. 基于小波神经网络方法的桥梁结构损伤识别研究 [J]. 应用数学和力学, 2016, 37(2): 149-159.

[98] 刘仁云, 于繁华, 刘军. 基于小波神经网络的简支梁桥损伤识别 [J]. 吉林大学学报 (工学版), 2009, 39(S2): 413-416.

[99] LIU H B, JIAO Y B. Damage Identification of Simply Supported Bridge Based On RBF Neural Network [P]. International Conference on Graphic and Image Processing, 2013: 87681B-87681B-7.

[100] YIN T, ZHU H P. Probabilistic damage detection of a steel truss bridge model by optimally designed Bayesian neural network [J]. Sensors, 2018, 18(10).

[101] SHU J P, ZHANG Z Y, GONZALEZ I, et al. The application of a damage detection method using artificial neural network and train-induced vibrations on a simplified railway bridge model [J]. Engineering Structures, 2013, 52:408-421.

[102]　HASNI H, ALAVI A H, JIAO P C, et al. Detection of fatigue cracking in steel bridge girders: A support vector machine approach [J]. Archives of Civil and Mechanical Engineering, 2017, 17(3): 609-622.

[103]　ARANGIO S, BONTEMPI F. Structural health monitoring of a cable-stayed bridge with Bayesian neural networks [J]. Structure and Infrastructure Engineering, 2015, 11(4): 575-587.

[104]　CHEN M. ANN approach for existing bridge evaluation based on grid and domain knowledge[M]. Los Alamitos: Ieee Computer Soc, 2009.

[105]　GEHL P, D'AYALA D. Development of Bayesian networks for the multi-hazard fragility assessment of bridge systems [J]. Structural Safety, 2016, 60:37-46.

[106]　SETUNGE S, ZHU W Q, GRAVINA R, et al. Fault-tree-based integrated approach of assessing the risk of failure of deteriorated reinforced-concrete bridges [J]. Journal of Performance of Constructed Facilities, 2016, 30(3): 12.

[107]　罗秀兰. 基于贝叶斯网络的钢筋混凝土双曲拱桥技术状况综合评估及荷载试验研究 [J]. 公路交通科技(应用技术版), 2019, 15(10): 177-180.

[108]　ROCCO C M, MORENO J A. Fast Monte Carlo reliability evaluation using support vector machine [J]. Reliability Engineering and System Safety, 2002, 76(3): 237-243.

[109]　HURTADO J E, ALVAREZ D A. Classification approach for reliability analysis with stochastic finite-element modeling [J]. Journal of Structural Engineering-Asce, 2003, 129(8): 1141-1149.

[110]　余晓琳, 颜全胜, 李伟, 等. 基于支持向量机的大跨度斜拉桥可靠度分析 [J]. 公路, 2010 (10): 82-86.

[111]　白冰. 大跨度钢斜拉桥施工及运营过程系统可靠度研究 [D]. 成都: 西南交通大学, 2015.

[112]　粟洪, 程进. 神经网络技术在预应力混凝土桥梁可靠度分析中的应用 [J]. 结构工程师, 2009, 25(2): 71-76.

[113]　张建仁, 刘扬. 遗传算法在斜拉桥索塔可靠性分析中的应用[C]// 中国公路学会桥梁和结构工程学会一九九九年桥梁学术讨论会. 厦门:1999.

[114]　朱劲松, 肖汝诚, 何立志. 大跨度斜拉桥智能可靠度评估方法研究 [J]. 土木工程学报, 2007, 40(5): 41-48.

[115]　LIU H B, HE X, JIAO Y B, et al. Reliability assessment of deflection limit state of a simply supported bridge using vibration data and dynamic Bayesian network inference [J]. Sensors, 2019, 19(4): 29.

[116]　曾浩. 基于支持向量机的大跨连续刚构桥可靠度分析 [D]. 长沙:长沙理工大学, 2014.

[117]　ÇEVIK H H, ÇUNKAŞ M, POLAT K. A new multistage short-term wind power forecast model using decomposition and artificial intelligence methods [J]. Physica A: Statistical Mechanics and its Applications, 2019: 534.

[118] HU G, KWOK K. C. S. Predicting wind pressures around circular cylinders using machine learning techniques [J]. Journal of Wind Engineering and Industrial Aerodynamics, 2020.

[119] WU T, KAREEM A. Modeling hysteretic nonlinear behavior of bridge aerodynamics via cellular automata nested neural network [J]. Journal of Wind Engineering and Industrial Aerodynamics, 2011, 99(4): 378-388.

[120] SNAIKI R, WU T. Knowledge-enhanced deep learning for simulation of tropical cyclone boundary-layer winds [J]. Journal of Wind Engineering and Industrial Aerodynamics, 2019.

[121] LI T, WU T, LIU Z. Nonlinear unsteady bridge aerodynamics: Reduced-order modeling based on deep LSTM networks [J]. Journal of Wind Engineering and Industrial Aerodynamics, 2020.

[122] JIN X W, CHENG P, CHEN W L, et al. Prediction model of velocity field around circular cylinder over various Reynolds numbers by fusion convolutional neural networks based on pressure on the cylinder [J]. Physics of Fluids, 2018, 30(4).

[123] LUTE V, UPADHYAY A, SINGH K K. Support vector machine based aerodynamic analysis of cable stayed bridges [J]. Advances in Engineering software, 2009, 40(9): 830-835.

[124] JUNG S M, GHABOUSSI J, KWON S D. Estimation of aeroelastic parameters of bridge decks using neural networks [J]. Journal of Engineering Mechanics, 2004, 130(11): 1356-1364.

[125] CHEN C H, WU J C, CHEN J H. Prediction of flutter derivatives by artificial neural networks [J]. Journal of Wind Engineering and Industrial Aerodynamics, 2008, 96(10-11): 1925-1937.

[126] 李乔, 杨兴旺. 桥梁主梁断面空气力学特性分析的人工神经网络方法[J]. 中南公路工程, 2000(3): 56-59.

[127] 陈讷郁, 葛耀君. 基于人工神经网络的典型桥梁断面气动参数识别[J]. 土木工程学报, 2019, 52(8): 91-97, 128.

[128] LI S, LAIMA S J, LI H. Data-driven modeling of vortex-induced vibration of a long-span suspension bridge using decision tree learning and support vector regression [J]. Journal of Wind Engineering and Industrial Aerodynamics, 2018, 172: 196-211.

[129] MULIA I E, ASANO T, NAGAYAMA A. Real-time forecasting of near-field tsunami waveforms at coastal areas using a regularized extreme learning machine [J]. Coastal Engineering, 2016, 109: 1-8.

[130] MAZINANI I, ISMAIL Z, SHAMSHIRBAND S, et al. Estimation of tsunami bore forces on a coastal bridge using an extreme learning machine [J]. Entropy, 2016, 18(5).

[131] FANG C, TANG H, LI Y, et al. Effects of random winds and waves on a long-span cross-sea bridge using Bayesian regularized back propagation neural network [J]. Advances in Structural Engineering, 2019, 23(4): 733-748.

[132] FAN W, YUAN W C, FAN Q W. Calculation method of ship collision force on bridge

using artificial neural network [J]. Journal of Zhejiang University-SCIENCE A, 2008, 9(5): 614-623.

[133] 翁卫军. 大型桥梁防船撞方法及应用研究[J]. 宁波大学学报(理工版), 2011, 24(4): 106-111.

[134] 赵永涛, 曹方全. 船舶桥梁防撞控制技术研究[J]. 中国水运(下半月), 2015, 15(9): 237-239.

[135] CONSOLAZIO G R, COWAN D R. Nonlinear analysis of barge crush behavior and its relationship to impact resistant bridge design [J]. Computers and Structures, 2003, 81(8-11): 547-557.

[136] KAMESHWAR S, MISRA S, PADGETT J E. Decision tree based bridge restoration models for extreme event performance assessment of regional road networks [J]. Structure and Infrastructure Engineering, 2019, 16(3): 431-451.

[137] NABIAN M A, MEIDANI H. Deep learning for accelerated seismic reliability analysis of transportation networks [J]. Computer-Aided Civil and Infrastructure Engineering, 2018, 33(6): 443-458.

[138] JOOTOO A, LATTANZI D. Bridge type classification: Supervised learning on a modified NBI data set [J]. Journal of Computing in Civil Engineering, 2017, 31(6):1-11.

[139] 王克海, 鲁冠亚, 张盼盼. 基于机器学习的中小跨径公路梁桥抗震设计评价方法研究 [J]. 公路交通科技, 2019, 36(2):74-84.

第7章

基于计算机视觉的识别与测量技术

在现阶段的桥梁检测与监测中,形如裂缝、锈蚀、剥落、错位等桥梁表观病害的检测主要还是依靠检修人员日常或定期的目视检查和手工记录,这种方法效率低、耗时长、成本高,对检修人员来说,检修过程存在巨大的安全隐患;桥梁结构健康监测主要依靠各类有线或无线的接触式传感器进行数据采集与传输,在大型基础设施上安装和维护这些传感器需要付出很大的人力、时间和经济成本。随着计算机视觉技术的发展与相机等硬件设备的普及,基于计算机视觉的识别与测量技术在科学和工程领域受到了广泛的关注,同时也为桥梁结构的检测与监测提供了高效、经济的解决方案。本章介绍基于计算机视觉的桥梁病害、结构性能等健康状况的识别测量技术与应用,内容包括计算机视觉的基本概念与发展历程,传统的计算机视觉技术,基于深度学习的计算机视觉技术,以及计算机视觉在表观病害识别与测量、静力变形识别与测量、结构振动识别与测量三方面的应用。

7.1 计算机视觉概述

7.1.1 基本概念

1)计算机视觉的概念

人和动物通过视觉系统的外周感觉器官(眼)接受外界环境中一定波长范围内的电磁波(可见光)的刺激,经中枢有关部分进行编码加工和分析后获得视觉。研究表明,人类通过视觉获取的信息超过80%,因此可以说视觉是人类最重要的一种感觉。计算机视觉是使用计算机及相关设备对生物视觉进行模拟。它的主要任务是通过对采集的图片或视频进行处理以获得相应场景的三维信息。

计算机视觉作为在科学和工程领域中被广泛使用的一个名词,却很难有严格的定义。从广义上说,计算机视觉是"赋予计算机视觉能力"的学科。视觉能力,指生物体视觉系统体现出来的视觉能力,但是生物自然视觉无法严格定义,不同生物的视觉感知能力也不尽相同,因此这种定义在某种意义上缺乏实质性内容,不能对计算机视觉领域的研究、发展做出很好的概括。在这里我们参考维基百科,给计算机视觉做出如下定义:计算机视觉是指从单个图像或图像序列中自动提取、分析和理解有用信息的相关理论,它涉及开发实现自动视觉理解的理论和算法基础。计算机视觉是指在对环境表达和理解时,对视觉信息组织、识别和解释的过程。我们可以从科学和技术两个角度来理解计算机视觉。作为一门科学学科,计算机视觉研究从图像数据中提取信息的相关理论,这里的图像数据包括多种形式,不仅有传统的照片,还包括视频序列,多个摄像机合成的图像,以及来自医疗扫描仪的多维数据。作为一门技术学科,计算机视觉试图将相关理论应用于计算机视觉系统,实现任务的自动化。

2)计算机视觉与相关概念的辨析

(1)计算机视觉与图像处理的区别。

图像处理是经常与计算机视觉一起被提及的概念之一。图像处理(image processing)通常是指用计算机对图像进行分析处理以达到所需结果的技术。图像处理技术通常用来进行图像变换或者提取图形特征,有时也涉及图像的压缩与重构。常用的图像处理方法可以分为以下几类:

①图像变换。图像阵列很大,直接在空间域中进行处理,涉及的计算量很大,因此,往往采用各种图像变换的方法,如傅立叶变换、沃尔什变换、离散余弦变换等间接处理技术,将空间域的处理转换为变换域处理,不仅可以减少计算量,而且可以获得更有效的处理结果(如傅立叶变换可在频域中进行数字滤波处理)。

②图像编码压缩。图像编码压缩技术可减少描述图像的数据量(比特数),以便节省图像传输、处理的时间和减少所占用的存储容量。压缩可以在不失真的前提下进行,也可以在允许的失真条件下进行。

③图像增强和复原。图像增强和复原的目的是提高图像的质量,如去除噪声,提高图像的清晰度等。图像增强不考虑图像降质的原因,突出图像中感兴趣的部分。

与计算机视觉技术相比,图像处理技术通常不包括对图像本身含义的辨别,或者说图像处理是从图像到图像。在很多场合,人们把"图像处理"等同于"计算机视觉",实际上这并不恰当。计算机视觉可能会利用图像处理技术进行图像预处理,但图像处理本身不构成计算机视觉的核心内容。

(2)计算机视觉与人工智能的区别。

计算机视觉与人工智能有密切联系,目前最常用的用于图片识别的模型之一——卷积神经网络本质上就是人工智能领域里广泛采用的深度学习算法。据统计,目前在深度学习领域有接近一半的研究与计算机视觉有关。尽管如此,计算机视觉和人工智能之间仍然存在着本质的区别。与计算机视觉相比,人工智能领域的研究并不仅仅局限于对图片的理解和处理,而是更强调推理和决策。计算机视觉目前还主要停留在图像信息表达和物体识别阶段。计算机视觉是以图像(视频)为输入数据,以对环境的表达和理解为目标,研究图像信息组织、物体和场景识别,进而对事件进行解释的学科。从目前的研究现状看,计算机视觉主要聚焦在对图像信息的组织和识别阶段,对事件的解释还鲜有涉及,至少还处于非常初级的阶段。表 7-1 很好地说明了计算机视觉、图像处理、人工智能三者的主要区别。

(3)计算机视觉与图像处理、人工智能的关系。

计算机视觉内在的逆推机制决定了其在系统开发时必须将原始的图像数据与其蕴含的知识之间的语义鸿沟加以弥补。一个典型的计算机视觉系统通常也会利用图像处理及人工智能的相关算法。三者的关系如图 7-1 所示。

计算机视觉、图像处理、人工智能的区别　　　　　表7-1

输　出	输　入	
	图片	知识
图片	图像处理	计算机视觉
知识	计算机图形学	人工智能

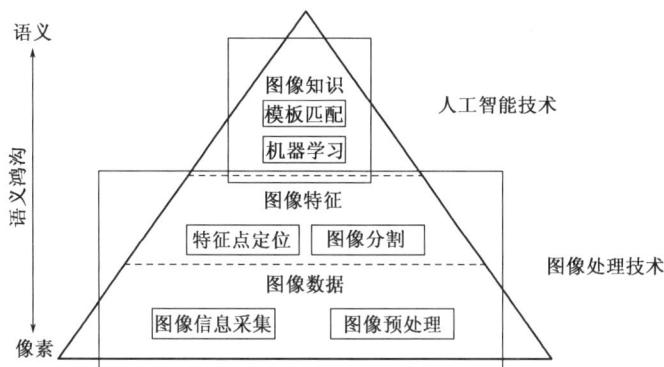

图7-1　计算机视觉、图像处理、人工智能之间的关系[1]

需要注意的是,随着深度学习技术的发展与进步,在一些前沿的领域,上述关于计算机视觉、图像处理、人工智能的区别已非那么泾渭分明。以近年来流行的卷积神经网络为例,卷积神经网络可以直接对原始图片进行特征提取和处理,实际上实现了表7-1中从图像到知识的直接转化,但卷积神经网络仍然属于人工智能的范畴。随着计算机科学的进一步发展,我们有理由相信它们之间将会有越来越多的交叉。

7.1.2　计算机视觉的发展历程及开源软件

本小节我们将全面介绍计算机视觉在算法和应用两个方面的发展历程,希望能够让读者对计算机视觉技术有一个全面的认识和了解。

1)计算机视觉算法和应用的发展

现在一般认为,计算机视觉起源于20世纪60年代中后期,麻省理工学院启动了夏季视觉项目,让学生们设计一个程序用以让计算机理解所看到的东西,并在一个暑假内完成。显而易见,这个项目最后失败了。但是这个暑期项目被认为开启了计算机视觉这门独立学科的大门。

早期的研究者们普遍认为解决视觉方面的问题同分析音频信息类似,且相对于更高级的智能问题(如规划学习等)更容易解决。但是随着该技术的不断发展,人们逐渐明确了计算机视觉技术与传统的数字图像处理技术的界限:计算机视觉技术需要客观地表征图片中记录的三维场景和物体,作为进一步全面理解图像内容的基础。为了实现这一目标,早期的研究者使用边界线或二维线段拓扑结构等方式描述三维物体,研究重点偏向于对图像几何特征的描述,由于该类型图像特征较为直观,因此被认为是很多底层图像特征的首选提取方法结合当时发展较好的边界检测技术,对图像几何特征的检测和描述也取得了长足的进步。

如今,图像的几何特征仍然作为一种快捷、有效的提取特征,在流行的目标识别领域中扮演着很重要的角色。

20 世纪 80 年代,计算机视觉技术的进步主要集中在数学理论模型的突破,对图像场景进行定量分析的方式也逐渐多元化,很多当代非常流行的计算机视觉算法的数学模型都可以追溯到该时期的研究。比如图像金字塔技术开始在诸如图像融合及由粗略到精细的目标查询等技术中流行起来,80 年代晚期出现的小波技术也在不断地发展并展示出其在图像处理方面的优势。当时的研究者们还发现很多图像处理技术,无论是双目立体视觉、边界检测,还是建模技术,都可以在变量优化概念下被统一地描述为一类问题。与此同时,离散马尔可夫随机场、卡尔曼滤波器等技术也被提出并运用于计算机视觉领域。这些新技术都给计算机视觉领域带来很大变化。

20 世纪 90 年代,计算机视觉技术在应用领域取得广泛进展,很多基于实际项目需求的技术如指纹识别、光学字符识别、人脸识别等逐渐发展成熟。90 年代末期,基于统计模型的机器学习技术开始出现,并首次应用于面部识别技术及基于线性动态系统的曲线跟踪应用。以此为标志,统计理论被广泛应用于计算机视觉的各种前沿领域。

进入 21 世纪后,各种基于学习理论、模板匹配等模式识别技术的理论及应用不断出现,在 20 世纪 90 年代各种实用技术的基础上不断发展。融合各种图像特征、语义信息、模式识别方法,从而更加全面地分析和描述图像中的场景,即物体信息成为近年来计算机视觉发展的主流。另外,很多旧的视觉算法由于受到当时计算机水平的限制,仅限于理论探讨或数学推导。随着计算机软硬件技术的不断进步,这些算法的理念有很多被重新提出、加工和优化。其中最引人关注的是深度学习技术在计算机视觉领域的广泛应用。2006 年深度学习理论被提出后,卷积神经网络的表征学习能力得到了关注,并随着数值计算设备的更新得到了发展。2012 年的大规模视觉识别竞赛(ImageNet Large Scale Visual Recognition Challenge,ILSVRC)中,一种基于深度卷积神经网络模型的 AlexNet 成为优胜算法。这极大地震撼了整个计算机视觉研究领域。在此之后,一大批基于深度学习的模型算法涌现出来,时至今日,其已成为计算机视觉的主流算法之一。因此,本书在介绍计算机视觉技术时,也将着重介绍这一类算法。

2)计算机视觉算法领域的开源软件

开放源码(开源)的精神在于使用者可以使用、复制、散布、研究和改进软件,计算机视觉算法领域的开源软件的出现可追溯到 20 世纪 60 年代。开源软件的出现使得一些经典的算法可以被快速应用,大大加快了开发和应用速度。因此,本小节将介绍几种在计算机视觉领域中常用的开源软件平台,通过对这些平台的学习和应用能够大大加快计算机视觉相关应用的开发。

(1)OpenCV。

OpenCV 于 1999 年由 Intel 建立,如今由 Willow Garage 提供支持。OpenCV 是一个基于 BSD(Berkeley Software Distribution)许可(开源)发行的跨平台计算机视觉库,可以在 Linux、Windows 和 Mac OS 操作系统中运行。它轻量级而且高效——由一系列 C 函数和少量 C++语言构成,同时提供 Python、Ruby、MATLAB 等语言的接口,实现了图像处理和计算机视觉方面的很多通用算法。其被广泛运用在与数字图像技术相关的各个领域中,包括人机互动、物体识别、图像分割、人脸识别、动作识别、运动跟踪等。

（2）Tesseract。

Tesseract 在 2005 年由 HP 贡献给开源社区,后来由 Google 接手维护并持续对其改进和优化。Tesseract 使用 C＋＋语言编写的基于 Apache License 2.0 的开源 OCR（Optical Character Recognition,光学字符识别）软件。Tesseract 支持 C＋＋、Python、Java 调用,接口友好。由于其完整的功能、可以训练的特点,在开源后备受关注,但近些年逐渐被基于深度学习的OCR 超越。

（3）TensorFlow Object Detection API。

TensorFlow Object Detection API 是 Google 于 2017 年在 TensorFlow 平台上使用 Python 编写的基于 Apache License 2.0 协议的开源目标检测算法库,包括 SSD、Faster RCNN、R-FCN、Mask RCNN 等算法,使用它可以轻松构建、训练和部署目标检测的算法模型。

（4）Detectron。

Detectron 是 Facebook AI Research 于 2018 年在 Caffe2 上使用 C＋＋/Python 编写的基于Apache License 2.0 协议的开源目标检测与分割算法库。其包含了一些最先进的目标检测与分割算法,如 Fast R-CNN、Faster R-CNN、R-FCN、RPN、Mask R-CNN、RetinaNet 等,提供了在不同骨干网络（resnet-50、resnet-101、resnet-152、resnetxt-50、resnetxt-101、resnetxt-102、VGG16、FPN）、不同学习率（learning rate）和批量大小（batch size）在多个经典数据集上的实验结果。利用其提供的预训练模型,研究人员可以快速试验和评估新的算法。

（5）InsightFace。

InsightFace 是 DeepInsight 于 2018 年在 Mxnet 上使用 Python 编写的基于 MIT 协议的人脸识别算法库,包含人脸识别所用的经典损失函数,如 Softmax、Sphereface、CosineFace、ArcFace、Combined Margin 和 TripletLoss,对公开人脸识别数据集拥有较优的性能。

7.1.3　计算机视觉的主要应用场景

近年来与深度学习结合的计算机视觉技术逐渐成熟,被应用在各行各业中。我们总结了现阶段计算机视觉技术比较成熟的几个应用场景,主要包括人脸识别、视频分析、自动驾驶、工业视觉检测、医疗影像诊断、文字识别等。关于计算机视觉技术在土木工程领域的应用,我们将在之后的章节重点介绍。

人脸识别:人脸识别是目前人工智能视觉与图像领域中最热门的应用场景之一,是基于人的脸部特征信息进行身份识别的一种生物识别技术。用摄像机或摄像头采集含有人脸的图像或视频流,并自动在图像中检测和跟踪人脸,进而对检测到的人脸进行脸部识别。人脸与人体的其他生物特征（指纹、虹膜等）一样与生俱来,它的唯一性和不易被复制的良好特性为身份鉴别提供了必要的前提。目前人脸识别已经在多个领域得到了广泛的应用,采用人脸识别进行电子支付已经进入大众的生活。

视频分析:图像处理技术和人工智能技术的结合使人们可以更高效地对视频进行分析处理,通过识别视频中的目标、运动轨迹等,可以进行更多对行为和异常事件的分析,实现低成本的实时监控。在交通工程领域,视频分析可以用于车流量、人流量的识别。在土木工程领域,视频分析常被用于代替传统的传感器进行结构监测。这部分内容将在之后的章节做详细介绍。

自动驾驶:随着汽车的普及,汽车已经成为人工智能技术非常大的应用投放方向。但就目前来说,想要完全实现自动驾驶/无人驾驶,距离技术成熟还有一段路要走。不过利用人工智能技术,汽车的驾驶辅助功能及应用越来越多,这些应用多半基于计算机视觉和图像处理技术来实现。计算机视觉在自动驾驶中常常被用于周围环境的识别,通过摄像头采集相关环境信息进行处理,以供决策。

工业视觉检测:机器视觉可以快速获取大量信息,并进行自动处理。在自动化生产过程中,人们将机器视觉系统广泛地应用于工况监视、成品检验、质量控制等领域。机器视觉系统的特点是提高生产的柔性和自动化程度。它可运用在一些危险的工作环境中或人工视觉难以满足要求的场合。此外,在大批量的工业生产过程中,机器视觉检测可以大大提高生产效率和生产的自动化程度。

医疗影像诊断:医疗数据中有超过90%的数据来自医疗影像。医疗影像领域拥有孕育深度学习的海量数据,医疗影像诊断可以辅助医生,提升医生的诊断效率。

文字识别:计算机文字识别,俗称光学字符识别,它利用光学技术和计算机技术把印在或写在纸上的文字读取出来,并转换成一种计算机能够接受、人又可以理解的格式。这是实现文字快速录入的一项关键技术。

7.2　计算机视觉技术

7.2.1　传统的计算机视觉技术

计算机视觉的最终目标是使用计算机模拟人的视觉,包括理解并根据视觉输入采取行动。基本的图像处理、图像分析与我们所说的计算机视觉这个连续的统一体之间并没有明确的界限。我们可以考虑将这个统一体划分为三种典型的计算处理,即低级处理、中级处理和高级处理。低级处理涉及初级操作,如降低噪声的图像预处理、对比度增强和图像锐化。低级处理以输入、输出都是图像为特征。中级处理涉及诸多任务,比如物体的分类和识别、分割(把一幅图像分为不同的区域或目标),减少对这些目标物的描述,以使其更适合计算机处理及对不同目标进行分类(识别)。中级图像处理以输入是图像但输出是从这些图像中提取的特征(如边缘、轮廓及各物体的标识等)为特征。高级处理涉及"理解"已识别目标的整体,包括理解其外观特征和几何特征,以及在连续统一体的远端执行与视觉相关的认知功能。

从目标模型的角度理解,计算机视觉可分为两大子类:基于统计的计算机视觉和基于几何的计算机视觉。前者比较典型的主题有目标识别,而后者有多视角三维重建。值得注意的是,两者一般都以低级操作为依托;在中级处理任务范围内差别较大,或者取决于特征的提取方法;在高级处理及理解的范畴内,两大类视觉问题趋于一体(如自动驾驶中机器视觉问题)。特别是,在一些问题中,几何和统计的区别变成涉及哲学思辨的方法论问题。

本节将把重点放在一些重要的低级处理、中级处理和部分高级处理部分,脉络安排如图7-2所示。对于更基本的低级处理相关内容,建议读者参考数字图像处理教程进行学习。

而涉及模式、几何融合的高级处理方法,一般存在于最新的文献和当前的研究中。

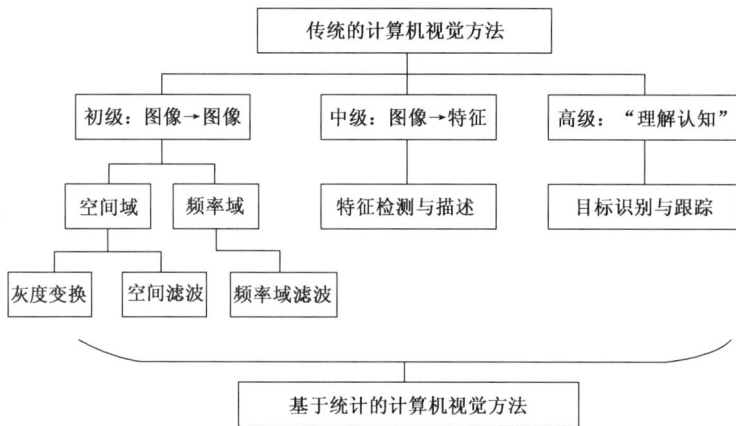

图 7-2　本节内容的脉络安排

1)图像基本变换[2]

(1)空间域。

空间域指图像本身,基于空间域的图像处理方法直接以图像中的像素操作为基础,这是相对于频率域中的图像处理而言的。空间域处理主要分为灰度变换和空间滤波两类,灰度变换在图像的单个像素上操作,主要以对比度和阈值处理为目的,空间滤波涉及改善性能的操作,如通过图像中每一个像素的邻域处理来锐化图像。

①灰度变换。

灰度变换是所有图像处理技术中最简单的技术,也可以看作邻域大小为 1×1 的空间滤波,在这种情况下,基本的灰度变换函数有:

图像反转。使用这种方式反转一幅图像的灰度级,可得到等效的照片底色。

对数变换。将输入中范围较窄的低灰度值映射为输出中较宽范围的灰度值,相反地,对高的输入灰度值也是如此处理。我们使用这种方式来扩展图像中暗像素的值,同时压缩更高灰度级的值。反对数变换的作用与此相反。

幂律(伽马)变换。其基本形式为 $s = cr^{\gamma}$。与对数情况类似,部分 γ 值的幂律曲线将较窄范围的暗色输入值映射为较宽范围的输出值,相反地,当输入高灰度级的值时也成立。然而,与对数函数不同的是,随着 γ 值的变化,幂律(伽马)变换将简单地得到一族可能的变换曲线。

分段性变换函数。分段性函数可以是任意、复杂的,一些重要变换的实际实现仅可由分段函数来明确表达,如对比度拉伸、灰度级分层、比特平面分层等。

②空间滤波。

空间滤波是图像处理领域应用广泛的主要工具之一。滤波一词借用频域处理,指的是接受(通过)或拒绝一定的频率分量。例如,通过低频的滤波器称为低通滤波器,低通滤波器的最终效果是模糊(或平滑)的图像。我们可以用空间滤波器(也称空间掩膜、核、模板和窗口)直接作用于图像本身以完成类似的平滑。

　　空间滤波器由一个邻域和对该邻域包围的图像像素执行的预定义操作组成,其原理如图 7-3 所示。滤波产生一个新像素,新像素的坐标等于邻域中心的坐标,像素的值是滤波作用的结果。滤波器的中心访问输入图像中的每个像素,就生成了处理(滤波)后的图像。如果在图像像素上执行的操作是线性操作,则该滤波器称为线性空间滤波器,否则就称为非线性空间滤波器。

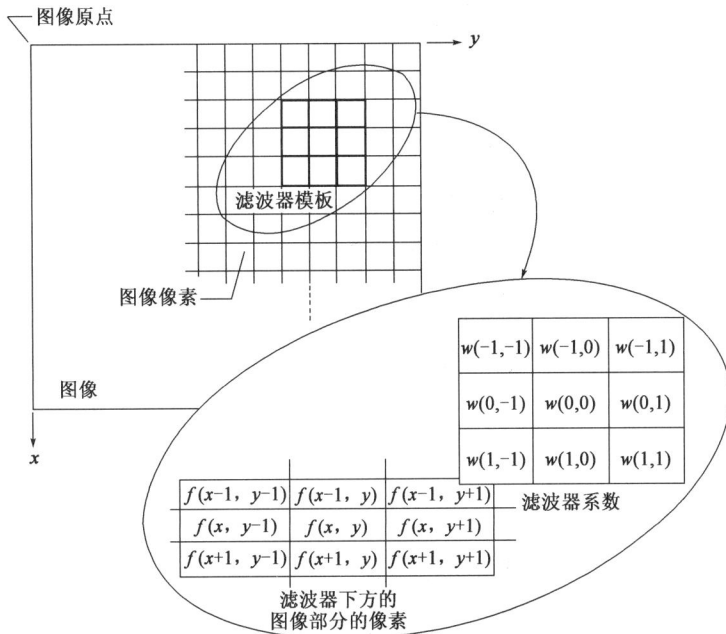

图 7-3　使用大小为 3×3 的滤波器模板的线性空间滤波机理[2]

　　(2)频率域。

　　频率域滤波(波数)为图像像元的灰度值随着位置变化的空间频率,以频谱表示信息的分布特征,可以将一幅图像的像元值在空间上的变化分解为具有不同振幅、空间频率和相位的简振函数的线性叠加,图像中各种空间频率成分的组成和分布称为空间频谱。这种对图像的空间频率特征进行的分解、处理和分析称为频率域处理。频率域处理中最典型的就是傅立叶变换,傅立叶变换能把图像从空间域变换到只包含不同频率信息的频率域,原图像上的灰度突变部位、图像结构复杂的区域、图像细节、干扰噪声等信息集中在高频区,而原图像上灰度变化平缓部位的信息集中在低频区。

　　傅立叶变换是将时间域转换为频率域的工具,傅立叶指出任何周期或函数都可以表示为不同频率的正弦和/或余弦和的形式,每个正弦和/或余弦乘以不同的系数(称该和为傅立叶级数)。无论函数多么复杂,只要它是周期性的,并且满足一定条件,都可以用这样的和表示。

　　频率域滤波基本步骤:输入→图像预处理→图像傅立叶变换→滤波器→反向傅立叶变换→图像裁剪→输出。

　　低通滤波器可以通过高频的衰减来达到将图像模糊化(频率域平滑)的目的,典型的理想低通滤波器、布特沃斯低通滤波器、高斯低通滤波器透视图如图 7-4 所示。

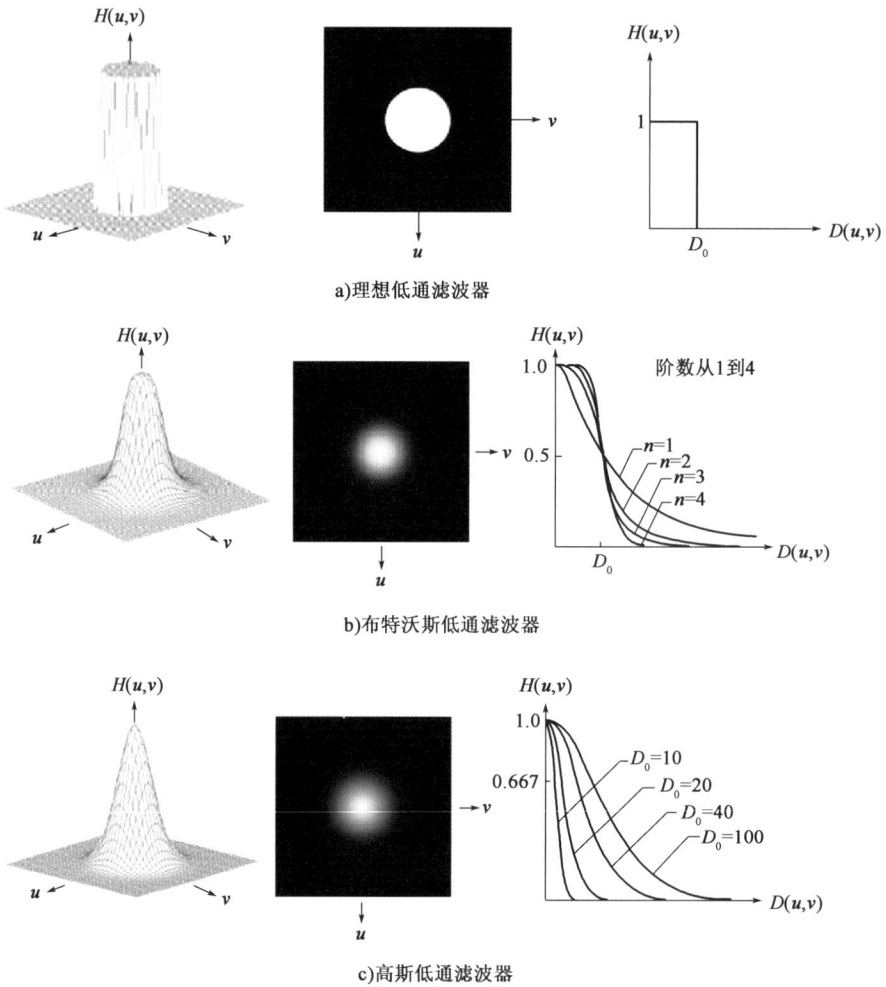

a)理想低通滤波器

b)布特沃斯低通滤波器

c)高斯低通滤波器

图 7-4 典型的低通滤波器透视图[2]

高通滤波器可以通过低频的衰减来达到将图像锐化(边缘聚变与高频有关)的目的,典型的理想高通滤波器、布特沃斯高通滤波器、高斯高通滤波器透视图如图 7-5 所示。

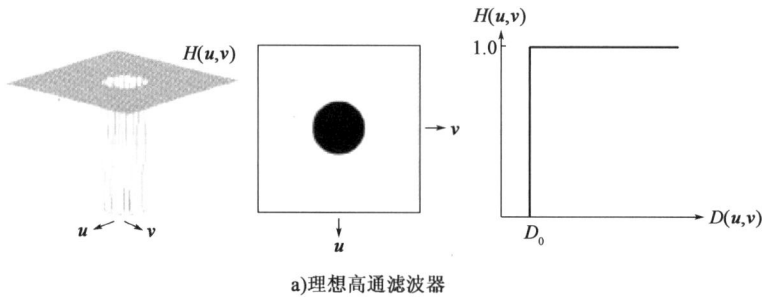

a)理想高通滤波器

图   7-5

b)布特沃斯高通滤波器

c)高斯高通滤波器

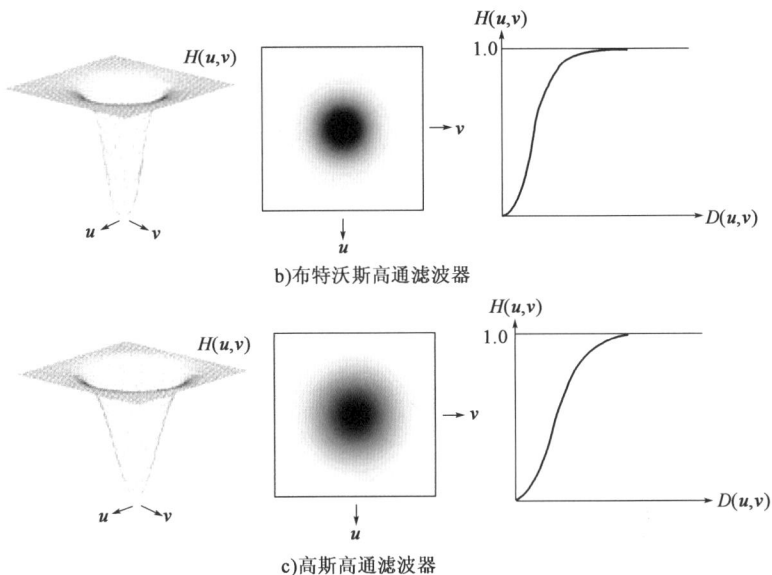

图 7-5　典型的高通滤波器透视图[2]

在很多应用中,也有许多时候需要选择性滤波,其兴趣是处理指定的频段或频率矩形的小区域。第一类滤波器分别称为带阻滤波器、带通滤波器(图 7-6),第二类滤波器称为陷波滤波器。

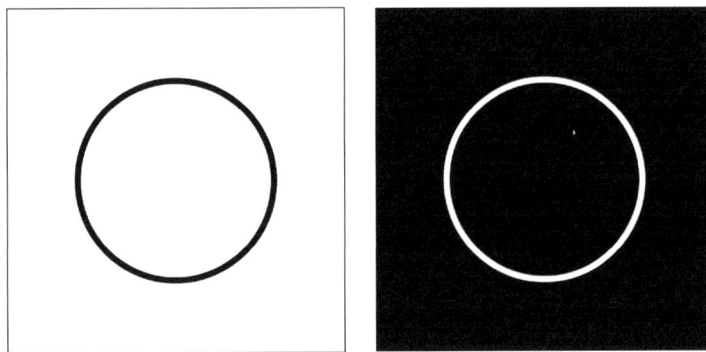

图 7-6　一个带阻高斯滤波器(左)和其相应的带通滤波器(右)[2]

2)特征检测与描述

传统的计算机视觉是广泛算法的集合,其中间重要的一环是根据图像中对象的属性进行后续的目标识别。一方面,属性可以是源图像本身(如在模板匹配方法中作为匹配模板的源图像);另一方面,属性也可以是从源图像中提取的特征。通俗地讲,特征就是有意义的图像区域,该区域具有独特的特征并易于辨识。特征提取的主要目的是在图像中提取出一些有价值的信息,在特征选择的过程中需要充分考虑目标的相关性,这样才能提取更加能够描述目标类别的特征,进而影响目标检测的精度。特征提取算法的准确性取决于算法的设计和灵活性,根据输入图像的类型和质量,不同的算法执行的成功程度不同。使用的图像特征大致可以分为三类,即边缘、角点和斑点。

（1）边缘检测。

边缘检测是图像处理与计算机视觉中极为重要的一种分析图像的方法,其目的在于找到图像中亮度变化明显的像素点构成的集合,这种集合表现出来的往往是图像的轮廓。如果图像的边缘能够被精确地测量和定位,那么就意味着实际的物体能够被定位和测量,包括物体的面积、物体的直径、物体的形状等。在实际的图像采集中,出现以下四种情况时,图像会表现为一个边缘:①深度的不连续(物体处在不同高度的平面上);②表面方向的不连续(如正方体的两个不同面);③物体材料不同;④场景中光照不同。

图 7-7 所示为图像中水平方向上的 7 个像素点的灰度值显示效果,我们很容易地判断在第 4 个和第 5 个像素之间有一个边缘,因为它们之间发生了强烈的灰度跳变。而在实际的边缘检测中,边缘远没有这样简单、明显,所以我们需要取对应的阈值来区分它们。

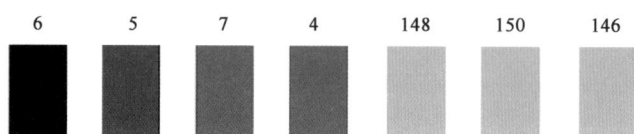

图 7-7　图像水平方向上的 7 个像素点灰度值的显示效果

基本的边缘检测方法包括:

①Roberts 边缘检测算子。Roberts 算子是一种最简单的算子,可以对图像进行简单、快速的二维空间梯度测量,突出显示对应于边缘的高空间频率区域。一般来说,输入与输出算子的均为灰度图像,输出中每个点处的像素值表示该点处输入图像的空间梯度的估计绝对值。Roberts 算子定位精度高,在水平方向和垂直方向的定位效果好,但对噪声敏感。

②Prewitt 边缘检测算子。Prewitt 算子原理是在图像空间利用两个方向模板与图像进行邻域卷积来完成的,这两个方向模板,一个检测水平边缘,一个检测垂直边缘。相比于Roberts算子,Prewitt 算子对噪声有抑制作用,其抑制噪声的原理是通过像素平均,因此对噪声较多的图像处理得比较好,但是像素平均相当于对图像的低通滤波,所以 Prewitt 算子对边缘的定位效果不如 Roberts 算子。

③Sobel 边缘检测算子。Sobel 算子对图像执行二维空间梯度测量,因此强调与边缘相对应的高空间频率区域。通常,它用于查找输入灰度图像中每个点的近似绝对梯度的大小。

④Canny 边缘检测。Canny 边缘检测是多阶段优化的方法,算法可以分为以下五个步骤:a. 使用高斯滤波器,以平滑图像滤除噪声;b. 计算图像中每个像素点的梯度强度和方向;c. 应用非极大值(non-maximum suppression)抑制,以消除边缘检测带来的杂散响应;d. 应用双阈值(double-threshold)检测来确定真实和潜在的边缘;e. 通过抑制孤立的弱边缘最终完成边缘检测。

（2）角点检测。

角点通常被定义为两条边的交点。比如,三角形有三个角,矩形有四个角,这些就是角点,也是它们被称为三角形、矩形的特征。从广义来说,角点指的是拥有特定特征的图像点,这些特征点在图像中有具体的坐标,并具有某些数学特征(比如局部最大或最小的灰度)。如果某一点在任意方向的一个微小的变动都会引起灰度很大的变化,那么我们就可以把该点看作角点。

目前角点检测算法主要可归纳为三类:基于灰度图像的角点检测、基于二值图像的角点检测和基于轮廓的角点检测。因为角点在现实生活场景中非常常见,所以角点检测算法也是一种非常受欢迎的检测算法,这里介绍一种经典的传统检测方法——Harris 角点检测方法。

Harris 特征角最早在 *A Combined Corner and Edge Detector* 中被 Chris Harris 和 Mike Stephens 提出[3]。如图 7-8 所示,Harris 角点检测的基本思想是使用一个固定窗口在图像上进行任意方向上的滑动,比较在滑动前与滑动后的两种情况下,窗口中像素灰度的变化程度,如果存在任意方向上的滑动都引起较大的灰度变化,那么就认为该窗口中存在角点。

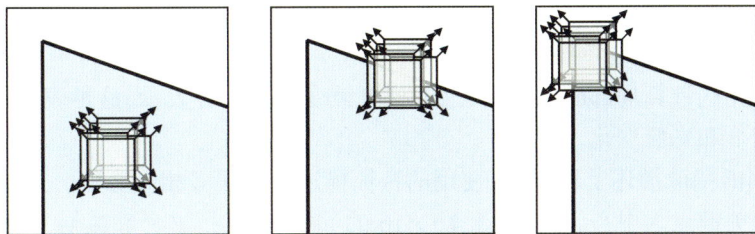

图 7-8　Harris 角点检测原理图

Harris 角点检测方法具有如下特点:①参数可调。通过设置其内部参数 k 可以调节角点检测的灵敏度以增减被检测角点的数量。②对亮度和对比度的变化不灵敏。③具有旋转不变性。④不具有尺度不变性。在后续的研究中,学者也对 Harris 角点检测方法进行了改进,结合高斯尺度空间表示开发了具有尺度不变性的多尺度 Harris 角点检测方法,也开发了具有仿射不变性的 Harris-Affine 检点检测方法,可以处理明显的仿射变换,包括大尺度变化和明显的视角变化,有兴趣的读者可以继续深入了解。

(3)斑点检测。

斑点通常是指与周围有着颜色和灰度差别的区域。由于斑点代表的是一个区域,相比于单纯的角点,它的稳定性更好,抗噪声能力更强,所以它在图像配准中扮演了很重要的角色。广为人知的斑点检测方法包括 HOG 特征检测方法、SIFT 特征检测方法、SURF 特征检测方法等。下面对这些方法的原理和效果进行简要介绍。

①方向梯度直方图(Histogram of Oriented Gradient,HOG)。

HOG 特征检测方法通过计算和统计图像局部区域的梯度方向直方图来构成特征。此方法在 2005 年由 Navneet Dalal 和 Bill Triggs 首先发表于 *CVPR*(*Computer Vision and Pattern Recognition*),用于静态图像或视频的行人检测[4]。HOG 的核心思想是对于一幅图像中的目标,局部目标的外形能够用其局部梯度方向和梯度强度分布特性很好地描述。其基本过程:首先将整幅图像分割成小的连通区域(称为细胞单元 cells),然后采集细胞单元中各像素点的梯度或边缘的方向直方图,最后将这些直方图组合起来构成特征描述器。为提高准确率,可以把这些局部直方图在图像中一个较大区域(block)内进行对比度归一化(contrast-normalized),所采用的方法是,先计算各直方图在这个区间(block)中的密度,然后根据这个密度对区间中的各个细胞单元做归一化,归一化后在光照和阴影变化时可以获得更好的效果。与其他描述子相比,HOG 得到的描述子保持了几何和光学转化的不变性(除非物体方向改变),因此 HOG 描述子尤其适合对人的检测。

②尺度不变特征变换(Scale-Invariant Feature Transform,SIFT)。

SIFT 方法由 David Lowe 在 1999 年发表于 ICCV(International Conference on Computer Vision)[5]。由于该算法对旋转、尺度缩放、亮度变化保持不变性,对视角变化、仿射变换、噪声也保持一定程度的稳定性,所以其备受关注。

SIFT 特征检测方法的思想并不复杂,主要包含四个步骤。a. 尺度空间极值检测。通过使用高斯差分函数来计算并搜索所有尺度上的图像位置,用于识别对尺度和方向不变的潜在兴趣点。b. 关键点定位。通过一个拟合精细的模型在每个候选位置上确定位置和尺度,关键点的选择依赖于它们的稳定程度。c. 方向匹配。基于局部图像的梯度方向,为每个关键点位置分配一个或多个方向,后续所有对图像数据的操作都是相对于关键点的方向、尺度和位置进行变换,从而为这些变换提供了不变性。d. 关键点描述。在每个关键点周围的区域内以选定的比例计算局部图像梯度,这些梯度被变换成一种表示,这种表示允许比较大的局部形状的变形和光照变化。

SIFT 使用的特征描述子和 HOG 使用的特征描述子有很多相似之处。如图 7-9 所示,它以检测得到的关键点为中心,选择一个 16×16 的邻域,然后把这个邻域划分为 4×4 的子区域,对梯度方向进行划分,分成 8 个区间,这样在每个子区域内就会得到一个 $4 \times 4 \times 8 = 128$ 维的特征向量,向量元素的大小为每个梯度方向的区间权值。得到特征向量后要对邻域的特征向量进行归一化,归一化的方向是计算邻域关键点的主方向,并将邻域根据主方向旋转至特定方向,这样就使得特征具有旋转不变性。然后根据邻域内各像素的大小把邻域缩放到指定尺度,进一步使得特征描述子具有尺度不变性。

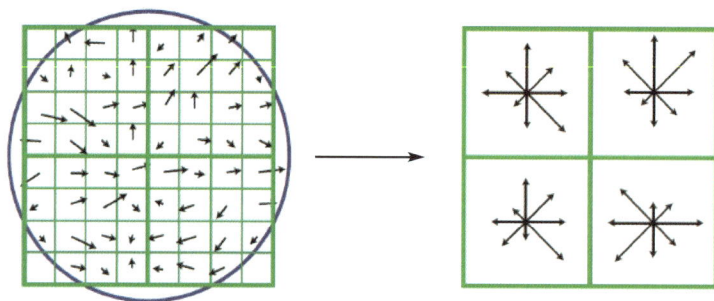

图 7-9 SIFT 局部特征描述[5]

③SURF 特征检测方法。

SIFT 特征检测方法有非常多的优点,但是也有其致命的缺陷——实时性不足。加速鲁棒特征(Speed Up Robust Feature,SURF)是 SIFT 检测算法的改进版,主要体现为速度的加快,SURF 的检测速度是 SIFT 的 3 倍。SIFT 在尺度和旋转变换的情况下匹配效果比 SURF 好,而 SURF 在亮度变化下匹配效果比较好。

在生成尺度空间方面,SIFT 算法利用的是差分高斯金字塔与不同层级的空间图像相互卷积生成,SURF 算法采用的是不同尺度的盒子滤波器(box filters)与原图像卷积;在特征点检验时,SIFT 算子先对图像进行非极大值抑制,再去除对比度较低的点,然后通过 Hessian 矩阵去除边缘的点,而 SURF 算法则先通过 Hessian 矩阵来检测候选特征点,然后对非极大值的点进行抑制;在特征向量的方向确定上,SIFT 算法是在正方形区域内统计梯度的幅值的直方图,找到最大梯度的幅值所对应的方向,SIFT 算子确定的特征点可以有一个或一个以上的方向,其中包括一个主方向与多个辅方向,SURF 算法则是在圆形邻域内,检测各个扇形范围内水平、垂直方向上的 Haar 小波响应,找到模值最大的扇形指向,且该算法的方向只有一个;生成特征描述子时,SIFT 算法是将 16×16 的采样点划分为 4×4 的区域,从而计算每个分区种子点的幅值并确定其方向,共计 $4 \times 4 \times 8 = 128$ 维,SURF 算法将 20×20 的正方形分割成 4×4 的小方格,每个子区域中有 25 个采样点,计算小波 Haar 响应,一共 $4 \times 4 \times 4 = 64$ 维。综合以上几点,SURF 算法在各个步骤上都简化了一些烦琐的工作,仅仅计算了特征点的一个主方向,生成的特征描述子与前者相比也降低了维数,因而提高了速度。

3)目标识别与跟踪

传统的计算机视觉技术包括对图像中各个区域的识别,称这些区域为目标或模式。通过使用定量特征来描述各种模式,如长度、面积、纹理等,是目前主要应用的目标识别方法,之后通过对连续图像中的目标进行匹配,或直接利用视频各帧之间存在的关系对目标进行跟踪。下面介绍土木工程领域常用的目标识别与跟踪方法。

(1)模板匹配技术。

模板匹配技术是跟踪目标最有效的图像处理技术之一。模板匹配是一个计算密集型的过程,其目的是在图像中定位模板。图 7-10 所示为基于模板匹配技术进行结构位移测量的流程图,该技术主要包括两个部分:①模板图像 T;②期望在其中找到与模板图像匹配的源图像 I。

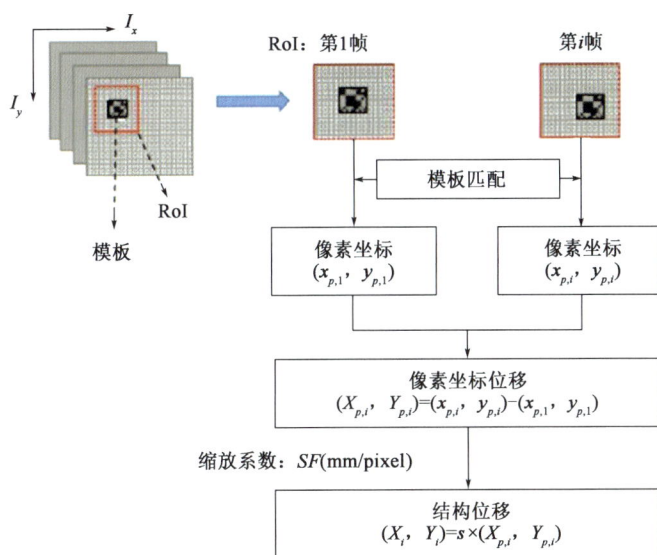

图 7-10　基于模板匹配技术的结构位移测量方法[6]

基于模板匹配技术的重点是匹配,经典的方法是利用穷举搜索策略直接匹配图像强度。为了识别匹配区域,通过每次将模板移动一个像素(从左到右,从上到下),将模板图像与源图像进行比较。在每个位置都计算一个度量来表示模板图像和源图像的特定区域之间的相似度,依次储存 I 上 T 的每个位置 (x, y) 的相似度,通过搜索相似度分布的峰值位置,确定模板在源图像中的位置。如图 7-10 所示,视频图像中模板位置不同会产生平面内位移矢量。

现有采用视觉传感器的相关性标准或相似性指标/度量通常分为两类：①互相关（Cross Correlation，CC）准则，包括 CC、归一化互相关（Normalized Cross Correlation，NCC）和零归一化互相关（Zero-Normalized Cross Correlation，ZNCC）；②平方差和（Sum of Squared Differences，SSD）相关准则，包括 SSD、归一化平方差和（Normalized Sum of Squared Differences，NSSD）和零归一化平方差和（Zero-Normalized Sum of Squared Differences，ZNSSD）。研究表明，ZNCC 和 ZNSSD 相关准则有鲁棒性最强的抗噪性能，且对照明的偏移量和线性比例不敏感；NCC 和 NSSD 相关准则对照明的线性比例不敏感，但对照明的偏移敏感；而 CC 和 SSD 的相关准则对所有的照明波动都很敏感。

（2）数字图像相关。

数字图像相关（DIC）是一种基于光电成像和计算机自动或半自动处理的非接触、高精度光测技术，它通过比较试样表面在变形前后所成图像中的信息变化提取试样的变形（位移和应变）信息。数字图像相关又称为数字散斑相关方法（Digital Speckle Correlation Method，DSCM）或数字图像/散斑相关（Digital Image/Speckle Correlation，DISC）及电子散斑照相（Electronic Speckle Photography，ESP）等，于 20 世纪 80 年代初由 Yamagichi[7]，W. H. Peters 和 W. F. Ranson[8]最早提出。

数字图像相关方法的核心是相关匹配运算。相关匹配可以在图像空域和频域上进行，分别称为空域相关运算和频域相关运算。由于频域方法不允许图像子区出现变形，因此它的测量精度较低。而空域相关运算可以得到比频域相关运算更高的变形测量精度。所以，绝大多数的相关文献都采用基于空域的相关方法[9]。一般其过程为定义相关函数→优化相关函数→获得亚像素位移。

二维数字图像相关的方法只能测量平面物体的面内位移，并且对被测物体、被测物体的变形状态以及光路布置都提出要求，其位移精度除了受硬件（摄像系统）影响之外，还受算法实现过程中相关函数、相关函数优化算法、亚像素灰度插值方法、散斑图像、系统噪声、相关计算窗口大小等多种因素影响。1993 年，Luo、Sutton 等[10]利用两个摄像机从不同角度对被测物体的表面成像，首先对双目立体视觉模型进行标定，获得两个摄像机的内外参数，然后直接利用二维数字图像相关的匹配算法得到左右两幅图中对应点的视差。利用各点的视差数据和预先获得的标定参数就能恢复物体表面的三维形貌。而通过比较施加荷载前后测量区域内各点的三维形貌的变化，就能得到全场的三维位移分布。三维数字图像相关方法可用于平面或曲面物体表面的三维形貌和三维变形测量，虽然其实现起来较为复杂，但与二维数字图像相关方法相比，三维数字图像相关方法在工程上的应用前景更为广阔。

此外，除了基于双目立体视觉原理的三维数字图像相关方法，还有利用高空间分辨率的X 射线计算机断层扫描成像（X-ray Computed Tomography，X-CT）进行立方体单元变形的跟踪，以及利用同步辐射 CT 进行以结构内部为变形场的研究[11-12]。这些被称为数字体的相关方法，提供了一种观测材料内部变形场的全新手段。

（3）运动目标跟踪。

运动目标跟踪是指在一段序列图像中的每幅图像中找到感兴趣的运动目标（包括位置、速度、加速度等运动参数）。

运动目标检测是实现目标识别与跟踪的基础。由于视频序列是由在时间上具有一定连续性的图像帧序列构成的,故对视频中运动目标的检测要按照一定的周期从视频序列中提取出图像帧序列来实现。因此运动目标的检测方法与静态图像中的目标检测方法有相似的地方,只不过在运动目标检测中将更多地依赖于目标的运动特性,即时间上的连贯性。

运动目标检测的方法主要有以下几类:

①帧间差分法。相邻帧间差分法是通过相邻两帧图像的差值计算,获得运动物体的位置和形状等信息的运动目标检测方法。其对环境的适应性较强,特别是对光照的变化适应性强。但由于运动目标上像素的纹理、灰度等信息比较接近,帧间差分法不能检测出完整的目标,只能得到运动目标的部分信息且对运动缓慢的物体不敏感,存在一定的局限性。两帧差分法适用于目标运动较为缓慢的场景,当目标运动较快时,由于目标在相邻帧图像上的位置相差较大,两帧图像相减后并不能得到完整的运动目标,因此,人们在两帧差分法的基础上提出了三帧差分法。帧间差分法的原理简单,计算量小,能够快速检测出场景中的运动目标。但其检测的目标不完整,内部含有"空洞",这是因为运动目标在相邻帧之间的位置变化缓慢,目标内部在不同帧图像中相重叠的部分很难被检测出来。帧间差分法通常不单独用在目标检测中,往往与其他的检测方法结合使用。

②光流法。光流是图像亮度的运动信息描述。光流技术基于图像中相邻点的亮度是相似的前提,即图像中亮度变化平稳。在该前提下,光流法将三维空间中的图像表面的亮度点的速率信息映射为近似的二维运动场来进行计算。在目标检测过程中,基于光流方法的运动检测运用运动目标随时间变化的流矢量特性在图像序列中检测运动区域。由于采用了光流场信息,可以得到完整的运动信息,能很好地从背景中检测到不同的运动目标等前景,甚至可以检测到运动目标的一部分。因此可以实现单一摄像机运动过程中对独立运动目标的检测。不过,该检测算法的计算量大,且复杂、耗时。

③背景差分法。背景差分法是利用当前图像与背景图像的差分来检测运动区域的一种技术。它一般能够提供最完全的特征数据,但对动态场景的变化(如天气、光照、背景扰动等)特别敏感,运动目标的阴影也会影响检测结果的准确性及跟踪的精确性。其基本思想是首先获得一个背景模型,然后将当前帧与背景模型相减,如果像素差值大于某一阈值,则判断此像素属于运动目标,否则属于背景图像。背景模型的建立与更新、阴影的去除等对跟踪结果至关重要。时间平均法是获得背景图像的经典方法,但是这种方法容易将前景运动目标混入背景图像中;也可以通过统计平均法,即通过对连续图像序列进行统计平均来获得背景图像。

对运动目标的跟踪,即通过目标的有效表达,在图像序列中为目标定位。依据运动目标的表达和相似性度量,运动目标跟踪算法主要有以下几类:

①基于主动轮廓的跟踪。主动轮廓模型 Snake 是在图像域内定义的可变形曲线,通过对其能量函数的最小化,动态轮廓逐步调整自身形状与目标轮廓保持一致,该可变形曲线又称为 Snake 曲线。Snake 技术可以处理任意形状物体的任意形变,首先将分割得到的物体边界作为跟踪的初始模板,然后确定表征物体真实边界的目标函数,并通过降低目标函数值,使初始轮廓逐渐向物体的真实边界移动。其优点是不但考虑了来自图像的灰度信息,而且考虑了整体轮廓的几何信息,增强了跟踪的可靠性。跟踪过程实际上是解的寻优过程,计算量比较大,对于快速运动的物体或者形变较大的情况,跟踪效果不够理想。

②基于特征的跟踪。基于特征匹配的跟踪方法不考虑运动目标的整体特征,只通过目标图像的一些显著特征来对目标进行跟踪。假定运动目标可以由唯一的特征集合表达,搜索到该相应的特征集合就被认为跟踪上了运动目标。除了用单一的特征来实现跟踪外,还可以将多个特征信息融合在一起作为跟踪特征。该方法的优点在于对运动目标的尺度、形变、亮度等变化不敏感,即使目标的某一部分被遮挡,只要还有一部分特征可以被看到,就可以完成跟踪任务。

③基于区域的跟踪。基于区域的跟踪算法的基本思想是:a. 得到包含目标的模板,该模板可通过图像分割获得或预先人为确定,模板通常为略大于目标的矩形,也可为不规则的形状。b. 在序列图像中,运用相关算法跟踪目标。该方法的优点在于当目标未被遮挡时,跟踪精度非常高,跟踪非常稳定。但其缺点首先是费时,当搜索区域较大时情况尤其严重;其次,算法要求目标变形不大,且不能有太多遮挡,否则相关精度下降会造成目标丢失。

(4)几何三维重建方法。

基于视觉的三维重建,指通过摄像机获取场景物体的数据图像,并对此图像进行分析处理,再结合计算机视觉知识推导出现实环境中物体的三维信息。这里介绍一种几何三维重建方法——SfM,即 Structure from Motion。SfM 是从一系列包含视觉运动信息的多幅二维图像序列中估计三维结构的技术,通过 2D 图像之间的匹配推断出相机的各项参数,最终推算出 3D 信息。与立体视觉不同,在立体视觉中,两个相机之间的相对位姿是通过标定靶精确标定出来的,在重建时直接使用三角法进行计算;而在 SfM 中该相对位姿是需要在重建之前先计算的。相关点可以用 SIFT、SURF 等方法来匹配,而对相关点的跟踪则可以用光流法来完成。

该方法的基本流程一般分为以下几步:①相机标定,获取相机的各项参数;②使用标定好的相机从多个角度拍摄同一场景的图片,并按序号进行保存;③对相邻图像两两计算匹配特征点;④使用前一步中计算好的特征点计算基础矩阵;⑤通过基础矩阵计算本征矩阵;⑥通过本征矩阵计算两个视角之间的运动,即 R、T;⑦计算出[R|T]矩阵后,使用光学三角法对所有的特征点进行重建。

7.2.2 基于深度学习的计算机视觉技术

深度学习是机器学习的一个分支或子领域。深度学习(DL)一词最初在 1986 被引入机器学习(ML),后来在 2000 年被用于人工神经网络。深度神经网络使用多层次的非线性信息处理和学习具有多个抽象层次的数据特征。2006 年,深度学习的概念在人工智能领域被提出,使用"无监督预训练对权值进行初始化"和"有监督训练微调"两种方案解决深层次网络中的梯度问题,揭开了深度学习在学术界和工业界的序幕[13]。在计算机视觉领域,大规模的数据集加上深度卷积神经网络(CNNs)强大的表达能力,可以形成超精确的鲁棒模型,给计算机视觉技术带来革命性的进步,也是目前人工智能研究的热点。

1)卷积神经网络

卷积神经网络是深度学习技术的一种,现已经在诸多领域得到了广泛的应用并取得了优异的成绩。卷积神经网络在一层或多层中使用卷积运算来代替传统的神经网络"层"与"层"之间的连接,卷积是一种特殊的线性运算,在图像处理领域,卷积运算是指二维卷积运算,图 7-11 展示了一个在二维张量上的卷积运算(核没有翻转)的例子。卷积运算从稀疏交互、参数共享和等变表示三个方面改善了神经网络的性质,这些性质赋予了卷积神经网络优异的性能。下面依次介绍这些思想。

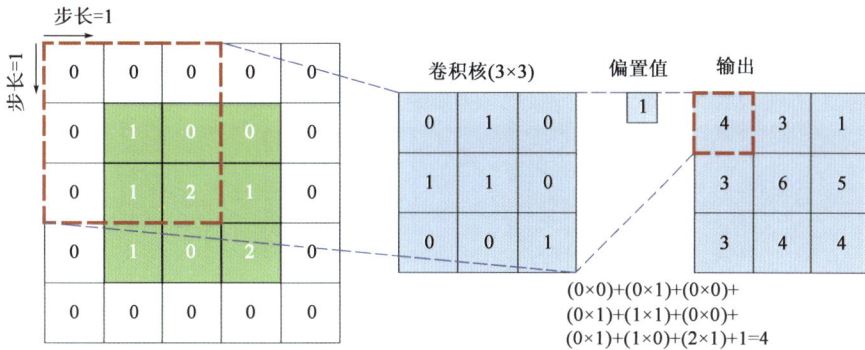

图 7-11　二维张量卷积运算的例子(核没有翻转)

　　传统神经网络"层"与"层"的输入与输出之间的关系依赖于矩阵乘法,即用该"层"的权值矩阵与该"层"输入向量的乘积来描述该"层"输入与输出的关系,这表明每一个输出单元均与所有的输入单元直接交互。卷积神经网络具有稀疏交互或者稀疏连接的性质,这通过让卷积核比输入矩阵小来实现。举例来说,当使用卷积神经网络处理图像时,网络的输入图像可以是一个巨大的矩阵,但是使用相对较小的卷积核仍然可以检测出一些类似于物体边缘的有意义的特征。这些卷积核相对于图像来说要小得多,可以减少参数的存储,显著地减少模型的计算量并且降低存储的成本,这些效率上的提高是很可观的。

　　参数共享是卷积神经网络的另一个特点[14],具体是指在卷积神经网络模型的运算过程中,模型中的一些函数使用相同的参数值进行计算,传统神经网络某"层"权值矩阵的每一个元素在计算该层的输出时仅被使用了一次,不会被重复使用,权值矩阵的每一个元素仅代表某一个输入单元与网络该"层"某个神经元之间的联系。参数共享可以理解为给神经元的权值增加"约束",被施加于某一输入单元的权值也被应用于其他输入单元与权值的连接。卷积神经网络在输出时,每一个卷积核都被应用于输入张量的每一个位置上,对卷积神经网络的某一"层"而言,参数共享的性质意味着在网络训练迭代的过程中并不需要得到每一个输入与该"层"所有神经元的对应权值,而仅需要得到一组数量相对较小的权值,这使得网络权值的存储更加高效,并且降低了网络模型在运行过程中对内存的需求。

　　池化函数有许多种类,常见的有最大池化函数、平均池化函数等,最大池化函数用一个矩形区域内的最大值代替这个矩形区域,在图像识别的任务中比较常见;平均池化函数是另外一种常见的池化函数,它把一个矩形区域的数值用其均值代替。相较于最大池化函数,平均池化函数可以多保留一些网络的输出特征,图 7-12 为池化运算示意图。

　　池化函数对卷积神经网络有两个重要的性质:①池化函数可以降低输入的复杂度。例如,二维的输入中,核的大小为 2×2,步长为 2 的池化函数使输入变为原来的 1/4。这可以提高网络的效率,减少网络的运行时间。②池化函数增加了输入的鲁棒性。具体而言,当输入出现了一个微小扰动时,例如输入进行微小的平移,池化层输入的大部分结果都不会发生改变。

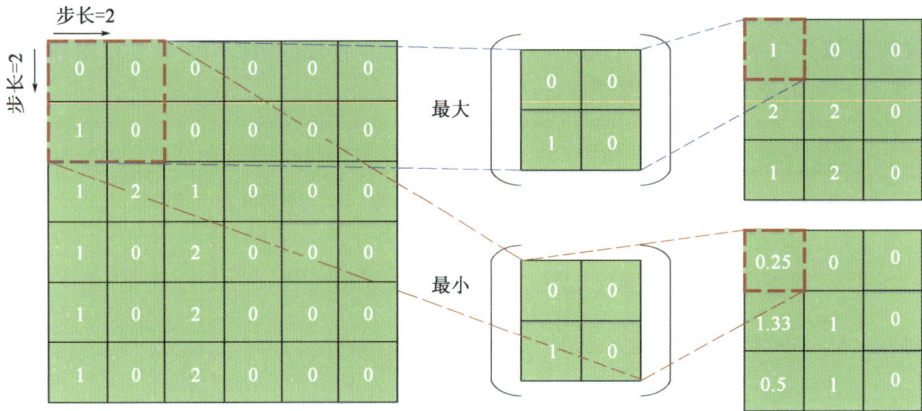

图 7-12　池化运算示意图

深度神经网络包含多个非线性的隐含层,这让它能够拟合出输入与输出之间复杂的函数关系。然而,在训练数据有限的情况下,这些拟合出的函数关系有许多是因为数据的噪声形成的,这就是神经网络的过拟合。大规模的神经网络不仅容易出现过拟合的现象,而且因为训练和使用神经网络都需要消耗大量的计算,所以对于大型的深度神经网络,不适合使用神经网络集成的方法。Dropout 就是解决这类问题的一种有效的方法[15],这种方法的核心思想是在训练神经网络的过程中,每次迭代都随机地丢弃一些单元,这样可以减弱神经元之间的联合适应性。在训练阶段,每一次都相当于训练一个"瘦"的网络,在神经网络的测试阶段使用所用的单元进行预测,这样也近似于使用多个神经网络模型同时预测然后求均值的方法。图 7-13 为 Dropout 方法示意图,图 7-13a) 是一个具有两个隐层的神经元,图 7-13b) 为对图 7-13a) 中的神经网络使用 Dropout 方法后得到的"瘦"的神经网络。

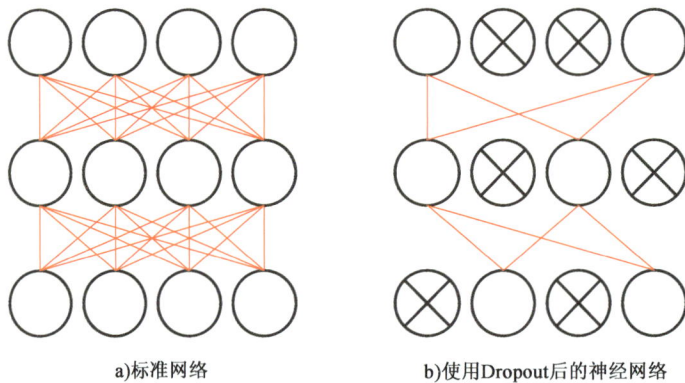

a)标准网络　　　　　　　　b)使用Dropout后的神经网络

图 7-13　Dropout 方法示意图

Dropout 在一定程度上实现了训练不同的模型,并在预测的时候综合不同模型的预测结果,有效地防止网络出现过拟合,这使神经网络表现得更好。丢掉一个单元是指在训练神经网络的时候暂时把它及与该单元相关的网络连接移除神经网络,至于哪个单元会被移除是随机的。在最简单的情况下,每个单元是否被保留的概率是一个常数 p,而且每一个单元是否被保留都是相互独立的。一般情况下,$p = 0.5$ 是经验上比较好的选择,而对于输入层,p

的取值接近1,这使得输入的变化不会太大。

一般统计机器学习假设训练与测试数据具有相同的分布,通过模型训练拟合训练数据的分布来对测试集进行预测。网络训练的过程中参数不断改变导致后续每一层输入的分布也发生变化,这种参数变化对网络每一层输入的影响又随着网络深度的增加而愈发显著。

BN是2015年Google研究员提出来的一种训练神经网络的方法[16]。BN也是神经网络的组成部分,BN使得对神经网络的训练变得更加容易,BN层把归一化变为神经网络的一部分,并对每次传入网络的一小批数据进行归一化。BN层让神经网络的训练更加稳定,减少了网络对权值初始化的依赖,它能够在神经网络训练时使用更高的学习率,从而训练提高神经网络的收敛速度,相当于神经网络的一种正则化方法。

2)卷积神经网络的应用场景

基于深度学习的计算机视觉技术,主要方向有分类(classification)、检测(detection)、分割(segmentation)、姿势估计(pose estimation)、增强和恢复(enhancement and restoration)以及动作识别(action recognition)等。其中,分类任务的主要思想是通过CNN对图片进行特征提取,然后通过Sigmoid或者Softmax分类层进行分类,去掉分类层以后,分类网络便可成为特征提取网络,可拓展为其他任务。如将去掉分类层后的网络用于提取行人特征后,加上度量学习损失(triplets)便可用于行人重识别;将特征提取网络加上坐标归回分支,结合滑窗法或候选框生成网络便可拓展为检测网络,将分类层替换成卷积层,则可以进行像素层次的分类,即语义分割网络。在土木工程领域,应用场景最多的是图像分类、目标检测和分割三个方向。

(1)图像分类。

图像分类是从给定的分类集合中给图像分配一个标签的任务。基于深度学习的图像分类的主要思路是使用卷积神经网络从大量的已知标签的数据集中提取特征并进行分类。1998年,LeNet卷积神经网络首次采用了多层人工卷积结构对手写的数字进行识别[17],LeNet使用卷积层提取特征,使用池化层进行下采样,使用全连接层和激活层进行分类。卷积神经网络的最基本架构有卷积层、池化层、全连接层、激活层。卷积层是指网络使用一系列卷积运算对输入的图片进行特征提取。池化层一般置于卷积层之后,用于压缩数据和参数的量,保持特征的不变性,减小过拟合风险。全连接层在整个卷积神经网络中起到“分类器”的作用。激活层一般使用非线性函数增加网络的拟合能力,特殊的激活函数能够更高效地解决特定的问题。

2012年,AlexNet[18]使用8层CNN网络结构对图像进行分类,在ImageNet图像分类比赛中获得冠军。该模型采用了数据扩充、局部响应归一化、ReLU函数、池化、Dropout等有效方法,避免了过度拟合,对以后的所有深度学习模型都产生了很大的影响。

2014年,GoogLeNet[19]系列网络Inception v1、Inception v2和Inception v3相继被提出。Inception v1(图7-14)采用“分离-融合”的策略,将输入的特征先使用1×1卷积降维,然后分别通过1×1卷积、3×3卷积、5×5卷积和3×3池化运算,最后沿着通道进行拼接。这种设计增加了网络的宽度、深度,减少了参数,降低了计算。Inception v2将5×5卷积拆分成两个3×3卷积,并针对Internal Covariate Shift(内部协变量偏移)问题,提出了批归一化(Batch Normalization,BN),其能够加速网络收敛的速度,并在一定程度上降低网络过拟合的风险。Inception v3 采用非对称卷积,将 $N \times N$ 卷积分解成 $1 \times N$ 卷积和 $N \times 1$ 卷积,并且在池化层前增加特征通道。Inception v3 每一层用的结构都不一样,因此,工程成本很高。2014 年,VGG 进一步证明了网络结构的深度可以提高图像分类的准确性。

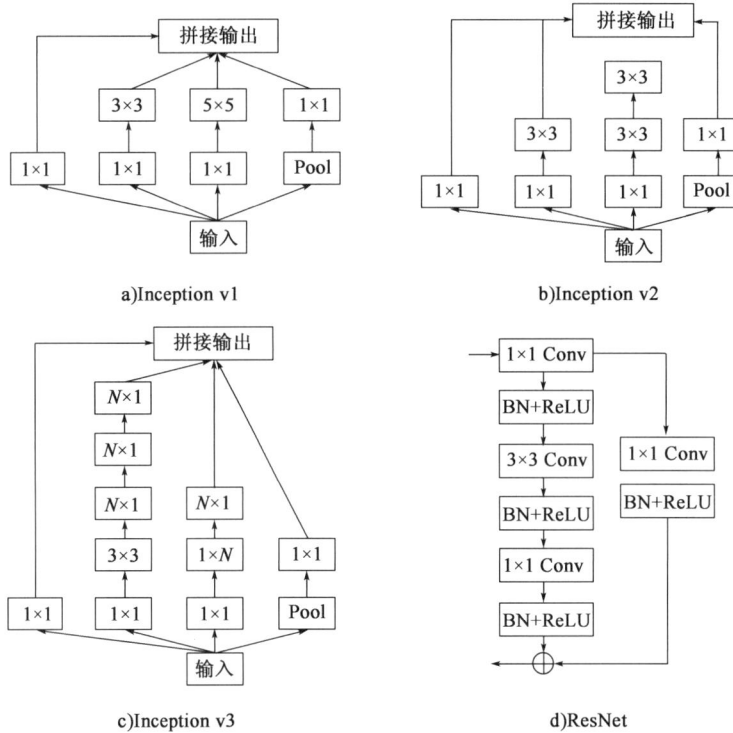

a)Inception v1   b)Inception v2

c)Inception v3   d)ResNet

图 7-14　Inception 网络结构示意图[19]

2015 年,针对深度网络中存在的梯度消失问题,ResNet[20] 采用了一种深度残差结构,通过学习"残差"来解决梯度消失问题,并获得了较高的分类准确率。在 ResNet 之前,通常通过堆叠网络的深度来提高准确率,因为 CNN 能够提取低(Low)/中(Mid)/高(High)层次的特征。网络的层数越多,意味着能够提取到的不同层次的特征越丰富,并且越深的网络提取的特征越抽象,越具有语义信息,但简单地增加网络层数,会导致梯度消失和梯度爆炸。此外,模型存在退化问题,即随着网络层数的增加,训练集上的准确率会饱和甚至下降。ResNet的主要思想是在网络中增加直连通道,即 Highway Network(高速网络)的思想。此前的网络结构是将性能输入做非线性变换,而 Highway Network 则允许保留之前网络层一定比例的输出,允许原始输入信息直接传到后面的层中。ResNet 的基本 Bottleneck 模块第一个 1×1 的卷积把 256 维通道降到 64 维,然后在最后通过 1×1 卷积恢复,中间做一次 3×3 的卷积操作,整体上相比于其他网络大大地减少了参数的数量。

此后,Wide-ResNet[21]、ResNeXt[22]、DenseNet[23]等优秀的分类网络相继被提出,其中优势模块的设计思想极大地推动了图像分类领域的发展。Wide-ResNet 在 ResNet 的基础上进行改进,增大每个残差块中的卷积核数量,如图7-15所示。将之前的 1×1 卷积→3×3 卷积→1×1 卷积更换为两个 3×3 卷积,且在卷积层之间加入 Dropout。ResNeXt 借鉴分组卷积的思想,每个模块采用"划分-变换-整合"操作,将输入特征沿着通道分成 N 份($N = 32/64$),之后每个分支单独进行 1×1 卷积→3×3 卷积→1×1 卷积运算,最后将各个分支的结果相加。该设计在不增加参数复杂度的前提下提高了准确率,同时还减少了超参数的数量。DenseNet 采用更为密集连接的卷积网络,通过特征重用进一步改善层间的信息流。如图 7-15 所示,每一层都连接到前一层,作为下一层的输入。与 ResNet 不同,这些特征图是通过连接而不是求和来组合的。该设计缓解了消失梯度的问题,加强了特征传播,鼓励特征重用,并大大减少了参数的数量。

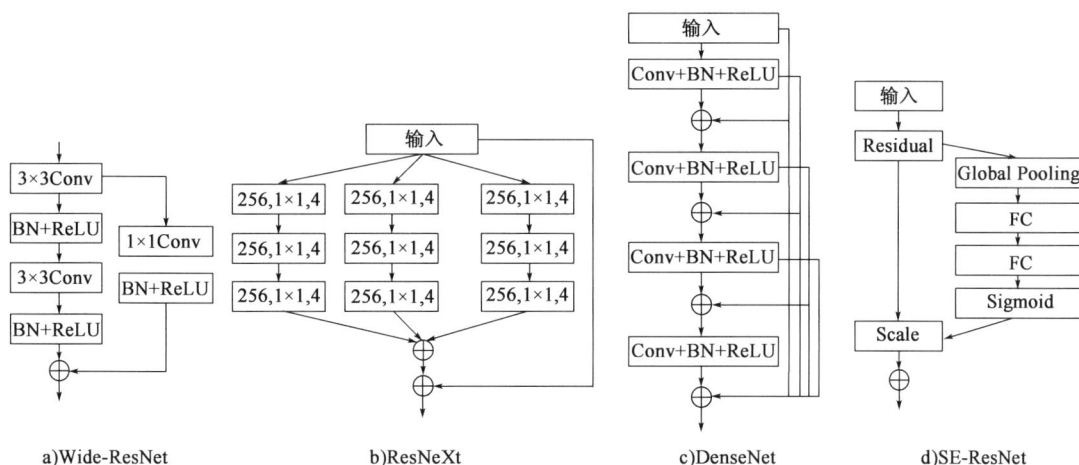

图 7-15　ResNet 网络改进结构示意图[21-23]

（2）目标检测。

目标检测的任务是找出图像或视频中感兴趣的物体,同时检测出它们的位置和大小。目标检测是机器视觉领域的核心问题之一。进入深度学习时代以来,物体检测的发展主要集中在两个方向:两步（Two Stage）算法（如 R-CNN[24] 系列）和一步（One Stage）算法（如 SSD）等。两者的主要区别在于 Two Stage 算法需要先生成 Proposal（一个有可能包含待检物体的候选框）,然后进行细粒度的物体检测,而 One Stage 算法会直接在网络中提取特征来预测物体的分类和位置。Two Stage 算法中,Faster RCNN[25] 在结构上将特征抽取、候选区域提取、目标框回归与分类都整合成一个端到端的网络,综合性能尤其是检测速度方面大幅提高,成为 Two Stage 算法的经典网络。One Stage 算法中,SSD 将检测转化为回归,一次完成目标定位与分类,并基于 Faster R-CNN 中的 Anchor 概念,提出了相似的 Prior Box 概念,加入基于特征金字塔（Pyramidal Feature Hierarchy）的检测方式,即在不同感受视野的特征图上预测目标,相比 Faster R-CNN 有明显的速度优势,成为 One Stage 算法的经典网络。

①Faster R-CNN。

2014 年,R-CNN[26] 算法首次通过滑窗法从图片中提取 2000 个类别独立的候选区域（可能目标区域）,对于每个候选区域利用卷积神经网络来获取一个特征向量,对于每个区域相应的特征向量,利用支持向量机 SVM 进行分类,并通过目标框回归运算调整目标包围框的大小,将 CNN 方法结合滑窗法实现了 CNN 在目标检测领域内的应用,拉开了 CNN 在目标检测领域内应用的序幕。Faster R-CNN[25] 在 R-CNN 的基础上做了相应的改进,整个 Faster R-CNN 可以分为三部分:特征提取网络（Backbone）、候选检测框生成网络（Region Proposal

Networks, RPN)、RoI Pooling 与分类网络,如图 7-16 所示。

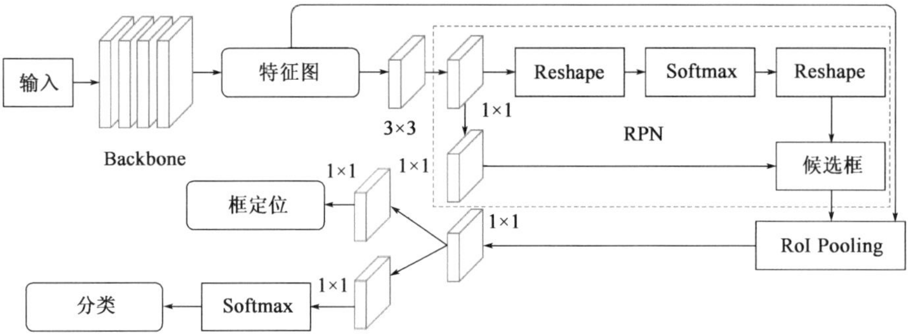

图 7-16　Faster R-CNN 网络结构示意图[25]

特征提取网络:Faster R-CNN 使用卷积神经网络如 VGG(Visual Geometry Group)、ResNet等提取整张图片的特征。卷积神经网络的基本结构一般包含卷积层、池化层、激活层。以 VGG16 为例,去除其中的全连接层,只留下卷积层,共有 13 个卷积层,13 个激活层,4 个池化层,所有的卷积层都是 kernel = 3,pad = 1,stride = 1;所有的池化层都是 kernel = 2,pad = 1,stride = 1,所有的卷积都做了扩边处理(pad = 1),从而使得原图 $M \times N$ 变为 $(M + 2) \times (N + 2)$ 的大小,再做 3×3 卷积后输出仍然是 $M \times N$。正是这种设置,导致卷积网络中的卷积层不改变输入和输出矩阵的大小。一个 $M \times N$ 大小的矩阵经过卷积网络后的尺寸固定变为 $M/16 \times N/16$,这样由卷积网络提取的特征图都可以和原图坐标一一对应。

候选检测框生成网络(RPN):经典的检测方法生成检测框都非常耗时,如 OpenCV 中的 Adaboost 使用滑动窗口 + 图像金字塔生成检测框;或如 R-CNN 使用 Selective Search 方法生成检测框。Faster R-CNN 使用一个全卷积网络代替 Selective Search(选择性搜索)法生成待检测区域,大大节省了选取候选区域的时间。RPN 网络实际上分为两个分支,上面分支通过 Softmax 分类 Anchors 获得正样本(目标)和负样本(背景),下面分支使用 1×1 卷积回归对应于 Anchors 的坐标偏移量,最后的 Proposal 层负责综合正样本和对应坐标偏移量获取候选目标框,同时剔除太小和超出边界的候选目标框,并使用非最大值抑制进行过滤。RPN 的本质是用神经网络回归检测框,并且对检测框进行二分类(正、负样本),输出过滤后的正样本检测框形成候选目标框(RoI)。

RoI Pooling 与分类网络:RPN 在特征图中会产生尺寸不一致的候选目标区域,而分类网络中含有全连接层,全连接层的输入是固定的,Faster R-CNN 里分类网络的输入尺寸固定为 7×7。所以对于任意大小的输入特征图,都用 7×7 的网格覆盖原区域,在 7×7 中每个格子上,取当前格子覆盖区域内的最大值(Max Pooling),从而使得任意大小的候选区域都池化为 7×7 的尺寸。经过 RoI Pooling 运算后的候选区域特征图会被分别送入分类分支进行分类,送入回归分支进行坐标预测。

损失函数:Faster R-CNN 的两个阶段,RPN 与之后的分类网络,输出都是坐标回归数值与分类数值,所以两个网络的损失函数都可以用如下公式表达:

$$L(p_i, t_i) = \frac{1}{N_{\text{cls}}} \sum_i L_{\text{cls}}(p_i, p_i^*) + \lambda \frac{1}{N_{\text{reg}}} \sum_i p_i^* L_{\text{reg}}(t_i, t_i^*) \tag{7-1}$$

式中, L_{cls} 是分类损失函数,二分类和多分类可使用不同的损失函数; λ 是一个用于平衡回归与分类损失比例的因子; L_{reg} 是回归损失函数,其前面的 p_i^* 控制只有正样本框才会产生检测框回归损失, L_{reg} 回归损失函数使用的是 Smooth L_1 损失函数。

训练过程:下面统一将特征提取部分卷积层称为 Backbone,则训练过程分为以下步骤。①Backbone 使用 ImageNet 预训练模型的初始化权重,使用抽样后的 256 个正负例 Anchors 框开始训练 RPN 网络。Backbone 权重也参与微调。②使用第一阶段训练好的 RPN,生成正例预测框,供 Fast RCNN 分类网络进行训练。此时 Backbone 权值也使用 ImageNet 预训练模型初始化。截至第二步,RPN 与 Fast RCNN 使用两个 Backbone,没有共享。③使用第二步中训练好的 Fast RCNN 网络中相应的 Backbone 权值,初始化 RPN 网络之前的 Backbone, RPN 部分使用第一步的训练结果进行初始化。第三步只微调 RPN 中的权值。截至第三步, Fast R-CNN 与 RPN 开始共享 Backbone。④Backbone 与 RPN 权值不再改变,使用第二步训练的 Fast RCNN 的部分结果初始化 Fast RCNN,再次微调训练,真正实现端到端的训练。

②SSD。

SSD(Single Shot MultiBox Detector)[27] 采用一个 CNN 网络来进行检测,却采用了多尺度的特征图,其网络架构如图 7-17 所示。SSD 采用 VGG16 作为特征提取网络,将 VGG16 的全连接层 FC6 和 FC7 替换为卷积层 Conv6 和卷积层 Conv7,同时将池化层 Pool5 由原来的 stride = 2 变成 stride = 1,在不增加参数与模型复杂度的条件下指数级扩大卷积的视野;其次,移除 Dropout 层和 FC8 层,并新增一系列卷积层。

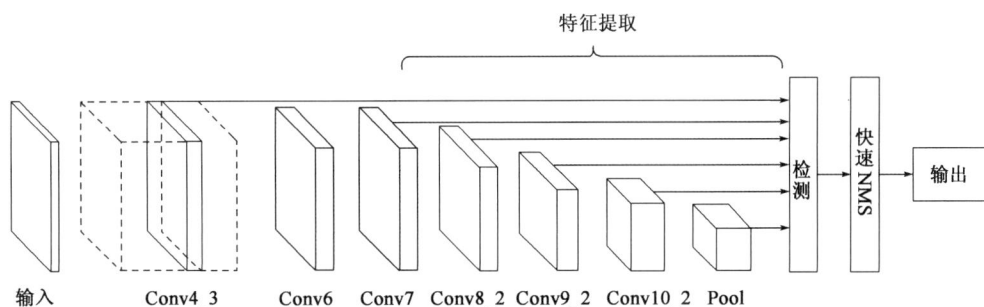

图 7-17　SSD 网络的结构示意图[27]

SSD 的核心设计理念总结为以下三点:

a. 采用多尺度特征图用于检测。所谓多尺度,即采用大小不同的特征图,在 CNN 网络中,一般前面的特征图比较大,后面会逐渐采用 stride = 2 的卷积或者池化来降低特征图的大小。SSD 分别在 Conv4_3/Conv7/Conv8_2/Conv9_2 这些大小不同的特征图上同时进行目标分类和位置回归,使用感受视野小的特征图检测小目标,使用感受视野大的特征图检测更大的目标,从而提升精度。

b. 采用卷积进行检测。SSD 直接采用卷积对不同的特征图提取检测结果。对于形状为 $M \times M \times P$ 的特征图,只需要采用 $3 \times 3 \times P$ 这样比较小的卷积核就能得到检测值。

c. 设置先验框。SSD 借鉴了 Faster R-CNN 中 Anchor 的理念,每个单元设置尺度或者长宽比不同的先验框,预测的边界框是以这些先验框为基准的,在一定程度上降低了训练难度。一般情况下,每个单元会设置多个先验框,其尺度和长宽比存在差异。对于每个单元的每个先验框,其都输出一套独立的检测值,对应一个边界框,主要分为两个部分。第一部分是各个类别的置信度或者评分,SSD 将背景也作为一个特殊的类别,如果检测目标共有 c 个类别,SSD 其实需要预测 $c+1$ 个置信度值,其中第一个置信度指的是不含目标或者属于背景的评分。第二部分是边界框的位置信息,包含 4 个值 (cx,cy,w,h),分别表示边界框的中心坐标以及宽和高。

SSD 中的损失函数定义为位置误差 L_{loc} 与置信度误差 L_{conf} 的加权和:

$$L(x,c,l,g) = \frac{1}{N}\left[L_{conf}(x,c) + \alpha L_{loc}(x,l,g)\right] \tag{7-2}$$

式中,N 为先验框的正样本数量;c 为类别置信度预测值;l 为先验框所对应边界框的位置预测值;g 为真实值(Ground Truth)的位置参数;权重系数通过交叉验证设置为 1。

(3)分割。

分割任务是从 RGB 彩色图像或者灰度图像找到一个分割图谱,其中包括每个像素的类别标注。目前,比较流行的图像分割模型是编码器-解码器结构。编码器部分通过下采样降低输入的空间分辨率,从而生成一个低分辨率的特征映射;解码器则对这些特征描述进行上采样,将其恢复成全分辨率的分割图。在语义分割领域,2014 年,全卷积神经网络[28](Fully Convolutional Networks,FCN)首次将分类网络最后的全连接层换成了相应的卷积运算,利用反卷积层实现上采样恢复分辨率作为解码器,并在早期的层上增加跳跃式连接来实现分步上采样以保留细节信息,实现了对图像的像素级分类,即语义分割,FCN 是语义分割的开山之作。在 FCN 和 Faster RCNN 的启发下,2017 年,Mask R-CNN[29] 在 Faster R-CNN 的基础上进行拓展,新增加语义分割 FCN 分支,提出同时对目标框进行检测和分割,实现了实例分割,Mask R-CNN 也成为实例分割的经典网络。

①FCN。

如图 7-18 所示,整体的 FCN 网络[28]结构分为两个部分,即全卷积部分和反卷积部分。其中全卷积部分借用了一些经典的 CNN 网络(如 VGG,GoogLeNet 等),并把最后的全连接层换成卷积层,用于提取特征,形成热点图;反卷积部分则是在小尺寸的热点图上采样得到原尺寸的语义分割图像。输入可为任意尺寸图像的彩色图像;输出与输入的尺寸相同,深度为目标类别数 + 背景。其整体流程可分为全卷积提取特征、反卷积上采样。

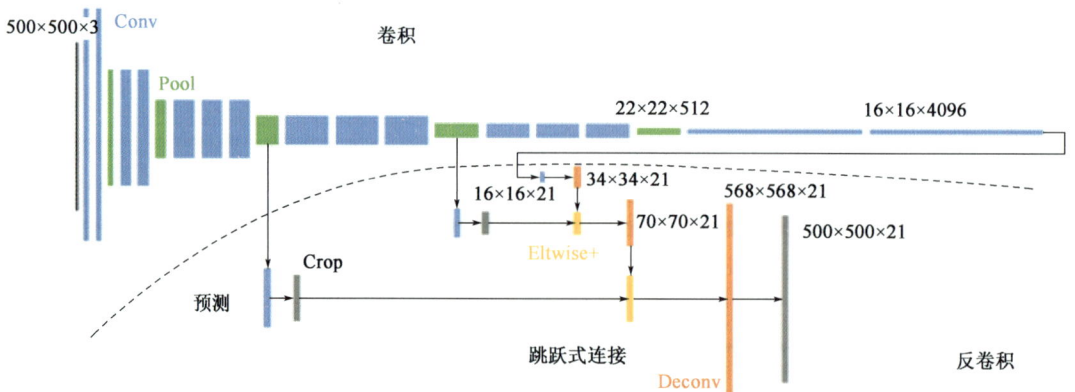

图 7-18　FCN 网络结构示意图[30]

全卷积提取特征:将 CNN 网络中的全连接层转换为卷积层来提取特征。以 AlexNet 为例,假设网络输入的是 $512 \times 512 \times 3$ 的图像,一系列卷积层和下采样层将图像数据变为尺寸为 $16 \times 16 \times 512$ 的特征图,原本的 AlexNet 使用了两个尺寸为 4096 的全连接层,最后一个有1000 个神经元的全连接层用于计算分类评分。FCN 将全连接层替换为 1×1 的卷积层,相当于对每个像素施加一个全连接层,从 4096 维特征预测类别结果。

反卷积上采样:经过多次卷积和池化以后,得到的图像越来越小,分辨率越来越低。其中图像到 $H/32 \times W/32$ 的时候,图片是最小的一层,所产生的图为最重要的高维特征图。FCN 在这里采用上采样(反卷积)的方式将图像还原到原始的分辨率。

跳跃式连接结构:经过卷积网络第五层池化后,图像的分辨率变为原来的 1/32,如果使用反卷积直接上采样到原图大小,得到的结果不够准确,有一些细节无法恢复。于是对第四层和第三层的输出分别进行放大 16 倍和 8 倍的反卷积,将得到的结果求和,使得最后得到的结果更加准确,这样就兼顾了局部与全局的信息。

FCN 的训练过程分为四个阶段:①以经典的特征提取网络(如 VGG 等)为初始化,替换最后两个全连接层为卷积层;②从特征小图($16 \times 16 \times 4096$)预测分割小图($16 \times 16 \times 21$),之后直接上采样为大图,反卷积的步长为 32,此步得到的网络称为 FCN-32s;③上采样分两次完成,在第二次上采样前,把第四个池化层的预测结果融合进来,使用跳级式结构提升精确性,第二次反卷积的步长为 16,此步得到的网络称为 FCN-16s;④上采样分三次完成,进一步融合第三个池化层的预测结果,第三次反卷积的步长为 8,这一步得到的网络记为FCN-8s。

在 FCN 的启发下,各种语义分割网络相继出现。2015 年,U-Net 卷积神经网络[31]通过扩张解码器模块容量的方式改进了上述的全卷积结构,在 FCN 的基础上,采用对称的编码和解码结构设计,在上采样阶段,将前面层的输出和后面层进行通道维度拼接,区别于 FCN的逐元素加和,不同特征图串联在一起后,后面接卷积层,可以让卷积核在通道上自己做出选择,以实现低维与高维的特征融合,这在医学图像分割领域达到较高的精度。随后,SegNet模型[32]使用编码器-解码器结构,为了解决信息丢失问题,采用了池化索引进行编码,在解码过程中采用对特征图去池化的方法来进行上采样,内存占用较少且轻小。2015 年,DeepLab 系列网络[33]相继被提出,DeepLab v1 将 VGG 网络的 Pool4 和 Pool5 层的 Stride 步长由原来的 2 改为 1,从而使得下采样倍数由 32 变为 8,保留了细节信息;同时,对每个像素与其相邻的像素建立条件随机场模型(Conditional Random Field,CRF),在决定一个位置的像素值时充分考虑周围邻居的像素值和标签,进行结构化预测。DeepLab v2 创新性地提出了空洞卷积以扩大感受视野,使得在特征图缩小后仍能有更多的图像信息;另外,提出了空洞空间卷积池化金字塔(Atrous Spatial Pyramid Pooling,ASPP)模块,并行采用多个采样率的空洞卷积层来提取特征,以多个比例捕捉对象以及图像上下文内容。2016 年,RefineNet[34]以递归的方式对低分辨率语义特征进行细化,生成高分辨率的语义特征图;所有模块均采用直接映射的长范围残差连接来结合下采样过程中丢失的信息,从而提高高分辨率的预测结果,使得梯度可以通过短距离和长距离的残差连接传播,从而实现有效的端到端训练;使用链式残差池化,能够从大的图像区域提取背景上下文。2017 年,Large Kernel Matters 卷积网络[35]引入了边界细化的残余模块,从而解决了"局部"和"分类"问题,进一步提高了目标边界附近的定位结果。

②Mask R-CNN。

Mask R-CNN[36]在 Faster R-CNN[25]的基础上进行拓展,新增加语义分割分支,同时对目标框进行检测和分割,整体结构如图 7-19 所示。Mask R-CNN 使用 RoI Align 池化代替 Faster R-CNN 里的 RoI Pooling,以提升精度;在分类和坐标回归的同时,新增了 FCN 分支,对每个候选框进行语义分割。

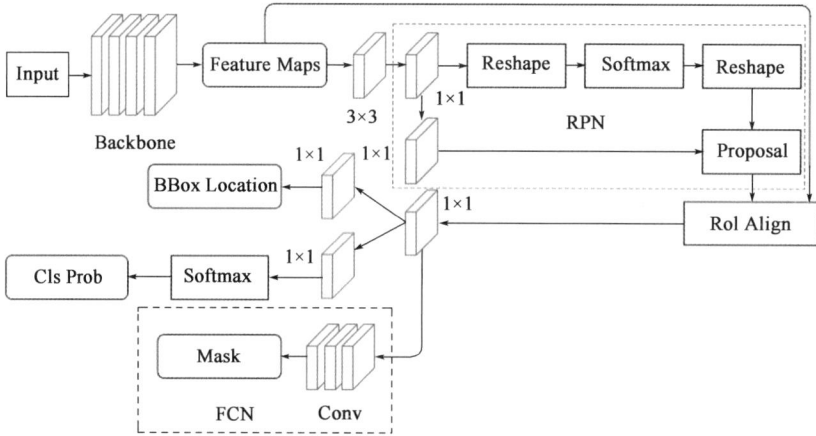

图 7-19　Mask R-CNN 网络结构示意图[36]

RoI Align 池化:RoI Pooling 池化的作用是根据预选框的位置坐标在特征图中将相应区域池化为固定尺寸的特征图,以便进行后续的分类和包围框回归操作。由于预选框的位置通常是由模型回归得到的,一般来讲是浮点数,而池化后的特征图要求尺寸固定,故 RoI Pooling 这一操作存在两次量化过程:将候选框边界量化为整数点的坐标值;将量化后的边界区域平均分割成 7×7 个单元,对每一个单元的边界进行量化。事实上,经过上述两次量化,此时的候选框已经和最开始回归出来的位置有一定的偏差,这个偏差会影响检测或者分割的准确度。RoI Align 取消量化操作,使用双线性内插的方法获得坐标为浮点数的像素点上的图像数值,从而将整个特征聚集过程转化为一个连续的操作:①遍历每一个候选区域,保持浮点数边界不做量化;②将候选区域分割成 7×7 个单元,每个单元的边界也不做量化;③在每个单元中计算固定四个坐标的位置,用双线性内插的方法计算出这四个位置的值,然后进行最大池化操作。

FCN 分支:由 RPN 网络生成的 RoI 特征图是 7×7×1024 的,由于前面进行了多次卷积和池化,减小了对应的分辨率,FCN 分支首先使用反卷积进行分辨率的提升,同时减少通道的个数,变为 14×14×256,最后输出了 14×14×N 的 Mask 模板,N 为类别数。

由于增加了 FCN 分支,因此损失函数在 Faster R-CNN 的基础上新增了分割损失:

$$L = L_{cls} + L_{box} + L_{mask} \tag{7-3}$$

L_{cls} 和 L_{box} 与 Faster R-CNN 的定义一样,对于 L_{mask},假设一共有 K 个类别,则 Mask 分割分支的输出维度是 $K×M×M$,对于 $M×M$ 特征图中的每个点,都会输出 K 个二值 Mask(每个类别使用 Sigmoid 输出)。计算损失的时候,并不是每个类别的 Sigmoid 输出都计算二值交叉熵损失,而是该像素属于哪个类,哪个类的 Sigmoid 输出才要计算损失。在测试的时候,通过分类分支预测的类别来选择相应的 Mask 预测,这样 Mask 预测和分类预测就可以彻底解耦。实验表明,通过这种方法,可以较好地提升性能。Mask R-CNN 是一个非常灵活的框架,可以增加不同的分支完成不同的任务,可以完成目标分类、目标检测、语义分割、实例分割、人体姿势识别等多种任务。

7.3　基于计算机视觉识别与测量技术的应用

7.3.1　表观病害识别与测量

1)混凝土桥梁裂缝

混凝土桥梁在服役过程中,在环境温差变化、长期荷载应力不均、钢筋锈蚀、混凝土收缩等因素的作用下,桥梁表面会出现不同程度的裂缝、脱落、缺损等病害。其中,裂缝是桥梁管理养护中常见的病害,对桥梁的承载能力和耐久安全性有较大影响,一些桥梁构件的破坏、失效都是从裂缝开始扩展和演变的。因此,对桥梁裂缝定期进行巡检对桥梁的管理和养护具有重要的意义。随着数字图像处理技术以及自动化图像采集设备的发展,一些高效的、非接触式的桥梁裂缝检测方法相继出现,其中基于深度学习与无人机的桥梁裂缝检测方法已逐渐成为桥梁尤其是中大型桥梁裂缝检测的首选方法。

(1)裂缝检测。

随着计算机图形技术的发展,目前基于深度学习的图像分类、检测和语义分割网络发展迅速,这些网络大多也是通用性的网络,也逐步在裂缝检测中得到应用。基于深度学习的裂缝检测可以从区域层次和像素层次进行划分:①裂缝定位;②裂缝分割。在裂缝定位层次,早期的方法是先利用 CNN 模型对裂缝数据集进行分类识别训练,然后用滑窗法将裂缝图像划分成规整的细小网格并进行扫描,从而粗略地定位出裂缝区域。Cha 等[37] 率先将卷积神经网络应用于混凝土裂缝检测,如图 7-20 所示,其建立了 5 层 CNN 模型对裂缝进行识别,并利用滑窗检测对裂缝进行粗略的定位,相比于传统的 Canny、Sobel 等边缘检测方法,CNN 模型具有更高的准确性。李良福等[38] 提出多尺度的 DBCC(Deep Bridge Crack Classify)裂缝分类模型,并采用图像金字塔和感兴趣区域(Region of Interest,RoI)对窗口滑动算法进行改进,以对桥梁裂缝进行检测,取得了较好的准确性和鲁棒性。这种先分类后滑窗检测的方法是两个独立的流程,并不是端对端的,效率较低。后来,随着目标检测技术的发展,分类和区域定位被统一到一个流程中,大大提高了检测效率。吴贺贺等[39] 使用 Faster R-CNN 网络利用区域生成网络(Region Proposal Network,RPN)代替滑动窗口法进行候选,以产生候选区域对隧道图像进行裂缝检测。该方法能够弱化隧道图像的质量问题,实现对隧道图像裂缝的快速检测和准确定位与标注。在裂缝分割层次,主要流程是将分类网络的全连接层换成卷积层,对低分辨率的特征图进行反卷积上采样,生成与原图像分辨率相同的概率图,达到像素级的分类效果。王森等[40] 将全卷积神经网络引入图像裂纹检测中,并构建了 Crack FCN 模型,增大分辨率,加深 FCN 的网络深度,在网络之后添加更高尺度的反卷积层来扩充局部精细细节,解决了 FCN 模型存在丢失局部信息和丧失部分精细化区分能力的问题。Ji

等[41]采用 U-Net 卷积网络实现了像素级、小样本的裂缝检测,该方法使用多层卷积自动提取裂缝特征,并利用浅层网络与深层网络叠加的方法实现裂缝局部特征与抽象特征的融合,从而保留裂缝细节特征,与 CrackIT、MPS、CrackForest 相比,检测的准确性大大提升。翁飘[42]提出 VGG-U-Net 网络的路面分割方法,模型迁移了已训练好的 VGG16,并结合经典的 U-Net 网络,在裂缝数据集上实现了优于 FCN、Crack FCN、U-Net 模型的性能。

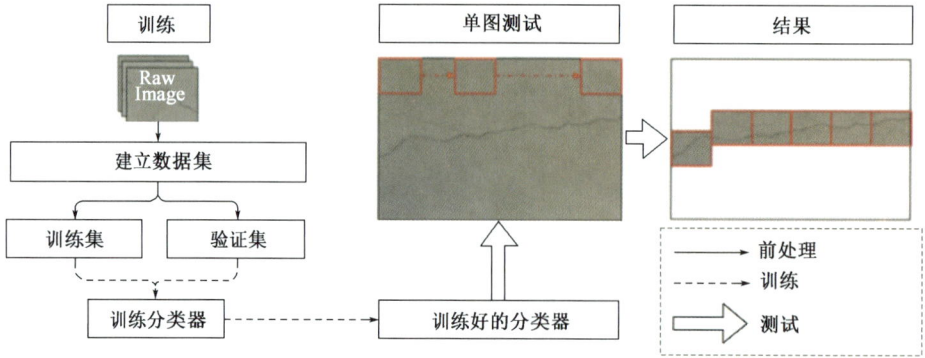

图 7-20　CNN 结合滑窗法检测裂缝的流程图[37]

尽管目前基于深度学习的桥梁混凝土裂缝检测的精度远高于传统的图像处理方法,但是现有的算法依旧存在一定的不足:①现有的裂缝数据集大都是裂缝比较清晰、明显的图片,而现实场景中,裂缝周围可能有各种复杂的干扰,且裂缝区域不是很突出,现有的数据集训练出的模型在真实场景下的鲁棒性会降低;②现有的裂缝分割算法的结果仍然比较粗糙,在边缘存在细节丢失和误检的问题,细小裂缝、裂缝像素占比小和背景复杂的问题仍需要更加高效的算法才能进一步被解决。

为了增强网络的鲁棒性,更好地应用于实际过程,本书作者团队于往年桥检报告中收集了包含各类型桥梁常见病害和复杂背景下的裂缝图片共 2170 张,如图 7-21 所示。此外,为了扩充数据集且提高模型的泛化性能,对数据集进行数据增强处理,数据增强方式采用随机旋转、随机裁剪和颜色扰动(Color Jittering)。其中 Color Jittering 针对真实场景的数据集存在光线变化等因素,采用颜色空间数据增强,对图像亮度、对比度以及色调同时进行调整。在 HSV 颜色空间随机改变图像原有的饱和度和明度(改变 S 和 V 通道的值)或对色调(Hue)进行小范围的微调,从而使得图像呈现出不同的亮度和对比度。

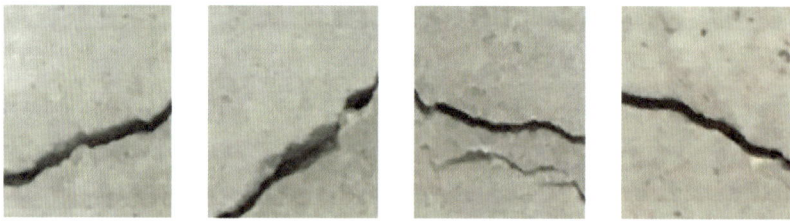

图 7-21　裂缝数据库节选

针对现有技术中细小裂缝的分割问题,本书作者团队开发了基于空间-通道双重注意力机制与上下文推断模块的裂缝分割模型 SCSEOC U-Net。通过空间-通道双重注意力机制来提高裂缝区域的显著性,通过上下文模块来让网络更好地捕捉裂缝的细节信息,以达到较好的裂缝分割效果。如图 7-22 所示,SCSEOC U-Net 以 ResNet50 作为骨干网络来提取图片的特征,在 U-Net 解码器的基础上增加 SCSE 注意力机制模块,在 ResNet 的 C4 阶段后增加上下文推断 OC 模块。ResNet 结构:ResNet 在网络中增加了直连通道,即 Highway Network 的思想。此前的网络结构是将性能输入做非线性变换,而 Highway Network 则允许保留之前网络层的一定比例的输出,允许原始输入信息直接传到后面的层中。

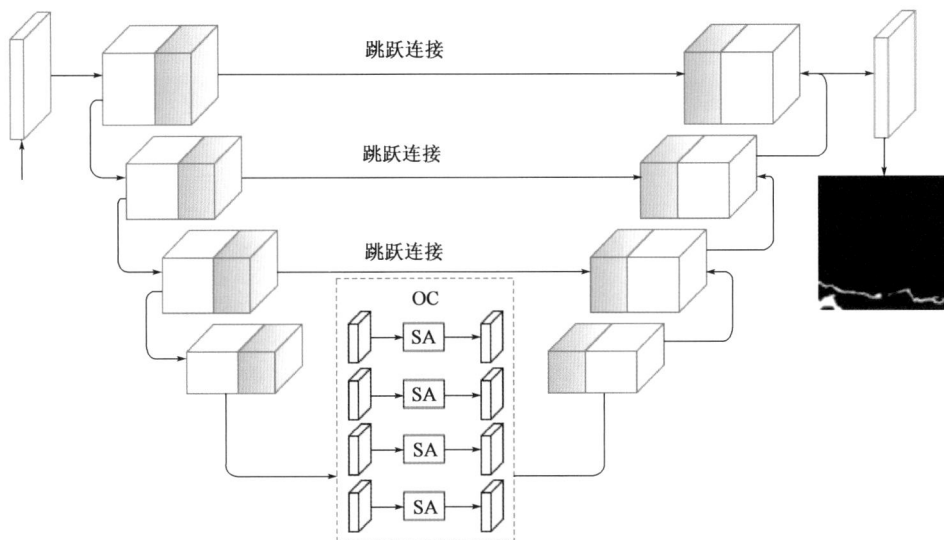

图 7-22　SCSEOC U-Net 网络结构图

ResNet 的基本 Bottleneck 模块第一个 1×1 卷积把 256 维通道降到 64 维,然后在最后通过 1×1 卷积恢复,中间做一次 3×3 的卷积操作,整体上相比于其他网络大大地减少了参数的数量。SCSE 模块:输入 U 进入网络之后,会进入两条支路,上面的支路为 SC 支路,该支路通过一个 1×1 的卷积操作,得到一个长宽与输入 U 相同的权重矩阵,该矩阵与 U 相乘,得到在空间上重新校准的特征 U_{SC};下面的支路为 SE 支路,该支路首先通过一个最大池化操作,得到一个通道数与输入 U 相同的权重矩阵,该矩阵再经过两个全连接层,第一个全连接层的神经元数量为通道数的一半,第二个全连接层数量等于通道数,经过激活函数,将经过第二全连接层还原到通道数的矩阵与 U 相乘,得到在通道方向上重新校准的特征 U_{SE}。最后,将沿着通道和空间重新校准的特征合并输出 U_{SCSE}。上下文推断 OC 模块:对于网络的最后一层输出 X,先利用 3×3 的卷积减少通道从 2048 到 512 记为 Y,在四个分支中分别用 Self-Attention 模块计算诸像素的 Attention Map 和 Object Context。第一个分支把全部特征图 Y 作为输入,第二个分支把特征图分为 2×2 的子区域,每个子区域应用共享的变换,第三个分支和第四个分支把输入 Y 分为 3×3 和 6×6 的子区域,每个子区域的变换不共享。最后将每个分支的结果沿着通道方向拼接,并用 1×1 的卷积增加 X 的维度,以与 Object Context 的维度相等,再进行拼接。

选用 400 张照片为验证集,选用 344 张照片为测试集,在测试集上,节选 4 张图使用 SCSEOC U-Net 进行分割预测,结果如表 7-2 所示。可以看出该模型对于一些裂缝细节还是能够较好地识别出来,能够将裂缝与褶皱区分开来。

预测结果节选 表 7-2

原图	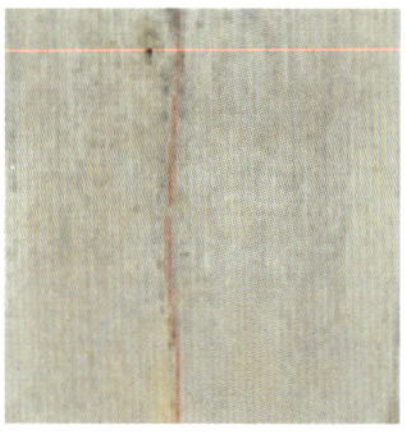		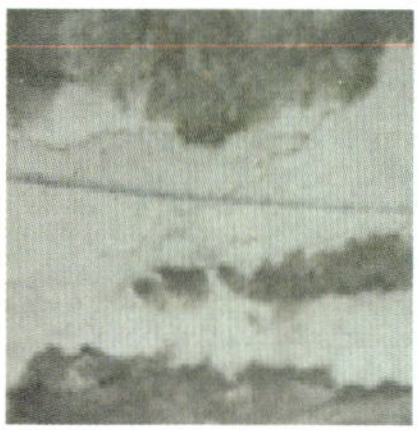	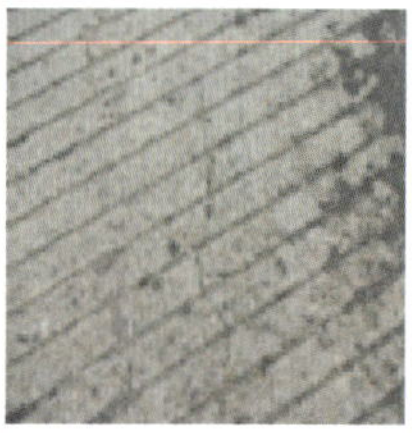
人工标注		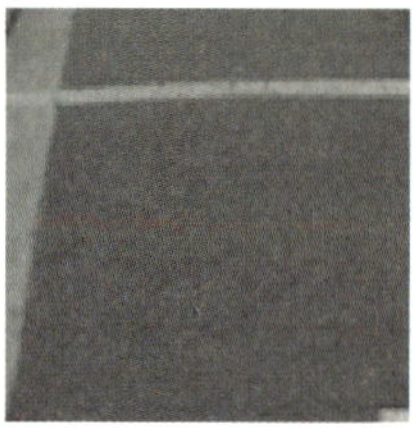		
预测结果		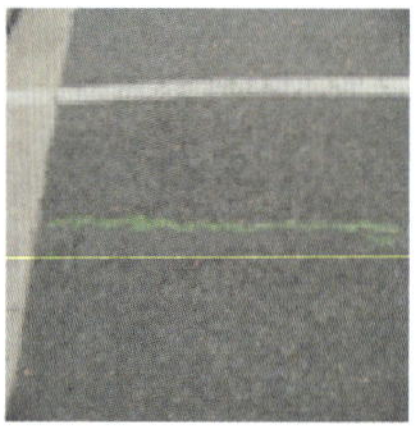	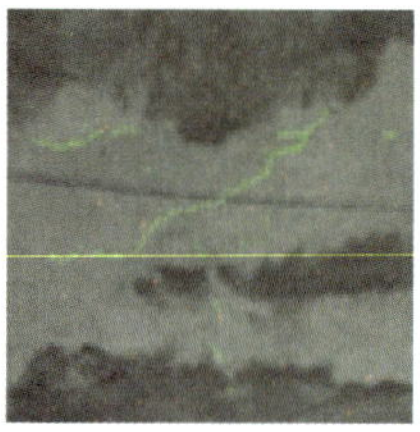	

（2）裂缝测量。

裂缝图像作为一种几何图形，首先具有一系列几何特征。为全面考虑裂缝的各种参数信息，本节涉及计算的裂缝几何特征，包括裂缝长度、裂缝宽度、裂缝面积。其中，裂缝宽度包括任一点裂缝宽度、平均裂缝宽度和最大裂缝宽度。

在裂缝长度计算过程中，由于裂缝是一种具有一定宽度的长条形图像，因此计算裂缝长度时必须剔除宽度的影响。图像处理中的骨架化操作可将图像转化成宽度仅为一个像素的细化图形，通用的方法是采用基于骨架化操作的裂缝长度计算方法，主要操作包括裂缝的骨架化操作和像素统计两个步骤。骨架化操作可将裂缝处理为单像素宽度的细线，在这一状态下，裂缝骨架线具有的像素点个数即为裂缝长度，因此统计图中裂缝骨架线的像素个数即能得到裂缝长度。

裂缝的宽度包括平均宽度、最大宽度和任一点的宽度。其中，平均宽度的计算较为简单。目前常用的裂缝宽度的计算方法主要有水平法、最小距离法、三角形逼近法。水平法首先通过一定的方法将裂缝方向调为竖直，再从上到下用水平直线与裂缝相交，计算每一次相交的裂缝宽度[43]。由于裂缝走向弯曲变化,使用裂缝的水平交线往往并不与裂缝垂直,这就给裂缝宽度的计算带来了误差。最小距离法通过寻找最小距离的方法计算裂缝宽度,首先计算裂缝上某一点位置的裂缝宽度,得到裂缝的骨架线,在骨架线上的这一点处向两侧寻找最近的灰度值为 0 的点,认为两侧的最小距离之和为裂缝宽度。运用最小距离法计算的裂缝不再受裂缝方向的约束,并且在多数条件下都能反映裂缝的真实宽度。三角形逼近法是一种新的裂缝宽度测量方法,使用经过该点的水平线和竖直线与裂缝相交,计算水平方向和竖直方向的宽度,组成三角形,认为三角形的斜边边长为裂缝宽度,通过勾股定理计算。

对于图像中的细微裂缝,传统的数像素的裂缝宽度测量方法难以满足精度要求。东南大学张建教授团队[44]开发了基于 Zernike 正交矩的裂缝宽度测量技术,在利用 Zernike 正交矩求解线宽时,假设裂缝线宽的两条边缘处均为理想阶跃。因此,基于 Zernike 正交矩的线宽计算模型如图 7-23 所示。其中,背景灰度为 g,灰度阶跃值为 h,则线宽灰度值为 $g+h$,线宽值为 l_1+l_2。将该线旋转至与 y 轴平行后得到图 7-23b),y 轴左侧部分的宽度为 l_1,右侧部分的宽度为 l_2。通过分别求解 l_1、l_2 再相加的方法求解正交矩。将图 7-23a)中的图像顺时针旋转角度 ψ 后可以得到图 7-23b)。为了分别求解 l_1、l_2,将图 7-23b)中 y 轴的左半部分、右半部分分别以 y 轴为对称轴构建镜像。图 7-23c)、d)均是图 7-23b)镜像后得到的对称线宽,其求解原理是完全相同的。由于实际图像由离散像素点构成,在构造对称线宽时,以旋转后线宽的累计灰度值最高一列(最亮一列)为中心列,分别进行镜像操作,即得到两幅对称图像。通过旋转后的图像 $f'(x,y)$ 的二阶和四阶 Zernike 正交矩来计算线宽 $2l$ 的值,分别求 l_1 和 l_2,则 l_1+l_2 就是求解得到的该点处的裂缝宽度值。

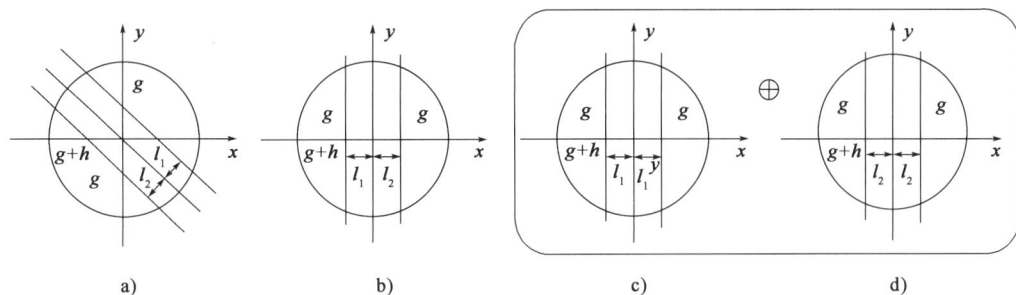

图 7-23　Zernike 正交矩线宽计算模型[44]

2)拉索病害

拉索作为索类桥梁的主要承载部件,其性能对桥梁整体结构的安全性和使用寿命至关重要。拉索通常由锚具、索体和防护三个部分组成。拉索防护类型有护套、防水罩等,拉索防护体系破坏的主要直观体现形式为护套开裂及防水罩开裂。护套开裂病害主要表现为开裂、孔洞、凹坑、龟裂等。一方面,在外部环境如紫外线照射、风振、雨振、环境温度变化等作用下,拉索外套材料自身收缩导致外套内应力不均;另一方面,拉索在车辆等时变荷载的作用下,索体长时间受拉伸长,最终导致护套开裂,如图 7-24a)、b)、c)所示。防水罩开裂病害主要表现为索体与下锚头的连接处出现断裂。一方面,在风振、雨振情况下,护套根部易积累疲劳;另一方面,在车辆等时变荷载的作用下,拉索钢丝与下锚头的连接处易产生微小转角,从而导致防水罩产生开裂,如图 7-24d)所示。

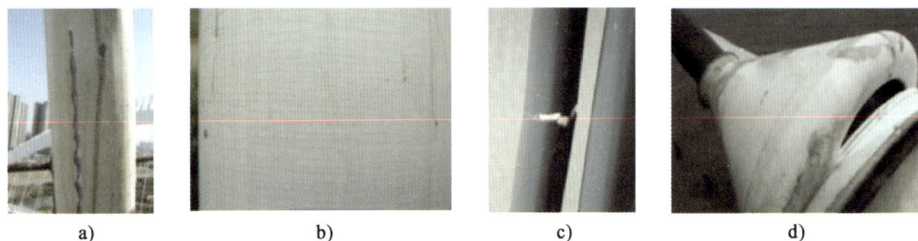

图 7-24　拉索外套典型表观病害图片

现有的拉索外套表观病害检测方法主要有四种：人工目测检查、桥检车检查、无人机巡检、拉索巡检机器人巡检。人工目测检查是指工作人员从桥面上使用高倍望远镜或摄像机远距离观察拉索表面的情况，此法无须借助大型机械设备，实施起来较为方便，但是拉索外套表面多分布有拼接缝和电线，人工肉眼判断的主观误差较大。桥检车检查是指桥检车使用升降支架搭载工作人员沿着拉索方向对拉索进行检查，此法可以比较清晰、精确地检查拉索外套的表观病害，且能够对拉索外套进行清洁、维护，但桥检车出动的费用较高，因此此法一般用于对中、大型斜桥梁的拉索巡检。无人机巡检是指工作人员使用无人机沿着拉索方向对拉索的侧面进行拍摄巡检，现有的商用无人机（如大疆无人机等）可实现路径规划巡航，轻巧灵活，可操作性强，但无人机一般存在安全距离限制（一般大于 2m），不能近距离贴近拉索拍摄，从而导致拍摄图片的分辨率较低，不能对拉索的环向四周进行拍摄，因此比较适合大型斜拉桥的快速拉索巡检。拉索巡检机器人巡检是指研发一种特种机器人，使之按照一定的速度沿着拉索方向爬升，并同时对拉索外套表面进行多摄像头拍摄、传输、识别，此法能够全面地拍摄拉索外套的表观信息，且容易扩展其他任务，如嵌入磁通量传感器对拉索内部的情况进行探查等，最适合执行拉索巡检任务。

本书作者团队[45]提出一种新的网络 CMR（Cascade Mask RCNN），在 Mask RCNN 的基础上，引入可变形卷积以增大感受视野，设置三个级联 RCNN 头部，采用逐步提高的阈值并改进 Mask 部分的打分机制，即采用 IoU 指标进行打分，而不是直接与坐标框的得分一致，从而提高对拉索病害定位识别的精度。对于提取的病害区域，结合骨架提取算法和相机参数对病害区域的物理尺寸进行测量。

拉索外套表观病害的形状分布差异性比较大，如图 7-25 所示。开裂的病害呈现细长型，而腐蚀的病害则呈现点坑型。类比于人体视觉，卷积神经网络的一般感受视野是固定的，仅依照固定的感受视野区域去定位目标框是有局限性的，相较于自适应感受视野，其准确度稍差，因此对感受视野区域进行自适应学习对精确定位很重要。CMR 网络引入可变形卷积（Deformable Conv）[46]来提高卷积神经网络对大小或者尺度差异较大区域的建模能力。可变形卷积的本质是基于平行网络学习偏移，从而让卷积核在特征图上的采样点发生偏移，集中于感兴趣的区域或者目标。按照这个思路，在卷积核中采样点的位置都增加一个偏移值，可以实现在该点位置附近随意形状采样而不局限于采样规则的正方形区域，如图 7-25 所示。原始图片输入为 Batch($b \cdot h \cdot w \cdot c$)，记为 U，经过普通卷积，卷积填充为 Same，输出通道为 $2c$，对应的输出结果为 $b \cdot h \cdot w \cdot 2c$（因偏移量有 x 和 y 两个方向），记为 V；将 U 的像素坐标值与 V 相加，得到偏移后的像素坐标值（$b \cdot h \cdot w \cdot 2c$），按照双线性插值公式则可以得到偏移点的像素值。

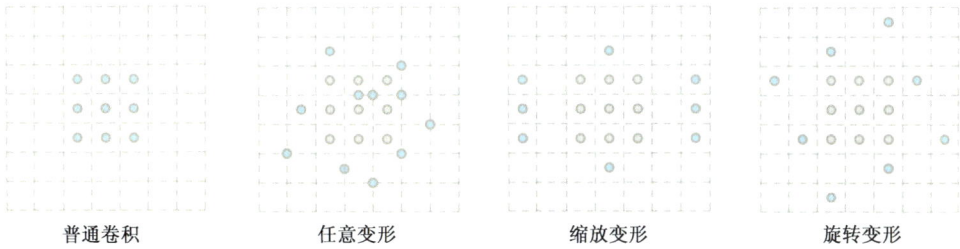

| 普通卷积 | 任意变形 | 缩放变形 | 旋转变形 |

图 7-25　可变形卷积偏移示意图

　　实例分割任务中常用 IoU 阈值进行正、负样本划分,即若候选框与某个真实目标框(Ground Truth)的 IoU 大于阈值 u,那么该候选框可被认为是该 Ground Truth 类下的一个正样本,候选框的类标签是 IoU 阈值 u 的函数。IoU 阈值 u 可以定义检测器的质量。IoU 阈值 u 的设置对检测器的影响较大,本质上是对抗互斥的:IoU 阈值 u 设置得高,正样本的背景信息减少,此外,正样本也很难收集,参与训练的正样本相应减少;u 设置得低,收集到正样本数量更多,更多样化,但一些低质量的正样本易形成噪声;常规的折中操作是设置 u 为 0.5,但单个 IoU 阈值下训练的检测器无法对所有 IoU 分布下的候选框都取得最佳性能。Cascade RCNN将目标检测任务分解成一系列更简单的检测器,级联堆叠各个检测分支,各个检测分支 f 却各不相同,即使用进阶的方式逐步提升候选框的质量,每个检测分支都是基于前一个阶段的候选框调整分布后进行训练,从而使得随后的分支可以做更精细化的回归训练,也能得到更精准的定位预测结果。借鉴 Cascade RCNN 和 Mask Scoring RCNN 的思想,级联三个 RCNN 检测头部,每个检测头有三个子任务,分别是分类、框回归和掩码预测,后一个RCNN 检测头部以前一个 RCNN 检测头部的框回归结果作为输入,B_{i+1} 的输入特征是 B_i 预测出回归后的框通过 RoI Align 池化获得的;B_{i+1} 的回归目标是依赖 B_i 的框预测的,让下一个阶段的特征和学习目标与当前阶段有关。不同阶段之间的掩码预测分支是通过相加融合,充分利用不同阶段的特征和信息,生成最终的 Mask 结果,CMR 网络结构如图 7-26 所示。

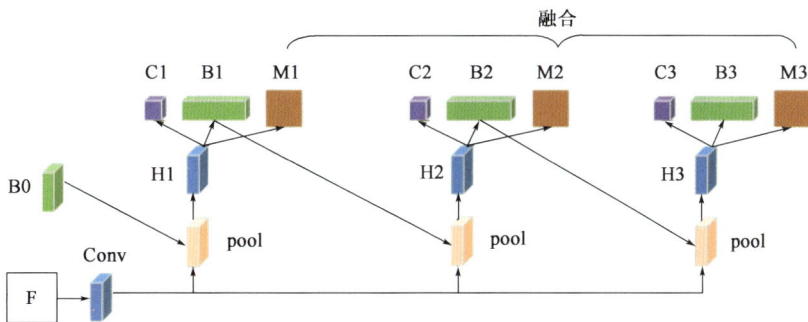

图 7-26　CMR 网络结构图[45]

　　本书作者团队[45]使用拉索巡检机器人获得了 7040 幅原始拉索外套表观病害图像,所有捕获图像的原始尺寸均为 1408 像素 ×1152 像素。为了保留更多的缺陷信息,将捕获的图像裁剪成分辨率为 512 像素 ×512 像素的较小图像,其中包含轻微的裂纹或划痕缺陷,并按照 8:1:1 的比例划分成训练集、验证集以及测试集。经过 CMR 模型训练之后的结果如

图7-27 所示,可以看出 CMR 模型在识别出病害区域的同时对病害进行了分割,从而为下一步对病害的测量奠定了基础。

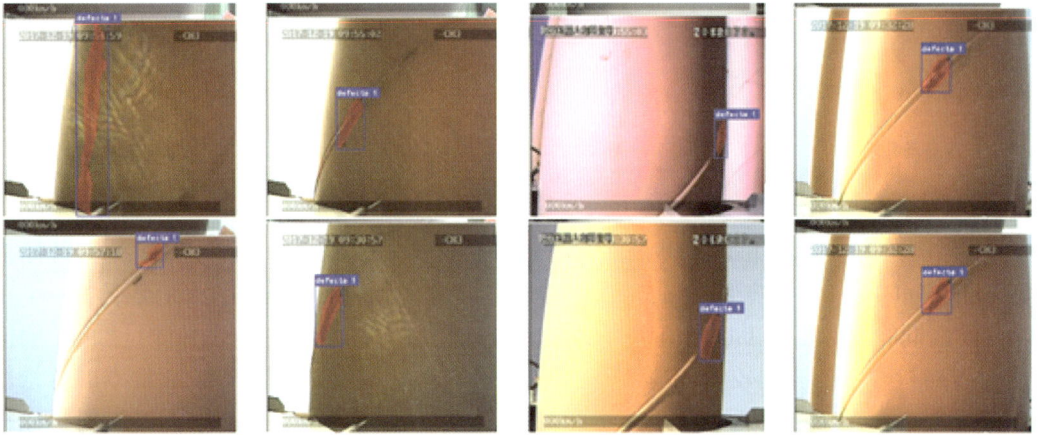

图7-27　CMR 网络实例的分割结果[45]

在获取病害的掩码信息后,需要对病害的像素宽度和长度这两个像素特征进行估计,以方便进行拉索管养评估。在实际检测中,结合相机的焦距以及相机到斜拉索外套表面的距离,可粗略地估计出病害区域的真实长度和宽度。估计病害区域的物理尺寸的流程主要分为表观病害骨架提取和像素特征提取两个步骤,像素特征提取包含对长度和宽度的提取,如图7-28所示。骨架提取是表观病害像素特征估计的主要步骤,现有的方法也比较多,此处使用一种基于模板匹配的快速中心线提取方法,基本思路是对每个像素的 8 领域进行去除性判断,若符合保留条件则保留,像素值为 1,如不符合保留条件,则删除且像素值为 0,如图7-29所示。中心线本质上是具有单个像素宽度的细线,在这种设定下,中心线的像素个数就是表观病害区域的像素长度。

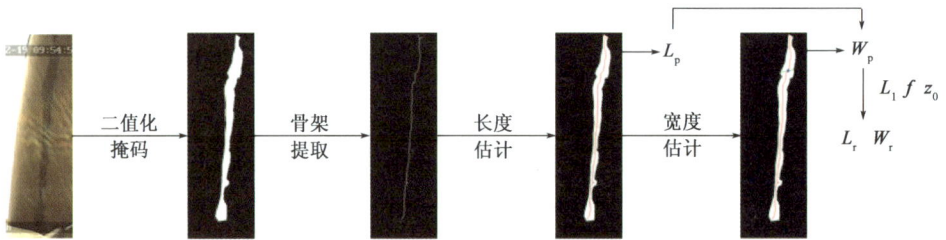

图7-28　表观病害物理特征提取的流程图[45]

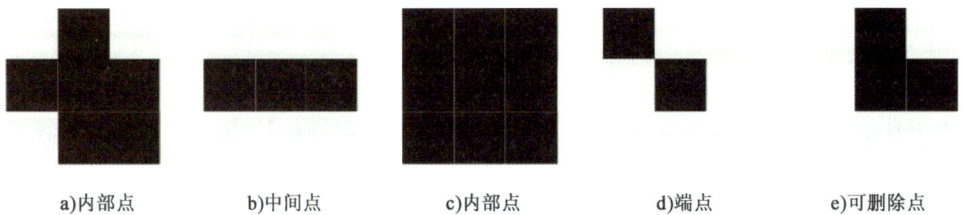

a)内部点　　　b)中间点　　　c)内部点　　　d)端点　　　e)可删除点

图7-29　像素 8 领域点的分布图[45]

对于像素宽度的计算,采用 8 方向遍历法。首先根据中心线确定测量的开始种子点,从该种子点开始沿着 8 个方向进行搜索,如果它是表观病害区域点,则该方向上的像素宽度增加 1,直到到达像素的边缘为止,继续对下一个方向进行搜索。8 个方向的角度分别为 0°,45°,90°,135°,180°,225°,270° 和 315°,然后沿四个象限的平分线方向合并这些像素宽度,取其最小值作为最终的像素宽度。根据相机的焦距和相机到斜拉索外套表面的距离,表观病害区域的真实长度和宽度可由下式计算得到:

$$L_r = \frac{z_0 \times L_1}{f}, \quad W_r = \frac{z_0 \times W_1}{f} \tag{7-4}$$

式中,L_1 代表像素长度;W_1 代表像素宽度;z_0 代表相机到斜拉索表面的距离;f 代表相机的焦距。

整个流程如图 7-28 所示。对 CMR 模型的分割结果应用上述物理特征提取方法进行处理,结果如表 7-3 所示。该方法能够比较准确地找到病害区域的中心线以及最大宽度处。

病害区域物理特征提取结果节选[45] 表 7-3

原始图片	识别结果	病害分割	长度测量	宽度测量

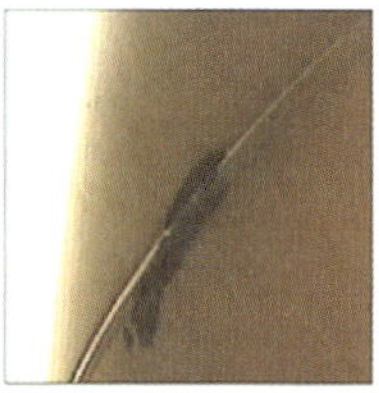

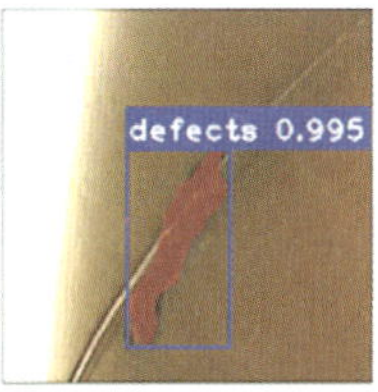

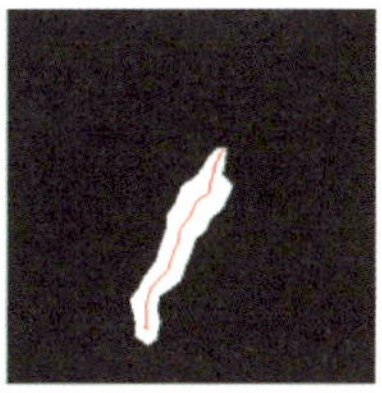

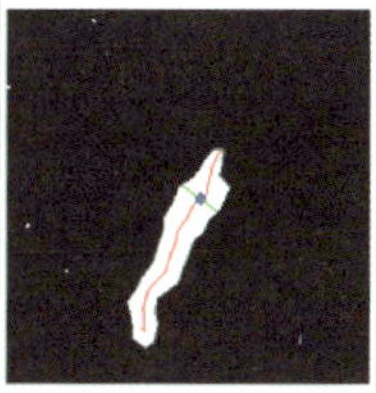

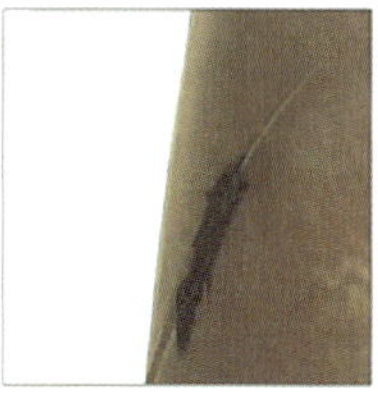

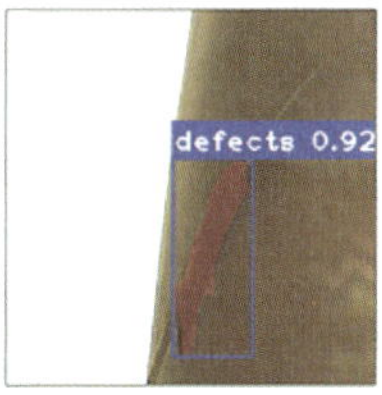

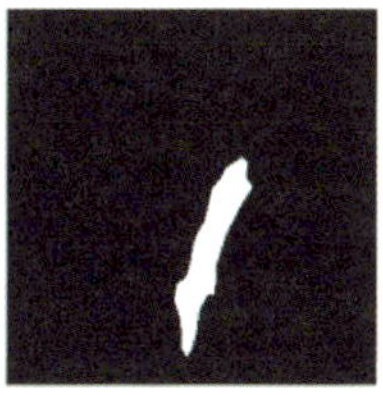

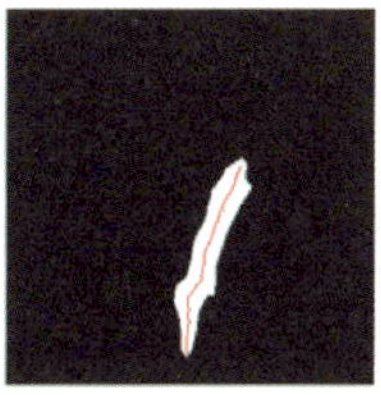

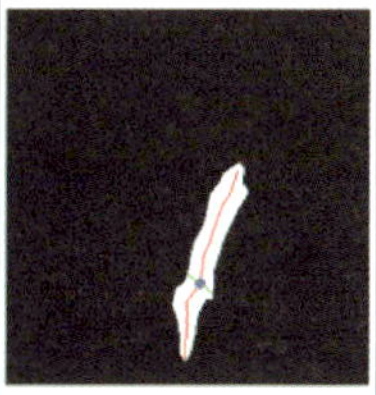

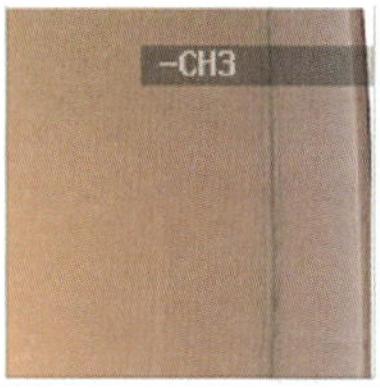

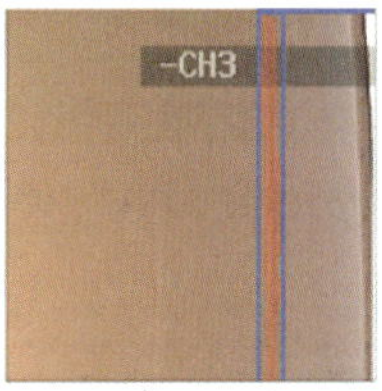

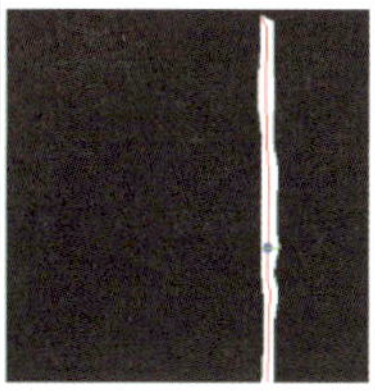

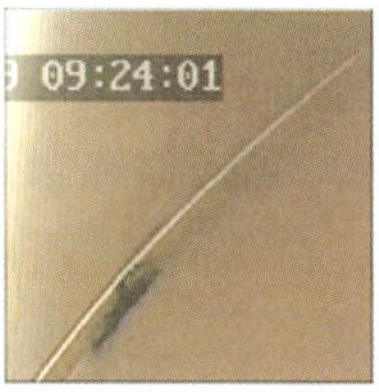

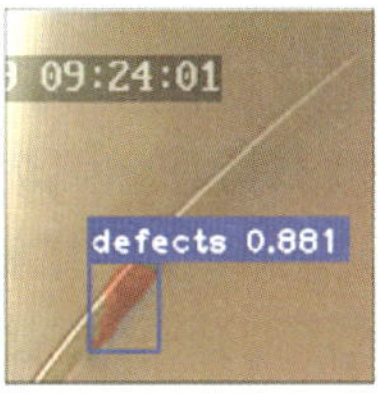

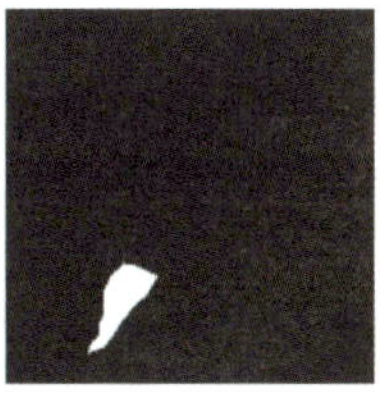

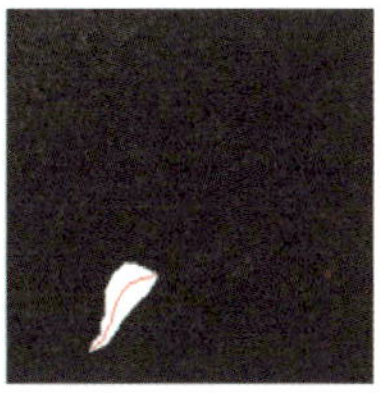

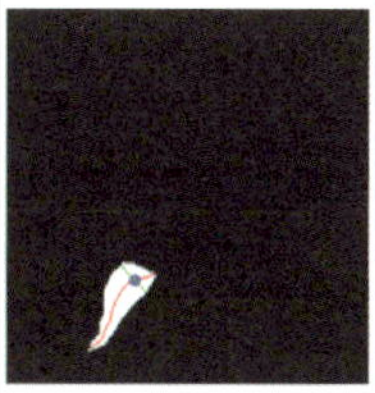

3）钢桥锈蚀

（1）案例一。

作者团队[47]利用日本近期桥梁检测报告中的桥梁损伤照片,对卷积神经网络模型进行了训练,卷积神经网络模型选用 GoogLeNet[19];并对损伤检测机的精度进行了评估,对无人机拍摄的钢桥图像进行了测试。在数据库准备阶段,先从检测报告中提取病害照片,通过人工标注分为不同的病害类别,之后通过图像处理的方法进行数据增广。图 7-30 为构建数据集示意图。

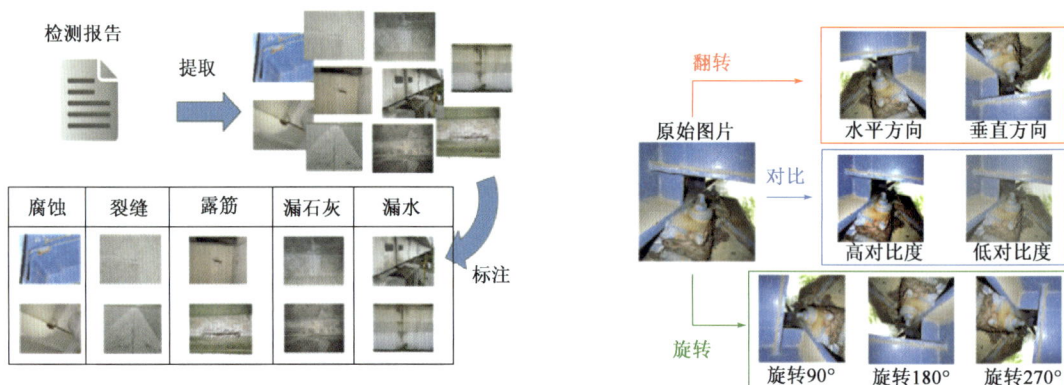

图 7-30　构建数据集示意图[47]

利用训练后的模型对无人机拍摄的某钢桥图像中的损伤进行检测,图 7-31 为识别结果示意图。从图中可以看出,有许多病害被成功检测,不过也出现了不少损伤误识别。这往往是训练卷积神经网络模型的数据集太小,模型过拟合造成的。

图 7-31　基于图像分类的钢桥锈蚀病害识别[47]

研究团队在后续的研究中[48]通过对钢桥腐蚀图像进行人工标注形成数据集,提出一种基于"裁剪-拼合"的图像分割方法用于提高钢桥病害的检测精度。图 7-32 为网络训练示意图,钢桥腐蚀图片及其对应的标签使用相同的裁剪方式进行 FCN 网络训练,在预测阶段,对裁剪后的图片进行预测,然后用与裁剪相反的模式把预测后的图像拼接起来。图 7-33 为对某钢桥识别结果的示意图。

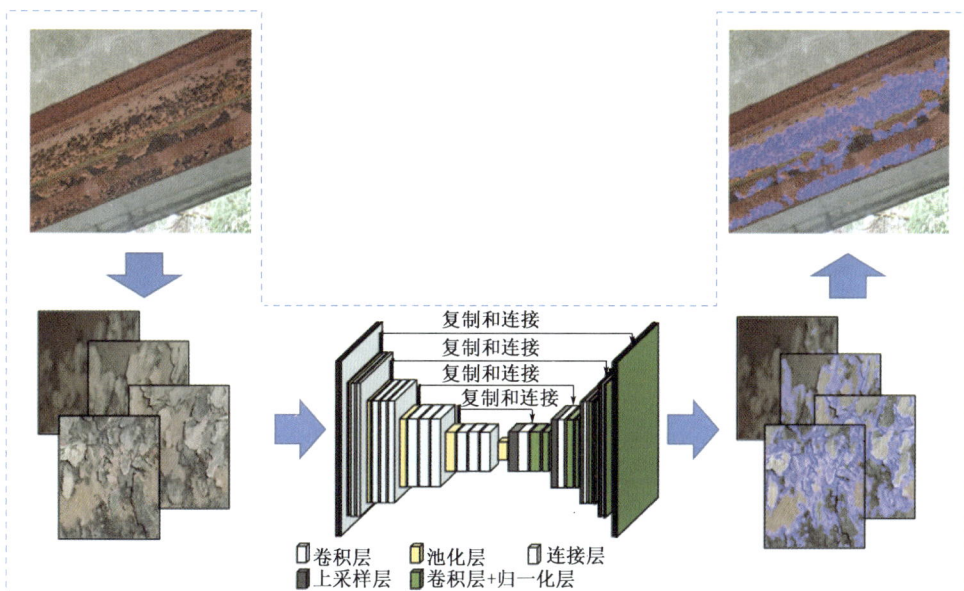

图 7-32　"裁剪-拼合"的图像分割方法示意图[48]

图 7-33　基于"裁剪-拼合"图像分割的钢桥锈蚀病害识别[48]

（2）案例二[49]。

桥梁概况：Fitzpatrick 桥位于美国亚拉巴马州的塔拉西市，桥墩采用混凝土浇筑，上部结构为铆接钢桁架，如图 7-34 所示。此项目主要采用无人机对上部的钢焊接进行了基于机器视觉的健康监测。

Fitzpatrick 桥是一座铆接式钢架桥，其主要的病害类型可以分为两大类：与铆钉连接相关的病害和由环境因素造成的病害。

与铆钉连接相关的病害包括连接板或覆盖层的断裂、铆钉头的脱落、铆钉压杆的屈曲、铆钉孔或铆钉的变形等。图 7-35 给出了几种常见的铆钉失效的机理。与铆钉相关的病害可以通过铆钉的位移来实施检测。

图 7-34　Fitzpatrick 桥的外观[49]

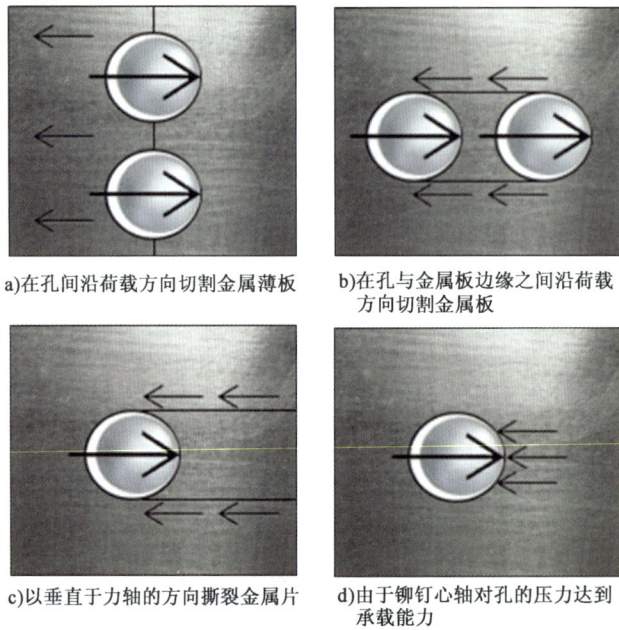

a)在孔间沿荷载方向切割金属薄板

b)在孔与金属板边缘之间沿荷载
方向切割金属板

c)以垂直于力轴的方向撕裂金属片

d)由于铆钉心轴对孔的压力达到
承载能力

图 7-35　与铆钉相关病害的产生机理[49]

另一类病害主要由环境因素引起,这类病害在其他领域中亦广泛存在。在铆接钢结构中,这类病害主要表现为板梁和铆钉的腐蚀(图 7-36)。过度的腐蚀会导致有效截面的减少,从而导致桥梁失效。应该特别注意,这些病害出现于应力集中区,如节点和支座处。

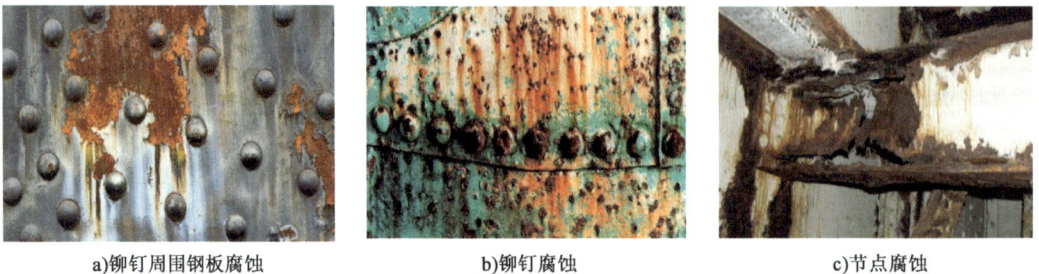

a)铆钉周围钢板腐蚀

b)铆钉腐蚀

c)节点腐蚀

图　7-36

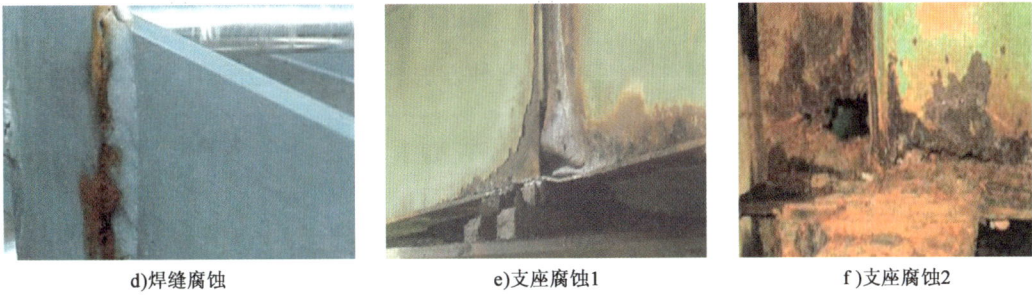

d)焊缝腐蚀　　　　　　e)支座腐蚀1　　　　　　f)支座腐蚀2

图 7-36　环境因素引起的腐蚀病害[49]

检测的实施:采用无人机进行图片数据采集。为了使图片采集的效果达到最佳,需要提前优化好无人机飞行路径,本项目规划的无人机飞行路径如图 7-37 所示。完成图片采集后通过计算机处理图像数据,结合相应规范进行评估检测,具体流程如图 7-38 所示。

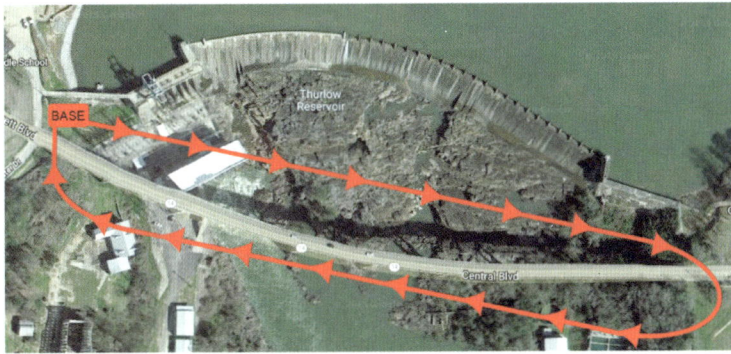

图 7-37　无人机飞行路径[49]

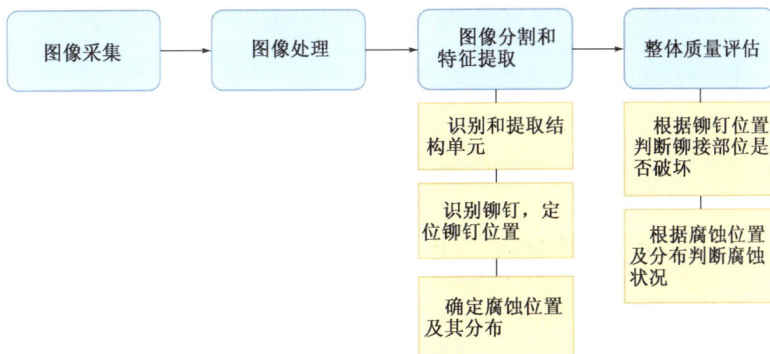

图 7-38　检测的实施过程[49]

桥梁检测结果包括桥梁构件识别、桥梁铆钉识别、桥梁腐蚀识别,如图 7-39 ~ 图 7-41 所示。基于识别结果可以结合相关规范对桥梁的健康状况进行评估。

4)支座病害

随着我国公路网的不断完善,桥梁的数量逐年增多,桥梁的养护需求十分巨大。桥梁支座是连接桥梁上、下部结构的重要构件,一旦出现病害,如果没有及时发现和处理,就会影响桥梁结构的受力状态和交通安全。对桥梁支座的检测是桥梁养护工作不可或缺的环节,而现行对桥梁支座检测的主要途径是人工检测,这种方法不仅耗时、费力而且会影响交通。

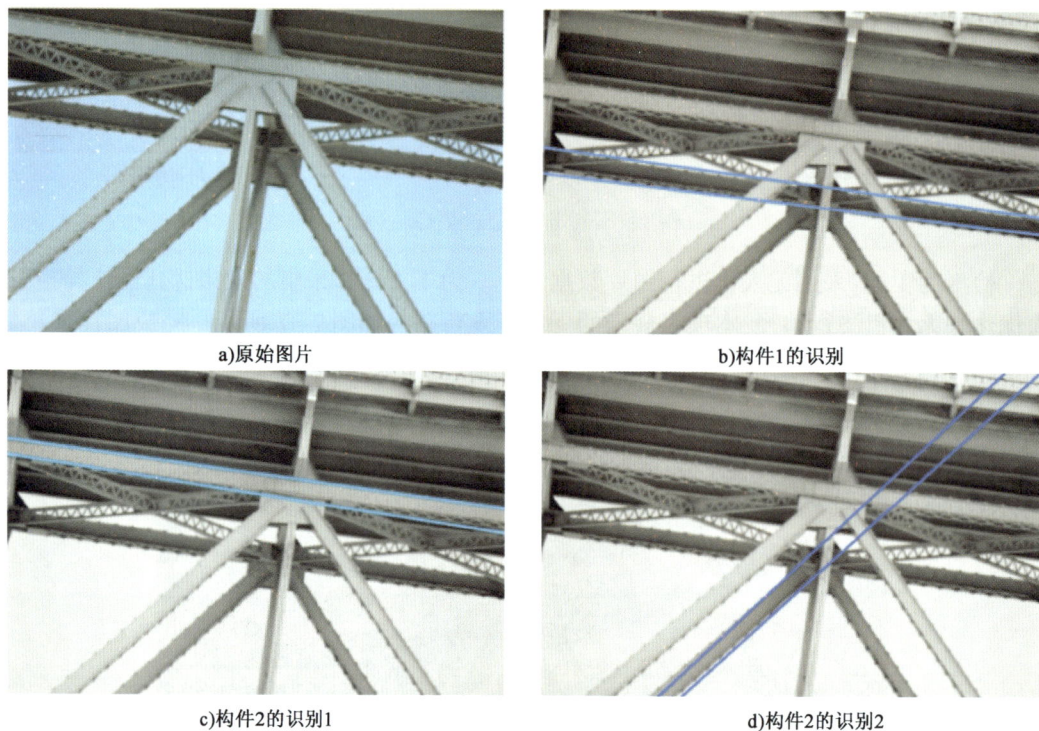

a)原始图片   b)构件1的识别

c)构件2的识别1   d)构件2的识别2

图 7-39 桥梁构件识别结果[49]

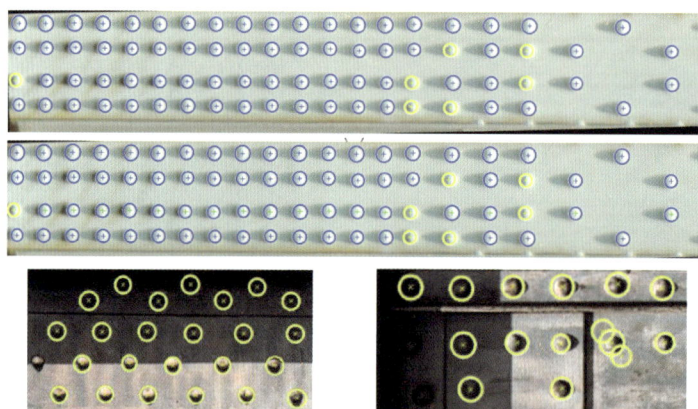

图 7-40 铆钉位置识别结果[49]

桥梁支座是连接桥梁上、下部结构的重要构件,能够传递荷载并提供适度约束,其作用是将桥梁上部结构的各种荷载有效地传递到桥梁下部结构,并使桥梁上部结构能够自由转动,完成必要的自由变形;桥梁橡胶支座在桥梁荷载作用下应具有竖向承压、转动变形、剪切变形或滑动的能力。图 7-42 为桥梁支座功能示意图。

图 7-41　桥梁腐蚀位置识别结果[49]

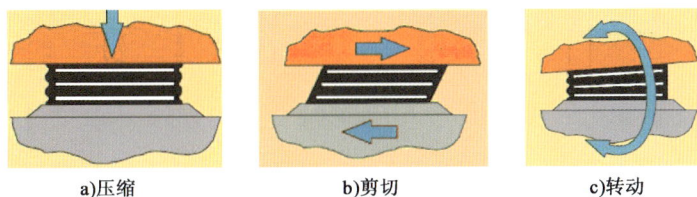

a)压缩　　　　　　　　b)剪切　　　　　　　　c)转动

图 7-42　桥梁支座功能示意图[50]

　　作者团队[51]基于人工智能深度学习的图像处理技术,展开了桥梁支座病害自动识别的研究。针对桥梁支座图像的特点,在保证桥梁支座的病害特征不发生变化的前提下,运用图像处理的手段实现训练数据库的扩增。图像处理的方法主要包括图像的水平翻转、垂直翻转、逆时针旋转、顺时针旋转,以及运用主成分分析算法调整图像的颜色通道,为卷积神经网络的训练提供基础。支座病害数据集如表 7-4 所示。

支座病害数据集　　　　　　　　　　　　　表 7-4

类　　别	原始训练集图像数量	扩充后训练集图像数量	验证集图像数量
正常支座	310	1860	78
剪切变形	308	1848	77
环向开裂	309	1854	77
合计	927	5562	232

　　卷积神经网络的结构选用经典的 VGG16 网络,并调整其输出层以适应支座病害的分类问题。网络的第一层是网络的输入层,VGG16 网络要求输入的图像的分辨率为 224 像素 × 224 像素。图像经过卷积、池化等运算被编码为一个向量,这个向量被输入全连接层得到需要的分类结果。经典的 VGG16 网络在网络除了输出层之外的全连接层之后均加入了 BN 层,使网络的训练更容易收敛。网络的训练使用迁移学习提高模型的识别精度,网络卷积层的权值由网络在 ImageNet 数据集上预训练得到,图 7-43 为迁移学习示意图。

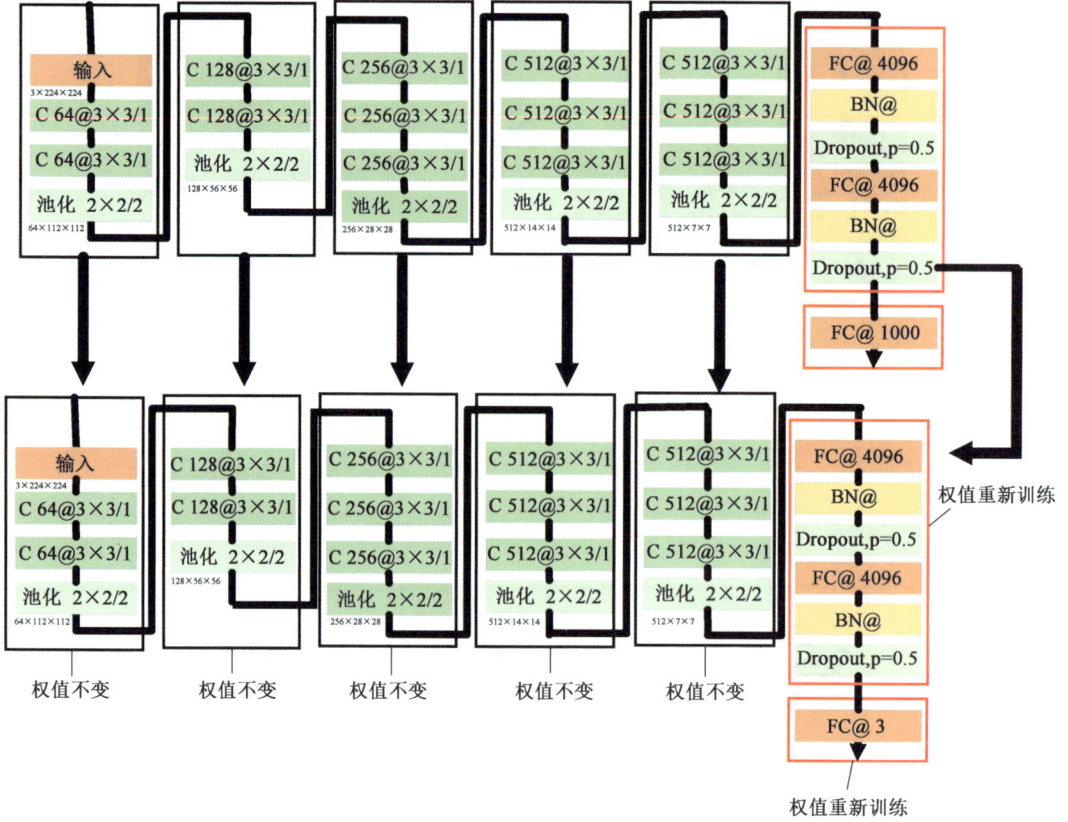

图 7-43　迁移学习示意图[51]

图 7-44 所示为重新训练网络为所有全连接层时,网络的预测精度与网络迭代次数之间的曲线关系。图 7-45 为网络训练为 40 个批次(epoch)时,网络模型在验证集上的预测结果。

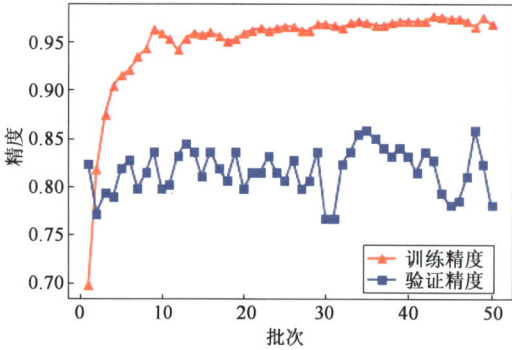

图 7-44　网络预测精度-迭代次数的关系曲线[51]

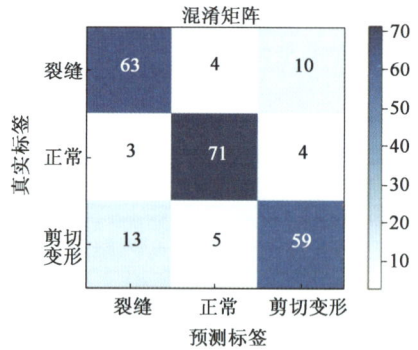

图 7-45　混淆矩阵示意图[51]

作者团队[52]也开展了支座裂缝分割技术的相关研究,数据集通过人工像素级标注,数据集中的图像被裁剪成小图片来训练全卷积神经网络(FCN)。训练好的 FCN 模型能够标注出支座裂缝,并且采用卷积神经网络(CNN)预先分类区分支座和背景的方法提高 FCN 模型的识别精度。图 7-46 和图 7-47 分别为 CNN 模型和 FCN 模型的示意图。

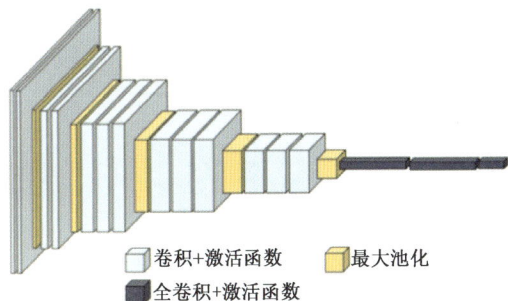

图 7-46　CNN 模型示意图[52]

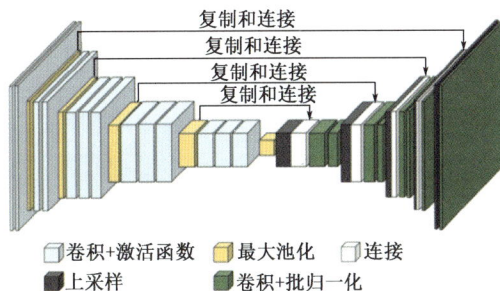

图 7-47　FCN 模型示意图[52]

CNN 模型和 FCN 模型分别进行训练,图 7-48 为 CNN 与 FCN 网络训练示意图。预测阶段由卷积神经网络分类模型先区分支座与背景,之后由 FCN 模型标注支座裂缝。图 7-49 为预测结果示意图,从图中可以看出,CNN 模型可以提高网络的预测精度,不过 CNN 模型自身的精度对模型最终的预测结果也会产生影响。

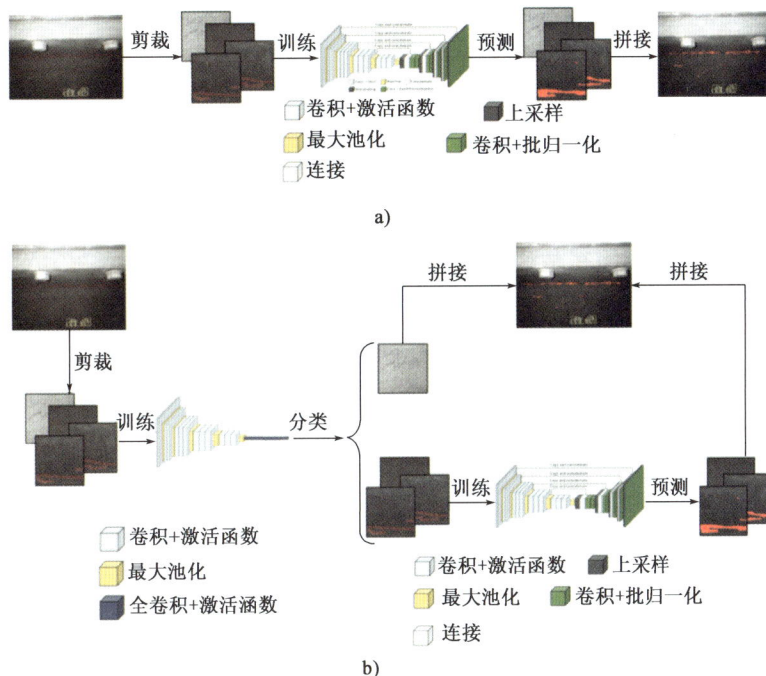

a)

b)

图 7-48　CNN 与 FCN 网络训练的示意图[52]

5)水下混凝土墩柱表观病害

为了解决目前水下结构检测中普遍存在的检测技术弱、工作性能低、检测效果差等瓶颈性难题,东南大学吴刚教授团队提出了"接触式视觉传感(Contact-Visual Sensing Device, CVSD)"的新概念,并以此设计研发了用于水下极端测量环境的混凝土墩柱表观损伤检测传感器及配套的作业机械装置。该设备的细节在第 4 章有详细的介绍。大量模拟真实水下环境的试验检测结果表明,该设备能够实现在水下混浊或类似能见度很低的环境中(浊度单位 400NTU 以上)对混凝土表面病害的快速识别与定量分析(精确到 0.1mm 级的裂缝),

从而有效地解决了目前水下环境传统的人工检测或其他成像设备(声呐、阵列相机等)遇到的成像难、精度低的技术难题,为水下桥墩病害检测提供了一种全新的思路和技术手段。

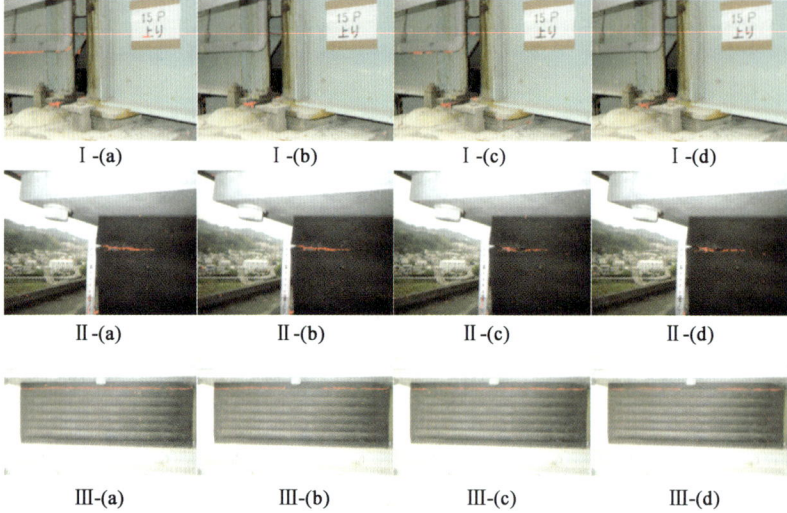

图7-49 预测结果示意图[52]

(a)-FCN/40 epoch;(b)-CNN + FCN/140 epoch;(c)-FCN/150 epoch;(d)-CNN + FCN/150

为了验证所提出的概念和触觉成像系统原型的可行性,我们制备了一根钢筋混凝土柱,并在实验室中进行了测试(图7-50)。在水下检测之前,该柱是经过低周反复荷载加载的。在最终破坏状态下,可以从柱表面观察到大量不同类型的损伤,包括裂纹、缺陷、剥落等。值得注意的是,本试验所引入的损伤与实际的桥墩损伤并不完全等同,只是其表观形态的损伤类型与水下损伤的类型相似。

a)经过加载后的样子

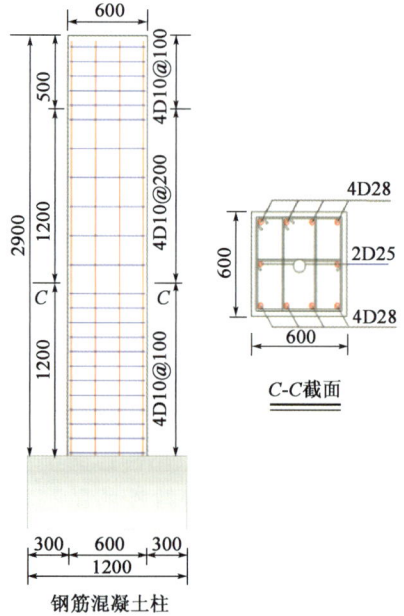

b)原始柱的配筋图

图7-50 混凝土柱的配置(尺寸单位:cm)

为了实现对水下混凝土结构表观病害的精细化描述,吴刚教授团队还提出了一种基于深度学习(DL)的水下结构表面病害识别算法。同时,为了更好地适应水下结构损伤检测的需求,该算法通过修改文献[53-54]中提出的全连接卷积神经网络(FC-CNN 或 FCN),提出了几种更适用于水下病害检测的改进方法,如重新定义损失函数等。与 FCN 模型相关的算法主要包括三个目标:图像分类、对象定位和语义分割。图像分类是对整个输入进行预测,即预测图像中的对象。如果图像中有许多对象,甚至可以提供一个排序列表。对象定位不仅提供类,而且提供关于这些类的空间位置的附加信息,例如中心体或边界框。语义分割对每一个标记了其封闭对象或区域的类的像素进行密集的预测推理。按照图像分类、对象定位和语义分割的步骤,缺陷识别可以将此算法从粗粒度推理发展到细粒度推理。

在病害识别过程中,我们构建了一个 FCN 架构,该架构结合了来自深度粗糙层的语义信息和来自浅层精细层的外观信息,从而可以产生准确、详细的水下损伤分割,即裂缝和缺损。图 7-51 展示了提出的 FCN 框架的工作流程。FCN 网络使用了一组 20000 个手动标记的图像(通过手动语义分割)进行训练。具体来说,为了增加场景的复杂度,每个场景都采集了 5000 张图像。在每个成像实例中,由于水流和接触压力的变化导致原位折射和反射,这使得每张图像中的照明条件和水伪影的外观不同。因此,生成的 DL 模型只适合于这个图像数据集。此外,在学习(训练)的过程中,它不仅学习了底层的 5 个损伤场景,还学习了复杂的图像噪声。在一台台式计算机(Intel i5-8400@ 3.60 Hz CPU,16GB RAM,NVIDIA GTX-1060GPU)上完成的。

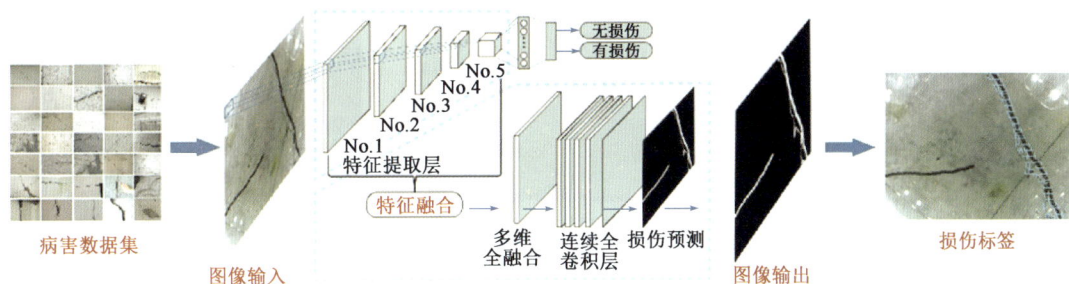

图 7-51　FCN 框架的工作流程

使用训练好的 FCN 模型进行语义目标检测和分割后的识别结果如图 7-52 ~ 图 7-54 所示。从图中不难看出,该算法识别的结果与原始的损伤分布和损伤细节非常接近。无论是检测宏观损伤(如空洞状缺损或颈缩),还是微观损伤(如裂纹),FCN 模型都可以在极端环境(如能见度低、流速快的水下环境)中识别出高清的损伤图像。同时,当提出的这种 FCN 模型被用作损伤定量检测工具时,它也凸显了这些触觉图像的可检测性和精细化描述的优越性。

6)钢结构桥梁螺栓缺失识别[55]

高强螺栓连接是桥梁等大型钢结构设施的主要连接方式之一。受多种因素影响,高强螺栓延迟断裂偶有发生,虽然总体断裂比例较低,暂时不足以引起节点连接失效,但如不及时发现和补充新螺栓,会导致节点连接失效的风险逐步累积,诱发更大的安全隐患。服役中的桥梁一般是通过维护人员定期寻查、采用望远镜目视等方法检查螺栓是否缺失,不仅耗费紧张的养护人力,还浪费有限的检查时间。以某座大桥为例,300 余万套高强螺栓分布在大桥的各个角落,发生延迟断裂脱落的高强螺栓仅有数百套,将这些失效螺栓的位置找出来,对维护人员的时间、精力都是很大的挑战。

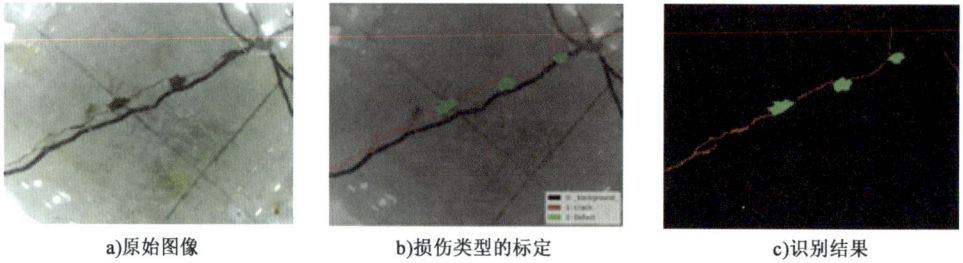

a)原始图像 b)损伤类型的标定 c)识别结果

图 7-52 "裂缝"病害的识别结果

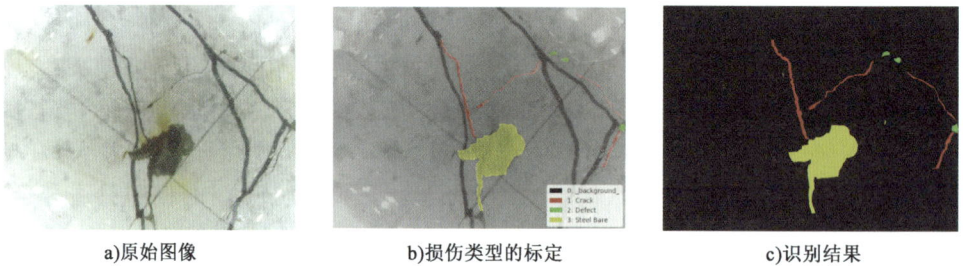

a)原始图像 b)损伤类型的标定 c)识别结果

图 7-53 "缺损"病害的识别结果

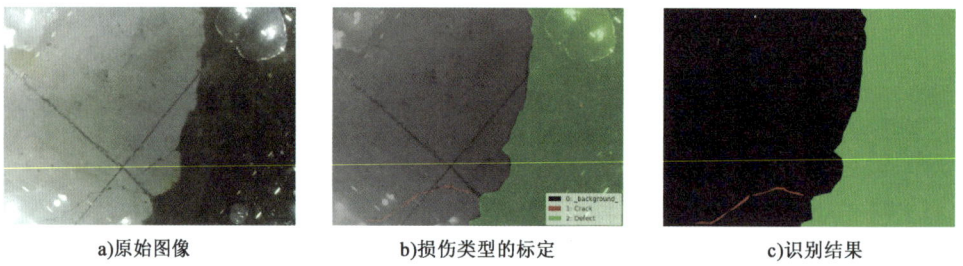

a)原始图像 b)损伤类型的标定 c)识别结果

图 7-54 "颈缩"病害的识别结果

因此,利用桥梁高强螺栓缺失场景的特征,采用附加注意力子网络卷积神经网络的方法,对快速图像识别技术在桥梁螺栓缺失检查中的应用进行了前瞻性的研究和探索,提出了合理的图像检测方案。桥梁高强螺栓缺失图像识别主要包括专业数据集构建和基于附加混合注意力子网络卷积神经网络图像识别两部分,如图 7-55 所示。

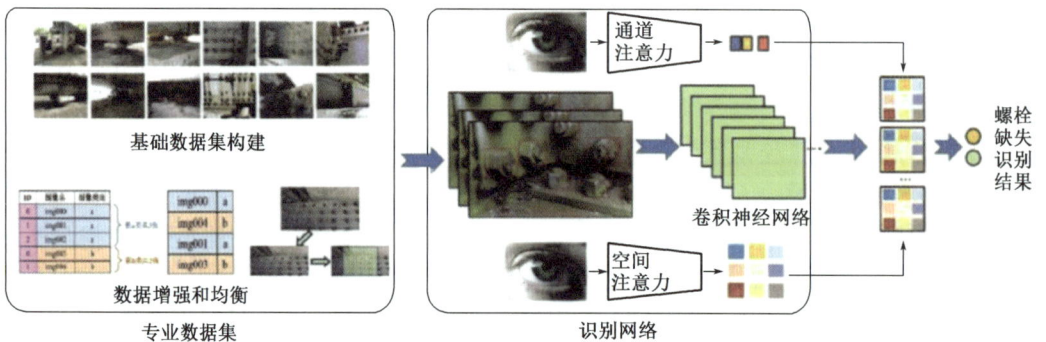

图 7-55 桥梁高强螺栓缺失图像识别[55]

（1）高强螺栓缺失数据集构建。

为便于确保螺栓缺失图像识别方法的有效性，选取螺栓和支座两类场景，采用相机、手机等常规移动设备拍摄桥梁各部位。为保证数据的多样性，在不同角度、焦距、光照等条件下，对某一具体场景的目标区域拍摄多幅图像。人工筛选有效图像并对每一幅图像标注其属于支座或螺栓缺失场景，从而构建高强螺栓缺失基础数据集。基础数据集包括螺栓缺失场景信息 4205 条，支座场景信息 393 条，部分场景图像如图 7-56 所示。

图 7-56　构建的数据集图像样本示例[55]

在基础数据集中螺栓缺失场景与支座场景数据数量之比超过 10∶1，这种严重不平衡会导致，即使识别主网络把全部图片识别为螺栓缺失，仍有超过 90% 的测试准确率，显然其不具备任何泛化性。为解决这一问题，采用数据增强和均衡采样的方法对不平衡的基础数据集进行扩充，以获得适合识别网络的平衡数据集。

首先，将所有图像的短边缩放至分辨率为 224 像素，长边同比例缩放。从缩放后的图片中随机裁剪 224 像素 ×244 像素大小的区域。然后对裁剪后的图像进行随机水平翻转、颜色变化、仿射变换操作，以增加训练集图像的多样性。

其次，对所有图像按类别进行排序，随后在每批次迭代前，按照顺序同时重叠选择两个类别的图像，以保证两个类别图像的数据集数目相等，这样就保证了训练时的每迭代批次内数据分布是均衡的。此外，由于在输入网络训练前对每张图像都进行了随机增强操作，也保证了任意两个批次的图像是不完全相同的。因此，总体可以认为训练时识别网络处理的数据类别近似均衡。

（2）高强螺栓缺失网络识别。

典型的深度学习的卷积神经网络图像识别首先通过卷积神经网络提取输入图像的特征，随后根据提取的图像特征，输入图像对应的标签，利用 Softmax 损失函数计算训练误差，经学习最终得到较好的网络以进行图像识别。

如果有 m 个训练图像，第 i 个图像经过卷积神经网络提取的特征向量为 $\boldsymbol{f}_i$，其对应的真实标签为 y_i，则识别误差 δ 为

$$\delta = -\frac{1}{m}\sum_{i=1}^{m}\lg\frac{e^{\boldsymbol{a}_{yi}\boldsymbol{f}_i+b_{yi}}}{\sum_{j=1}^{n}e^{\boldsymbol{a}_j^{\mathrm{T}}\boldsymbol{f}_i+b_j}} \tag{7-5}$$

式中，$\boldsymbol{a}$ 和 $\boldsymbol{b}$ 为 Softmax 层的权重矩阵和偏置向量；j 为类别索引；$\boldsymbol{a}_{yi}$ 和 $\boldsymbol{a}_j$ 分别为 Softmax 层权重矩阵中对应 y_i 和类别索引 j 的向量；b_{yi} 和 b_j 分别为 Softmax 层偏置向量中对应 y_i 和类别

索引 j_i 的元素。

由式(7-5)知,δ 主要取决于 f_i、a 和 b,而 f_i 由特征提取卷积神经网络决定,a 和 b 由训练数据的分布决定。若要获取高效的桥梁高强螺栓缺失图像识别网络,需要一个轻量级的卷积神经网络和较强表现能力的 f_i,以及合理的训练数据分布。据此设计了图像识别卷积神经网络结构,包含卷积核分别为 $3 \times 3 \times 64$,$3 \times 3 \times 128$,$3 \times 3 \times 256$,$3 \times 3 \times 512$ 和 $3 \times 3 \times 512$ 共 5 个卷积层和 5 个最大值池化层以及维数分别为 512 和 2 的两个全连接层。输入图像初始数据,经过卷积层对输入图像进行非线性特征的提取,经过池化层在保留主要特征的同时,进行空间维度降维,全连接层对卷积层和池化层的输出进行不同特性的线性加权,最后输出两个特征值分别代表输入图像的识别结果,如图7-57所示。

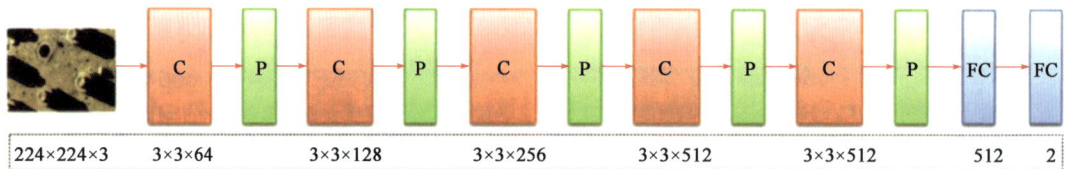

图7-57　图像识别卷积神经网络架构[55]

C-卷积层;P-最大值池化层;FC-全连接层

为提高网络的识别精度,在上述卷积神经网络(简称主网络)上附加混合注意力子网络,包括通道注意力子网络和空间注意力子网络。通道注意力子网络能够自适应地对不同图片的不同通道的语义特征赋予不同权重;空间注意力子网络解决卷积操作的全局共享造成的区域不敏感问题,高效地学习出区域影响权重因子。

①通道注意力子网络。

通道注意力子网络与卷积神经网络的组合架构如图7-58所示,该子网络由卷积计算、空间维度降维与注意力因子映射3种运算构成,并列附加在原卷积神经网络的每层卷积层上。通道注意力子网络可以自适应地对不同输入图像的不同通道语义特征赋予不同权重,进而提高识别卷积神经网络的自适应性。假设 w、h 和 c 分别表示输入图像的宽、高和通道数,图像在原卷积神经网络的第 i 层输入的特征值为 $X_i(w_ih_ic_i)$,经过原卷积神经网络第 i 层卷积计算得到的输出为 $Y_i(w_ih_ic_i)$,经过通道注意力子网络的卷积计算、全局平均池化和注意力因子映射得到注意力因子矩阵 F_i。经原卷积神经网络第 i 层卷积计算和通道注意力子网络运算后得到的输出为

$$Y_i' = Y_i F_i \qquad (7\text{-}6)$$

②空间注意力子网络。

图7-59a)为一张机器视觉的桥梁螺栓群场景图像。对于人类而言,图7-59a)仅有部分区域所对应的视觉内容对最终的识别结果起主导作用。若将图像均匀分割为16个网格,则区域2、3、6、9、10 和 13 的特征在最终的场景识别计算中应具有较大权重。然而,由于卷积操作所固有的全局共享特性,对整幅图像的

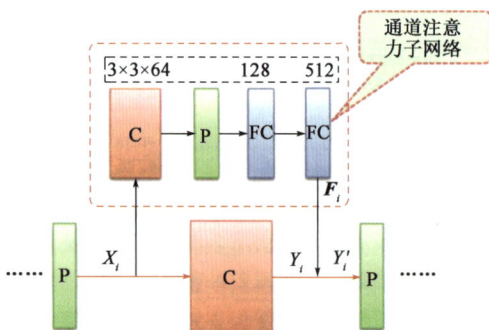

图7-58　通道注意力子网络与卷积神经网络的组合架构[55]

任意区域的操作完全相同。如果可以自适应地根据输入图像的不同区域赋予不同权重,将会进一步提高对桥梁螺栓缺失场景的识别准确率。

空间注意力子网络可以实现对不同区域施加不同的影响因子,进而可以自适应地根据输入图像的视觉内容对不同区域赋予不同权重。该子网络也由卷积计算、空间维度降维和注意力因子映射三种运算构成,附加在通道注意力子网络的卷积神经网络上构成附加通道和空间混合注意力子网络的图像识别卷积神经网络,其架构如图 7-60 所示。经空间注意力子网络作用后的图像如图 7-59b)所示,颜色深浅代表空间注意力子网络认为该区域对识别结果影响的重要程度,从图中可以看出,几乎每个螺栓都被较明显地识别出来。

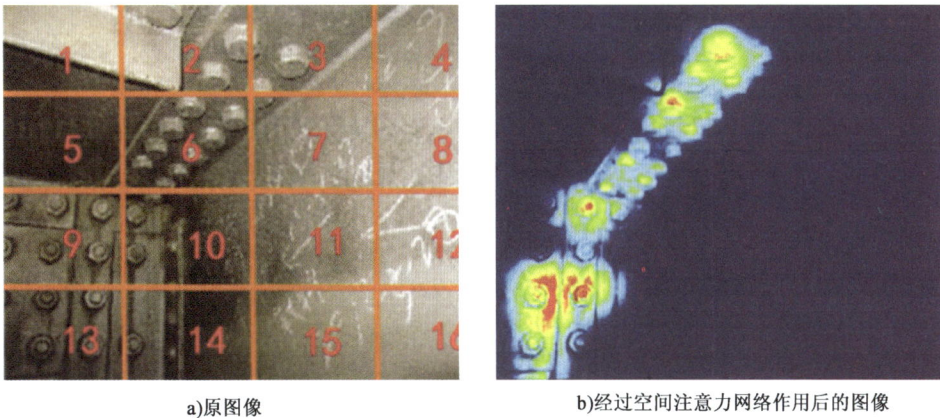

a)原图像

b)经过空间注意力网络作用后的图像

图 7-59　空间注意力子网络的作用结果[55]

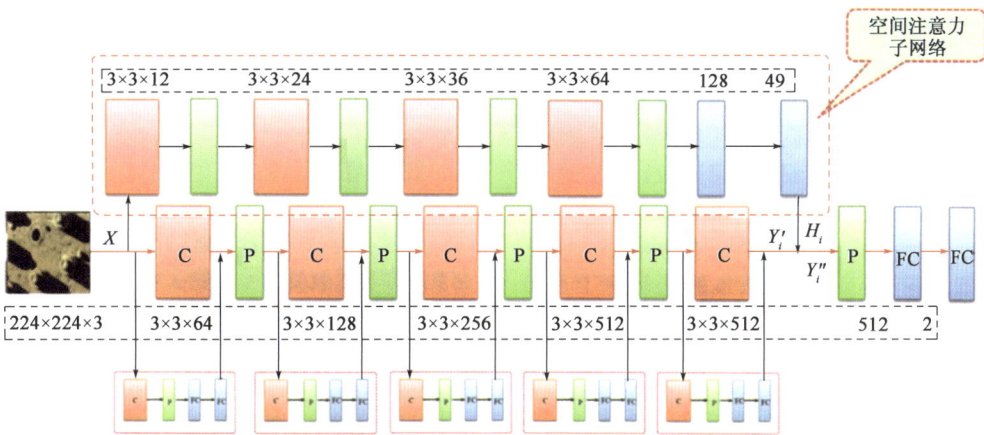

图 7-60　附加通道和空间混合注意力子网络的图像识别卷积神经网络架构[55]

③图像识别算法测试。

为验证算法的有效性,桥梁高强螺栓缺失数据集的所有图像按照 70%、10% 和 20% 的比例划分为训练集、验证集和测试集。所有试验结果均以测试集的准确率作为评价指标,与目前常用的 VGG 深层卷积神经网络图像识别方法的识别准确率进行对比,不同识别网络方法的测试结果见表 7-5。

对比表 7-5 中方法 1 和方法 2 的测试结果可知,使用本节的主网络进行测试,虽然训练集的准确率下降了 1.7%,但是测试集的准确率上升了 3.5%,表明本节的识别主网络相对于 VGG16 具有减轻过拟合的效果。此外,本节的主网络仅有 60M 左右,而 VGG16 有 250M 左右,说明本节主网络轻量且高效。表 7-5 中方法 3 的表现最优,可知附加通道和空间混合注意力子网络之后,方法 3 的识别准确率有了进一步提升,达到 94.9%,与方法 1 和方法 2 相比分别提升了 4.9%、1.4%。

不同识别网络的测试结果对比 表 7-5

序　　号	识 别 方 法	训练集准确率(%)	测试集准确率(%)
1	VGG16 + 迁移学习	99.6	90.0
2	本节主网络 + 迁移学习	97.9	93.5
3	本节附加通道和空间混合注意力子网络 卷积神经网络 + 迁移学习 + 数据增强和均衡	98.6	94.9

7.3.2　静力变形识别与测量

对结构的位移(挠度)、应变等参数的测量是结构健康监测的重要内容,这些参数能够直接反映结构的力学状态。传统的接触式测量方法往往只能测量结构单个点位的变形参数,而用少量的点反映结构的整体变形显然是不足的。对于桥梁等结构其很多构件处于高空,利用人工高空作业的形式设置测点的操作复杂,并具有一定危险性。数字图像相关(DIC)由于其非接触、可实现全场测量、便捷快速、性能优良等特点,逐渐被人们发现并应用于材料、构件和结构的变形测量。该方法首先使用数字成像技术(如光学成像、电子成像、断层扫描成像等)获取物体在不同状态下的数字图像,然后使用计算机技术,包括基于强度或区域的匹配算法和数值微分方法,实现对目标区域的识别匹配、追踪和对比计算(图 7-61),最终提取精确的全场位移和应变响应。目前,针对不同领域的 DIC 技术还在不断改进以适应不同的应用场景。

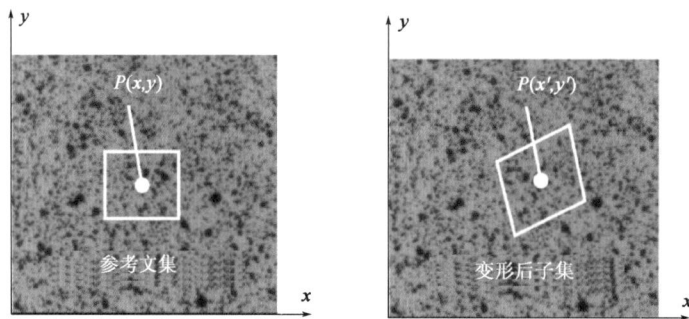

图 7-61　DIC 对变形前后的子区匹配并计算

东南大学何小元教授课题组自主开发了成套的 DIC 技术体系,并针对技术中存在的各种问题开展了深入研究。通过基于上采样过程,进一步研究了亚像素图像的匹配精度,提高了 DIC 的计算速度和测量精度[56];开展试验研究了 DIC 的应变测量精度,结果表明采用远心镜头成像可以提高应变测试精度[57];根据双点位移识别转动的角度和受力变形的特点提出了刚体位移消除方法[58],且根据混凝土的力学变形特性提出了基于位移场求解应变分布的方法,实测验证结果表明该种方法能够更好地满足工程实验测试的要求。针对大型混凝土结构,开发了无须喷漆的全场变形测量的数字散斑场制作方法[59],结果显示这种方法可以适用于混凝土表面的散斑制作,进一步扩大了 DIC 的使用范围,开发了 360°全周变形测量系统,如图 7-62 和图 7-63 所示,环向布置的 8 台相机组成 4 套三维数字图像相关(3D-DIC)子系统,采取不同的硬件控制方式实现 8 台相机同步测量,能够有效地监测大曲率、大变形的混凝土圆柱任意位置的破坏,实现大变形测量[60]。

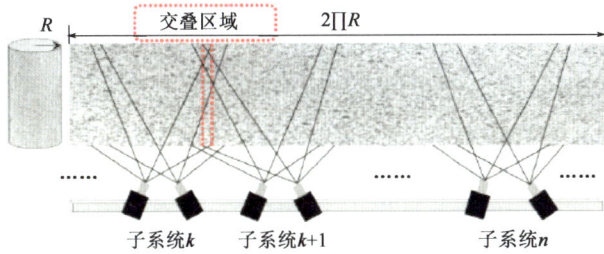

图 7-62　圆柱全周离散化测量示意图[60]

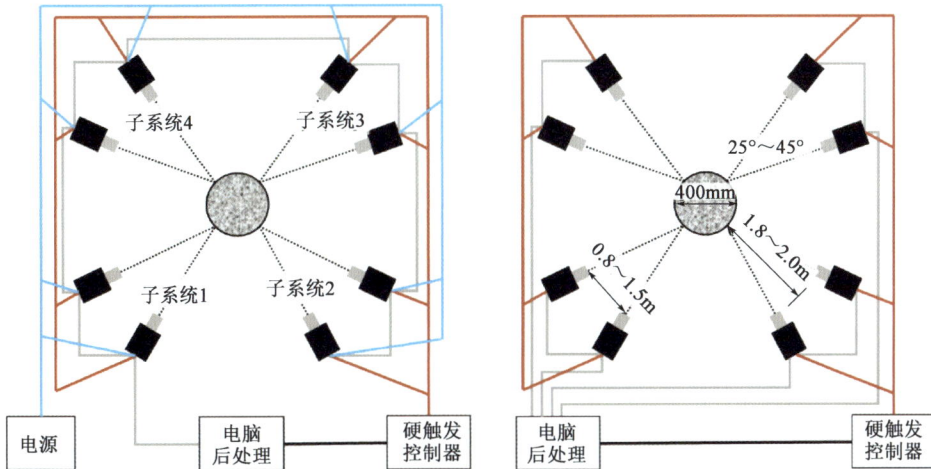

图 7-63　系统硬件控制方法[60]

　　随着 DIC 技术的成熟,该方法逐渐被应用到不同领域的静态变形测量中,可在不同的荷载状态下对各种自然形成或人工合成材料(包括金属、聚合物、生物组织等)、组件(卫星天线、汽车框架等)和结构(房屋、桥梁、地质结构等)进行力学性能的测试(如断裂、疲劳、机械测试等)。在土木工程领域,DIC 首先被应用于建筑材料的力学性能测试,随后其测量对象不断扩展,从小型的试件扩展到大型的结构构件,最后到实际的工程结构。比如将 DIC 应用于结构施工监测,设置相机对结构的重要部位进行图像采集并计算其位移变化,能够为施工中的结构变化情况提供预警。这些技术的应用为土木工程中结构静态变形测量提供有力的支撑。

1) 位移

　　通过亚像素匹配计算,DIC 可以实现亚像素级精度的全场位移测量。早期的 2D-DIC 可以获得图像中所测量的物体的任一点在平面内的水平位移和竖向位移。随着 3D-DIC 的产生,DIC 可以获得所测对象在三维空间内任一方向的位移。当使用 DIC 对结构所测范围内特殊点的位移进行单独分析时,可以得到关于结构的振幅、挠度等变形信息。Murray 等[61]应用 DIC 技术测量了钢筋混凝土桥在不同荷载水平下的静位移和不同车速下的动位移,结果显示 DIC 获得的位移测量结果与传统位移传感器的静态和动态测试结果有很好的一致性。随后对桥梁开展了不同荷载水平下的静力试验,通过 DIC 得到的荷载-挠度特性得到桥梁的响应规律。Pan[62]等发展了 DIC 动态实时测量方法,在激光测距仪的帮助下,使用易于实现且精确的校准技术,可以显示桥梁跨中以毫米为单位的物理位移。通过对某铁路桥梁在列车通过时的挠度进行实时监测,验证了 DIC 方法的实用性、准确性和应用潜力。这些对实际场景的研究为 DIC 位移测量提供了广阔的应用场景。

LaSalle Causeway 升降桥是加拿大安大略省金斯顿市一座有 100 多年历史的公路大桥。如图 7-64 所示,该桥面下放至水平时允许车辆通过,完全提升时允许船只从下面通过。在一次桥梁例行检查中,发现桥底部弦杆发生了腐蚀和吊起端支撑处有裂缝,车辆在此处行进发生明显偏转,桥梁的修复计划是解决底部弦杆腐蚀和吊起端支撑处的缝隙问题。为了确定修复的有效性,在修复前后、静载试验期间和常规交通荷载作用下,Hoag[63]等利用 DIC 对桥梁跨中和支座处的位移进行了监测。由于这座桥横跨卡塔拉基河,在桥跨中附近没有固定的参考点,不宜使用传统的传感器测量位移。因此,选择 DIC 作为合适的监测技术,能更好地记录桥梁跨中和支座处的位移,以用于评估桥梁的性能。

a)大桥正常服务车辆通行   b)大桥吊起船只通行

图 7-64   LaSalle Causeway 升降桥不同状态下的照片[63]

静力试验中,四辆装载碎石的自卸车称重后依次上桥,分别停在桥梁跨中,相对中点对称的位置,装载至车辆总重大约为 24000kg(235.5kN),每辆车的具体重量见表 7-6。

每 辆 车 总 重 表 7-6

卡车编号	1	2	3	4
车辆总重(kg)	24330	23920	23950	24150

如图 7-65 所示,其中一台相机安装在桥的南侧,对准跨中。使用佳能 EOS Rebel t3i 数码单反相机(DSLR),该相机配有 1800 万像素 CMOS(互补金属氧化物半导体)22.3mm × 14.9mm 的传感器和 180mm 焦距的镜头,用于捕捉桥梁的静态图像。相机的垂直视场约为 2m。使用大约 0.5mm/pixel 的比例因子和与 DIC 分析相关的噪声进行估计,对于现场应

用,可以将其估计为 0.1 像素。因此,测量精度约为 ±0.05mm。每个加载阶段拍摄 10 张图像,然后通过对像素强度进行平均将它们合并成一幅图像,以此减少因相机抖动带来的误差。

图 7-66a)显示了每辆载货车在每次加载时的位置。最初桥没有被加载,进行了所有参考点的测量。在工况 2 中,载货车 1 只将前轮放在桥上,以评估桥在卸载时是否与支架接触。如图 7-66a)所示,通过在每个加载工况下添加一辆载货车来对桥加载。在工况 7 中,

图 7-65　桥梁南侧相机的架设位置[63]

完全卸载,然后重复对桥的加载过程,以实现冗余。在测试结束时,再次完全卸载,在工况 12 中观察桥是否产生了任何永久的变形。

图 7-66b)为静力试验中各荷载位置的桥梁跨中的竖向位移。位移的计算方法是首先跟踪至少 12 个 64 像素直径子集的像素的位移。通过使用比例因子,将像素的位移转换为毫米位移。尺度因子是通过在测量平面上以像素为单位的已知物理测量的条件下,计算图像中某条直线的像素维数来确定的。桥梁的最大垂直位移发生在荷载工况 5(四辆载货车集中在跨中)中,为 13.8mm。当载货车在桥上横向均匀分布时,例如在工况 4 和工况 6 中,桥两边的位移大小相似,在这些加载步骤中,南北两侧之间位移的最大差异只有 0.9mm。这些位移的差异可能是由不对称加载(例如载货车重量和位置的轻微差异)或每个桁架的刚度的微小差异造成的。当桥的荷载不对称时,预计荷载较大的一侧的竖向位移比荷载较小一侧的竖向位移大。这一预测在工况 5 中表现得最为明显,当时大桥北侧有两辆载货车,南侧只有一辆载货车。在此荷载作用下,桥北侧偏转了 10.5mm,而南侧仅偏转了 8.2mm,

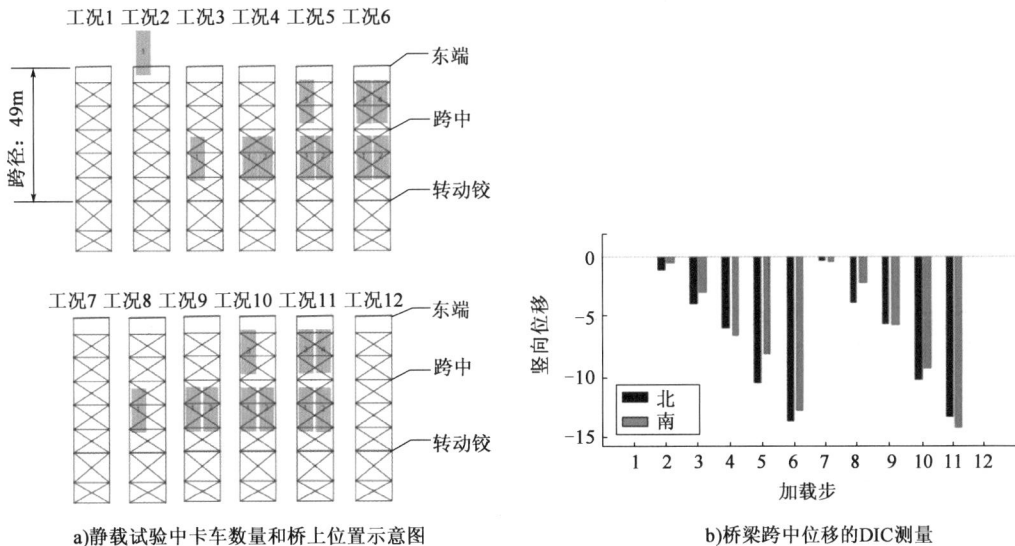

a)静载试验中卡车数量和桥上位置示意图

b)桥梁跨中位移的DIC测量

图 7-66　测试工况设置及测量结果[63]

相差超过 20% 。在静态测试中确定了桥的提升端存在一个缺口,在其后续的动态测试中进一步研究了该支座的性能。

2)应变

应变是结构力学性能测试中非常重要的物理量。与传统的应变计相比,DIC 方法可以获得试件表面的连续应变场。在 DIC 方法中,应变场一般通过位移场数值微分得到。在结构的变形测量中,基于 DIC 获得的应变场通常用于观察结构中产生的应变集中,直观地得到结构整体变形过程,评估结构的损伤状态。

Wattrisse 等[64]利用 DIC 对钢结构的应变场进行了观测,并分析了应变测量精度,发现其精度可以满足对应变集中区域的观测要求,并基于 DIC 得到的应变集中演化过程对钢材的颈缩过程进行了深入分析。Tung 等[65]采用 DIC 对圆管的变形进行测量,验证了 DIC 测量微小区域应变的能力,试验结果表明,DIC 应变场能够显示出由局部屈曲引起的应变提升。王海涛[66]在对 FRP 加固的结构的黏结滑移过程开展试验研究的过程中,利用 DIC 对其表面的应变云图进行研究,DIC 云图高应变梯度区域清晰地呈现了纤维布破坏剥离过程。

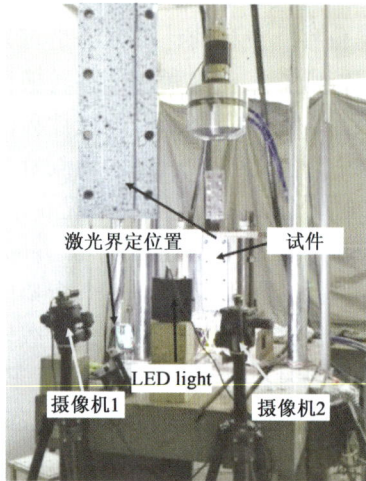

图 7-67 黏结滑移 DIC 观测试验装置[67]

东南大学吴刚教授课题组的庞育阳博士[67]应用 3D-DIC 技术测量碳纤维增强聚合物(CFRP)-钢材结合界面的黏结性能,试验结果包括破坏模式、极限荷载、试件表面应变分布、位移分布。试验的大致过程为:测试前,在被测试件的表面均匀喷涂白色和黑色的亚光漆,以获得随机的散斑图像。在表面的散斑图样完全干燥后,使用几个校准板进行校准,试验过程中使用两台摄像机以 2 次/s 的频率同步采集试样表面的图像(图 7-67)。为了避免外部光线变化的影响,使用发光二极管(LED)使试件表面具有均匀的光度。基于变形前后的试件图像,利用 DIC-3D 软件计算试件的位移和应变。

图 7-68a)~h)为不同加载阶段 CFRP-钢试件表面的应变云图。非脱粘阶段加载端附近应变梯度较大,如图 7-68a)~d)所示,表明变形主要集中在加载端附近。应变梯度的分布范围也随着荷载的增大而不断增大,说明应力的传递长度逐渐变长。随后,高应变梯度的范围沿 CFRP 的长度向下移动,即在脱粘阶段向界面的自由端移动,如图 7-68e)~h)所示。因此可以观察到明显的界面脱粘过程。

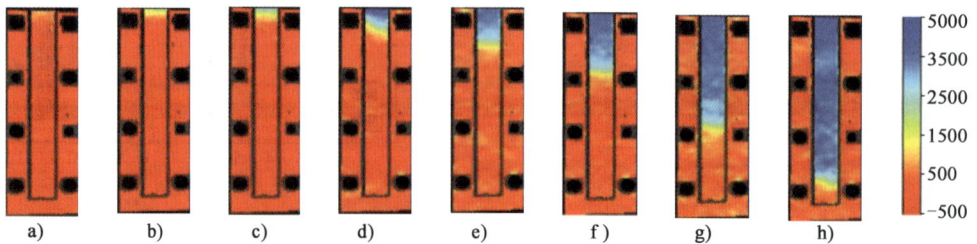

图 7-68 黏结滑移 DIC 观测试验试件的应变云图[67]

CFRP-钢材界面的黏结滑移关系主要由界面剪切应力和相对滑移两个参数决定,利用 3D-DIC 软件可以直接得到相对滑移,而界面剪应力则通过应变差得到,进而可以进行其后续的试验分析与研究。

3）断裂过程区

利用 DIC 获得的结构表面的应变场信息,通过三维可视化可以发现,在裂缝附近存在很强的应变集中区域（图 7-69）。在混凝土断裂力学中,这一块区域被称为断裂过程区（FPZ）,是微裂纹集中发展和连接的区域,并最终形成新的宏观裂缝的区域。该区域对混凝土裂缝的发展、结构变形起着十分重要的作用,而利用 DIC 技术可以有效地对混凝土裂缝以及该区域进行识别。通过构建针对 DIC 获得的应变场和位移场的处理程序,可以使计算机系统对主要裂缝周围的过程区进行识别和跟踪,从而得到其演化特征。

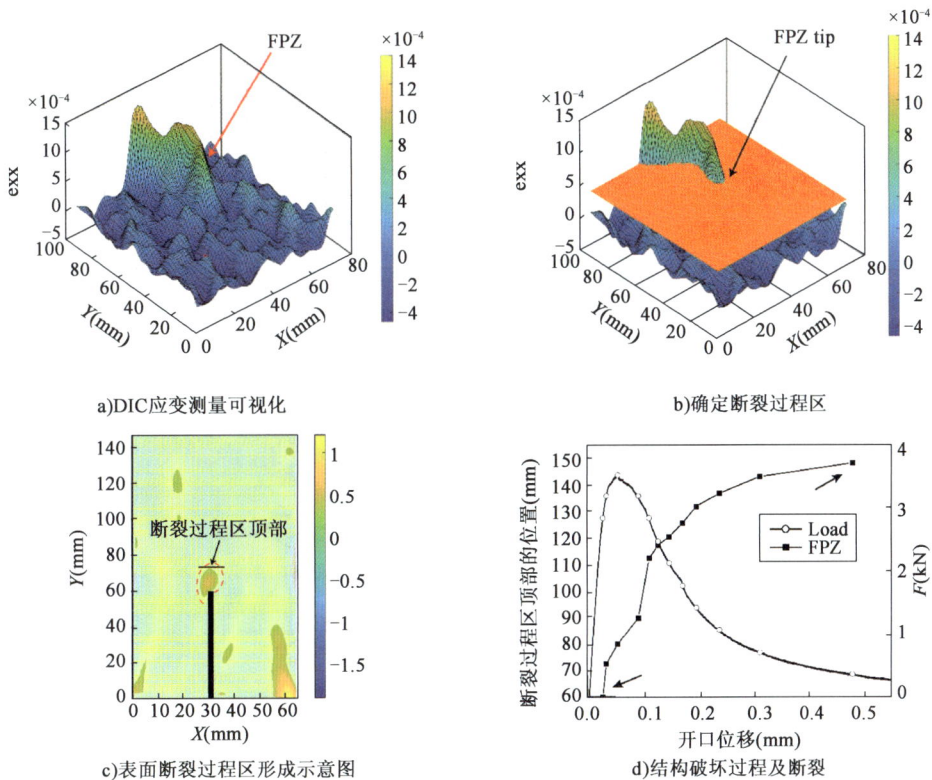

a)DIC应变测量可视化

b)确定断裂过程区

c)表面断裂过程区形成示意图

d)结构破坏过程及断裂

图 7-69　断裂过程应变场 DIC 信息[68]

Fan 等[69]通过 DIC 方法,对混凝土构件在单调、往复、疲劳等多种荷载下断裂过程区的不同演化过程和特点进行了深入研究,开发了 DIC 裂缝识别、断裂过程区追踪测量、发展过程可视化等技术,结合结构的受力性能对混凝土结构的破坏过程进行分析后发现,断裂过程区的发展过程和结构承载力的变化有明显的相关性,而断裂过程区的形成阶段、发展特征等方面的研究将为混凝土断裂理论的发展提供更具体的试验数据支撑。基本操作流程如图 7-70所示,具体包括:

（1）散斑图样制作与相机标定。DIC 要求试样表面必须有随机强度变化,作为变形信息的载体。如果样品有明显可辨别的自然纹理,可以跳过这一步,否则必须在测量对象表面制作随机的斑纹图案以作为图像匹配时的图像特征。

(2)相机标定与数字图像采集。不同配置条件下的试样表面图像分别由一台相机(2D-DIC)或两台同步相机(3D-DIC)进行记录,并将获得的图像存储在计算机中。相机标定是利用体视学将物体表面的兴趣点与其在左右相机中相应的位置联系起来的重要步骤。通常,双目或多相机立体成像系统可以使用标准尺寸的校准目标进行校准,以确定图像到实际目标的放大因子或成像系统的内外参数。

(3)位移应变场计算。通过比较不同状态下采集的数字图像,使用基于局部子区或基于全局相关关系的算法,可以直接计算全场位移(以像素为单位)。基于 DIC 算法计算的标定参数和视差图,可以重建所有测点的三维坐标。对变形前后的变形值,得到测点的位移值(单位为 mm)。得到的位移值先进行平滑处理,然后用适当的数值方法进行微分,从而估计应变分布。对采集到的每张图进行计算可以得到不同时刻的位移场数据。最后,通过软件或人工可以方便地获得变形场中某个特征点所有时刻的位移、应变,从而得到该特征点位移、应变等参数的变化情况。

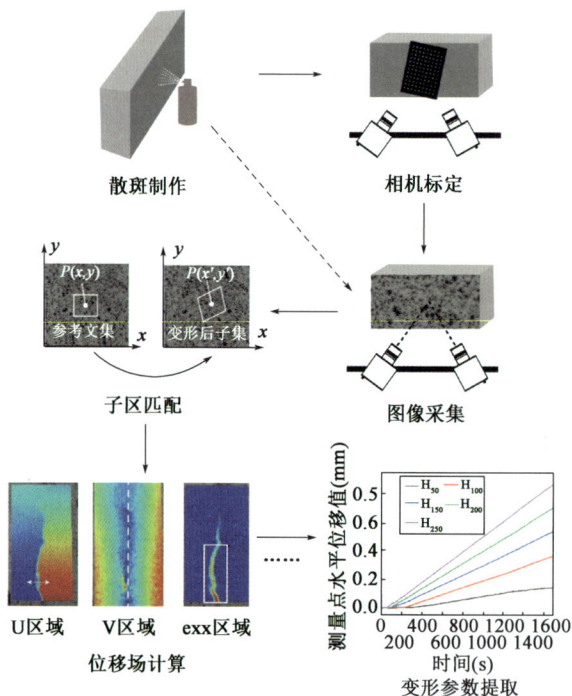

图 7-70　DIC 操作流程简介

7.3.3　结构振动识别与测量

结构健康监测(SHM)的应用基本都是从测量结构的动态响应出发的,从而基于振动的 SHM 是评估民用基础设施安全性最流行的解决方案之一。从测量装置的角度来看,传统的桥梁结构振动测量一般会将有线或无线的传感器连接在被测的结构或构件上。对于轻型结构而言,接触式传感器会为结构带来附加的荷载,带来测量误差;同时,从长期应用的角度来看,有线传感器需要大量的电缆供电,无线传感器需要定期更换电池,这使得其在大型基础设施上的安装和维护既昂贵又费时。此外,这些传感器通常放置在有限数量的离散位置,提供的空间分辨率较低,很难满足大尺度结构基于模态的损伤定位和模型更新。非接触式测量方法,如激光振动扫描仪,可以提供高分辨率的传感能力,且对结构没有附加荷载,然而这些测量设备相对昂贵且需进行连续测量,会耗费相当长的采集时间。随着相机硬件水平的提高和图像处理技术的发展,基于相机的非接触式测量方法以其成本低、布置灵活、可以同时对结构多点测量、提供较高的空间分辨率等优势得到了广泛的关注。从物理参数的角度来看,传统的健康监测手段多是测量结构加速度,再通过积分得到结构位移,但加速度测试在结构低频振动时测量结果通常是不准确的。而位移则可以在较低的频率下提供更精确的测量结果,但是由于安装和测量的困难以及方法的经济性等原因,基于位移测量的应用相对较少。基于计算机视觉的结构动态响应测量希望以成本较低的方式,通过直接识别每一帧中结构位移的变化,替代传统的先测量加速度再反算位移的方法,进而分析结构的振动。结合基于视觉的算法,使用摄像机的测量已经成功地应用于结构振动测量以及后续的模态分析、系统识别、索力评估。

1) 桥梁梁体振动

一般而言,结构的一个状态对应一个动力特性,物理特性的改变会引起系统动力响应的改变。近 20 年来,基于振动的结构健康监测希望通过对结构振动规律的分析反映结构的健康状况。比如,一般情况下桥梁梁体结构的损伤会增加结构的阻尼,降低结构的刚度,这些结构力学性能的变化最终都会反映在结构振动规律的变化上,如导致固有频率和模态形状曲率的降低。

Mas 等[70]通过对高速视频序列的分析,证明了可以同时得到感兴趣区域(RoI)序列中所有振动目标的振动频率,并开发了一种多点振动频率的同步测量方法。Feng 等[71]使用采样互相关技术(UCC)和定位码匹配技术(OCM),开发了一种单相机结构多点同步测量的视觉传感器;在实验室一个三层框架结构的振动台进行试验,证明了使用一个相机同时准确地测量一系列点的动态位移响应并确定固有频率和振型的可行性,试验结果与高性能激光位移传感器测量的位移有很好的一致性;之后又通过曼哈顿大桥的现场试验[72],测试了基于视觉传感器的多点实时位移远程测量系统的性能。Yoon 等[73]基于光流估计方法提出了一种无须标记的基于消费者级相机的位移测量方法,基本过程包括兴趣区域选择、特征跟踪、点跟踪和异常点去除,最终在一个六层框架结构上进行了室内振动实验,所识别到的模态参数与基于加速度计的方法识别模态参数一致。Yang 等[74]通过对实验室尺度结构的实验,展示了在低帧速率下使用无混叠测量或临时混叠视频测量进行纯输出模态识别的潜力。Chesebrough 等[75]提出了一种利用单点光场成像技术提取模态信息的新方法,讨论了从动态结构中提取模态形状的机器学习过程,以及光场成像技术在三维结构动态信息提取中的应用。

2013 年美国麻省理工学院的 Wadhwa 等[76]提出了一种基于相位的视频"运动放大(Motion Magnification)"技术,这是一种基于光流法和复数可操控金字塔发展而来的技术。此技术可以提取和放大视频中特定频率的微小运动。之后,土木工程领域已有许多专家学者运用此项技术开展了房屋建筑、基础设施等方面的相关应用。Chen 等[77]最先使用运动放大技术对高速摄像机拍摄的简单结构振动视频进行振型的可视化和量化,通过与激光测振仪和加速度计所测得的数据相比较,验证了这种方法的准确性。Yang 等[78]使用多尺度金字塔分解和表示方法、非监督学习方法、盲源分离(BBS),通过对全场时空像素相位进行提取、建模和处理,仅在测量视频中对局部结构振动编码,从结构的视线视频测量中盲提取共振频率、阻尼比和高分辨率模态形状,并采用一个三层的建筑结构模型进行试验验证。

近 20 年来,基于振动参数的结构损伤检测方法也在逐步发展,通过损伤力学、结构动力学等知识将量化的结构振动与结构健康状况建立联系;而基于视觉的检测方法使得采集更完备的结构振动数据成为可能,在一定程度上为实现更准确的损伤检测和定位以及模型更新提供了更好的数据基础。Cha 等[79]使用基于相位的光流算法测量悬臂梁位移,利用无迹卡尔曼滤波去除位移测量中的噪声,在已知结构质量的前提下,识别当前结构刚度、阻尼系数等结构特性,从而检测结构损伤。Feng 等的实验[72]证明,单摄像机测量的全场位移响应的平滑振型可以基于振型曲率指数检测和定位简单梁的结构损伤。Dworakowski 等[80]通过数字图像相关(DIC)得到了小型实验梁的挠度曲线,并对两种基于挠度形状的梁损伤检测算法进行了评估。Yang 等[81]根据其前期提出的从视频中有效提取结构全场高分辨率动态参数的方法,进一步研究了在不知道完好结构信息的情况下仅根据当前结构输出的视频进行损伤检测的可行性。

东南大学张建教授课题组研究了一种基于视觉的桥梁挠度测量方法[82],它可以追踪结构的自然特征,避免了在结构上安装人工目标。即针对图像尺度变化较小和中小型桥梁变形程度较小的特点,提出了一种简化的快速 Hessian 检测器和一种基于预处理的随机采样一致性(RANSAC)方法。将基于改进算法的非目标变形测量方法应用于某 100m 主梁拱桥的现场测试。结果表明,该方法处理速度快、亚像素精度好。使用工业相机获得的光学结果与其他接触式传感器的测量结果一致。以下将对此桥梁挠度测量方法作简要介绍。

(1)具体步骤。

该方法采用 SURF 的快速 Hessian 检测器进行特征检测,采用 BRISK 描述符进行特征描述,采用 K 近邻($K=2$)作为特征匹配器。考虑到桥梁结构变形较小,设置像素距离的阈值以减少使用 RANSAC 的原始数据量,以便更好地过滤掉不需要的数据。

利用此方法进行挠度测量的具体流程如图 7-71 所示。

步骤 0:准备工作。一是标定二维光学测量的尺度参数 s(mm/pixel)。一般来说,已知大小的结构或测点到光学中心的距离可以得到 s。二是在一定实验情况下基于工程经验和设计值估计最大变形幅度。事实上,中小型桥梁的挠度大约为厘米级。

步骤 1:特征检测。通过快速 Hessian 检测器进行特征检测,通过 BRISK 描述符进行特征描述。

步骤 2:利用 KNN 对基于步骤 1 得到的描述符进行特征匹配。

步骤 3:通过改进的 RANSAC 去除步骤 2 中的误匹配结果。

步骤 4:利用步骤 0 校准的比例因子 s 将像素距离转化为实际物理距离。

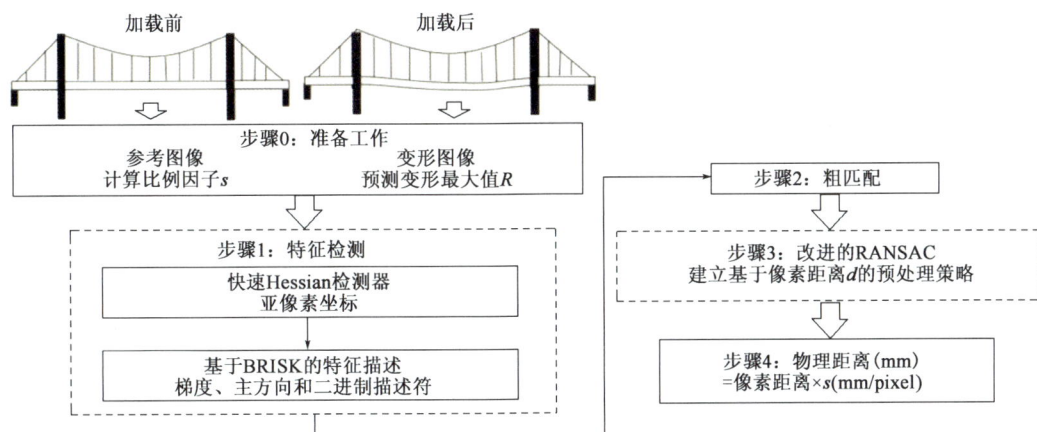

图 7-71　通过改进的方法进行非目标变形测量流程图[82]

（2）现场测量。

现场试验集中于海南大桥[图 7-72a)]1/4 主跨竖向位移的测量。该桥主跨为长 100m、宽 50m 的斜拉系杆拱。此外，采用了传统的接触式传感器，包括倾斜仪和液位计进行对比试验。

相机安装在倾斜仪附近[图 7-72b)]，镜头聚焦在离相机 26m 的桥架附近的栏杆上[图 7-72c)]。本次测量采用的是一个配备了 200mm 镜头的工业相机(UI-3370CP-MGL)。

a)测试的桥梁

b)光学系统设置

c)摄相机视场

图 7-72　现场测试[82]

（3）测量结果。

在现场试验中,采用了两种标度因子的标定方法。用激光测距仪反复测量相机 CCD 目标表面到目标距离的平均值 $L = 25939\text{mm}$,通过这种方法得到的比例因子 $s_1 = 0.715\text{mm/pixel}$;第二种方法是利用已知结构的实际尺寸进行计算。视野中的栏杆宽度约为 100mm,约占 141 像素,$s_2 = 0.709\text{mm/pixel}$。

在四次测量中,本方法与两种传统方法的平均差值分别为 0.12mm、0.07mm、0.1mm 和 0.11mm,相应的相对误差百分比分别为 4%、3.2%、2.7% 和 2.89%。

对改进的特征匹配算法在效率和精度上的性能以及在现场测试中的应用进行了深入的研究后可以得出以下结论:简化 Hessian 检测器能省 30% 的检测时间;改进后的 RANSAC 比原来的 RANSAC 速度更快,并且预处理有助于提高匹配精度;与传统的测量手段相比,大多数情况下采用改进的挠度测量算法得到的结果的相对误差在 5% 以内;虽然该技术的可行性和准确性已经得到了成功的验证,但值得注意的是,在现场应用中,由桥面变形导致的摄像机小刚体旋转是不可避免的。因此,消除相机角度变化引起的测量误差是下一步研究的重点。

2）桥梁拉索振动

拉索是索结构桥梁的重要承重构件,在施工及运营阶段对其工作状态进行检测与评估很有必要。传统接触式的索力测量方法主要有电阻应变片测索力、振弦式应变仪测索力、压力环测索力、振动频率法、超声导波法、光纤光栅传感技术、磁弹效应法[83]。其中,广泛使用的振动频率法利用拉索的各阶振动频率与其内部张力的关系来确定拉索的索力。拉索的振动频率可以采用安装于拉索某个位置的拾振器或者加速度传感器获取的加速度信号通过频谱分析得到。但是这些方法通常需要在拉索上安装传感器,布置数据传输线路,耗时费力而且成本很高。传感器的维护和管理也面临着许多困难。为了解决上述问题,计算机视觉技术进入工程结构检测领域,进行拉索振动的测量,从而代替加速度计等传感器得到拉索的固有频率,成为新型的振动测量方法来估算索力。这项技术得到了广泛的发展。

（1）研究现状。

Y. F Ji 等[84]提出了一种基于图像的斜拉索振动测量方法。利用商用摄像机远程捕获振动拉索的数字图像序列,采用光流法计算了任意选择的感兴趣区域(RoI)在拉索图像序列中的光强变化,得到的光流矢量显示了拉索振动的方向,可用于估计拉索的位移。但需符合下列条件:拉索在平面内振动;已知相机及拉索两端位置;拉索凹陷不明显。此方法在小型人行桥的拉索上进行了验证,结果显示有一定的可行性。但是应用于大跨度斜拉桥拉索测量时,考虑到环境和交通引起的振动的影响,摄像机可能会随桥面运动,还需仔细考虑摄像机运动的影响。E. Caetano 等[85]利用光流法远程对瓜迪亚纳斜拉桥拉索进行了振动测量,其测量结果与加速度计的测量结果一致。这表明对于难以到达的结构,基于计算机视觉的测量系统可以远距离测量,并得到较好的测量结果。Chien-Chou Chen[86]针对光流法计算烦琐的问题提出在拉索上附加圆形标记作为测量目标的方法,但是有时候附加标记的安装也很困难,故提出将每幅图像中拉索边缘线的中点作为伪目标。由于直线中点的坐标比圆中心的坐标更容易确定,这种方便的非目标技术甚至比其目标版本的计算效率更高。关键在于采用合适的边缘检测算法正确地识别拉索边缘,再使用线性回归来获得最适合边界上所有像素的最优直线,从而得到拉索位移时程。最后,利用傅立叶变换得到拉索的模态频率。Sung-Wan Kim 等[87-88]开发了一种基于视觉的监测系统,利用归一化互相关的模板匹配方法来远程测量斜拉索的动态特性。模板匹配方法使对象本身可以在没有目标的情况下用作模板,避免了人工目标的安装。此外,在开发的系统中,安装了一个可以远程控制的云台,通过云台控制变焦镜头的转动,可以测量多根拉索的振动频率。此种方法的缺点是在雾天、雨天、夜晚和背光的情况下,所获得的图像会扩散和劣化,从而难以获得可靠数据。同时,还提出了一种基于图像中固定目标以消除外部振动引起相机运动的修正算法。针对传统振动频率法仅通过拉索频率来估计索力的精度不足问题,Chien-Chou Chen 等[89]提出将振型比与模态频率相结合的索力测量方法。利用多个摄像机对斜拉索不同位置的环境振动进行同步测量,以识别模态振型比。Xuefeng Zhao 等[90]创新性地将智能手机作为视频采集工具,在智能手机摄像头捕获的视频图像序列感兴趣区域(RoI)内,选取电缆边界作为跟踪目标,根据其在频域内的动态位移响应来识别电缆的动态特性。采用移动平均滤波器消除测量过程中智能手机摄像头抖动产生的噪声,避免了三脚架的使用。Yan Xu 等[91]提出了一种基于消费者级摄像机、低成本和非接触式视觉的多点位移测量系统。该系统已在一座斜拉桥上进行了验证,对该桥的拉索进行了振动测量。该系统采用基于边缘检测的拉索跟踪方法。拉索跟踪包括两个步骤:边缘检测和运动估计。边缘检测的目的是在一个小的子集窗口中确定拉索的位置,而拉索的运动是通过提取的两条边之间的距离来估计的。采用 Welch 的方法来估计监测数据的功率谱密度,通过峰值拾取来估计模态频率。利用数据驱动的随机子空间识别(SSI)方法从测量数据中估计状态空间模型,对状态空间模型进行特征值分解,提取模态频率和振型,从而再根据索力与频率的关系得到索力。Wenkang Du 等[92]的研究采用两种基于数字图像技术的测量方法,即数字图像处理(DIP)和数字图像相关(DIC),来识别由摄像机捕获的图像中单点和多点的索力,单点索力测量的最小偏差为 0.24%,最大偏差为 2.69%。多点误差约为 3.05%,与 Sung-Wan Kim 等[87]的方法相比,其提高了测量的精度,显示了基于计算机视觉的索力测量方法的可行性,满足工程的需要。DongMing Feng 等[93]提出了一种新的非接触视觉传感器方法进行索力估计。其采用模板匹配算法对佛罗里达州某体育场的索顶结构进行了索力测量,与加速度计的测量结果基本一致,最大误差为 5.6%。

(2)案例介绍。

以下针对 DongMing Feng 等[93]提出的测量系统及进行的索力测量进行具体介绍,力求使读者能够了解利用计算机视觉进行索力估计的流程。

该索力测量系统基于 DongMing Feng 等开发的亚像素方向码匹配算法,图 7-73 显示了利用该系统估算索力的具体步骤。

①具体步骤。

步骤 1:测试设置。将装有变焦镜头的摄像机固定在三脚架上,并将其放置在远离拉索的远程位置。通过 USB 3.0 数据线将摄像头与装有实时图像处理软件的笔记本电脑相连。

步骤 2:电缆振动测量。选择电缆表面的初始区域作为要跟踪的模板。为了减少计算时间,可以将搜索区域限制在前一幅图像中模板位置附近的一个预定义的感兴趣区域(RoI)内。摄像机录制的视频被数字化成具有特定分辨率和帧率的图像,并传输到计算机中。然后利用所开发的基于亚像素 OCM 算法的软件,实时获取所测得的振动,并保存到计算机中。注意,因为在后续的索力估计中只需要频率信息,所以不用进行坐标变换,不需要确定比例因子(单位:mm/pixel)来将像素坐标振动转换为物理坐标振动。

步骤 3:傅立叶变换和索力估计。对测得的振动时程进行傅立叶变换,以识别拉索的固有频率。最后,给定拉索的几何形状和材料参数,利用拉索的振动频率与其内部张力的关系来确定拉索的索力。

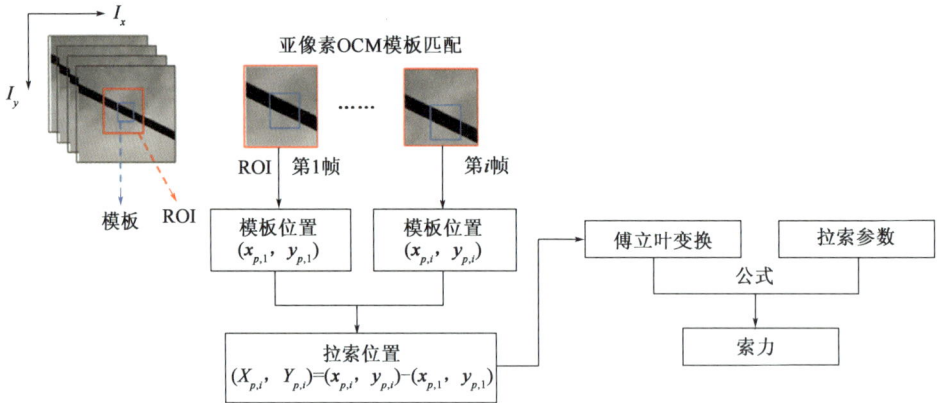

图 7-73　基于视觉的索力估计流程[93]

②现场测量。

为了验证该索力测量系统的有效性,对佛罗里达州正在施工改造的硬石体育场的拉索进行了索力估计。

视觉传感器系统如图 7-74 所示,采用的摄像机具有 CMOS 型传感器,最大分辨率为 1280 像素 × 1024 像素,最大速率为每秒 150fps(帧)。镜头焦距为 16 ~ 160mm。由于大多数民用基础设施中拉索的基频在 10Hz 以下,因此采用 50fps 的采样率。

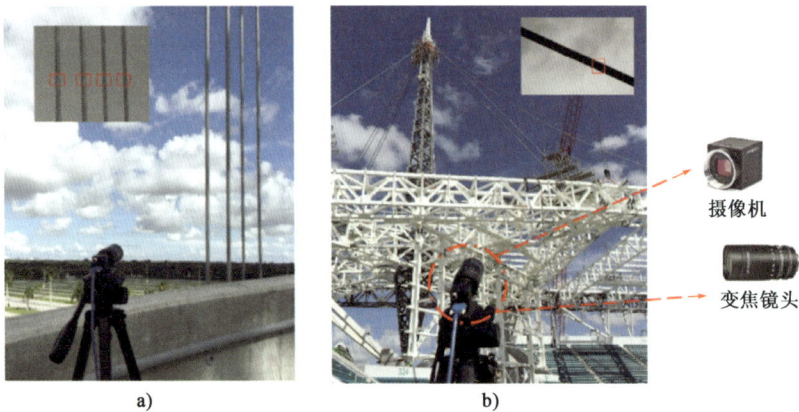

图 7-74　视觉传感器系统[93]

③测量结果。

图 7-74a)中红色方块框出的大约在跨中的拉索段被确定为运动跟踪的模板。最后的结果表明,采用视觉传感器测得的索力与压力环测得的索力基本一致,最大误差为 5.6%。结果

表明,此基于视觉的索力测量方法是一种方便、低成本的斜拉索结构长期或定期的监测方法。

需要指出的是,尽管基于视觉的传感器系统有很多优点,但是在未来的研究中,仍然需要解决现场应用中的几个技术难题,如空气热雾、微光和光噪声、地面/相机运动等引起的测量误差等。随着高性能摄像机的发展,计算机视觉技术在桥梁健康监测,特别是在拉索受力监测方面将变得更加可靠和方便。

本章结束语

总体来说,计算机视觉技术的发展为桥梁工程检测与监测方法提供了新的更经济、更便捷的解决思路。在当前新基建的发展前景下,通过融合交叉学科发展传统学科势在必行。然而多学科发展需要更全面的知识和更综合的视角,为使计算机视觉的相关技术更好地服务、落地于土木行业,推动智慧化、现代化的土木工程学科的发展,仍需要根据施工、监测、检测等实际工程的要求,根据当前传统技术存在的难点、痛点,进行更深入的科学研究和技术研发。

本章参考文献

[1] 许志杰,王晶,刘颖,等. 计算机视觉核心技术现状与展望[J]. 西安邮电学院学报,2012,17(6):1-8.

[2] GONZALES R C, WOODS R E. 数字图像处理[M].3 版. 阮秋琦,译.北京:电子工业出版社,2011.

[3] Chris H, Stephens M. A combined corner and edge detector[J]. Alvey vision conference. 1988,15(50).

[4] DALAL N, TRIGGS B. Histograms of oriented gradients for human detection[C]. Computer Vision & Pattern Recognition. 2005:886-893.

[5] Lowe D G . Distinctive Image Features from Scale-Invariant Keypoints[J]. International Journal of Computer Vision, 2004,60(2):91-110.

[6] FENG D M, FENG M Q. Computer vision for SHM of civil infrastructure:From dynamic response measurement to damage detection-A review[J]. Engineering structures, 2018,156:105-117.

[7] YAMAGUCHI I. Simplified laser-speckle strain gauge[J]. Optical engineering, 1982,21(3):213-236.

[8] PETERS W H, RANSON W F. Digital imaging techniques in experimental stress analysis[J]. Optical engineering, 1982,21(3):427-431.

[9] SUTTON M, MCNEILL S, HELM J, et al. Advances in two-dimensional and three-dimensional computer vision[J]. Topics in applied physics, springer verlag, 2000,77:323-372.

[10] LUO P, CHAO Y, SUTTON M, et al. Accurate measurement of three-dimensional displacement in deformable bodies using computer vision[J]. Experimental mechanics, 1993,33(2):123-132.

[11] BAY B, SMITH T, FYHRIE D, et al. Digital volume correlation:three-dimensional strain

mapping using X-ray tomography[J]. Experimental mechanics, 1999, 39(3):217-226.

[12] SMITH T, BAY B, RASHID M. Digital volume correlation including rotational degrees of freedom during minimization[J]. Experimental mechanics, 2002, 42(3):272-278.

[13] HINTON G E, OSINDERO S, TEH Y-W. A fast learning algorithm for deep belief nets[J]. Neural Computation,2006, 18(7): 1527-1554.

[14] Goodfellow L, 等. 深度学习[M]. 赵申剑,等,译. 北京:人民邮电出版社,2017.

[15] SRIVASTAVA N, HINTON G, KRIZHEVSKY A, et al. Dropout:a simple way to prevent neural networks from overfitting[J]. Journal of machine learning research, 2014, 15(1): 1929-1958.

[16] IOFFE S, SZEGEDY C J A P A. Batch normalization:Accelerating deep network training by reducing internal covariate shift [C]// 32nd International Conference on Machine Learning, FRANCE, JUL 07-09, 2015.

[17] LECUN Y. LeNet-5, convolutional neural networks[EB/OL]. URL:http://yann lecun com/exdb/lenet.

[18] KRIZHEVSKY A, SUTSKEVER I, HINTON G E. ImageNet classification with deep convolutional neural networks[J]. Communications of the ACM, 2017, 60(6):84-90.

[19] SZEGEDY C, LIU W, JIA Y, et al. Going Deeper with Convolutions [C]//IEEE Conference on Computer Vision and Pattern Recognition (CVPR), 2015.

[20] HE K, ZHANG X, REN S, et al. Deep Residual Learning for Image Recognition [C]// IEEE Conference on Computer Vision & Pattern Recognition, 2016.

[21] ZAGORUYKO S, KOMODAKIS N. Wide Residual Networks [J]. arXiv preprint arXiv: 1605.07146, 2016.

[22] XIE S, GIRSHICK R, DOLLáR P, et al. Aggregated Residual Transformations for Deep Neural Networks [C]//30th IEEE/CVF Conference on Computer Vision and Pattern Recognition (CVPR), 2017.

[23] HUANG G, LIU Z, LAURENS V D M, et al. Densely Connected Convolutional Networks [C]// IEEE Conference on Computer Vision and Pattern Recognition (CVPR), 2017.

[24] WANG N, LI S, GUPTA A, et al. Transferring Rich Feature Hierarchies for Robust Visual Tracking [J]. Computer Science, 2015.

[25] REN S Q, HE K M, GIRSHICK R, et al. Faster R-CNN:Towards real-time object detection with region proposal networks[J]. IEEE transactions on pattern analysis & machine intelligence, 2017, 39(6): 1137-1149.

[26] GIRSHICK R, DONAHUE J, DARRELL T, et al. Rich feature hierarchies for accurate object detection and semantic segmentation [C]// 27th IEEE Conference on Computer Vision and Pattern Recognition (CVPR), 2014.

[27] LIU W, ANGUELOV D, ERHAN D, et al. SSD:Single shot multibox detector [C]// 14th European Conference on Computer Vision (ECCV), 2016.

[28] LONG J, SHELHAMER E, DARRELL T. Fully convolutional networks for semantic seg-

mentation［J］. IEEE transactions on pattern analysis & machine intelligence，2014，39(4)：640-651.

［29］ AVRIL S, BONNET M, BRETELLE A-S, et al. Overview of identification methods of mechanical parameters based on full-field measurements［J］. Experimental mechanics，2008，48(4)：381-402.

［30］【图像分割】Fully Convolutional Networks for Semantic Segmentation.（2018-3-19）. https：//blog. csdn. net/nclgsj1028/article/details/79497121? ops_request_misc = &request_id = &biz_id = 102&utm_term = % E3% 80% 90% E5% 9B% BE% E5% 83% 8F% E5% 88%86% E5% 89% B2% E3% 80% 91Fully% 20Convolutional% 20Netw&utm_medium = distribute. pc_search_result. none-task-blog-2 ~ all ~ sobaiduweb ~ default-3-79497121. first_rank_v2_pc_rank_v29&spm = 1018. 2226. 3001. 4187

［31］ RONNEBERGER O, FISCHER P, BROX T. U-Net：Convolutional Networks for Biomedical Image Segmentation［J］. Springer International Publishing，2015.

［32］ BADRINARAYANAN V, KENDALL A, CIPOLLA R. SegNet：A Deep Convolutional Encoder-Decoder Architecture for Image Segmentation ［J］. IEEE Transactions on Pattern Analysis & Machine Intelligence，2017：1.

［33］ CHEN L C, PAPANDREOU G, KOKKINOS I, et al. DeepLab：semantic image segmentation with deep convolutional nets, atrous convolution, and fully connected CRFs［J］. IEEE transactions on pattern analysis & machine intelligence，2018，40(4)：834-848.

［34］ LIN G, MILAN A, SHEN C, et al. RefineNet：Multi-Path Refinement Networks for High-Resolution Semantic Segmentation ［C］// 30th IEEE/CVF Conference on Computer Vision and Pattern Recognition（CVPR），2017.

［35］ PENG C, ZHANG X, YU G, et al. Large Kernel Matters - Improve Semantic Segmentation by Global Convolutional Network ［C］//30th IEEE/CVF Conference on Computer Vision and Pattern Recognition（CVPR），2017.

［36］ HE K, GEORGIA G, PIOTR D, et al. Mask R-CNN ［C］// 16th IEEE International Conference on Computer Vision（ICCV），2017.

［37］ CHA Y J, CHOI W, BüYüKöZTüRK O. Deep learning-based crack damage detection using convolutional neural networks［J］. Computer-aided civil & infrastructure engineering，2017，32(5)：361-378.

［38］ 李良福,马卫飞,李丽,陆铖.基于深度学习的桥梁裂缝检测算法研究［J］.自动化学报,2019,45(09):1727-1742.

［39］ 吴贺贺,王安红,王海东.基于 Faster R-CNN 的隧道图像裂缝检测［J］.太原科技大学学报,2019,40(03):165-168.

［40］ 王森,伍星,张印辉,陈庆.基于深度学习的全卷积网络图像裂纹检测［J］.计算机辅助设计与图形学学报, 2018,30(05):859-867.

［41］ JI J, WU L, CHEN Z, et al. Automated Pixel-Level Surface Crack Detection Using U-Net ［C］//International Conference on Multi-disciplinary Trends in Artificial Intelligence,

Hanoi, Vietnam, November 18-20, 2018.

[42] 翁飘. 复杂环境下路面裂缝分割算法研究[D]. 郑州:郑州大学,2019.

[43] 尹兰. 基于数字图像处理技术的混凝土表面裂缝特征测量和分析[D]. 南京:东南大学, 2006.

[44] Ni F, Zhang J, Chen Z. Zernike-moment measurement of thin-crack width in images enabled by dual-scale deep learning[J]. Computer Aided Civ Inf, 2019, 34: 367-384.

[45] 董斌. 斜拉桥拉索外套表观病害与索力时变识别方法研究[D]. 南京:东南大学,2020.

[46] J. Dai, et al. Deformable Convolutional Networks[C]//2017 IEEE International Conference on Computer Vision (ICCV), 2017: 764-773.

[47] DANG J, SHRESTHA A, CHUN P-J. Bridge damage detection using unmanned arial vehicle and deep convolutional Neural network[C]// Asia Conference on Earthquake Engineering, 2018.

[48] SHI J, ZUO R, DANG J. Bridge damage classification and detection using fully convolutional neural network based on images from uavs[C]// Experimental Vibration Analysis for Civil Engineering Structures, 2019.

[49] Marchewka A, Ziółkowski P, Aguilar-Vidal V. Framework for structural health monitoring of steel bridges by computer vision[J]. Sensors, 2020, 20(3): 700.

[50] 江苏省地方标准. 公路桥梁橡胶支座病害评定技术标准: DB 32/T 2172—2012 [S]. 南京:江苏省质量技术监督局,2012.

[51] 崔弥达. 基于图像处理的桥梁支座病害自动识别关键技术研究[D]. 南京东南大学,2018.

[52] Shi Y, Cui M D, Zuo R Z, et al. BRIDGE DAMAGE DETECTION AND SEGMENTATION BY DEEP LEARNING FOR BRIDGE UAV INSPECTION[C]//World Conference on Earthquake Engineering, 2020.

[53] Dolz J, Desrosiers C, Ben Ayed I. 3D fully convolutional networks for subcortical segmentation in MRI: A large-scale study[J]. Neuroimage 2018, 170: 456-470.

[54] Shelhamer E, Long J, Darrell T. Fully Convolutional Networks for Semantic Segmentation[J]. IEEE Trans. Pattern Anal. Mach. Intell. 2017, 39: 640-651.

[55] 赵欣欣,钱胜胜,刘晓光. 基于卷积神经网络的铁路桥梁高强螺栓缺失图像识别方法[J]. 中国铁道科学,2018,39(04):56-62.

[56] 王圆圆, 衡伟, 邵新星,等. 基于升采样处理的数字图像相关精度提高方法[C]// 中国力学大会-2017暨庆祝中国力学学会成立60周年大会, 2017.

[57] 朱飞鹏, 雷冬, 何小元. 基于数字图像相关方法的全场应变测量的精度研究[C]// 第十三届全国实验力学学术会议论文摘要集,2012.

[58] 戴宜全, 孙泽阳, 吴刚,等. 基于数字图像相关法的混凝土全场变形测量[J]. 东南大学学报(自然科学版), 2010, 40(4): 829-834.

[59] 徐向阳,陈振宁,黄正,等. 大型混凝土梁全场变形测量中数字散斑场的制作和应用

　　　　　[J]. 东南大学学报(自然科学版), 2018, 48(5): 896-902.

[60] 陈振宁, 刘聪, 戴云形, 等. BFRP 混凝土圆柱破坏全周监测与可靠性研究[J]. 工程力学, 2015, 32(12):147-153.

[61] Murray C, Hoag A, Hoult N A, et al. Field monitoring of a bridge using digital image correlation[C]//The Institution of Civil Engineers-Bridge Engineering, 2015, 168:1, 3-12.

[62] PAN B, TIAN L, SONG X L. Real-time, non-contact and targetless measurement of vertical deflection of bridges using off-axis digital image correlation[J]. NDT & E international, 2016, 79:73-80.

[63] HOAG A, HOULT N, TAKE A. Assessment of a bascule lift bridge using digital image correlation[J]. Proceedings of the institution of civil engineers-bridge engineering, 2017, 170(3): 168-180.

[64] WATTRISSE B, CHRYSOCHOOS A, MURACCIOLE J-M, et al. Analysis of strain localization during tensile tests by digital image correlation[J]. Experimental mechanics, 2001, 41(1):29-39.

[65] TUNG S H, SUI C H. Application of digital-image-correlation techniques in analysing cracked cylindrical pipes[J]. 2010, 35(5):557-567.

[66] 王海涛. CFRP 板加固钢结构疲劳性能及其设计方法研究[D]. 南京:东南大学, 2016.

[67] PANG Y Y, WU G, WANG H T, et al. Experimental study on the bond behavior of the CFRP-steel interface under the freeze-thaw cycles[J]. Journal of composite materials, 2019, 54(1): 13-29.

[68] LI S T, FAN X Q, CHEN X D, et al. Development of fracture process zone in full-graded dam concrete under three-point bending by DIC and acoustic emission[J]. Engineering fracture mechanics, 2020, 230(3):106972.

[69] FAN X Q, LI S T, CHEN X D, et al. Fracture behaviour analysis of the full-graded concrete based on digital image correlation and acoustic emission technique[J]. Fatigue & fracture of engineering materials & structures, 2020, 43(6): 1274-1289.

[70] MAS D, FERRER B, ACEVEDO P, et al. Methods and algorithms for video-based multipoint frequency measuring and mapping[J]. Measurement, 2016, 85:164-174.

[71] FENG D M, FENG M Q. Vision-based multipoint displacement measurement for structural health monitoring[J]. Structural control and health monitoring, 2016, 23(5): 876-890.

[72] FENG D M, FENG M Q. Experimental validation of cost-effective vision-based structural health monitoring[J]. Mechanical systems and signal processing, 2017, 88:199-211.

[73] YOON H, ELANWAR H, CHOI H, et al. Target-free approach for vision-based structural system identification using consumer-grade cameras[J]. Structural control and health monitoring, 2016, 23(12): 1405-1416.

[74] YANG Y C, DORN C, MANCINI T, et al. Spatiotemporal video-domain high-fidelity sim-

ulation and realistic visualization of full-field dynamic responses of structures by a combination of high-spatial-resolution modal model and video motion manipulations[J]. Structural control and health monitoring, 2018, 25(8): e2193.

[75] CHESEBROUGH B, DASARI S, GREEN A, et al. Light field imaging of three-dimensional structural dynamics[J]. Structural health monitoring, photogrammetry & DIC, 2019,6: 101-108.

[76] WADHWA N, RUBINSTEIN M, DURAND F, et al. Phase-based video motion processing[J]. ACM transactions on graphics, 2013, 32(4): 1-10.

[77] CHEN J G, WADHWA N, CHA Y-J, et al. Modal identification of simple structures with high-speed video using motion magnification[J]. Journal of sound and vibration, 2015, 345:58-71.

[78] YANG Y C, DORN C, MANCINI T, et al. Blind identification of full-field vibration modes from video measurements with phase-based video motion magnification[J]. Mechanical systems and signal processing, 2017, 85:567-590.

[79] CHA Y J, CHEN J G, BüYüKöZTüRK O. Output-only computer vision based damage detection using phase-based optical flow and unscented Kalman filters[J]. Engineering Structures, 2017, 132(1):300-313.

[80] DWORAKOWSKI Z, KOHUT P, GALLINA A, et al. Vision-based algorithms for damage detection and localization in structural health monitoring[J]. Structural Control and Health monitoring, 2016, 23(1): 35-50.

[81] YANG Y C, DORN C, MANCINI T, et al. Reference-free detection of minute, non-visible, damage using full-field, high-resolution mode shapes output-only identified from digital videos of structures[J]. Structural health monitoring, 2018, 17(3): 514-531.

[82] YU S S, ZHANG J. Fast bridge deflection monitoring through an improved feature tracing algorithm[J]. Computer-aided civil and infrastructure engineering, 2020, 35(3): 292-302.

[83] 董传智. 基于机器视觉的桥梁健康监测与状态评估[D].杭州:浙江大学, 2016.

[84] JI Y F, CHANG C C. Nontarget image-based technique for small cable vibration measurement[J]. Journal of bridge engineering, 2008,13(1):34-42.

[85] CAETANO E, SILVA S, BATEIRA J. A vision system for vibration monitoring of civil engineering structures[J]. Experimental techniques, 2011, 35(4): 74-82.

[86] CHEN C-C, TSENG H-Z, WU W-H, et al. Modal frequency identification of stay cables with ambient vibration measurements based on nontarget image processing techniques[J]. Advances in Structural Engineering, 2012, 15(6): 929-942.

[87] KIM S W, JEON B G, KIM N S, et al. Vision-based monitoring system for evaluating cable tensile forces on a cable-stayed bridge[J]. Structural health monitoring, 2013, 12(5-6): 440-456.

[88] KIM S W, KIM N S. Dynamic characteristics of suspension bridge hanger cables using dig-

ital image processing[J]. NDT & E International Independent nondestructive testing and evaluation, 2013, 59:25-33.

[89]　CHEN C C, WU W H, TSENG H Z, et al. Application of digital photogrammetry techniques in identifying the mode shape ratios of stay cables with multiple camcorders[J]. Measurement, 2015, 75:134-146.

[90]　ZHAO X F, RI K, WANG N N. Experimental verification for cable force estimation using handheld shooting of smartphones[J]. Journal of Sensors, 2017, 2017:1-13.

[91]　XU Y, BROWNJOHN J M W. Review of machine-vision based methodologies for displacement measurement in civil structures[J]. Journal of civil structural health monitoring, 2018, 8(1): 91-110.

[92]　DU W K, LEI D, BAI P X, et al. Dynamic measurement of stay-cable force using digital image techniques[J]. Measurement, 2020, 151:107211.

[93]　FENG D M, SCARANGELLO T, FENG M Q, et al. Cable tension force estimate using novel noncontact vision-based sensor[J]. Measurement, 2017, 99:44-52.

第8章

多源数据融合与可视化平台

数据融合的概念起源于20世纪70年代,并首先被应用于军事领域。随着桥梁结构的复杂性进一步提升,单一来源的数据已经难以满足桥梁状态监测的需要,因而有必要将多种传感器获得的数据进行综合分析,以便对桥梁状态进行更为准确的评估。因此,数据融合对桥梁养护决策的制订至关重要。当前已有的桥梁健康监测数据中心汇聚了各种不同类型的数据,对数据进行融合处理势在必行。本章将对桥梁智慧运维框架下的数据融合算法、数据融合驱动的状态评估方法以及数据融合平台进行系统介绍。

值得注意的是,狭义的数据是指未经处理的非结构化的数字集合;而信息是处理过的含有意义的数据。广义的数据概念包括原始数据(比如传感数据)、处理过的数据和有效数据(即信息)。在本章,如无特指,我们使用的是广义的数据概念。

8.1 数 据 融 合

任何一个传感器都不可能获取目标所有方面的数据,再加上数据在传输过程中的损失,更加难以凭借单一传感器的探测特征做出正确的判断。在桥梁管养领域往往需要综合多源的数据(如检测、监测数据),才能做出科学的决策。而基于数据融合的决策需要搭建数据融合平台才能更好地利用现有的数据。一般来讲,数据融合平台包括算法平台、物理实体平台和物理及数字融合平台。

8.1.1 数据融合的提出与发展

随着计算机技术和信息技术的快速发展,20世纪70年代首先在军事领域产生了"数据融合"的概念,即把多种传感器获得的数据进行所谓的"融合处理",以得到比单一传感器获得的数据更加准确和有用的数据。

数据融合是人类和其他生物系统中普遍存在的一种基本功能。人类本能地具有将身体的各种功能器官(眼、耳、鼻、四肢)所探测的数据(景物、声音、气味和触觉)与先验知识进行综合的能力,以便对周围的环境和正在发生的事件做出判断。由于人类的感官具有不同的度量特征,因此人类可探测出不同空间范围内发生的各种物理现象,并通过对不同特征的融合处理转化成对环境有价值的解释。多源数据融合实际上是对人脑综合处理复杂问题的一种功能模拟。在社会和经济活动中,负责任的政府和企业在做决策时也要收集大量的数据,汇集不同的观点,才能制定出符合客观规律的决策。

根据对输入信息的抽象或融合输出结果的不同,人们先后提出了多种信息融合的功能模型,包括数据级(或称像素级)融合、决策级融合以及特征级融合。其中,数据级融合的主要优点是能保持尽可能多的现场数据,提供其他层次所不能提供的信息,主要缺点是传感器的数量多、数据通信容量大、处理成本高、处理时间长、实时性差、抗干扰能力差,其典型代表是像素级图像融合;决策级融合的优点是对信息传输带宽的要求比较低、通信容量小、抗干扰能力比较强、融合中心处理成本低,缺点是预处理成本高、信息损失比较大;特征级融合是介于数据级融合和决策级融合的一种融合。这 3 种模型可应用在不同的层面,例如在进行分布式检测融合时,既可在特征级融合,也可在决策级融合。

在桥梁管养领域中,也需要综合各个来源的数据(如点云、地震波、图像、有限元等)才能做出科学的决策。如本书第 5 章苏交科集团于 2010 年建立的"江苏省长大桥健康监测数据中心",该数据中心的数据量以每年 3.5TB 的增量不断增加,这其中汇聚了桥梁检测、监测等各种不同类型的数据,因此研究数据融合已是桥梁管养的切实需求。图 8-1 为数据融合应用于桥梁管养知识决策的示意图。

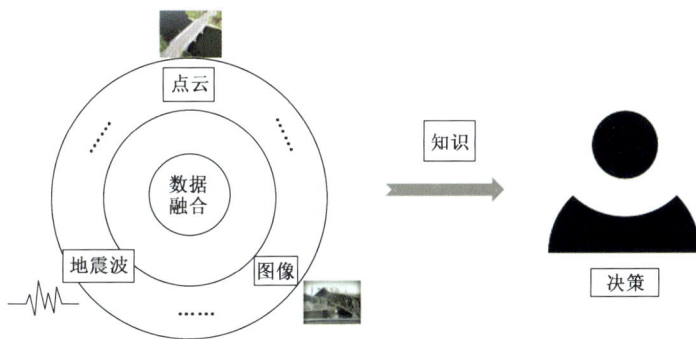

图 8-1　数据融合应用于桥梁管养知识决策

8.1.2　数据融合平台

数据融合和信息融合在很大程度上是同义词,不过在某些场合下,数据融合指代未经任何处理的原始数据的融合,而信息融合则指代已经预处理过的数据的融合。从这个意义上来说,信息融合是更为抽象、更高层级的概念。有时数据融合也用来指代更宽泛的概念,它包括决策融合、数据集成、多传感器数据融合、传感器融合等相关概念,本书之后统称数据融合。获取多源的信息是为了更好地决策,而建立平台对优化决策具有重要的意义。数据融合算法是基础;BIM 模型是物理实体平台,通过多源数据的融合对物理实体的状态进行感知和展示;而数字孪生平台不但能够通过多源数据融合感知物理实体的状态,而且能与真实的世界进行交互。图 8-2 展示了数据融合算法和 BIM 模型、数字孪生平台之间的关系。

(1)基于基本算法和特殊算法的平台。该平台侧重于多源(multi-source)、多元(multi-mode)数据的梳理,一般不涉及物理实体本身的表述及动态更新。包括基本的数据融合算法,如 Bayes 融合、证据理论、数据融合驱动等。同时,传感器管理对数据融合的效率有影响,也应将其纳入数据融合算法的平台之中。

(2)物理实体模型平台。该平台侧重于物理实体的信息综合,主要是几何、空间和运行信息。如基于 GIS 和遥感信息的平台,基于几何模型、实体模块信息、运行信息的平台,如 BIM 模型。在桥梁 BIM 模型中融合各类传感器的监测数据,能够帮助桥梁管养的决策者更好地了解桥梁的状态,BIM 起到整合桥梁信息展现给决策者的作用。

(3)物理及数字融合平台。包含以上两种平台,并注重物理系统原理(输入和输出,或者荷载和反应)的数字建构,形成一个物理系统的数字复制(digital replica)。其典型的代表就是数字孪生模型(Digital Twin Modeling,DTM)。数字孪生模型是三维模型、有限元、检测监测数据等的集成,能够感知和预测物理实体的状态,并调控物理对象的行为,可以与真实世界的物理模型进行交互,并实时更新数字模型的状态。对于土木工程系统而言,开发数字孪生系统面临巨大挑战,但具有变革性的意义。

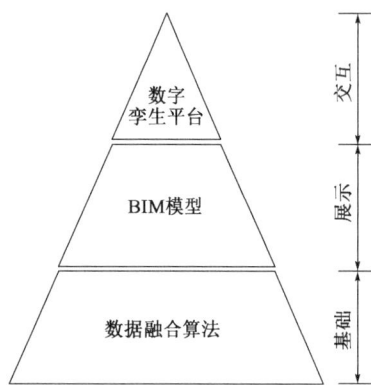

图 8-2 数据融合算法和 BIM 模型、数字孪生平台之间关系的示意图

8.2 数据融合理论

8.2.1 概率融合理论

概率方法利用概率分布或者密度函数描述数据的不确定性,这些方法的核心是 Bayes(贝叶斯)估计。Bayes 推理从 Bayes 理论衍生而来,有很广的应用范围。在多源数据融合中用 Bayes 推理时,要求系统可能的决策相互独立,这样可以把这些决策看作一个样本空间,从而使用 Bayes 推理做出决策。

Bayes 定理　设样本空间为 S,B 为样本空间的事件,$A_1,A_2,\cdots$ 为样本空间的一个划分,且满足以下条件:

(1)A_j 与 A_i 的交集为空集($i\neq j$);

(2)$A_1\cup A_2\cup\cdots=S$;

(3)$P(A_i)>0(i=1,2,3,\cdots)$。

Bayes 概率公式的一般形式:

$$P(A_i\mid B)=\frac{P(B\mid A_i)P(A_i)}{\sum_j P(B\mid A_i)P(A_i)} \tag{8-1}$$

将每个传感器对目标的观测量转换成概率赋值(决策值),且把相互独立的决策置入统一的识别框架,借助 Bayes 定理对它们进行处理,最终系统依据某些推论规则形成决策,如最大后验概率(maximum posterior)的决策等。Bayes 推理的基本思想可以归纳如下[1]:

（1）根据先验知识或统计求得各个决策的概率密度表达式和先验概率；

（2）利用 Bayes 公式求出后验概率；

（3）根据后验概率进行判定与决策。

如图 8-3 所示，有 n 个对同一目标进行监控的不同传感器，该目标有 m 个属性（A_1, A_2, $\cdots$, A_m）需要决策识别。在系统运行过程中，首先传感器层将接收的数据根据提取的信息特征和先验知识与目标的具体属性联系起来，并给出关于该属性的一个输出值 B，然后计算出每个传感器的输出值在各个命题为真时的概率（似然函数）。接下来，根据 Bayes 定理计算出当各个假设为真时的后验概率，最后依据推论规则对属性结论进行判定。

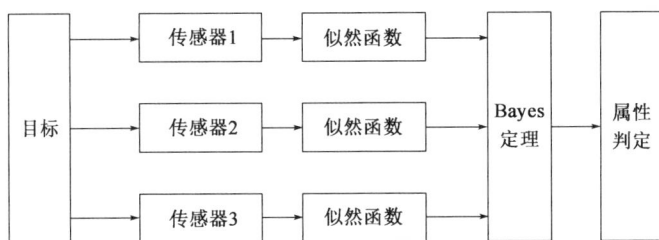

图 8-3　Bayes 推理框架模型[1]

传感器输出 B 在属性 A 条件下的条件概率为 P，B_i 相互独立，那么系统的联合概率函数为

$$P(B_1 \cap B_2 \cap \cdots \cap B_n) = \prod_{k=1}^{n} P(B_k \mid A_i) \tag{8-2}$$

代入 Bayes 公式可得

$$P(A_i \mid B_1 \cap B_2 \cap \cdots \cap B_n) = \frac{P(A_i) \prod_{k=1}^{n} P(B_k \mid A_i)}{\sum_j \prod_{k=1}^{n} P(B_k \mid A_i) P(A_j)} \tag{8-3}$$

在属性判断阶段，对所有属性集内所有属性（A_1, A_2, $\cdots$, A_m）的后验概率可以采用最大后验判定逻辑或者采用门限判定逻辑来做出最终的决策。

Bayes 方法是最早用于不确定推理的方法，其主要优点在于使用概率表示所有形式的不确定性，且有具体的公理基础和易于理解的性质；另外，它通过综合先验信息和后验信息，避免了主观偏见和缺乏样本信息带来的盲目搜索和计算，计算量不大且较精确。Bayes 定理的缺点在于要求所有概率都是相互独立的，这在实际情况中很难满足；且先验概率的准确性对 Bayes 方法的优劣起着关键作用，目前先验分布的确定只依赖一些准则，没有完整的理论系统，因此这也带来了一定的困难；最后，当系统规则改变时，为了保持系统的相关性和一致性，就需要重新计算所有概率，这限制了系统的灵活性。

Bayes 融合算例[2] 假设辨识框架集合 $H = \{H_1, H_2, H_3, H_4\}$，其中 H_1, H_2, H_3, H_4 代表可能出现的 4 种事件，已知其先验概率为

$$P(H_i) = (0.3, 0.25, 0.28, 0.17)$$

对三个传感器的数据进行处理，得到的似然函数为

$$P(S_1|H_i) = (0.10,0.40,0.20,0.30)$$
$$P(S_2|H_i) = (0.35,0.28,0.18,0.19)$$
$$P(S_3|H_i) = (0.21,0.45,0.10,0.24)$$

求融合之后的概率 $P(H_i|S_1,S_2,S_3)$。

解 根据式(8-3)得

$$P(H_i|S_1,S_2,S_3) = \frac{P(H_i)\prod_{k=1}^{3}P(S_k|H_i)}{\sum_j\prod_{k=1}^{n}P(S_k|A_i)P(H_j)}$$

令 $\alpha_b = \dfrac{1}{\sum_j\prod_{k=1}^{n}P(S_k|A_i)P(H_j)}$，则

$$\begin{aligned}
P(H_i|S_1,S_2,S_3) &= \alpha_b P(H_i)\prod_{k=1}^{3}P(S_k|H_i)\\
&= \alpha_b P(H_i)P(S_1|H_i)P(S_2|H_i)P(S_3|H_i)\\
&= \alpha_b(0.30,0.25,0.28,0.17)(0.10,0.40,0.20,0.30)\\
&\quad (0.35,0.28,0.18,0.19)(0.21,0.45,0.10,0.24)\\
&= \alpha_b(0.0022,0.0126,0.001,0.0023)
\end{aligned}$$

因为 $P(H_i|S_1,S_2,S_3)(i=1,2,3,4)$ 需满足概率之和为 1，所以 $\alpha_b = 55.1310$。

因此，$P(H_i|S_1,S_2,S_3) = (0.1216,0.6947,0.0556,0.1282)$。从融合的结果来看，目标 H_2 的概率较大。

8.2.2 证据置信度推理

置信度函数理论源于 Dempster 的研究，在已理解的 Fisher 方法的概率推理下得到完善，在基于证据的一般理论下被 Shafer 数学公式化，现一般称为 Demster-Shafer(DS)证据理论[3]。置信度函数理论是一种在理论上让人感兴趣的证据推理框架，并且是流行的处理不确定和不精确数据的方法，DS 证据理论引入分配置信度和合理度至可能的测量假设，以及用规定的融合规则去融合它们的概念。下面介绍 DS 证据理论的几个基本概念[2]。

1)基本概率函数

设 Ω 是辨识框架，论域内的命题都可以用 Ω 的子集表示。幂集 2^Ω 包含 Ω 及其所有子集和空集。例如，互斥且完备的目标辨识集合 $\Omega = \{a_1,a_2\}$，则幂集包含的集合个数为 $2^2 = 4$。

$2^\Omega = \{\varphi,a_1,a_2,a_1\cup a_2\}$，基本概率函数是定义在 $2^\Omega\rightarrow[0,1]$ 的一个映射，且满足：

$$M:2^\Omega\rightarrow[0,1]$$
$$M(\varphi) = 0$$
$$\sum_{A=\Omega}M(A) = 0$$

则称 M 是 2^Ω 上的概率分配函数，$M(A)$ 称为基本概率函数，表示对 A 的精确信任，A 是目标辨识框架中的一个元素(如 a_1)。

2）信任函数

信任函数 Bel 定义在 $2^{\Omega} \rightarrow [0,1]$，且

$$Bel(A) = \sum_{B \subset A} M(B), \quad A \subseteq \Omega$$

式中，Bel 函数也被称为下限函数，表示对 A 完全信任。

3）似然函数

似然函数 Pl 定义在 $2^{\Omega} \rightarrow [0,1]$，且

$$Pl(A) = 1 - Bel(\bar{A}) = \sum_{B \cap A} M(B), \quad A \subseteq \Omega$$

式中，Pl 函数也被称为上限函数，$\bar{A}$ 是 A 在 Ω 中的补集。信任函数和似然函数有如下关系：$Pl(A) \geqslant Bel(A)$，$(Pl(A), Bel(A))$ 称为信任区间。

DS 证据融合规则：设 M_1 和 M_2 是 Ω 上的两个概率分布函数，则其正交和 $M = M_1 \oplus M_2$ 的定义如下：

$$M(\varphi) = 0$$

$$M(A) = (1 - k_c)^{-1} \sum_{B \cap C} M_1(B) M_2(C)$$

式中，$k_c = \sum_{B \cap C = \varphi} M_1(B) M_2(C)$，称为冲突因子。如果 $k_c = 0$，表示两个证据完全冲突，则不存在正交和 M；如果 $k_c \neq 0$，则正交和 M 也是一个概率分配函数。多个概率分配函数的融合可以两两进行融合，最终的融合结果和融合的顺序无关，多传感器的融合如图 8-4 所示。

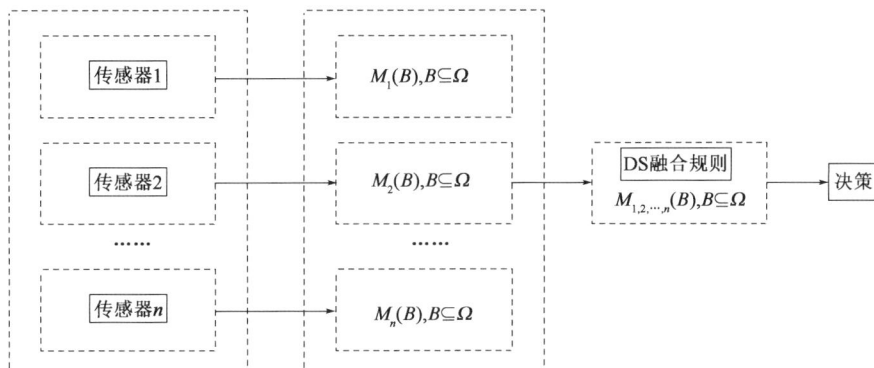

图 8-4　DS 证据融合过程

DS 证据理论算例[2]（表 8-1）　设目标辨识框架 $\Omega = \{a_1, a_2\}$，则 $2^{\Omega} = \{\varphi, a_1, a_2, a_1 \cup a_2\}$。现在有两个类型的传感器 S_1 和 S_2，得到两个传感器对目标检测的基本概率分配函数如下：

$$M_1 : M_1(\varphi) = 0, \quad M_1(a_1) = 0.6, \quad M_1(a_2) = 0.2, \quad M_1(\Omega) = 0.2$$

$$M_2 : M_2(\varphi) = 0, \quad M_2(a_1) = 0.4, \quad M_2(a_2) = 0.5, \quad M_2(\Omega) = 0.1$$

采用 DS 证据理论对 M_1 和 M_2 进行融合，得到融合后的基本概率分配函数 M_{12}。

算例中 DS 融合的计算过程 表 8-1

M_2	M_1			
	$M_1(\varphi)=0$	$M_1(a_1)=0.6$	$M_1(a_2)=0.2$	$M_1(\Omega)=0.2$
$M_2(\varphi)=0$	0	0	0	0
$M_2(a_1)=0.4$	0	0.24	0.08	0.08
$M_2(a_2)=0.5$	0	0.3	0.1	0.1
$M_2(\Omega)=0.1$	0	0.06	0.02	0.02

$$k_c = \sum_{B \cap C = \varphi} M_1(B)M_2(C)$$
$$= 0+0+0+0+0+0.3+0.08 = 0.38$$
$$M_{12}(a_1) = (1-k_c)^{-1} \sum_{B \cap C = \{a_1\}} M_1(B)M_2(C)$$
$$= \frac{0.24+0.06+0.08}{1-0.38} = 0.6129$$
$$M_{12}(a_2) = (1-k_c)^{-1} \sum_{B \cap C = \{a_2\}} M_1(B)M_2(C)$$
$$= \frac{0.1+0.1+0.02}{1-0.38} = 0.3548$$
$$M_{12}(\Omega) = (1-k_c)^{-1} \sum_{B \cap C = \Omega} M_1(B)M_2(C)$$
$$= \frac{0.02}{1-0.38} = 0.0323$$

融合之后的基本概率函数为
$$M_{12}: M_{12}(\varphi)=0, \quad M_{12}(a_1)=0.6129, \quad M_{12}(a_2)=0.3548, \quad M_2(\Omega)=0.0323$$

8.3 多源数据融合驱动的状态评估

目前,我国在役桥梁的安全性问题日渐突出。首先,我国一批在役桥梁已进入了老化期,多年的运营荷载和环境侵蚀给这些桥梁带来了不同程度的结构损伤;其次,随着经济的发展,近些年一些地区的交通量和重车数量呈增长趋势,造成桥梁实际的运营荷载超过其设计荷载,危及桥梁结构安全;最后,桥梁结构在服役过程中存在遭遇极端事件(地震、强风、火灾等)的可能,这不可避免地会带来结构的损伤和损毁,对于强柔性的缆索承重大跨径桥梁及一些结构静动力响应不常规的异形桥梁,这一问题尤显突出。为保证桥梁安全运行、避免严重事故发生,桥梁状态评估应运而生。

8.3.1 数据驱动的状态评估

桥梁结构健康评估是指利用现代通信和传感器技术,通过设置在桥梁结构关键部位的传感器元件,实时、不间断地监测桥梁在运营过程中,在各种条件和环境因素下的结构响应和各种信息,由此分析桥梁结构的健康状况,最终为桥梁的管理决策和养护维修提供重要的依据和理论指导。

大型桥梁在建设完成后,服役周期一般会长达几十年,甚至数百年之久。但是由于环境长期的侵蚀、桥梁结构不可避免的老化现象、长期疲劳效应、交通荷载效应、自然灾害等因素的耦合作用,桥梁结构的健康状态将不可避免地发生改变,导致桥梁的承载能力大大衰减,从而缩短了桥梁的服役年限,极端情况下甚至可能会引发灾难性的事故。另外,大型桥梁可能存在的设计理论不完善、施工建设技术实施不到位等导致的质量问题,也是导致桥梁事故发生的原因。许多惨痛的事故表明,对桥梁结构进行持续的健康评估对于避免悲剧的发生非常有必要。桥梁结构健康评估对保障桥梁结构的安全运营具有很重要的现实意义。加强对正在服役的桥梁的安全、使用性能进行实时评估与巡检养护迫在眉睫。

经过国内外研究者多年的探索,桥梁结构健康监测已经取得一些成果和进展。比如:监测内容全面,监测设备先进多样,系统功能逐步完善,桥梁损伤识别理论取得一定的发展,并且部分桥梁从开始施工建造就对其结构进行检测,尽量去获得不间断的结构信息。但是,由于桥梁结构健康监测的多学科性与环境条件的复杂性,目前的健康监测系统还存在诸多不足与缺陷,这也限制了桥梁结构健康评估系统在工程中应用。这些不足主要包括:①重自动监测,轻人工检测,从现实情况来看,仅仅靠监测评估系统难以实现完整的健康评估;②重硬件系统,轻视对测试数据的处理和评价,在算法层面,目前系统在海量数据面前无法及时提取有效的信息,损伤识别和健康监测综合评估存在缺失或者不完善的地方;③界面没有可视化效果,对于软件层面,监测分析结构结果可视化方面不友好,难以让管理维护工程人员接受;④目前的结构评估技术无法在大数据的环境下及时、有效地对桥梁的结构做出判断。

另外,桥梁结构健康状态评估经过几十年的发展,一些先进的计算机技术已经有成功应用于桥梁健康评估系统的案例。D. A. Sofge[4]将基于神经网络的技术用于建模和分析动态结构信息以识别结构缺陷。为了避免标记大量的数据,Junqi Guo 等[5]使用大量未标记的数据训练基于稀疏编码算法的特征提取器,并使用从稀疏编码中学习的特征来训练神经网络分类器以区分桥梁的不同状态。A. M. Roshandeh 等[6]的工作为桥梁数据管理和健康监测提供了分层的大数据架构和实时决策框架。S. Jeong 等[7]提出了基于 NoSQL 数据库技术的桥梁监测应用的数据管理基础平台。同时,云服务基础架构也用于增强桥梁数据管理系统的可扩展性、灵活性和可访问性[8]。

从另一个角度来说,桥梁结构健康状态评估可以简单地概括为一个从数据收集到数据管理的过程,这些数据包含一切与桥架结构健康状况相关的数据。目前国内外正投入使用的桥梁结构健康状态评估系统,在数据收集方面,一般利用各种传感器获取数据,通过桥梁结构运营状态下的静动力性能指标的变化来判断桥梁结构的健康状况,所获取的数据量小、数据类型单一,无法准确地预测桥梁健康状况的发展趋势。在数据管理方面,因受数据处理能力的限制,未能充分挖掘数据的潜在价值,数据处理周期长。随着云时代的来临,在以云计算为代表的技术的推动下,大数据技术受到国内外学者的广泛关注。大数据的特点可以概括为数据量巨大、数据多样、处理周期短,大数据技术旨在从不同类型的大量数据中,快速处理、获得潜在的有价值的信息,使得原本很难收集和利用的数据开始容易被利用起来。桥梁结构健康状态评估采集的数据完全符合大数据的特点。所以,如何在较短的时间内快速处理大量传感器数据,为桥梁结构健康养护决策提供依据,是亟待研究的科学问题,该问题对开发基于大数据理念的桥梁结构健康状态评估系统具有重要意义。

多源信息融合,也叫多传感器信息融合,这里传感器是指广义的传感器,不仅包括传统意义上的物理层面的传感器,还包括与环境相关的各种信息资源,甚至包括人类的感知系统。在普遍意义上,多源信息融合是运用所得到的在不同时空上的信息资源,利用逻辑算法、计算机等技术对信息资源进行全面的分析、整合、支配,进而得到更加准确的信息结果。信息融合(information fusion)的提出起源于20世纪70年代美国国防部资助开发的声呐信号处理系统,该系统通过融合多类声呐信号,提高了检测敌方舰艇位置的精度,从而推动了信息融合理论和方法的发展。20世纪80年代,为了满足军事领域中作战的需要,多传感器信息融合(Multi-sensor Information Fusion, MSIF)技术应运而生。美国军事领域是信息融合的诞生地,也是信息融合技术应用最为成功的领域。随着系统论、控制论、信息论、DS证据理论、Zadeh的模糊逻辑理论等基础理论,以及计算机技术、网络技术、通信技术、高效传感器技术等实用技术的快速发展,多源信息融合技术得到前所未有的发展。目前,信息融合技术作为一种智能化的信息处理技术,已在民用领域得到广泛应用。

近20年来,人们提出了多种信息融合模型,其共同点或中心思想是在信息融合过程中进行多级处理。现有系统模型大致可以分为两大类:①功能型模型,主要根据节点顺序构建;②数据型模型,主要根据数据提取构建。20世纪80年代,比较典型的功能型模型主要有情报环、JohnBoyd提出的Boyd控制环;典型的数据型模型则有美国三军组织——实验室理事联合会提出的JDL(Joint Directors of Laboratories)模型。20世纪90年代又发展出了瀑布模型和Dasarathy提出的融合模型。1999年,MarkBedworth综合几种模型提出了一种新的混合模型。

近年来,实时健康监测系统与多源数据融合驱动的状态评估相结合的趋势已引起学术界和工程界的关注。杨杰等[9]对数据融合框架模型做了总结和分析,并讨论其在融合长期监测系统中的各传感器信息的模型建立方法。聂功武等[10]总结了养护管理系统和长期监测系统中存在的不足,提出几点关于两者相辅相成、相互融合的设想。信息融合技术作为一门新兴的交叉学科,具有卓越的处理多传感器冗余、不一致信息的性能,逐渐被引入桥梁评估研究。不少学者在数据、信息融合方面做了有益的探索。最初研究方向较多的是针对健康监测系统的数据融合,后来融合人工检查的数据,逐步深入信息融合的层面。

8.3.2　状态评估算法

1)传统评估方法

传统的状态评估方法包括专家评估法、层次分析法、可靠度理论等。其中,专家评估法根据调查统计和试验分析预先制订评分的标准及损伤程度的分类标准,再由有经验的工程师对既有桥梁进行检查评分,并依此对材料质量、损伤程度等进行评价。其主要步骤包括:①划分桥梁的状态等级标准;②确定参与状态评估的各构件及其在整个评估系统中相应的权重;③基于检测结果进行状态评估,由各构件的状态等级和对应的权重确定全桥的状态评分。该方法的主要优点是概念明确、计算简单。但也存在缺陷,例如个别严重破坏而权重值小的构件无法在全桥评估中得到体现,且参评的构件以及其权重以规范的形式确定,有失灵活性。

层次分析法利用分层加权来进行评估,参评项用得分百分制进行评估。其基本思路与专家评估法类似,所不同的是层次分析法在权重的确定上采用两两比较的判断矩阵,并进一步引进变权原理,使得个别状态很差的底层构件的评分在总评中有所反映。

可靠度理论采用失效概率或可靠指标来衡量结构的安全水平。由于以概率统计为基础,该理论可以有效地处理荷载和抗力等的不确定性,尤其是可以处理这些不确定性对结构可靠度的影响。因此,它可以为桥梁评估提供一个合理的理论框架。吕颖钊等[11]提出了基于评估荷载发生概率和基于评估基准期荷载极大值的构件可靠度的计算方法,从可靠指标的延续性出发,考虑构件抗力随时间的变化,提出在役混凝土桥梁可靠度的预测方法。基于可靠度理论的安全评估方法的具体操作可以分为以下几步:①证实可能的失效模式,失效模式分为构件失效模式和系统失效模式,取决于桥梁形式和荷载类型,证实方式可以是失效树分析、模型试验或结构分析;②选择代表各失效模式的分析模型,包括线弹性分析、非线性分析或极限分析;③确定荷载和结构抗力的不确定性,分别通过荷载模型和抗力模型分构件水平和系统水平加以描述;④采用构件或系统可靠度方法计算可靠指标或失效概率;⑤检算结构的安全性,若可靠指标大于规范值,则结构安全,否则不安全。该方法主要用于对重要复杂结构的可靠度分析,其面临的主要困难在于难以确定结构的系统失效模式和反映损伤程度的抗力模型。另外,需要结合理论研究和工程实践合理选择可靠指标的规范值。

2) 数据驱动的评估算法

数据驱动的评估算法的核心思想是利用数据代替传统评估中的专家经验对桥梁结构进行评估。选定某一特定的指标作为结构评估的依据,然后通过统计模型预测这一指标的变化。常见的数据驱动的评估算法包括时间序列模型、隐马尔科夫模型等。

(1)时间序列模型。

时间序列是基于时间随机变量排序。通过对时间序列进行建模,我们可以挖掘出连续的历史数据中潜在的统计规律,并根据该规律对其未来的走势进行预测。常用的时间序列模型包括自回归(Autoregressive,AR)模型、滑动平均(Moving Average,MA)模型、自回归滑动平均(Autoregressive Moving Average,ARMA)模型、差分自回归移动平均(Autoregressive Integrated Moving Average,ARIMA)模型。

选取桥梁结构的某一状态指标作为评估的依据(如桥梁的竖向沉降),时间序列模型将预测对象随时间推移而形成的数据序列视为一个平稳的时间序列,然后对时间序列因变量的过去值与随机误差建立回归模型。在 ARMA 模型中,我们假设下一时刻的预测值 X_t 由前 p 个时刻的实际值 $X_{t-1},X_{t-2},\cdots,X_{t-p}$ 及前 q 个时刻的误差序列 $e_{t-1},e_{t-2},\cdots,e_{t-q}$ 进行线性组合而成,如式(8-4)所示:

$$X_t = \sum_{j=1}^{p} a_j X_{t-j} + \sum_{j=1}^{q} b_j e_{t-j} \tag{8-4}$$

通过对各项参数 p,q,a_j,b_j 的估计,可以得到一个用于预测桥梁未来状态的时间序列模型,利用模型预测结构未来的状态,对桥梁进行评估。在此基础上,我们可以进一步考虑多个状态指标,利用多变量的时间序列模型进行预测。关于时间序列模型中各参数的估计方式,读者可以参考时间序列相关的专业书籍。

(2)隐马尔科夫模型。

隐马尔科夫模型是一类概率模型,它用于桥梁状态评估的原理与时间序列模型类似,都是通过建立预测模型预测桥梁结构某一状态参数的变化,从而实现对桥梁结构的评估。

要理解隐马尔科夫模型,必须先了解马尔科夫链。如果一个随机过程$\{X_t, t = 1, 2,$ $3, \cdots, n\}$,其$t+1$时刻的状态X_{t+1}仅与t时刻的状态X_t有关,而与t时刻之前的状态无关,则称这样的一个过程为马尔科夫链。

隐马尔科夫模型是一个双重随机过程模型,即一个潜在的不能观测的随机过程(马尔科夫链)和一个实际能观测的随机序列过程,如图8-5所示。其中,我们称$a_{t-1,t}$为$t-1$到t时刻的转移概率,b_t为输出概率。

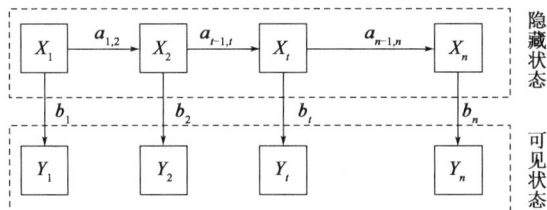

图8-5 隐马尔科夫模型示意图

通过统计方法,可以根据监测的数据确定隐马尔科夫模型中的两个关键参数——转移概率和输出概率(具体的计算方式读者可以参考相关书籍),从而预测任意时刻的桥梁状态指标,实现对桥梁状态的评估。

3)多源数据融合驱动的评估算法

传统的基于统计模型的方法通常只能依赖某一特征数据对桥梁状态进行评估,因此具有很大的局限性。近年来,一些可以进行多源数据融合的评估算法得到了很大的发展。其中比较经典的算法包括贝叶斯模型框架、卡尔曼滤波方法、基于机器学习的相关模型等。其中,贝叶斯模型框架的基本理论已经在8.2.1节中详细介绍,本小节不再赘述。在此主要介绍基于卡尔曼滤波算法和机器学习模型的数据融合评估的基本原理。需要注意的是,目前大部分融合评估算法主要针对的还是同源或较为接近的数据(如图像数据与图像数据的融合,振动信号与振动信号的融合),对于异源的信号(如声音信号与图像信号)的融合评估,目前主要还是依赖于人工进行,这也是未来桥梁评估领域的一个重要研究方向。

(1)卡尔曼(Kalman)滤波法。

卡尔曼滤波法是一种利用线性系统状态方程,通过系统输入、输出观测数据,对系统状态进行最优估计的算法,是使用状态递推实现数据估计的评估方法。该方法的估计过程如图8-6所示。

卡尔曼滤波法的操作分为两个阶段,即预测与更新。在预测阶段,滤波器使用上一状态的估计做出对当前状态的预测。在更新阶段,滤波器利用对当前状态的观测值优化在预测阶段获得的预测值,以获得一个更精确的新估计值。在多次更新后,系统状态将会趋于稳定,此时可以利用卡尔曼滤波器进行预测。

我们可以将若干个卡尔曼滤波器联合使用,以达到对数据进行融合的目的。如图8-7所示,我们先对每个传感器的数据利用卡尔曼滤波器进行数据处理,然后将局部最优的估计结果在全局滤波器中利用数据融合算法进行融合。这样做的优点是可以避免由于单个传感器故障造成评估结果失真。

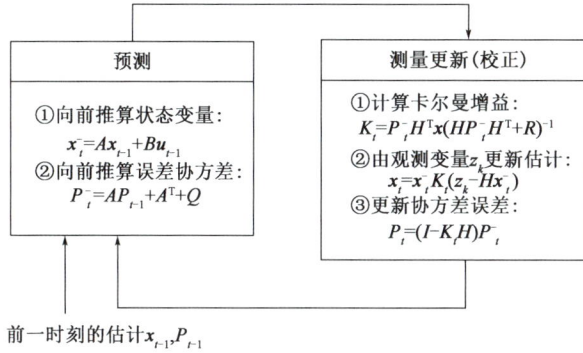

图 8-6　卡尔曼滤波器的估计过程

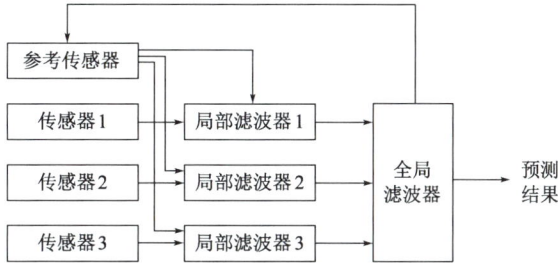

图 8-7　基于卡尔曼滤波器的数据融合评估

（2）神经网络和深度学习模型。

机器学习作为人工智能领域的一个重要分支，近几年发展迅速，在桥梁评估领域表现出了极大的潜能。其中神经网络及后续发展起来的深度学习模型因其泛化能力强，良好的自学、自适应能力，鲁棒性强的优点，成为研究的热点。这里我们将介绍神经网络及深度学习模型在结构状态评估中的应用，关于神经网络的具体实现方式，我们已经在第 6 章中做了详细的介绍。

相较于其他方法，神经网络的一大特点是可以实现特征融合及状态评估决策的一体化。用于结构评估的神经网络通常拥有以下结构：输入层通常为若干待融合的特征，输出层为结构的状态评估等级，采用 Softmax 作为激活函数，如图 8-8 所示。

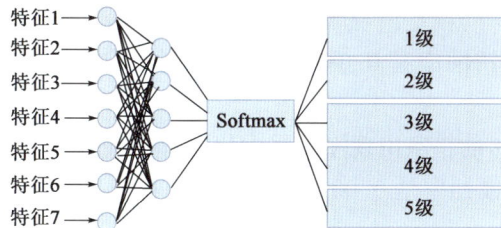

图 8-8　BP 神经网络结构图

在浅层的神经网络模型中，结构评估所需要的特征需要手动进行提取，这意味着仍然需要人工进行干预，无法实现完全的自动化。近年来，人们开始尝试使用深度网络进行桥梁结构的状态评估。如图 8-9 所示，原始数据通过特征提取器进行特征提取，然后通过融合层进行特征融合，最后通过分类器输出结构的状态评估等级。特征提取器通常由若干卷积层或全连接层构成,用于自适应地提取数据的各类特征。深度学习模型实现了数据-评估结果的全自动化过程,是一种很有研究和应用前景的评估方法。

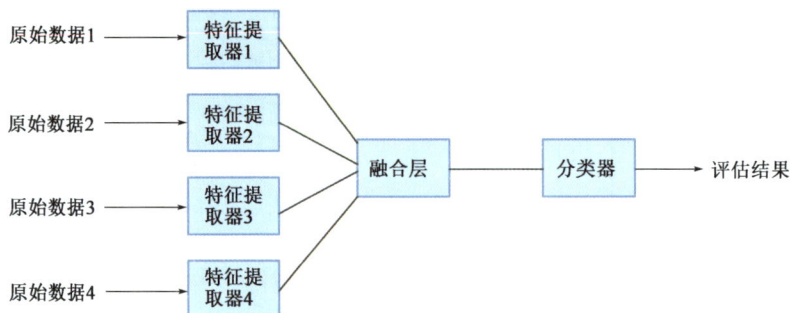

图 8-9　用于特征融合的深度学习模型结构图

8.4　基于多源数据融合的状态评估应用实例

本节通过多个实例介绍基于多源数据融合的状态评估在桥梁工程中的具体应用,使读者对本节内容有更加深入的理解。

8.4.1　基于多指标证据融合的某斜拉桥综合评估

本实例来源于文献[12,13],作者通过多指标证据融合的方式对某一斜拉桥进行了综合性能的评估。

1)桥梁概况

江苏省 2005 年建成的某特大跨径钢结构斜拉桥,主桥是钢塔钢箱梁结构,全长 1288m,经详细检测,检测出的主要病害如下:

(1)对于斜拉索系统,16.1% 的钢护筒出现防护漆脱落,16.7% 的阻尼器出现涂装层劣化,8.3% 的下锚头出现防腐油脂渗漏。

(2)对于钢箱梁,12% 的箱室出现涂装层劣化,单箱室最大劣化率是 0.13% ;4.2% 的箱室出现锈蚀,单箱室最大锈蚀率是 0.08% ;73.6% 的箱室出现斜腹杆开裂,最大裂纹长度达 60cm。

(3)对于索塔,55.8% 的箱室出现涂装层劣化,单箱室最大劣化率是 0.27% ;1.9% 的箱室出现锈蚀,单箱室最大锈蚀率是 0.005% ;42.3% 的箱室出现螺栓锈蚀或松动,单箱室最大破损率是 9.4%。

(4)对于桥墩,盖梁有一处混凝土破损,破损面积为 0.05m²。

(5)对于支座,31.8% 的支座出现垫石混凝土破损,轻微螺栓锈蚀、缺失,局部钢垫板锈蚀等病害。

(6)对于桥面铺装,局部有油污、坑槽,发现两条较长的纵向裂缝;对于伸缩缝装置,部分橡胶条发生老化。

（7）对于栏杆、护栏，2.3%的护栏出现防护漆脱落，个别出现变形。

（8）桥梁的长期监测数据状况：图 8-10 给出了南塔两侧最长索索力的逐年变化情况；图 8-11 给出了主梁跨中挠度的变化情况，由于 2011 年挠度监测传感器全部更换，这里仅给出截至 2011 年的数据。

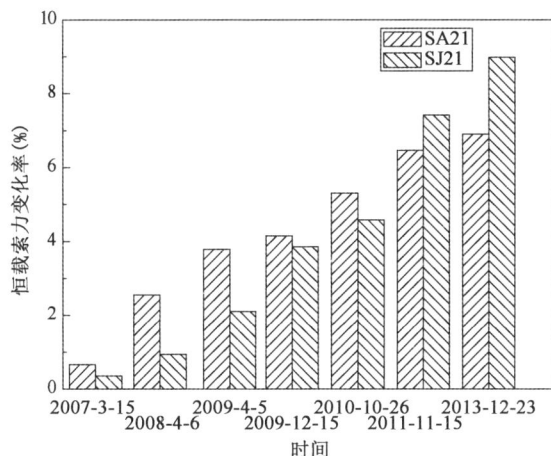

图 8-10　两侧最长索 SA21 和 SJ21 索力的逐年变化情况（改绘自文献[12]）

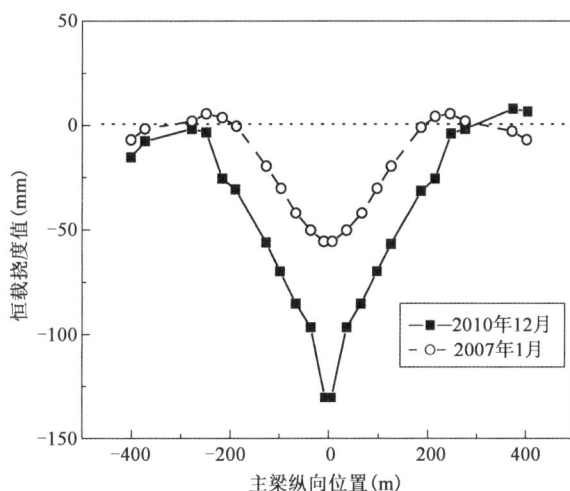

图 8-11　主梁跨中挠度的长期变化情况（改绘自文献[12]）

2）评估指标

采用图 8-12 中的指标来评定桥梁的综合状况。目标层为斜拉桥综合技术状况，指标体系在目标层下面设置了 3 层，第 1 层为斜拉桥 5 大部件，第 2 层为更细化的部件，第 3 层为具体病害指标。

3）融合评估方法

斜拉桥融合评估方法的计算流程如图 8-13 所示。主要基于模糊理论和分层评估算法进行评估，具体步骤如下：

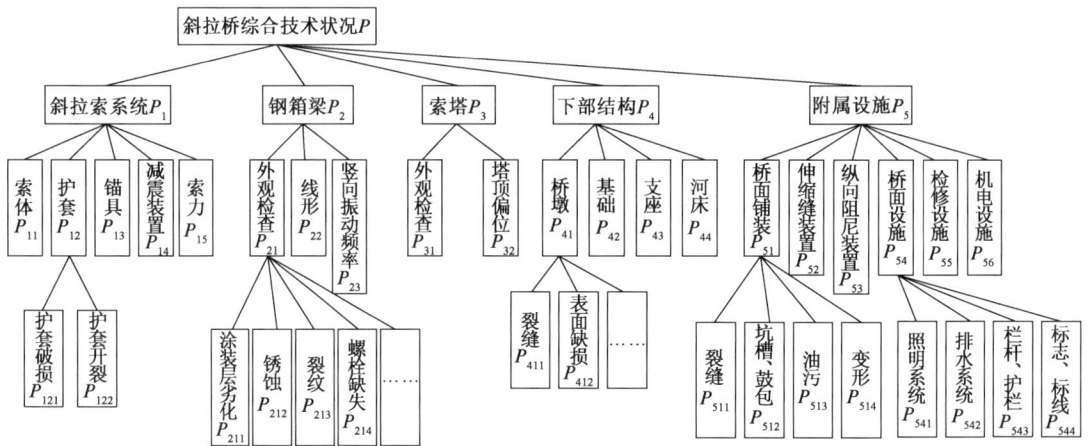

图 8-12　斜拉桥综合评估指标体系(改绘自文献[12])

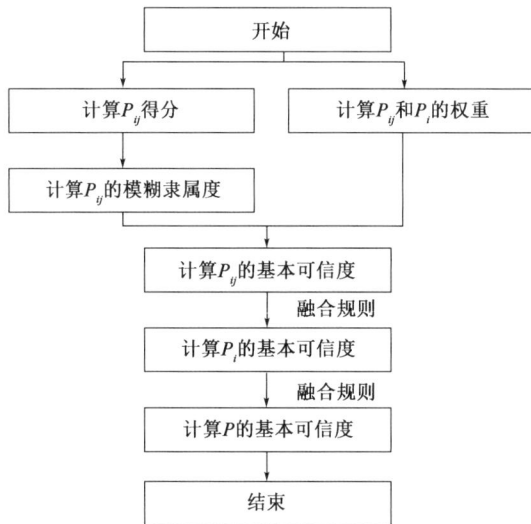

图 8-13　斜拉桥融合评估方法的计算流程(改绘自文献[12])

（1）参照评定标准中的构件扣分的相关公式计算第 2 层指标的部件得分,并计算各自的隶属度。评定指标采用一种分段线性上升的指标评定标准,以明确病害程度与扣分值之间一一对应的定量关系。图 8-14 给出了螺栓损失率与扣分值之间的关系。

（2）利用层次分析法计算层次体系中第 1 层和第 2 层指标的权重,结合模糊隶属度和权重的计算结果,计算第 2 层指标的基本可信度。权重根据面向桥梁设计、养护、科研等单位的调研结果,通过层次分析法确定,第 1 层指标的权重值分别为 0.24、0.21、0.2、0.28 和 0.07,斜拉索系统下的第 2 级指标的权重值分别为 0.38、0.1、0.24、0.08 和 0.2,钢箱梁下的第 2 级指标的权重值分别为 0.63、0.27 和 0.1,索塔下的第 2 级指标的权重值分别为 0.4 和 0.6,下部结构下的第 2 级指标的权重值分别为 0.35、0.4、0.15 和 0.1,附属设施下的第 2 级指标的权重值分别为 0.35、0.2、0.15、0.2、0.05 和 0.05。

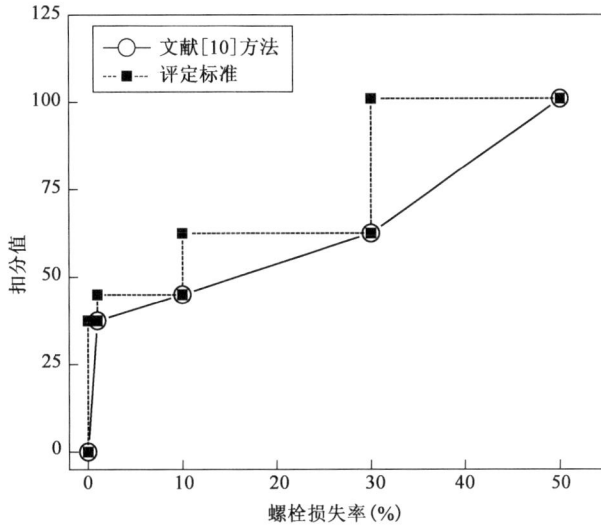

图 8-14　螺栓缺损的评定标准(改绘自文献[12])

在指标体系中,第 2 层指标的初始基本可信度由模糊隶属度函数方法赋值,因此首先需要选定底层指标的隶属度函数。在评定标准中将斜拉桥的综合状态分为 1 ~ 5 级,为与此分类相适应,它们分别对应 1 类、2 类、3 类、4 类及 5 类。第 2 级指标的隶属度曲线如图 8-15 所示。

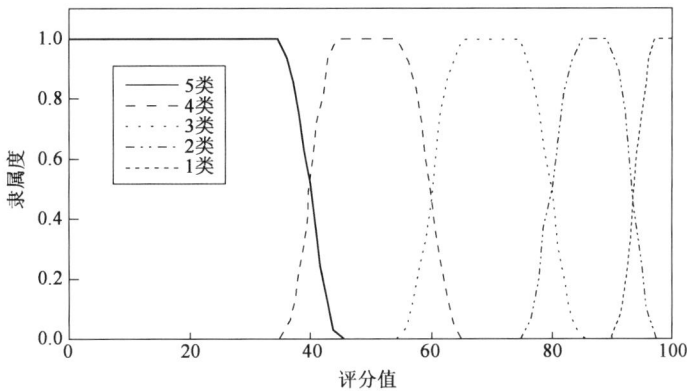

图 8-15　第 2 级指标的分级隶属度[12]

(3)根据融合规则,计算第 1 层指标的可信度以及顶层斜拉桥的总体评估结果。顶层和第 1 层的基本可信度由下层的证据合成得到。对于 T 个证据,利用 Dempster 组合规则合成得到基本可信度。

4)评估结果

基于以上方法,得到 5 大类部件以及桥梁总体的最终基本可信度,如图 8-16 所示。

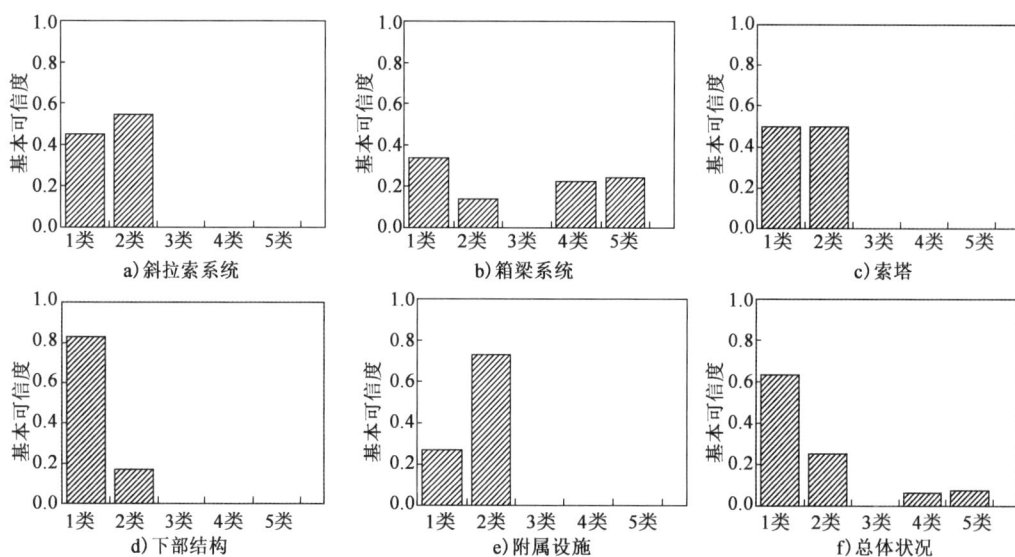

图 8-16　主要部件及桥梁总体的评估结果(改绘自文献[12])

综合来看,斜拉桥的总体状况良好。

8.4.2　基于神经网络数据融合的某斜拉桥安全评估

本案例来源于文献[14],作者利用神经网络对评估数据进行数据融合,实现了对某斜拉桥的安全评估。

1) 桥梁现状

某斜拉桥位于沈阳城区南侧浑河长青桥下游约 2km 处,该桥建于 2003 年,属于城市 I 类桥梁。2011 年 4 月哈尔滨工业大学交通实验中心对该桥进行了动静载试验和外观检测,检测结果如下:

(1)外观调查发现主跨跨中部分斜拉索的 PE 护套断裂,主梁横隔梁存在裂缝,绝大多数裂缝宽度无明显变化。

(2)2003 年 11 月桥梁竣工时,实际实测主跨跨中的桥面标高低于设计标高 18mm。通车运营 7 年后,主跨跨中下挠的理论计算值为 59mm,主跨跨中实测的下挠值为 87mm,实测下挠值比理论下挠值多 28mm。

(3)在桥面无车辆荷载的状态下,对主梁预埋的永久应变检测点进行数据采集,对比结果表明,监测时各测点的最大拉应变为 5μm,无明显拉应变产生。

(4)监测时对该桥进行了固有频率监测,利用跑车频域的分析数据,并建立了该桥的动力模型。选取主跨桥面跨中作为测点,测点的前 8 阶频率分别为 0.51Hz、1.37Hz、2.85Hz、2.95Hz、3.09Hz、3.24Hz、3.38Hz 和 5Hz。

2) 评估指标

采用图 8-17 中的指标来评定桥梁的综合状况。

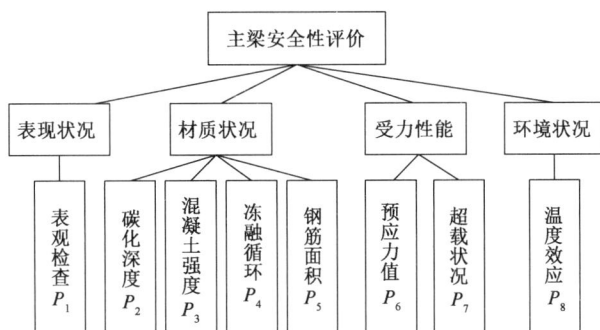

图 8-17 桥梁综合评估指标体系(改绘自文献[14])

3）融合评估方法

采用专家评估法确定各项主要评估指标,如表 8-2 所示。

评估指标的确定(改自文献[14])   表 8-2

指标名称	表观检查	预应力值	混凝土强度 (MPa)	冻融循环 (次)	超载状况	温度效应 (℃)
数值	0.8764	0.9544	63.40	512	1.00	0

采用图 8-8 所示的神经网络对评估指标进行融合,并评估桥梁的整体状态,分为 5 级,其中 1 级的安全状况最佳。神经网络通过建立的桥梁数据库内的大量数据进行训练。

4）融合评估结果

桥梁所处的安全等级为二类,桥梁具有的安全储备满足目前的使用要求,与检测结论一致,证明了评估模型的有效性及准确性。

8.4.3 基于卡尔曼滤波方法的数据融合方法用于桥梁响应预测

本案例来源于文献[15],作者利用卡尔曼滤波法对来自两个传感器的数据进行了融合,实现了对桥梁的响应预测。

1）桥梁概况

本案例为一个现场试验,如图 8-18 所示。预应力混凝土桥梁跨度为 11m,主要受力构件为四根预应力混凝土大梁,一辆重 28.93t 的卡车用于加载。在加载过程中,卡车分别以 5km/h 和 15km/h 的速度通过桥梁。桥身上安装了两个激光位移传感器和两个加速度计,分别位于 B 和 C 处。三个应变仪安装在 A、C 和 D 处。

2）评估指标

通过对应变仪和加速度计的数据进行融合估计桥梁的位移,实现对桥梁的评估。

3）融合评估方法

主要采用基于卡尔曼滤波的位移估计方法。该方法的基本思想是:以最佳的方式从两种不同的测量值中提取必要的位移信息,从而对位移的测量值进行估计。一般来说,加速度响应在高频段中有丰富的信息,而应变响应在低频和频域信息较丰富。因此,有选择地利用所包含的信息,在每次测量中能够实现较为准确的位移估计。

图8-18 桥梁概况[15]

4)融合评估结果

数据融合的结果可以较好地估计桥梁的实际位移,如图8-19所示,桥梁的位移较小,桥梁的安全性能良好。

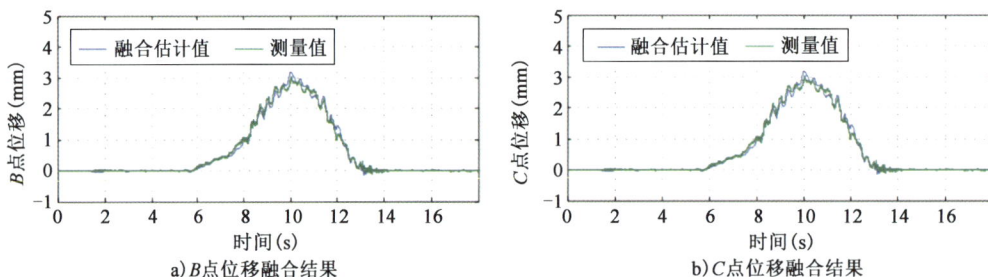

a)B点位移融合结果

b)C点位移融合结果

图8-19 位移融合结果[15]

8.4.4 基于两种数据融合方式的桥面板状况评估

本实例来源于文献[16-17],作者对桥面板检测的原始数据进行了两个层面的融合,分别为像素融合和特征融合。

1)桥梁概况

本实例中的桥位于美国艾奥瓦州,所有相关的信息、数据和测量结果均摘自爱荷华州高速公路研究项目报告。相关图片直接从艾奥瓦州2011年的报告中提取。该报告未提供收集的实际原始数据。被测桥面板为4.572m×0.7112m,始建于1957年。该桥在1983年用致密的低坍落度混凝土进行了修复,并在1999年进行了环氧树脂注入。

采用以下无损检测方法对桥面状况进行检测:

(1)探地雷达(GPR),包括地面耦合天线和空气耦合天线;

（2）冲击回波仪（IE），设备安装在机器人步进器上；

（3）滚动式半电池电位测量装置。

其中，GPR 可检测由间接分层和腐蚀导致的桥梁劣化，半电池电位测量装置可以用来检测钢筋腐蚀，而冲击回波仪（IE）用以检测分层。各装置获得的路面劣化图如图 8-20 所示。

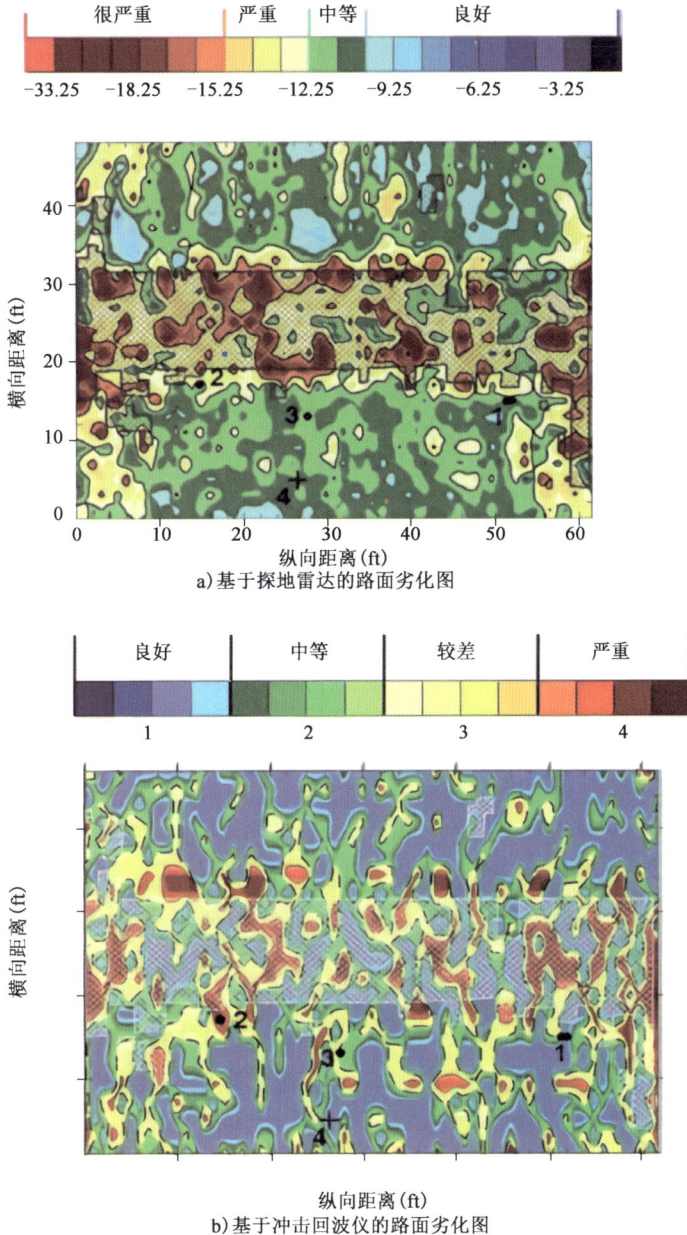

a）基于探地雷达的路面劣化图

b）基于冲击回波仪的路面劣化图

图　8-20

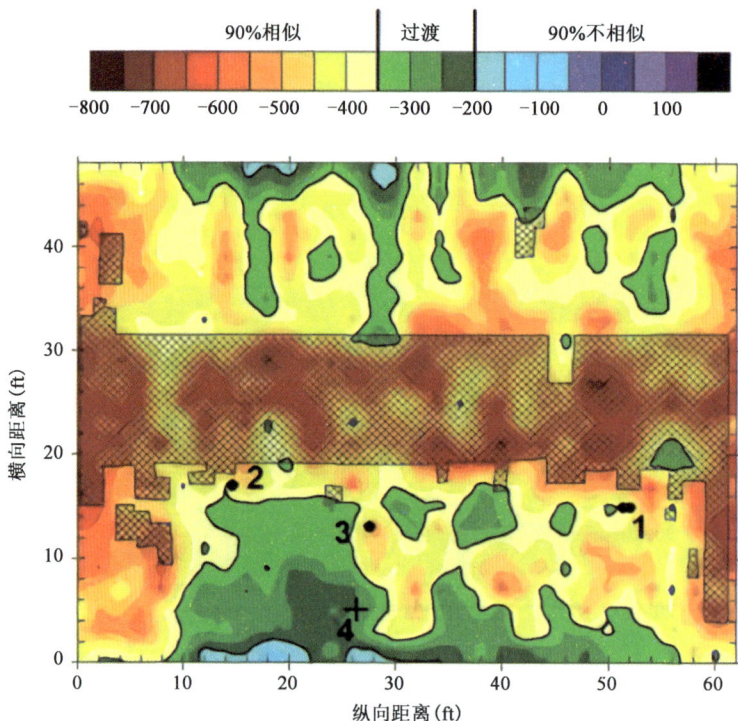

c)基于半电池电位测量仪的路面劣化图

图 8-20   由三种不同装置获得的路面劣化图(改绘自文献[16],ft 为英尺)

2)评估指标

通过融合结果中良好、劣化、劣化严重等三种情况所占的百分比,对路面状况进行综合性的评定。

3)融合评估方法

本实例采用图像融合和特征融合两种融合模式,以综合评价路面的状况。

图像融合采用基于小波变换的融合方式,融合流程如图 8-21 所示。原始图片利用离散小波变换(Discrete Wavelet Transform,DWT)进行图片分解,然后将分解后的图片进行融合,利用逆离散小波变换(Inverse Discrete Wavelet Transform)还原分解后的图片。

特征融合先从路面劣化图中提取图像特征,利用贝叶斯网络进行特征融合。其融合流程如图 8-22 所示。

4)融合评估结果

图像融合结果如图 8-23 所示,表 8-3 统计了融合前后良好、劣化、劣化严重等三种情况所占的百分比,据此可以对路面状况进行综合性的评定。

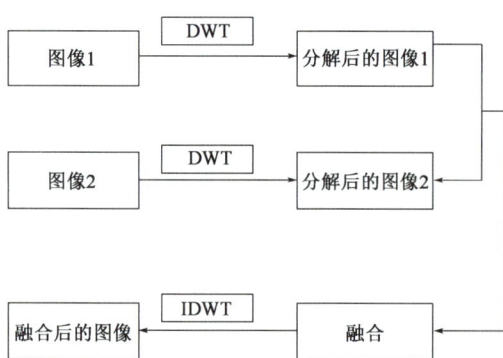

图 8-21   图像融合的流程

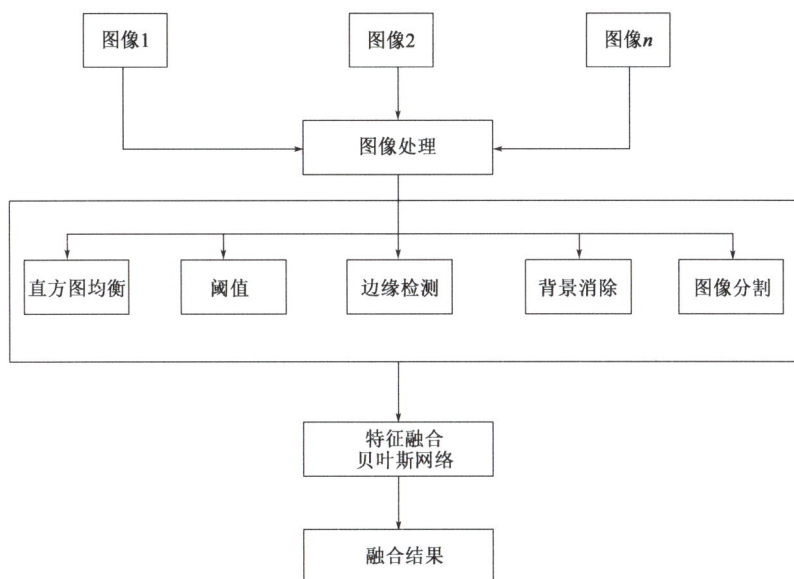

图 8-22　特征融合的流程

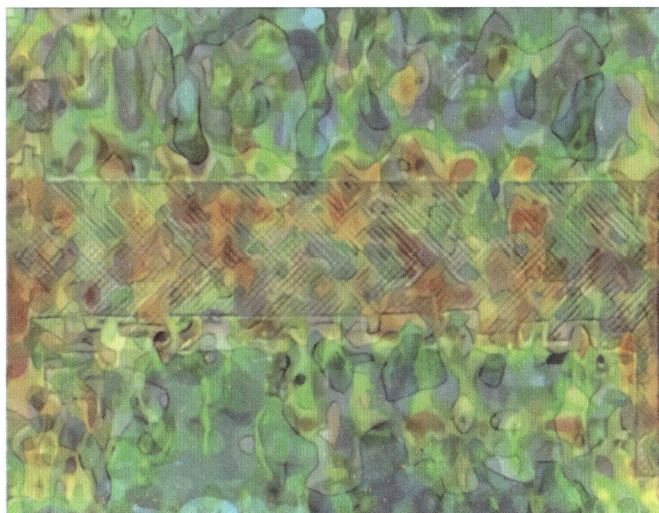

图 8-23　图像融合结果[17]

各劣化情况所占百分比　　　　　　　　　　　　　　　　表 8-3

劣 化 程 度	探 地 雷 达	冲 击 回 波	半电池电位	图 像 融 合	特 征 融 合
良好	16.94%	42.73%	36.23%	47.2%	49.65%
劣化	72.807%	43.7%	50.41%	40.77%	43.71%
劣化严重	10.253%	13.572%	13.3%	12.0263%	6.63%

8.5 BIM/BrIM 与桥梁管养信息化

近年来,BIM 技术快速发展,在建筑行业已经得到了广泛且成熟的应用。但是与房建领域不同,在桥梁领域,BIM 技术的推广相对滞后。桥梁工程中的 BIM 技术应用目前主要以单一功能点为主,且不同工程的应用对象、实施主体、策略重点都不完全一致。在桥梁管养方面,基于全生命周期和多参与主体的海量数据融合及应用的实现载体是信息化系统的设计与开发。

针对这一问题,前述章节的数据融合算法是在特征层面上对巨量非结构化的信息进行数据整合。BIM 技术则可以为数据融合提供一个以三维信息模型为基础的可视化平台,通过数据关联规则在平台上实现对多源数据的融合处理,使数据融合算法集成化、系统化。进一步,通过将 BIM 与 GIS 数据融合展示,相关参与方便可以在此基础上进行方案的规划与调整、多点同时作业的可行性分析等工作;通过 BIM 与传感器的数据相融合,可以更好地了解桥梁的状况,为桥梁管养提供可视化的信息。由此可见,桥梁领域需要的不单单是 BIM 模型,更需要的是 BIM 对数据整合以及促进工程协同管理的可视化的平台作用[18]。

8.5.1 基于 BIM/BrIM 的桥梁信息化建模技术

1)BIM 技术概念

BIM 技术产生于建筑领域,如今是土木工程各领域的重点研究方向,是提高行业效率的重要手段。美国国家 BIM 标准委员会(NBIMS)发布的 *National Building Information Modeling Standard-United States Version* 1 中对 BIM 的定义是:BIM 是设施或建筑项目物理和功能特性的数据表达,是为该设施或建筑项目从建设到拆除全生命周期的决策提供共享的知识资源,是能够在实质上代表全生命周期实体建筑的语义化的、连续性的、数字化的建筑模型[19]。

BIM 思想起源于 20 世纪 70 年代,查尔斯·伊斯曼(Charles Eastman)是同时具有建筑学背景和计算机学背景的学者,1974 年,他在其论文《建筑描述系统概述》(*An Outline of Building Description System*)中精准地指出建筑图纸的高度冗余度、信息更新的不及时性、建筑分析的主要成本等问题,并且开创性地提出了建筑描述系统(Building Description System,BDS)的概念,并在建筑信息数据结构、硬件、图形显示、如何放置元素等诸多方面进行了论述[20],这也是被公认的第一次提出"BIM 理念"。

20 世纪 80 年代,Graphisoft 公司提出虚拟建筑模型(Virtual Building Model,VBM)理念,初步开展了 BIM 技术研究并推出 Archi CAD 软件,让更多的企业进入 BIM 的研究领域。美国学者罗伯特·艾什(Robert Aish)更准确地提出了"Building Modeling"的概念。1997 年,美国 Revit 技术公司(Revit Technology Corporation)正式成立,并研发了建筑设计软件 Revit。2002 年,Autodesk 公司收购了 Revit 技术公司,在推广的过程中首次提出了 BIM 这个术语[21]。此后,BIM 这个术语得到了业内人士的认可,BIM 技术也在全球得到了蓬勃的发展和应用。2006 年,Bazjanacz 将 BIM 模型所包含的信息运用到项目全过程管理中心,实现了信息共享与协同工作。2009 年,Sheryl 等用 Microsoft Office Access 关联式数据库管理系统,将项目进度管理程序与 BIM 模型双向关联,实现了对项目管理进度的模拟。2013 年,BIM 的研究和应用得到了突破性的进展,全球四大建筑软件开发商不断推出并更新自己的 BIM 软件,为 BIM 的实际项目应用提供了巨大便利。

在国内,BIM 技术的发展分为四个阶段。第一阶段(1998—2005 年):此时仍处于概念阶段和基于 IFC 理论的研究阶段,对少数试点项目进行应用探索。第二阶段(2006—2010 年):以北京奥运会和上海世博会的 BIM 应用为代表,与国外工程师在设计阶段进行 BIM 合作,初步使用空间管理和碰撞检测等功能。第三阶段(2011—2015 年):"十二五"期间,国内的 BIM 技术应用已经普及,主要以常规应用和数字应用为主,学者们从协同设计、软件开发、协同施工、生命周期等多个角度进行理论和实践研究。第四阶段(2016 年至今):"十三五"规划以来,国家和地方出台了一系列政策来推动 BIM 的发展,BIM 技术被用于越来越多的实际项目中,同时结合大数据、云计算、虚拟现实等技术,BIM 技术的应用呈现出产业应用和融合应用的特征[22]。

2)BIM 的定义及特点

桥梁作为一种特殊的建筑工程,拥有梁式桥、拱式桥、悬索桥、斜拉桥等多种类型,而且具有跨越能力强、结构复杂、建设环境复杂等特点。因此,相对于建筑来说,其设计和施工更加复杂,在建成之后还存在迫切的养护管理需求。随着 BIM 技术的发展,BIM 技术的理论研究和实践应用均取得了巨大的进展,但是 BIM 技术在桥梁领域的研究应用明显少于建筑领域。近年来,桥梁工作者正在尝试将建筑领域的 BIM 应用移植到桥梁领域,创建应用于桥梁领域的 BrIM 技术。BrIM 来源于 BIM,是 BIM 在桥梁领域的拓展应用。

BrIM(Bridge Information Modeling)是 BIM 的拓展应用,其研究对象为桥梁。BrIM 技术可以通过三个方面来理解[23],如表 8-4 所示。

BrIM 概 念 解 析 表 8-4

BrIM	释 义
计算机三维桥梁信息模型 (Bridge Information Model)	将二维的 CAD 图纸转化为三维的桥梁信息模型,使结构、水电、装修等不同专业的图纸信息集中到一个三维的桥梁信息模型中,便于桥梁信息整体的查看
桥梁信息模型的应用 (Bridge Information Modeling)	实现参数化的模型应用,利用三维桥梁信息模型实现设计优化、管线综合、虚拟建造、工程量计算等应用,不断挖掘模型的价值,解决实际工程中新的技术难题
桥梁信息模型平台管理 (Bridge Information Management)	以三维信息模型为基础,搭建数字化项目管理平台,将设计管理、成本管理、质量和安全管理等方面协同到项目管理平台上,实现以模型为基础的平台化、无纸化办公、精细化管理,从而提高工程管理效率

综上所述,BrIM 不是一种软件,也不是三维模型,而是一种全新的理念及其相关的一系列方法、平台、建模软件等。"Br"代表了桥梁(bridge),体现了 BrIM 的范围;"I"代表了信息(information),涵盖了项目全生命周期内方方面面的信息,体现了 BrIM 的广度;"M"可以同时代表 model、modeling、management,涵盖模型、建模、管理,体现了 BrIM 的深度[24]。

BrIM 技术主要有 8 个特点,介绍分别如下:

(1)可视化。在 BrIM 桥梁信息模型中,整个过程都是可视化的,不仅可以用来进行效果图的展示及报表的生成,还可以使项目设计、建造、运营过程中的沟通、讨论、决策都在可视化的状态下进行,如图 8-24 所示。

图 8-24　桥梁可视化模型[24]

（2）可模拟性。BrIM 桥梁信息模型可以模拟真实环境中的桥梁工程全专业的构件组成与相关的工程活动。在设计阶段，BrIM 可以对设计上需要进行模拟的结构部位进行模拟试验；在招投标和施工阶段，BrIM 可以进行 4D 模拟，从而确定合理的施工方案来指导施工，同时还可以进行 5D 模拟，从而实现成本控制；在后期运营阶段，BrIM 可以对紧急情况的处理方式进行模拟，例如在地震、船撞、爆炸等特殊情况下对桥梁的破坏情况进行模拟。

（3）协调性。BrIM 桥梁信息模型可在桥梁建造前期对各专业的碰撞问题进行协调，生成协调数据。

（4）可优化性。BrIM 模型提供了桥梁实际存在的信息，包括几何信息、物理信息、规则信息，还提供了桥梁变化以后实际存在的信息。与其配套的各种优化工具提供了对复杂项目进行优化的可能。

（5）可出图性。BrIM 通过对桥梁进行可视化展示、协调、模拟、优化，可以帮助业主绘出综合管线图（经过碰撞检查和设计修改，消除了相应错误以后）、综合结构留洞图（预埋套管图），提供碰撞检查侦错报告、建议改进方案等[25]。

（6）一体化性。基于 BrIM 技术可进行从设计到施工再到运营的贯穿工程项目全生命周期的一体化管理。BrIM 的技术核心是一个由计算机三维模型所形成的数据库，不仅包含了桥梁的设计信息，而且可以容纳从设计到建成使用，甚至是使用周期终结的全过程的信息。

（7）参数化性。参数化建模是指通过参数而不是数字建立和分析模型，简单地改变模型中的参数值就能建立和分析新的模型；BrIM 中的图元以构件的形式出现，这些构件之间的不同，是通过参数的调整反映出来的，参数保存了图元作为数字化桥梁结构的所有信息。

（8）信息完备性。BrIM 模型包含设施的所有信息，BrIM 技术可以集成项目参与各方的信息，信息在集成的基础上可通过网络技术进行共享与协调。对于特大型桥梁的运营来说，可以集成人工检查、基础信息、健康监测系统等信息，供桥梁管理单位、监测单位及科研单位共享，如图 8-25 所示。

BrIM 是在项目生命周期内生产和管理桥梁数据的过程。BrIM 的宗旨是用数字信息为项目的各个参与者提供各环节的"模拟和分析"。BrIM 的目标是实现进度、成本和质量的效率最大化，为业主提供设计、施工、运营等的专业化服务。

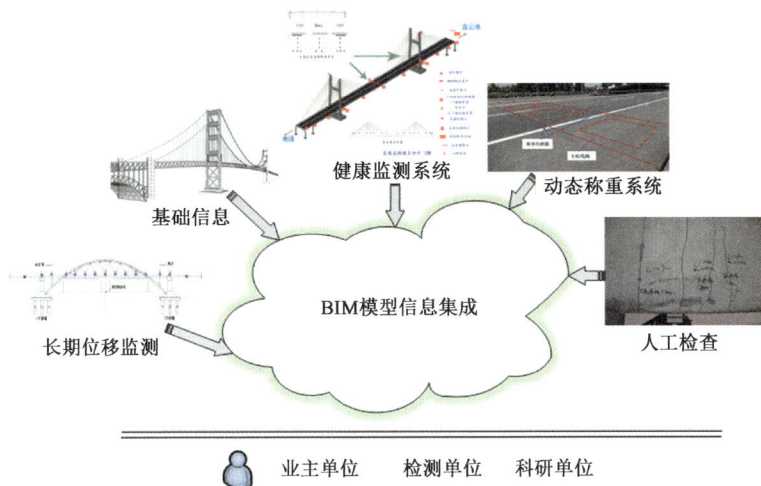

图 8-25   桥梁 BrIM 模型信息集成示意图[24]

3)IFC 模型的定义与表达

IFC 标准借鉴 STEP 架构制定,最初以 EXPRESS 语言为基础进行定义,后来逐渐发展为以 XML Schem 为基础的模式定义[26]。因此,目前 IFC 模型可以采用 EXPRESS 和 XML 两种语言进行表达定义。EXPRESS-G 视图是一种针对 IFC 实体的关联、派生等属性信息的表达方式。IFC 标准对架构各层次的实体引用进行了规定,即各层只能对本层及本层以下的实体资源进行引用。最高层领域层能实现本层次及以下三个层次的实体对象的引用,共享层能引用核心层和资源层的实体,核心层只能引用资源层的实体。IFC 的划分方法和层次化引用原理对于建立清晰的框架和信息表达机制具有重要意义,也方便对 IFC 进行实体扩展。

(1)IFC 模型的类与对象。

按概念不同,将 IFC 架构中的所有类与对象分为实体、类型、函数、规则、属性集及量集。

①实体(Entities):实体是一个信息类,各实体包含属性和约束关系,实体的对象是 IFC 模型的基本组成元素。

②类型(Types):IFC 中根据表现方式的不同将实体分为 3 种类型——枚举类型(Enumeration Types)、选择类型(Select Types)、定义类型(Defined Types)。

③函数(Functions):函数的作用是计算实体的属性。

④规则(Rules):规则的作用是对模型的正确性进行验证和约束实体属性的范围。

⑤属性集(Property Sets):在 IFC 架构中,属性是对实体对象的说明信息的阐述,属性集是对相同类型的属性的集合。属性集可以被不同的对象引用,关系实体 IfcRelDefinesBy-Properties 实现属性与具体构件的关联。

⑥量集(Quantity Sets):定量信息的集合,IfcElementQuantity 是量集的描述实体,是构件的量属性的集合,关系实体 IfcRelDefinesByProperties 实现属性与实体的关联。

(2)IFC 实体与属性的关联机制。

为建立桥梁相关的信息模型,必须借助 IFC 实体与属性间的关联机制。图 8-26 是 IFC 实体与属性的关联机制。

399

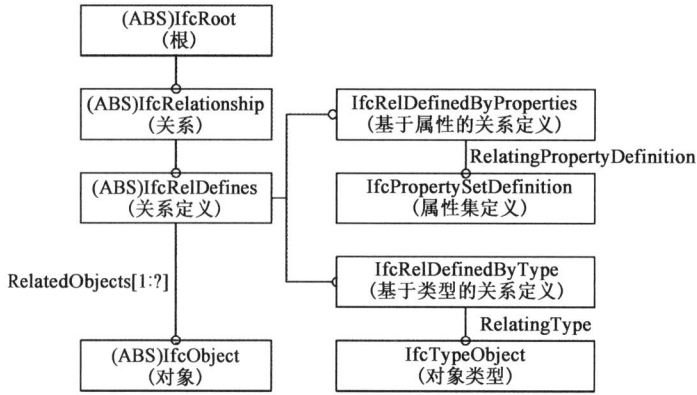

图 8-26　IFC 实体与属性的关联机制

IFC 中有两种属性关联机制:一种是基于属性的关系定义,即通过 IfcRelDefinedByProperties关系实体将 IfcPropertySetDefinition 描述的信息与实体相关联;另一种是基于类型的关系定义,即通过 IfcRelDefinedByType 关系实体将对象类型 IfcTypeObject 与实体相关联[27]。

①基于 IfcRelDefinedByProperties 的实体与属性的关联。

IFC 标准中的实体的属性是通过 IfcPropertySetDefinition 进行定义的,其结构如图 8-27所示。

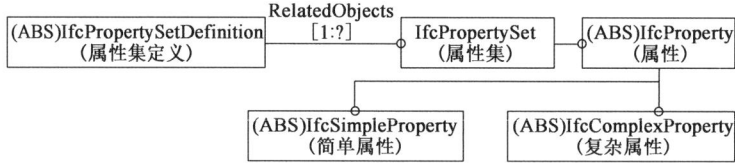

图 8-27　IFC 属性定义结构图

IfcPropertySet 实体是多个属性的集合,该实体用于多个属性的汇集。多个不同的 IfcObject 实体通过 IfcRelDefinedByProperties 进行关联。通过 IfcPropertySet 实体进行实体信息扩展的方式被称为基于属性集的扩展方式,这是主要的实体信息的扩展方式,这种扩展方式使用灵活但不便于分类管理。基于 IfcRelDefinedByProperties 的实体与属性的关联机制如图 8-28所示。

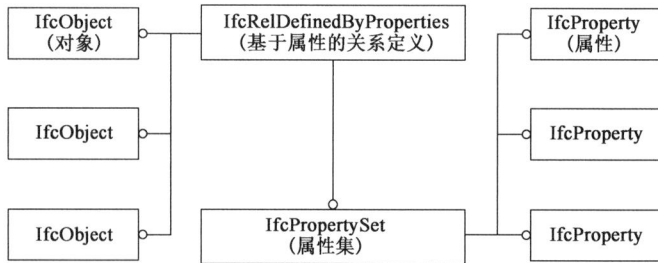

图 8-28　基于 IfcRelDefinedByProperties 的实体与属性的关联机制

②基于 IfcRelDefinedByType 的实体与属性的关联。

IfcTypeObject 是实现对具有相同特征的实体类的描述,即具有相同属性的实体可以借助同一个类型实体进行属性表达。IfcTypeObject 的结构如图 8-29 所示。

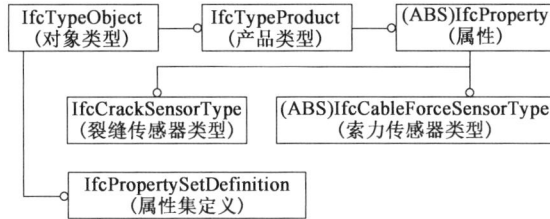

图 8-29　IfcTypeObject 结构图

IfcTypeObject 实体通过属性 HasPropertySet 建立与属性集的关系,IfcObject 实体通过关系类实体 IfcRelDefinesByType 建立与类型实体 IfcTypeObject 的关联。这种实体类型关联机制有助于对同类型的构件库进行属性关联。其实体与属性的关联机制如图 8-30 所示。

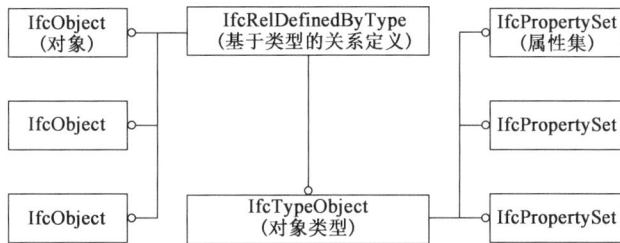

图 8-30　基于 IfcRelDefinedByType 的实体与属性关联机制

(3)IFC 标准的扩展方法。

IFC 标准自发布以来已经更新了 4 个版本,虽然不断被补充和完善,但在实际应用中,由于建设项目全过程的参与方多、信息交互量大、各专业软件繁多复杂,故 IFC 标准中各领域包含的实体类型及对应属性仍难以满足信息交付的需求。为了满足项目各参与方的应用需求,可在现有 IFC 标准体系架构的基础上,按照自身对信息交互的需求,对 IFC 标准实施扩展。IFC 标准扩展主要包括三种机制:基于 IfcProxy 实体的扩展、基于属性集的扩展和基于增加实体定义的扩展[28-29]。

①基于 IfcProxy 实体的扩展。

这种扩展机制是利用 IFC 中的 IfcProxy 实体对 IFC 的数据模型进行扩展。IfcProxy 实体是一个可实例化的抽象实体类型,能根据不同使用者的需求对该实体进行实例化,对新定义的实体信息使用属性 ProxyType 和 Tag 进行描述,实现 IFC 标准扩展的目标。基于 IfcProxy实体的扩展内容如图 8-31 所示。

②基于属性集的扩展。

属性集是用于描述 BIM 模型信息的多个属性的集合。基于属性集的扩展机制需要根据自身的信息需求自定义属性,既不增加新的实体类型,也不会对原有的 IFC 标准架构产生影响。这种扩展机制难度低、兼容性高,适用于需要扩展的 IFC 数据信息较简单的情况。在

IFC 标准中,实体的属性集包括预定义属性集和自定义属性集,预定义属性集是指在 IFC 标准中已针对现有实体进行预先定义的属性集;自定义属性集是指根据自身需求对目标实体自定义的新增属性集。

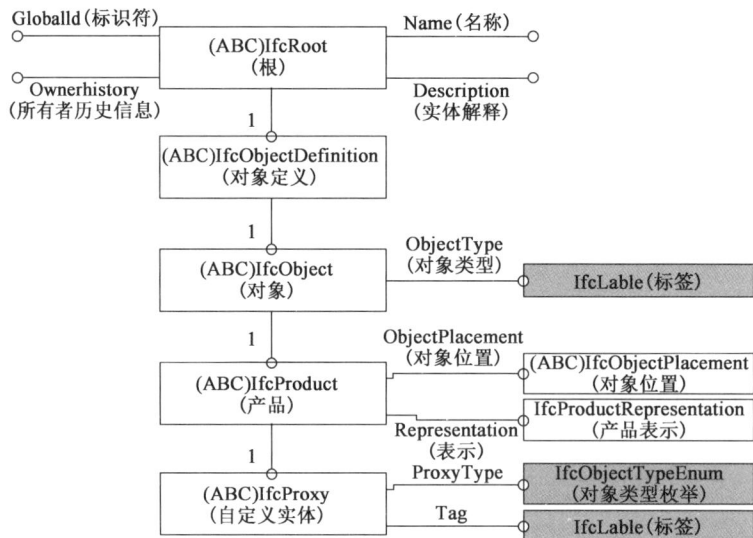

图 8-31　基于 IfcProxy 实体的扩展

图 8-32 所示是基于属性集的扩展方式的关系图,通过对实体的属性 IfcPropertySet 的子属性进行操作来对属性集扩展,即通过属性集的 HasPropertySets 属性建立与扩展属性资源(IfcPropertyResource)的关联[30]。

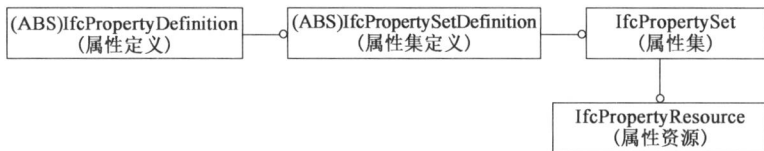

图 8-32　基于属性集的扩展方式的关系图

③基于增加实体定义的扩展。

增加实体定义的 IFC 扩展机制需在原有的 IFC 标准中定义未包括的新实体。同时,为了确保新实体类型能够和 IFC 数据模型良好地融合,还需要对新实体与原有实体间的关联关系和派生关系进行合理的描述,避免引起 IFC 标准体系的冲突。基于增加实体类型的 IFC 扩展机制是对 IFC 标准自身包含实体类型的扩充和更新,已经改变了 IFC 标准原有的架构体系。该方法难度高、兼容性低,多用于 IFC 标准版本的升级过程。

(4)参数化建模。

在建筑行业中,一个非常重要的发展趋势是参数化建模,参数化建模可以使用依赖关系和约束来定义模型,所得结果是一个灵活的模型,通过改变参数可以满足不断变化的条件。参数可以是几何尺寸,例如长方体的高度、宽度、长度、位置和方向。参数之间的关系,即所谓的依赖关系,用户可通过方程定义。例如,一组桥梁墩柱的直径都相同,如果设定的直径

402

发生变化,则所有墩柱的直径都会相应发生变化。

目前,BIM 工具以有限的灵活性实现参数化建模的概念。要创建参数化对象类型(在 Revit 软件中称为"族"),首先定义参考平面,并在距离参数的帮助下指定它们的位置,参数之间的关系通过方程式定义。然后可以生成所得到的物体,其边缘或面相对于参考平面对齐。在创建建筑模型本身时,用户无法生成新参数,只能指定已在族中或相应项目中定义的值。虽然与定义几何形状相比,参数化建模的实施更受限制,但它可以提供足够高的灵活性,同时保持模型的依赖性,管理起来更加方便。

4)桥梁工程信息模型扩展

IFC 标准具有公开性、可扩展性等特点,目前 IFC 标准主要应用于建筑领域,但是如今也有诸多科研团队把 IFC 标准扩展到桥梁工程、铁路工程等领域[31]。参考 IFC4 标准中对建筑的划分方法,将桥梁信息模型从概念上分为空间结构单元(IfcSpatialStructureElement)、组合件(IfcElementAssembly)、构件(IfcElement)三种类型。桥梁空间结构单元、组合件、构件间的关系如图 8-33 所示。

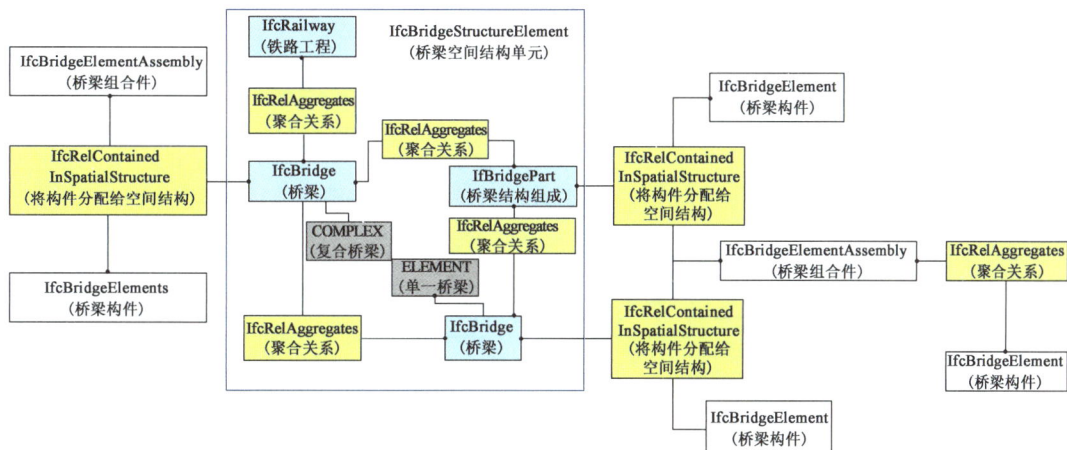

图 8-33　桥梁空间结构单元、组合件、构件间的关系

(1)实体类扩展。

①桥梁空间结构单元。

桥梁空间结构单元(IfcBridgeStructureElement)包括桥梁(IfcBridge)、桥梁结构组成(IfcBridgePart)。首先在 IfcCivilStructureElement 下派生出桥梁空间结构单元(IfcBridgeStruc-tureElement)作为桥梁工程中所有空间结构单元模型的父类。并进一步自桥梁空间结构单元(IfcBridgeStructureElement)下派生出桥梁(IfcBridge)、桥梁结构组成(IfcBridgePart)。桥梁空间结构单元的继承关系如图 8-34 所示。

②桥梁构件。

构件扩展应综合考虑构件的功能、外观等因素再进行定义。根据桥梁空间结构的分解关系,将桥梁工程特有的构件扩展定义为新的实体类,在土木工程构件(IfcCivilElement)下派生出桥梁构件(IfcBridgeElement)作为桥梁工程中所有构件的父类,自桥梁构件

（IfcBridgeElement）下派生出常用构件，主要包括桥梁杆件、加劲肋、桥梁板件、梁段、锯齿块、支承垫石、桥墩节段、桥台节段、索塔段、拱肋段、拱脚、拱上立柱、吊杆、斜拉索、主缆、支座、伸缩装置、防护墙、框构节段、翼墙、涵洞节段、帽石、盖梁、预埋件基础、避车台。桥梁构件间的继承关系如图 8-35 所示。

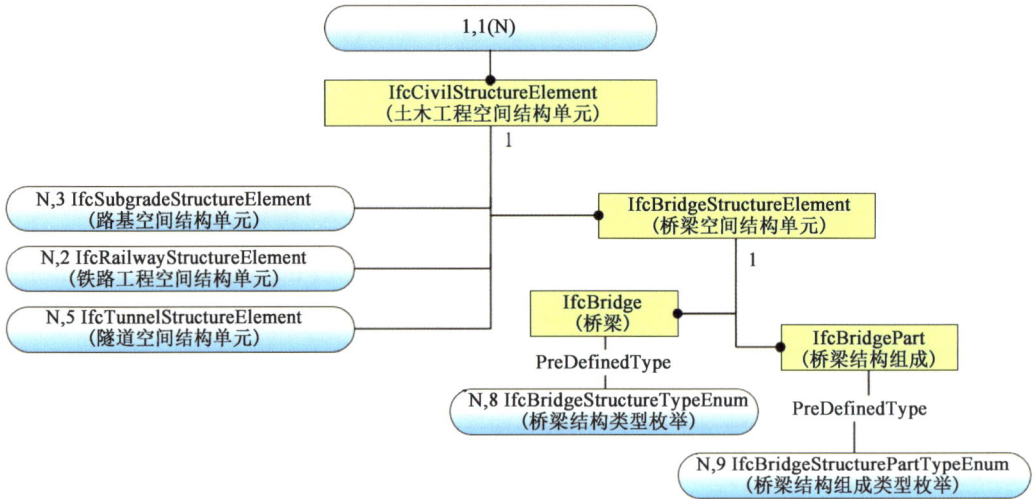

图 8-34　桥梁空间结构单元的继承关系

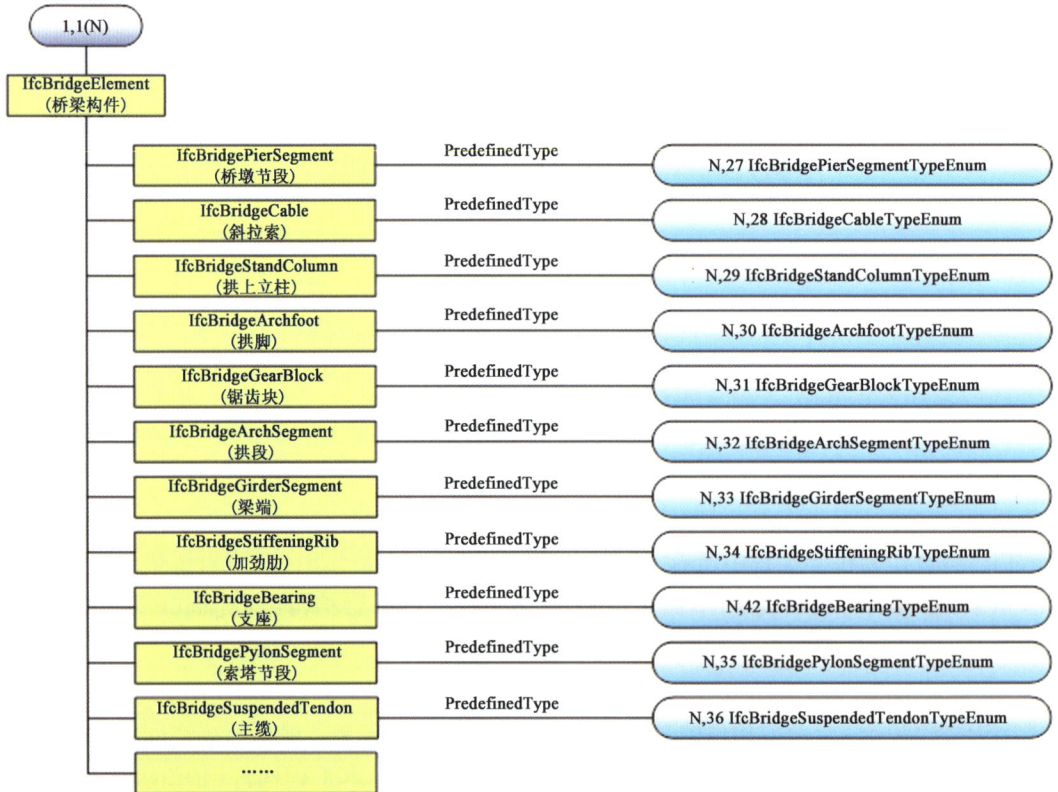

图 8-35　桥梁构件间的继承关系

③桥梁组合件。

组合件由多种构件组合而成,本质上还是构件,只是为了强调某种构件是组合而成的。组合件基于实体定义的扩展先自土木工程构件(IfcCivilElement)派生出土木工程组合件(IfcCivilElementAssembly),在土木工程组合件(IfcCivilElementAssembly)下派生桥梁组合件(IfcBridgeElementAssembly)作为桥梁工程中所有组合件的父类。自桥梁组合件(IfcBridge-ElementAssembly)派生出四个子实体,即桁架(IfcBridgeTruss)、节点(IfcBridgeJoint)、防落梁装置(IfcBeamFallingPreventionDevice)、横撑(IfcCrossBrace)。桥梁组合件间的继承关系如图 8-36 所示。

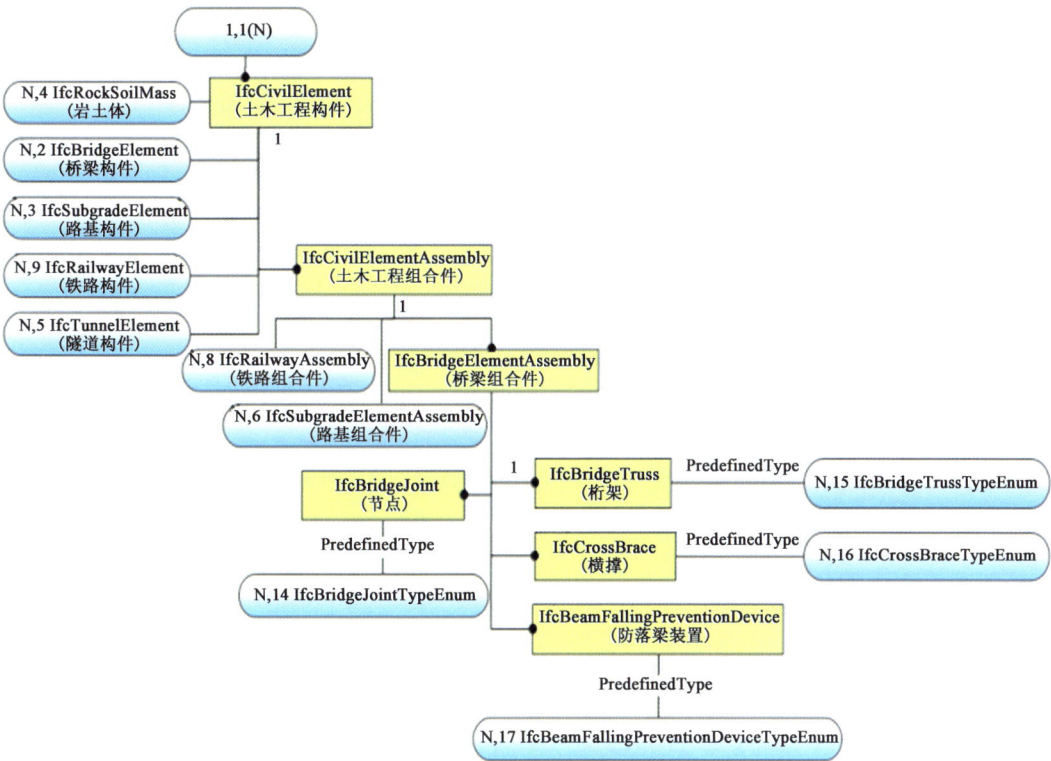

图 8-36 桥梁组合件间的继承关系

(2)属性集定义。

IFC4 标准中定义了属性类(IfcPropertyDefinition),表达对象所应包括的参数。桥梁工程可采用 IfcPropertyDefinition 下的 IfcPropertySet 定义对象所包括的信息,例如 IfcBridge 实体应包括的信息:

Pset_BridgeCommon

属性集名称:Pset_BridgeCommon。

适用的实体:IfcBridge。

描述:桥梁的通用属性集。

属性列表见表 8-5。

Pset_BridgeCommon 属性列表   表 8-5

名　　称	数据类型	说　　明
Name	TypePropertySingleValue/IfcLabel	桥名
BridgeArrangement	TypePropertySingleValue/IfcLabel	孔跨布置
CenterKilometerage	TypePropertySingleValue/IfcLabel	中心里程
Number	TypePropertySingleValue/IfcLabel	桥梁序号
Span	TypePropertySingleValue/IfcLabel	跨度
ConstructionMethod	TypePropertyEnumeratedValue/PEnum_ConstructionMethod：Cantilevered Concreting Method，Segment Cantilevered Assembling Method，Mobile Form Method，Full Supporting Frame Method，Incremental Launching Construction Method，Cantilevered Assembling Method，Rotation Construction Method，Fabrication and Erection Method，Jacking Engineering Method	施工方法：悬臂灌注法、节段拼装法、移动支架法、满堂支架架设、拖拉法架设、悬臂拼装法架设、转体施工、预制架设、顶进工程
DrainForm	TypePropertyEnumeratedValue/PEnum_DrainForm：Direct Drainage，Concentrated Drainage	排水方法：直接排水、集中排水
Scale	TypePropertyEnumeratedValue/PEnum_Scale：Extra-long Bridge，Major Bridge，Medium Bridge，Minor Bridge	规模：特大桥、大桥、中桥、小桥

（3）桥梁全寿命周期流程。

美国联邦公路管理局发布的《桥梁信息模型标准》明确定义了桥梁在设计阶段的信息流动方向[32]。设计阶段分为概念设计阶段、初步设计阶段和最终设计阶段，参与方有设备管理方、咨询方、评估方、结构工程师、交通工程师。

在前期的概念设计阶段，咨询方和设备管理方的前期调查模型和概念设计模型都会汇总，并与交通工程师进行信息交流，为后续的道路几何的初步设计做前期铺垫。同时，方案设计工程师和评估方在此阶段进行充分的信息交流。随后进入初步设计阶段，方案设计工程师、评估方和结构工程师交换信息与模型，产生初始结构模型和初步设计模型。交通工程师同时与结构工程师进行沟通交流，结合前期的调查模型和概念设计模型完成对初步道路几何的设计。最后形成的最终设计方案，是前期的初步设计模型在各方充分沟通后的进一步发展。在每一阶段的发展之后，模型都要在评估方进行评估，最终达到要求，形成最终的设计，进入下一阶段。

应用于桥梁领域的 IFC 标准虽然起步较晚，但发展迅速，并且随着技术的不断进步，有关标准也在不断地更新调整、逐步完善，这必将引导 BIM 技术在桥梁领域的应用向着更加规范化的方向发展。

8.5.2　基于 IFC 标准的桥梁信息模型扩展技术

1）桥梁监测传感器模型的 IFC 标准扩展与表达

桥梁结构健康监测传感器包括结构、环境、荷载三大类[33]，同类型传感器之间存在一定的关联关系。可以使用 IFC 标准的 EXPRESS-G 视图表达传感器之间的关联、继承关系，并使用 EXPRESS 语言对各类型传感器进行定义[34]。为区分已有的传感器实体与新增的传感器实体，在新增实体开头加下划线。

图 8-37 所示是结构、环境、荷载三大类桥梁结构健康监测传感器的 IFC 继承关系。IfcElement实体是 IFC 体系中所有领域元素的集合，可以分为 IfcBuildingElement、IfcCivilElement、IfcDistributionElement、IfcElementComponent、IfcFeatureElement、IfcFurnishingElement、IfcGeographicElement、IfcTransportElement、IfcVirtualElement 9 个领域元素。其中，IfcDistributionElement 实体涵盖了电气、通信网络领域的实体元素。组成桥梁结构健康监测系统的各个子元素都属于电气、通信领域，所以桥梁结构健康监测系统实体（_IfcBHMSElement）继承于 IfcDistributionElement。桥梁健康监测系统传感器实体（_IfcBHMSSensor）属于_IfcBHMSElement 的子类。

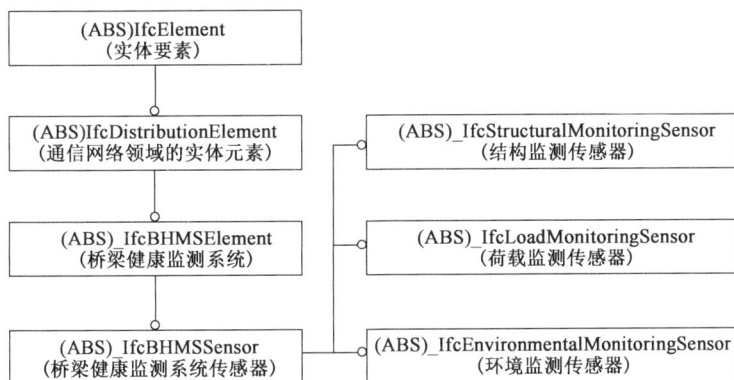

图 8-37　桥梁健康监测传感器的 IFC 继承体系

（1）桥梁结构监测传感器实体。

结构监测传感器实体（_IfcStructuralMonitoringSensor）属于抽象超类，该实体派生于_IfcBHMSSensor实体。主要包括 9 种派生实体，见表 8-6。

桥梁结构监测传感器实体派生体种类　表 8-6

序号	实体名称	实体解释
1	张力传感器实体（_IfcTensileForceSensor）	①张力传感器实体是结构监测传感器实体（_IfcStructuralMonitoringSensor）的派生实体，该实体包括张力传感器实体类型属性。②张力传感器类型对桥梁监测系统中常用的张力传感器的类型进行了枚举定义，包括电阻式应变计、钢弦式应变计、光纤光栅、SOFO 系统及未定义类型

序号	实体名称	实体解释
2	沉降传感器实体 (_IfcSedimentationSensor)	①沉降传感器实体是结构监测传感器实体(_IfcStructuralMonitoringSensor)的派生实体。沉降传感器类型是该实体的一个显式属性。 ②沉降传感器类型定义桥梁结构健康监测中沉降传感器的主要类型,即静力水准系统、PSD、未定义类型
3	倾斜传感器实体 (_IfcInclinationSensor)	①倾斜传感器实体是结构监测传感器实体(_IfcStructuralMonitoringSensor)的派生实体。倾斜传感器类型是该实体的一个显式属性。 ②倾斜传感器类型定义桥梁结构健康监测中倾斜传感器的主要类型,即气泡水平仪、钟摆仪、未定义类型
4	加速度传感器实体 (_IfcAccelerationSensor)	①加速度传感器实体是结构监测传感器实体(_IfcStructuralMonitoringSensor)的派生实体。加速度传感器类型是该实体的一个显式属性。 ②加速度传感器类型属性定义了桥梁结构健康监测中加速度传感器的主要类型,即压电式加速度传感器、电容式加速度计、伺服式加速度计、雷达测速仪、激光多普勒速度仪、微分阻气、未定义类型
5	振动速度传感器实体 (_IfcVibrationVelocitySensor)	①振动速度传感器实体是结构监测传感器实体(_IfcStructuralMonitoringSensor)的派生实体。振动速度传感器类型是该实体的一个显式属性。 ②振动速度传感器类型定义桥梁结构健康监测中振动速度传感器的主要类型,即地震检波仪、激光振动仪、未定义类型
6	位移传感器实体 (_IfcDisplacementSensor)	①位移传感器实体是结构监测传感器实体(_IfcStructuralMonitoringSensor)的派生实体。位移传感器类型是该实体的一个显式属性。 ②位移传感器类型定义了桥梁结构健康监测中位移传感器的主要类型,即电阻电位计、激光测距仪、微波干涉仪、综合型加速度计、LVDT测径仪、三角传感器、钢缆拉伸传感器、未定义类型
7	索力传感器实体 (_IfcCableForceSensor)	①索力传感器实体是结构监测传感器实体(_IfcStructuralMonitoringSensor)的派生实体。索力传感器类型是该实体的一个显式属性。 ②索力传感器类型定义了桥梁结构健康监测中索力传感器的主要类型,即压力传感器、磁通量索力计、未定义类型
8	裂缝传感器实体 (_IfcCrackSensor)	①裂缝传感器实体是结构监测传感器实体(_IfcStructuralMonitoringSensor)的派生实体。裂缝传感器类型是该实体的一个显式属性。 ②裂缝传感器类型定义了桥梁结构健康监测中裂缝传感器的主要类型,即光纤裂缝传感器、图像裂缝监测系统、SMA裂缝监测仪、导电涂膜裂缝监测系统、机敏网裂缝监测系统、未定义类型
9	转角传感器实体 (_IfcCrankAngleSensor)	①转角传感器实体是结构监测传感器实体(_IfcStructuralMonitoringSensor)的派生实体。转角传感器类型是该实体的一个显式属性。 ②转角传感器类型定义了桥梁结构健康监测中转角传感器的主要类型,即倾角仪、未定义类型

（2）桥梁环境监测传感器实体。

IFC4 中通过 IfcSensorTypeEnum 枚举类型实体粗略地定义有气体、烟雾等 26 种传感器类型，其中包括了环境监测传感器中的湿度、温度、风速风向三类传感器[35]。环境监测传感器实体（_IfcEnvironmentalMonitoringSensor）主要包括 4 种派生实体，如表 8-7 所示。

桥梁环境监测传感器实体派生体种类　　　　　　　　　　　　　表 8-7

序号	实 体 名 称	实 体 解 释
1	湿度传感器实体（_IfcHumiditySensor）	①湿度传感器实体是环境监测传感器实体（_IfcEnvironmentalMonitoringSensor）的派生实体。湿度传感器实体类型是该实体的一个显式属性。②湿度传感器类型定义了桥梁健康监测中湿度传感器的主要类型，即电解质湿度传感器、高分子材料湿敏传感器、半导体陶瓷湿度传感器、未定义类型
2	温度传感器实体（_IfcTemperatureSensor）	①温度传感器实体是环境监测传感器实体（_IfcEnvironmentalMonitoringSensor）的派生实体。温度传感器实体类型是该实体的一个显式属性。②温度传感器类型定义了桥梁健康监测中温度传感器的主要类型，即热电偶温度传感器、热敏电阻温度传感器、膨胀式温度计、光纤温度计、红外测温仪、未定义类型
3	风速风向传感器实体（_IfcWindSensor）	①风速风向传感器实体是环境监测传感器实体（_IfcEnvironmentalMonitoringSensor）的派生实体。风速风向传感器实体类型是该实体的一个显式属性。②风速风向传感器类型定义了桥梁健康监测中风速风向传感器的主要类型，即热线式测风传感器、超声波式测风传感器、测风传感器、多普勒 SODAR、未定义类型
4	地震动传感器实体（_IfcSeismicSensor））	①地震动传感器实体是环境监测传感器实体（_IfcEnvironmentalMonitoringSensor）的派生实体。地震动传感器实体类型是该实体的一个显式属性。②地震动传感器类型定义了桥梁健康监测中地震动传感器的主要类型，即地震仪、强震仪、未定义类型

（3）桥梁荷载监测传感器实体。

荷载监测传感器实体（_IfcLoadMonitoringSensor）主要包括两种派生实体，见表 8-8。

桥梁荷载监测传感器实体派生体种类　　　　　　　　　　　　　表 8-8

序号	实 体 名 称	实 体 解 释
1	车速传感器实体（_IfcVehicleSpeedSensor）	①车速传感器实体是荷载监测传感器实体（_IfcLoadMonitoringSensor）的派生实体。车速传感器实体类型是该实体的一个显式属性。②车速传感器类型定义了桥梁健康监测中车速传感器的主要类型，即光栅测速仪、红外测速仪、未定义类型
2	汽车称重系统实体（_IfcVehicleWeighingSystem）	①汽车称重系统实体是荷载监测传感器实体（_IfcLoadMonitoringSensor）的派生实体。汽车称重系统实体类型是该实体的一个显式属性。②汽车称重系统类型定义了桥梁健康监测中汽车称重系统的主要类型，即汽车称重仪、未定义类型

2）桥梁监测表观损伤信息的 IFC 标准扩展与表达

针对桥梁管养检测存在的结构裂缝、缺损两大常见的病害特征,可以对其创建 BIM 模型并进行基于 IFC 标准的病害信息表达[36]。

（1）方法一:表面点法。

将桥梁构件表面的组成信息进行离散化,集中形成一个个均匀排布的坐标点。在对桥梁外观进行三维重建时（例如桥墩混凝土表面裂缝的可视化表达）,首先基于 IFC 标准的 BIM 参数化建模过程是针对桥墩表面进行各点的参数化建模,将各个点按间距的允许值进行阵列排布。其次,当裂缝发生在结构体中部时,由于裂缝的产生,表面点的坐标位置也随之变化,参数化建模中的点模型的布设方式信息变化,越靠近裂缝的位置,表面点越稀疏,表面点的坐标也就越疏远,而原本间距相同的各个点,此时彼此之间相互远离,通过表面点的疏密程度来判断裂缝的位置、长度、宽度和发展趋势,从而达到表面裂缝的可视化。在 IFC 文件中,通过笛卡儿点描述 POLYLOOP,通过 POLYLOOP 描述的立方体进一步确定构件的位置信息。构件立方体的位置信息一旦被表达,相应裂缝处的信息就可以被描述,裂缝表面点建模的刻画规律也就确定了,显示效果如图 8-38 所示,形成了完整的裂缝可视化表达[36]。

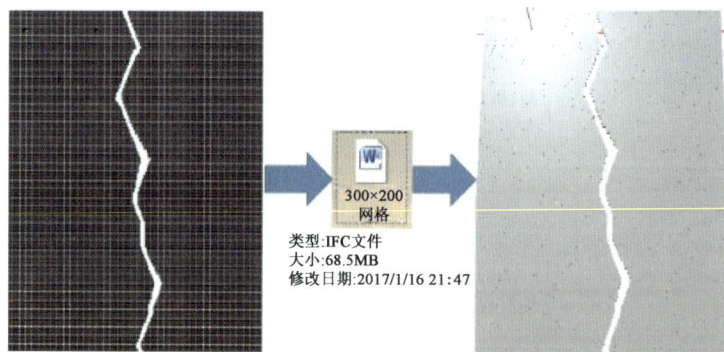

图 8-38　裂缝模型的显示效果

（2）方法二:参数化建模。

采用的是单个模型体建模,如利用 SketchUp（草图大师）软件进行建模,SketchUp 从 Pro2014 版本开始加入新的模型库和 IFC 文件的输出功能,且该软件建模流程极具简易性和操作性,不像其他 BIM 软件只针对特定的专业建立对应的模型,建模示意如图 8-39 所示[36]。

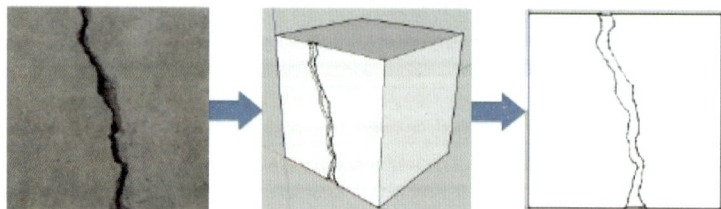

图 8-39　裂缝实例参数化建模

在 IFC 标准中,采用以项目对象为基础的模型信息描述方法。在输出的裂缝 IFC 模型文件中,IfcProject 实体在三维空间中的位置信息(ObjectPlacement)相关的实体为 IfcLocal-Placement,它描述了一个相对坐标系。IfcLocalPlacement 实体的含义是利用相对坐标系来表达实体的几何位置信息,它的属性共有两项:PlacementRelTo 和 RelativePlacement。其中,PlacementRelTo 表示参照的坐标系,RelativePlacement 类型为 IFCAXIS2PLACEMENT3D 两个方向坐标轴的三维坐标,用于表达这个相对坐标系的原点、Z 轴、X 轴的信息。IfcShapeRepresentation 实体表述对象形状的类别。IfcShapeRepresentation 共支持四大类形状的实体:二维曲线(Curve2D)、图形集(GeometricSet)、表面模型(SurfaceModel)、实体模型(SolidModel)。实体模型又可分为扫掠实体(SweptSolid)、小面片模型(Brep)、构造实体(CSG)、切削实体(Clipping)和高级扫掠实体(AdvancedSweptSolid)。

(3)方法三:点云建模及 IFC 转换。

点云数据为建筑行业的逆向工程提供了新的方向。随着需求量越来越大,点云数据在处理桥梁管养表面损伤的相关研究也越来越完善。从搜集后原始数据的去噪、抽稀、切割到识别均有完善的方法可供选择。步骤是首先对点云数据进行初步切割处理,在数据层面分析点云数据与其他数据格式之间的映射关系,将简单的仅有相对坐标(x,y,z)的点云数据通过实体化处理转换为三角片索引的 OBJ 文件,进而拓展为更高级、信息量更大的 BIM 通用格式的 IFC 标准文件,完成点云数据的标准化应用。在模型层面将分割处理后的建筑构件信息从整体点云模型中提取,为 IFC 信息数据库提供基础数据。

IFC 的几何信息表达方式分为三种:SweptSolid(拉伸实体)、Clipping(剪切实体)、MappedRepresentation(映射表示)。其中,SweptSolid 和 Clipping 的几何构成相对简单,一般用于相对规则的几何形状,如柱、梁、墙等,它的具体表达方式如图 8-40 所示。

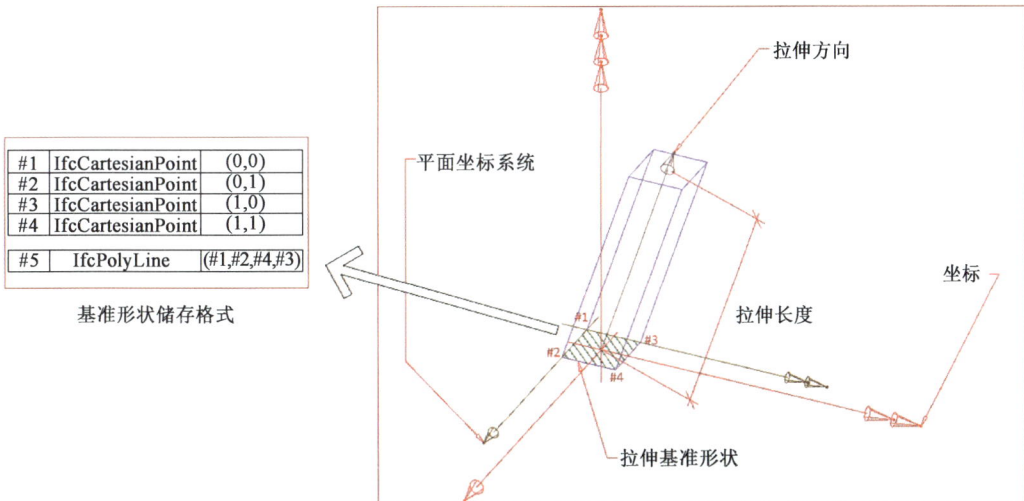

图 8-40　SweptSolid(拉伸)的几何表达方式

对几何体形状起决定性作用的扫描形状以由顶点按一定顺序连接的多边形形式储存。如图 8-41 所示,#1、#2、#3、#4 分别为拉伸基准形状的四个顶点,用平面坐标系即 Cartesian

坐标系表示各个顶点所在的位置,最后使用#5(IfcPolyLine)按顺序连接各个顶点形成多边形的底面。MappedRepresentation 主要用于处理形状复杂的构件,此类构件通常难以利用扫描形状拉伸形成,几何形状复杂、无规律,如处理点云数据获得的表面粗糙的几何实体。因此,MappedRepresentation 利用 SurfaceModel 进行表面建模。与 Mesh 的数据格式类似,这种建模形式对面片的顶点进行引用形成多边形面,再通过对面片的索引建立实体。形成几何体的主要参数均储存于符合 IFC 标准的文件的对应位置,构成几何体时通过 Representation 属性,如图 8-41 中#34059 经过层层引用回溯,直到找到所有必需的数据。

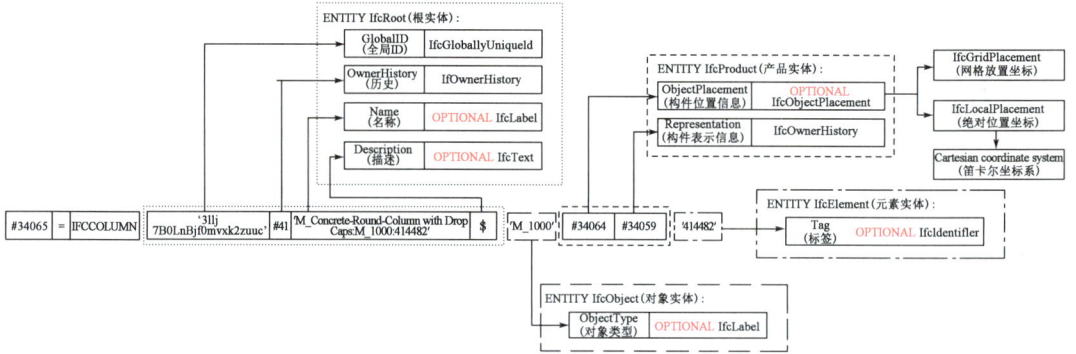

图 8-41　IFC 数据模型结构

将实体的格式转换为符合 IFC 存储标准的数据后,需要将各构件按照一定的规则连接进入不同的 IFC 结构层次才能保证符合 IFC 存储标准的数据被正常读取和显示。图 8-42 的柱构件通过 IfcRelContainedInSpatialStructure 直接连入 IfcBuilding,墙构件连入 IfcBuilding-Storey,最后使用 IfcRelAggregates 进行连接形成整体。

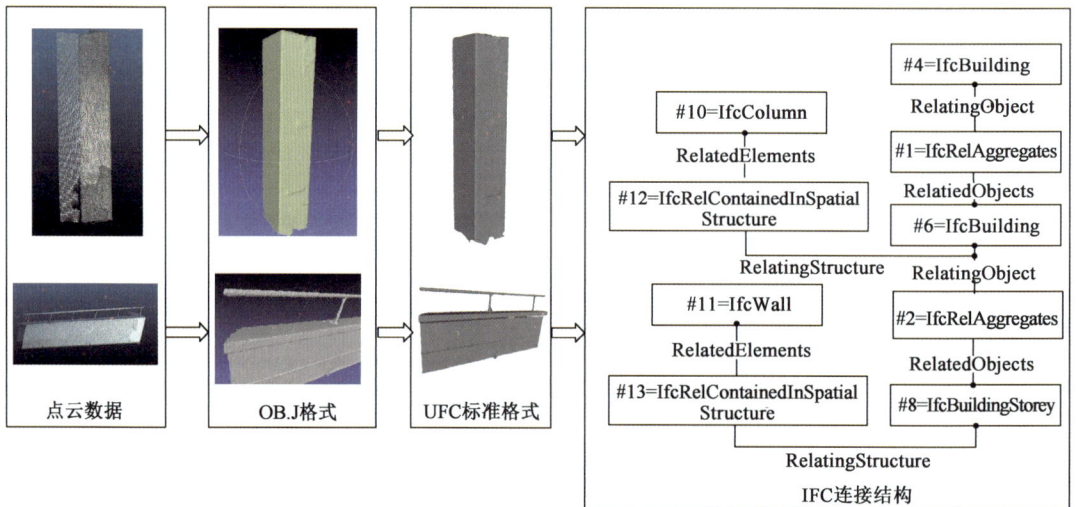

图 8-42　空间结构示例

点云数据经过 BPA 算法计算得到 OBJ 数据顶点的较优连接方法,在各顶点连接形成三角面片后构成了 OBJ 数据的模型表面,完成点云到 OBJ 数据的转换。接下来 OBJ 数据的顶点信息引入 IFC 标准,使用 Cartesian 坐标系进行表达,根据 OBJ 数据的索引 f 在 IFC 标准中构建 IfcPolyLoop,储存为多边形,形成外边界,进而填充为面片,按索引次序形成最终 IFC 标准的模型表面。

3)桥梁监测有限元计算模型的 IFC 标准扩展与表达

使用 BIM 模型进行有限元分析是目前研究的热点问题。网格切分的方法能够使得 IFC 标准的 BIM 模型转换成连接模型,并对连接模型进行网格划分得到精细化的有限元模型,得到的网格模型是进行有限元分析的基础。将网格化的模型进行边界条件的设定和荷载加载,再进行有限元分析。在进行网格划分的过程中要确保整个模型整体能够进行构件的提取,方便对构件的分析结果进行查看。然后对构件的相对坐标和局部坐标转换进行定义,采用精细化网格算法对构件进行网格划分。与此同时,对 IFC 进行属性集的拓展和表达,使用 WebGL 技术结合压缩数据进行 CAE 结果处理,方便有限元分析的计算手段和结果能够应用和展示。通过对结果的处理可以进行线框显示的控制,进行显示结果列表的选择。除此之外,还可以进行 colorbar 的选择及显示位置控制,通过对有限元模型的数据进行计算,将有限元分析的结果展示出来。整个方法的步骤如图 8-43 所示。

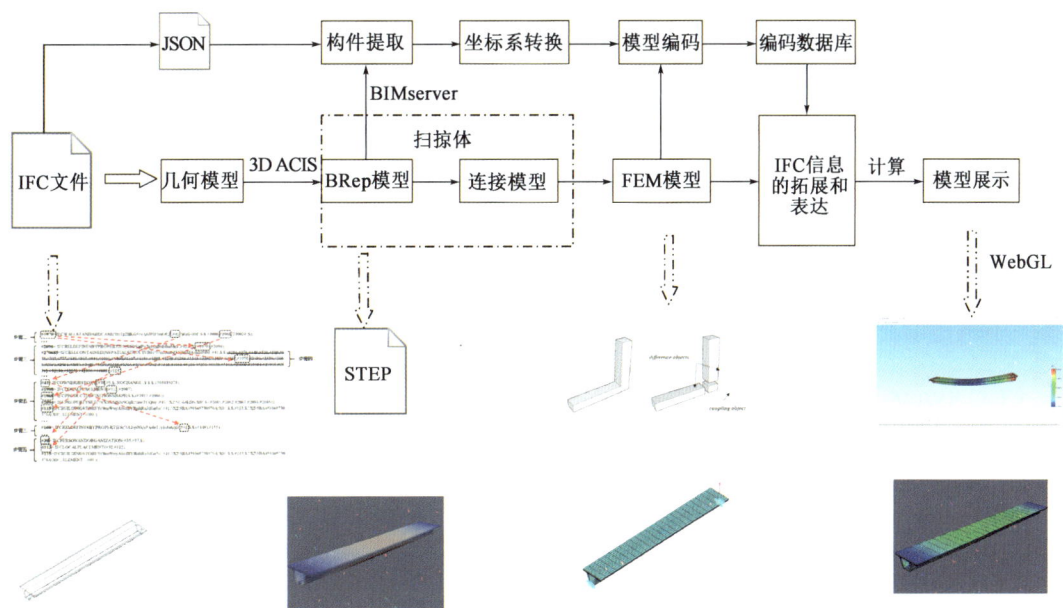

图 8-43　IFC 模型文件与有限元模型的转换流程

(1)基于 BRep 的模型转换算法。

BRep 模型是一种利用边界曲面切片来表示实体的方法,可以获得大量关于点、边、面及其相互关系的信息,有利于生成和绘制线框图、投影图。因此,建立基于 IFC 标准的有限元模型,第一步需要对 IFC 模型进行几何重建,简化所有实体模型为 BRep 实体,将转换好的实体输出为 STEP 文件。第二步是将输出的 STEP 文件按照设定的算法进行有限元网格划

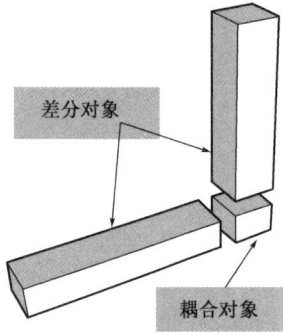

图8-44 耦合对象和差分对象

分,具体网格划分的方法是将几何模型分解为"连接模型",包括耦合对象和差分对象(图8-44)。耦合对象位于结构构件处于平面接触的所有位置,而差分对象仅在节点处或沿公共边与其他差分对象接触。第三步是通过四边形网格扫掠实体的方式,将模型进行有限元网格划分。建立这种模型的好处在于不仅完成了模型的网格划分,而且能够对梁、板、柱、墙进行有效的分解。

(2)连接模型。

将一个建筑几何模型看作一个或多个BRep实体的集合,把对象间的交集区分为以下三类:①对象之间的相交区域仅有节点;②对象之间的相交区域由边和节点组成,对象之间的相交区域由节点、边和面组成,如图8-45所示。

基于以上不同的语义可以将实体集合划分成一组耦合对象和一组差分对象。每一组耦合对象和差分对象都是由封闭的BRep实体构成的,差分对象之间的连接形式有图8-45a)、b)两类,耦合对象之间的连接形式有图8-45a)、b)、c)三类,差分对象和耦合对象之间的连接形式有图8-45a)、b)、c)三类。将建筑几何实体简化为多个BRep对象的集合,几何模型转化为连接模型,示意图如图8-46所示。

a)交集仅有节点　　b)交集为节点和边　　c)交集为节点、边和面

图8-45 交集类型

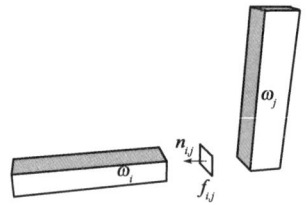

图8-46 几何模型转化为连接模型的示意图

(3)单元体网格自动生成。

采用网格算法对耦合对象和差分对象进行网格划分,既可以使用基本的三维网格进行划分,也可以使用二维四边形网格扫描六面体网格。分区过程中最关键的步骤是生成兼容的元素。只有将耦合对象中的六面体节点、边和面的位置继承到相邻的差分对象中,才能保证没有挂节点的元素。针对建筑结构的形状规则,易于建立高效的模型,二维四边形网格扫掠的六面体网格的生成方法是最优选择。

(4)实例提取。

在生成结构构件时需要拆分并建立结构构件与连接之间的关系。构件的提取对于有限元分析结果的展示很有必要。基于IFC标准的内部数据结构使用算法进行独立构件的提取,根据用户选择的构件类型,例如梁、板、柱等,从IFC物理文件中提取出目标构件。为使提取出的构件IFC文件能够正确表达,要求算法除了提取构件的几何信息外,还需要提取构件的其他非几何信息。提取流程如图8-47所示。

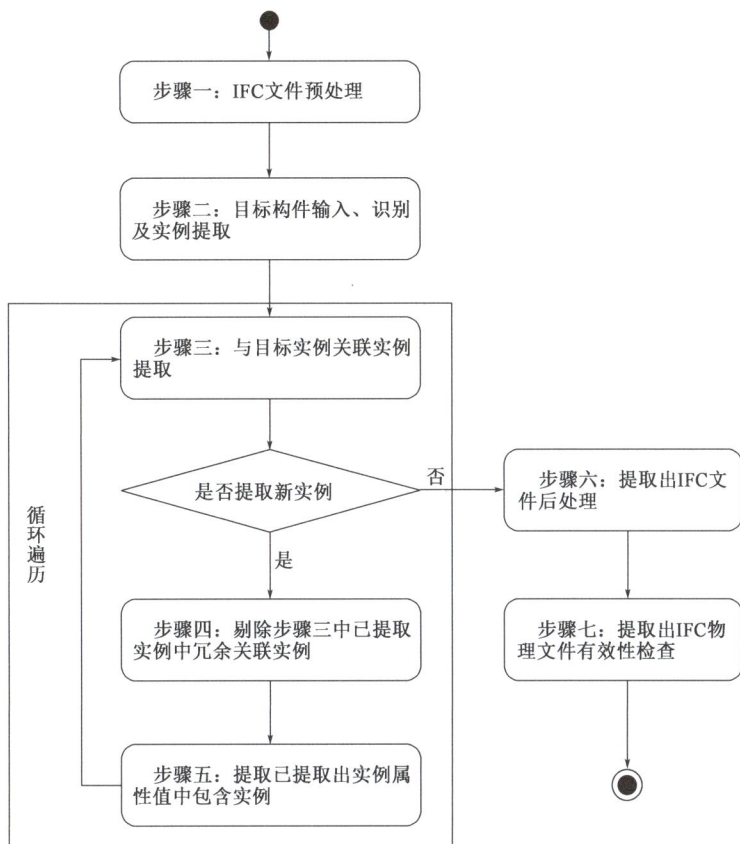

图 8-47　构件提取流程

　　图 8-48a)为简支梁桥箱梁式模型。结构分析中考虑自重、竖向活荷载和表面荷载,如表 8-9所示。通过计算梁在自重作用下的应力应变分析,比较加载前后节点的变化信息,得到了如图 8-48b)所示的效果图。

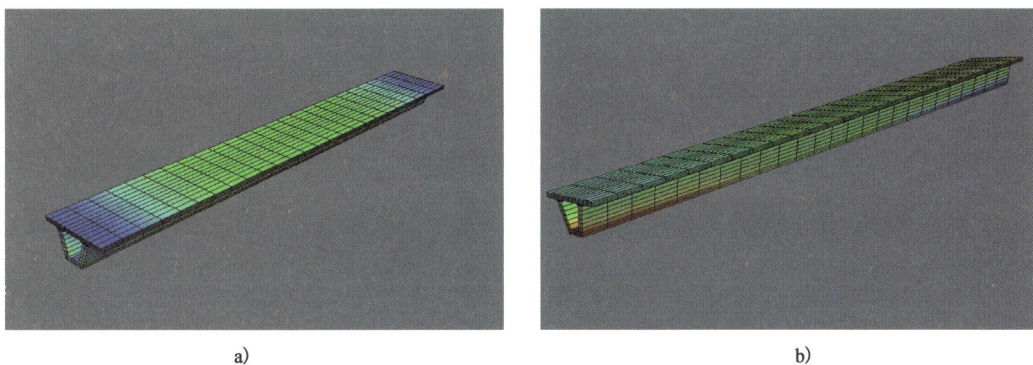

a)　　　　　　　　　　　　　　　　　b)

图 8-48　生成的网格模型和有限元分析结果

415

桥梁参数信息   表 8-9

杨氏模量 E (N/m²)	截 面 形 状	长度(m)	面荷载(kPa)	密度(kg/m³)
3.25×10^{10}		25	500	2600

使用 WebGL 技术能够将桥梁有限元的计算结果进行 CAE 展示。除此之外,还可以切换不同的结果显示,对构件的表面和内部进行查看。还可以通过 colorbar 的选择切换云图显示的结果,并对位置进行控制。用户可以根据需要展示的效果,选择具体方向上的应变的云图,以便对结构进行更加详细的分析。图 8-49a) 展示了桥梁某个位置的截面分析结果。通过对构件某个截面情况的展示,能够对桥梁的每个部位进行实时的查看,方便对结构进行分析和监测。图 8-49b) 、c) 展示了在 Web 端基于结构的 uy、sum 方向的节点的位移云图。用户可以根据自己关心的应变方向查看分析结果。

a)截面分析结果   b)基于uy方向的位移云图   c)基于sum方向的位移云图

图 8-49   有限元分析结果

8.5.3   基于 BrIM 技术的桥梁监测应用——以大胜关长江大桥为例

本小节以中国铁道科学研究院主持设计开发的大胜关长江大桥的 PHM(Prognostics and Health Management) 系统为例,介绍 BrIM 技术在桥梁工程中的具体应用。

1)项目概况

2011 年开通运营的京沪高速铁路南京大胜关长江大桥,搭载四线铁路和两线轻轨,建成时是世界上跨度最大、荷载最重的高速铁路钢桁拱桥,其中主桥全长 1615m,共 128 个节间,由北向南孔跨布置为 2 联(84 + 84) m 连续钢桁梁 + (108 + 192 + 336 + 336 + 192 + 108) m 六跨连续钢桁拱桥。

依托京沪高铁南京大胜关长江大桥既有监测系统的扩展升级,开展了对大跨度铁路桥梁故障预测与健康管理系统(Prognostic and Health Management,PHM)的研究与研发,集成的数据主要包括大桥的基本资料、施工监控资料、健康监测数据、现场检查资料和养护维修资料。将竣工验收、试验测试、联调联试、试运行、开通运营等不同阶段的数据源进行数据集成,按"设备-地理-时间"三维数据空间组织进行存储管理。采用大数据分析建模技术,对桥梁监测检测数据的趋势进行预测,对不同源、不同类的数据进行相关性分析,实现大桥管养信息化,对大桥进行状态诊断、预测分析和健康管理,为大桥的养护维修提供支持。

2)系统架构与功能设计

PHM 系统平台的逻辑架构分为五层,自下而上分别是数据采集层、数据存储层、数据处理层、功能模块层、业务应用层,如图 8-50 所示。

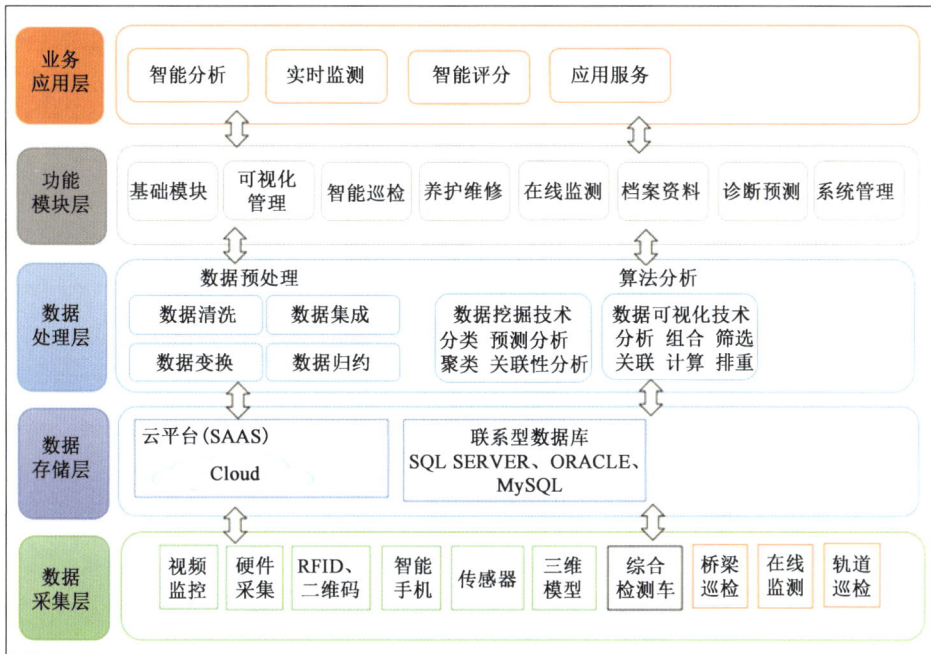

图 8-50　PHM 系统架构

数据采集层支持多样的数据采集形式,包括视频监控、硬件采集、RFID、二维码、智能手机、传感器、三维模型(设计属性)、桥梁巡检、在线监测、轨道巡检等相关的结构化数据和非结构化数据,通过 BrIM 模型进行集成,最终整合成单一的数据源;数据存储层以高可扩展、高性能、高容错、高安全性的数据存储和管理方式将数据保存到云平台;数据处理层先进行数据的预处理,包括数据清洗、数据集成、数据变换、数据归约等,之后通过大数据分析手段对全量数据进行分析、利用;功能模块层包括基础模块、可视化管理、智能巡检、养护维修、在线监测、档案资料、诊断预测、系统管理等模块;业务应用层通过各个功能模块实现智能分析、实时监测、智能评分、应用服务等多种业务应用模式。

基于 BrIM 的价值及 PHM 的先进理念设计了大跨度桥梁 PHM 系统的主要功能,包括基础管理、可视化管理、智能巡检、养护维修、诊断预测、系统管理等。基本 BIM 的大跨度桥梁 PHM 系统的功能架构如图 8-51 所示。

3)大桥 BrIM 运维模型的建立

(1)构件分类与编码。

构件分类,即桥梁结构(BrIM 模型架构)的合理划分,不仅应遵循桥梁本身的结构体系,还需考虑面向运营对象的特殊需求。大跨度桥梁结构的构件划分一般按照由整体到局部的分层划分原则,直至满足应用的最小构件单元层,并将多源信息关联到最小构件单元。南京大胜关长江大桥的结构划分,首先根据专业(桥梁)、结构部位进行划分,然后按照局部结构、细部结构进行层级划分,同层级分类之间构成并列关系,不同层级之间构成隶属关系,构件分类如图 8-52 所示。

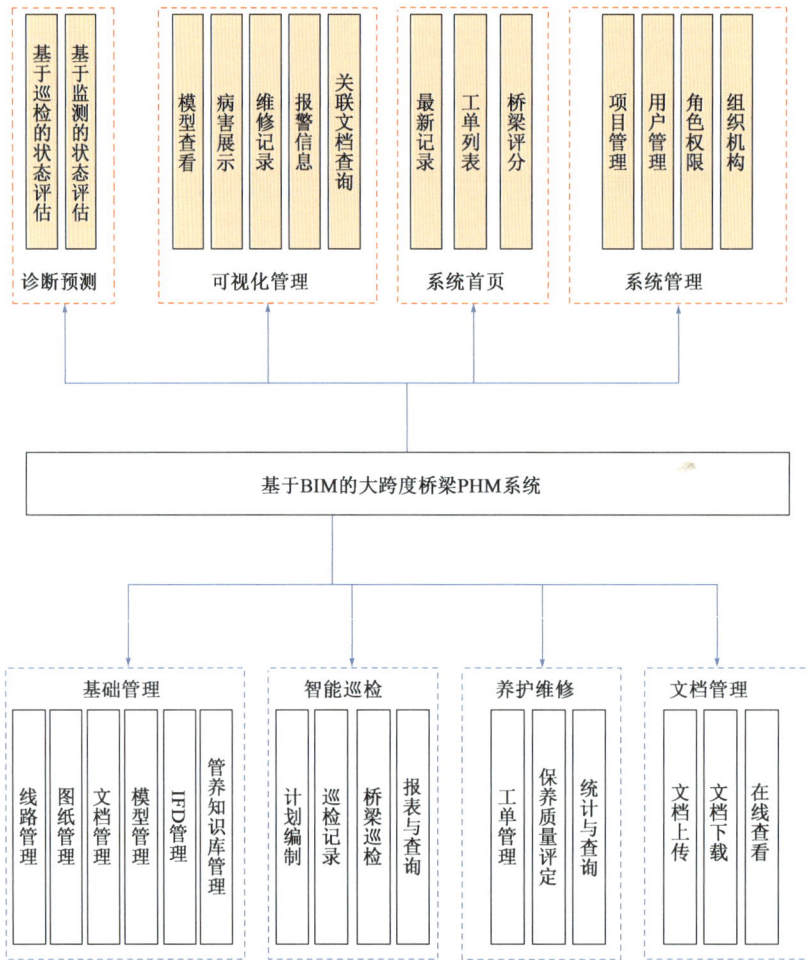

图 8-51　基于 BIM 的大跨度桥梁 PHM 系统的功能架构

　　通过桥梁构件的分类,对桥梁结构进行层级划分。为实现系统各模块之间信息的互通和交流,方便计算机准确辨别相应的信息,需在分类的基础上为每一层级、每一类别赋予相应的编码,通过编码的"索引"作用,有效实现基于 BrIM 模型的信息交互。以《铁路工程信息模型分类和编码标准》(1.0 版)中的铁路工程构件分类表为基础,建立基于 IFD 分类编码的技术应用框架。大胜关长江大桥下部结构和附属设施构件的 IFD 分类编码见表 8-10。

专业	结构部位	局部结构	细部结构

大胜关长江大桥

上部结构
- 主桁
  - 竖杆
  - 斜杆
  - 上弦杆
  - 下弦杆
  - ……
- 桥面系
  - 正交异性桥面板
- 联结系
  - 上平联
  - 下平联
  - 横向联结系
  - 桥门架
- 轻轨杆件
  - 托架
  - 纵梁

支座、阻尼器及伸缩装置
- 球形支座
- 阻尼器
- 伸缩装置

下部结构
- 基础
  - 桩基础
- 墩台
  - 墩台身
  - 顶帽
- 河调设施

附属设施
- 排水设施
- 人行道及栏杆
- 防撞墙等混凝土类附属设施
- 检查车等检查设施
- ……

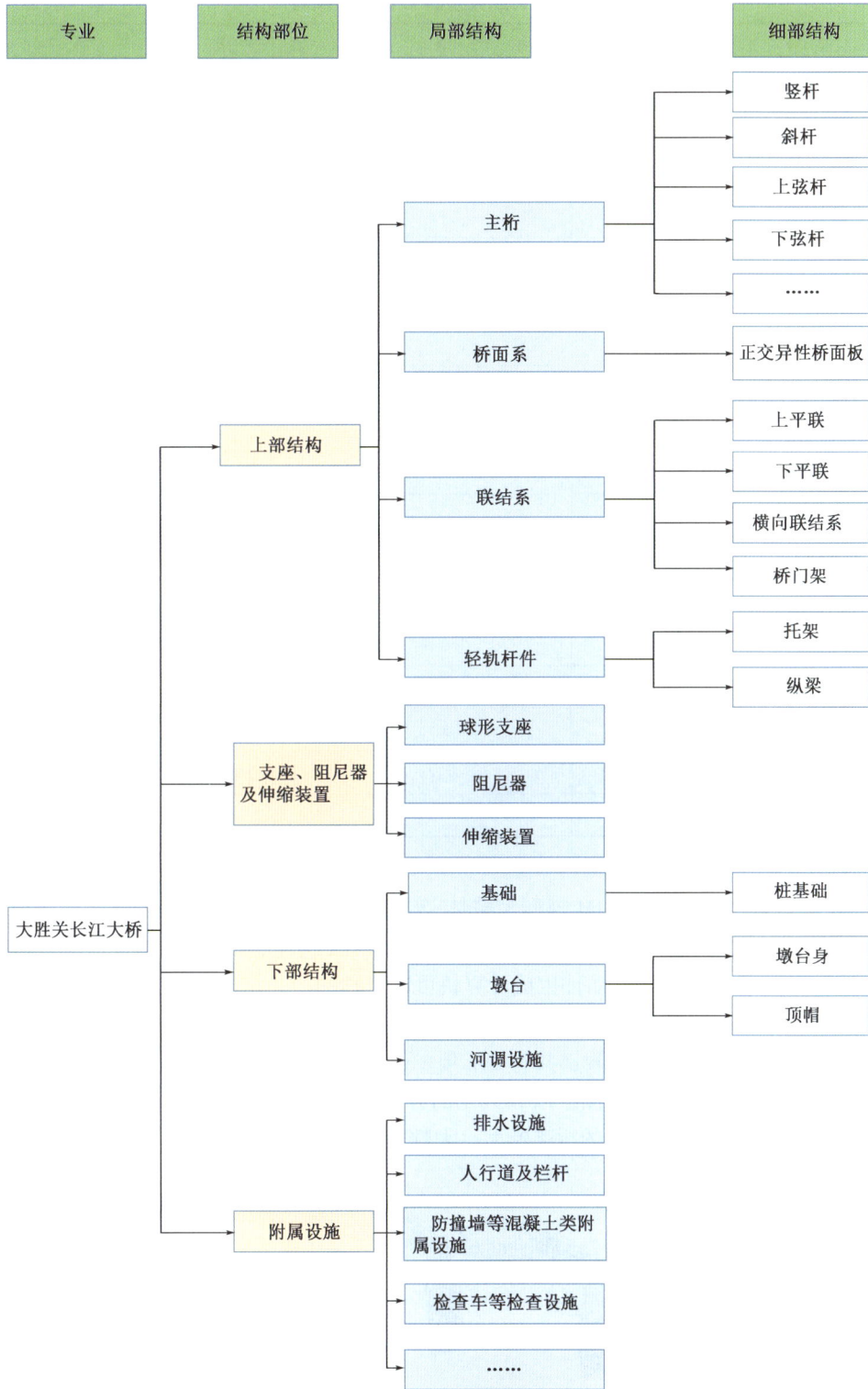

图 8-52　大胜关长江大桥构件的分类

大胜关长江大桥的 IFD 分类编码   表 8-10

编　　码	第　一　级	第　二　级	第　三　级	第　四　级
53-12 00 00	桥梁			
53-12 20 00		下部结构		
53-12 20 10			墩台	
53-12 20 10 20				顶帽
53-12 20 10 50				墩台身
53-12 20 20			基础	
53-12 20 20 20				桩基础
53-12 20 40			河调设施	
53-12 40 00		附属设施		
53-12 40 15			排水设施	
53-12 40 30			人行道及栏杆	
53-12 40 40			防撞墙等混凝土类附属设施	
53-12 40 50			检查车等检查设施	
53-12 40 85			防撞设施等通航辅助设施	
53-12 40 95			风屏障设施	
53-12 40 96			作业通道	
53-12 40 97			围栏等钢构件附属设施	
53-12 40 98			照明、标志及其他	

（2）BrIM 模型的创建。

PHM 系统以桥梁运维的 BIM 模型为载体，实现设计、施工、运维阶段不同来源的数据的关联。大胜关长江大桥的 BIM 模型利用主流软件 CATIA 构建，采用编制构件清单表（Bill of Material，BOM），通过二次开发插件生成计算机可以识别的产品结构数据文件，以模型实例化的方式形成构件库与数据文件之间的链接关系，最终生成运维阶段的桥梁模型。其中，上部结构有 3480 项，下部结构、支座及附属共有 281 项。通过二次开发插件生成 CATIA 可以识别的产品结构数据文件，并按照设计图纸以参数化的方式创建构件库。采用模型实例化的方式形成链接关系，最终生成运维阶段的桥梁模型。大胜关长江大桥整体 BrIM 模型见图 8-53。

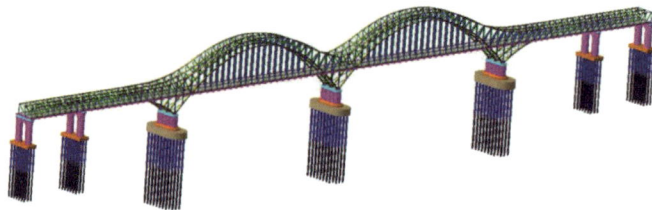

图 8-53　大胜关长江大桥整体 BrIM 模型

4）多源信息关联

在运维 BrIM 模型中，构件单元作为桥梁结构划分的最低层级，是多源信息传递、集成、融合和流转的基本载体。多源信息一部分基于 BrIM 模型直接写入，其余部分基于编号规则生成计算机可识别的唯一构件编码，通过数据库进行关联。

在系统研发过程中，BrIM 模型以 HSF（HOOPS Stream File）格式存储，设计信息以 SQLite 数据库的方式存储，将几何信息、IFD 编码和图纸编号作为构件 BrIM 模型的基本属性，其他设计属性信息如材质、混凝土强度等级等通过数据库的方式批量添加，实现了设计信息与 BrIM 模型的关联和直观展示。施工信息编码作为 BrIM 模型的属性信息添加到数据库中，实现了与非结构化施工属性信息的关联。同时开发批量添加工具将施工信息添加到 BrIM 模型属性信息的数据库，实现了电子化资料与 BrIM 模型关联，方便施工阶段信息的追溯和查看。运维信息通过数据库与 BrIM 模型进行关联，数据库的不断更新实现了时空运维信息的集成和存储，进而利用各种专业分析手段服务于大桥管养。不同阶段的信息与 BrIM 模型的关联见图 8-54。

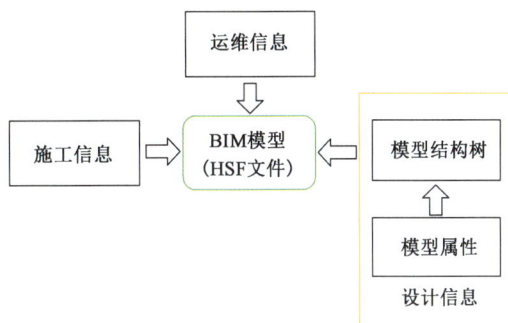

图 8-54　PHM 系统多源信息关联

从大胜关长江大桥项目运维管理实际的应用需求出发，开发了基于 BrIM 的大跨度桥梁 PHM 系统，为 BrIM 技术在桥梁运维管理中的深入应用提供了新思路。

8.6　数字孪生与桥梁管养信息化

数字孪生是近几年兴起的非常前沿的新技术，进入了 Gartner 2019 年十大战略趋势行列。随着传统的建模仿真技术与物联网、大数据、人工智能技术的进一步融合，未来物理世界中的各种实体或过程都将可以通过数字孪生技术复制，数字孪生在物理世界和数字世界之间建立准实时联系，实现物理世界和数字世界的互联、互通、互操作。在桥梁智慧运维领域，通过建立桥梁的数字孪生模型，可以在桥梁的生命周期范围内进行动态数字复制，帮助桥梁工程师更好地做出运维决策，实现桥梁管养的智能化。

8.6.1　数字孪生技术概述

1）数字孪生的定义

数字孪生的概念最早出现于 2003 年。相较于 BIM 技术，数字孪生由于兴起较晚，目前国际上对其没有一个统一的定义，不少国外研究机构及国内行业专家都给出了对数字孪生的理解。虽然目前国内外的机构和专家对数字孪生的理解与表述不尽相同，但是通俗来讲，数字孪生就是"数字双胞胎"，两者的内部结构是一样的，只不过一个是在物理世界存在，一个是在数字世界存在。

2019 年 12 月 19 日,在中国电子信息产业发展研究院推出的《数字孪生白皮书(2019)》[37]中,对数字孪生的定义如下:数字孪生是现有或将有的物理实体对象的数字模型,通过实测、仿真和数据分析来实时感知、诊断、预测物理实体对象的状态,通过优化和指令来调控物理实体对象的行为,通过相关数字模型间的相互学习来进化自身,同时改进利益相关方在物理实体对象生命周期内的决策。简言之,物理实体对象将各种数据(文本、图像等)传输给数字模型,数字模型进行分析和预测,并反馈给物理实体对象,如图 8-55 所示。

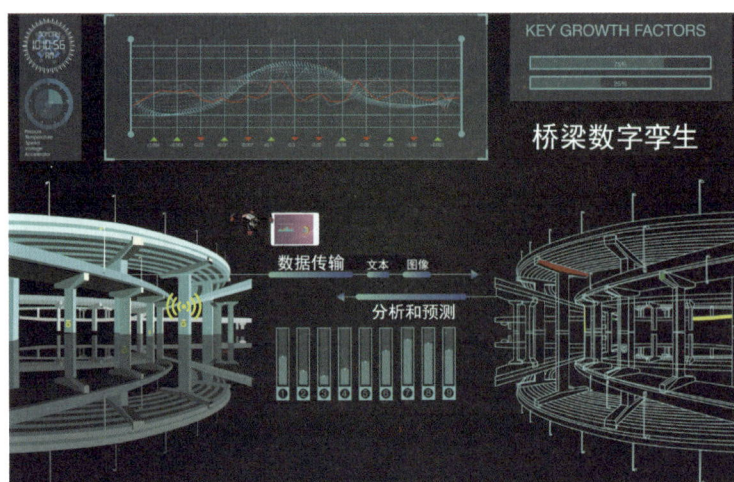

图 8-55　数字孪生概念的示意图

2)数字孪生的特点

数字孪生源于仿真技术,但它不同于"仿真",更为"写实"。它既不是传统的计算机辅助设计(CAD),也不是以传感器为基础的物联网解决方案。数字孪生被认为是模拟、仿真和优化技术的重要进展,是引领新一代仿真技术的前沿概念[38]。

首先,数字孪生对物理对象的各类数据进行集成,是物理对象的真实映射。数字孪生要求信息空间里的虚拟数字模型是"写实"的,是一种综合多物理、多尺度模拟的载体或系统,以反映其对应实体的真实状态。数字孪生可以将物理空间里的实时数据与虚拟数字模型紧密结合,使管理人员更便于掌握物理实体的运行状态。

其次,数字孪生代表了完整的环境和过程状态,与其共同进化,并不断积累相关知识。数字孪生是一个高度动态的系统,覆盖物理对象的全生命周期,从设计、建设直到运行和管理阶段,具有统一的数据源,避免了数据孤岛问题。由传感器感知或由执行系统生成的所有信息都存储在虚拟数字模型的历史数据库中,并随着物理实体系统的变化而实时更新。

更重要的是,数字孪生可以将物理实体运行的实时数据与数字虚拟模型紧密结合,结合历史数据所发掘出来的变化规律,使管理人员能够在实体系统正常运行的同时,在与实体系统对应一致的数字系统中预先对控制与管理带来的影响进行预演和验证,根据模拟结果推演出更好的行动计划,反过来有效改进在物理空间中的各项活动安排,避免不必要的物质资源的损失和浪费,动态调整,及时纠偏[39]。

从上述特征可以看出,数字孪生对物理实体高度"写实"。数字孪生技术的出现,将改变以往管理者只能在物理空间中实地调研管理对象的模式,通过对虚拟数字模型进行各种创新方案的预演和验证,大幅降低创新的风险和成本,为大众创新提供最有力的支持。

3)数字孪生和信息物理系统

信息物理系统(CPS)是融合技术,包括计算、融合以及控制(传感执行器等)(图 8-56)。从广义上理解,信息物理系统是一个在环境感知的基础上,深度融合了计算、通信和控制能力的可控、可信、可扩展的网络化物理设备系统,它通过计算进程和物理进程相互影响的反馈循环实现深度融合和实时交互来增加或扩展新的功能,以安全、可靠、高效和实时的方式监测或者控制一个物理实体。CPS 连接了信息世界和物理世界,使智能物体互相通信、相互作用,创造了一个真正的网络世界。CPS 的最终目标是实现信息世界和物理世界的完全融合,构建一个可控、可信、可扩展并且安全、高效的 CPS 网络,并从根本上改变人类构建工程物理系统的方式。从某种意义上来说,CPS 是实现信息世界和物理世界实时交互的方法,保证实时性是信息物理系统的基本要求。

图 8-56　CPS 核心

数字孪生模型(DTM)是在虚拟空间中创建物理对象的高保真虚拟模型,以模拟其在现实世界中的行为并提供反馈。DTM 反映了双向动态映射过程。

CPS 和 DTM 都实现了对物理世界的精确管理和操作。但是各自的侧重点有所不同。CPS 强调信息世界的强大计算和通信能力,侧重于实时控制、交互,而不是镜像模型,这导致其可复制性较差;DTM 更侧重于虚拟模型,物理世界和信息世界之间的映射关系是一对一的对应关系,从而在 DTM 中实现一对一映射,不强调"实时性",模型的可复制性强[40]。

从当前两者的应用来看,其最大的差别之一在于"实时性"。目前人工智能技术和信息物理系统结合,难以满足实时性要求,导致 CPS 的发展受到很大限制。而 DTM 并不强调虚拟模型和物理实体的实时交互,在非实时的情况下也可以得到很好的应用。例如,用于产品全寿命周期过程的模拟、对产品性能的预测和评估等。并且,当 DTM 对实时性有所要求时,可以利用信息物理系统方法和原理来实现。

概括来说,我们可以把 CPS 理解成虚拟世界和物理世界实时交互的方法和原理,而 DTM 是一个基于 CPS 产生的最高层次(可实现实时交互)的数据融合平台[41]。Springer 在 2020 年出版的《信息物理系统和数字孪生体》中讲到的"信息物理系统可以作为数字孪生体研究的附带结果(byproduct)"也很好地支持了这一观点。

8.6.2　数字孪生技术的应用领域

数字孪生在提出初期主要应用于军工及航空航天领域,已在欧美航空航天项目中得到了实际应用[42]。近年来,数字孪生技术逐步向民用领域拓展。在医疗保健中,数字孪生能够提供实时监控、虚拟手术验证与训练、医生培训等服务,提高诊断的准确性。在城市服务中,达索公司正在使用 3D Experience City 这一体验平台,为新加坡建立一个完整的"数字孪生新加坡",便于城市规划师更好地解决城市能耗、交通等问题。在交通领域,特斯拉公司、DNV GL 船级社公司、SNC-兰万灵公司(SNC-LAVALIN)等研究了数字孪生在汽车、船舶、火车等领域的应用。此外,在电力领域、汽油行业、智慧农业、建筑建设等方面均有相关企业和科研单位开展数字孪生的应用。

1) 智能制造领域

目前,智能制造是数字孪生的主要应用领域。数字孪生可以通过对制造设备、制造过程的虚拟仿真,提高制造企业设备研发、制造的效率,为面向产品全生命周期的管理和升级提供支持[43]。如波音公司使用数字孪生大大缩短了波音 777 的建造周期。德国西门子等工业软件解决方案提供商也开始大力推广此概念,研究了将数字孪生技术应用于产品的设计、生产、制造、运营、服务、回收等全生命周期过程。

(1) 德国西门子公司。

德国西门子公司在 2016 年就开始尝试利用数字孪生来完善工业 4.0 应用,收购了全球工程仿真软件供应商 CD-adapco,大幅提升了西门子基于模型仿真领域的核心能力。2017年底,德国西门子公司正式发布了完整的数字孪生应用模型,通过"产品数字孪生""生产数字孪生"和"性能数字孪生"展现其应用,三个层面高度集成为一个统一的数据模型,助力工业生态系统的重塑和企业的数字化转型。

①产品数字孪生。

产品数字孪生包括数字模型设计和模拟仿真,它允许跨领域设计、仿真和验证复杂的产品开发。使用 CAD 工具开发出满足技术规格的产品虚拟原型,精确记录产品的各项物理参数,以可视化的方式展现给设计人员,并可通过一系列可重复、可变参数的仿真实验来根据各自的要求检验设计的精准程度和产品在不同外部环境系统的性能和表现。例如:产品性能是否稳定?是否直观、易用?电子设备运行是否可靠?无论是涉及机械、电子、软件还是涉及系统性能,数字孪生都可用于预先测试和优化,提高设计的准确性,并验证产品在真实环境中的性能。

②生产数字孪生。

通过自动生成 PLC(Programmable Logic Controller)代码对生产进行数字化计划、模拟和优化,从而创建了生产数字孪生。生产数字孪生的主要目的是确保产品可以被高效、高质量和低成本地生产,它所要设计、仿真和验证的对象主要是生产系统,涉及制造工艺、制造设备、制造车间、管理控制系统等整条生产线。利用生产数字孪生可通过数字化手段构建虚拟生产线,在实际操作开始之前就可以识别错误及故障源,进行虚拟调试,提前优化生产,从而加快产品导入的速度,提高产品设计的质量,降低产品的生产成本和提高产品的交付速度,保证产品工艺的精细化管理,实现精益的数字化生产。

③性能数字孪生。

在产品作为客户的设备资产的运行过程中,性能数字孪生不断地从产品或生产线获得运行数据,这样可以持续地监控机器的状态数据和制造系统的能耗数据等信息。通过设备的运行信息,执行可预测性维护与保养,以防止设备停机并优化能耗,从而帮助产品使用者及时对设备进行维护和保养,提高设备利用率。

(2) 美国波音公司。

波音公司是最早将数字孪生技术用于航空领域的公司之一。通过使用数字孪生开发模型,波音公司已经能够将其用于制造民用和军用飞机的零件和系统,它们的质量提高了

40%。其首席执行官认为,数字孪生技术将成为未来十年波音公司提高生产效率的最大动力[44]。

在组件设计方面,数字孪生技术正在改变波音飞机的设计方式。通过使用数字孪生,波音公司可以实现真实飞机零件的虚拟复制并模拟它们在机身生命周期内的性能。通过超高保真仿真软件,可以创建复杂组件的虚拟工作模型,该模型将经历和真实组件一样的环境。将相关组件工作产品生命周期的数据连在一起,就可以创建组件的全生命周期。

在系统开发方面,数字孪生技术也可以显著减少开发的成本和时间。2017 年,波音公司在创新季刊(Innovation Quarterly)中描述了其如何使用数字孪生技术为 777X 开发空中数据参考功能(ADRF)[45]。ADRF 是关键的航空电子功能,处理来自压力传感器和温度传感器的信号,并计算飞机的状态参数(如空速和高度),将有关飞行环境的物理信息数字化后,在驾驶舱显示屏上显示相关信息。通过建立数字孪生体,将有关系统的所有信息集中在这个模型中,该模型支持系统从设计到生产再到运维的整个生命周期,开发团队各方都可以根据不同需求以不同的视图和细节级别访问模型和数据,确保了信息的一致性。777X 的 ADRF 项目证明,数字孪生技术可以在系统的早期阶段验证需求,改正错误信息和弥补有关缺陷,降低系统风险并减少开发成本和时间,实现整个工程和开发系统的数字化。

在设计与制造协同方面,波音公司使用美国国家标准与技术研究院(NIST)提出的基于产品模型数据交互规范(STEP)的数字总线,改善了已有虚拟样机,构建了面向制造的数字孪生设计模型,初步实现了设计和制造之间的协同[46]。基于 STEP 标准的数字总线开始于设计阶段,之后通过数字总线传入制造阶段(图 8-57)[47]。在设计阶段,产品设计者除了要考虑产品的几何信息,还需要从工艺师的角度出发考虑产品制造信息(Product and Manufacturing Information,PMI),例如加工步骤、走刀轨迹等。根据所需产品的制造信息,使用 STEP AP238 和 AP242 等标准建立包含这些制造信息的设计模型。在制造阶段,工艺师加工零件或检测关键尺寸时,对应的 PMI 真实数据通过数字总线实时更新设计模型,得到当前零件加工和检测的数字孪生。产品设计者和工艺师通过该数字孪生体协同工作,监控实时加工状态,测试不同加工方案,在线评估加工质量,再将优化后的加工计划通过数字总线传给数控机床或者测量仪,形成数字孪生驱动的设计与制造协同。

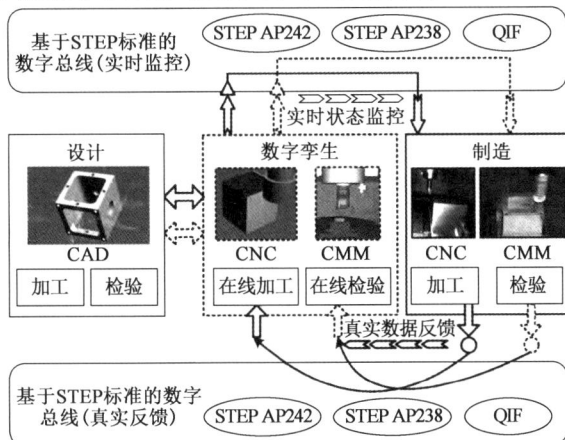

图 8-57　基于 STEP 标准的数字总线[47]

2）智慧城市领域

雄安新区位于中国河北省保定市境内,地处北京、天津、保定腹地,规划范围涵盖河北省雄县、容城、安新等3个县城及周边部分区域,对雄县、容城、安新3县及周边区域实行托管。河北雄安新区是继深圳经济特区和上海浦东新区之后又一具有全国意义的新区,对于集中疏解北京非首都功能,探索人口经济密集地区优化开发新模式,调整优化京津冀城市布局和空间结构,培育创新驱动发展新引擎,具有重大现实意义和深远历史意义。雄安新区的设计理念是打造北京非首都功能疏解集中承载地,建设一座以新发展理念引领的现代新型城区。雄安新区数字孪生城市的建设主要体现在智慧交通系统、智慧型应急指挥中心、智慧工地平台三个方面。

（1）智慧交通系统。

根据雄安新区规划纲要的要求,雄安新区将构建实时感知、瞬时响应、智能决策的新型智能交通体系框架,建设道路网、信息网和能源网"三网合一"的智能交通基础设施。同时,构建全息泛在互联的感知系统,重点加强感知环境信息、路面状况信息、交通流信息等设施装备的布设,实现道路网中各要素的全息感知,并依托全覆盖的通信网络实现泛在互联。

在交通出行体系上,将智能共享汽车作为雄安新区智慧出行体系的主导,从而极大地减少交通驾驶事故的发生,提升交通出行效率,降低车辆污染排放量,增加出行便利条件。在交通管控上,雄安新区将建立数据驱动的智能化协同管控系统,探索智能驾驶运载工具的联网联控,采用交叉口通行权智能分配,保障系统运行安全,提升系统运行效率。

（2）智慧型应急指挥中心。

在雄安新区市民服务中心的建设中,应急指挥中心作为城市安防系统的"大脑"和指挥"中枢",其信息的安全性被视为重中之重。同时,整个指挥中心信息化系统建设的稳定性、可拓展性和强大的互联互通功能也受到了各部门的高度重视。

在雄安新区的建设中,新区主要采用的是分布式智慧管控系统,实现了对整个雄安新区2000多路监控图像、无人侦察机图像等信号的快速调取、互联互通、指挥调度以及对周边环境的集中智能管控,为雄安市民服务中心倾力打造了一个集"安全性、稳定性、可扩展性、互联互通功能"于一体的智慧型应急指挥中心;进而实现了实时感知城市各个角落的安全状况,全方位地衡量事态发展与资源状况,从而做出正确决策,能协调公安、交通、消防、医疗急救等部门共同作战。

（3）智慧工地平台。

智慧工地平台把传统的智慧工地、BIM、施工信息化管理融合到了一起,其集成度达到了新的高度。该平台作为数据集成枢纽,将虚拟的BIM模型、无人机航拍图像、监控影像、施工管理的记录、大量环境监测、水电能耗监测等物联网设备的数据全部囊括,实现了建筑施工全过程的数据自动采集、分析和预警。平台分为8个功能模块,分别是全景监控模块、进度管理模块、质量管理模块、安全管理模块、物料管理模块、劳务管理模块、绿色施工模块、工程资料模块。此外,智慧工地平台还可以实现塔吊的限位防碰撞及吊钩的可视化、高支模的安全监测、施工电梯的安全监控等多项功能。

为了支撑智慧工地平台的运行,施工现场布设了很多硬件设备。现场通过"一卡通 + 人脸识别"双识别方式进行身份识别。通过在安全帽上安装GPS定位芯片,记录施工人员的实时位置、移动轨迹。布设了环境监测系统,可以在无人看管的情况下进行连续自动监测,并通过 4G 网络上传数据。现场设置了监控设备,采用无人机对现场进行航拍。

3)新兴领域应用趋势

(1)自动驾驶。

随着自动驾驶的发展,对其功能的测试和开发成为自动驾驶汽车研发的重大挑战之一。研究人员认为使用仿真测试可以解决这一难题,在虚拟仿真中可以快速模拟任何场景。2017 年,M-City 发布了一份研究报告,提出用一种数据驱动的方法来评估自动驾驶汽车[48]。与纯虚拟仿真不同的是,数字孪生使用真实世界的驾驶数据来构建测试场景,这是一种面向数字孪生的方法。同时,和智慧桥梁运维系统技术一样,数字孪生技术在自动驾驶领域的应用趋势是成为未来互联交通系统(Connected Smart Transportation Systems)的支柱技术之一,而且二者密切相关。

面向数字孪生的自动驾驶开发方案是指通过通信网络在现实世界(物理空间)收集数据,利用网络空间的大规模数据处理技术对数据进行分析,并将结果反馈到物理空间来解决现实世界问题的信息物理系统(CPS)。每个 CPS 包括智能机器、存储系统和生产设施,它们可以自主和智能地交换信息,做出决策并触发行动,能够互相控制。基于数字孪生的网联自动驾驶开发包括两个关键步骤,一是采集真实的驾驶数据,二是生成复杂场景。道路车辆通过传感器采集和发布行驶信息,并完成数据融合处理,然后将相应的信息上传到仿真平台。仿真平台根据实时驾驶信息选择测试场景,并将相应的信息反馈给道路车辆。道路车辆控制系统对场景信息进行响应,将响应输出并上传到仿真平台。

自动驾驶数字孪生系统,在车辆端,上层是算法模块,包括传感(如何更好地获取环境数据)、感知(如何更好地理解车辆周围的环境,包括定位、物体识别、物体追踪),以及决策(在了解环境后如何更好地做出决策,包括路径规划、行为预测、障碍物躲避等)三个部分;下层则是操作系统和硬件平台。而在云端,则有一个无人驾驶的云平台,其上囊括了高精地图、模型训练、模拟计算、数据存储等内容。

(2)数字孪生 + 区块链信息系统。

市场研究公司 Gartner 称,2020 年物联网设备的数量将超过 200 亿。这些设备将能够支持数百万的数字孪生系统。数字孪生将构成物理对象数字化的基本支柱之一。另外,区块链技术及其去中心化框架将带来透明性,从而进一步加强数字数据的安全性。数字孪生和区块链可以一起利用其安全功能,并帮助提高桥梁建造与运维业务数据的安全性和系统的敏捷性。

在区块链上拥有数字孪生模型使系统业务能够永久地保留有关其模型的信息。此外,还可以保存相关业务的流程数据,从而使用户可以在操作过程中获得有关该流程的完整、详细的信息。信息接收者可以验证桥梁相关建造与运维信息的产生地点,先前所有者的历史记录、数据的合法性等。它有助于确定操作的真实性和出处。区块链可以创建数字证书,该证书存储有关企业注册产品的数据。数字证书中包含的数据不能被其他人复制、修改或删除。企业可以在支持数字孪生或数字证书创建的区块链平台上注册其项目。从设计建造的过程开始,可以在桥梁工程周期的每个阶段更新数字证书。在运维阶段,可以使用时间戳来更新有关地点、模式和运维地点的相同信息。使用者可以通过在区块链上验证产品的数字孪生来验证数字的真实性。从设计、建造到运维,桥梁信息的所有权将由授权的人员转移给下一环节的所有者。之前的所有数据均按原样存储,无法修改。数字孪生和区块链相结合的概念可以应用于桥梁设计、建造和运维的全生命周期。

8.6.3 应用案例

1) 数字孪生在车间中的应用

要实现真正的智能制造,最大的瓶颈是如何实现制造的物理世界和信息世界之间的交互与共融。车间作为制造活动的执行基础,其生产过程控制的智能性及进行全局优化的能力依然不足,尚需车间的信息空间与物理空间的进一步融合。陶飞等[49]提出了数字孪生车间(Digital Twin Workshop,DTW)的概念,并对其系统组成和运行机制进行了研究。

数字孪生车间主要由物理车间、虚拟车间、车间服务系统(Workshop Service System,WSS)、车间孪生数据四部分组成,如图8-58所示。物理车间是车间客观存在的实体集合,主要负责接收WSS下达的生产任务,并严格按照虚拟车间仿真优化后预定义的生产指令,执行生产活动并完成生产任务;虚拟车间是物理车间的数字化镜像,主要负责对生产计划和活动进行仿真、评估及优化,并对生产过程进行实时监测、预测、调控等;WSS是数据驱动的各类服务系统功能的集合,主要负责在车间孪生数据的驱动下对车间智能化管控提供系统支持和服务,如对生产要素、生产计划和活动、生产过程等的管控与优化服务等;车间孪生数据是物理车间、虚拟车间和WSS相关的数据,以及三者数据融合后产生的衍生数据的集合,是物理车间、虚拟车间和WSS运行及交互的驱动。

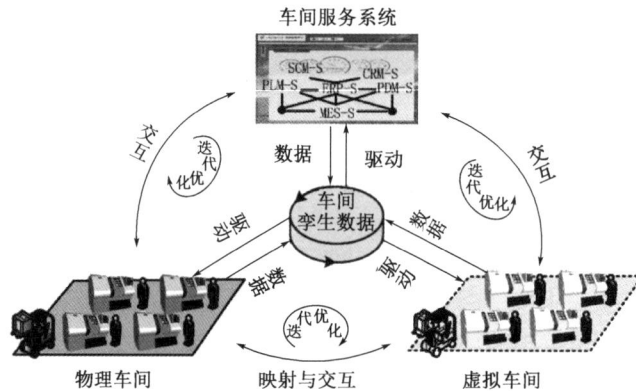

图8-58 数字孪生车间的主要系统组成[49]

具体的车间生产任务包括生产要素管理、生产活动计划、生产过程控制三个方面。在数字孪生车间中,其运行机制如图8-59所示。

阶段①是对生产要素管理的迭代优化过程,同时反映了DTW中物理车间与WSS的交互过程,其中WSS起主导作用。当DTW接到一个生产任务时,WSS获取物理车间的人员、设备、物料等生产要素的实时数据,对要素的状态进行分析、评估及预测,并据此对初始资源的配置方案进行修正与优化,将方案以管控指令的形式下达至物理车间,物理车间在管控指令的作用下将各生产要素调整到合适的状态,并在此过程中不断地将实时数据发送至WSS进行评估及预测,如此反复迭代,直至对生产要素的管理达到最优。

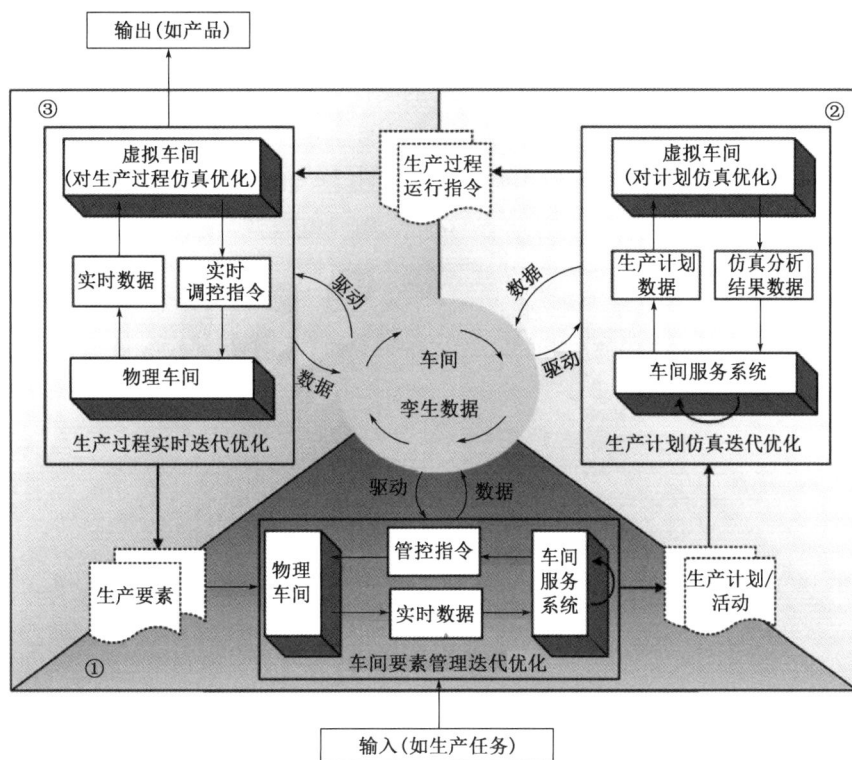

图 8-59　数字孪生车间运行机制[49]

阶段②是对生产计划的迭代优化过程,同时反映了 DTW 中 WSS 与虚拟车间的交互过程。在该过程中,虚拟车间起主导作用。虚拟车间接收阶段①生成的初始的生产计划和活动,在车间孪生数据中的生产计划及仿真分析结果的历史数据、生产的实时数据以及其他关联数据的驱动下,基于要素、行为及规则模型等对生产计划进行仿真、分析及优化,保证生产计划能够与产品全生命周期的各环节及企业的各层相关联,并能够对车间内部及外部的扰动具有一定的预见性。虚拟车间将以上过程中产生的仿真分析结果反馈至 WSS,WSS 基于这些数据对生产计划做出修正及优化,并再次传至虚拟车间。如此反复迭代,直至生产计划最优。

阶段③是对生产过程的实时迭代优化过程,同时反映了 DTW 中物理车间与虚拟车间的交互过程,其中物理车间起主导作用。物理车间接收阶段②的生产过程运行指令,按照指令组织生产。在实际的生产过程中,物理车间将实时数据传至虚拟车间,虚拟车间根据物理车间的实时状态对自身进行状态更新,并将物理车间的实际运行数据与预定义的生产计划数据进行对比。虚拟车间基于实时仿真数据、实时生产数据、历史生产数据等车间孪生数据,从全要素、全流程、全业务的角度对生产过程进行评估、优化、预测等,并以实时调控指令的形式作用于物理车间,对生产过程进行优化控制。如此反复迭代,直至实现生产过程最优。

通过阶段①②③的迭代优化,车间孪生数据被不断地更新与扩充,DTW 得到了不断的进化和完善,车间也完成了生产任务并得到了最优产品。

2)数字孪生在桥梁运维中的应用

目前,将数字孪生概念用于桥梁运维阶段的实际案例较少,2019 年韩国提出了一个基于数字孪生模型的预应力混凝土桥维护系统[50]。该系统主要由三部分组成(图 8-60):数字孪生模型(DTM)、三维表面模型(RTM)、联合模型(Federated Model)。

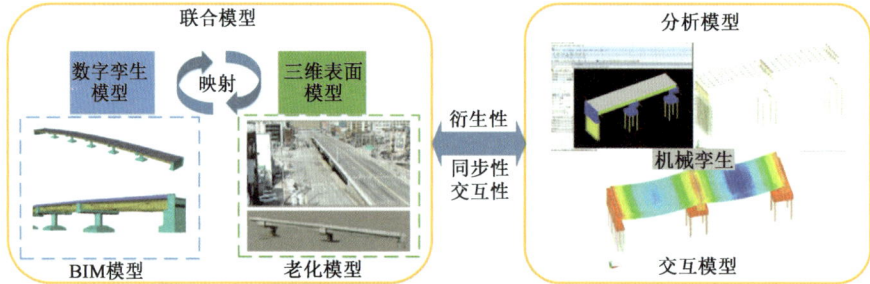

图 8-60 基于数字孪生模型的预应力混凝土桥维护系统的组成

DTM 的建立需要根据维修的目的来创建数据架构。数据架构包括库存系统和对象编码两部分。首先,根据每个结构元素在整个桥梁系统中的作用将其分类为库存系统。通常按照上部结构(梁、板、铺装、伸缩缝等)和下部结构(桥墩、桥台、支座等)进行分类。按照特征不同,可以将其细分为更多类别。通过特定的编码方式对每个类别中的每个结构元素进行编码,就可以得到各个结构元素的 ID(图 8-61)。在定义了库存系统和 ID 之后,通过将相应的信息添加到指定的对象 ID 中来生成面向 BIM 的信息模型。每个结构元素具有两个主要特征:"属性"和"存档"。属性特征包括所有物理信息,例如几何形状、材料特性、荷载大小、约束情况、成本估算等。存档特征包含维护之后的所有相关信息,例如检查手册、损坏和维修记录等,这些信息是在桥梁的生命周期中从设计、施工、运行到维护连续获取的。

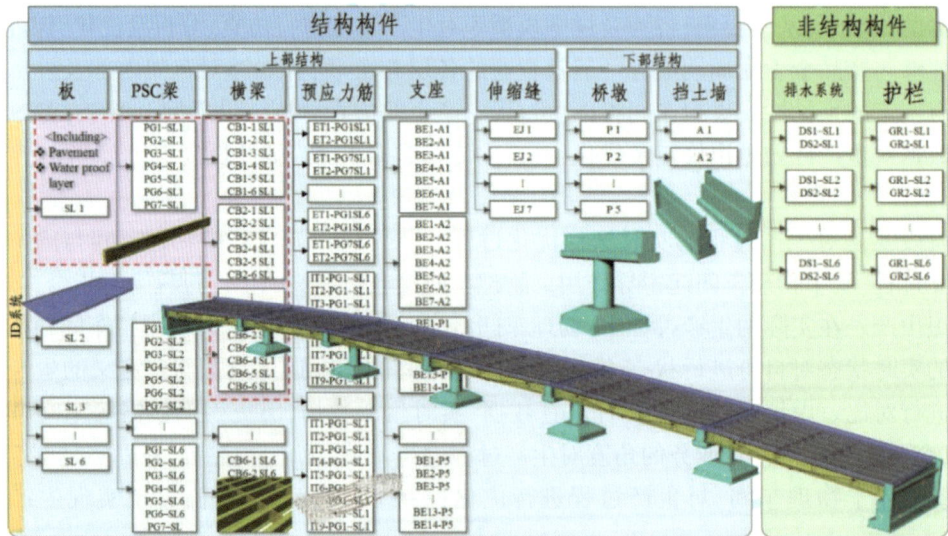

图 8-61 库存系统和对象编码

RTM 通过逆向建模技术建立,如图 8-62 所示。其中桥梁的顶面(A)和侧面(B)由无人机拍摄照片,通过图像处理技术得到表面模型;由于无人机的飞行条件受限,同时受光照条件等的限制,桥梁底面(C)采用三维激光扫描得到点云数据,通过对点云数据进行相关处理(例如对准、去噪、分割、曲面重建等)得到桥梁底部的表面模型。另外,探地雷达(GPR)的数据也被添加到板的顶面模型中,用来估计混凝土的劣化情况。由于重建了表面模型,结合 2D 图纸,可以对整个 3D 模型进行参数化以生成 3D 的数字信息模型。

图 8-62　逆向建模生成 RTW

在 DTM 和 RTM 的基础上,对两个模型进行匹配可以得到联合模型。在桥梁维护阶段,维护任务的初始模型是具有损坏记录的物理 3D 模型,该模型是 DTM 和 RTM 的信息组合模型。由于定义了库存系统和 ID,DTM 和 RTM 中的每个结构构件都可以一一对应。基于损伤记录表面划分来分离 RTM,通过图像处理技术和图像追踪技术将每个表面分区的损伤情况提取出来形成损伤报告,按照 ID 系统将损伤信息存储到 DTM 中相应的结构构件信息中。由于 BIM 良好的可交互性,可以直接从建模工具中导出分析模型(MTM),该模型可以与有限元分析软件兼容,而且能够保证模型信息的完整性。

初始桥梁维护模型(联合模型 + 分析模型)包含两个模块(图 8-63):基于 BIM 的信息管理系统和现场检查系统。信息管理系统包括使用参数化建模概念和辅助设计工具(API)定义的具有特定数据架构的数字模型;现场检查系统通过生成描述桥梁当前状况的各种数据来支持现场检查,相关的损坏报告、检查维修记录都被更新到信息管理系统中。

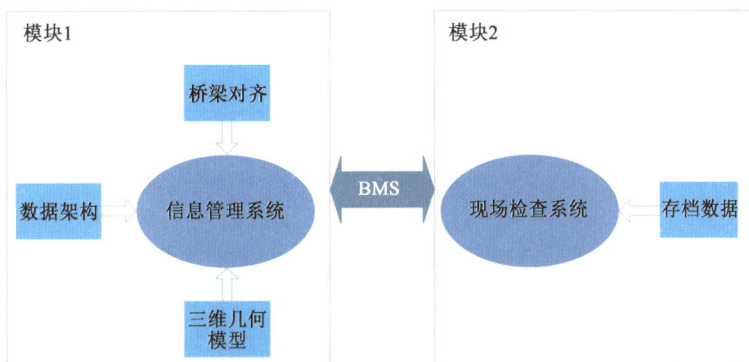

图 8-63　桥梁维护系统的两大模块

该系统的整个运行过程:首先,将 RTM 中的损伤、材料退化等数据传递给 DTM,得到联合模型;然后,根据不同的结构分析目的使用不同的桥梁对齐(alignment)方式,从联合模型中导出机械孪生模型(MTM),即分析模型,该模型拥有和 RTM 相同的状态,并能够进行有限元计算,通过分析处理得到最优维修方案并进行现场维修;最后,在现场维修之后,RTM 将相关数据更新到 DTM 中,保持联合模型的状态与桥梁的实际状态一致。该联合模型就像是实际桥梁的数字孪生体,充分体现了数字孪生的概念。

8.6.4　桥梁管养数字孪生关键技术

数字孪生是一种集成多学科属性,通过物理世界与信息世界连接融合达到虚拟和现实交互与融合的科学,其在桥梁工程的落地途径为建筑信息模型(BIM)与地理信息系统(GIS)技术[51]。对既有桥梁进行检修是确保桥梁安全的重要手段,按照正常情况下的两年检查周期,每年美国和英国至少需要进行 315000 次桥梁检查。目视检查仍然是桥梁状态监测最常见的形式。通过将视觉评估得到的桥梁状态信息输入到 Bridge Maintenance System(BMS)中,如美国的 AASHTOWare 或英国的 NATS,以评估桥梁的退化情况。我国的桥梁检测也多采用类似的方式,它们不评估特定的桥梁组件和组件在特定位置的实际状态。针对这一特点,数字孪生将起到非常大的作用,通过桥梁的几何数字孪生,在此基础上将桥梁材料和损坏信息在桥梁的虚拟 3D 表示的组件上和几何信息一同整合,数字孪生关注桥梁的几何表达及其组成部分的语义信息,其他语义信息(如材料、缺陷、附加关系等)则不包含在内[52]。桥梁模型要素的交互关联及数据合理建设方案是制约桥梁数字孪生发展的瓶颈。目前主要的解决方案是在三维 GIS 环境下,针对其虚拟模型应包含的几何、物理、材质提出建模规则,分析桥梁的基础设施分类及孪生数据的特点,细化其构件的层次关系,完成模型的标识编码与存储方案。进一步构建数字孪生系统实现虚拟模型与数据的融合,形成桥梁管养数字孪生像素层、表征层和决策层的应用功能。

1)桥梁数字孪生模型的建模流程

(1)BIM + GIS 模型建模方案分析。

数字孪生模型(DTM)是以数字化方式创建物理实体的虚拟模型。在桥梁基础设施行业,将道路平纵横设计绘制为计算机辅助设计 CAD 图纸,将路网 GIS 矢量要素映射组织为电子地图,都属于初级的数字孪生范畴。GIS 数据结构的丰富使得三维映射物理世界成为可能,即可利用点、线、面、不规则三角网(Triangulated Irregular Network,TIN)、栅格、多面体、网络公用数据格式(Network Common data Form,NCF)等数据结构将交通构筑物映射到数字地球,这一映射方式即建模过程。在该过程中,关键技术为几何建模数据的获取与处理、三维几何建模技术、BIM 技术、虚拟模型的数据组织和管理。

几何建模数据是指客观反映现实的地物测量数据及设计数据,是建模的基础。数字孪生几何模型作为连接虚拟模型与物理实体的门户,是数字孪生实现的基础。几何建模手段主要分为手工建模和规则建模,其中:手工建模指人利用 Revit 等 BIM 软件将 CAD 图纸翻模为三维模型并转化为 GIS 支持的数据格式,最后根据测量信息匹配至数字地球的某一坐标,完成共享;规则建模又被称为自动化批量建模,目前具有代表性的软件为 ESRI 的 CityEngine,旨在将地物的几何、纹理等信息利用计算机集成规则(Computer Generated Architecture,CGA)语言进行描述,二次开发的 CGA 建模代码加载到交通地物抽象模型上即可完成批量化的三维模型建模[53]。由于桥梁基础设施工程属于线性工程,其特点为规模大且几何规律性强,同时形态方案变更可轻松利用抽象模型及形参输入实现虚拟模型变更,因此,CGA 适用于桥梁工程的几何建模。

(2)三维几何模型建模流程。

①建模数据处理。

桥梁数字孪生模型生成设计及建模流程如图 8-64 所示,建模数据处理是指从设计图纸资料和遥感影像中提取 4 种信息:

a. 地面地形测量数据:在 CAD 图纸中的等高线图层进行提取。

b. 卫星高程:与地面地形测量数据融合,用于创建场景数字高程模型(Digital Elevation Model, DEM)。

c. 桥面平纵横信息:来源于 CAD 设计文件,用于抽象线路模型的建立,以及辅助修正 DEM。

d. 纹理材质:采集含材质的桥面照片,用于 CityEngine 中的 CGA 建模贴图。

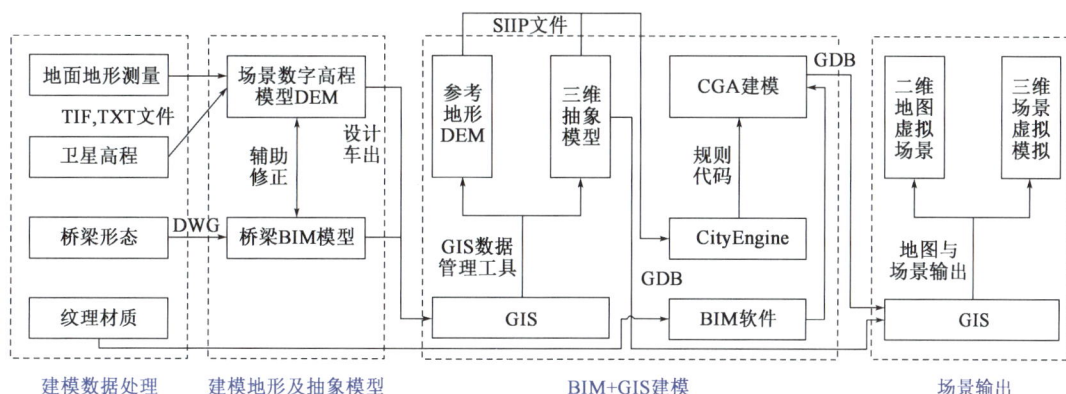

图 8-64 BIM + GIS 的建模流程

②建模地形及抽象模型生成。

DEM 的数据来源于地面地形测量的数据及卫星遥感扫描的数据,其中地形测量数据通常集成在桥梁平面设计图中的等高线图层(等高线间的疏密程度直观地表征地形的精确程度)。在桥梁建设选址设计阶段,一般需要以地面测量高程作为基础,进行前期选线评估等工作,此类测量数据需要工程测量团队进行实地勘测。而其测量成果一般包含勘测的地形地物图纸数据以及部分精准的全球定位高程控制点数据,通过对能够形成携带高程信息的等高线 CAD 图纸进行数字化处理,沿等高线进行等距采样即可为 GIS 系统输出创建 TIN 所需的地形点文件。影响测量精准度的因素主要为人员、环境、仪器。通过一定的控制方法,如严格按照规范养护与校准仪器,严控放样的精度等,可降低或避免测量误差。在实际工程中,虽然能够将误差控制到足够小,但由于条件限制,难以保证对地形进行连续测量,继而引发采样点形成非凸集合,同时 TIN 构造地形原理为了将测量点利用不规则的三角网连接起来,从而逼近地形曲面,非凸集性质势必会造成错误赋值。

③数字孪生规则建模。

《建筑信息模型设计交付标准》(GB/T 51301—2018)中提出的最小模型单元(Level of Details,LOD)用于规范工程各生命周期的虚拟模型的精准化程度。在设计期,要求体现达到桥梁管养功能层面的模型,体现其大体轮廓和孪生规划层面的数据;在运营期,要求达到如桩基等构件层面的模型,体现其局部几何尺寸,孪生更加丰富的数据。结合上文分析,模型所达到的精细程度取决于建模数据,遵从建模数据条件设计的建模方案才具有可行性。

桥梁设计的形态信息、原始地形及经横断面修正的设计地形,其建模诉求为快速地将抽象矢量模型转化为三维几何模型。独立 CGA 建模方案可比喻为一个"曲线积分过程",用 CGA 语言的几何、纹理函数描述横断面构造,该横断面构造即为"被积函数",沿中心线路径积分即可完成快速建模。图 8-65 所示为城市区域建模,在地形的作用下,通过抽象模型可以生成道路、建筑等;同时,孪生于抽象模型的建筑平面可作为 CGA 的形参输入 CityEngie,完成快速的实体建模。

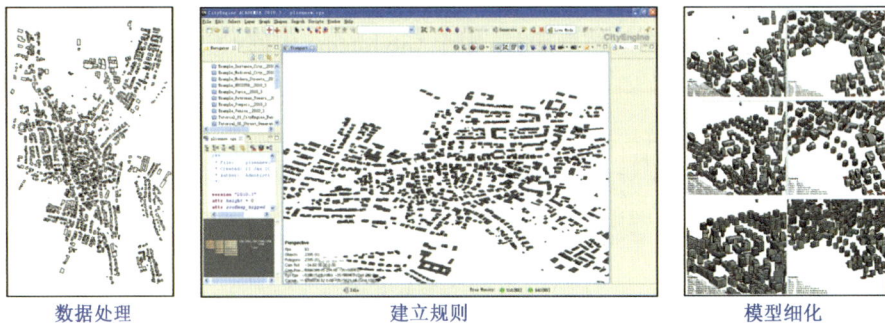

数据处理　　　　　建立规则　　　　　模型细化

图 8-65　CityEngine 规则建模

在桥梁管养数字孪生模型的构建过程中,首先需要将现实桥梁管养的监测信息分解为以构件为叶结点的树状结构,形成结构属性数据,依此结构将现实的物理实体按构件的拓扑关系转化为抽象模型,编写 CGA 代码构建组合体,以组合体的外框控制构件大小,再使用 BIM 软件对构件建模并形成通用的 3D 文件,最后将孪生数据、虚拟模型集成于功能应用平台,如图 8-66所示。

2)桥梁数字孪生 3D Tiles 数据显示

随着计算机技术和网络技术的发展,BIM 与 GIS 在 Web 端的集成已成为各界关注的技术重点。在三维 WebGIS 的发展过程中,以 WebGL 为绘制三维模型标准的三维瓦片数据格式在近几年得到了广泛应用,如 Cesium 所使用的 3D Tiles。该数据由瓦片集数据(Tileset.json)和瓦片数据(tile)组成[54]。其中包含多种瓦片数据格式,针对三维模型的数据格式为 b3dm(Batched 3D Model,批量 3D 模型)。b3dm 瓦片主要应用于包含信息的三维建筑模型、带有纹理材质的地形表面及大批量模型,适合作为 BIM 数据转换的目标格式。该格式在设计之初便以 WebGL 渲染机制为基础,面向海量三维数据的快速加载,因此其内部结构更加符合基于 WebGL 的模型快速加载。但在数据格式方面,3D Tiles 与 IFC 在模型几何表达、语义信息、展示范围、LOD 层级和坐标系统方面均存在明显差异,增加了数据交互的难度。但是目前 BIM 与 GIS 集成方案网络传输与浏览器渲染的能力不足,转变传统模型轻量化的处理思路,对 BIM 模型从 IFC 通用标准向 3D Tiles 数据格式进行转化,在 Web 端快速加载 BIM 模型,支持 GIS 和 BIM 在 Web 端的大体量数据集成。

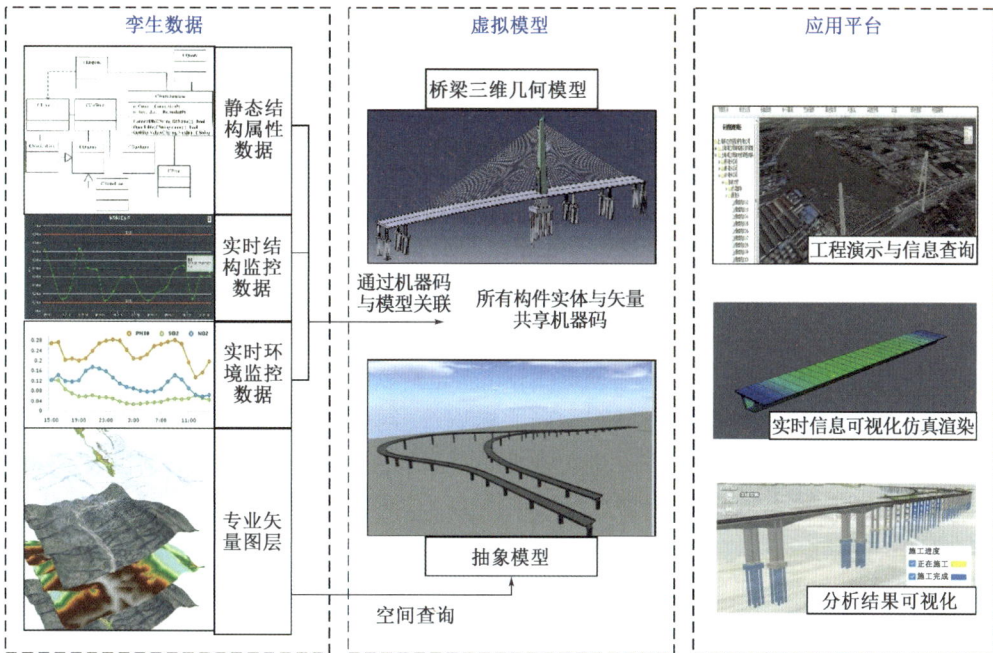

图 8-66　孪生数据、虚拟模型和应用平台间的关系

(1)IFC 转化思路。

由于无法直接从 IFC 格式转化得到 3D Tiles 数据,因此需要先将 IFC 格式的文件转化为 OBJ 文件,再转化为 glTF 文件。为保证格式转化后的模型属性完整且符合实际建筑中构件的构成情况,需在设定模型拆分规则的基础上对模型进行拆分。模型拆分规则参考实际桥梁构件的构成。在具体的转化过程中,对 IFC 文件内所有对象进行遍历,将包含几何信息的对象按照以上模型拆分原则拆分成单个较小的 IFC 文件导出,同时以 JSON 文件保留对象的语义属性信息。b3dm 数据中内嵌了二进制的 glTF(glb),最终由 b3dm 数据和 Tileset.json 文件共同组成 3D Tiles 数据。

①IFC 到 OBJ。

在 IFC 文件中,空间结构通过 IfcRelAggregates 进行定义。模型构件通过局部定位的方式进行位置定义。每个建筑构件都有基于本身的独立坐标体系(IfcLocalPlacement),属性 PlacementRelto 对应上一级坐标系,属性 RelativePlacement 对应相对位置信息,再通过坐标体系的多重引用,将建筑构件的坐标系嵌套在多个 IfcLocalPlacement 下,最终确定其在整个项目的全局坐标系中的位置。通过对多个 IfcLocalPlacement 对象的嵌套引用,获得构件所在的局部坐标系在全局坐标系中的相对位置(局部坐标系原点、坐标轴在全局坐标系中的定位)。

IfcOpenShell 是针对 IFC 文件提供的开源(LGPL)软件库,它提供了 IFC 文件解析的预定义函数库和 IFC 数据到 OBJ 数据的转换框架。针对以上获得的 IFC 文件,应用 IFCOpenShell 库中提供的 IfcConvert 将其转化为 OBJ 文件。

435

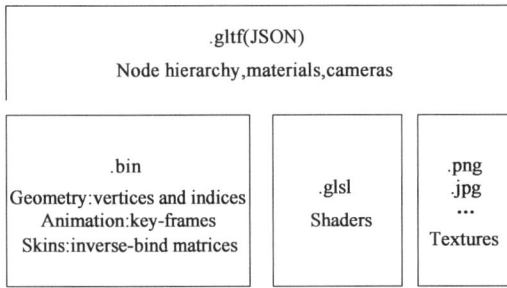

图 8-67　glTF 文件的数据结构

②OBJ 到 glTF。

glTF 是为了方便三维模型的网络传输而设计的三维模型文件格式,其数据结构如图 8-67所示。JSON 文件是对整个文件结构的记录,包含节点层级、材质、相机等逻辑结构,BIN 文件记录具体的数据信息,包含顶点、外法向量、纹理坐标;GLSL 文件包含模型渲染过程中的着色器信息。

前述步骤得到的文件即模型切片后的子瓦片,将对应的网格和材质数据写入 glTF 文件。在格式转换过程中,需要确定纹理坐标和顶点坐标之间的对应关系,通过对纹理设置坐标来将纹理映射到三维多边形表面。由于子瓦片之间相互不连续,对文件添加顶点属性 batchid,以彼此区分。在最终得到的文件中,各个构筑物由网格组成,相同构件具有相同的标识符,网格存储在网格数组(meshes)中,网格中包含图元(primitives)数组,图元中包含变量属性(attribute),该属性中又包含定点位置 POSITION、顶点法向量 NORMAL、顶点纹理坐标 TEXCOORD_0、网格标识符_BATCHID。

③glTF 到 b3dm。

glTF 文件转换成二进制 glTF(glb),作为文件体的一部分,与文件头、特征表(Feature Table)和批次表(Batch Table)共同组成瓦片数据 b3dm 文件。批次表中存储与模型相关的用户自定义数据,这些数据用于和用户进行交互,例如填充 UI 或发出 REST API 请求,不影响模型的渲染展示。

考虑到实际建筑物中虽然构件数量庞大,但建筑物中每一楼层相同位置的墙、门、窗都是相同的建筑构件,很大一部分属于相同构件的不断重复。在文件头(header)中,每个构件都被分配一个 batchid,所有 ID 组成一个区间。ID 相同的顶点属于同一个构件,存储在文件体(body)的批次表(Batch Table)中的属性信息也是通过 batchid 进行调用的[54],其数据结构如图 8-68 所示。

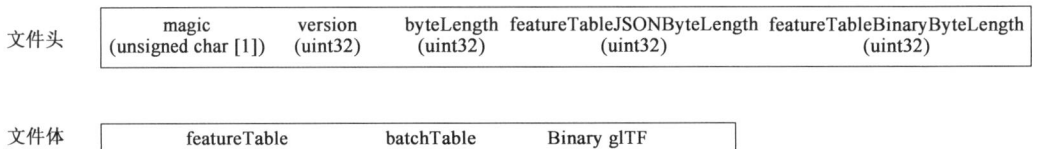

图 8-68　b3dm 文件的数据结构

b3dm 文件与瓦片集数据共同组成三维瓦片。瓦片集文件中包含瓦片元数据,用来组织三维瓦片的空间结构,其数据结构如图 8-69 所示。空间包围盒(Bounding Volume)是一个数组,表示当前瓦片数据的空间范围,所有子节点的瓦片数据包含在父节点瓦片数据的包围盒中,以体现瓦片数据结构的空间层次性。包围盒可以是长方体(box)、球体(sphere)和经纬度与高度共同定义的区域(region),以适应不同数据的切片需求。几何误差(Geometric Error)用来在 LOD 划分中决定当前视角下所应加载的层级。精细化(refine)表示瓦片数据加载的精细化方式,支持 ADD 和 REPLACE 两种。内容(content)指定加载的瓦片数据。

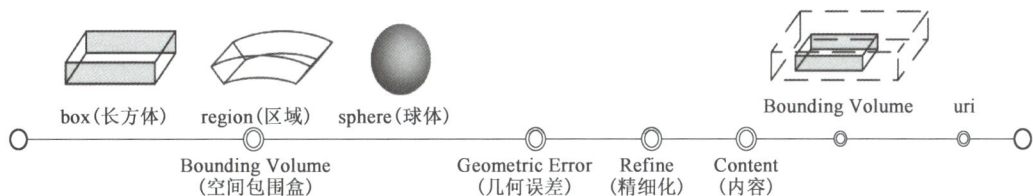

图 8-69　瓦片集文件的数据结构

（2）IFC 数据显示。

首先,运用 Revit 软件将居民楼模型以 IFC 格式导出,并将导出的文件上传到 BIMServer 服务器。调用 BIMServer API 中的检索包对整个模型进行检索,按照拟定的检索规则将整个模型拆分成建筑构件,对每个构件分别保存其对应的 IFC 文件和 JSON 属性文件。其次,运用 BIM_to_3Dtiles 格式转换工具对 IFC 文件进行处理,在此过程中完成数据映射、数据组织和索引结构构建,得到 glTF 文件。在此基础上添加包含属性信息的 JSON 文件组成 b3dm 文件。进一步,为 b3dm 文件添加瓦片集文件（Tileset. json）,组成能够在 Cesium 中加载的 3D Tiles 数据。将得到的三维瓦片数据打包并通过 Node. js 服务器发布,即可在 Chrome 浏览器中实现该居民楼 BIM 模型的加载。图 8-70 为最终在 Cesium 框架中实现模型加载的效果。图 8-70a）为 Cesium 框架初始页面,证明数据发布成功;图 8-70b）为模型的远景,可看到坐标位置转换顺利;图 8-70c）为模型整体的显示效果,且属性信息能够顺利被展示。

a）三维地球场景

b）模型场地场景

c）桥梁模型整体场景

图 8-70　桥梁模型构件及属性场景

BIM+GIS建模方法为桥梁数字孪生模型的创建提供了可行之路,通过对建模数据预处理、建模地形及抽象模型生成、CGA建模等过程,最终将地形和桥梁融为一体。模型创建之后,对BIM模型从IFC通用标准向3D Tiles数据格式进行转化,支持GIS和BIM数据在Web端大体量集成,实现数据在可视化框架下快速、高效的渲染交互。

8.6.5 桥梁管养数字孪生技术的挑战

1)技术局限与支撑平台的问题

数字孪生桥梁本质上是智慧桥梁智能技术的创新和升级应用,存在一定的局限性和技术边界。首先技术应用背后需要桥梁建造与运维治理整体化、高效率的支撑。目前,智慧桥梁项目建设大多基于为特定类型或阶段业务系统各自建立领域模型,具备各自的云计算资源,但无法实现全面的信息数据整合,数字孪生桥梁可将所有领域的模型统一整合为一个完整的信息系统,因此可以从原有"竖井式"项目建设方式拓展为"分层横向"推进,避免各自为政和信息孤岛现象的出现。因此桥梁信息系统建设的思路也不再按照原有的阶段性如规划、设计、施工、运维等方面来划分,而是转变为构成信息系统各层次要素如几何模型构建、事件、事务、工作流程等方式统一整合构架,从而在竖井式的机制上增加横向联系,实现对桥梁大数据资源的高效利用。

2)理论研究与算法技术的滞后

数字孪生桥梁是技术演进与需求升级驱动下智慧桥梁发展的新理念、新途径、新思路。"新"既意味着前沿,也意味着相对于其他信息化技术,数字孪生桥梁尚缺乏系统的基础理论研究。具体表现:第一,桥梁行为取决于其功能荷载和自然荷载,二者均具有不确定性;第二,桥梁服役周期以数十年计,材料及构件的性能会随时间退化,如何在系统中定量地描述它们的性能是一大难点;第三,在遇到突发事件(例如爆炸、地震、船撞等)时,桥梁具有强烈的非线性行为,在建立数字孪生体时需要建立高效的替代模型;第四,桥梁监测和管养具有时间、空间上的稀疏性。

当前世界各国在数字孪生桥梁的实践上都只是初步完成静态建模,主要用于指导规划设计工作。而动态信息如桥梁运维事件如何在数字模型中实现语义化表达,运维数据在桥梁信息模型中的展现规则,数据、软件和模型之间的关系,如何体现数字孪生模式下桥梁管理和服务的优势,如何根据静态和动态数据进行决策的仿真优化都是急需完善的基础研究方向。此外,在"由虚控实"实现桥梁智慧建造与运维控制的软硬件系统方面,更是缺乏技术创新。

3)数字孪生映射桥梁全生命周期,全面智能化将成为发展主流

数字孪生桥梁是一种前所未有的技术集成创新,几乎包含了目前所有的信息科技。在建设数字孪生桥梁系统时,要能理解并体现非精确、模糊化的桥梁建造与运维自理规则和运行机制,实现对物理桥梁的模拟、监控、诊断、预测、控制等的融合创新。有五大环节亟待深入探索,第一层:模拟。即建立物理对象的虚拟映射。鉴于桥梁建造与运维过程的复杂性和要素的多样性,其全量模拟的技术和标准还需要深入探索。第二层:监控。即在虚拟模型中反映物理对象的变化,物理对象数据的收集与传递离不开物联网,其编码、定位、标准、安全

等问题还有待解决。第三层:诊断。当桥梁结构发生异常时,在基于人工智能的多维数据复杂处理和异常分析算法方面,我国与发达国家相比仍存在差距。第四层:预测。即预测潜在风险,合理、有效对结构和设备进行维护。预测需要众多技术融合集约,在灵活性和适应性方面存在巨大挑战。第五层:控制。需要庞大、复杂的软硬件系统支撑,尤其是通过软件实现对数字桥梁和物理桥梁的管理与服务的赋能。

本章结束语

总的来说,随着大数据时代的进一步发展,进行多源数据的融合对未来桥梁养护决策的制订十分重要,而 BIM 技术和数字孪生技术为多源数据融合提供了一个可视化、数字化的管理平台,给智慧桥梁管养带来了新的创新和发展方向,但受限于桥梁结构本身的特殊性,诸多挑战亟待解决。未来,结合桥梁结构特性,探索数字孪生技术在桥梁领域的应用模式,使数字孪生映射桥梁全生命周期必将成为发展主流。

本章参考文献

[1] 罗俊海,王章静. 多源数据融合和传感器管理[M]. 北京:清华大学出版社,2015.

[2] 李惠,鲍跃全,李顺龙,等. 结构健康监测数据科学与工程[M]. 北京:科学出版社,2016.

[3] A S G. A mathematical theory of evidence[M]. Priceton University Press, 1976.

[4] SOFGE D A. Structural health monitoring using neural network based vibrational system identification[C]// IEEE Xplore, 1994.

[5] GUO J Q, XIE X B, BIE R F, et al. Structural health monitoring by using a space coding-based deep learning algorithm with wireless sensor networks[J]. Personal and ubiquitous computing, 2014, 18(8):1977-1987.

[6] ROSHANDEH A M, RASHED POORMIZAEE, F S A. Systematic data management for real-time bridge health monitoring using layered big data and clone computing[J]. International journal of innovation and scientific research, 2014, 29-39.

[7] JEONG S, ZHANG Y L, O'CONNOR S, et al. A NoSQL data management infrastructure for bridge monitoring[J]. Smart structures and systems, 2016, 17(4): 669-690.

[8] JEONG S, ZHANG Y L, HOU R, et al. A Cloud based information repository for bridge monitoring applications[C]//LYNCH J P. Sensors and Smart Structures Technologies for Civil, Mechanical, and Aerospace Systems, 2016.

[9] 杨杰,李爱群,李兆霞. 桥梁结构健康监测的数据融合框架[J]. 防灾减灾工程学报,2008, 28(3): 292-297.

[10] 聂功武,孙利民. 桥梁养护巡检与健康监测系统信息的融合[J]. 上海交通大学学报,2011, 45(S1): 104-108.

[11] 吕颖钊,任伟,贺拴海. 基于评估荷载发生概率的在役混凝土桥梁可靠度分析方法[J]. 公路交通科技,2008, 25(6): 60-64,70.

[12] 刘小玲,黄侨,任远,等. 斜拉桥多指标证据融合的综合评估方法[J]. 哈尔滨工业

大学学报, 2017, 49(3): 74-79.

[13] 刘小玲. 多源信息融合技术在钢结构斜拉桥状态评估中的应用研究[D]. 南京:东南大学, 2017.

[14] 李艳凤, 于欢, 梁力. 基于多因素数据融合的 PC 斜拉桥安全评估[J]. 大连交通大学学报, 2018, 39(3): 95-99, 114.

[15] CHO S, PARK J W, PALANISAMY R P, et al. Reference-Free displacement estimation of bridges using Kalman filter-based multimetric data fusion[J]. Journal of sensors, 2016: 3791856-1-3791856-9.

[16] AHMED M, MOSELHI O, BHOWMICK A. Two-tier data fusion method for bridge condition assessment[J]. Canadian Journal of Civil Engineering, 2018, 45(3): 197-214.

[17] H A M. Integrated NDE methods using data fusion-for bridge condition assessment[D]. Concordia University, 2017.

[18] 林述涛. 面向多源数据融合的交通基础设施数字化架构研究[J]. 公路交通科技, 2018, 35(9): 122-127, 145.

[19] 李建成. BIM 技术的含义和特点[C]// 2015 年全国建筑院系建筑数字技术教学研讨会, 2015.

[20] EASTMAN C F D, LAFUE G, ET AL. Pittsburgh: Carnegie-Mellon University[C]// Institute of Physical Planning, 1974.

[21] 李建成. BIM 应用·导论[M]. 上海:同济大学出版社, 2015.

[22] 王鹤霖. BIM 及 VR 技术在建筑业交互设计中的应用研究[D]. 天津:天津理工大学, 2019.

[23] 姚建南, 刘志忠. BIM 技术在建筑工程施工中的应用[J]. 江西建材, 2017(18): 69, 73.

[24] 黄照广. 基于 BIM 的桥梁养护管理系统构建与开发[D]. 南京:东南大学, 2018.

[25] 吴琳, 王光炎. BIM 建模及应用基础[M]. 北京:北京理工大学出版社, 2017.

[26] 曾强, 张其林, 张金辉. 基于对象型层次型数据库的 IFC 数据存储研究[J]. 土木建筑工程信息技术, 2021, 13(01): 17-23.

[27] 张洋. 基于 BIM 的建筑工程信息集成与管理研究[D]. 北京:清华大学, 2009.

[28] 王勇, 张建平, 胡振中. 建筑施工 IFC 数据描述标准的研究[J]. 土木建筑工程信息技术, 2011, 3(4): 9-15.

[29] 陈立春, 赖华辉, 邓雪原, 等. IFC 标准领域层实体扩展方法研究[J]. 图学学报, 2015, 36(2): 282-288.

[30] 檀凯兵. 基于 BIM 的工程计价数据结构及计价模型研究[D]. 北京:北京交通大学, 2016.

[31] 冯沛, 宋树峰, 齐成龙, 等. 基于 IFC4 标准的桥梁工程数据存储标准研究[J]. 铁路技术创新, 2017(1): 36-41.

[32] U. S. Department of Transportation. Bridge Information Modeling Standardization, VOLUME I: INFORMATION EXCHANGES[S]. 2016.

[33] 杨帮文. 现代新潮传感器应用手册[M]. 北京：机械工业出版社，2006.

[34] 杨波. 基于 BIM 的桥梁结构健康监测信息可视化研究[D]. 重庆：重庆交通大学，2018.

[35] 王超. 基于 BIM 的监测信息 IFC 表达与集成方法研究[D]. 哈尔滨：哈尔滨工业大学，2015.

[36] 曹再兴. BIM 技术在桥梁管养中的应用研究[D]. 重庆：重庆交通大学，2017.

[37] 中国电子信息产业发展研究院. 数字孪生白皮书[M]. 2019.

[38] ROSEN R, VON WICHERT G, LO G, et al. About the importance of autonomy and digital twins for the future of manufacturing[J]. Ifac Papersonline, 2015, 48(3)：567-572.

[39] 周瑜，刘春成. 雄安新区建设数字孪生城市的逻辑与创新[J]. 城市发展研究，2018，25(10)：60-67.

[40] TAO F, QI Q L, WANG L H, et al. Digital Twins and Cyber-Physical Systems toward Smart Manufacturing and Industry 4. 0：Correlation and Comparison[J]. Engineering, 2019, 5(4)：653-661.

[41] BOTTANI E. C A, MURINO T., VESPOLI S. From the Cyber-Physical System to the Digital Twin：the process development for behaviour modelling of a Cyber Guided Vehicle in M2M logic[C]// XXⅡ Summer School "Frances co Turco"-Industrial Systems Engineering,2017.

[42] 陶飞，刘蔚然，张萌，等. 数字孪生五维模型及十大领域应用[J]. 计算机集成制造系统，2019，25(1)：1-18.

[43] 杨林瑶，陈思远，王晓，等. 数字孪生与平行系统：发展现状、对比及展望[J]. 自动化学报，2019，45(11)：2001-2031.

[44] MUILENBURG D. Boeing CEO Talks 'Digital Twin' Era of Aviation[EB/OL]. Accessed https：//www. aviationtoday. com/2018/09/14/boeing-ceo-talks-digital-twin-era-aviation/. 2018.

[45] BOEING. Developing Airplane Systems Faster and with Higher Quality through Model-Based Engineering[EB/OL]. Accessed https：//www. boeing. com/features/innovation-quarterly/may2017/feature-technical-model-based-engineering. page. 2017.

[46] MONEER H,ALEX J, THOMAS H. A standards-based approach for linking as-planned to as-fabricated product data[J]. CIRP annals, 2018,67(1)：487-490.

[47] 李浩，陶飞，王昊琪，等. 基于数字孪生的复杂产品设计制造一体化开发框架与关键技术[J]. 计算机集成制造系统，2019，25(6)：1320-1336.

[48] ZHAO D, Peng H. From the Lab to the Street：solving the challenge of accelerating automated vehicle testing[J]. 2017.

[49] 陶飞，张萌，程江峰，等. 数字孪生车间——一种未来车间运行新模式[J]. 计算机集成制造系统，2017，23(1)：1-9.

[50] SHIM C S, DANG N S, LON S, et al. Development of a bridge maintenance system for prestressed concrete bridges using 3D digital twin model[J]. Structure and infrastructure

engineering, 2019, 15(10-12): 1319-1332.

[51] 郑伟皓, 周星宇, 吴虹坪, 等. 基于三维 GIS 技术的公路交通数字孪生系统[J]. 计算机集成制造系统, 2020, 26(1): 28-39.

[52] LU R D, BRILAKIS I. Digital twinning of existing reinforced concrete bridges from labelled point clusters[J]. Automation in Construction, 2019, 105:102837.1-102837.16.

[53] 滕巧爽, 秘金钟, 孙尚宇. 一种道路网三维建模方法[J]. 测绘科学, 2018, 43(3): 99-103.

[54] KULAWIAK M, CHYBICKI A. Application of Web-GIS and Geovisual Analytics to Monitoring of Seabed Evolution in South Baltic Sea Coastal Areas[J]. Marine geodesy, 2018, 41(4): 405-426.

第9章

智慧运维决策

在完成桥梁检测、监测、评估等工作后，基于评估结果制订桥梁管养决策是桥梁运维中最重要的一环，合理的养护决策直接关系桥梁未来的服役安全与寿命。当前，桥梁管养过程中产生的大量数据，包括各构件性能评定数据、桥梁损伤信息、计算分析数据等，可为桥梁管养决策的制订提供更多参考，从而做出最优的决策。然而，由于缺乏对海量数据的管理、调取、展示能力，且受限于决策者的知识经验水平，当前的桥梁管养决策在很大程度上都未能充分挖掘、利用以上数据的价值，导致制订的决策并非最优决策，有时候甚至是错误的。在此背景下，如何有效利用以上数据提升决策水平是充满挑战性的课题，也是桥梁管养决策现阶段必须面对并解决的问题。

因此，在实现数据智能化采集、存储、调取、计算的基础上，桥梁决策者仍将不可避免地面临决策变量动态、复杂，决策信息不完善等问题。结合人工智能（AI）、虚拟现实（VR）、增强现实（AR）等前沿技术，本章将从 AI 决策和可视化辅助决策两方面详细阐述智慧决策前沿内容。

9.1 人工智能（AI）决策与桥梁管养

9.1.1 AI 决策概述

1）桥梁管养决策现存问题

目前，桥梁管养策略主要依赖于桥梁检测结果，并参照相应养护规范，例如《公路桥涵养护规范》（JTG 5120—2021），结合决策者的专业水平及经验进行制订。例如在面对桥梁下部开裂病害时，桥梁管养决策者会依据规范建议及现场裂缝检测结果，结合自己的管养经验给出一个管养决策，如涂刷环氧树脂胶封闭处理、压力灌浆等。

可以看出，这个过程充满了主观不确定性。往往对于同一座桥梁，不同的决策者会给出不同的管养策略，也意味着不同决策者制订的管养策略会存在优劣差别，导致养护后的桥梁在可靠度、剩余寿命等指标上表现不同。在此背景下，如果不解决当前决策过程中由决策者自身带来的主观不确定性，即使采用各类先进技术解决当前桥梁检测中的各项问题，也无法保证基于当前管养策略维护后桥梁仍能满足正常使用及极限承载需求并正常服役。所以，桥梁管养决策首先要实现的就是决策过程的结构化、标准化,减少决策过程的主观性,保障桥梁养护质量。

同时,由于当前种种客观因素的存在,如AI技术还不能完全取代人工、桥梁所处的外部环境往往存在极大随机性,不同桥梁的管养目前仍需要依赖决策者的经验,因此,桥梁管养策略的制订不能完全将决策者剔除出去。但为了更好地发展桥梁管养策略制订体系,需要对各桥梁最后制订的管养决策效果进行追踪,基于桥梁养护后的各检测评估结果对该决策水平进行量化考评,汇总成库,有利于后期不断完善。

此外,当前桥梁管养策略制订通常是针对单座桥梁单独进行考虑的,无法从桥梁所处的路网出发,对相关桥梁进行统筹管理,统一布局,制订管养策略,导致当前桥梁养护往往需要长时间、频繁地封闭交通,造成时间和金钱的浪费。

综上所述,我们需要对当前桥梁管养决策过程进行结构化、标准化改革,引入更为合理、客观的决策方法和体系,消除决策者自身引入的主观不确定性,同时在决策时要从单座桥梁转变为从桥梁所处的路网整体出发,进行统筹规划,避免不必要的浪费,最优化资源分配,延长桥梁群寿命,保障人民的生命财产安全。此外,还需要制订合理的评价体系,对各桥制订的桥梁管养策略进行量化考评,以利于未来进一步完善桥梁管养策略制订体系。

在此背景下,伴随着计算机科学的发展,AI决策这一概念被提出,以期通过将各类人工智能技术引入桥梁管养决策过程中,改善当前桥梁管养中的各项不足。

2)AI决策释义

AI决策,顾名思义,是在桥梁管养过程中引入AI技术,用来部分或完全取代人工在决策中的作用,消除主观不确定性,同时提升决策管养的标准化、规范化。AI决策根据AI在决策过程中所扮演的角色及其智能化程度可以划分为AI辅助决策和AI主动决策两方面。

(1)AI辅助决策。

AI辅助决策,即AI技术在整个桥梁管养决策过程中仅起到辅助作用,属于弱人工智能范畴,可以代替人去执行决策过程中的相关环节,但最终管养的决策还是由人来制订,与传统桥梁管养决策过程类似。但AI技术的引入可以大大提升决策的效率和加快决策中对相关数据信息的调取、记录和汇总。AI辅助决策虽然无法完全解决上述问题,但可以作为实现AI主动决策的过渡阶段。

在AI辅助决策中,人依旧是核心决策者,AI在这一过程中主要是根据人发出的指令进行相关的操作,其主观能动性较弱,但在现阶段仍旧优势突出。例如苹果手机中的智能语音助手Siri就是一种AI辅助技术,利用自然语言处理(Natural Language Processing,NLP)技术,用户可以直接通过语音指令交互来操控手机。同样地,可以将自然语言处理技术引入桥梁管养决策中,让桥梁管养决策者在制订决策时不再需要依赖键盘、鼠标等硬件与系统进行交互,免去了进行桥梁管养资料调取、文本输入、相关数据运算、存储等繁杂的机械输入工作,可以极大地提升决策效率,同时可以自动化、更规范地进行桥梁管养数据归档记录,以利于后期决策评估追踪和未来更加自动化的AI主动决策系统生成。2018年锤子科技股份有限公司发布的人机交互系统TNT(Touch & Talk)就很好地展示了这一理念。虽然它还不够成熟,存在诸多问题,但它提供的基于全局的手势和语音的交互体系,已经为我们呈现了一种极具潜力的AI辅助决策思路,改变了传统计算机基于图形界面的交互方式,大幅提升了工作效率。此外,近些年来大火的 VR、AR 技术都可以很好地应用于 AI 辅助决策中,辅助决策者进行资料调取、现存勘察、加固方案比选等。

在未来,AI 辅助决策系统的理想状态就像《钢铁侠》里面的智能管家贾维斯,可以和决策者完全无障碍地交流,满足决策者的各项需求。目前,已经有很多技术可用于桥梁辅助决策,包括上述的自然语言处理技术、VR 技术、AR 技术等。

(2)AI 主动决策。

相较于弱人工智能的 AI 辅助决策,在 AI 主动决策中,AI 的自主权更大,它可以根据桥梁当前的评估状态及相关养护数据自主进行决策,给出养护方案,而无须人工参与,属于强人工智能范畴。当年多次战败各路围棋高手的围棋机器人 AlphaGo、AlphaZero 就属于主动决策系统,它们可以主动根据当前棋局状况进行自主决策,制订最优化的行棋策略。

相较于 AI 辅助决策中的弱人工智能,AI 主动决策已经属于强人工智能范畴,目前只能解决一些简单的系统问题。在桥梁管养中,因为桥梁系统相对较复杂,存在的不确定性较大,实现 AI 主动决策这一理想化目标还相对较难。但在医学、物流、城市规划等领域,针对一些较简单的问题,已有一些 AI 主动决策系统的雏形出现。例如医学领域中的临床诊疗决策支持系统(Clinical Decision Support System,CDSS),它是一个基于人机交互的医疗信息技术应用系统,利用电子病历系统和互联网数据库进行学习,完成临床决策,为医生和其他卫生从业人员提供临床决策支持。

目前,为实现 AI 主动决策,可以采取的技术有专家系统、增强学习技术等,通过相关专业知识数据训练学习系统,使得系统可以学习、模仿决策者制订桥梁养护决策的过程,实现主动决策。下一节将对 AI 辅助决策、主动决策中的技术进行介绍。

9.1.2　AI 决策技术

传统桥梁全寿命周期管养研究与无损检测、结构健康监测研究间的交叉互动很有限,相关学者更多的是在各领域内部进行研究,研究重心、方向各异,各领域的研究成果难以相互融合,致使桥梁全寿命周期管养难以真正实现。如图 9-1 所示,基于计算机各新兴学科的发展,本书通过将数字孪生、大数据、物联网、人工智能等技术全面融入桥梁监测、检测、评估管养决策等过程中,提出全寿命周期智慧管养的新概念,以提升桥梁管养的科学性、客观性和时效性,弥补传统桥梁全寿命周期管养中的局限性和不足,真正实现从全寿命角度出发开展桥梁管养工作,既满足安全性和适用性的要求,又满足耐久性和经济性的需要。

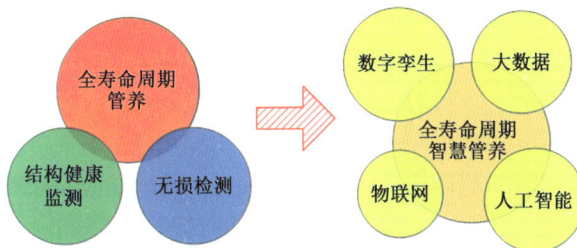

图 9-1　全寿命周期智慧管养

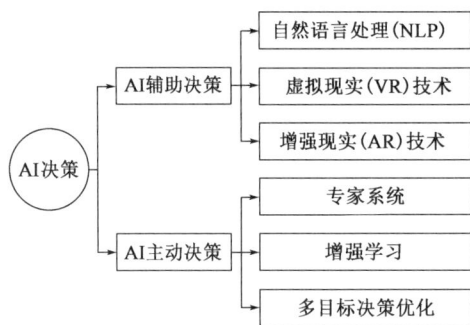

图 9-2　AI 决策的相关技术

目前,桥梁管养 AI 决策作为桥梁全寿命周期智慧管养的最后一环,仍是一个前沿研究领域,相关研究成果还较为有限,这里对当前可以用于发展 AI 辅助决策、主动决策的相关技术逐一进行介绍,如图 9-2 所示。其中,因为 VR 技术和 AR 技术相对成熟,且对 AI 决策发展的意义非凡,会在后续两节进行详细介绍。

1) 自然语言处理

自然语言处理致力于研究能实现人与计算机之间用自然语言进行有效通信的各种理论和方法,是人类和机器之间沟通的桥梁。将自然语言处理技术应用于桥梁管养 AI 辅助决策中,可提高决策者与计算机间的交互效率,同时便于调取、输入、存储管理相关桥梁养护决策资料,提升桥梁管养决策水平。

所有生物中,只有人类才具有语言能力,人类的多种智能都与语言有着密切的关系,人类的逻辑思维以语言为形式,人类的绝大部分知识也是以语言文字的形式记载和流传的。因而,自然语言处理是 AI 的一个重要部分,甚至是核心部分。比尔·盖茨也曾表示:"语言理解是人工智能领域皇冠上的明珠。"

用自然语言与计算机进行交流,这是人们长期以来所追求的。因为它有明显的实际意义,即人们可以用自己最习惯的语言来使用计算机,而无须再花大量的时间和精力去学习不很自然和不习惯的各种计算机语言。实现人机间自然语言通信意味着要使计算机既能理解自然语言文本的意义,也能以自然语言文本来表达给定的意图、思想等。前者称为自然语言理解(Natural Language Understanding,NLU),后者称为自然语言生成(Natural Language Generation,NLG)。因此,自然语言处理有两大核心的任务:自然语言理解和自然语言生成。

自然语言理解就是希望机器像人一样,具备正常人的语言理解能力。但由于自然语言在理解上有很多困难,所以机器对自然语言的理解至今还远达不到人类的水准。首先语言是没有规律的,或者说规律是错综复杂的。它可以自由组合,可以组合为复杂的语言表达。其次,语言又是一个开放集合,人们可以任意地发明、创造一些新的表达方式。最后,语言需要联系实践知识,有一定的知识依赖。语言的使用要基于环境和上下文。因此,自然语言理解需要解决 5 个技术难题:语言的多样性、语言的歧义性、语言的鲁棒性、语言的知识依赖和语言的上下文。相对于自然语言理解,自然语言生成的作用则是跨越人类和机器之间的沟通鸿沟,实现将非语言格式的数据转换成人类可以轻松理解的语言格式,如文章、报告等。它包括 6 个步骤:内容确定、文本结构、句子聚合、语法化、参考表达式生成和语言实现。

自然语言处理大体是从 20 世纪 50 年代开始的。1954 年乔治城大学的研究人员曾试图将超过 60 句俄文全部自动翻译成英文,声称 3~5 年之内即可解决机器翻译的问题,但这项工作的实际进展落后于预期。一直到 80 年代末期,统计机器翻译系统才被开发出来,机器翻译的研究才得以更上一层楼。60 年代发展得特别成功的自然语音处理系统包括麻省理工学院 Winograd 提出的用于指挥机器人动作的 SHRDLU 系统。该系统把句法分析、语义分析、逻辑推理结合起来,大大增强了系统在语言分析方面的功能。一直到 80 年代,多数自然语言处理系统仍然是以一套复杂的、人工制订的规则为基础的,颇有专家系统(expert system)的味道。不过从 80 年代末期开始,语言处理引进了机器学习的算法,自然语音处理发生了革新。有些最早期使用的机器学习算法,例如决策树,是由硬性规则组成的系统,类似之前既有的人工制订规则。不过自然语言处理研究还是日益聚焦于软性的以概率做决定的统计模型。这种模型通常足以处理非预期的输入数据,尤其是输入有错误时,并且在整合到包含多个子任务的较大系统时,结果比较可靠。

近年来,自然语言处理处于快速发展阶段。各种词表、语义语法词典、语料库等数据资源的日益丰富,词语切分、词性标注、句法分析等技术的快速进步,各种新理论、新方法、新模型的出现推动了自然语言处理研究的繁荣。互联网与移动互联网和世界经济社会一体化的潮流对自然语言处理技术的迫切需求,也为自然语言处理研究发展提供了强大的市场动力。尽管目前无论是实现自然语言理解,还是实现自然语言生成,都远不如人们原来想象的那么简单。从现有的理论和技术现状看,通用、高质量的自然语言处理系统,仍然是较长期的努力目标,但是针对一定应用,具有相当自然语言处理能力的实用系统已经出现,有些已商品化,甚至开始产业化。例如多语种数据库和专家系统的自然语言接口、各种机器翻译系统、全文信息检索系统、自动文摘系统等。其中最著名的产品包括大众广为使用的苹果公司的 Siri 个人助理,谷歌、亚马逊、微软、百度等公司的个人智能助理,科大讯飞开发的智能语音输入法等,都给人们的生活、工作带来了极大的便利。由这些产品可知,将自然语言处理技术应用于桥梁 AI 辅助决策在当前的技术发展水平下是十分可行的。基于自然语言处理技术,桥梁管养决策者就可以直接通过人机对话的方式实现对桥梁管理资料的存储、调取,完成相应的计算与最终的决策制订。

2)专家系统

专家系统是 AI 的一个分支,它利用大量的专业知识来解决目前只有专家才能解决的问题。基于专家系统的桥梁决策就是根据当前桥梁决策遵循的相关规则,利用专家系统来模仿经验丰富的专家,对既有桥梁进行管养决策的智能软件系统。

专家系统先导者之一、斯坦福大学的 Edward Feigenbaum 教授把专家系统定义为"一种智能的计算机程序,它运用知识和推理来解决只有专家才能解决的复杂问题"。也就是说,专家系统可视为一类具有大量专门知识的计算机智能系统,它能运用特定领域里一位或多位专家提供的专门知识和经验,采用 AI 中的推理技术来求解和模拟通常由专家才能解决的各种复杂问题,可使专家的特长不受时间和空间限制。

需要注意的是,专家系统模拟的是专家在专题领域的推理,例如在桥梁管养决策领域内专家是如何根据检测监测结果得出管养决策的这一推理过程,而不是模拟问题本身(即通过建立数学模型去模拟问题领域),专家系统仅仅模拟专家求解问题的能力。因此,基于这一特性进行桥梁管养决策可以很好地消除由决策者专业知识、经验水平差异导致的决策差异,从而提升桥梁管养决策的标准化、规范化。

一般,一个基本的专家系统由知识库、数据库、推理机、解释机、知识获取和用户界面六个部分组成,如图 9-3 所示。

其中,知识库是专家系统的核心,它由针对领域(如桥梁管养决策领域)内的事实性知

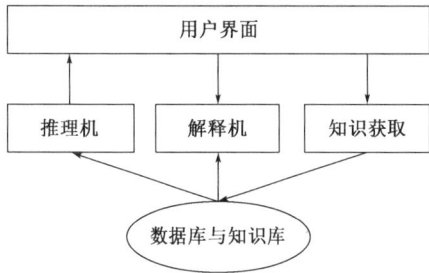

图9-3 专家系统的基本结构

识和启发性知识构成,前者指公共、广泛的事实,例如桥梁检测鉴定、决策规范中的相关条文指标等;后者指专业领域中的经验和启发性的知识,例如桥梁决策专家的个人经验、决策等。专家系统的知识库是关于一个领域或特定问题的若干专家知识的集合体,它可以向用户提供超过一个专家的经验和知识,并且可以随着时间不断增强、完善。专家系统所拥有的知识对系统的性能水平有着重要的影响,它的性能水平主要取决于它所拥有的知识数量和质量的函数。一个专家系统所拥有的知识越多、知识的质量越高,它解决问题的能力也就越强。数据库则用于存储专家系统中的知识、输入数据、初始状态、推理过程等,相当于专家系统的工作存储区。

知识获取是专家系统重要的学习功能,它用于修改和增添知识库中的知识,增加新的知识,以此来不断提升系统的专业知识水平,类似于可以不断给系统"输入内力",让它的"功力"更加深厚。

推理机是一组用来控制、协调整个专家系统的方法、策略的程序,它根据用户的输入数据(例如桥梁管养中经检测、监测得到的各桥梁病害数据),利用知识库中的知识,按一定推理策略(如正向推理、逆向推理、混合推理),求解当前问题,解释用户的请求,最终给出结论。在设计推理机时,应使其符合专家的推理过程。一般来说,专家系统的推理机与知识库是分离的,这不仅有利于知识的管理,而且可以实现系统的通用性和伸缩性。

解释机的主要作用是解释专家系统是如何基于输入信息得到推断结论,并回答用户的,使用户了解整个推理过程及推理过程中所运用的知识和数据。专家系统中需要设置解释机的最大原因在于,一般专家知识大多是人类专家在实践中积累起来的启发性知识,所以通常只有专家本人才了解。同时,启发性知识多来源于经验,没有理论性保障。一般情况下,这些知识不会被写入教科书或其他专业书籍中。因此,这些知识通常不被其他人了解,基本上是专家本人的专有知识。如果专家系统只提供最终结论而不对其做任何解释,则势必会影响用户对这些结论的信任程度,特别是当系统的结论与用户的看法相抵触时。所以,专家系统应当具有解释功能,它可以回答用户的问题,告诉用户它是如何解决问题的,使用了哪些知识,这些知识的内容以及它们的来源和合理性,等等,使专家系统对用户来说是"透明的"。好的透明性也有助于知识的检验和修改,利于用户对系统得出的结论进行评估、判别。

最后的用户界面则是为用户使用提供一个界面友好的交互环境,实现专家系统与用户的信息交换。

上述六个部分组成了专家系统的有机整体。通过计算机程序和前期知识学习训练,专家系统可以模拟一位高水平的桥梁维护管养专家,基于后期输入的桥梁检测评估数据实现桥梁 AI 决策。但目前基于专家系统的桥梁决策只能解决单座桥梁决策问题,还无法实现桥梁群整体决策,达不到整条路网统筹规划的程度。

在专家系统中,专家知识作为系统功能的核心,具有以下问题:

（1）专家知识的不稳定性。

专家知识多是启发性知识。所以相对于逻辑性知识来说,它们是不稳定的。一旦遇到新情况、新问题,人类专家随时可以修正已有的知识或归纳出新的知识以便能够处理这些新问题,而专家系统则难以做到灵活变通,最终使得决策结果失效。

（2）专家知识获取的困难性。

专家系统的知识获取一般由该领域(如桥梁管养决策领域)的专家、软件工程师和计算机之间的一系列交互过程组成。在这一过程中,如果软件工程师不具有桥梁管养领域的专业知识,就很难恰当把握专家所使用的概念、关系以及问题的求解方法,专家的知识无法准确输入系统,使得专家系统难以复制专家在决策时的逻辑和思路。

更重要的是,在大多数情况下,专家在做桥梁管养决策时主要依靠的是经验和直觉,很难用数学理论或其他模型加以精确刻画。而且专家为了解决某个领域的问题必须懂得比原理和事实多得多的内容,其中很大一部分是生活中的常识。因此,要求领域专家在短时间内把他所知道的知识都整理出来是不可能的。

要解决上述两类问题,一种比较简单且有效的方法是随时把领域专家整理出来的知识输入系统,不断地更新学习,让专家系统的开发变成一个扩充性的过程。这也使得目前研制一个成功的专家系统往往需要用大量的实际工程案例对系统进行反复测试,从中发现并剔除错误的知识,并不断修改和扩充系统,以使它拥有较高的性能。

惠普公司通过 2 个知识工程师、1 个程序员和 3 个顾客服务专家捕捉了 12 个产品系列的共 1000 条规则并进一步生成了公司的顾客设备诊断系统,该系统可以帮助顾客服务中心代表处理每年上千万次的电话询问。数字设备公司(DEC)和卡内基梅隆大学于 20 世纪 70 年代开发的 XCON 专家系统,是一个用于为计算机系统制订硬件配置方案的商业系统,创造了巨大的经济效益。关于专家系统在土木领域的应用,Kostem[1] 曾于 1986 年开发出了一个用于公路桥梁评价的专家系统,但这个系统实际上是一个用常规软件思路编制的桥梁分类程序的界面。后来 Furuta 等[2] 开发了一个用于桥梁损伤评估的模糊专家系统,该系统将遗传基因算法与神经网络结合,可用于钢筋混凝土桥梁的耐久性评价。Melhem 等[3] 也开发了用于桥梁现状评估的专家系统,该系统利用多维决策模型与模糊集合理论来评价桥梁的现状。Mikami 等[4] 在 1994 年开发了用于修复钢桥的具有学习能力的专家系统,系统采用一种新型的推理机并可根据用户的反映进行学习。后来 Wilson 等[5] 开发了一个桥梁全寿命工程的决策支持系统,该系统可对桥梁设计、施工、运营、养护维修各个阶段进行评估,提出了关于桥梁的功能、可维修性、运营造价、安全性以及在其预期寿命内环境影响等的评价方法、计算模型、多参数数据库和具有分布交互能力的知识系统。但由于前述专家系统中现存的种种问题和桥梁管养决策本身的复杂性,当前还未有能真正应用于桥梁管养维护决策的专家系统问世。

3）增强学习

增强学习(Reinforcement Learning,RL)是机器学习的一种,它可以让计算机自主学习、解决问题。在计算机学习的过程中,人只需要给计算机设定一个“小目标”,具体的最优实现策略由计算机自己不断尝试得到,不需要人为帮助。更准确地说,强化学习是指智能体(agent)以“试错”的方式进行学习,以与环境进行交互获得的奖励指导行为,目标是使智能体获得最大的奖励。

强化学习不同于机器学习中的监督学习,区别主要表现为在强化学习中,由环境提供的强化信号(奖励)是对智能体产生动作的好坏做的一种评价,而不是告诉强化学习系统如何去产生正确的动作。由于外部环境提供的信息很少,强化学习系统必须靠自身的经历进行学习。通过这种方式,它可以在行动-评价的环境中获得知识,并改进行动方案以适应环境。

强化学习的常见模型是标准的马尔可夫决策过程(Markov Decision Process,MDP),即智能体的下个状态不仅和当前的状态有关,也和当前采取的动作有关。强化学习的目标是通过调整策略找寻实现回报最大化的策略,同时最大化累积奖励。它的基本元素包括状态、动作、状态转移概率、奖励和策略(图9-4)。强化学习的问题求解过程大致可分为两步:第一步是预测,即随机给定策略,评估相应的状态价值函数和由对应奖励累加计算出的价值;第二步是行动,即根据价值函数得到当前状态对应的最优动作。按给定条件的不同,强化学习可分为基于模型的强化学习(model-based RL)和模型无关的强化学习(model-free RL)。

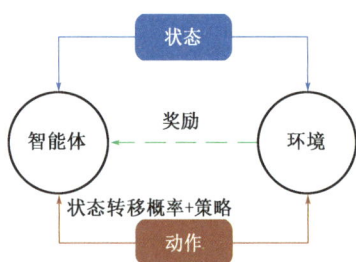

图9-4 增强学习的结构示意图

(1)基于模型的强化学习。

基于模型的强化学习,即通过动态规划的方法来求解马尔可夫决策过程,根据策略的不同可以分为策略迭代(policy iteration)和价值迭代(value iteration)两种方法,这两种方法同属于动态规划方法。它们要求整个问题中奖励和状态转移概率的全貌已知,并且所有马尔科夫决策的过程信息是可以被存储下来的。如围棋中的状态集合总数为 319×19,数量庞大无法存储,故也不适用于基于模型的强化学习方法。

策略迭代的主要思想:先随机初始化一个策略,计算这个策略下每个状态的价值;根据这些状态价值得到新策略;计算新策略下每个状态的价值,不断重复,直到收敛。这一过程中,计算一个策略下每个状态的价值,被称为策略评估(policy evaluation);根据状态价值得到新策略,被称为策略改进(policy improvement)。相较于策略评估与策略改进二阶段式的策略迭代,价值迭代则是将二者改进使其结合得更紧密。首先通过一轮策略评估,对每一个当前状态的每个可能动作都计算出相应未来状态的期望价值。哪个动作可以到达的状态的期望价值函数最大,就将这个最大的期望价值函数作为当前状态的价值函数,进行下一轮策略评估,循环执行这个步骤,直到价值函数收敛。价值迭代在速度上明显优于策略迭代。

(2)模型无关的强化学习。

相较于基于模型的强化学习,模型无关的强化学习是指我们不了解奖励函数和转移概率的全貌,需要自己去探索。模型无关的强化学习主要有三种算法:MC(Monte Carlo)法,SARSA(State Action Reward State Action)法和 Q-learning 法。

MC 法通过随机生成策略样本,然后根据样本计算相应的状态-动作价值,记录下每一个状态-动作对应的价值和被访问次数。随着随机样本的增多,不断对每个状态-动作更新其价值和被访问次数。相比于 MC 法需要完成策略样本,SARSA 法作为时序差分法(time difference,TD)的一种,利用马尔科夫性质,只利用下一步状态信息更新当前状态价值。SARSA 法让系统按照给定的策略指引进行探索,在探索的每一步都进行状态价值的更新。Q-learning 法的框架和 SARSA 方法类似。Q-learning 法也是让系统按照策略指引进行探索,在探索的每一步都进行状态价值的更新。

上述各种方法主要是针对状态离散有限、规模较小的强化学习问题的求解算法,在面对更为复杂的状态集合,甚至是连续的状态集合时,传统方法计算量过大,此时就需要采用深度增强学习方法,其中比较经典的算法有 Deep Q-learning(DQN)。DQN 算法的基本思路来源于Q-learning,但由于它对价值函数做了近似表示,它的 Q 值计算不是直接通过状态值 s 和动作 a 计算,而是通过一个由神经网络构成的 Q 网络计算,因此它拥有解决大规模强化学习问题的能力。但是 DQN 算法有个问题,就是它并不一定能保证 Q 网络的收敛。也就是说,我们不一定可以得到收敛后的 Q 网络参数。这会导致训练出的模型效果很差。针对这个问题,衍生出了 DQN 算法的很多变种,比如 Nature DQN、Double DQN、Dueling DQN 等。追根溯源,上述这些方法仍旧属于基于价值的学习算法范畴,虽然在很多领域都得到了很好的应用,但仍旧存在对连续动作的处理能力不足、对受限状态下的问题处理能力不足和无法解决随机策略问题。因此可以采用基于性能的深度增强学习算法,如蒙特卡罗策略梯度 reinforce 算法,还有将策略与价值结合的方法 Actor-Critic 算法、A3C 算法、深度确定性策略梯度方法等来解决上述问题。

在强化学习应用上,最著名的例子就是打败了众多人类围棋高手的围棋 AI 程序 AlphaGo,它采用了深度增强学习 DQN 算法,在自我博弈中实现奖励积累的最大化,由此得出在各个状态下最好的走法选择。这一算法更加符合人类在现实世界中的决策思维,被广泛应用在智能机器人的控制、棋类对弈、游戏通关、汽车自动驾驶等多类决策和控制问题中。同样,在桥梁管养领域,增强学习方法以其近乎人类的自主决策能力拥有非凡的应用潜力,实现桥梁管养 AI 主动决策优势突出。在管养中增强学习算法(智能体)充当桥梁管养决策者,通过与需要管养的桥梁结构(环境)不断交互,给出不同的管养策略,计算得到相应的桥梁性能可靠度指标作为环境反馈和状态演变,最后得到最优化的桥梁管养策略,在采用最低全寿命成本的前提下最大化桥梁的使用寿命。目前,已有学者尝试使用深度增强学习方法中的 DQN 算法对一简支梁桥和大跨斜拉桥进行管养决策优化,结果发现 DQN 算法可以高效、自主地选择出对应不同复杂程度桥梁结构的最优养护策略。这些案例都说明深度增强学习技术在未来桥梁 AI 决策中将拥有重要的地位和价值。

值得一提的是,对决策结果进行可视化展示,能够更加直观地观察到桥梁在管养前后发生的变化。生成式模型是解决这种模拟生成任务的一种新颖又可靠的方法。生成式模型包括自编码网络模型、对抗生成神经网络模型。这种模型的输出不再是分类或预测结果,而是符合输入样本分布空间中的一个样本个体。例如生成桥梁在养护之后的 3D 模型或图片等。

对抗生成神经网络主要灵感源于博弈论中零和博弈的思想,由 Ian Goodfellow 于 2014 年首次提出,引起了学术界的广泛关注,其生成图片的原理如图 9-5 所示。

生成对抗网络由生成模型 G 和判别模型 D 两部分组成[6]。生成模型用来学习真实数据的分布;判别模型是一个二分类器,用来判别输入的数据是真实数据还是生成数据。生成模型 G 利用数据样本生成数据,然后将真实数据与生成数据一起送入判别模型 D,输出判定类别。判别模型一般是一个二分类的判别,对于真实的图片其给定的标签为 1,对于生成的图片其给定的标签为 0。

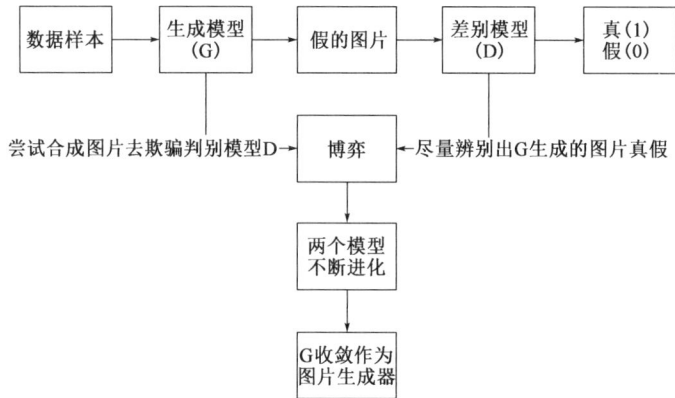

图 9-5　对抗生成神经网络原理示意图

在训练过程中,生成模型 G 的目标是尝试合成图片去欺骗判别模型 D,使判别模型 D 判别为真。而 D 的目标就是尽量辨别出 G 生成的假图片和真实的图片。这样,G 和 D 就构成了一个动态的"博弈过程",在两个模型互相博弈的过程中,两个模型不断进化,生成模型 G 生成的图片越来越像真实图片,判别模型 D 对图片真假的判断能力也越来越强。在迭代的次数足够多后,生成模型 G 达到收敛状态,此时只留下生成模型 G 作为图片的生成器,生成的图片在统计上与真实图片几乎无法区分。

4)基于多目标优化的桥梁群管养决策

前述各类技术方法主要针对单座桥梁开展 AI 桥梁管养决策。但是在更为合理的情况下,在制订桥梁管养决策时,还需要从整条路网的桥梁群出发。因为路网在建设时,沿线各桥的建设时间相对集中,使得它们的服役时间也相近。在这种背景下,桥梁建成后的某个时间段内,路网中同一类型的桥梁可能会集中出现同类病害,导致"休克式"的交通瘫痪和大面积的养护需求。由此可见,针对桥梁群的管养决策意义非凡。

不同于对单体桥梁的养护,桥梁群具有养护对象多、养护体量大、结构形式多样、环境复杂等特点。如果简单地将针对单体桥梁的养护决策模式直接应用到对桥梁群的管养决策中,会产生较高的养护成本,浪费人力、物力。针对这一问题,就需要对桥梁群开展养护决策优化,即对路网内多座不同结构形式、不同环境作用下的差异性桥梁结构进行统筹,进行养护决策优化。

桥梁群的养护决策优化是指每隔一定的分析期或在一定的时间期限内选择最佳维护时间和最优养护措施。桥梁在经过养护之后,使用性能的退化进程被延缓或者暂时终止,其达到使用标准限值的时间也会随之推迟。养护之后结构使用性能的退化过程通常认为是重复养护之前的退化。在进行桥梁养护决策优化时,结构使用寿命的延长会对养护效益以及成本产生影响:使用寿命延长值越大,相应地,维护效益越好,但要求的养护措施成本通常也会更高。进行养护决策优化就是要统筹兼顾各方面,基于桥梁全寿命周期智慧管养的理念,综合考虑各种影响优化目标函数的因素,例如桥梁在路网中所处的位置、桥梁使用性能劣化、桥梁使用性能状态评估、养护成本(包含直接成本、间接成本)等,制订当前优化目标下的最优养护策略。根据养护决策优化目标函数的数目,可以将其分为单目标优化和多目标优化。

在数学中,单目标优化(single objective optimization)问题是指在一定的约束条件下,计算出某一目标下的最优解。在桥梁群养护决策优化中,这一优化目标函数通常设定为桥梁群全寿命周期内的最小养护成本,常用的约束条件可以是结构失效概率临界值、桥梁的临界状态等级、承载力水平或剩余使用寿命等。也可以将最大养护效益作为优化的目标函数,此时则将桥梁群养护预算资金作为约束条件。这是因为桥梁管理部门在制订桥梁群养护决策时所面临的最基本也是最重要的问题就是如何利用有限的资金对桥梁群进行养护。理海大学知名学者 Frangopol[7]也认为桥梁群管理的目的就是有效地利用有限的资金在全寿命成本和全寿命可靠度之间达到平衡。在现有的一些桥梁管理系统中,如 BRIDGIT、PONTIS 等都采用最小等效期望平均成本(即总养护成本与期望使用寿命之间的比值)作为目标函数来优化决策。从优化目标函数数目的角度上看,采用费用-效益比的桥梁养护决策优化为单目标优化问题,其本质上同时考虑了养护效果以及成本。

与单目标优化问题相对应的是多目标优化(multi-objective optimization)问题,此时优化问题中的目标函数超过一个,并且这些优化目标需要同时实现,例如在桥梁管养决策中的两个优化目标:最低养护成本和最大化养护效果。相对于单目标优化,多目标优化在进行桥梁结构检测维护策略优化时能够考虑更多实际的桥梁管理要求,更为契合桥梁管理者的实际需求,因而是桥梁维护策略优化研究的未来发展趋势。

相较于单目标优化,在实际问题中,多目标优化的目标是使不同的目标函数在同一个值域内都取得最佳值,这些目标一般都是相互制约,甚至是相互矛盾的。为提高某一个目标函数的适应性,必然要降低另外一个或者几个相冲突的目标函数的最佳性。也就是说,在进行多目标优化问题求解时,同时使所有的目标函数都达到最优是不可能的。而所谓的多目标优化问题的最优解则是在这些目标函数之间进行协调,得到的只能称为非劣解。因此,多目标优化问题最优解的个数往往有无数多个,所有最优解的集合称为非劣最优解,也就是Pareto最优解集。相较于单目标优化的最优解表现为目标空间内的一个点,Pareto 最优解集一般在目标空间内表现为连续或分散的曲面。在这种背景下,如何保证求得的 Pareto 最优曲面距离真实的最优曲面最近、最优解的分布均匀且覆盖面更为全面是多目标优化问题求解需要重点解决的问题。同时,由于 Pareto 最优解具有无数多个,因而其解不能直接应用,这就要求管理者根据实际情况在这些非劣解中选择一个最满意的结果。其最终解的选择主要有三种方法:第一类是根据已经求出的非劣解集,按照决策者的要求得到最终解;第二类为交互法,通过分析者与决策者之间的对话逐渐找出最终解;最后一类则是根据决策者事先掌握的先验信息,最终通过权重组合,将多目标问题转化为单目标问题进行求解,这其实也是前述单目标优化中采用的思路。

目前随着数学、运筹学、系统论等相关学科的不断发展,多目标优化问题的求解所采用的方法日趋多样化且越来越成熟,有目标规划法、动态规划、线性和非线性规划、人工神经网络以及各类进化算法,如遗传算法、粒子群算法等。Liu 等[8]基于遗传算法,进行了同时最小化桥面板检测维护成本和劣化成本的多目标优化研究,并运用于交通网络中多座桥梁的桥面板维护优化。Miyamoto 等[9]在专家评级系统的基础上,提出了使检测维护成本最小、结构耐久性最大化的多目标维护优化,并利用遗传算法进行优化求解。Furuta 等[10]在土木工程基础设施检测维护优化研究中同时考虑了最低全寿命周期成本、最大服务寿命和最大目标安全性能。彭建新等根据结构寿命期内维护成本最小化和结构状态指标最大化的原则,在满足结构使用性能要求和预算限制的约束下,优化出寿命期内检测养护成本和性能都满足要求的检测养护策略。Kim 等[11]考虑结构检测养护中的不确定性,以最大化结构使用寿命以及最小化检测养护成本为目标函数,优化计算得到结构的检测维护时间以及维护措施。Frangopol 和 Liu[7]基于多目标优化问题,通过两阶段随机动态规划方法提出了路网桥梁群管养决策优化框架,在框架中考虑了各桥梁单体的剩余寿命和其在路网中的重要性。在两个阶段中首先基于全寿命管养成本最低的目标得到各桥梁单体的最优养护决策,再根据现有的养护预算依据桥梁的重要性进行分配,并且尽可能多地满足上一轮得到的各桥梁单体的最优养护决策。

9.1.3 AI 决策应用场景与案例

如图 9-6 所示,李远富等[12]将桥梁养护管理智能辅助决策支持系统(BMIADSS)应用在了世界上首座分体式钢箱梁悬索桥——舟山大陆连岛工程的跨海大桥西侯门大桥上,BMIADSS 中的专业数据库包括:用户专业数据库、信息管理系统专业数据库和用于智能决策支持系统的专业数据库。以桥梁的表观检测数据及无破损检测试验结果为依据,利用神经网络、模糊评判、遗传算法、免疫遗传算法等最新信息处理技术建立起整套的桥梁智能决策辅助系统。

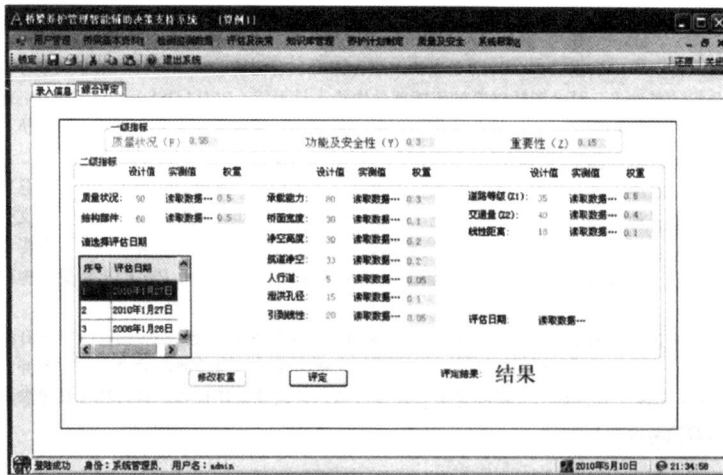

图 9-6 BMIADSS 综合评定用户界面

张祯楠[13]以江阴大桥结构健康监测系统为基础,将采集到的海量原始数据传输到监控中心的数据库内,以进行安全评估。但是在数据采集过程中会遇到噪声干扰、传感器故障或者网络传输故障使得原始数据中存在大量噪声和故障数据。为了更高效率地判别数据异常以及从中区分出结构异常和系统异常,提出了一种基于深度学习的结构健康监测系统数据异常分析法,该方法采用 LSTM 模型,以较好地学习时间序列之间的特征关系,用结构正常运营阶段的历史监测数据去训练该模型,然后基于该模型用结构历史响应获得预测响应,再结合动态规整距离(Dynamic Time Warping,DTW)计算与 Isolation Forest 异常检测,成功识别大桥加速度数据中的异常数据。该方法可以利用逻辑相关性分析及多维异常检测,对结构异常和系统异常进行区分。该方法对以往需要人工预设阈值进行数据筛选的方法做出了改进,可以 24 小时不间断地对数据进行监测并做出异常分析以得到更高质量的数据内容,同时使得监测系统具备一定的预警能力,大大提高了结构健康监测系统的自动化程度。

Ying-Hua Huang[14]运用统计分析的方法,揭示了马尔可夫链方法的不足,找出了影响桥梁性能劣化的重要因素,并开发出一个可以预计桥梁未来状态的应用。其通过威斯康星州桥梁桥面构件的历史检查记录、维修记录及数据库数据推测并选取了桥面板劣化作为一个重要因素,采用模式分类的方法建立了基于人工神经网络的桥面板损伤预测模型,并模拟了观测条件和识别因素之间可能存在的非线性关系。该模型包含 11-5-5-5-5-5 神经网络机构,涉及养护历史、运营时间、设计荷载、长度等 11 个桥梁属性,结构具有 5 个隐藏层,每层包含 5 个隐藏神经元,其中一层为结果输出层,其中包含 5 个输出标签。在三岔园交叉验证中,神经网络预测模型对训练集和测试机的分类率分别达到了 84.66% 和 75.39%,表明反向传播法多层感知器(BP-MLP)在处理模式分类问题时表现良好,能够准确地预测桥面状况,为养护规划和决策提供可用信息。同时该研究也表明,桥梁构件的维护保养记录对于有效的桥梁养护决策系统至关重要,各个机构应当加强对这方面数据的收集与归档。

如图 9-7 所示,武立群等[15]设计了基于数据挖掘技术的桥梁结构健康状态检测模型(KPCA-SVM),利用无线传感器采集桥梁结构健康状态数据,采用核函数主元分析法对桥梁结构健康数据进行预处理,去除桥梁数据中的冗余特征,减小桥梁结构健康状态检测特征规模,然后采用支持向量机对桥梁结构健康数据进行学习。支持向量机是一种以结构风险最小化为目的的计算机学习算法,同时将现代统计学理论融入其中。通过支持向量机的学习和训练样本对桥梁结构状态和特征值之间的关系进行拟合,再引入粒子群优化算法(Particle Swarm Optimization,PSO)确定的桥梁结构健康状态检测模型的参数,建立最优的桥梁结构健康状态检测模型。

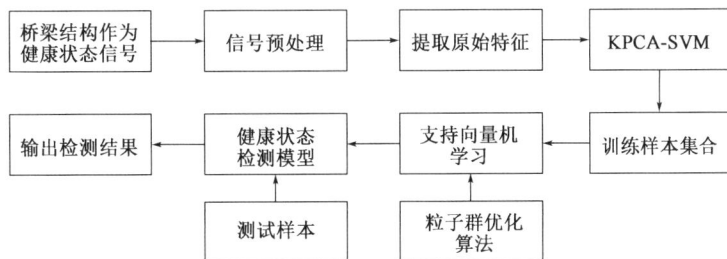

图 9-7 基于数据挖掘的桥梁结构健康状态检测模型工作流程

王桂萱等[16]以日本山口县境内某桥梁为背景建立桥梁智能决策辅助系统(专家系统),系统按照维修管理步骤(检查→评价→对策),包含三个可独立使用但相互关联的子系统,分别为桥梁数据库管理系统、桥梁老化评价系统和桥梁维修管理计划优化系统。

桥梁数据库管理系统主要包含桥梁的基本信息、检查记录和维修加固记录。桥梁老化评价系统相当于将专家的经验知识移植到计算机中,将桥梁的基本要素、环境条件、交通量及桥梁检查中得到的数据输入,通过设定以主梁耐用性为顶点的层次评价结构,采用5层前向神经网络进行推理,再使用误差反向传播法进行深度学习,来评价和预测桥梁以耐久性和耐荷性为指标的老化程度。桥梁维修管理计划优化系统采用模拟高等生物遗传和进化的遗传算法(GA)以及模拟生物具有的免疫系统的免疫算法(IA)进行优化组合,给出一定时间内的最优维修管理计划,其中具体的对策内容包括推荐使用的维修、加固工法,系统判定的合适时间及所需要的预算。该系统不但可以帮助桥梁管理者处理大量的检测数据,评价既有桥梁的老化特性,还可以根据预算和施工条件,给出最佳的桥梁维修管理方案。

如图9-8所示,陈思迪[17]基于人工智能算法在解决交通设施预防性养护决策问题方面的优势,选取路面状况指数(Pavement Condition Index,PCI)这一综合反映路面结构功能状态的参数作为路段划分的核心指标,以7种路面病害作为路段划分影响因素,建立了路段划分模型。并对比了原始PCI值和概率神经网络计算出来的PCI值,两者的相关性达到了96.96%,并且相关性会随着样本数量的增加不断提高,充分说明了基于概率神经网络构建的预防性养护路段划分模型精度可充分满足实际的工程需要。概率神经网络分类方法模糊了路段分类界限值,自动将相同病害划分为一类,便于养护工作的实施。该方法可快速应对有大量数据的路段划分情况,并且能对数据和结果随时更新,解决了传统路段划分适用范围小、操作复杂和精度不高的问题,适用于大批量网级路面路段划分。

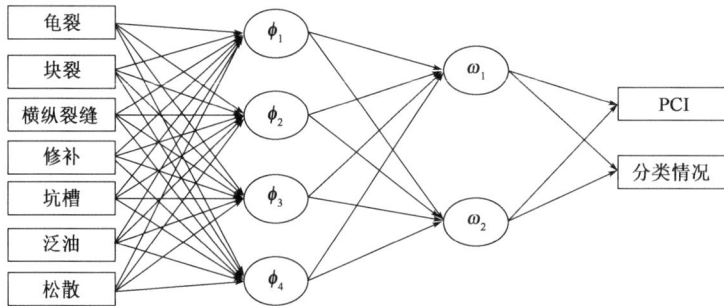

图9-8 路段划分模型

同时,如图9-9所示,基于多目标骨干粒子群优化算法构建预防性养护决策模型,分别以经济、社会、环境效益评价作为决策模型的目标函数,给出基于模糊函数的最优养护方案选择方法。陈思迪基于LTTP数据库,构建了一个包含20组路段数据的网级预防性养护决策案例,所构建的路面智能养护管理模型经对案例进行分析,已经实现对养护时间、养护路段、养护措施的最佳选择,可在规定周期内制订出最科学、高效的预防性养护方案。

万年菊[18]以昆明市农村公路养护资金的特点为背景建立了资金优化网级决策模型,将路面使用性能和在路网中的重要程度作为模型的参数,以实现在养护资金总额有限制的条件下资金安排效益最大化。运用层次分析法对养护效益进行评价,其中包含经济效益、社会效益、环境效益。基于农村公路总里程大、分布分散等特点,结合"有路必养""养必养优"的公路养护目标,通过分析、比较多种优化决策方法,最终采用多目标优化决策法建立农村公路养护资金优化决策模型。案例针对昆明市农村公路构建了单年度资金优化决策模型和多年度资金优化决策模型两种形式,并使用粒子群优化算法对模型进行求解,给出最合理的养护方案及对应的投资总额、路面使用性能指数(PQI)和社会效益得分,如图 9-10 所示。结果表明,单年度资金优化决策模型输出了 14 个 Pareto 最优解,养护部门可根据实际情况在最优解中直接选择合适方案实施;多年度养护资金优化模型输出了 20 个 Pareto 最优解,但是实施方案大多集中在第一年,可能会造成管理部门精力分配不均,但从本模型设定的参数来看已是最佳养护决策方案。最后结果表明,这种模型形式值得公路养护部门开发与应用。

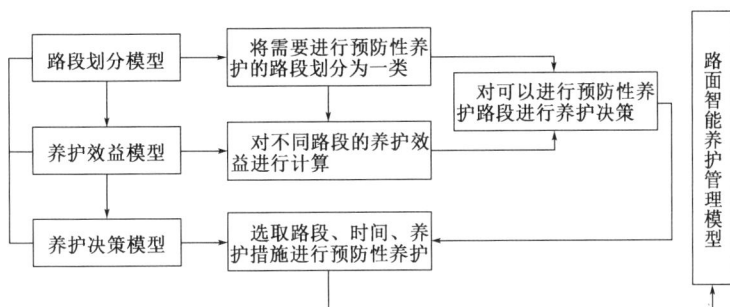

图 9-9　路面智能养护管理模型

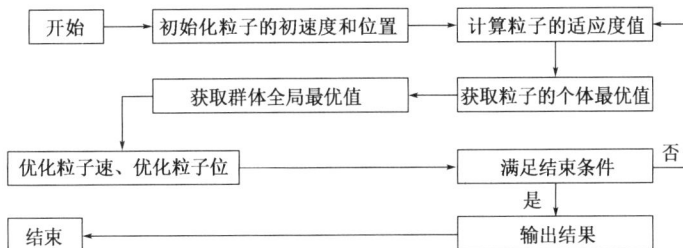

图 9-10　粒子群优化算法流程图

深度强化学习(DRL)被认为是 AI 系统中重要的组成部分,已经被应用于各种工程任务的决策和控制。从 AI 的角度看,制订养护决策的问题可以作为强化学习的一种案例来进行分析,通过一系列的抽样算法来高效地解决如何用最小化的养护费用来获取最优的养护决策的问题。如图 9-11 所示,Shiyin Wei 等[19] 提出了一种基于 DRL 的模型用于桥梁养护自动化决策,该模型的输入数据集可为真实桥梁的历史数据,也可以是虚拟建模模型中的桥梁数据,还可将这两种数据模型合并到同一个框架中。在模型架构中,深度学习负责评估价值函数,加强学习负责改进机制,然后通过评估和改进阶段的迭代学习最优策略,并且深度神经网络的结构化代理可使模型在极小的改动下适用于多种桥梁案例。

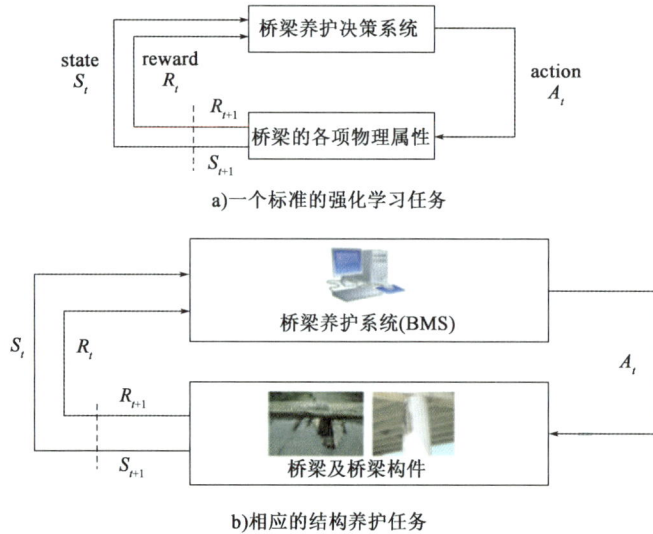

a)一个标准的强化学习任务

b)相应的结构养护任务

图9-11　加强学习和桥梁养护任务的映射示意图

reward-养护决策的经济成本及某些情况下的风险;action-某种桥梁养护行为

9.2　虚拟现实技术

虚拟现实技术作为一种可以创建和体验虚拟世界的新技术,是计算机技术、传感器技术、多媒体技术、仿真技术、网络技术与人机交互技术等多种技术的集合,是富有挑战性的交叉技术、前沿学科和研究领域,其被誉为"21世纪的新科技"。虚拟现实技术向人们展示了其广阔的应用前景,其在各行各业中得到广泛应用并不断走向成熟。将虚拟现实技术应用于桥梁工程也是智慧运维中重要的一部分。因此,本节将详细介绍虚拟现实技术的相关概念、特点和应用,并对其在桥梁工程中的应用进行一定的探讨。

9.2.1　虚拟现实技术概述

1)虚拟现实技术的定义

人与计算机之间传统的交流方式是通过常规的输出窗口(打印或屏幕显示)来查看信息处理的结果,人们从计算机中获取的也是单维的信息,这导致了人去适应计算机,围着计算机转的状况。但是,社会生产力和科学技术的飞速发展给人们适应未来信息社会提出了更多的挑战,那就是希望建立一个多维可视化的信息集成环境,让人可以通过视、听、触觉以及身体形态等参与到信息处理和决策的过程中。虚拟现实技术就是支撑这个多维可视化信息空间的关键技术。

虚拟现实是近年来计算机图形和图像领域的研究热点之一,其利用计算机生成虚拟环境,是一种多源信息融合的、交互式的三维动态视景和实体行为的系统仿真技术,其研究领域包括一切具有自然模拟、逼真体验的技术和方法。1989年,Jaron Lanier首次提出了

"virtual reality"的概念,并对虚拟现实的内容做了定义与研究。"Virtual"说明这个环境或者场景不是真实的,而是存在于计算机内部的、由人工构造的虚拟世界。"虚拟现实"一经问世就受到广大学者的关注,产生了一系列的同义名词,例如"虚拟环境(virtual environment, VE)""人工现实(artificial reality)""赛博空间(cyber space)"等。相关专家学者在 1992 年的美国自然科学基金研讨会上建议使用"虚拟环境"代替"虚拟现实",但是时至今日,学术界还是普遍采用"虚拟现实"这一术语。

Frederick P. Brooks[20]将"虚拟现实体验"定义为一切能够使用户有效地沉浸在交互式虚拟世界中的体验,这意味着用户能够"进入"这个虚拟的环境,使用一系列新型交互辅助设备以及自然的身体技能(如转头、挥动手臂等)向计算机发出各种指令,自主、动态地控制视点,并得到环境对用户视觉、听觉、触觉等多种感受的实时反馈,从而产生置身于相应真实环境中的沉浸感。其本质是一种先进的计算机用户接口,通过给用户提供各种直观又自然的实时感知交互手段,最大限度地方便用户的操作,从而减轻用户的负担,提高整个系统的工作效率。虚拟现实技术的根本目标是实现真实的体验以及基于自然技能的人机交互。作为一门崭新的综合性信息技术,虚拟现实技术实时的三维空间表现能力、人机交互的操作环境以及给人带来的身临其境的感受,改变了人与计算机之间枯燥、生硬和被动的现状。

2)虚拟现实技术的特点

G. Burdea 和 P. Coiffet[21]提出了"虚拟现实技术金字塔"的概念,简洁地说明了虚拟现实系统的基本特征——三个"I",即 immersion(沉浸)、interaction(交互)、imagination(构想)。

沉浸感是指用户沉浸和投入计算机生成的虚拟环境中的能力。用户在虚拟场景中看到的、听到的、接触到的、嗅到的,和真实世界中的完全一样,从而产生"身临其境"的感觉。

交互性是指用户与虚拟空间中的对象进行相互作用的能力,包括用户对虚拟场景中各种对象的操作以及虚拟环境给用户的实时反馈[22]。其包含对象的一切可操作程度以及用户从环境中得到反馈的自然程度、虚拟场景中对象运动的合理性,等等。

构想性是指虚拟现实技术具有广阔的可想象空间,可拓宽人类的认知范围。用户通过沉浸在"真实"的虚拟环境中,与虚拟环境进行各种交互作用并从中得到感性和理性的认知,从而深化概念,萌发新意。

3I 特征强调了虚拟现实系统中人的主导作用,即用户沉浸到一个由计算机软硬件构成的系统产生的虚拟世界之中,通过系统软硬件提供的交互手段可以与该系统进行交互作用,能满足用户的真实构想,同时引发用户的虚拟构想。除了上述的 3I 特征外,虚拟现实还具有多感知性。其强调的是,除了一般计算机所具有的视觉感知之外,虚拟现实还具备听觉感知、触觉感知、运动感知,甚至包含味觉感知、嗅觉感知等。

交互性是指用户在交互设备的支持下能以简捷、自然的方式与计算机生成的"虚拟"世界中的对象进行交互作用,通过用户与虚拟环境之间的双向感知建立一个更为自然、和谐的人机交互环境。人机交互是虚拟现实为用户提供体验、走向应用的核心环节[23],也是其与三维动画的主要区别。虚拟现实与三维动画的区别如表9-1所示。

虚拟现实与三维动画的区别　　　　　　　　　　　　　　　　表 9-1

虚 拟 现 实	三 维 动 画
虚拟环境由基于真实数据建立的数字模型组合而成,属于科学仿真系统	场景画面由制作人员根据材料或想象直接画制而成,属于演示类艺术作品
计算机实时场景计算	画面事先制作生成
用户是主动的,可以按照自己的路线实时感受运动带来的变化,可以双向互动	用户是被动的,只能按照预先假定的观察路径,无法改变,不具备任何交互性
没有时间限制,可真实、详尽地展示	受制作时间限制,无法详尽展示
支持调整、评估、管理、查询等,适合较大型复杂工程	只适合简单的演示功能

3)虚拟现实技术的发展历程

虚拟现实技术的发展历程如图 9-12 所示。

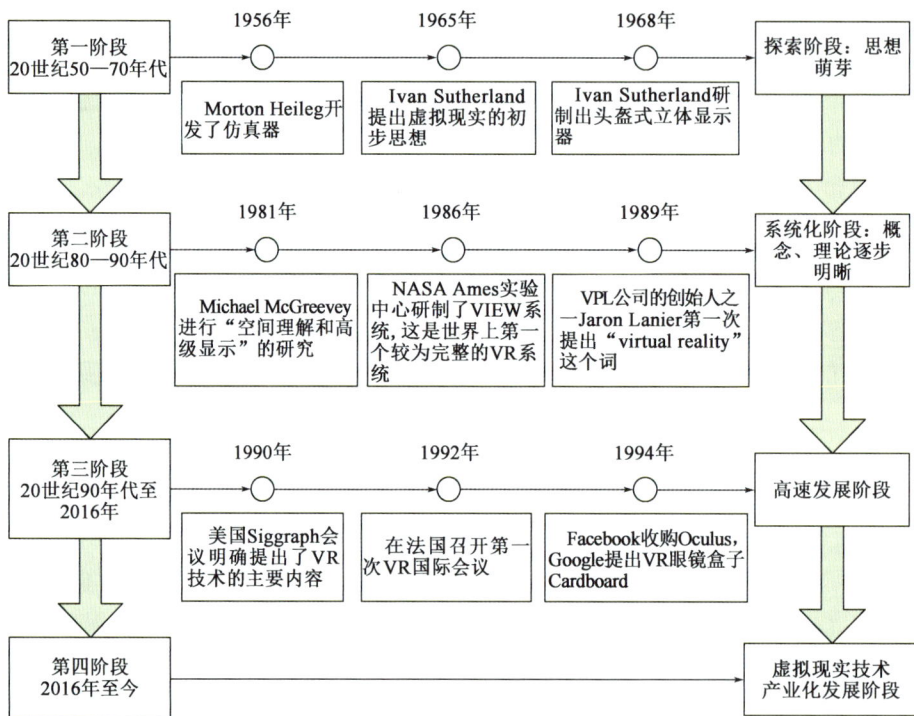

图 9-12　虚拟现实技术的发展历程

第一阶段(20世纪50—70年代):虚拟现实技术的探索阶段。

VR 思想的起源最早可以追溯至 1956 年 Morton Heileg 开发的仿真器,其集成了 3D 显示器、立体音箱、气味发生器及振动座椅。然而,其由于庞大的体积而无法商用。1965 年,计算机图形的创始人 Ivan Sutherland 在 IFIP(International Federation for Information Processing)会议上作的报告 *The Ulimate Display* 中提出将显示屏当作窗口观察世界,使观察者有身临其境的感觉,这是虚拟现实技术发展历史上的里程碑。1968 年,Ivan Sutherland 使用两个可以戴在眼睛上的阴极射线管研制出了头盔式立体显示器,这一显示器成为三维立体显示技术的奠基性成果,为后来 VR 设备的发展提供了原型与参考。总的来说,这一阶段的虚拟现实技术发展得不是很快,处于思想的酝酿阶段。

第二阶段(20 世纪 80—90 年代):虚拟现实技术的系统化阶段。虚拟现实技术的基本概念、基本特征、相关理论和研究逐步明晰。

1981 年,Michael McGreevey 开始进行"空间理解和高级显示"的项目研究。1984 年,第一款商用 VR 设备——RB2 诞生。1986 年,美国航空航天管理局 NASA Ames 实验中心研制了 VIEW 系统,这是世界上第一个较为完整的多用途、多感知的 VR 系统。1989 年,VPL 公司的创始人之一 Jaron Lanier 提出了"virtual reality"这个名词。

第三阶段(20 世纪 90 年代至 2016 年):虚拟现实技术的高速发展阶段。

20 世纪 90 年代之后,随着计算机技术与高性能计算、人机交互设备、计算机网络与通信等科学领域的突破和高速发展,以及军事演练、航空航天等重要应用领域的巨大需求,VR 技术进入高速发展阶段。1990 年,美国 Siggraph 会议对 VR 技术进行了讨论,明确提出了 VR 技术的主要内容:实时三维图像生成技术、多传感器交互技术,以及高分辨率显示技术,为 VR 技术的发展确定了方向。1992 年,在法国召开了 VR 技术的第一次国际会议,为确定虚拟现实作为独立的研究方向的地位起到了重要的推动作用。

第四阶段(2016 年至今):虚拟现实技术产业化发展阶段。

2016 年是 VR 技术发展中极具里程碑意义的一年,其产品逐步推广普及,并逐渐渗入各个垂直行业应用。在 CES 2016 上,Oculus 正式发售了 Oculus Rift 头戴式 VR 设备,同时出现的还有 HTC Vive 和三星的 Gear VR。Intel 和高通开始从芯片层面支持 VR。Unity、Blender、CryEngine 等游戏引擎也宣布全面支持 VR 技术。在游戏娱乐领域,EA、UBISOFT、网易、腾讯等大型游戏公司均发布了各自的代表作品。从这一年开始,大量资本涌入 VR 市场,更多不同层次的 VR 设备产品涌现,VR 内容产业和技术支撑更加成熟,用户规模也不断扩大。

4)虚拟现实系统的组成与分类

(1)虚拟现实系统的组成。

如图 9-13 所示,可以将虚拟现实系统划分为 6 大功能模块。

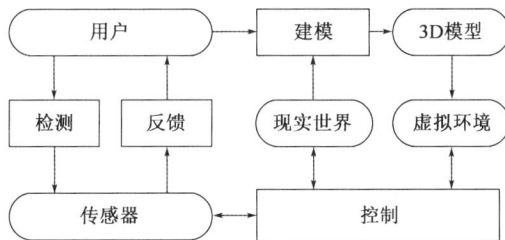

图 9-13 虚拟现实系统的功能模块

传感器是实现人机交互的重要部分,主要有两方面任务:一方面,接收来自用户的命令,将其作用于虚拟环境;另一方面,将操作后产生的结果以各种反馈的形式提供给用户。检测模块主要用于检测用户的操作命令,然后通过传感器模块作用于虚拟环境。反馈模块则负责接收来自传感器模块的信息,为用户提供实时的反馈。控制模块主要用于对传感器进行控制,使用户、虚拟环境和现实产生相互作用。建模模块通过获取现实世界的三维数据,建立它们的三维模型。3D 模型是现实世界的三维表示,并构成对应的虚拟环境。

一个典型的虚拟现实系统主要由计算机、输入/输出设备、应用软件、数据库等部分组成。计算机在虚拟现实系统中起着至关重要的作用,它负责整个虚拟世界的实时渲染计算、用户和虚拟世界的实时交互计算等。为了实现虚拟现实系统良好的人机交互功能,需要采用特殊的输入设备来识别用户各种形式的输入,并通过输出设备将实时生成的相应反馈信息作用于用户。虚拟现实系统的实现还离不开很多辅助软件。例如:在前期数据采集和图片整理时,需要使用 AutoCAD 和 Photoshop 等二维软件和建筑制图软件;在准备音、视频素材时,需要使用 Audition、Premiere 等软件。在虚拟现实系统中,数据库的作用主要是存储系统需要的各种数据,例如地形数据、场景模型、制作的各种模型等。所有在虚拟现实系统中出现的物体,在数据库中都需要有相应的模型。虚拟现实系统中的数据根据其来源和所起的作用可分为四类,如表 9-2 所示。

虚拟现实系统中的数据分类

表 9-2

数 据	定 义	生 成
平台数据 (platform data)	支撑系统运行的公共平台数据以及管理数据	公共支撑平台(计算机系统、网络系统等)
模型数据 (model data)	现实世界中的事物在数字空间中的映像,虚拟现实系统中的主体数据	扫描仪、算法、公理系统
感知数据 (sense data)	作用于各类输出设备使用户产生视、听、触、嗅觉等,也称渲染数据	渲染算法
控制数据 (control data)	用户通过输入设备所产生的数据对虚拟环境进行控制和影响	人机交互设备(数据手套)

(2)虚拟现实系统的分类。

虚拟现实系统按照实现方式可以分为四类:沉浸式虚拟现实系统、桌面式虚拟现实系统、增强式虚拟现实系统、分布式虚拟现实系统。[24]

沉浸式虚拟现实系统主要利用头盔显示器、数据手套等各种交互设备把用户的视觉、听觉和其他感觉封闭起来,使用户真正成为虚拟系统内部的一个参与者,并能利用这些交互设备操作和驾驭虚拟环境,产生一种身临其境的感觉。常见的沉浸式虚拟现实系统有基于头盔式显示器的虚拟现实系统、投影式虚拟现实系统(图 9-14 和图 9-15)。

图 9-14 基于头盔式显示器的虚拟现实系统　　　　图 9-15 投影式虚拟现实系统

桌面式虚拟现实系统(图 9-16)也称窗口虚拟现实系统,是利用个人计算机或初级图形工作站等设备,以计算机屏幕作为用户观察虚拟世界的一个窗口。虽然缺乏可穿戴式显示器的投入效果,但其因为成本相对较低,应用得比较普遍。

增强式虚拟现实系统(图9-17)并不要求与世隔绝,它允许用户看到真实的世界,同时也可看到叠加在真实世界上的虚拟对象,它是把真实环境和虚拟环境组合在一起的一种系统。

分布式虚拟现实系统(图9-18)是虚拟现实技术与网络技术结合的产物,其目标是在沉浸式虚拟现实系统的基础上,将地理上分布的多个用户

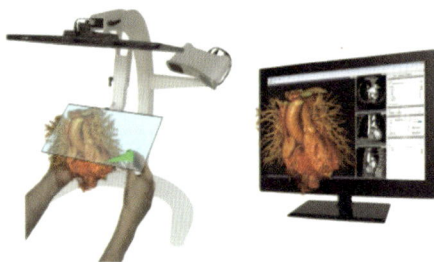

图 9-16　桌面式虚拟现实系统

或多个虚拟世界通过网络连接在一起,使多个用户同时参与到同一个虚拟空间中,通过联网的计算机与其他用户进行交互,以达到协同工作的目的。

图 9-17　增强式虚拟现实系统

图 9-18　分布式虚拟现实系统

5)虚拟现实技术的发展趋势与应用

(1)虚拟现实技术的发展趋势。

虚拟现实技术在城市规划、军事等方面的应用不断深入,给虚拟现实技术在建模方法、交互方式、系统构建等方面提出了更高的需求。为了满足这些需求,近年来与虚拟现实相关的技术研究遵循"低成本、高性能"的原则,取得了快速发展,表现出了一些新的特点和发展趋势,主要体现在以下几个方面:

①实时三维图形生成和显示技术:三维图形的生成技术已经比较成熟。但如何实时生成、在不降低图形质量的前提下如何提高刷新频率才是研究的重点内容。此外,VR技术还依赖于立体显示和传感器技术的发展,现有的虚拟设备还不能满足系统的需要,有必要开发新的三维图形生成和显示技术。

②新型交互设备的研制:虚拟现实技术能够实现人与虚拟世界对象的自由交互,从而使人产生沉浸感的基础是交互设备,目前常见的输入/输出设备主要有头盔显示器、数据手套、数据衣服、三维位置传感器、三维声音产生器等。但是,大多数虚拟现实设备都是高端产品,且价格不菲。无论是软件还是硬件,虚拟现实技术只有在普通用户都能负担得起的时候,才会真正变成主流。虽然最近版本的设备以更便宜的价格进入市场,但它们作为消费级产品来说仍然不够便宜。因此,新型、便宜、鲁棒性优良的数据手套和数据衣服是未来研究的重要方向。

③5G + VR:VR尚未成为主流的原因有很多。一个原因是VR设备一直很昂贵,另一个

463

原因是缺乏连接性。为了打造更真实的虚拟体验,设备需要快速运行,它们需要高水平的存储和低延迟。有时候就算是几毫秒的延迟,虚拟现实所呈现的效果可能都会大打折扣。5G时代的到来,可将网络延迟至少降低至原来的十分之一,网络效率和流量至少改善和提高100倍。这可以让 VR 画面更加精致、流畅,与现实产品、服务等的融合性更好。因此,5G 的推出将给开发人员提供工具,大大拓宽 VR 项目的范围,并且制造真正沉浸式的、能够远程使用的有效产品。

(2)虚拟现实技术的应用。

虚拟现实技术的出现引发了一系列技术和手段的重大变革,改变了一些陈旧的传统技术,改进了产品设计开发的手段,显著提高了工作效率,大大降低了工作难度,有效降低了操作的危险性。虚拟现实技术最早应用于游戏领域。目前,虚拟现实技术的应用领域日益广泛,已经扩展到各行各业,包括军事、工业、农业、医学、教育、建筑等。

军事需求是推动虚拟现实技术发展的原动力。从 20 世纪 90 年代初起,美国率先将虚拟现实技术用于军事领域。此后,世界很多国家的军事机关都将虚拟现实技术向军事领域开拓。在军事领域,军事训练和演习被当作提高军队作战能力的重要措施,虚拟现实技术可以有效提高军队的训练质量,减少实战中的人员伤亡,节省训练经费和物资,减轻对环境的污染和破坏,提高指挥决策的水平等。虚拟现实技术还被应用于武器的研制过程,以缩短武器装备的研制周期。

在工业仿真中,利用虚拟现实技术可对模型进行各种动态性能分析,并改进设计方案,用数字化形式代替传统的实物样机试验,减少产品开发费用和成本,提高产品质量及性能,著名的波音 777 飞机就是利用虚拟现实技术成功设计出来的。

虚拟现实技术在农业领域中的科研、教学、生产、规划、农业资源配置、商品流通、农机设计与制造等方面均有广阔的应用场景[25]。利用虚拟现实技术可以研制农业机械,还可以模拟生物的真实环境和生长过程,或通过传感器采集生物信息、重构生命过程,如重现农作物生产过程中的病虫害和治理,计算出污染程度等,以杜绝农作物的污染源头,对于食品安全而言,意义深远。

虚拟现实技术在医疗领域的应用涉及手术模拟、技能培训、手术辅导、心理治疗等多个方面。例如通过模拟手术,医生可以进行手术计划和训练,进一步深度掌握具体的手术操作步骤,以及学习和探索新技术。又例如医学生可以通过技能培训真实地体验操作过程,从而快速地掌握人体解剖等临床知识。

在教育领域,虚拟现实技术可以改变传统的教育模式,由督促教学的被动学习模式转变为学习者通过自身与信息环境的相互作用获取知识、技能的主动学习模式。虚拟实验室可以让学生亲身经历如太空旅行、化合物分子结构显示等,比传统教学更加具有说服力。

在建筑工程领域,虚拟现实系统正发挥着巨大的作用。采用虚拟现实技术可以让建筑师看到和"摸"到设计成果,而且方便随时修改。另外,虚拟现实系统可以快捷、方便地随着方案的变化而进行调整,辅助建筑师做出决定,从而大大加快方案设计的速度和提高质量,节约大量的资金。同时,虚拟现实在重大工程项目论证中的应用也比较多,一些大型的公共建筑工程项目或比较重要的建筑,如车站、机场、桥梁、港口、大坝等,它们在建成后往往对某一地区的景观、环境等有较大影响。由于这些项目的建设成本高,社会影响大,论证其安全性、经济性和功能合理性的意义更加重大。

9.2.2 虚拟现实技术在土木领域的应用现状

为贯彻落实《中共中央国务院关于进一步加强城市规划建设管理工作的若干意见》及《国家信息化发展战略纲要》,进一步提升建筑业信息化水平,2016 年,住房和城乡建设部组织编制了《2016—2020 年建筑业信息化发展纲要》(以下简称《纲要》)。《纲要》[26]明确提出:要鼓励建筑行业使用 BIM 技术、虚拟现实技术,力图增强建筑业信息化发展能力,优化建筑业信息化发展环境,加快推动信息技术与建筑业发展深度融合,充分发挥信息化的引领和支撑作用,塑造建筑业新业态。

VR 技术由于其沉浸性的特点,可以使用户具有身临其境的沉浸感,并且可以在现有条件下看到生成的虚拟图像。对土木行业而言,VR 的应用能给土木行业从业者带来便利,同时也能给相关使用者提供更加直观的体验。这种优势使得 VR 技术在建筑行业具有很大的发展潜力。

1)"BIM + VR" 模式

目前 VR 主要与 BIM 技术相结合应用于土木工程行业。BIM 技术已在第 8 章中展开详细的介绍与阐述,BIM 模型虽然具有建筑全生命周期的信息数据,但是其在可视化方面距离真实场景还存在较大差距;模型的建立也只停留在展示建筑工程的三维效果以及动画层面上,用户并不能真实地感知建筑环境、空间、材质等;VR 技术能够发挥其可视化和交互性的优势,弥补 BIM 技术的不足。与此同时,目前 VR 的大部分应用都停留在建筑视觉表现和行为感知体验上,建筑空间的尺度、结构、设备等数据信息被忽视,导致场景失真、设计不合理[27]。

由于 BIM 是一个包含建筑全生命周期数据信息的模型,正好弥补了 VR 技术在建筑行业的应用不足。基于 BIM 的场景信息不再是"花架子",而是具有精确数据支撑,能够解决工程实际问题的工具。工程人员能在 VR 场景中简单、快捷地解决管理、沟通问题。因此,将 VR 的沉浸性与 BIM 的数字化结合,在 BIM 模型环境基础之上,通过 VR 沉浸式感知特性,创建一个虚拟的"真实"场景。在场景中可以感知建筑的空间、材质、参数等,进行设计方案的编辑、调整,模拟施工过程,提前体验建筑工程的真实建成效果,从而给土木工程师的设计提供更多便利,打造土木大数据高地。图 9-19 给出了 BIM 与 VR 的关系图。

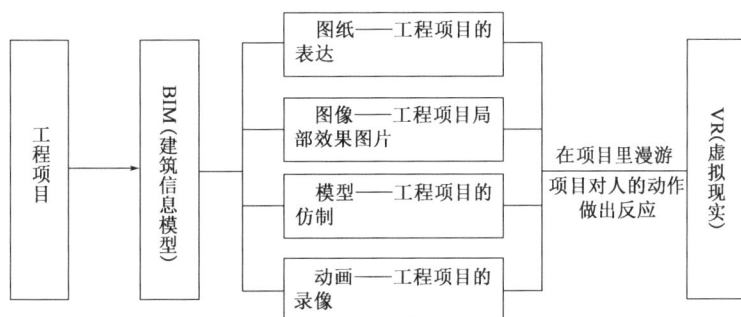

图 9-19 BIM 与 VR 的关系图

BIM 和 VR 的传统对接方式属于 BIM 到 VR 的单向操作,此模式虽能达到从 BIM 模型到 VR 场景的目的,但场景中的建筑数据信息缺失,较少考虑建筑工程的严谨性。VR 场景仅仅是一个视觉表现和行为体验的空间,忽视了建筑工程的数据信息,并且场景的利用率不高,这种一次性的体验方式不适合信息不断变更的建筑工程项目。传统对接模式以建筑三维模型为基础,再利用 VR 引擎(如 Unity3D、UE 等)进行场景构建。这种场景需要将前期三维模型处理成 VR 引擎能够兼容的格式,进而在 VR 开发团队的帮助下完成场景的构建工作。在对接过程中,建筑工程本身的信息数据难以完整、准确地集成;随着三维模型内容的修改,后续一系列的操作都将需要花费大量的精力去开发、调整,费时费力[27]。

"BIM + VR"模式将避免传统模式的弊端,实现 BIM 与 VR 技术的优势互补,对接更加简单、灵活、高效。建筑工程项目不仅具有信息数据的模型基础,而且具有 VR 技术的沉浸体验。对接过程中无须复杂的软件技术开发,直接是 BIM 模型与 VR 设备的自然对接(图9-20)。建成的 VR 场景并非虚有其表,而是既具备建筑工程属性,又兼具用户体验的虚拟现实空间。随着建筑信息的修改,场景信息随之更新,不再需要重新对模型进行处理[27]。

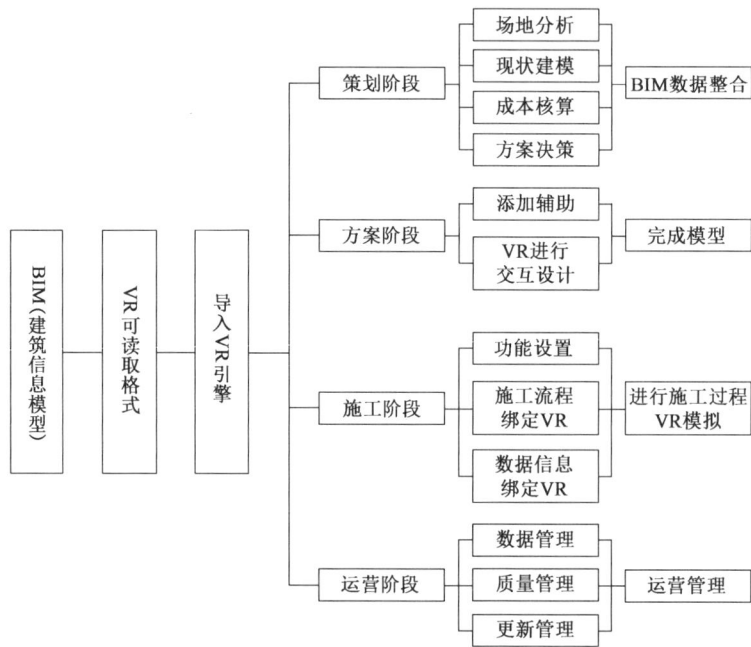

图9-20 BIM 模型与 VR 设备的对接流程

2)VR 在设计阶段的应用

在土木工程领域的设计和建设过程中,需要处理大量的三维模型,目前几乎所有的工程师都是利用电脑软件进行设计、研究,现场的施工人员也是通过图纸与设计者交流从而布置施工。这个过程复杂且耗时较长。在国家高速发展建设的今天,在智能化设计不断涌现的时代,VR 技术的出现可以弥补这一缺陷。设计工程师在设计房屋、道路、桥梁时可以以 VR 技术作为基础,配合其他计算模拟软件,更直观地运用测量参数,减少其实地勘察的次数和时间。同时,可以设定 VR 虚拟出地质情况、岩土条件、天气情况等为设计者实现设计想法提供多种模拟条件及应对不同情况的多次实践机会,这种方法相对于目前在工程中的试验更为真实、快捷和安全。这也为不同研究方向但同样致力于道桥建设的从业者们提供了集思广益的空间,加强了各方面的交流探讨。

设计师通常使用 CAD 系统来进行工程设计,如 AutoCAD、Microstation 等,这类系统在数据处理方面非常实用。虽然目前的软件已经在向绘图与计算一体化方向发展,但是操作过于繁杂,不能较好地融合施工图与数据。将 VR 技术与 CAD 系统融合就可以解决这些问题,设计师可以在虚拟的操作系统中搭建房屋、道路、桥梁等,研究荷载对建筑物的影响,根据反馈的结果修改数据,直至形成满意的方案[28]。

"BIM + VR"在建筑规划与设计阶段最基本的应用是设计方案评审。将设计师、评审人员带入 VR 场景中,基于 VR 的特性,便可实现常规看纸质图纸和透过屏幕看 BIM 模型所达不到的效果。特别是对于决策层以及一些非设计专业人士,VR 的沉浸性让他们也能参与进来,发表评价。体验者可以通过多种视角对项目进行全方位审视。比如通过飞行漫游视角,在 VR 场景中查看渲染过后 1∶1 的 BIM 模型场景,让人们对未来区域的建筑规划方案有更宏观的感知和判断。体验者在漫游途中还可通过丰富的 VR 交互手法对方案进行全方位查看以及局部的修改调整。当有多套建筑规划设计方案供参考时,可通过 VR 体验,直观地进行方案的评审和比选。目前在建筑规划设计阶段,已经有大量的"BIM + VR"软件可供选择,比如 IrisVR、Enscape、Mars、TwinMotion、Lumion 等。

如图 9-21 和图 9-22 所示,基于"BIM + VR",孙传翔等[29]研发了面向建筑行业的 VR 协同设计系统,通过将 BIM 与 VR 结合,对于每一个具体工程,在整个建筑生命周期内,为设计师、开发商、建设者和消费者提供方便、快捷、高效的服务。该协同设计系统包括三部分,即 BIM 协作支撑子系统、构件格式转换工具和 VR 协同设计子系统。将各类 BIM 构件通过转换工具转换生成 VR 模型库后,在 VR 协同设计子系统中,利用 VR 模型库建立虚拟场景和进一步开发,主要包括 VR 场景的辅助设计、跨端协同设计和仿真漫游展示三部分。此系统实现了各参与方在线协同工作,通过沟通合作解决随时面临的各种问题,让人们有切身的体会,从而提高了整个工程项目中每个人的效率。

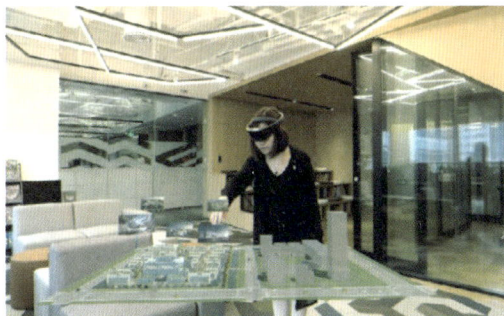

图 9-21　VR 跨端系统设计效果图　　　　图 9-22　VR 仿真漫游效果图

如图 9-23 所示,邵正达等[30]研究了基于 BIM 的 VR 交互技术,并开发了基于 BIM 的 VR 交互系统,系统功能模块包括自主漫游、材质替换、构件替换等一系列 VR 应用点。该系统可根据甲方需求,实现 VR 交互体验,能够降低装饰深化设计的整改次数,提升建筑的设

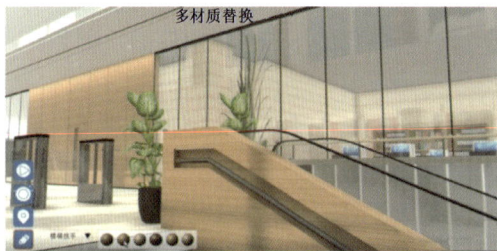

图9-23 基于BIM的建筑VR交互系统的多材质替换模块

计效率并增加场景的互动性、沉浸性和真实性。该系统目前已成功应用于上海市轨道交通运营指挥大楼项目。

3）VR在施工阶段的应用

在施工阶段，施工场地不断变化，各种各样的未知问题的出现在所难免，虚拟技术在人工的操控下可以在进行下一步施工前预演可能会出现的困难，这在一定程度上增强了施工的安全性，为施工提供了质量保证。施工图中的细节如下水管道、绿化等通常不能完整、准确地应用于施工中，在VR系统中，施工人员可以通过局部放大来达到准确处理细节的目的。在施工汇报时，VR技术的合理使用为检查单位、建设单位提供了更加直观的感受，也可以通过虚拟技术、对存疑的地方进行模拟重现，使管理更加完善[28]。

VR最早的工程领域应用侧重在VR沉浸式体验上，通过VR的沉浸感、交互性来发挥其工程教育培训的价值。随着工程教育培训的不断普及，单纯的VR体验已经不再能满足工程需求，更多深入挖掘BIM和VR价值的应用会不断推向工程现场。

目前VR在工程施工阶段的应用主要集中在安全管理、质量控制及进度控制方面[31]。

（1）安全管理。

在技术人员进入施工现场前会对他们进行作业培训，一般的作业培训是先进行书面或视频学习，然后由有经验的操作人员带领他们进行实际操作，具有一定的危险性。近年来，随着国家对体验式安全培训教育的推广，各建筑生产单位逐渐加大对体验式培训教育场馆的投资与建设，并不断开发新的培训模式，应用新的技术。在此背景下，虚拟现实技术在建筑施工安全教育培训中逐步兴起。

相较于传统安全培训，VR安全培训的优势不言而喻。将工人置身于施工场景中，依次去体验各类安全事故及应急抢险的流程，在VR中发生的伤害、死亡等事故通过视觉、听觉、触觉的反馈，对工人形成心理上的震慑，能够改变施工人员对危险作业的认识，极大地提高他们的安全意识。

在VR工程安全教育上，国内市场需求更甚于国外，市场空间也更大。或许VR安全教育培训将成为工程现场的标配。但是将VR技术应用于建筑安全教育培训还处于起步阶段，各地大型体验馆虽有展示，但是产品质量参差不齐，也没有专门的研究对建筑施工事故VR体验模型设计进行指导。目前，部分研发型企业已经深入工程管理，不再停留在面子工程上，做出的软件成果对一线工人来讲有较大的实用价值。

目前许多建筑施工VR体验项目主要通过VR和BIM技术相结合。2016年在合肥，中建八局建成我国首个工地"BIM+VR""三合一"体验馆。该体验馆集安全教育、质量样板、绿色施工于一体，建成了1:1的工程模型，体验者可以佩戴VR眼镜在虚拟场景中漫游，还可以直接体验洞口坠落、脚手架倾斜、高空坠落、电击等事故场景，以及在虚拟环境中了解作业程序。

VR体验式培训项目的热潮带动了数百家VR软件开发公司，现有不低于30家公司专业从事建筑施工VR体验相关培训软件的开发，各家公司都有市政工程、房建工程、地下工程、公路工程、铁路工程等多种场景以满足客户需求,也可按照客户需求定制场景,实现不同的功能。

如图9-24和图9-25所示,万间科技有限公司设计了一种基于BIM和VR的施工安全培训系统(SafetyVR)[31]。该系统除了可以实现标准化的施工工地体验、常规安全事故VR交互体验等常规的安全体验项目外,为了让培训效果更具可见性,该公司还做了几项技术的集成创新:刷身份证的实名制管理系统,眼球及视线追踪技术精确记录考核分数,成绩管理及分数导出用于备案,多项目场景及事故抢险类别全覆盖。

图 9-24 SafetyVR 体验的流程

图 9-25 SafetyVR 系统截图

(2)质量控制。

工程质量一直是建筑行业关心的核心问题之一。影响工程质量的不确定因素众多,隐蔽性强;同时,工程质量管理周期长,是一个动态的过程。VR技术的产生及应用可以针对性地解决现存的工程质量问题,进而提高工程质量管理的效率。

将VR技术应用于质量控制领域,首先也是用来做交底和培训考核。特别是对于大型工程的复杂施工部位,在现实场景中很难进行教育培训。用BIM模型来搭建VR场景,设置交互流程和考核标准后,即可用来进行培训。

Hyungeun Kim 等[32]基于VR技术设计了一种新的施工质量控制方法,如图9-26所示。该方法采用定点相机拍摄的施工照片作为工作现场实际情况的准确信息,使用VR技术创建VR图像,根据照片图像和VR图像的匹配程度来检查施工现场的实际情况与建筑物的设计图之间的差异。为了确定建筑照片的三维视点,提出了从实际工作现场获取建筑照片的视点坐标和方向矢量的方法。该方法通过实际案例验证是有效的。

(3)进度控制。

工程中的进度控制强调事前控制,虚拟设计与施工(Virtual Design and Construction,VDC)在国外已经是一个大的学科门类,在企业中也是一个复合型的专业岗位。VDC工程师就是利用 BIM 模型和图纸来进行施工进度的虚拟仿真、事前控制,排除所能察觉到的所有不合理项、问题点后,再去指导实际的现场施工,降低施工的不确定性和返工的人力、资金、时间成本。

图 9-26　使用定点相机获取的 VR 图像和施工照片的比较

对于 BIM 工程师来说,只需要将其搭建的 BIM 模型导入 VR 场景,编排好施工进度顺序,处理好和虚拟工期时间的精确挂接关系,即可在一个虚拟场景中完整复现一个未来的施工场景。管理人员不再仅仅依据自己的施工经验,而是依据 BIM 模型中精确的材料、成本、人员等数据,通过调节各类资源曲线,用线性规划的方式来寻找最佳的施工进度路线,让进度模拟仿真达到优化施工方案、降低施工不确定性的目的。

进度模拟仿真的精细度与 BIM 模型的精细度有关。随着各类信息资源的进一步挂接,可以实现更精确的数据驱动进度流程。同时,在搭建好进度仿真流程后,工程师可以戴上眼镜,进入 VR 场景,去对流程的细节进行评审,评估虚拟施工方案是否具备可实施性,防止出现局部的流程冲突。随着 BIM 和 VR 的进一步融合,通用化的 BIM 和 VR 软件将成为施工现场的工长、材料员等与进度密切相关的管理岗位人员的生产工具。

另外,远程多人同时在线的 VR 体验会更加普遍和实用。在 VR 场景中可以实现建设单位、施工承包单位、设计单位以及监理单位的远程多方协同沟通。不用去到同一个地方,在 VR 场景中即可完成会议或施工进度方案沟通,对提升工作效率、节约沟通成本的作用是极大的。

VR 进度模拟仿真的操作流程详见图 9-27。

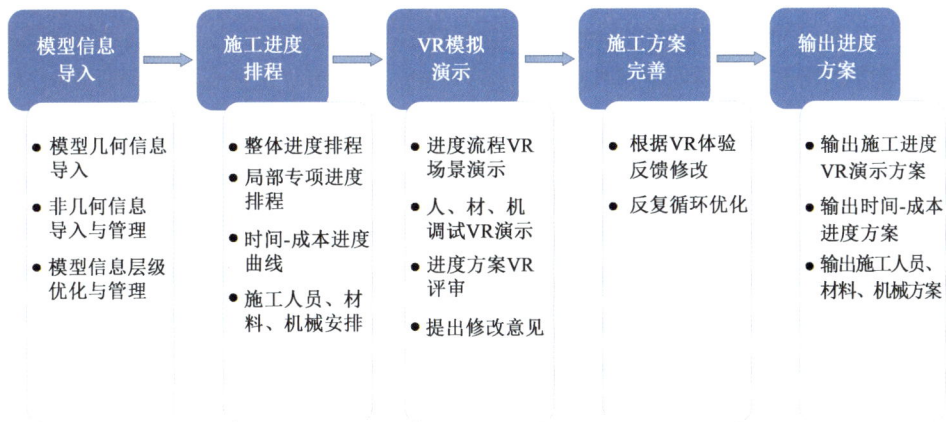

图 9-27　进度模拟仿真"BIM + VR"应用的操作流程

4)VR 在运维阶段的应用

建筑运维管理是指建筑在竣工验收完成并投入使用后,整合建筑内人员、设施、技术等关键资源,通过运营充分提高建筑的使用率,降低经营成本,增加投资收益,并通过维护尽可能延长建筑的使用寿命而进行的综合管理。传统建筑运营管理模式在运营阶段往往跟设计、施工阶段的数据信息无法互通共享、实时更新;运营阶段缺少事前控制的手段,导致无法达到高标准的管理要求。此时,基于建筑工程的 BIM 数据的 VR 应用价值就凸显出来了。

(1)仿真运行模拟。

项目在竣工后、交付试运行阶段,可以通过"BIM + VR"场景来模拟仿真运行的场景,即试运行模拟(VR commissioning)。以一个生产工厂为例,可以通过 VR 来精确模拟各类设备运行时的工况。试运行模拟仿真的内容包括:设备运行工况模拟、消防应急演练模拟、典型设备故障应急演练模拟等[31]。

（2）VR 远程操作。

VR 技术结合建筑工程设施的物联网硬件，可将设备运行的数据实时在 VR 场景中可视化。还可以通过在 VR 场景中操作虚拟硬件设施，将指令传递给建筑中的实际硬件控制器，实现远程控制。对于一些操作危险性较高的设备区域，在 VR 场景中远程操作，除了提高安全性外，还非常简单、直观、便捷。

图 9-28 某工厂通过 VR 远程控制车间设备

图 9-28 是钢材工厂中通过 VR 远程操作机床设备的案例。体验者手持控制器，在 VR 场景中操作虚拟设备，实际控制的却是跟虚拟设备一致的实体建筑设备。且设施设备的实时运行数据也能够在 VR 场景中查看，操作员在控制室体验区就可对整个建筑内所有联机的设备进行控制[31]。

（3）VR 用于桥梁健康监测。

将 VR 技术用于桥梁的健康监测，可以提高桥梁监测的效率，使桥梁的可视化监测更直观、更科学。

①融合 VR 技术的桥梁监测系统。

董忠波等[33]设计了基于 Web3D 虚拟现实技术的桥梁监测系统。针对监测数据的特点，设计实时数据和历史数据分离的存储方式，优化了系统对海量数据的访问速度，从而提高了系统监测的实时性。如图 9-29 所示，采用主流的 Web3D 图形化技术全方位地展现桥梁内外部结构，结合各监测点的数据实时反映桥梁各构件当前的健康状态，为桥梁监测、预警以及维护提供依据。该系统目前已被成功部署在某高校的人行天桥上，对桥梁管养人员实时监测、评估桥梁的结构状态有很大的帮助。

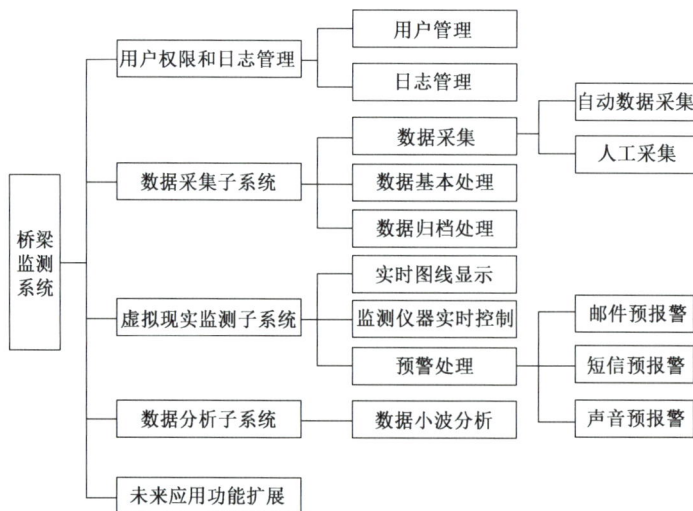

图 9-29 基于 Web3D 的桥梁监测系统的功能

②用于桥梁检测的 VR 应用程序。

Muhammad Omer 等[34]开发了一种用于桥梁检测的 VR 应用程序。如图 9-30 所示,该应用程序使用的是基于 Android 操作系统的设备,例如智能手机。该应用程序支持导入桥梁的 LIDAR 扫描,该扫描可用于检查并及时显示桥梁状态的准确历史记录。同时,该应用程序支持通过耳机进行头部跟踪,以及通过使用蓝牙通信协议与耳机连接的手持控制器进行导航控制。根据 VR 检测技术获取的桥梁的可视化特征如图 9-31 所示。

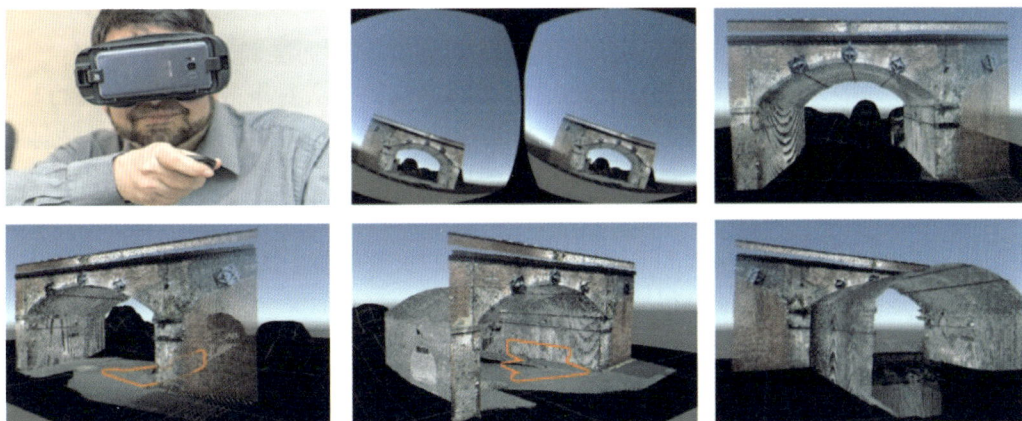

图 9-30 在 3D VR 环境中重现的桥梁的多视图

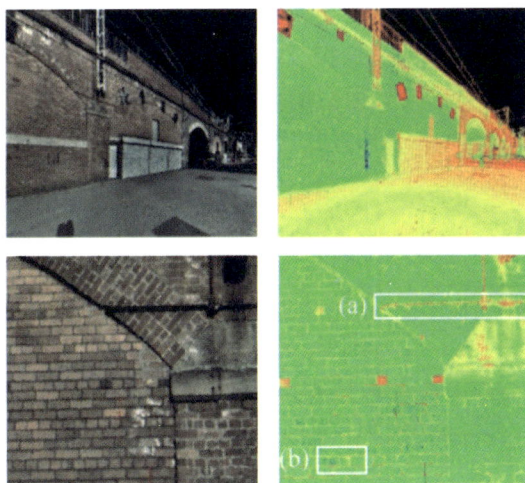

图 9-31 根据 VR 检测技术获取的桥梁的可视化特征

9.2.3 虚拟现实技术在桥梁管养中的应用场景

1)桥梁安全事故还原

随着社会经济的快速发展,近年来我国桥梁事业也蓬勃发展。但是随着交通量的增大,以及各种自然因素和人为因素的影响,桥梁的安全性越来越受到人们的重视[35]。在中国桥梁建设迅速发展的同时,桥梁坍塌事故屡有发生,导致巨大的社会经济损失、人员伤亡的同时,往往还会造成极坏的社会影响。

2019 年 10 月 1 日上午 9 时 30 分,台湾地区宜兰县南方澳跨港大桥发生坍塌事故。事故导致 3 艘渔船被压垮,致使 6 人重伤,4 人轻伤,5 人失联。南方澳跨港大桥建成于 1999 年,是台湾地区唯一一座单钢拱桥,长 140m,宽 15m,当时造价 2.5 亿新台币。桥上设有游客观景平台,是当地重要地标之一。调查人员初步了解后称,这起事故是因为大桥海侧桥墩坍塌,导致桥体向下掉落断裂,但事发原因尚待厘清。因此,非常有必要对桥梁安全事故进行鉴定分析,从而找出引起桥梁安全事故的主要原因,为避免同类桥梁安全事故再次发生起到积极的作用。

桥梁安全事故的鉴定分析需要通过计算机模拟技术,科学而准确地再现桥梁安全事故发生的过程。一般来说,相关研究人员会通过数学近似的方法对事故发生过程进行模拟(例如:有限元分析技术[36]),并产生了不少成功案例。基于数学近似方法的模拟过程具有科学性,但是也存在一些短板。首先,在数学近似模拟的过程中,一般无法考虑桥梁所处环境的相关信息(如地形地貌等)。很多时候,在事故发生后,往往需要专业工程师及专家到现场进行勘察,以判断桥梁事故的原因,并采取相关的抢救措施。此外,数学分析模拟呈现出来的结果是经过简化的,而且很抽象,无法让研究人员直观而又全面地感受。因此,在桥梁安全事故的鉴定分析过程中,除了必要的科学、数学分析之外,还需要对过程进行逼真的呈现,并尽可能真实地展现事故发生的整个过程。

在灾难模拟与重现方面,VR 技术正发挥着惊人的作用,如矿山事故模拟与分析、火灾重现、飞机遇难模拟、交通事故再现和犯罪现场重现等。这些 VR 技术产生的"重现"与分析,对减少和避免灾难的发生意义重大。将 VR 技术引入桥梁安全事故的鉴定分析过程,可以有效弥补上述数学近似模拟方法的短板。其可以对数值分析模拟、地形、地貌、桥梁周围景观等诸多要素进行有效的综合,从而更加全面、准确地再现事故发生的过程。并且可以通过各种人机交互、特效制作等手段带给人真实感。此外,虚拟场景模拟的场景漫游等功能,可以最大限度地满足桥梁安全事故分析过程中观察和思考的需要,以辅助进行安全事故的鉴定,进行更加深入的分析。研究人员可以根据自己的思路对某个特定的过程进行聚焦,而且,根据个人专业或者经验的不同,每个人聚焦的点不一样,这更有利于开发思维,找出引起桥梁安全事故发生的主要原因。

关于基于 VR 技术的桥梁安全事故场景模拟,大致可以总结为图 9-32 所示的流程。通过数学近似分析方法(如有限元软件等力学模拟)得到的相关计算结果与地形、纹理等桥梁所处环境的周边数据等共同构建系统的数据文件。基于数据文件,实现对桥梁模型和地形模型等的建模,发挥系统的动画、特效、漫游等核心功能,然后对虚拟环境下的事故模拟进行展示,同时提供模拟控制等人机交互功能,为研究人员进行事故辅助分析提供途径。

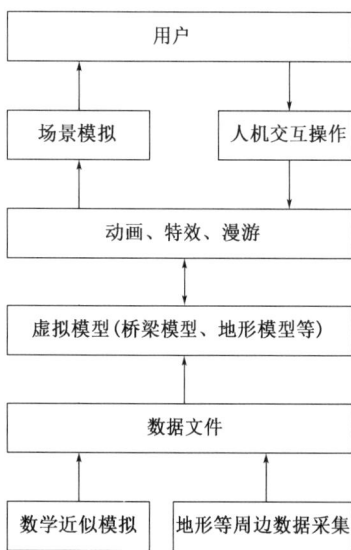

图 9-32 桥梁安全事故场景模拟流程示意图

2）协助进行桥梁管养

（1）VR 协助工程师快速熟悉桥梁的基本信息。

①应用背景。

桥梁出现损伤以后，往往需要专业工程师及专家到现场进行勘察监测以判断桥梁损伤原因，并做出相关管养决策。但是仅凭现场的监测信息还难以做出准确的桥梁管养决策，需要预先了解出现损伤的桥梁的基本信息，包括桥型、跨度以及桥梁的结构布置等，再结合现场获取的数据进行有效的管养决策。长久以来在桥梁领域的设计和建设过程中，更多的还是利用平面图纸完成，平面图纸可以帮助桥梁管养工程师了解该桥梁的结构及基本信息，但是平面图纸有两点不足。一是平面图纸的直观性较差，工程师往往需要结合多张图纸才能对桥梁的结构有基本的了解，其获取信息的过程复杂且耗时较长。特别是对于一些建造时间较久远的桥梁，其设计图纸和资料很可能无法在第一时间找到，这就耽误了现场管养决策的时间和效率。二是平面图纸的可视化较差，无法向工程师传达桥梁设计的细节部分，而桥梁出现损伤的部位往往是桥梁的细节部位，如支座、拉索、锚具等，并且平面图纸也不具有可视化的特点。

②应用路线。

在智能化设计不断涌现的时代，VR 技术的出现可以弥补平面图纸的缺陷。如图 9-33 所示，在设计桥梁时，工程师可以以 BIM 技术和 VR 技术为基础，将 VR 的沉浸性与 BIM 的数字化结合，在 BIM 模型环境基础之上，通过 VR 沉浸式感知特性，创建所设计桥梁的虚拟"真实"场景。随后可以将所设计的桥梁 VR 实景的相关数据存入智慧桥梁管养系统中，建立桥梁的大数据 VR 实景，真正实现桥梁设计资料的数据化、移动化和可视化，这样就可以在对桥梁进行管养决策时提供便利。对于某待养护的桥梁，工程师和专家可以在电脑端或手机端调取智慧桥梁管养系统中的该桥梁 VR 实景，配合身边的 VR 眼镜等设备，第一时间熟悉该桥的相关信息，再结合现场勘察，可以大大提高桥梁管养的效率。

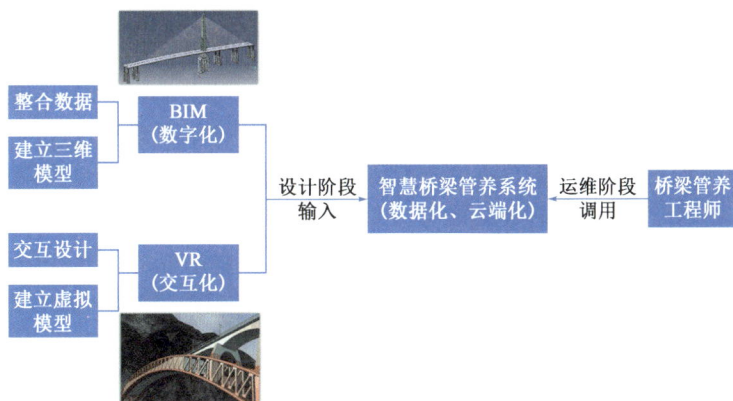

图 9-33　VR 协助工程师熟悉桥梁信息

（2）VR 应用于桥梁管养工程师的技能培训。

①应用背景。

在桥梁管养工程师进入实际桥梁管养现场前，会对他们进行作业培训，目前普遍采用的培训模式为"理论学习 + 老带新"。"理论学习"指工程师需要先进行书面或视频的理论学习,"老带新"指在完成理论学习以后,由有经验的工程师带领着新工程师进行现场实际操作。这种模式有三大弊端:一是会导致"理论教学与实践脱轨",无法做到理论教学与实践同步进行,技能培训的效率较低;二是会导致"现场管养的效率降低",技能往往需要进行10~20次实践才能真正熟练,如果是一些较复杂的技能,次数甚至可能要达到50~100次,所以刚刚进入现场工作的桥梁管养工程师,难免会出现工作失误,这样就会降低现场管养的工作效率;三是这种培训模式的安全性难以保障。

②VR技能实训。

如今,随着数字化技术的进步,以数字化技术为主的VR技术备受人们青睐,被广泛应用到各个领域,应用最多的就是教学和培训领域。VR技能实训是指以各类仿真环境和设备配合响应专业VR课件,对受训者进行高度仿真化、系统化、专业化训练,让受训者在短时间内充分掌握培训内容和实际操作要领。相较于传统的技能实训,VR技能实训可以大大减少师资投入,降低对实训硬性环境的要求,在某些危险性技能实训中可以极大地避免安全问题。以传统的桥梁管养操作培训为例,传统实训占地大、投入设备多、维护费用高,并且训练过程中存在一定的隐患,但是VR技能培训只需投入一台模拟设备即可实现多种技能的培训。

相较于传统技能培训,VR培训的优势不言而喻。VR培训能够为学习者提供生动、逼真的学习环境,让自身与信息环境相互作用,从而促进学习和巩固。将VR技术用于技能教学中,还能有效地降低实操教育成本,同时可以大幅降低实操中的风险。通过将身临其境的体验带入课堂和其他培训环境,VR能够提高知识的保留度。

现如今,全球各大企业已经开始利用VR技术来培训员工,企业认为这项技术可以使培训更加安全和高效。同时,这项技术在培训员工软技能(如换位思考和团队合作)方面也潜力惊人。零售巨头沃尔玛已经部署了将近200个虚拟现实培训中心,为每年的黑色星期五做准备。通过VR设备,受训的员工可以体验一年中最忙碌的一天,并学会如何解决可能出现的问题,例如库存短缺、流量控制和客户冲突等。VR技术让培训变得更加生动、有趣,这是在现实世界中无法实现的。

与直觉相反,虚拟现实甚至可以用于软技能的训练。对于企业来说,考核和训练软实力非常难,例如同理心、敏锐度和团队合作精神——事实上这些因素往往决定着个人能否成功。VR技术还可以将使用者置于另一个人所处的境地之中,并且帮助使用者进行换位思考。医生使用基于视角的虚拟现实技术来获取病人的就医体验,可以改变他们对待病人的方式。

③应用路线。

基于VR技能实训和目前已有学者提出的VR培训系统[37],结合桥梁管养的实际需求,笔者提出基于虚拟现实技术的桥梁管养培训平台,见图9-34。

桥梁管养VR培训平台共由两大模块组成,分别是平台结构模块和平台功能模块。

a.平台结构模块。

(a)虚拟现实支承平台。

该培训平台是通过专门的VR支承开发平台(如VRML等)开发出来的软件系统。因此,虚拟现实支承平台是整个培训平台的灵魂部分,负责整个系统中的数据运算。

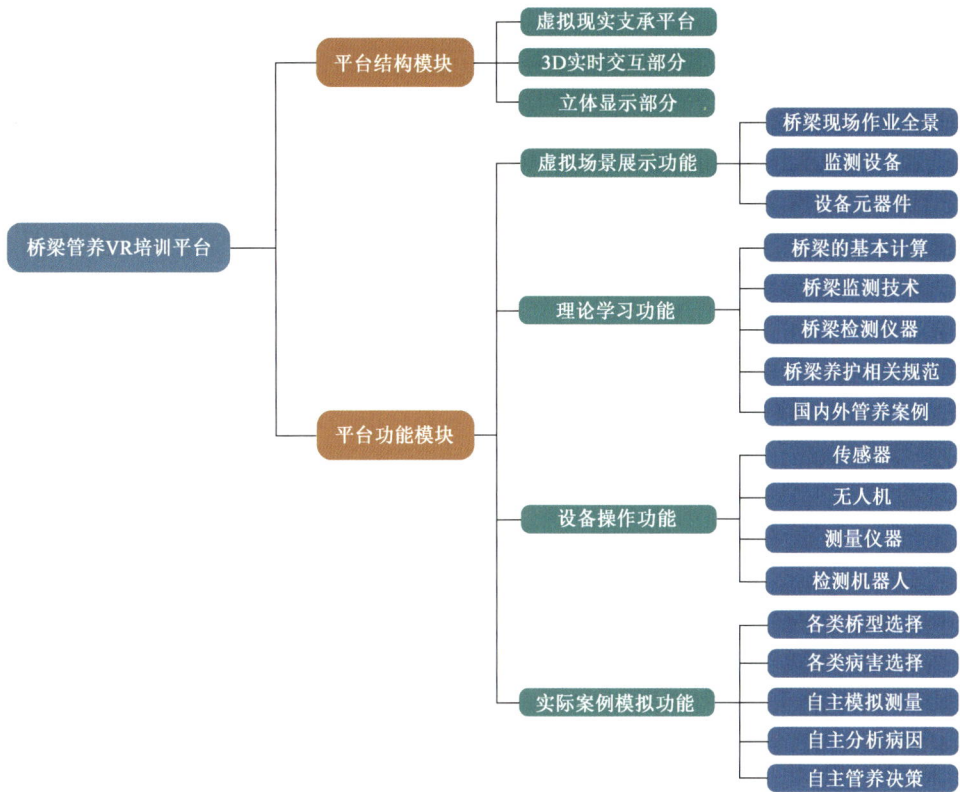

图 9-34　基于 VR 的桥梁管养培训平台

（b）3D 实时交互部分。

互动系统基于传统的显示设备及功能,结合实时动作捕捉系统、数据手柄、位置追踪器、力反馈设备等。

（c）立体显示部分。

立体显示部分为 VR 的显示端,为用户提供高度逼真、高度清晰、高度沉浸的虚拟环境,使使用户直接置身于三维信息空间中,让用户可以自由地使用各种信息,并由此控制计算机。立体显示部分采用数字头盔,可以对虚拟现实应用中的 3D VR 图形信号进行显示和观察,同时可以通过与主机相连来接收来自主机的 3D VR 图形信号。使用方式为头戴式,使用者可以在三维空间内自由移动,并通过 3 个自由度的空间追踪定位器进行 VR 输出效果观察。

b. 平台功能模块。

该培训平台共有四大功能,即虚拟场景展示、理论学习、设备操作和实际案例模拟。

（a）虚拟场景展示功能。

使用者可以任意设置行走速度和视角,在虚拟场景中漫游并进行巡视。虚拟场景中包括桥梁现场作业的全景、所用到的监测设备甚至是监测设备的元器件。

（b）理论学习功能。

使用者可以在该功能中系统地学习桥梁管养所涉及的理论知识,包括桥梁的基本计算、各种常用的桥梁监测技术、常用的桥梁检测仪器、桥梁养护的相关规范以及国内外一些典型的桥梁管养案例。该功能摒弃了以往枯燥且低效的理论学习模式,即"书面 + 视频"学习模式,力图将理论知识立体化地呈现给使用者,并做到可交互化,有趣且高效。

(c)设备操作功能。

使用者可以在该模块中学习桥梁检测仪器的具体操作方法,包括传感器、无人机、测量仪器、检测机器人等。在 VR 培训平台中学习设备的操作方法,不仅可以减少投入的设备数量,而且降低了设备的维修费用,更降低了对培训时间和场地的要求,真正做到"随时随地"学习。

(d)实际案例模拟功能。

使用者可以借助该功能积累实地操作决策的经验。使用者可以根据需求选取不同的桥型以及不同的病害,系统会根据使用者的需求模拟出逼真的虚拟场景,供使用者学习。使用者可以在该场景中进行自主测量,分析桥梁病因,最终做出管养决策,整个过程力图做到让使用者"身临其境"。

9.3 增强现实技术

虚拟现实技术带来了人机交互的概念,在完全虚拟场景中带给用户强烈的真实感和临场感,而增强现实技术"实中有需",将虚拟对象叠加到真实世界中,提供了一种轻量级并且真实感强的增强技术。增强现实技术因为其逼真的结合能力,形成了对现实世界强有力的补充和增强,有着广阔的应用前景和价值。本节从对增强现实技术在未来桥梁工程中的应用思考出发,主要介绍增强现实技术的相关概念、特点和应用,并对其在桥梁运维管理和决策过程中的应用场景进行讨论和阐述。

9.3.1 增强现实技术概述

1)增强现实技术的定义及与 VR 技术的区别

虚拟现实的主要科学问题包括建模方法、表现技术、人机交互及设备这三大类,但目前普遍存在建模工作量大、模拟成本高、与现实世界匹配程度不够以及可信度低等方面的问题。[38]

针对这些情况,出现了多种虚拟现实增强技术,将虚拟环境和现实环境匹配结合以实现增强[39]。其中,将真实对象叠加到虚拟环境中绘制的技术称为增强虚拟环境(Augmented Virtual,AV),将三维虚拟对象叠加到真实世界中显示的技术称为增强现实。这两类技术可以形象地区分为"虚中有实"和"实中有虚"。现在业界普遍认为,从真实世界到虚拟环境,中间经过了增强现实与增强虚拟环境这两类虚拟现实增强技术。国际上一般将真实世界(计算机视觉)、增强现实、增强虚拟环境、虚拟现实这四类技术统称为虚拟现实连续统一体(VR continuum)[40],并认为增强现实是混合现实环境中的一部分,如图 9-35 所示。

增强现实作为对真实世界的一种补充和增强,在显示器里把虚拟世界堆叠在现实世界中,并实时地计算摄影机影像的位置及角度,使虚拟影像与真实世界完全匹配并且可以实时互动。其终极目标是使用户处于一种融合的环境中,无法区分真实和虚拟,用户所感知的只有一个真实与虚拟相融合的唯一存在的环境,从而丰富了用户对真实世界的感知,因为此时虚拟对象所提供的信息是用户凭其自身的感官无法直接获取的深层信息。此外,R. T. Azuma 等[41]指出,AR 应用程序不仅需要能够在真实场景的基础上添加虚拟对象,还应能够实现从环境中删除真实对象。事实上,从场景中移除真实对象相当于用匹配场景的虚拟对象对真实对象进行覆盖[42],添加到真实环境中的虚拟对象向用户呈现出了其无法直接用感官检测到的信息。

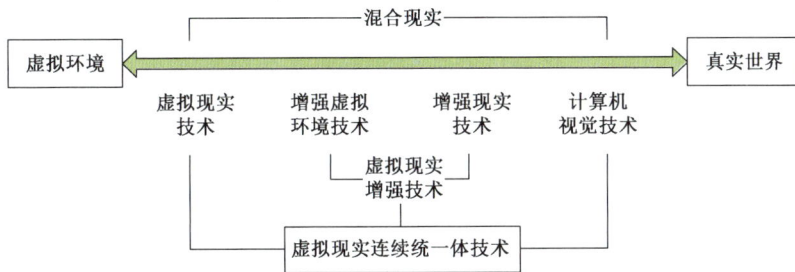

图 9-35　虚拟现实连续统一体

VR 和 AR 的区别具体见表 9-3。

AR 与 VR 的区别　　　　　　　　　　　　　　　　　　　　　　　表 9-3

	VR	AR
技术	场景完全虚拟	在现实环境的基础上叠加数字图像
	强调沉浸感,要求使人的感觉与所处的环境完全隔离	允许用户在看到虚拟环境的同时还能感知所在的真实世界
设备	通常比较"笨重"	一般以精致、小巧为主
	需要用更多的传感器、位置定位系统、动作捕捉系统等设备	摄像头必不可少,带摄像头的产品如手机、平板电脑等都可以运用 AR 技术

2)增强现实技术的主要特征

为了避免将 AR 限定于特定技术,R. T. Azuma[41]将 AR 定义为具有以下三个特征的任何系统:

(1)真实世界与虚拟世界在三维空间内进行融合。

与 VR 技术不同的是,AR 技术不会将使用者与真实世界隔开,而是将计算机生成的虚拟物体和信息叠加到真实世界的场景中来,让真实世界和虚拟物体共存,以实现对现实场景更直观、深入的了解和解读,在有限的时间和有限的场景中实现对与现实相关的知识领域的理解。增强的信息可以是与真实物体相关的非几何信息,如视频、文字;也可以是几何信息,如虚拟的三维物体和场景。

(2)实时人机交互功能。

通过增强现实系统中的交互接口设备,人们以自然方式与增强现实环境进行交互操作,这种交互需要满足实时性,需要实现虚拟世界和真实世界的实时同步。这样,增强现实技术才能实现让用户在现实世界中真实地感受虚拟空间中模拟的事物,增强使用的趣味性和互动性。

（3）三维注册。

三维注册是指通过对场景中的物体进行定位，将计算机生成的虚拟物体与真实环境一一对应，将虚拟物体按照正确的空间关系叠加到现实场景中，且用户在真实环境中运动时，也将继续维持正确的对准关系。关于三维注册技术，后面有详细的阐述。

3）增强现实技术的发展历程

关于增强现实技术的研究可以追溯至 1968 年，Ivan Sutherland 是第一个使用光学头戴式显示器创建 AR 系统的人[43]，这是世界上第一台光学头戴式显示器，该设备可以将计算机生成的图像实时地与现实场景叠加、融合。20 世纪 90 年代中期，波音公司的 Tom Caudell 和他的同事在设计辅助工人组装飞机的布线系统中提出了"增强现实"这个名词。同年，L. B. Rosenberg 研发出了首批可运行的 AR 系统之一——virtual fixtures。直到 1994 年，Paul Milgram 和 Fumio Kishino 才将图 9-35 所示的虚拟现实连续统一体定义为从真实环境到虚拟环境的连续体。增强现实和增强虚拟环境位于两者之间的某个位置，增强现实距离现实环境更近，而增强虚拟环境距离虚拟环境更近。1997 年，R. T. Azuma 给出了目前业界公认的关于 AR 的定义。

当时，由于各方面的限制，AR 还不是一项非常大众化的技术。1999 年，由美国华盛顿大学和日本广岛城市大学成功联合开发的基于标识的增强现实系统开发包——AR ToolKit 带领 AR 走出了实验室，逐步走向大众应用，并维护至今，极大地推动了增强现实技术的普及，进而涌现出了更多相关的软件应用和开发系统。

2000 年，第一款 AR 游戏——AR-Quake 诞生，这是当时流行的电脑游戏 Quake 的扩展，其将 AR 带到了室外的真实场景。2012 年，Google 公司发布的 Google Glass 是全球第一款真正意义上实现 AR 技术的硬件设备，也让移动穿戴式 AR 设备受到了广泛关注。在这之后，微软公司于 2015 年发布了 HoloLens 全息眼镜。

随着科技的发展，尤其是智能手机等移动设备的不断更新，AR 技术有了更多可应用的可能。2017 年，苹果公司宣布在 iOS 11 中带来了全新的增强现实组件 ARKit，该应用适用于 iPhone 和 iPad 平台，这使得 iPhone 在当时一跃成为全球最大的 AR 平台。

4）增强现实技术的核心技术

如图 9-36 所示，一个典型的 AR 系统通常由信息采集系统、跟踪注册系统、虚拟场景发生系统、虚实合成系统、显示系统和人机交互系统六个子系统构成[44]。

其中，信息采集系统负责采集和获取真实世界中的信息（如外界环境）；跟踪注册系统用于跟踪用户的头部方位和视线方向等；虚拟场景发生系统负责生成要加入的虚拟对象；虚实合成系统是指将虚拟场景与真实场景配准融合。

由图 9-36 可知，在 AR 系统中，输入的图像经过采集处理建立起实景空间，计算机生成的虚拟对象按照几何一致性嵌入实景空间中，形成虚实融合的增强现实环境，这个环境再输入显示系统呈现给用户，最后用户通过交互设备与场景进行互动。其中，让虚实准确结合的跟踪注册步骤非常关键，这是 AR 的基础，也是关键技术。

三维跟踪注册技术是指通过对显示场景中的图像或物体进行追踪和定位，通过计算虚拟世界与现实世界坐标系之间的对应关系，将虚拟物体按照正确的空间关系叠加到现实场景中。如图 9-37 所示,目前主流的三维跟踪注册技术主要分为三种:基于硬件传感器的跟踪注册技术、基于计算机视觉的跟踪注册技术以及混合跟踪注册技术。

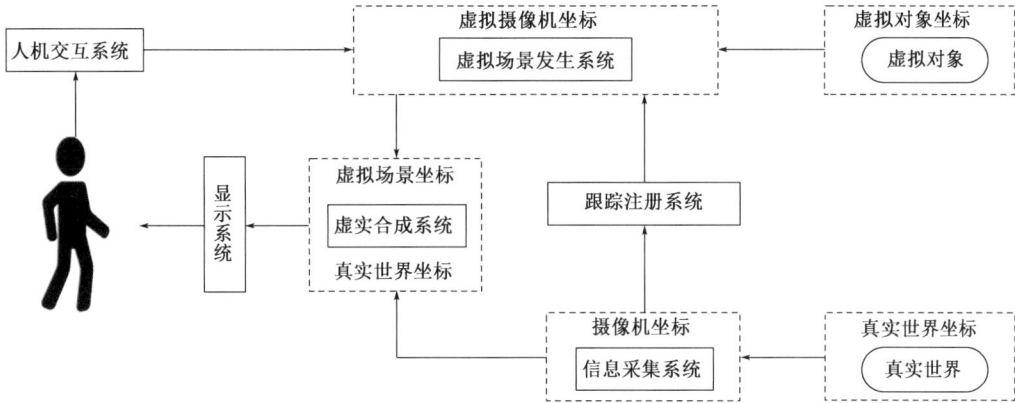

图 9-36　增强现实系统的架构

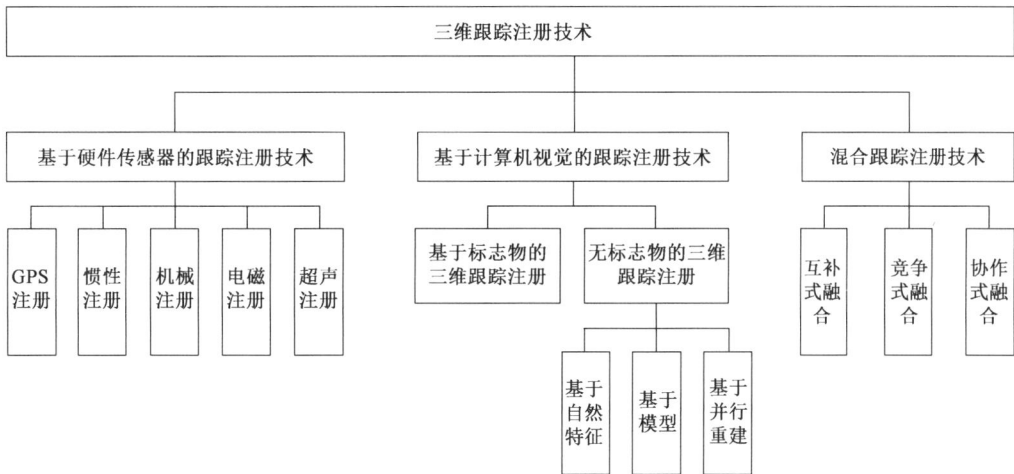

图 9-37　三维跟踪注册技术

（1）基于硬件传感器的跟踪注册技术基于各种传感器收集的坐标信息来测量摄像机的位置坐标和姿态,从而达到对摄像机进行标定的目的。其按照传感器的不同大致可以分为基于全球定位系统的 GPS 注册、基于惯性传感器的惯性注册、基于机械传感器的机械注册、基于电磁传感器的电磁注册,以及基于超声波传感器的超声注册。基于硬件的注册方式需要依赖外界传感器的支持,成本较高,体积比较大,移动性能较差,而且精度一般较差,因此发展比较缓慢。

（2）基于计算机视觉的跟踪注册技术主要是利用计算机视觉的相关算法来实现的[45],其一般流程是先用摄像机拍摄真实场景,利用相关算法对实时场景中的特征点进行提取,然后根据坐标信息的转换来确定虚拟信息在真实场景中的位置,从而实现虚实注册的目的。

优势:适用性强、成本低、精度高和实时性强。根据标志物的有无,可以将基于计算机视觉的注册方式分为两种:基于标志物的三维跟踪注册技术和无标志物的三维跟踪注册技术。

①基于标志物的三维跟踪注册技术是目前 AR 系统中应用较为广泛的成熟技术,其对硬件处理器的要求不高,且具有较高的鲁棒性[43]。该注册技术预先在现实场景中放置标识物,利用摄像机对预定义标志物进行识别并获得标志物顶点信息,随后根据图形的仿射不变性原理重建预定义标志物坐标到当前场景标志物坐标的位姿变化矩阵,来完成虚拟信息的跟踪注册。

②无标志物的三维跟踪注册技术大致可以分为三种:基于自然特征的跟踪注册技术、基于模型的跟踪注册技术以及基于并行重建的跟踪注册技术(SLAM)。基于自然特征的跟踪注册技术弥补了基于标志物的三维跟踪注册技术的不足,它不需要预先在真实环境中放置标志物,通过利用场景中的一些自然特征来计算摄像机的姿态信息,完成跟踪注册。基于模型的跟踪注册技术使用跟踪注册目标对应的虚拟模型信息作为先验知识来进行跟踪注册,解决了基于自然特征的跟踪注册技术在纹理不足甚至无纹理环境中的跟踪注册问题。基于并行重建的跟踪注册技术不需要场景的先验知识,在待注册定位的未知场景当中进行跟踪的同时重建其三维结构。

(3)混合跟踪注册技术是结合不同类型的跟踪注册技术来获取物体位姿的方法。其有效解决了增强现实系统既要求高精度跟踪注册又要强鲁棒性的技术难题,但增加了增强现实系统的复杂性。从多传感器融合分类的角度可将混合跟踪注册技术分为互补式、协作式和竞争式传感器融合。

5)增强现实技术的应用

AR 能将虚拟信息与现实世界共同展示出来,逼真的结合形成是对现实世界强有力的补充,有着广阔的应用前景和商业价值。随着 AR 技术的成熟,应用程序的数量不断增加,AR 系统成为一种新型的媒介,逐渐深入各个领域,它正在改变我们的购物、娱乐、工作方式。

(1)数字营销:增强现实技术为数字营销开拓了全新的模式,能够让消费者以全新的视角去发现、了解和体验各种产品。亚马逊是最早引入 AR 技术的品牌之一,利用 AR 让消费者实现在线"试穿"衣服,为在线购物的消费者提供了前所未有的便利。宜家打造了一款AR 手机应用程序,顾客在购买之前便可以通过手机应用将宜家的家具"摆"在家中,看颜色、大小是否合适,免去了退、换货的麻烦。

(2)建筑:在建筑领域,AR 技术允许建筑师、施工人员、开发人员和客户在任意施工阶段都可以看到立体的建筑以及内部设计,将整个建筑可视化。除此之外,AR 技术还可以帮助识别作业中的错误和问题,在问题变得难以解决之前指出问题所在。AR 技术还可以辅助建筑物和设施的维护作业,为客户在维修或维护过程中提供远程协助。

(3)旅游:借助 AR 技术,旅游品牌可以为潜在的游客提供身临其境的体验。例如通过AR 解决方案,代理商和目的地可以为访客提供更多的信息和路标指示;AR 应用程序可以帮助度假者浏览度假村并了解目的地,等等。甘肃省博物馆将 AR 互动技术引入展览。观众用手机摄像头识别文物时,文物可以进一步呈现"活态",如仰韶文化彩陶盆上的鱼纹可以"游动",给人们带来了更好的观展体验。

（4）教育：AR 技术可以帮助教育工作者让学生在课堂上使用动态 3D 模型，帮助学生理解相关知识并用这种充满趣味的方式激发学生的学习兴趣。学生将受益于 AR 的可视化功能，通过数字渲染将概念带入生活，随时随地访问信息，无需任何特殊设备。

（5）医疗保健：AR 可以为外科医生实时提供 3D 数字图像和关键信息，使外科医生无须远离手术区域即可获取手术过程中所需的重要信息。比萨大学信息工程系协作研发的视频光学透视增强现实系统能够将 X 射线数据叠加到病人的身体上。

（6）导航系统：通过将智能手机的 GPS 与 AR 技术结合可以提高导航应用的安全性，使导航信息更全面。Navion 提供了真正意义上的 AR 导航，这是第一个用于汽车的全息 AR 导航系统。随着汽车周围环境的变化，系统会不断更新信息以实时提供导航信息。韩国现代汽车集团与瑞士高科技初创公司合作，在 2019 年 CES（International Consumer Electronics Show）展上推出了全球首个全息增强现实导航系统。

9.3.2 增强现实技术在土木领域的应用现状

随着 AR 技术在其他行业的广泛应用，其在土木领域的应用研究也得到了快速发展，并且在包括设计、施工、运维在内的全生命周期各个阶段都具有非常大的应用价值。本节将对 AR 技术在土木领域的应用现状进行系统介绍。

1）AR 在设计阶段的应用

AR 技术因具备虚实融合、实时交互的特性，在建筑设计、室内设计、地下管线设计等领域的应用前景十分广阔。

（1）建筑设计。

在传统建筑设计中，2D 图纸或 3D 模型都只能反映出建筑物的部分信息，往往掩盖了一些设计缺陷，并且很难直观地感受建筑与周围环境的协调性。引入 AR 技术，通过对现实物体的位置进行追踪以及将虚拟事物与现实事物联系起来的融合技术，在现实世界中登记设计中的三维模型，并将虚拟世界与现实世界结合，可以让专家在现场环境内全尺寸地查看模型，帮助专家评估设计的可行性、功能性和美学性，以更好地确定建筑设计方案。另外，将 AR 技术应用到建筑设计阶段，还可以提高工作效率，不需要对真实环境进行建模处理就可以达到建筑设计和真实场景相结合的建模仿真。

如图 9-38 所示，在项目现场定位点扫描 BIM 模型并进行加载，设计及评审人员就可以拿着 iPad 等移动设备实现 AR 漫游体验，对完工后的状态进行探查。使用头戴式显示器时，还可以通过手势和语音进行交互。

同时，AR 技术的引入可以彻底改变传统设计过程中的互动和交流方式。当前，图纸和口述相结合的交流方式对于建筑细节的把握不够，也不利于团队之间的深入分析和交流[46]。运用 AR 技术，可以使整个设计立体地展现出来（图 9-39），同时将建筑各部分的信息提前制作在虚拟的模型中，这将大大增加建筑的表现性，极大地提

图 9-38 利用 AR 在现场全尺寸查看模型

高设计方案实时交流的效率,有利于对设计方案进行快速评估,同时使得团队成员可以在项目早期阶段更容易识别出问题,对方案提出修改建议。

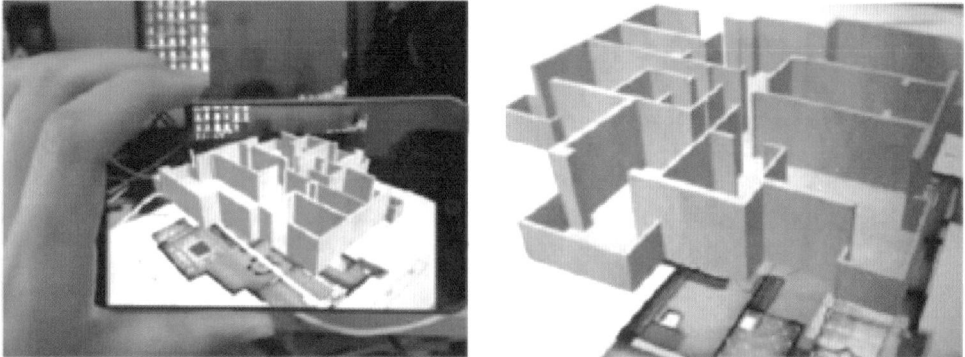

图9-39 户型的立体展示

Trimble 公司基于微软 HoloLens 推出了 Sketchup Viewer,该软件可以通过 HoloLens 浏览、操作 Sketchup 创建的模型。由于 ARKit 和 ARCore 的发布时间不长,针对建筑设计阶段的其他通用软件很少。对于定制开发,目前可用的开发工具及软硬件平台如图9-40 所示。

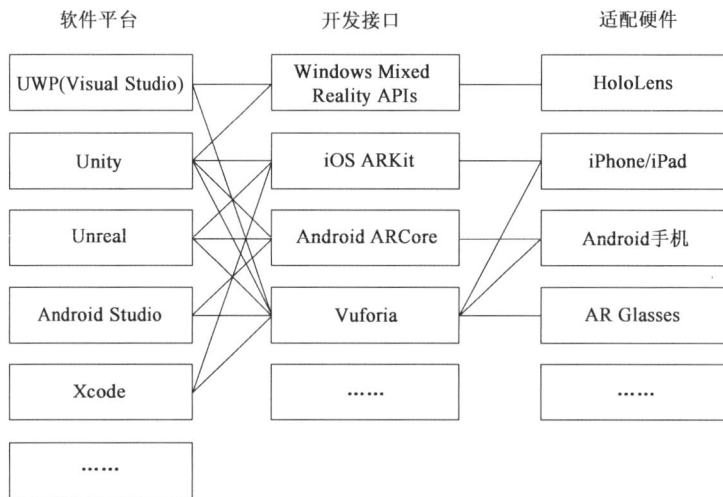

图9-40 当前 BIM-AR 应用的开发工具

(2)室内设计。

在室内设计行业,利用 AR 技术可以有效地提升设计效率。设计师可以随时进行多方面的模拟,例如:贴墙纸还是面砖,面砖与墙纸的颜色、图案以及家具摆放的位置等,以选择最佳的搭配方案,大大缩短设计的验证周期。

中国台湾的初创企业 iStaging[47] 研发并发售了运用 AR 技术辅助室内设计的 App,通过该产品用户可以实时对摆放在家中的家具进行预览,在平板电脑、手机上观看桌子、沙发等的位置,如图9-41a) 所示,从而完成对房屋内部空间的设计,并且得到适合自己的最佳方案。李晓莹[48] 基于 AR 技术开发了一款用于室内设计的 App,用户可以在该应用程序中挑选自己喜爱的家具,然后打开相机就可以看到家具在真实环境中的效果图[图 9-41b)],帮助用户更加直观地进行挑选;除了家具之外,该 App 还可以实现不同节气格调的渲染,帮助用户挑选自己喜爱的装修风格。

图 9-41 AR 在室内设计中的应用

周勇[49]在重庆银行室内设计案例中应用了真实场景与虚拟空间的结合、实时渲染与交互、三维注册技术,让设计人员能够现场观察预览方案效果并完善修改,可以让用户真实地体验设计方案是否合理,是否满足自身的需求。这将大大地提高室内设计的效率,促进室内设计行业的发展。

(3)地下管线设计。

在地下管线的设计过程中,由于地下设施的不可见性,传统的方法需要用二维图纸到现场进行标注,看与已有管线是否存在冲突,这需要设计人员和现场定位人员具有一定的专业知识和空间想象能力。利用 AR 技术可以实现地下基础设施的可视化,为设计人员判断当前设计方案是否合理提供可视化工具,轻松发现与原有管线的冲突并为设计方案的修改提供帮助。

G. Schall 等[50]提出了一个基于手持 AR 设备的地下基础设施可视化系统,通过该系统,设计人员可以看到新管线在现场的视图[图 9-42a)],当与之前的管线存在冲突时,设计人员可以使用移动交互工具直接修改原有设计并保存设计方案,不需要进行其他后处理。

a)新管线在现场的视图　　　　　　　　b)可视化城市地下结构

图 9-42 地下管线的可视化

林奶养[51]提出一个用于可视化城市地下结构的 AR 系统,该系统将现有的地理数据转码成适合三维绘制的中间数据,并在线生成三维模型[图9-42b)]。针对 AR 中可视化被遮挡物体时面临的两个主要问题:遮挡和深度感知,保留和突显重要信息,提出改进的 X-Ray 透视技术和基于竖直剖切面的可视化方法,提高了地下结构信息提示的精确性,并强调了其与地面物体之间的正确遮挡关系,从而实现了虚拟地下管线和真实现场画面的叠加,给现场人员以身临其境的直观感受。

2)AR 在施工阶段的应用

施工阶段作为建设过程中最关键的实施阶段,是把设计成果转化为实体的过程,涉及较多的信息理解和协调过程。因此,AR 技术在施工阶段的应用是最令人关注的。AR 可以在施工阶段给用户呈现三维模型和施工模拟动画,并可以与虚拟信息进行交互。近年来,越来越多的研究探索 AR 技术在施工现场中的应用,AR 技术集成三维计算机绘图、计算机视觉、四维模拟、人机交互、移动计算机处理技术、传感设备等先进技术应用于施工现场,将帮助现场管理人员和工人更高效、更准确地完成施工任务。

(1)应用需求分析。

在传统的施工方法中,施工图审查通常围绕图纸展开,但是由于图纸的信息表达能力较差,编制的计划往往与实际存在较大的偏差。施工现场都是基于图纸执行施工任务,这要求项目人员具有一定的识图能力和空间想象能力,因而容易造成返工,影响项目的进度和成本[52]。施工后的检查也是通过图纸对比设计与实体构件的差异,依靠监理人员的识图能力,容易因疏忽导致质量问题,同时还存在较大的主观性。可见,传统方法从施工前到施工中,再到施工后,所有工作的媒介都是二维图纸,可读性差,不便于信息查找,也无法展示构件的空间关系。虽然目前 BIM 在施工前的可视化分析、碰撞检查、施工模拟等方面的应用越来越多,可以一定程度上弥补施工前计划的不足,但仍不足以解决施工中和施工后的问题。显然,随着结构复杂程度的不断提高,迫切需要可视化程度更高的媒介来指导施工,而AR 技术可以完美地切合这一需求。基于 BIM 与 AR 技术的施工阶段应用贯穿施工的全过程,包括施工前的计划和培训,施工中的现场指导和施工后的检查,如图9-43 所示。

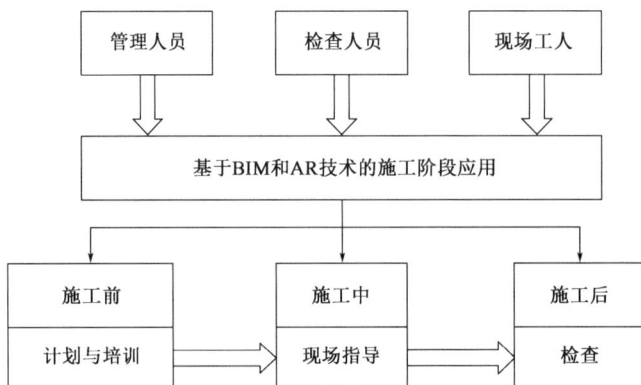

图9-43　AR 技术在施工阶段的应用

（2）施工前的计划和培训。

施工前的计划利用 BIM 软件创建质量控制点的三维模型，并根据施工方案进行三维漫游、碰撞检查、施工模拟、大型设备吊装模拟等，然后用 Unity + VuforiaSDK 创建允许人机交互的 AR 场景，将虚拟模型或模拟动画叠加到真实场景中（图 9-44），呈现生动而真实的建筑成品，根据软件形成的检查报告或者直接识别，找出方案中不合理的地方，进行深化设计，直至方案合理可行，使得施工方在施工前就能将方案修改到最佳效果[53]。

图 9-44　AR 展示施工方案效果

Byungil Kim 等[54]提出了一个基于 AR 的交互式建模器，对施工现场设备运行的各种方案进行测试，以找到在周围环境约束下设备的最佳运行方案。该系统提供了一个可交互的施工计划环境，在该环境中，多个用户均可以修改施工方案。系统的信息流程图如图 9-45 所示，该系统依托于具有服务器功能的客户端 1。客户端 1 通过生成键盘事件来启动 AR 系统，如果未输入值，则不会采取任何后续操作；如果输入值，则会导致三种不同类型的模型更改：进度更新、设备操作或视角更改。系统会根据输入值修改客户端 1 显示屏上的 3D 模型，并发送到服务器，服务器将命令发送给其他客户端，以对 3D 模型的进度和设备操作进行相同的修改。

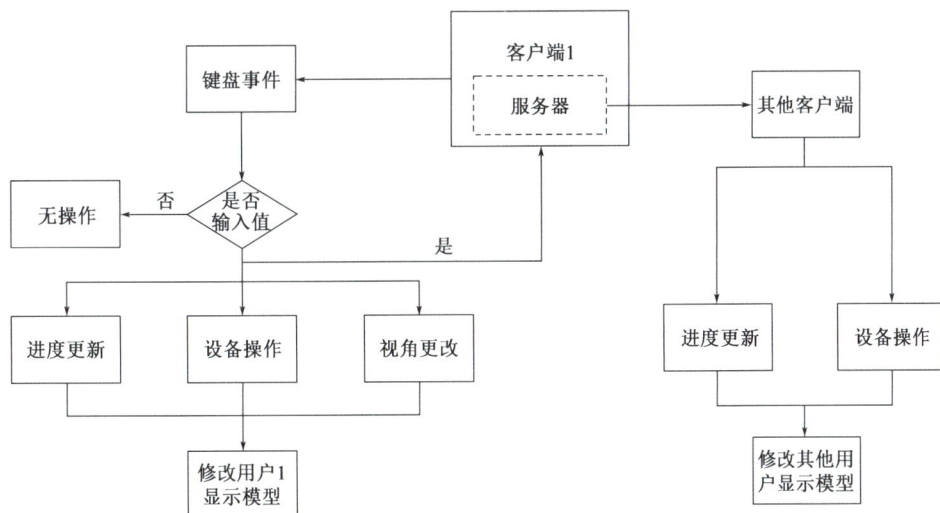

图 9-45　交互式建模器的信息流程图

针对经验不足或者空间想象能力较差的施工人员，可以借助 AR 技术对他们进行系统的培训，以便其可以高效、准确、安全地完成施工任务。针对关键的质量控制点（比如复杂构件的施工），提取相应构件的 BIM 模型信息，对施工工序进行模拟，制成相应的模拟动画，然后借助 AR 技术将三维模型或模拟动画等不同形式的教育培训材料融合到真实世界中，将其生动、形象地呈现在工人的眼前,以达到教育培训的目的。例如,在大跨径整体连续梁桥的施工过程中,0号块的钢筋布置往往比较复杂,通过图纸想象三维空间中的交叉次序存在较大困难,通过 AR 技术展示 BIM 三维模型和钢筋的布置顺序则可以让工人很直观地掌握施工过程[52]。这种教育培训方式不仅可以增强工人对学习内容的理解,还可以提高工人学习的积极性,使其更轻松地掌握操作技能。另外,在复杂的施工环境中,安全问题尤为重要,可以通过 AR 技术在真实环境中添加虚拟的视频动画模拟和讲解,就安全预案对现场人员进行教育,提高其安全意识。

(3)施工中的现场指导。

施工中的现场指导是指当施工人员在施工中遇到疑惑时,AR 技术可以提供实时的指导,现场演示构件信息或下一步工作等,为施工人员提供施工辅助[55]。在施工现场复杂多变的环境中,交底培训不到位、测量放线不准、紧前工序累计误差过大等多种原因都可能造成现行施工方案的不适应。利用 AR 技术的虚实融合等特点,将 BIM 三维可视化模型在施工现场呈现在工人眼前,以解决其进行空间构想时遇到的困惑。同时针对复杂构件的施工工序,可以依据 BIM 模型制作相应的指导动画,在现场演示构件信息或下一步工序等,以提供实时的指导,为工人提供施工辅助。另外,通过 AR 技术在施工现场加载虚拟的施工内容,现场施工人员可以看到可视化的设计施工模型(图9-46),而不是平面化的数据概念,可以避免因专业知识的欠缺而造成图纸误解和信息传递失真的情况。同时,可以减少施工人员反复识图的时间,提高读图效率,加强施工工序的无缝衔接。

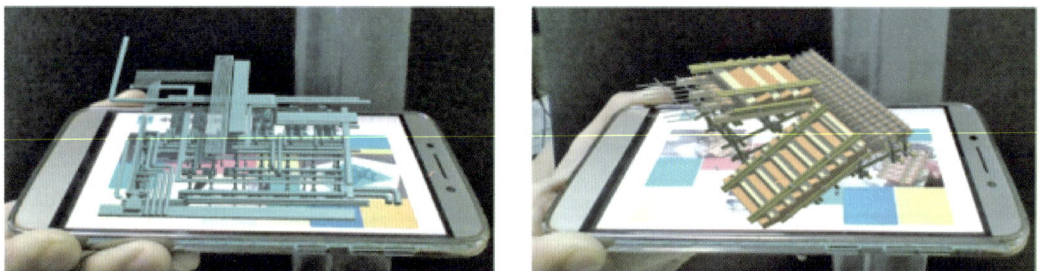

图9-46 现场加载 AR 指导模型

Kai-Chen Yeh[56]开发了一种基于 AR 的可穿戴设备 iHelmet,用于施工现场的信息检索,帮助工人快速获取所需要的资料以指导施工。该设备的系统架构如图9-47 所示,包括用户界面层、数据处理层和数据存储层。用户界面层包括显示模块、定位模块和操作模块,将用户的操作发送给基于图像的模型,然后通过显示模块向用户发送视觉反馈;数据处理层由基于图像的模型组成,根据用户发送的操作,对模型进行相应的更改;数据存储层由 BIM 模型组成,用于保存所有组件的信息。在此系统框架下,信息集成模块将 BIM 模型中的信息转化为图像,定位模块对用户进行定位并自动搜索用户可能需要的图像,操作模块用于对信息进行筛选以获取用户需要的图像,显示模块用于图像的显示,使得用户可以快速检索到需要的资料并立即收到视觉反馈。

(4)施工后的检查。

施工后的检查,包括质量检查、进度检查、成本检查、安全检查四个方面。通过 AR 技术将相应的 BIM 模型叠加到已完成的构件上,对比实体构件是否与设计或计划一致,进而做出及时的修改或补救措施。具体的检查流程如图 9-48 所示:首先将 BIM 模型转化为可以被 AR 程序调用的文件并保存,然后运行 ARToolKit 程序,依照对应关系进行匹配;之后管理人员向施工人员说明标识的含义及对应实体构件的具体位置,施工人员在指定位置设置对应的标识,利用 AR 程序将 BIM 模型叠加到实体构件上,通过对比找出缺陷和问题并将结果发送给管理人员,以实现远程质量检查。如果发现质量问题,管理人员可以要求施工人员立即进行处理,然后重复检查,直至其质量满足要求[57]。

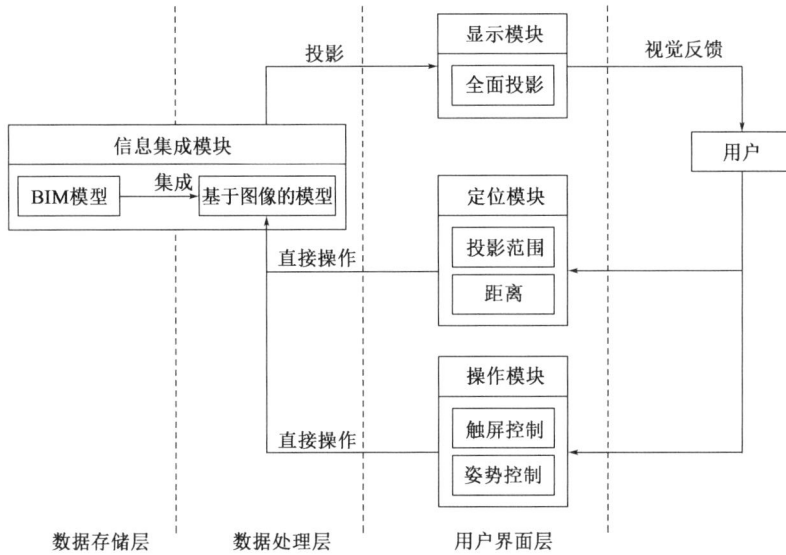

图 9-47　iHelmet 的系统架构

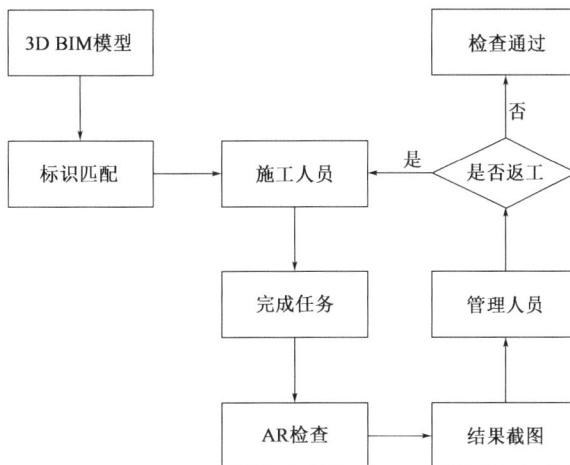

图 9-48　AR 施工后检查流程

3）AR 在运维阶段的应用

当前,建筑业已经进入了"管养并重"的时期,随着越来越多的建筑物进入老化阶段,若不对其进行安全监管,则结构损伤风险大;若定期对其进行巡检,则所需耗费的人力、物力成本巨大。因而形成了"放则无人值守,收则成本巨大"的两难局面,亟须新技术的加入来改变这一现状[58]。随着信息技术的飞速发展,AR 技术已经在灾后评估、结构检测、设备维修等领域有所应用。

（1）震后快速检测。

对震后检测来说,时间因素非常重要,特别是在发生大地震时,由于损伤的建筑物数目巨大,如果能够尽早地判断建筑物结构损伤的程度并对其进行分类,那么损伤较小的建筑物就可以更快地投入使用。当前的做法是由人工通过目视进行检测,耗时耗力且准确度不够、主观性较大。V. R. Kamat 等[59]通过 AR 技术将已有的建筑设计信息叠加到震后的真实结构上（图 9-49）,测量真实结构和震前结构之间的层间位移比来量化结构损伤,以此对震后建筑物的破坏程度进行快速判断,既提高了检测效率,又减小了检查人员主观性的影响,并结合剪力墙试验验证了将 AR 应用于震后快速检测的可行性。

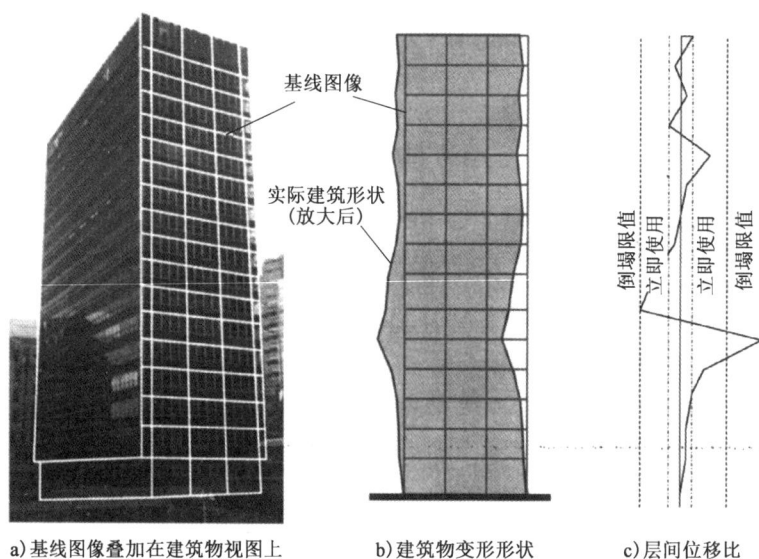

a）基线图像叠加在建筑物视图上　　b）建筑物变形形状　　c）层间位移比

图 9-49　AR 在震后检测中的应用

（2）结构快速检测。

随着地下轨道交通的快速发展,盾构施工方法的应用已经十分广泛。在工程建设中,常常会出现管片错台、管片破损与开裂的现象,若不及时进行维修,则容易导致隧道渗水。在隧道管片拼装质量的检测中,目前仍以人工手动测量为主,效率低、成本高且存在一定的安全隐患。另外,由于隧道直径较大,上侧的位移检测起来更加麻烦。引入 AR 技术后,将大幅提高检测速度和准确性。通过将 BIM 设计的模型传输给质量检测员,他们就可以将该基准模型与现场的标记连接起来,然后通过头戴式 AR 显示设备或者智能手机将模型扩展到实际环境中,通过测量基准模型和实际设施视图之间的差异来自动评估结构的安全性,若检测不合格,则及时返工维修。Y. Zhou 等[60]提出了一种基于 AR 技术的隧道管片位移现场快速检测方法,流程如图 9-50 所示。使用该方法对武汉长江地铁隧道的管片位移进行检测,结果表明该方法不仅为检测人员提供了更直观的视角,帮助检测人员更快地完成了检测任务,还提高了检测的质量,降低了检测人员主观因素的影响。

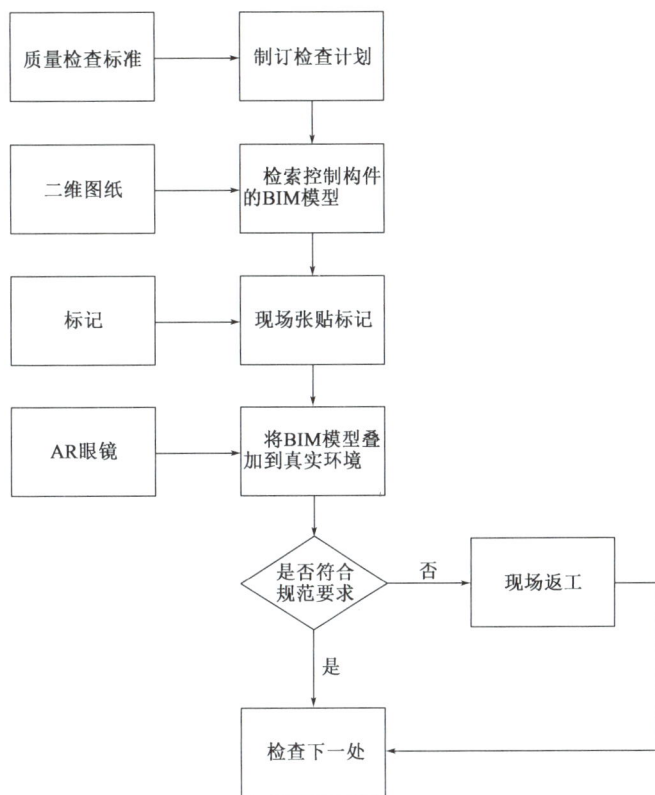

图 9-50 基于 AR 技术的隧道管片位移现场检测流程

    AR 技术可以实现对地下管线的可视化,因此也被用于地下管道的运维过程。传统方法都是以 2D-GIS 的形式进行检测,检测人员需要通过 GIS 系统定位破坏位置,然后在二维图纸上进行标注,对检测人员的识图能力要求高,且容易产生错误。利用 AR 技术可以实现 3D-GIS 检测,通过 GIS 系统定位破坏位置,并在管道模型上标明,再将管道模型叠加到真实环境中,检测人员用手机或者平板电脑就可以在现场定位和标记缺陷。EIC[61]提出了一种基于 AR 技术的无损检测方法,利用 3D 图像对损伤进行检查和映射,从而可以更清楚地了解损伤的规模和性质,检测人员只用 HHD 设备和标记器就可以完成管道的检测,并对损伤进行定位和标记,如图 9-51 所示。

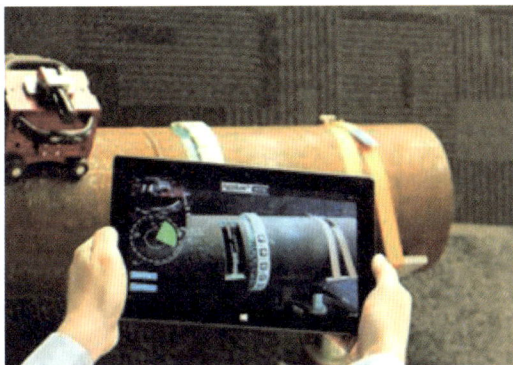

图 9-51 AR 用于地下管线的无损检测

（3）设备维护。

以一个典型案例来说明 AR 在设备维护中的应用。全球知名电梯厂商 ThyssenKrupp 基于微软 HoloLens 开发了一个针对其企业的"BIM + AR"运维检修管理系统[62]，将电梯运行的设备数据联网，并在 AR 设备中显示出来，指导现场维修人员，以提高工作效率，如图 9-52 所示。

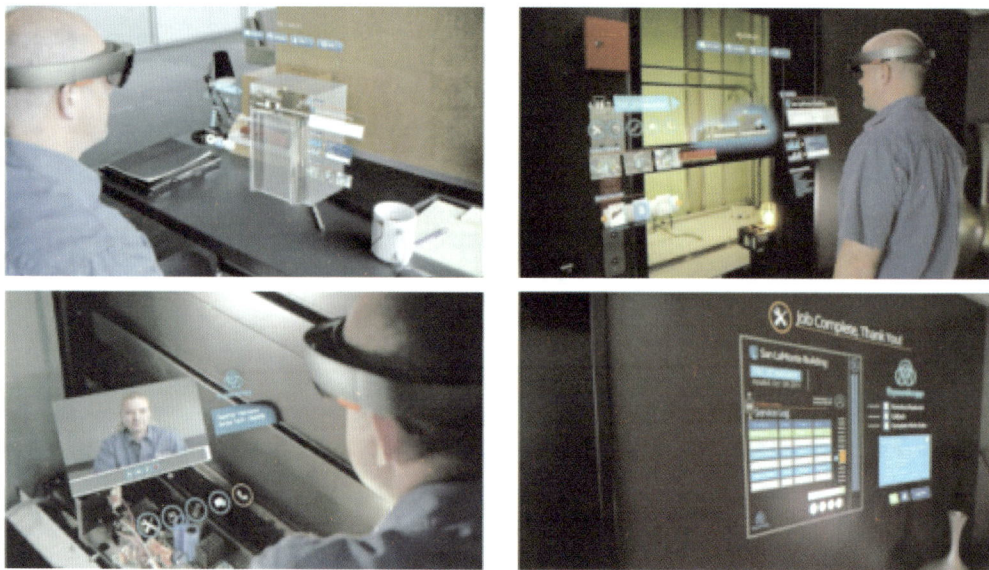

图 9-52 ThyssenKrupp 基于 HoloLens 的 AR 应用

维修人员接收到维修通知，打开 AR 设备，查看待维修电梯设备的信息及故障状态，然后去设备所在建筑进行维修操作。在维修过程中，维修人员不需要携带二维图纸资料，所有模型和文档数据信息均通过 AR 设备增强显示在空间中。遇到不能解决的问题时，维修人员还可寻求远程协助，将摄像头画面同步给其他人员。维修完成后，设备运行的实时信息、工单信息都可通过 AR 设备实时查看，并同步到服务器端。在整个维修过程中，维修人员通过 AR 进行信息增强辅助，大大缩短了传统基于图纸、检测设备和经验的检修流程，极大地提高了工作效率。

9.3.3 增强现实技术在桥梁中的应用场景

作为桥梁结构健康监测系统的核心之一，数据采集系统负责为设计人员、管理人员和决策者收集相关的数据。但是数据采集系统的成本高，且其操作对于未经培训的检测人员来说是相当复杂的。因此在实际工程中面临的重大挑战之一是如何采用新技术进行基础设施养护与管理，如低成本的无线智能传感器、人工智能、机器学习、无人机系统等。但这些技术无法将检测人员与结构联系在一起，AR 技术可以有效地解决这个问题。

1）桥梁检修

目前全国范围内桥梁群呈现规模大小不一、种类繁多的局面，检修依然主要采用纸质记录的方式。纸质记录存在图例不统一、图纸信息不准确等问题，所以给检修工作带来了较大的困难,尤其是复杂工程的巡检工作,给检测人员带来了更大的挑战。当下巡检工作通常采用人工现场巡检、找出故障、制订方案的方法,但对于部分图纸不全、现有数据不足的桥梁工程,其信息与现场实际情况的关联性较差,难以统计分析、发现隐患,降低了运维效率,增加了运维成本。通过 AR 技术可以实现数据自动采集、记录、传输、处理、分析,结合远程控制等功能帮助解决现场难题,实现桥梁巡检运维管理的智能化。还可以利用 AR 技术完善图纸资料,加强图纸信息数据化,提高远程巡检作业的指导性作用。K. E. Ammar 和 A. Hammad[63]提出了基于 BIM 的无标识混合现实系统框架(BIM3R),其结合了养护管理系统、建筑信息模型和基于视频的特征追踪技术,可以实现现场信息检索、养护工作可视化以及现场检测人员与办公室工程师的合作。该 AR 应用需要将桥梁划分为不同的小构件,并在施工时在其构件上添加标识序列号。在现场检测和养护工作中,该 AR 软件通过移动设备的摄像头对该标识序列号进行确认,在设备屏幕上加载该构件的 3D 模型,并可以通过手势操作显示相关的非图形数据,包括构件的尺寸、材料、施工信息、型号等。此外,也可以将检测和养护情况以文字形式记录在该软件里。

为了防止基础设施的老化,利用新技术定期检查和评估以进行长期监控变得越来越重要。尽管目前仍然倾向于使用常规的检查方法,但先进的传感技术能够以更高的分辨率和精度了解当前状况。用于基础结构的视觉评估常规方法具有某些局限性,例如所收集数据的主观性、较长的检查时间及较高的人工成本。另外,成像技术允许收集量化的数据并进行客观的条件评估。随着最新的人工智能模型的运用,这些技术正在发生突破性的改进。无须对收集的检查数据进行后处理,AI 系统可以实时检测损坏并以合理的准确性进行状态评估分析。尽管当前正在实践中的某些新技术(例如机器人技术)可以收集客观、量化的数据,但是在许多情况下,检查员自身的专业知识仍然至关重要。将 AR 技术引入桥梁监测中可以避免手动结构检测,最大限度地减少检测时间并减少对检测人员安全方面的威胁。如果用户在检测中融入遥感监测,监测应用将变得更加容易接触,成本也会降低,而且作为检测的一部分,用户可以直接查看收集到的数据。一旦传感器与人类感知相融合,数据的价值就变得显而易见。增强检测人员的感知能力,能够使检测人员现场查看、量化和比较检测结果,并使检测人员能够判断基础设施的哪些部件需要维修、更换或养护。

针对混凝土桥梁缺陷的检查,Karaaslan 等[64]提出了 AI 集成混合现实系统,创建了一种以人为中心的智能方法,开发了可以集成到可穿戴全息耳机设备中的智能混合现实框架,如图 9-53 所示。其主要目标是通过加快完成检查员的常规任务(例如测量缺陷区域中的所有裂纹或计算剥落区域、状况评估以及对管理系统的数据处理)来协助检查员,潜在地减少基础结构检查的时间和成本。此系统在以人为本的同时结合了检查员的专业判断。人工智能将帮助检查员收集更多量化和客观的数据,以人为中心的 AI 可以与检查员交互,检查员和 AI 合作/交流目的是改进视觉检查,而不是完全取代检查过程中的人为干预。这项研究为桥梁所有者的基础设施检查、维护、管理实践和安全性做出了重大贡献。

基于上述相关研究,可以总结出一个通用的基于 AR 技术的桥梁检修流程。如图 9-54 所示。首先,桥梁检查员在基础设施的例行检查期间使用 AR 耳机,按照系统导引在桥梁周围走动以进行常规或预定检查。在检查员执行例行检查任务的同时,集成在耳机中的 AI 系统会持续引导检查员并显示可能的缺陷位置。在找到缺陷之后,如果检查员确认了缺陷位置,则系统将通过执行第一个缺陷分割,进行表征以确定缺陷的特定类型,并开始对其进行分析。如果缺陷边界需要任何校正或需要细分,则人类检查员可以进行干预并校准分析,并在 AR 场景中显示其编号。其次,检查员记录标记缺陷元素或检查信息。如果检查人员选择标记缺陷元素,则缺陷位置信息将自动从 BIM 模型继承并添加为属性,这些属性包括缺陷的类型、缺陷的严重性及任何其他注释或观察结果。所有这些数据将保存在数据库中,并使用 AV 模式立即与办公室共享,以进行规划和咨询。

图 9-53　AI 驱动的 MR 系统的可视化表示

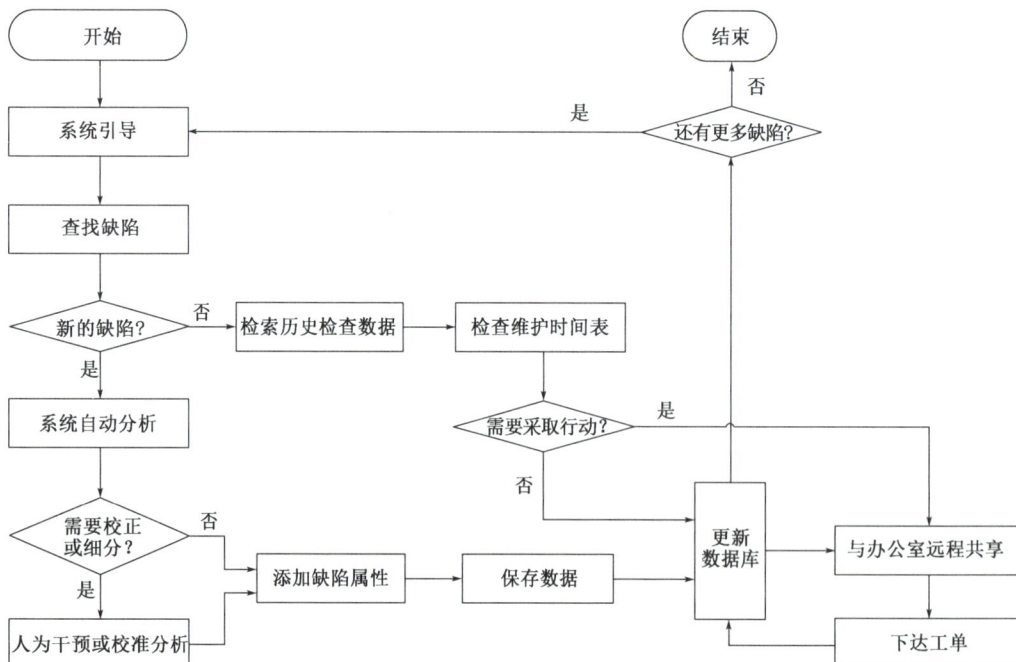

图 9-54　基于 AR 技术的桥梁检修流程

2）结构损伤及其发展过程的可视化

在传统的桥梁管养方法中,对于混凝土开裂和剥落,大多采用人工近距离目测的方法进行检测,这种方法既耗时耗力,还存在较大的主观性,一些细小的裂缝和缺损不易被发现。在未来,随着增强现实技术的发展和成熟,其可以和人工智能技术相结合,应用在桥梁管养中,实现对结构损伤的可视化,帮助桥梁检查人员更快、更好地做出决策,如图 9-55 所示。

图 9-55　AR 技术用于结构损伤可视化

桥梁检查人员需要对桥梁进行定期检查,这时检查人员只需要带上集成了 AI 技术的头戴式 AR 显示器就可以前往现场,而不需要携带其他复杂的设备和工具。到达现场后,戴上 AR 显示器,集成在显示器中的 AI 系统会引导检查员发现可能的损伤位置,并在 AR 设备中使用边界线框进行标注。之后检查人员对损伤位置进行复核,看是否存在遗漏,如果存在,则通过人为调整阈值的方法让系统重新标注损伤区域。确认后,AI 系统将对边界框内的区域进行损伤分割,并在 AR 系统中进行可视化(例如用颜色进行突出显示),以帮助检查人员更加直观地发现损伤的具体位置。最后,通过 AI 系统自动分析和计算,对损伤进行量化,将结果通过 AR 添加到真实环境中,同时将现场数据传回远程终端并分析,得出混凝土裂缝和剥落的发展趋势,再将这些信息传输给头戴式显示器,检查人员就可以知道裂缝和剥落的下一步发展过程,以帮助检查人员更好地进行科学决策。

与传统的检测方法相比,该方法具有三方面的优势:第一个方面,通过 AI 查找和 AR 边界线框标注,微小的裂缝和缺损也会被发现,不会因为疏忽而遗漏;第二个方面,通过 AR 放大可以实现在远处对损伤进行查看,这对于某些难以到达位置(例如桥梁墩柱)的检测意义重大,检查人员不需要借助其他工具(桥检车、梯子等),只需要在头戴式 AR 显示器中对相关区域进行放大查看即可;第三个方面,通过 AR 显示远程终端分析得出的结构损伤发展趋势,可以帮助检查人员快速评估是否需要采取行动。

利用增强现实技术实现对桥梁结构损伤及其发展过程的可视化,仅仅是未来增强现实技术在桥梁管养中的众多应用场景之一。随着技术的进步,桥梁管养必然会朝着更加智能化的方向大步前进。

本章结束语

人工智能、虚拟现实和增强现实作为第四次工业革命的代表性技术,正逐渐改变我们的生活,未来桥梁管养的决策与运维必定是数字化、可视化与智能化的。但是目前这三种智能技术由于技术成熟度或成本,仍未做到大范围应用,较多问题亟待解决。在未来希望能将更多的新技术、新理念与传统技术结合,应用到桥梁的智慧运维中。

本章参考文献

[1] KOSTEM C N. Design of an expert system for the rating of highway bridges[C]// Expert Systems in Civil Engineering. ASCE, 1986.

[2] FURUTA H, HE J, WATANABE E. A fuzzy expert system for damage assessment using genetic algorithms and neural networks[J]. Computer aided civil & infrastructure engineering, 1996, 11(1):37-45.

[3] MELHEM H G, ATURALIYA S. Bridge condition rating using an eigenvector of priority settings[J]. Computer-aided civil & infrastructure engineering, 1996, 11(6): 421-432.

[4] MIKAMI I, TANAKA S, KURACHI A. Expert system with learning ability for retrofitting steel bridges[J]. Journal of computing in civil engineering, 1994, 8(1): 88-102.

[5] WILSON J L, WAGAMAN S J, VESHOSKY D A, et al. Life-cycle engineering of bridges [J]. Computer-aided civil & infrastructure engineering, 1997, 12(6): 445-452.

[6] 鲍建敏. 基于生成对抗网络的图像合成[D]. 合肥:中国科学技术大学,2019.

[7] DAN M F, MING L. Bridge network maintenance optimization using stochastic dynamic programming[J]. Journal of structural engineering, 2007, 133(12): 1772-1782.

[8] LIU C, HAMMAD A, ITOH Y. Multiobjective optimization of bridge deck rehabilitation using a genetic algorithm[J]. Computer-aided civil & infrastructure engineering, 1997, 12 (6): 431-443.

[9] MIYAMOTO A, KAWAMURA K, NAKAMURA H. Bridge management system and maintenance optimization for Existing Bridges[J]. Computer-aided civil & infrastructure engineering, 2000, 15(1): 45-55.

[10] FURUTA H, KAMEDA T, FUKUDA Y, et al. Life-cycle cost analysis for infrastructure systems: life-cycle cost vs. safety level vs. service life[C]. Third IABMAS workshop on life-cycle cost analysis & design of civil infrastructures systems, 2003.

[11] KIM S, DAN M F, SOLIMAN M. Generalized probabilistic framework for optimum inspection and maintenance planning[J]. Journal of structural engineering, 2013, 139(3): 435-447.

[12] 李远富,樊敏,侯景亮,等. 大型复杂桥梁工程养护管理智能辅助决策支持系统研究 [M].成都:西南交通大学出版社, 2011.

[13] 张祯楠. 基于子空间技术的复杂结构柔度识别与性能评估[D]. 南京:东南大学,2018.

[14] HUANG Y-H. Artificial neural network model of bridge deterioration[J]. Journal of performance of constructed facilities, 2010, 24(6): 597-602.

[15] 武立群, 张亮亮. 基于数据挖掘技术的桥梁结构健康状态检测[J]. 吉林大学学报(工学版), 2020, 50(2): 565-571.

[16] 王桂萱, 宫本文穗, 晏班夫, 等. 桥梁智能决策辅助系统的开发[J]. 公路交通科技, 2004, 21(9): 70-73.

[17] 陈思迪. 基于多目标粒子群优化算法的路面预防性养护决策模型研究[D]. 北京:北京交通大学, 2019.

[18] 万年菊. 基于粒子群优化算法的昆明市农村公路养护资金优化网级决策模型[D]. 昆明:昆明理工大学, 2017.

[19] WEI S Y, BAO Y Q, LI H. Optimal policy for structure maintenance: A deep reinforcement learning framework[J]. Structural safety, 2020, 83(6):101906.1-101906.13.

[20] BROOKS F P. What's real about virtual reality? [J]. IEEE computer graphics and applications, 1999, 19(6): 16-27.

[21] BURDEA G, COIFFET P. Virtual reality technology[J]. Presence: teleoperators and virtual environments, 12(6): 663-664.

[22] FOLEY J D. Interfaces for advanced computing[J]. Scientific American, 1987, 257(4): 126-135.

[23] 张凤军, 戴国忠, 彭晓兰. 虚拟现实的人机交互综述[J]. 中国科学(信息科学), 2016, 46(12): 1711-1736.

[24] 赵沁平. 虚拟现实综述[J]. 中国科学(F辑:信息科学), 2009, 39(1): 2-46.

[25] 沈文君, 赵春江, 沈佐锐, 等. 虚拟现实技术及其在农业上的应用[J]. 农业现代化研究, 2002, 23(5): 378-381.

[26] 中华人民共和国住房和城乡建设部. 2016—2020年建筑业信息化发展纲要[J]. 建筑安全, 2017, 32(1): 4-7.

[27] 刘旭红, 武飞. 基于BIM的虚拟现实技术(VR)在建筑工程中的创新应用[J]. 中外建筑, 2018(4): 134-136.

[28] 柳岸. VR技术在建筑行业的应用[J]. 价值工程, 2018, 37(8): 231-232.

[29] 孙传翔, 林欣, 刘翀. 面向建筑行业的VR协同设计系统研究[J]. 土木建筑工程信息技术, 2019, 11(4): 1-6.

[30] 邵正达, 宋天任. 基于BIM的建筑VR交互技术研究与应用[J]. 土木建筑工程信息技术, 2018, 10(3): 17-21.

[31] 刘勇. VR、AR在建筑工程信息化领域的应用[J]. 土木建筑工程信息技术, 2018, 10(4): 100-107.

[32] KIM H, KANO N. Comparison of construction photograph and VR image in construction progress[J]. Automation in construction, 2008, 17(2): 137-143.

[33] 董忠波, 李富年, 杜荣武. 融合虚拟现实技术的桥梁监测系统设计与实现[J]. 现代电子技术, 2019, 42(16): 44-48.

［34］ OMER M, MARGETTS L, MOSLEH M H, et al. Use of gaming technology to bring bridge inspection to the office［J］. Structure and infrastructure engineering, 2019, 15(10-12)：1292-1307.

［35］ 刘斐. 近期桥梁安全事故深度调查与分析［D］. 长沙：中南大学, 2014.

［36］ KUMAR P, BHANDARI N M. Non-linear finite element analysis of masonry arches for prediction of collapse load［J］. Structural engineering international, 2005, 15（3）：166-174.

［37］ 刘元津, 赵健, 林玥, 等. 基于VR的变电运维110 kV技能培训系统［J］. 电子测量技术, 2019, 42(21)：131-136.

［38］ ZHAO Q P. A survey on virtual reality［J］. 中国科学：F辑(英文版). 2009,52(3)：348-400.

［39］ AZUMA R, BAILLOT Y, BEHRINGER R, et al. Recent advances in augmented reality［J］. IEEE computer graphics & applications, 2001,21(6)：40-47.

［40］ 周忠, 周颐, 肖江剑. 虚拟现实增强技术综述［J］. 中国科学(信息科学), 2015, 45(2)：157-180.

［41］ AZUMA R T. A survey of augmented reality［J］. Presence teleoperators and virtual environments, 1997,6(4)：355-385.

［42］ CARMIGNIANI J, FURHT B. Augmented reality：an overview［M］. New York：Springer, 2011.

［43］ ARTH C, GRASSET R, GRUBER L, et al. The history of mobile augmented reality［J］. Computer science, 2015.

［44］ 钟慧娟, 刘肖琳, 吴晓莉. 增强现实系统及其关键技术研究［J］. 计算机仿真, 2008, 25(1)：252-255.

［45］ HOFF W A, NGUYEN K, LYON T. Computer-vision-based registration techniques for augmented reality［J］. Intelligent robots & computer vision XV, 1996, 2904：538-548.

［46］ 刘剑峰. 增强现实技术在建筑设计中的应用研究［D］. 开封：河南大学, 2018.

［47］ 张亦弛. 室内设计的新宠——AR(增强现实)技术［J］. 美术教育研究, 2017(4)：44-46.

［48］ 李晓莹. 增强现实技术在室内陈设中的应用［D］. 北京：北京工业大学, 2017.

［49］ 周勇. VR&AR技术在室内设计中的应用［D］. 南京：东南大学, 2017.

［50］ SCHALL G, MENDEZ E, KRUIJFF E, et al. Handheld augmented reality for underground infrastructure visualization［J］. Personal and ubiquitous computing, 2009, 13(4)：281-291.

［51］ 林奶养. 增强现实中地下结构的可视化［D］. 杭州：浙江大学, 2011.

［52］ 胡攀辉. 基于BIM与AR的施工现场应用模块集成研究［D］. 重庆：重庆大学, 2015.

［53］ 覃月金, 唐际宇, 唐阁威, 等. BIM与AR技术结合在施工质量控制中的应用［J］. 建筑施工, 2018, 40(12)：2149-2150,2154.

［54］ KIM B, KIM C, KIM H. Interactive modeler for construction equipment operation using augmented reality[J]. Journal of computing in civil engineering, 2012, 26(3): 331-341.

[55] 向耀海. 基于 BIM 与 AR 的建筑施工质量控制要点分析[J]. 工程技术研究, 2018 (2): 178-179.

[56] YEH K C, TSAI M H, KANG S C. On-site building information retrieval by using projection-based augmented reality[J]. Journal of computing in civil engineering, 2012, 26 (3): 342-355.

[57] 王廷魁, 胡攀辉, 杨喆文. 基于 BIM 与 AR 的施工质量控制研究[J]. 项目管理技术, 2015, 13(5): 19-23.

[58] 盛勇, 韩鹏, 唐术熙, 等. 中小跨度桥梁安全运维现状与改进方法[J]. 交通与运输, 2018, 34(4): 42-44.

[59] KAMAT V R, EL-TAWIL S. Evaluation of augmented reality for rapid assessment of earthquake-induced building damage[J]. Journal of computing in civil engineering, 2007, 21(5): 303-304.

[60] ZHOU Y, LUO H B, YANG Y H. Implementation of augmented reality for segment displacement inspection during tunneling construction[J]. Automation in construction, 2017, 82:112-121.

[61] DINI G, MURA M D. Application of augmented reality techniques in through-life engineering services[J]. Procedia CIRP, 2015, 38: 14-23.

[62] 刘勇. VR、AR 在建筑工程信息化领域的应用[J]. 土木建筑工程信息技术, 2018, 10(4): 100-107.

[63] AMMARI K E, HAMMAD A. Collaborative BIM-based markerless mixed reality framework for facilities maintenance[C]// Computing in civil and building engineering, 2014: 657-664.

[64] KARAASLAN E, BAGCI U, CATBAS F N. Artificial intelligence assisted infrastructure assessment using mixed reality systems[J]. Transportation research record, 2019, 2673 (12): 413-424.

第 10 章

总结和展望

10.1　智慧桥梁运维系统工程

本书提出智慧桥梁运维系统，从科学属性上来说，属于系统工程（systems engineering）。钱学森在《论系统工程》一书中对系统定义如下[1]：系统是由许多部分组成的整体，所以系统的概念就是要强调整体，强调整体是由相互关联、相互制约的各个部分组成的具有特定功能的有机整体，而且这个"系统"本身又是它所从属的一个更大系统的组成部分。系统工程就是从系统的认识出发，设计和实施一个整体，以求达到我们所希望得到的效果。我们称之为工程，就是要强调达到效果，要有可行的措施，也就是实干，改造客观世界。

系统工程是要改造自然界系统或创造出人所要的系统。而现代科学技术对系统工程的贡献在于把这一概念具体化，不能空谈系统，要有具体分析一个系统的方法，要有一套数学理论，要定量地处理系统内部的关系。系统工程是一类包括许多种工程技术的一大工程技术门类。因而各门系统工程都是一个专业，比如工程系统工程、军事系统工程、企业系统工程、信息系统工程、经济系统工程（社会工程），等等。

系统工程这一大类工程技术的共同的学科基础包括运筹学、控制论以及计算机科学和计算技术。运筹学包括系统工程的特殊数学理论，即线性规划、非线性规划、博弈论、排队论、库存论、决策论、搜索论等。自动控制是建立在系统概念上的，所以控制论也是系统工程的一个主要理论基础，控制理论的大系统以至巨系统、多级控制发展也至关重要。此外，讲信息传递理论的信息论，以及计算机科学技术也是系统工程的重要共同理论基础。

系统工程带动的科学发展不是一种、几种学科，而是几十种学科。把整个部门的多种学科概括为一个新的现代科学技术部门，可以叫作"系统科学"，并列于自然科学和社会科学。系统科学的体系结构如图 10-1 所示，即直接进行改造客观世界的学问就是各门系统工程；各门系统工程的共同理论基础是技术科学层次的运筹学以及控制论和信息论。系统学是系统科学部门中的基础科学层次，可以从以下理论中吸收、提炼：如贝塔朗费（L. von Bertalanffy）的一般系统论、理论生物学，普里戈金（I. Prigogine）及其学派的远离热力学平衡态的耗散结构理论，特别是哈肯（H. Haken）的协同理论。

智慧桥梁运维系统是本书提出的基于桥梁工程的新概念系统，需要指出的是，智慧桥梁运维系统既不同于传统的系统工程，也和其他机械、航天、汽车等领域或面向其他任何工业产品或设备的系统工程有重大区别。它主要有以下几大特点：

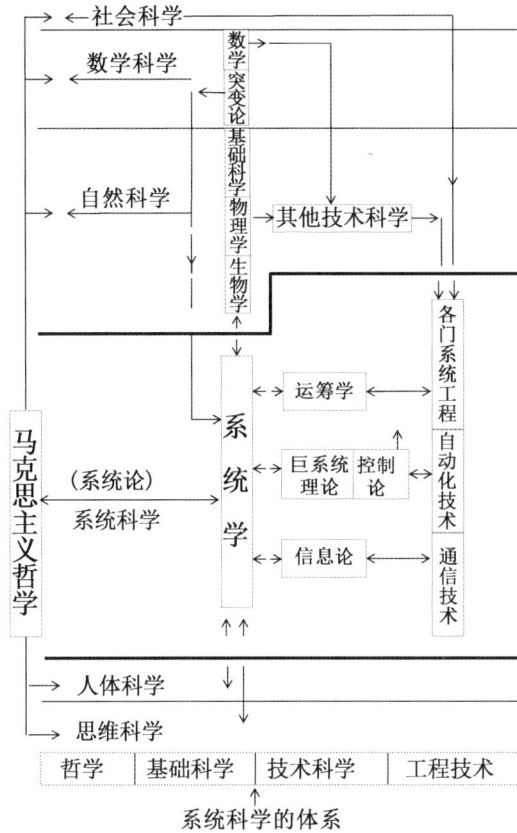

图 10-1　系统科学的体系构成

（1）体量大。

通过长期的积累，2016 年中国工程院向中央提出了关于中国人工智能的战略报告——《新一代人工智能发展规划》得到迅速批复，并于 2017 年 7 月发布。而与此同时，美国、英国、欧盟都在做人工智能领域的研究，这是从来没有过的中国与世界同步的革命。《新一代人工智能发展规划》中专门写了这一条：用人工智能推进城市规划、建设、管理、运营全生命周期的智能化。这是最高科技计划中第一次写到城市规划建设、管理、运营。未来几年关于人工智能计划的终极构思非常清楚，按照人的需求，以城市的规律为背景，把现在的城市几大内容——生产、生活、生态、人民共享，插入整个城市配套系统，包括居住、医疗、教育、卫生等。在实践过程当中，从规划、设计、建设、背景分部推进。而桥梁系统作为智慧城市交通基础设施的重要组成部分，其体量巨大，在未来如何与整个智慧城市系统有机融合运行是极具挑战性的问题。

（2）不确定性大。

由于人类当前知识水平的局限性以及事物本身固有的随机性，桥梁工程作为一个复杂的系统工程，不可避免地会涉及诸多不确定性问题。

物理层面（physical dimension）：包括结构材料的不确定性，结构荷载的不确定性（如超载），天气的不确定性（如风、雨、海啸等），自然及人工灾害（如地震）的不确定性，以及边界条件的不确定性等。这些物理层面的不确定性都给桥梁系统的运维带来了挑战。

社会层面(social dimension):在社会层面,各桥梁运维机构采用的技术手段、人为判断和干预的差异性,带来了桥梁系统运行管理的不确定性。

经济层面(economic dimension):基础设施(包括桥梁系统工程)是互联互通的基石,也是许多国家发展面临的瓶颈。建设高质量、可持续、抗风险、价格合理、包容可及的桥梁工程,有利于国家充分发挥资源禀赋,更好地融入全球供应链、产业链、价值链,实现联动发展。比如中国大力推进的"一带一路"建设,各个国家基础设施发展水平不一,政治背景和经济状况差异较大,参与企业面临诸多不确定因素,尤其在当前单边主义和贸易保护主义抬头、经济逆全球化趋势兴起的背景下,各方参与"一带一路"国家桥梁工程建设面临诸多风险和不确定性。

(3)服役期长。

桥梁工程等基础设施不仅建设周期长,更重要的是它的服役周期长。在长达几十年的服役周期内,年度小概率极限事件在服役期内可变成不可忽视的大概率事件。这也带来了桥梁系统的运维管理的不确定性。

在某种角度特别是实施智慧运维的条件下,桥梁与人类社会将变成共生(symbiosis)关系。和大多数面向个人或人群的产品或设备相比,包括桥梁系统在内的生命线工程结构则面向大众社会。传统系统的桥梁管养思维是把桥梁当成伪静态系统,所有管养措施是离散的。而在智慧运维系统下,包括运用物联网、大数据、人工智能数据孪生模型等技术,桥梁的运行和维护是近乎实时动态的。

从物理本质来讲,虽然新颖材料、创新结构不断涌现,但是包括桥梁在内的工程结构仍然服从经典力学的规律。本书提出的智慧运维系统"拥抱"现代计算机、电子、通信、数据科学。智慧桥梁运维系统工程引入计算机科学、数据科学、通信科学等多学科、多领域的先进技术,并与桥梁管养领域的知识深度融合。本书介绍了目前这些领域的先进技术的进展,比如物联网、机器人、无人机等技术可应用于监测和检测过程,实现桥梁的智能感知;机器学习、人工智能等技术可在海量数据中建立学习模型,寻找相关性规律,辅助桥梁管养人员做出科学决策;大数据技术能够解决海量采集数据的存储、检索问题,构建桥梁管养核心数据库,为后续的评估、决策等提供数据支撑。

基于上述技术展望,未来桥梁智慧运维平台将向"全面感知、深度认知、智能交互、自我进化"的方向发展,实现基本信息、检测、监测及评估决策数据的三维可视化与信息交互。平台的架构体系可以分为四个层面来呈现:

(1)基础设施场景信息与感知数据模型融合层,搭建地理信息模型、建筑信息模型、基础设施信息模型和设施设备模型融合的可视化共享平台。实现 BIM + GIS、物联网连接、多源异构数据管理、大数据分析和接口与服务等基础性功能,具备高兼容性、可扩展、可柔性配置等能力,以及支撑数据管理的数据结构和数据标准等,通过平台进行数据管理和提供服务。

(2)人工智能算法与大数据模型融合层,利用正在发展的各类机器学习算法,解决区域桥梁群的海量数据知识学习模型在训练速度、参数容量、模型复杂度以及对大规模动态数据集适应性欠佳的问题,通过 BIM/GIS 可视化表达提升实体模型的属性维度。

（3）大数据关联与服务层。共享平台一方面通过可视化模块将监测数据与 BIM + GIS 模型关联提供空间信息服务,另一方面通过与桥梁管养应用服务对接,为桥梁预警和灾后应急恢复的感知数据融合应用提供数据服务。

（4）智慧决策层。主要是管理决策界面,实现数据的可视化展示、分析与辅助决策功能。打破数据壁垒,指导科学决策。

目前国家在物联网与智慧城市关键技术的研发上投入巨大,未来桥梁智慧管养的发展空间不可限量。在政府层面,《新一代人工智能发展规划》提出,到 2030 年,我国人工智能理论、技术与应用总体达到世界领先水平,成为世界主要人工智能创新中心。在高校层面,2018 年同济大学新增智能建造本科专业,2020 年东南大学新成立智能建造和智能感知工程本科专业,都和桥梁智慧运维直接相关,可持续培养大批专业人才。在产业界,通过科研成果转化逐渐找到盈利模式后可实现高质量的跨越式发展,而桥梁智慧运维产业的发展,也使相关人才有用武之地,促进良性循环。

10.2 技术发展趋势

桥梁的智慧运维是一个新理念,在推广应用过程中会遇到"是否可行、是否更好、是否最好"等疑问,就像在设计辅助工具上算盘—计算尺—计算器—计算机的升级过程中人们的疑问一样。在技术发展上,桥梁的智慧运维也会经历验证可行性、优化、彻底替代旧技术的过程。有关"是否具有可行性"和"是否比传统技术更好"的问题,前面各章已经做了解答并给出了应用场景。有关"是否可替代传统技术"的问题,还需要在实际工程中进行证明。目前产业界正处在硬件研发、系统平台搭建和数据挖掘的阶段,学术界正在进行人工智能新概念在各关键点上的应用研究,虽然距离桥梁智慧运维的全面"落地"还有些时日,但其发展迅猛,趋势不可逆转。

未来 5 ~ 10 年的技术发展趋势是,从目前海量低价值数据的存储系统和简单指标的警报系统进化到真正有预测能力的智慧系统,如图 10-2a) 所示:物联感知技术,在互联网发展到 5G 甚至 6G 以后,随着信号稳定性和网速的提高,会产生更多、更高效的传感器;桥梁检测自动化技术,在智能手机、可穿戴设备(头盔、眼镜、手表)、机器人、无人机等的综合应用方面,向低价、可组装、开放架构的方向发展;大数据计算方法,逐渐完成智慧化的基础工作;基于计算机视觉的识别与测量技术、基于机器学习的评估与预警技术,由于其自动化和精确性,逐渐在桥梁运维中取代传统方法成为检测、监测和评估的主流技术;多源数据融合、评估与数字孪生,解决大型桥梁结构多尺度仿真等难题,为运维系统中的每座桥梁生成数字孪生体。此外,在单体桥梁运维的基础上,形成针对城市交通网络桥梁集群的在线监测与运维,如图 10-2b) 所示。

1) 展望人与 AI 的关系,强人工智能的未来,及其在桥梁管养中可发挥的作用

物理学家霍金和多个高科技企业的创始人马斯克认为强人工智能有可能实现,并担忧未来人工智能的威胁,同时又抱有非常积极的态度,利用自己的影响力,尽可能将人工智能置于安全、友好的界限内。创新工场创始人李开复则认为由于基础科学如物理学、生物学等尚缺乏对人类智慧和意识的精确描述,从弱人工智能发展到强人工智能,存在难以在短期内

解决的技术难题,所以强人工智能难以实现。目前的 AI 是弱人工智能,虽然 AI 识别医学检验图像的精确度已经高于人类,但是诊断时仍离不开医生的经验判断。土木工程同样是高度依赖经验知识的行业,目前在桥梁管养中,AI 可以作为人类不知疲倦的助手,承担各种辅助工作和危险工作。

a)单体桥梁

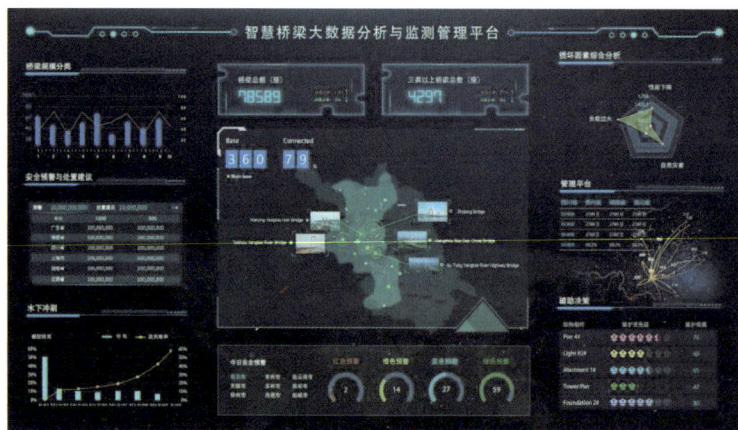

b)桥梁群

图 10-2　桥梁管养应用场景图

马斯克曾表示,"人类面临被人工智能机器超越的风险,但如果人脑能通过与电脑连接得到增强,我们就能够加入这一旅程"[2]。马斯克曾经探讨过一个科幻小说的概念——"neural lace",即人脑与机器交互。Neuralink 公司为马斯克旗下的一家开发人机接口的公司,媒体曾报道 Neuralink 公司计划研发治疗人类严重脑部疾病的设备,并达到增强人类的目的。

可以畅想未来人脑与 AI 的相互交融与增强技术得到发展后(图 10-3),人类可通过脑部与机器直接交流和讨论,一起解决问题。面对强人工智能的未来,人类需要具备两项技能:

(1)主动向机器学习:未来的人机协作时代,人所擅长的和机器所擅长的必将有很大不同。人可以拜机器为师,从人工智能的计算结果中吸取有助于改进人类思维方式的模型、思路甚至基本逻辑。事实上,围棋职业高手们已经在虚心地向 AlphaGo 学习更高明的定式和招法了。

（2）既要人人协作，也要人机协作：未来的"沟通"将不再局限于人与人之间的沟通，人机之间的沟通将成为重要的学习方法和学习目标。人与人、机器一起讨论，一起设计解决方案，一起进步。

未来人机交互技术高度发展后，可以将桥梁看成一个智能机器的综合体，人与智能桥梁（smart bridge）之间可以直接进行互动、管理和养护。

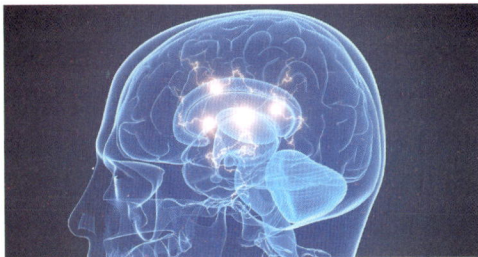
图 10-3 脑部增强

2）基于空天地一体化技术的桥梁管养技术革新

对桥梁群的管养，目前的技术在空、天、地三个维度的监测和检测手段都有可能受到限制，单方面的感知技术极有可能会造成感知盲区，无法满足未来区域桥梁群的全面检测、监测与预警。如今泛化感知量测技术已在电力系统得到了广泛应用，尤其在输电线路巡检、配电自动化、配网抢修平台等方面有相应的实践。对桥梁群的智能管养，也应考虑逐步建立多维度的泛在感知网络，强化各维度的检测、监测技术手段，并融合北斗卫星、无人机、新型测量与传感网络三个感知维度的信息组成空、天、地一体化泛在感知网络，加强多种感知手段、多源监测信息的融合。

畅想未来的桥梁智能管养，可以建立空、天、地一体化泛在感知技术。地面利用各种新型传感器、自动化检测设备和机器人等建设新型测量与传感系统，搭配空中航拍摄影的无人机，再与位于太空的北斗系统、遥感卫星、InSAR 结合，形成空、天、地三个维度的泛在感知。泛在感知系统可为区域桥梁群的状态评估与安全运营提供广覆盖、多层次、全维度的数据基础，也为桥梁正常使用状态下的智能运维和极端灾害下的智能化决策提供全方面的数据支持。

而在极端灾害下，若区域桥梁群受到破坏，可利用已建立的空、天、地一体化泛在感知技术迅速感知、比较、研判破坏的规模、类型、程度等，通过人工智能技术，实时确定区域路网损坏后的实际通行能力综合评判指标，同时通过建立的区域桥梁群抢修材料、设备、人员动态感知数据库，快速形成交通路网各设施的抢修决策方案，为灾后紧急响应保障提供强有力的技术支撑。

最终，搭建数字孪生区域桥梁群抢修决策系统，批量处理泛在感知信息档案，开发评估决策管理系统，最终构建"全面感知、深度认知、智能交互、自我进化"的区域桥梁群智慧平台，实现基本信息、检测、监测及任务评估决策数据的三维可视化与信息交互。

3）人机交互化，以科幻类场景为题材，畅想可视化决策在桥梁管养中的未来场景

检测和荷载实验可通过远程操控机器设备实现。在观察病害和研究管养方案时，结合 VR 和 AR 技术，实现好莱坞大片场景般的可视化决策效果。在突发灾害场景下，适应快速决策的需求，针对不同桥型的特点，用简化专用算法取代通用精细化显式有限元算法进行灾害模拟，在确保科学性的前提下达到近似实时渲染程度，生成拟真废墟堆积场景，可结合 VR 开展应急救援决策、事故反演、逃生演习等。还有望实现更人性化的操控，例如，MIT 研

505

发出用脑电波控制机械手的模式,正在进行残疾人操控假肢和空军飞行员脑机控制试验,若能发展成熟,则也可将其用于桥梁管养决策中。

畅想未来人类生活中的城市基础设施场景,可以借助赛博朋克(cyberpunk)来大开脑洞。赛博朋克是"控制论"(cybernetics)与"朋克"(punk)的结合词,是以信息技术为主体的科幻故事类别之一。赛博朋克的情节通常以与人工智能、黑客和巨型企业有关的冲突为主轴。主要有以下关键元素:信息空间(cyberspace)、虚拟现实、人工智能、控制论与仿生人(androids)、半机器人(cyborg)、人类增强(human augmentation),等等。电影《银翼杀手》(Blade Runner)和计算机游戏《赛博朋克2077》(Cyberpunk 2077)中出现的城市景观、建筑、桥梁设计如图10-4所示。如上述科幻电影和游戏中描绘的未来人类世界,人将与机器人共生,桥梁将与整个智能城市融为一体。在高度智能化的社会中,可视化决策将成为桥梁交互、管理的常规手段。

图10-4　科幻游戏中的城市基础设施场景

4)桥梁及桥梁群无人值守及自动化管理

从桥梁运维的需求角度倒逼桥梁设计,从材料选用、构件生产、结构设计方面进行革新,适应桥梁、桥梁群无人值守及自动化管理的要求,实现材料的自修复(例如混凝土裂缝的自修复、智能材料形状记忆合金SMA的自恢复性等)、构件的易更换(预制装配、失效构件可用机器人快速更换)、结构的自动化管理(通过信息物理系统进行突发灾害下的自动交通流量控制、突发灾害时自动释放临时加固支撑等)。

畅想未来的桥梁综合信息自动管理平台,将以桥梁监测数据和桥梁养护数据为基础,研发桥梁监测数据集成平台。通过基础数据的入库,实现设备的在线管理和监测数据的实时采集和分析;建立桥梁监测数据库,实现数据一体化管理、交互及应用服务。桥梁智慧管理平台可用于桥梁的短期/定期/长期无人值守监测、专项病害监测、桥梁群监测、自动化检测、荷载试验数据快速分析和共享等方面。未来的桥梁监测工作将向标准化、系统化、规范化发展,促进桥梁监测预警的实时性、智能化、科学化;有效提升各级主管部门对桥梁的管理、监测、预警和应急处理能力,为地方经济建设、城市建设和人民群众安全保障提供决策支持服务。

5) 区块链支持的智慧桥梁运维生态系统

美国德州交通部 DOT 报告指出,区块链是一种分布式交易账本,该技术用于验证交易,创建无法更改或删除的记录。验证过程是通过参与者网络或分布式节点,而不是通过第三方(例如银行或信用卡公司)以分散方式完成的。区块链的好处之一是,它可以减少或者有可能完全消除第三方验证的管理成本。区块链技术在交通基础设施中的应用,可能潜在的好处包括以下几个方面:

①提高供应链路线的透明度和效率,尤其是在托运人、承运人、海关代理、银行和港口之间多次易手的文件中。②防止对联网车辆的网络攻击,因为它们在物联网中的存在使它们容易受到多个层面的攻击,包括 Wi-Fi、蜂窝网络和收费交易。获得对单个车辆的未经授权的访问可能没有什么价值,但是访问从车辆到更广泛的网络上载信息可能很有价值。③消除收费机构通过信用卡交易支付的费用来降低收费成本,司机可以使用一个账户在全国任何收费公路上支付通行费。同时方便司机自动支付其他费用,包括燃油、更新车辆登记、日常维护等。④通过采用去中心化的方案来替代原有的服务器-客户端模型,改善交通基础设施中部署的物联网设备的体系结构;去中心化的区块链替代方案可以消除不安全的瓶颈,并避免出现单点故障(图 10-5)。区块链的优势之一在于其验证能力的鲁棒性,这取决于账本中区块的持续积累。然而,伴随这种积累而来的是不断增长的计算资源。

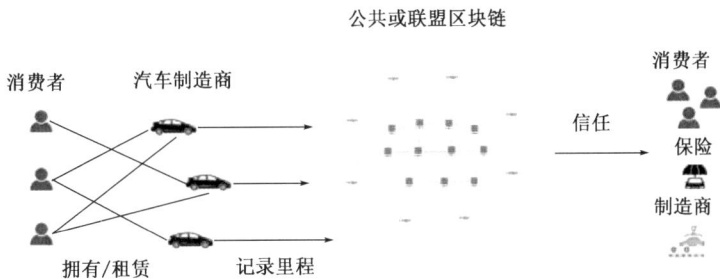

图 10-5　区块链技术用于车辆自动驾驶

我国目前已有几十家公司上线区块链试点平台,主要利用区块链技术可溯源、不可篡改等特性,应用场景多为电子票据/电子病历存证与取证、冷链物流溯源等。当然,区块链的试验并不都是成功的,以加拿大央行采用基于以太坊的区块链技术来改进支付系统的试验为例,TPS(每秒系统处理的数量)有 14 左右,在效率上可满足要求,但在系统稳定性、隐私性以及数据透明性上表现较差,通过架构设计来解决的难度较大。

如果可以解决这些难题,则区块链技术在桥梁智慧运维上将有很大的发展前景:①不同系统之间的数据交换。当"数据即资产"的理念成为共识时,可以通过区块链进行数据交换,避免信息孤岛。②既有的桥梁倒塌事故很多不是天灾而是人祸。例如 2019 年倒塌的中国台湾南方澳跨港大桥,完工 21 年仅检测 1 次,且检测报告很可疑。利用区块链进行桥检数据的存证和取证、养护修复加固的质量控制等,可以提高管理效率。③通过去中心化的布置方案保证桥梁监测设备的鲁棒性,使设备的工作和数据的采集安全性更高。

虽然目前强人工智能,空、天、地一体化的管养技术,可视化技术,区块链技术等新兴技术与智慧桥梁运维系统工程的结合还不太紧密,但相信随着上述技术的蓬勃发展,未来它们一定会在智慧桥梁运维系统中大放异彩!

本章参考文献

［1］许国志，王寿云，柴本良.《论系统工程》一书前言［J］. 系统工程理论与实践，1983（2）：59-60,62.

［2］温晓君，赛王. 马斯克 Neuralink 团队发布新的脑机接口技术［N］. 2019-12-09.